U0153111

| 第15版 |

實用商事法精義

賴源河／著　王志誠／修訂

LAW

五南圖書出版公司 印行

十五版序

　　近年來公司法及保險法之修正頻率較高，主要在於因應社會經濟環境之變化，並解決實務運作之困境及爭議問題。票據法及海商法雖已多年未有所修訂，但仍存在諸多司法實務之爭議，值得持續關注。因此，本次改版，除配合公司法及保險法之修正加以更新外，尚精選大量具有參考價值之司法實務見解及行政解釋，謀求及時更新，以饗讀者。

　　本書之內容，囿於篇幅之限制，雖偏重於公司法及票據法之領域，並未介紹保險業監管之相關規範，但對於保險法總則、保險契約、財產保險、人身保險及海商法之內容，亦體系化論述重要制度及概念，並廣納司法實務見解及行政解釋之發展。

　　本次改版，應感謝五南圖書公司所提供之專業服務，筆者永銘於心。青雲有路志為梯，學海無涯勤是岸，筆者雖力圖以勤補拙，但立論容有不周，尚祈各界先進，惠賜卓見。

賴源河、王志誠

序於 2024 年 1 月 31 日

序

　　一、關於商事法課程之開設，現在，各大學法律學系固無論矣，即使在大專的各商經科系、企業界的進修班，也都廣泛講授。坊間關於商事法之著述亦頗多。這足以說明在現代生活裡，對商事法知識及學養之要求，已日受重視。

　　二、本書之目的，主要在為有志於學習商事法之人士，提供一便利之工具，故本書編著，除儘可能納入相關之判解外，並力求提綱挈領、條舉清晰、簡明易解。

　　三、鑑於篇幅之限制及事實上之需要，本書內容，偏重於公司法及票據法。至保險法及海商法，則僅論述若干重要之概念。

　　四、著者雖已審慎力求完善，終以學殖孤陋，疏漏謬誤之處仍所難免，敬祈海內外賢達，不吝指正。

　　五、本書之成，承薛平山碩士提供寶貴意見並惠予校對，謹此申謝。

賴源河

識於國立政治大學法律學系

1984 年 7 月 1 日

目　錄

|第一編|
公司法

第一章
總　則

第一節　公司之概念

一、公司之意義

公司者，係以營利為目的，依照公司法組織，並經登記而成立之社團法人（公§1I）。

(一)公司為法人

1. 法律上之人有自然人與法人之分。法人者，乃非自然人，而依法律之所規定，得享有權利、負擔義務之主體。

2. 法人為獨立之人格者，有權利能力，得以自己之名義，享受權利、負擔義務，並得為有效之法律行為，而合夥並非獨立之人格者，不得為權利義務之主體。

3. 公司在合法成立後，即為法人而享有獨立之人格，故公司之人格與股東係屬各別，其權利義務屬於公司本身，並非屬於其構成員之股東。

4. 但公司如未經合法成立，則雖名為公司，仍難認有獨立之人格而應以合夥論（最高法院93年度台上字第2188號民事判決）。

(二)公司為社團法人

1. 法人依其組織基礎，有社團與財團之別。社團係以人之結合為基礎，以章程之訂定為成立要件，如工會、農會等是；而財團則以財產之結合為基礎，以財產之捐助為其成立要件，如寺廟等是。

2. 公司係由股東訂定章程而組織成立，既以股東為基礎，乃為一種社團法人。

3. 公司之股東依據章程，雖負有出資之義務，但其出資係股東依據股東之資格，為能使公司實現其營利之目的，對公司所為之一種財產上之給付，並非公司成立之要件，究與財產之捐助有別。

(三)公司為以營利為目的之社團法人

1. 社團之組織，有以公益為目的者，有以私益為目的者。其以私益為目的之社團，又有以營利為目的者與不以營利為目的者之分。

2. 所謂「以營利為目的」，係指以其出資經營某項事業所獲得之利益，分配予其社員為最終目的者而言，若其目的在於公益，則雖以營利為其手段，亦不得以營利法人視之，但其設立之本旨若係在於營利，即為已足，其經營之結果，是否達到營利之事實，則非所問。

3. 公司之目的，係在於以營業所生之利益，分配於其股東，故公司為營利社團法人。因此，公司須以營利為目的，若申請設立公司而非以營利為目的者，主管機關應即駁回其申請。

4. 公司所營事業除許可業務應載明於章程外，其餘不受限制（公 §18 Ⅱ）。

5. 社會企業得以營利為目的之公司組織型態經營。蓋股東對於公司共同目標或宗旨，於法定範圍內，自得以章程明訂之。然而，公司以營利為目的與其從事公益性質行為之關聯，學說雖迭有發展，但無礙於公司或為追求長遠利益、或追求調和之公司私益與公益，抑或適度地為兼顧公司經營利害關係者權益等行為。鑑於公司法第1條較未具公司設立之要件規範性，且公司若於章程中適切反應股東集體意志且未違反其他強行規定者，現行社會企業若擬以營利為目的之公司組織型態經營，應無違反公司法第 1 條規定之疑慮（經濟部 106.12.4.經商10602341570 號函）。

(四)公司為依照公司法組織登記成立之社團法人

1. 民法第 45 條規定：「以營利為目的之社團，其取得法人之資格，依特

別法之規定。」公司法為民法之特別法，故公司非依公司法組織，在中央主管機關登記後，不得成立（公§6）。

2.依公司法規定登記成立之公司，毋需向法院辦理法人登記（經濟部64.3.25.商6470號函）。

3.商店雖集股開設，名為公司，若其組織未履行法律上之程序，又未經主管官署註冊有案者，即應認為合夥，其股東對內對外關係，均應依合夥法律判斷（最高法院77年度台上字第1376號民事判決）。

4.公司實際負責人與名義負責人不同，此並不影響公司之存在（臺灣高等法院87年度上字第808號民事判決）。

5.公司不得變更組織為獨資、合夥之商業（經濟部90.2.16.經商09002029180號函）。

6.公司之各項登記事項，主管機關得核給證明書（公§392）。公司法第6條於民國90年11月12日修正後，「公司執照」即予廢止不再核發。惟公司得依公司法第392規定，請求主管機關核給證明書。

(五)公司之社會責任

1.公司經營業務，應遵守法令及商業倫理規範，得採行增進公共利益之行為，以善盡其社會責任（公§1Ⅱ）。

2.公司社會責任之內涵包括：公司應遵守法令；應考量商業倫理因素，採取一般被認為係適當負責任之商業行為；得為公共福祉、人道主義及慈善之目的，捐獻合理數目之資源。因此，公司的經營，不僅是謀取股東最大的利益，並且應關照股東以外的利害關係人。

3.長久以來，公司究竟是為誰經營的問題，向來有股東優位主義或股東利益優先論（shareholder primacy）與利害關係人理論（stakeholder theory）或企業社會責任論（corporate social responsibility theory）的爭辯。前者主張經營者的任務就是為股東創造最大利潤，後者則認為公司經營應兼顧消費者、員工、股東、社區等利害關係人的權益，股東

利益最大化不是唯一的目標。

4. 為善盡公司社會責任，從消極面而言，公司經營業務，應遵守法令及商業倫理規範；從積極面而言，公司得採行增進公共利益之行為。

5. 就無限公司、有限公司及兩合公司而言，執行業務股東或董事執行業務，應依照法令、章程及股東之決定（公§52 I、§108IV準用§52、§115準用§52）。就股份有限公司而言，董事會應依照法令章程及股東會之決議，執行業務（公§193 I），即明定董事會的守法義務。又一旦董事會決議，為違反法令或章程之行為時，繼續一年以上持有股份之股東，得請求董事會停止其行為（公§194）；且董事會或董事執行業務有違反法令、章程或股東會決議之行為者，監察人應即通知董事會或董事停止其行為（公§218-2 II），故董事會及董事皆負有守法義務。公司負責人對於公司業務之執行，如有違反法令致他人受有損害時，對他人應與公司負連帶賠償之責（公§23 II），即為公司的侵權行為責任。

6. 公司法第1條第2項規定公司經營業務，應遵守商業倫理規範的規定，仿自美國法律學會（American Law Institute, ALI）公司治理準則第2.01條第(b)項的精神。所謂商業倫理規範，因其具體意涵不確定，容有灰色地帶及發展空間，但解釋上「上市上櫃公司永續發展實務守則」或各個商業同業公會訂定的自律規範，應屬倫理規範之一。本來公司對於合於商業倫理的事項，是否積極為之，應有自由裁量權限，並非其法律義務，但因公司法第1條第2項既已明定公司經營業務，應遵守商業倫理規範，則公司如有違反義務的行為，公司法雖未設有罰則規定，但公司依民法或相關法令是否應負民事責任，仍有討論空間。

7. 由於公司「得捐獻合理數目之資源」，以增進公共利益，故公司捐贈不是其法律責任，而是運用公司資源的權利。至於應由股東會、董事會、董事長或何等公司機關決定捐贈或資源運用，除應依公司內部的分層授權表定之外，尚應注意有無法令的限制。例如上市上櫃公司對

關係人之捐贈或對非關係人之重大捐贈，應提董事會討論。但因重大天然災害所為急難救助之公益性質捐贈，得提下次董事會追認（上市上櫃公司治理實務守則§35Ⅰ⑨）。

8.公司進行併購時，董事會應為公司之最大利益行之，並應以善良管理人之注意，處理併購事宜（企業併購法§5Ⅰ）。董事會處理併購事宜時，應可考量利害關係人的利益，而非僅追求股東利益最大化。

二、公司之種類

(一)法律上之分類

現行公司法將公司分為無限公司、有限公司、兩合公司、股份有限公司等四種。此項分類，係依據股東責任之態樣，而加予區分。

1.無限公司

為由二人以上之股東所組織，其全體股東就公司之債務，直接對公司債權人負連帶無限清償責任之公司（公§2Ⅰ①）。

2.有限公司

由一人以上股東所組織，就其出資額為限，對公司負其責任之公司（公§2Ⅰ②）。

3.兩合公司

此為由一人以上之無限責任股東與一人以上之有限責任股東所組織，其無限責任股東就公司之債務，直接對公司債權人負連帶無限清償責任，而有限責任股東僅就其出資額為限，就公司之債務對公司債權人負其責任之公司（公§2Ⅰ③）。

4.股份有限公司

指二人以上股東或由政府、法人股東一人所組織，全部資本分為股份；股東就其所認股份，對公司負其責任之公司（公§2Ⅰ④）。

(1)股東轉讓其股權，雖致股東不滿法定人數，其轉讓仍為有效（最高法

院 93 年度台上字第 1834 號民事判決）。

(2)公司實際負責人與名義負責人不同，此並不影響公司之存在（臺灣高等法院 87 年度上字第 808 號民事判決）。

(3)職工福利委員會須辦理法人登記，取得法人人格，始得為公司之股東（經濟部 76.7.23.商 36153 號函）。

(二)信用上之分類

此乃以公司之信用基礎為區分之標準：

1.人合公司

(1)為公司之信用基礎，依存於股東之人的資望者。

(2)無限公司為典型之人合公司，蓋無限公司，其信用在人，是否能得債權人之信用，不在公司資本之多寡，而係視股東個人之信用。

2.資合公司

(1)係公司之信用基礎，依存於公司之物的資本者。

(2)股份有限公司為典型的資合公司，蓋其信用全在公司資產，公司債權人所恃以安心而與之交易者，惟以其資本為依據，至於股東各人信用之有無，則可置之不問。

3.人合兼資合公司

(1)為公司之信用基礎，並存於股東個人信用與公司資本者。

(2)兩合公司兼有人合與資合兩種性質，故屬之。

(3)有限公司如就對外關係言之，應屬資合公司，但就對內關係言之，依我公司法之規定，則屬人合公司之性質。

(三)管轄系統上之分類

公司若以其管轄系統為區分之標準，可分為「本公司」與「分公司」。

1.本公司

本公司為依法首先設立，以管轄全部組織之總機構（公§3Ⅱ前

段），習慣上稱之為總公司。

2.分公司

　　所稱分公司，係受本公司管轄之分支機構（公§3Ⅱ後段）。

(1)分公司為章程之相對必要記載事項（公§41Ⅰ⑦、§101Ⅰ⑥、§116、§130Ⅰ①），故公司設立時同時成立分公司者，應載明於公司章程，若於公司設立後，始另成立分公司時，則必須變更章程。

(2)分公司之數額，法無限制，但分公司之下不得再設分支機構（經濟部39.6.3.商3162號函）。

(3)分公司與本公司在同一地址，公司法並無禁止規定（經濟部66.8.20.商24543號函）。

(4)買賣零售業附設同一地址之門市部毋庸另辦分公司登記或商業登記（經濟部45.12.7.商12459號函），但在與本公司不同地址設立門市部，如組織健全，對外經營業務，而屬分公司之組織者，則應依公司法規定辦理分公司設立登記（經濟部46.1.8.商00232號函）。

(5)公司所屬分支機構如營業所或辦事處等，若非事務單位而係營業機構，並有設帳計算盈餘虧損，其財務會計獨立者，不問是否與本公司在同一縣市，均須辦理分公司登記，至汽車貨運或客運公司所設之代辦站、招呼站、售票亭、營業站及中國石油公司各地之儲營所、加油站等服務單位，組織極小且不具備設立分公司條件者，應免辦分公司登記（經濟部55.2.26.商00232號函）。

(6)分公司之名稱，應以本公司名稱後，附加地名或數字等，以資區別，例如「○○公司台中分公司」、「○○公司第一分公司」等（經濟部58.5.20.商17254號函）。

(7)分公司為本公司之分支機構，本身並不具有獨立人格，不能為權利義務主體（經濟部57.1.10.商00954號函）。

(8)同一地址設總公司、分公司及二個以上同業公司，公司法尚無禁止（經濟部90.8.20.經商09002172680號函）。

(四)股本構成上之分類

1.公營公司

所稱國營事業如下：(1)政府獨資經營者；(2)依事業組織特別法之規定，由政府與人民合資經營者；(3)依公司法之規定，由政府與人民合資經營，政府資本超過百分之五十者（國營事業管理法§3Ⅰ）。因此，公營公司或國營公司即依公司法組織，並由政府與人民合資經營，而政府資本超過百分之五十以上之公司。

2.民營公司

為業務由人民經營，或政府與人民合資經營，而民股超過百分之五十以上之公司。

公營與民營公司之區別實益，在於公營公司之員工，可能為刑法上依法令從事於公務之人員。公營事業機構中，實際負責承辦、監辦採購之基層人員，以及有權審核或參與採購之各級上級主管，甚或其首長，均屬刑法第 10 條第 2 項第 1 款後段之授權公務員（最高法院 105 年度台上字第 2039 號刑事判決）。

(五)國籍上之分類

此係以公司之隸屬國籍為標準而作之區分。

1.本國公司

乃以營利為目的，在我國依照我國法律組織登記而成立之公司。

2.外國公司

所稱外國公司，謂以營利為目的，依照外國法律組織登記之公司（公§4Ⅰ）。在國際化之趨勢下，國內外交流頻繁，依外國法設立之外國公司既於其本國取得法人格，我國對此一既存事實宜予尊重。且為強化國內外公司之交流可能性，配合實際貿易需要及國際立法潮流趨勢，爰於民國 107 年 8 月 1 日修正公司法時廢除外國公司認許制度。

(1)外國公司，於法令限制內，與中華民國公司有同一之權利能力（公§4Ⅱ）。

(2)外國公司非經辦理分公司登記，不得以外國公司名義在中華民國境內經營業務（公§371Ⅰ）。

(3)外國公司未辦理分公司登記，在中華民國境內經營業務者，行為人處一年以下有期徒刑、拘役或科或併科新臺幣十五萬元以下罰金，並自負民事責任；行為人有二人以上者，連帶負民事責任，並由主管機關禁止其使用外國公司名稱（公§371Ⅱ）。

(4)外國公司與中華民國公司有同一之權利能力，故除有法令限制外，得提起自訴。

三、公司之名稱

(一) 公司之名稱如何命名，採自由主義，任憑當事人自由選定，得以股東姓名或其他名稱作為公司之名稱。

(二) 但為使與公司往來之交易相對方，能對公司性質一目瞭然；避免侵害其他公司已建立之商譽；表明股東所負責任；避免使人誤認公司之國籍；或防止有影射政府機關或公益團體而從事營利之行為，我國法律對公司名稱之選用，設有如下之限制：

1.商號之名稱，不得使用公司字樣（商業登記法§30Ⅱ），縱使公司名稱係沿用舊商號，仍應受公司名稱使用之限制。

2.公司名稱，必須標明其種類（公§2Ⅱ）。種類係指公司法上所規定之種類，例如「大友有限公司」、「小利無限公司」等，不得僅稱「大友公司」、「小利公司」。

3.公司名稱應使用我國文字。

(1)公司得向主管機關申請公司外文名稱登記，主管機關應依公司章程記載之外文名稱登記之（公§392-1Ⅰ）。至於外文種類，由中央主管機關定之（公§392-1Ⅲ）。

(2)公司外文名稱登記後，有下列情事之一者，主管機關得依申請令其限期辦理變更登記；屆期未辦妥變更登記者，撤銷或廢止該公司外文名

稱登記（公§392-1Ⅱ）：

①公司外文名稱與依貿易法令登記在先或預查核准在先之他出進口廠商外文名稱相同。該出進口廠商經註銷、撤銷或廢止出進口廠商登記未滿二年者，亦同。

②公司外文名稱經法院判決確定不得使用。

③公司外文名稱與政府機關、公益團體之外文名稱相同。

4.公司名稱應避免與他公司或有限合夥相同之名稱。

(1)公司之名稱，經為公司登記後，即享有排他效力。

(2)公司名稱，應使用我國文字，不得與他公司或有限合夥名稱相同，二公司或公司與有限合夥名稱中標明不同業務種類或可資區別之文字者，視為不相同（公§18Ⅰ）。公司法第 392 條之 1 雖允許公司得向主管機關申請外文名稱登記，惟為避免公司誤解得僅以外文名稱登記，爰於民國 107 年 8 月 1 日修正公司法第 18 條第 1 項規定，重申公司名稱應使用我國文字。

①商號之名稱，除不得使用公司字樣外，如與公司名稱相同或類似時，並不受限制（經濟部 57.4.30.商 15399 號函）。例如台北市有一「台灣紡織有限公司」，則在國內即不得再有一家「台灣紡織股份有限公司」或「台灣紡織無限公司」，但即使係在台北市，亦仍得再行設立「台灣紡織行」。

②凡在台灣申請組織公司之名稱，如經查覺與大陸原登記公司之名稱相同或類似，而經營業務又相同者，准加冠「台灣」字樣並由申請人承諾光復大陸後無條件改名，即予登記（經濟部 58.6.23.商 21706 號函）。

③相同公司名稱雖經雙方同意，仍不得登記使用（經濟部 64.7.22.商 16588 號函）。

④公司雖已遭命令解散（公§10），在未辦理解散登記前，其名稱仍受保護（經濟部 60.7.3.商 26342 號函）。

⑤所謂公司名稱是否類似，應以一般客觀的交易上有無使人混同誤認之虞為標準，如兩公司名稱甲名「某某某記」，乙名「新某某」除相同之「某某」兩字外，一加「某記」無「新」字，一無「某記」有「新」字，其登記在後之公司，即係以類似之名稱，為不正之競爭（最高法院48年度台上字第1715號民事判決）。

⑥按姓名乃用以區別人己之一種語言標誌，將人個別化，以確定其人之同一性，公司名稱之法律意義及功能亦在於識別企業之主體性，得以與其他企業主體區別。公司名稱依上開具有之意義與功能予以普通使用，與作為表彰商品或服務來源賦予表徵（商標）之積極使用，二者迥異。有著名之法人、商號或其他團體之名稱，有致相關公眾混淆誤認之虞者，不得註冊商標，可見立法者就公司姓名權與商標權二者有所權衡。公司名稱須達於著名程度，始有防止商標權意欲攀附不當竊用公司著名名聲而否准註冊之必要；苟公司名稱未達著名程度，立法者准許商標權註冊，二法益得以併存，尚難謂商標權有侵害公司名稱可言（最高法院101年度台上字第1868號民事判決）。

⑦單純使用知名公司之名稱為不同種類之業務，未違反公司法、商標法及公平交易法之規定（最高法院93年度台上字第771號民事判決）。

5.公司不得使用易於使人誤認其與政府機關、公益團體有關或有妨害公共秩序或善良風俗之名稱（公§18IV）。

6.外國公司之名稱，應譯成中文，除標明其種類外，並應標明其國籍，如英商德記股份有限公司（公§370）。

(三) 公司使用英文名稱，並非公司法及商業登記法所規定應經登記之事項，因此毋須向主管機關登記或報備（經濟部60.5.4.商17416號函），亦不須訂明於章程，即使在章程中加以規定，仍不發生登記之效力（經濟部54.9.20.商18847號函）。

(四) 公司所營事業應依中央主管機關所定營業項目代碼表登記。已設立
　　 登記之公司，其所營事業為文字敘述者，應於變更所營事業時，依
　　 代碼表規定辦理（公§18Ⅲ）。

(五) 公司名稱及業務，於公司登記前應先申請核准，並保留一定期間；
　　 其審核準則，由中央主管機關定之（公§18Ⅴ）。

(六) 經解散、撤銷或廢止登記之公司，自解散、撤銷或廢止登記之日
　　 起，逾十年未清算完結，或經宣告破產之公司，自破產登記之日
　　 起，逾十年未獲得法院裁定破產終結者，其公司名稱得為他人申請
　　 核准使用，不受第18條第1項規定之限制。但有正當理由，於期限
　　 屆滿前六個月內，報中央主管機關核准者，仍受第18條第1項規定
　　 之限制（公§26-2）。

四、公司之住所

(一) 自然人在法律上必有一定之住所，公司既為法人而與自然人同具人
　　 格，自亦應有一定之住所，以享受權利、履行義務。

(二) 公司法規定，公司以其本公司所在地為住所（公§3Ⅰ）。

(三) 公司僅有法定住所，與自然人之住所可分為法定住所及意定住所，
　　 且得以居所視為住所者不同。

(四) 住所在法律上之效果，主要有下列五點：

1.定主管機關監督權之行使。

2.定普通訴訟或非訟事件之管轄法院。

3.定債務之履行地。

4.定國際私法上應適用何國法律。

5.定行使或保全票據權利之處所。

(五) 法人章程記載之本公司所在地為法人業務關係、法律行為中心地
　　 （最高行政法院96年度判字第957號判決）。

(六) 公司所在地係為法律關係之中心地域，尚非為營業行為之發生地
　　 （經濟部92.10.20.經商092024333640號函）。

第二節　公司之能力

一、公司之權利能力

公司既為法人，自應享有權利能力，得為權利義務之主體。但公司究與自然人不同，故其權利能力受有下列之限制：

(一)性質上之限制

1.凡以人之自然性質為前提之權利義務，如親屬法上之權義（親權、扶養請求權、繼承權等）及關於生命、身體之權利（生命權、身體權等），公司均無從享受或負擔（民法§26）。
2.反之，凡不以人之自然性質為前提之權利義務，如名譽權、財產權、信用權、資格權、接受遺贈權等，公司均得享受之。

(二)法令上之限制

1.法人僅於法令限制內，有享受權利、負擔義務之能力（民法§26）。
2.公司不得為他公司無限責任股東或合夥事業之合夥人（公§13Ⅰ）。此限制乃因無限責任股東或合夥人，對於公司或合夥事業之債權人應負無限連帶清償之責任，倘公司得為他公司之無限責任股東或合夥事業之合夥人，萬一他公司或合夥事業虧折以至於倒閉，勢必受連累，故特予限制。至於有限責任股東，係以出資額為限負其責任，公司為他公司之有限責任股東，自無不可。
(1)公司得為有限合夥之合夥人，不受公司法第13條第1項有關公司不得為合夥事業之合夥人之限制（有限合夥法§8Ⅰ）。
(2)公司為有限合夥之普通合夥人，應依下列各款規定，取得股東同意或股東會決議（有限合夥法§8Ⅱ、Ⅲ）：
①無限公司、兩合公司經全體無限責任股東同意。
②有限公司經全體股東同意。
③股份有限公司經代表已發行股份總數三分之二以上股東出席，以出

席股東表決權過半數同意之股東會決議。公開發行股票之公司，出席股東之股份總數不足前項第三款定額者，得以有代表已發行股份總數過半數股東之出席，出席股東表決權三分之二以上之同意行之。但出席股東股份總數及表決權數，章程有較高之規定者，從其規定。

(3)公司負責人違反有限合夥法第 8 條第 1 項至第 3 項規定時，應賠償公司因此所受之損害（有限合夥法§8IV）。

3.無限公司、有限公司、兩合公司或非公開發行股票之公司，不再受投資比例的限制。

4.公開發行股票之公司為他公司有限責任股東時，其所有投資總額，除以投資為專業或公司章程另有規定或經代表已發行股份總數三分之二以上股東出席，以出席股東表決權過半數同意之股東會決議者外，不得超過本公司實收股本百分之四十（公§13 II）。惟為求公開發行股票公司資本之確定與充實，其投資總額原則上不得超過自己公司實收股本百分之四十。但以投資為專業者，因投資即其公司之事業，自不應加以限制。

(1)公開發行股票之公司，出席股東之股份總數不足前項定額者，得以有代表已發行股份總數過半數股東之出席，出席股東表決權三分之二以上之同意行之，惟關於出席股東股份總數及表決權數，章程有較高之規定者，從其規定（公§13 III、IV）。

(2)轉投資及以投資為專業之認定：

①所稱「轉投資」，經濟部曾解釋為應以章程有明文規定，且必須長期經營為目的之投資，並經認股手續繳納股款者而言，其一時收買股票等理財目的之投資不包括在內（經濟部 57.6.6.商 20228 號函）。但此種解釋是否妥當，頗有爭論，且該條於 58 年修正時，原有「轉投資」字樣已刪除，上開解釋已無所附麗而失效，故改以應以是否為他公司之股東以為斷，若股東名簿上已有記載，依公司法

第 165 條堪以認定（經濟部 68.11.23.商 40498 號函）。

②所稱「以投資為專業」，指公司專以投資信託為業務，而不經營其他事業者而言，即應以專業投資者為限（經濟部 62.2.14.商 03917 號函）。以投資為專業之公司，其轉投資之總額，公司法並無限制之規定。

5.獨資或合夥之營利事業，因無權利能力，故不得為公司之股東（經濟部 65.2.9.商 03358 號函）。兩公司訂立合夥契約，應屬無效（最高法院 93 年度台上字第 2078 號民事判決）。

6.惟所謂投資，係指公司以財產對他公司為現實的出資行為而言，其因接受被投資之公司以盈餘或公積增資配股所得之股份，不受限制（公§13 V）。

7.公司負責人違反此限制規定時，應賠償公司因此所受之損害（公§13 VI）。故此限制規定係一命令規定，而非效力規定。

(三)目的上之限制

1.目的範圍之限制

　　原公司法第 15 條設有登記範圍之限制，即公司之業務一經登記之後，公司不得經營其登記範圍以外之業務，惟該規定已於 100 年 11 月 12 日修正時刪除之。

2.保證之限制

(1)公司除依其他法律或公司章程規定得為保證者外，不得為任何保證人（公§16 I）。

(2)限制保證之目的，在於穩定公司財務，保護股東及公司債權人之權益，以免公司財務因保證致被查封拍賣抵償，而遭受損失。

(3)公司提供動產或不動產為他人借款之擔保設定抵押權，就公司財務之影響而言，與為他人保證之情形相同，仍應受限制（經濟部 61.6.20.商 16749 號函，最高法院 74 年度台上字第 703 號民事判決）。倘公司提

供財產為他人債務之擔保者，就公司財務之影響而言，與為他人保證人之情形無殊，仍應在上開規定禁止之列（最高法院 109 年度台上字第 2623 號民事判決）。

(4)以公司名義背書支票，不牽涉保證問題，故以公司名義背書支票，並不違反本項之限制。但若以公司名義在支票上為民法上之保證，該公司又非依法律或章程規定得為保證，雖不發生票據法上保證之效力，仍生民法之保證效力（經濟部 61.2.8.商 04275 號函）。

(5)公司法第 16 條之保證，除民法上之保證外，兼指票據法上之保證，故公司不得為匯票或本票之保證人（最高法院 43 年度台上字第 83 號民事判決）。

(6)欲經營保證業務，必須於章程所營事業項下列明，倘僅於章程附則內規定，雖不合規定，但章程內既經訂明得為保證，該公司對其保證行為，自仍應負責（經濟部 56.12.21.商 38215 號函）。

(7)公司負責人違反此項限制之規定，應自負保證責任，如公司受有損害時，亦應負賠償責任（公§16Ⅱ）。

(8)本條之規定為效力規定。公司負責人如違反本條規定，既非公司行為，對公司自不生效（大法官會議釋字第 59 號解釋）。因此，違反公司法之保證契約，對公司應屬無效（最高法院 72 年度台上字第 4425 號民事判決）。

(9)公司法所稱之不得為任何保證人，在解釋上應包括任何型態之保證行為在內（臺灣高等法院高雄分院 89 年度上字第 383 號民事判決）。

(10)公司法第 16 條第 1 項固規定公司不得為任何保證人，但公司為共同發票或背書行為，則非法所不許（最高法院 108 年度台上字第 779 號民事判決、最高法院 77 年度台上字第 942 號民事判決）。又公司所為票據之隱存保證背書仍生效力（最高法院 93 年度台簡字第 5 號民事判決）。

(11)公司以債務承擔方式代他人清償債務，就公司財務之影響而言，與為他人保證人之情形無殊（最高法院 92 年度台上字第 914 號民事判決）。

(12)所謂不得為任何保證人，非僅指公司本身與他人訂立保證契約為保證人，即承受他人之保證契約，而為保證人之情形，亦包括在內（最高法院 69 年度台上字第 1676 號民事判決）。

(13)公司法第 16 條第 1 項規定者，公司除依其他法律或公司章程規定得為保證者外，不得為任何保證人，故如公司係以合建契約之約定範圍內為票據債務之簽發，並該票據並無記載有保證之意思者，如未有為其他之委任或保證契約者，即應難謂有違此規定，而有免除發票人責任之情事（最高法院 98 年度台上字第 2346 號民事判決）。

二、公司之意思能力與行為能力

(一) 公司之有無意思能力與行為能力，因對於法人本質所採學說之不同，而異其結論：

1.採法人擬制說者，以為法人乃由法律所假設，否認公司有實體之存在，故公司無意思能力及行為能力，公司之董事乃公司之法定代理人，其所為行為，係董事自身之行為，不過其效果及於法人，由法人依據代理之法理享受權利、負擔義務而已。

2.採法人實在說者，謂法人有實體之存在，並非由於法律之擬制，而認為公司兼具意思能力及行為能力，公司之董事為公司之機關，董事之行為即為公司之行為。亦即其對外之一切事務，均由其代表人代表為之，代表人代表公司所為之行為，即係公司之行為（最高法院 102 年度台上字第 1556 號民事判決）。

(二) 我現行法採法人實在說，認為公司有意思能力、行為能力及侵權能力（最高法院 102 年度台上字第 1477 號民事判決、最高法院 102 年度台上字第 1556 號民事判決）。

(三) 公司意思之決定與實行，係表現於機關之活動，由公司負責人代表或代理為之。

三、公司之責任能力

(一)責任能力之定義

責任能力，乃行為人對於行為之結果，應負責任之資格或地位，在民法上稱為侵權行為能力，刑法上則稱為犯罪能力。

(二)公司之侵權行為能力

1. 公司法第 23 條第 2 項規定：「公司負責人對於公司業務之執行，如有違反法令致他人受有損害時，對他人應與公司負連帶賠償之責。」此乃將公司機關之行為視為公司之行為，而令公司負擔賠償責任，故公司亦有侵權行為能力。

2. 公司就其機關之侵權行為負擔損害賠償責任，必須具備以下四個要件：

(1) 侵權行為須為公司負責人之行為。

　①何為公司負責人，公司法第 8 條設有定義規定。

　②不具備「公司負責人」地位者，如經理以下之職員，其侵權行為不構成公司本身之侵權行為，故損害賠償責任當應另依民法第 188 條之規定處理。

(2) 侵權行為必須係因其執行業務而發生。

　①所謂「執行業務」，一般係採廣義解釋，即指公司機關執行於其機關地位上所應執行之業務。故凡行為之外觀足認其為執行業務之行為者固勿論，即與業務之執行有密切關係者，亦屬於執行業務之行為。

　②執行業務之行為，並不以法律行為為限，事實行為亦包括在內。

　③公司負責人個人非執行業務之侵權行為所致之損害，公司無須負任何責任。

(3)須以他人因此受有損害為要件（最高法院 70 年度台上字第 1573 號民事判決）。

(4)不以公司負責人有故意或過失為成立要件（最高法院 73 年度台上字第 4345 號民事判決）。

3.公司負責人為公司簽發票據係屬代理行為，在有權代理範圍內，應由公司負票據上責任。倘屬無代理權或逾越代理權限時，依票據法第 10 條之規定，則應由代理人自負票據上責任（經濟部 55.2.30.商 30577 號函）。

4.公司法第 23 條第 2 項係以違反法令致他人「私權」受有損害，為公司負責人責任之發生要件，若「公權」受有損害，則不得以此為請求賠償之依據（最高法院 62 年度台上字第 2 號民事判決）。

5.公司法第 23 條第 2 項所定連帶賠償責任，係基於法律之特別規定而來，並非侵權行為上之責任，故消滅時效，應適用民法第 125 條規定之十五年時效期間（最高法院 103 年度台上字第 2177 號民事判決）。

6.民法第 28 條所稱「法人董事或其他有代表權之人」，包括雖未經登記為董事或未任命為代表人，但實際為該法人之負責人，其因執行職務加於他人之損害時，法人應與該行為人連帶負賠償責任（最高法院 108 年度台上字第 378 號民事判決）。

(三)公司之犯罪能力

1.公司有無犯罪能力，向有肯定說與否定說。

2.我國最近之判例採否定說，其所持理由為刑罰之種類有五種，能為公司所適用者，僅罰金刑一種，且如公司無力繳納罰金時，並無法為易服勞役，從而認為法人不具有犯罪能力（最高法院 54 年度台上字第 1894 號刑事判決）。

3.但我國特別刑事法中，如礦場安全法第 45 條、食品安全衛生管理法第 49 條第 5 項等亦有處罰公司之規定，故就特別刑事法觀之，公司仍有

犯罪能力，但僅限於財產刑而已。

4.我國公司法均以公司負責人為處罰之對象，故無公司是否有犯罪能力之爭。

第三節　公司資金運用之限制

一、公司資金運用限制之原因

公司為營利事業，其資金之運用是否得當，對公司之存續，影響至為重大。公司法為健全公司資本結構，充實公司財務狀況，並配合資本證券化之要求起見，對公司資金之運用乃設有限制。

二、公司資金運用限制之規定

(一)關於公司借款之限制

原公司法第 14 條規定，公司擴充生產設備，增加固定資產，其所需資金，不得以短期借款支應，惟於民國 90 年 11 月 12 日修正時刪除該規定。

(二)關於公司貸款之限制

1.公司之資金，除因公司間業務往來或短期融通資金之必要者，不得貸與股東或任何他人（公§15 I）；公司負責人違反上述規定者，應與借用人連帶負返還責任；如公司受有損害者，亦應由其負損害賠償責任（公§15 II）。

(1)公司得為資金貸與之情形，應注意下列要件：①貸與對象，限於公司或行號，含為公司組織之法人股東；②公司間或與行號間有業務往來；③公司間或與行號間有短期融通資金之必要者。但融資金額不得超過貸與企業淨值的百分之四十。

(2)「股東」包含自然人股東與法人股東在內，任何他人自包含自然人及

法人在內。

(3)公司得貸與資金之對象，限於與公司間有業務交易行為之公司，含為公司組織之法人股東，至於自然人股東，則在禁止之列（經濟部80.2.27.商 202959 號函）。至於公司法第 15 條所指之行號，係指依商業登記法辦妥商業登記之商業而言。由於符合商業登記法第 5 條第 1項各款規定免辦商業登記之小規模商業，亦為商業登記法規定之商業，當為公司法第 15 條第 1 項所指之行號（經濟部 107.5.14.經商10700035480 號函）。又依有限合夥法第 4 條規定，有限合夥係以營利為目的，依法組織登記之社團法人；準此，有限合夥與公司、行號同屬營利性商業組織，爰公司法第 15 條第 1 項公司貸放款例外之範圍，解釋上應可包含有限合夥（經濟部 107.4.27.經商 10700027280 號函）。

(4)公司依稅務法令規定代股東墊付扣繳其未分派盈餘轉增資股份之稅款，與借貸情形有別，故不受公司法第 15 條第 1 項之限制（經濟部57.9.12.商 32204 號函）。

(5)公司員工向公司借支，約定就其薪津及獎金於存續期間內扣還，乃屬預支薪津非屬一般貸款性質，故不構成本條限制之違反（經濟部68.11.17.商 39514 號函）。

(6)公司如以資金發還股東保管為名，行借貸之實，則依公司法第 15 條論處（經濟部 71.6.22.商 21851 號函）。

(7)所稱之公司，係指公司法上之公司，特別法上之公司，如銀行則不受此限，故除銀行法第 32 條、第 33 條及第 33 條之 2 等對關係人授信設有之限制外，銀行仍得自由貸款予其股東或任何他人。

(8)公司之資金，除因公司間業務交易行為有融通資金之必要者外，不得貸與股東或任何他人，此規定非屬強制禁止規定，違反者尚非無效（最高法院 97 年度台上字第 1030 號民事判決）。

(9)公司之資金調度，原則上固禁止貸款予股東或其他人，但股東或他人

貸款與公司,則非法之所禁(最高法院 105 年度台上字第 571 號民事判決)。

(10)公司借貸予員工係為員工認購股票,應屬公司事業範圍內之交易行為,自不受公司法第 15 條第 2 項規定之限制(臺灣高等法院 100 年度上易字第 1229 號民事判決)。

(11)公司資金,按其章程所載之目的事業範圍,就其營業有關事項,可自由運用借貸(最高行政法院 96 年度判字第 1070 號判決)。

(12)計算短期融通資金之融資金額,係以累計計算(經濟部 95.12.27.經商 09500191240 號函)。

(13)公司法第 15 條第 1 項所規定業務往來之判斷與營業項目無涉(經濟部 92.11.26.經商 09202242030 號函)。

(14)公司之資金貸與外國公司,仍有公司法第 15 條第 2 項規定之適用(經濟部 88.7.21.商 88019553 號函)。

(15)非因公司間業務交易行為有融通資金之必要,而貸款予他人之損失,不得作為稅法上列報為損失(最高行政法院 90 年度判字第 2278 號判決)。

2.此項限制公司資金貸與之作用有二:

(1)在積極方面,為保障公司資金之穩固與投資人之利益,以免公司業務執行者濫用職權,流失資金。

(2)在消極方面,可使公司業務執行者對於他人或股東之借款請求,有正當之理由可以拒絕。

第四節　公司之設立

一、公司設立之程序

公司之設立,乃公司設立人,為使公司取得法人人格,而循一定程

序所為之法律行為。其設立程序因公司之種類而異。

二、公司設立之要件

公司之設立，須由發起人共同訂立章程，收足股款，然後才能申請登記。故知公司之設立，必須具備「人」、「物」、「行為（訂立章程）」之要件：

(一)發起人

公司之設立，須由發起人出而推動。在股份有限公司，應有二人以上之發起人（公§128），但政府或法人股東一人所組織之股份有限公司，不受前開之限制（公§128-1）。

(二)資　本

公司係以營利為目的，必有資本方能從事其營利之活動。公司之資本，係由股東繳納而成，股東之出資，除無限責任及閉鎖性股份有限公司股東得以勞務出資（公§43、§356-3Ⅱ）外，其餘均須以現金、公司所需之財產、技術或其他權利出資，且公司非依法律之規定收繳股款後，不得辦理登記。

(三)章　程

公司之設立，須由發起人全體同意，訂立章程。章程之訂立，乃一種法律行為，其如何訂定，因公司種類而異，惟若公司設立時未訂定章程，或未經全體發起人簽名蓋章，則其設立行為無效。

三、公司設立之方式

(一)發起設立

即由發起人認足公司第一次擬發行之股份總額或資本之總額，不再向外另行募集之設立方式，亦稱同時設立或單純設立。無限公司、兩合

公司及有限公司，均僅能採取此種方式設立。

(二)募集設立

即發起人不認足公司第一次擬發行之股份總額，而將不足之額向外公開招募之設立方式，亦稱漸次設立或複雜設立。僅股份有限公司，始得採用此種方式。

四、設立行為之性質

關於設立行為之法律性質如何，學說頗不一致，約言之，有如下三種學說：

(一)合夥契約說

此說主張公司之章程為設立人間之契約，而認為公司之設立行為為合夥契約。惟一般以為，公司章程為公司存在之依據，乃規劃將來企業發展之方向，不應認其為設立人間之契約，且設立人僅為公司組成分子，而非如合夥人為合夥之本體，故此說難謂得當。

(二)單獨行為說

此說以為公司之設立，為依股東以組織公司為目的之個別單獨行為的偶合或聯合而成立。惟事實上，公司若依創立會而設立者，均取決於多數之議決，故稱其為單獨行為，究非是論。

(三)共同行為說

此說以為公司之設立行為，係設立人在同一目的下，共同一致所為之行為。

證諸公司章程之訂立、創立會之決議，共同行為說較能說明公司設立行為之性質，故多數學者從之。

五、公司設立之立法主義

公司之設立健全與否，影響國家與社會之安全與利益頗鉅，故立法政策上，輒有干預。惟因干涉程度之不同，有四種不同之立法主義：

(一)放任主義（自由主義）

1.即公司之設立全憑個人之自由，法律不加以干涉，發起人無需踐行任何程序，公司一經成立，即享有法律上之人格。

2.放任主義，在歐洲中世紀自由貿易時期，頗為盛行，惟因其易導致公司之濫設，故近代各國鮮有採行者。

(二)特許主義

1.即由國家制定特許條例，凡欲設立公司取得法人資格者，均須與該條例符合，然後再經特許，方可成立。

2.特許主義之適用，多係含有政治作用，故舉凡公司之設立、組織及其經營，均受政府強烈之干涉，公司的管理經營亦由政府任命之管理人為之，股東並無參與權。昔日荷蘭東印度公司即屬之；我國之中國輸出入銀行係依中國輸出入銀行條例設立，亦屬之。

(三)核准主義

1.即公司之設立，除依據法令所規定之條件外，並須經過行政機關之核准，始得成立。

2.核准主義因條件過於嚴苛，有礙公司之發展，故各國法例甚少採之者。

3.比較核准主義與特許主義之區別：

(1)特許為立法之特權，而核准為行政上之特權。

(2)在特許制度下，每一公司之設立，均須制定一定之法律；而核准制度則係基於既存之法律，由行政機關核准之。

(四)準則主義

1.乃國家對於公司之設立，先制定一準則，凡公司之設立與該準則所定要件相符者，即可申請登記為公司，毋庸在設立前申請立法機關或行政機關核准。

2.準則主義頗能符合企業發展之所需，惟初期因規定過於簡陋，形同放任主義，產生種種流弊，故近代國家咸感有採行嚴格準則主義之必要，即嚴格規定其要件，並加重發起人之責任。

(1)未認足之第一次發行股份，及已認而未繳股款者，應由發起人連帶認繳；其已認而經撤回者亦同（公§148）。

(2)因公司法第 147 條及第 148 條情形，公司受有損害時，得向發起人請求賠償（公§149）。

(3)公司不能成立時，發起人關於公司設立所為之行為，及設立所需之費用，均應負連帶責任，其因冒濫經裁減者亦同（公§150）。

3.嚴格準則主義既無特許主義與核准主義之繁雜手續，亦不似放任主義失之過濫，為立法上之佳制。我國現行法採嚴格準則主義。

第五節　公司之登記

一、登記之目的

　　乃在於將公司之現況，依法定程序，向主管機關備案，以確定公司內部及其對外之關係，俾鞏固公司之信譽，並保護交易之安全。

二、登記之種類

(一)設立登記

1.未經設立登記，不得以公司名義經營業務或為其他法律行為（公§19 I）。故以公司名義對外為一切法律行為前，必須先為設立之登記（公§6）。

2.公司之業務，依法律或基於法律授權所定之命令，須經政府許可者，如保險、銀行、運輸等業務，則須於領得許可文件後，始得申請公司登記（公§17Ⅰ）。

(1)公司所營事業，除許可業務應載明於章程外，其餘不受限制（公§18Ⅱ）。但應依中央主管機關所定營業項目代碼表登記。已設立登記之公司，其所營事業為文字敘述者，應於變更所營事業時，依代碼表規定辦理（公§18Ⅲ）。

(2)公司未經依法成立之前，申請特許時，可用籌備處名義為之（經濟部56.2.23.商04090號函）。

3.營業項目需要專門職業人員者，除法令別有規定須檢附聘僱合約始能申請公司登記外，亦可先行申辦公司登記（經濟部59.4.28.商18816號函）。

4.股份有限公司之股東、董事、董事長等資格之取得，於公司設立時，應自主管機關准公司登記，亦即於公司成立確定後，始生效力（經濟部64.4.24.商08973號函）。

(二)外國公司之分公司及負責人登記

1.外國公司非經辦理分公司登記，不得以外國公司名義在中華民國境內經營業務（公§371Ⅰ）。

2.外國公司在中華民國境內設立分公司者，應專撥其營業所用之資金，並指定代表為在中華民國境內之負責人（公§372Ⅰ）。

3.外國公司有下列情事之一者，不予分公司登記（公§373）：

(1)其目的或業務，違反中華民國法律、公共秩序或善良風俗。

(2)申請登記事項或文件，有虛偽情事。

(三)變更登記

1.公司設立登記後，有應登記之事項而不登記，或已登記之事項有變更而不為變更之登記者，不得以其事項對抗第三人（公§12）。公司設

立登記後，其已登記之事項有變更者，應於變更後向主管機關申請為變更登記，例如公司章程之修改、住所之變更、董事及監察人之改選等。

2.公司登記，除設立登記為公司之成立要件外，其他登記，皆屬對抗要件，變更董事、監察人，固屬應登記之事項，但此事項之有效存在，並不以登記為其要件。公司之董事及監察人如未經決議選任，縱經主管機關准許登記於登記簿上，仍難謂該董事及監察人業經合法選任（最高法院110年度台上字第322號民事判決）。

3.公司登記事項如有變更而未於期限內申請登記，於逾規定期限後，公司負責人變更時，其應科罰鍰之負責人，仍以在規定期限內應履行申請登記義務之原負責人為處罰之對象（經濟部58.2.27.商06853號函）。

(四)解散登記

1.公司之解散，除破產外，應申請主管機關為解散之登記。

2.經特許機關予以勒令歇業之公司，倘係僅經營特許業務者，因其乃屬公司所營事業不能成就，已構成公司解散之原因，故應辦理解散登記（經濟部61.3.13.商07210號函）。

3.公司向主管機關申請解散登記，如因手續不全迭經通知補正均未遵辦時，可持原申請書件及規費收據，暫時訂入該公司原卷內備查續辦（經濟部64.4.21.商08569號函）。

4.公司申請解散登記，尚無因涉嫌逃漏稅捐而予以暫緩受理之規定（經濟部65.3.2.商05348號函）。

5.公司解散登記與營利事業歇業登記，未可相混，公司組織停止經營業務時，應依公司法規定申請解散登記，而依稅法（所得稅法§18）規定向所屬縣市政府申辦營利事業歇業登記時，仍應依法辦理解散登記（經濟部65.4.29.商10921號函）。

6.公司提出申請解散登記，在主管機關尚未核准前，得由原申請書具名蓋章人申請撤回（71 年第 2 次商業行政協調會議）。

7.公司之解散，不向主管機關申請解散登記者，主管機關得依職權或據利害關係人申請，廢止其登記。又主管機關對於前開之廢止，除命令解散或裁定解散外，應定三十日之期間，催告公司負責人聲明異議；逾期不為聲明或聲明理由不充分者，即廢止其登記（公§397）。

8.公司經主管機關依法撤銷登記處分確定者，其公司即不存在，毋庸再申辦解散登記，但撤銷登記之處分，應送達於被處分之公司（經濟部 71.7.15.商 25031 號函）。

9.公司向主管機關申請解散登記並經核准後，即告確定，自不得申請恢復原登記（經濟部 65.5.19.商 13070 號函）。

三、登記之機關

(一) 申請公司法各項登記之期限、應檢附之文件與書表及其他相關事項之辦法，由中央主管機關定之（公§387Ⅰ）。主管機關依公司法第 387 條第 1 項規定之授權，訂定發布「公司登記辦法」，以資遵循。至於上開登記之申請，得以電子方式為之；其實施辦法，由中央主管機關定之（公§387Ⅱ）。主管機關即依公司法第 28 條之 1 第 3 項及第 387 條第 2 項規定之授權，訂定發布「公司登記電子申請及電子送達實施辦法」，以資遵循。

1.當事人如須委任代理人者，應委由開業之會計師或律師為之（公§387Ⅲ）。

2.代理人委託書未指定代收送達文件者，逕寄申請人（經濟部 55.1.19.商 01234 號函）。

3.商會設立服務機構免費受託辦理營業證照，應以當事人名義為之（經濟部 55.5.14.商 1192 號函）。

(二) 所謂主管機關，在中央為經濟部；在直轄市為直轄市政府，中央主管機關得委任所屬機關、委託或委辦其他機關辦理本法所規定之事項（公§5）。

(三) 公司申請設立、變更登記之資本額，應先經會計師查核簽證；公司應於申請設立登記時或設立登記後三十日內，檢送經會計師查核簽證之文件（公§7 I）。公司申請變更登記之資本額，應先經會計師查核簽證（公§7 II）。其查核簽證之辦法，由中央主管機關定之（公§7 III），以求公司登記資本之確實性。主管機關依公司法第 7 條第 3 項規定之授權，訂定發布「會計師查核簽證公司登記資本額辦法」，以資遵循。

(四) 華僑及外國人投資之公司，其申請設立及變更登記書件，自 59 年 10 月 16 日起改由經濟部華僑及外國人投資審議委員會統一收件（經濟部 59.10.7.商 47314 號函）。

(五) 外國公司之認許及其他一切登記，均以經濟部為決定機關。

(六) 科學工業園區內之公司登記業務職權，允屬園區管理局法定職權（經濟部 93.12.14.經商 09302403930 號函）。

(七) 改選董事或監察人變更登記案之申請書如僅由新任董事長具名蓋章申請，於法並無不合（最高行政法院 92 年度判字第 833 號判決）。

(八) 公司登記以形式審查為原則，申請登記之文件已符合規定，即得准予變更登記（最高行政法院 94 年度判字第 960 號判決）。

四、登記之期限

各種公司之登記均規定為十五日，惟其起算，則依情形而不同（公司登記辦法§2、§3、§4）。

五、登記之效力

(一)設立登記

1.我公司法就公司之設立登記，係採登記要件主義（設立要件主義），公司非經登記，不得成立（公§6）。

2.公司於設立登記後，即發生如下之效力：

(1)取得法人之人格：公司須經設立登記後始取得法人之人格，故僅為設立登記之申請者，尚不能取得法人之人格，必須其申請經完成登記後，始生登記之效力（公§6）。股份有限公司倘未經依法為公司之登記，係屬合夥性質（最高法院39年度台上字第512號民事判決）。公司未設定登記前，發起人在設立時所發之權義關係，除公司法別有規定外，應適用民法合夥之規定，即一經加入合夥僅生聲明退股之問題，並無解除契約之規定（最高法院59年度台上字第2168號民事判決）。

(2)取得名稱專用權：

①公司經設立登記，始得使用公司之名稱（公§19）。

②公司名稱，應使用我國文字，且不得與他公司或有限合夥名稱相同。二公司或公司與有限合夥名稱中標明不同業務種類或可資區別之文字者，視為不相同（公§18Ⅰ）。

(3)取得公司營業權：未經設立登記，不得以公司名義經營業務或為其他法律行為（公§19Ⅰ）。反之，公司於依法設立登記，即有營業之權。但商業應辦理商業登記，取得合法登記始可從事營業行為（最高行政法院93年度判字第1262號判決）。

(4)股份有限公司之特別效力：股份有限公司股票之發行、股東股份之轉讓，均須於設立登記後始得為之。

3.公司之設立費用係指發起人在籌備期間所發生之費用，而公司為營業準備所發生之費用係指公司設立登記前以公司名義所負之債務（臺灣高等法院93年度上字第2188號民事判決）。

(二)其他事項之登記採對抗主義

公司法第 12 條規定：「公司設立登記後，有應登記之事項而不登記，或已登記之事項有變更而不為變更之登記者，不得以其事項對抗第三人。」

1. 應登記事項不登記，或已登記事項變更而不為變更登記，不得以其事項對抗第三人，該第三人，並無善意或惡意之別（最高行政法院 94 年度判字第 1914 號判決）。申言之，公司法第 12 條規定所指「第三人」，並無善意或惡意之別，亦不以與公司有為交易行為之第三人為限（最高行政法院 93 年度判字第 47 號判決）。

2. 公司雖已停業，在未辦理解散登記前，不得以解散對抗第三人（經濟部 60.4.22.商 15844 號函）。

3. 公司負責人變更，經主管機關核准變更登記時，該新登記之負責人在法律上即生對抗第三人之效力。但公司之法人人格並不因內部負責人之變更而有所影響，如本於法律對公司本身原有之處分，仍應依法予以執行（經濟部 63.11.18.商 29523 號函）。

4. 股份有限公司新任董事長，自其就任後即生效力，並非經主管機關准予變更登記後，始生效力（最高法院 90 年度台上字第 2280 號民事判決）。至於改選董事及董事長時，選舉董事之決議未被撤銷以前，仍屬有效，故應以新當選董事長為公司法定代理人（臺灣高等法院暨所屬法院 61.7.28.法律座談會民事類第 18 號）。惟若公司董事長未經改選，縱經人以偽造文書之方法申請為董事長之變更登記，仍難謂變更登記後之人為該公司之董事長（最高法院 86 台上字第 1958 號民事判決）。

5. 董事長改選無效，經主管機關變更登記，其代表公司所簽發之本票，除執票人為惡意外，對公司應發生效力（最高法院 77.5.17.第 9 次民事庭會議決議(二)）。

6. 稅捐機關報請限制營利事業負責人出境，應以公司登記之負責人為準

（最高行政法院 96 年度判字第 1825 號判決）。

7. 股份有限公司董事於向公司為辭職之表示時，其與公司間之委任關係即已終止；然於其公司之董事登記尚未變更前，應認其對外應負之董事責任並非當然解消（最高行政法院 98 年度判字第 164 號判決）。

8. 董事辭卸或因轉讓股份而喪失董事資格之變更，如未加以登記，不論第三人係私人或行使公權力之機關，均不得對抗（最高行政法院 95 年度判字第 1612 號判決）。

9. 公司法第 12 條所稱不得以其事項對抗第三人，雖寓有可對抗知情第三人之意，惟並不包括行使公權力之國家機關（最高行政法院 93 年度判字第 1253 號判決）。

10.公司章程雖係偽造或變造，但如經主管機關登記即生對抗之效力（最高法院 94 年度台上字第 1142 號民事判決）。

11.公司登記效力之規定，旨在保護與公司有交易行為之善意第三人，故如非公司之交易相對人，自不得引該條為限制出境之依據（最高行政法院 93 年度判字第 870 號判決）。

12.依公司法第 9 條第 3 項規定，公司應收之股款，於股東未繳納時，不得以申請文件表明收足，亦不得於股東已繳納而於登記後將股款發還股東，或任由股東收回。為設立公司或增資而向金主商借現金，並製作不實之試算表、資產負債表等財務報表，並於登記完成後將該股款提領返還予金主，並居間販賣該公司之股票，其行為即涉犯刑法第 216 條、第 215 條之行使業務上登載不實文書、公司法第 9 條之未繳納股款罪、證券交易法第 175 條第 1 項、第 179 條之法人違反證券商須經主管機關許可方得營業及非證券商不得經營證券業務規定（最高法院 102 年度台上字第 5026 號刑事判決）。

13.依公司法第 12 條規定，公司之登記雖非生效要件，卻為對抗第三人之要件，公司辦理增資於董事會決議發行新股之日，即已生效，如登記之內容與事實明顯不符，除滋生股東之困擾及訟源外，且易損及主管

機關登記之公信力。是以，原處分依據行為人刑事確定判決所認定公
司股東臨時會及董事會議事錄係偽造文書之犯罪事實撤銷系爭相關登
記事項，乃對外直接發生公法上法律效果之單方行政處分，自屬行政
訴訟審判範圍。當事人提起撤銷訴訟，一經勝訴確定，即為具有對世
效力之形成判決，原處分溯及失效，依行政訴訟法第 215 條規定，當
事人及其他利害關係人均受其拘束，原處分一經撤銷，公司之公司登
記自有回復增資登記之可能性（最高行政法院 102 年度判字第 270 號
判決）。

六、登記之撤銷或廢止

(一) 公司應收之股款，股東並未實際繳納，而以申請文件表明收足，或
股東雖已繳納而於登記後將股款發還股東，或任由股東收回者，公
司負責人各處五年以下有期徒刑、拘役或科或併科新臺幣五十萬元
以上二百五十萬元以下罰金（公§9Ⅰ）。其經法院判決有罪確定
後，由中央主管機關撤銷或廢止其登記。但判決確定前，已為補正
者，不在此限（公§9Ⅲ）。

1. 公司法第 9 條第 1 項虛偽出（增）資之處罰規定，分為三種情形，公司
應收之股款：(1)股東並未實際繳納，而以申請文件表明收足；(2)股東
雖已繳納而於登記後將股款發還股東；(3)股東雖已繳納而於登記後任
由股東收回。有以上情形之一者，即課其負責人以刑責。所稱「股東
並未『實際』繳納」，應實質判斷，倘股東雖形式上有繳納股款，惟
公司實收資本並未增加，即非實際繳納股款，應依上開規定論罪。又
股東以借貸所得繳納公司股款，固非法之所禁，然如借款來源即係該
公司，形同公司以自有資金投資自己，實收資本並未增加，自與公司
資本充實與確定原則相悖（最高法院 110 年度台上字第 3984 號刑事判
決）。因此，公司應收股款，股東並未實際繳納，而以申請文件表明
收足，並向主管機關提出不實之申請者，即成立公司法第 9 條第 1 項之

罪（最高法院 97 台上字第 4610 號刑事判決）。有公司法第 9 條第 1 項情事時，公司負責人應與各該股東連帶賠償公司或第三人因此所受之損害（公§9Ⅱ）。

2.公司法第 9 條第 1 項之罪，旨在維護公司資本充實原則及公司資本確定原則，防止虛設公司及防範經濟犯罪，只要股東並未實際繳納公司應收之股款，而以暫時借資及人頭股東之方式虛偽表示股東已繳足股款，提出於主管機關，即與公司資本充實原則及公司資本確定原則有所違背，無論其借用資金充作股款之時間久暫，自均構成本罪（最高法院 96 年度台上字第 4037 號刑事判決、最高法院 111 年度台上字第 4476 號刑事判決）。

3.公司法第 9 條之罪並非必要共犯，亦非己手犯（最高法院 93 年度台上字第 6473 號刑事判決）。

4.公司法第 9 條不實登記之撤銷與處罰乃取締規定，非效力規定（臺灣高等法院 93 年度重上字第 251 號民事判決）。

5.公司於開辦期間並非不得動用股款（經濟部 94.7.4.經商 09402073690 號函）。

(二) 公司之負責人、代理人、受僱人或其他從業人員以犯刑法偽造文書印文罪章之罪辦理設立或其他登記，經法院判決有罪確定後，由中央主管機關依職權或依利害關係人之申請撤銷或廢止其登記（公§9Ⅳ）。亦即，除偽造、變造文書罪外，公務員登載不實罪、使公務員登載不實罪、業務上登載不實罪、行使偽造變造或登載不實之文書罪、偽造盜用印章印文罪等，亦包括在內。

(三)經政府許可之公司業務，其業務之許可經目的事業主管機關撤銷或廢止確定者，應由各該目的事業主管機關，通知中央主管機關，撤銷或廢止其公司登記或部分登記事項（公§17Ⅱ）。

(四) 公司之經營有違反法令受勒令歇業處分確定者，應由處分機關通知中央主管機關，廢止其公司登記或部分登記事項（公§17-1）。

(五)外國公司分公司之廢止登記

1.外國公司在中華民國境內設立分公司後，無意在中華民國境內繼續營業者，應向主管機關申請廢止分公司登記。但不得免除廢止登記以前所負之責任或債務（公§378）。

2.有下列情事之一者，主管機關得依職權或利害關係人之申請，廢止外國公司在中華民國境內之分公司登記（公§379Ⅰ）：

(1)外國公司已解散。

(2)外國公司已受破產之宣告。

(3)外國公司在中華民國境內之分公司，有公司法第10條各款情事之一。

3.主管機關得依職權或利害關係人之申請，廢止外國公司之分公司登記，不影響債權人之權利及外國公司之義務（公§379Ⅱ）。

第六節　公司之監督

一、監督機關

公司之監督，由其主管機關為之。主管機關如前述，在中央為經濟部；在直轄市為直轄市政府（公§5）。

二、監督事項

公司之監督事項，因公司種類而異。

就共通之監督事項而言，若依監督權行使時間為區分標準，可分為事前監督與事後監督兩種：

(一)事前監督

所稱事前監督，係指對公司在設立登記前所為之監督。蓋我公司法對於公司之設立，採嚴格準則主義，為達到事前監督之目的，遂訂有若干準則，以為公司設立之要件。

1.依法登記

公司非在中央主管機關登記後，不得成立（公§6）。

2.實質審查

主管機關對於公司登記之申請，認為有違反公司法或不合法定程式者，應令其改正，非俟改正合法後，不予登記（公§388）。

3.公司名稱之禁止使用

凡未經設立登記，而以公司名稱經營業務或為其他法律行為者，行為人處一年以下有期徒刑、拘役或科或併科新臺幣十五萬元以下罰金，並自負民事責任；行為人有二人以上者，連帶負民事責任，並由主管機關禁止其使用公司名稱（公§19）。

(二)事後監督

所謂事後監督，係指對已經設立登記之公司所為之監督，蓋公司之設立，雖經向主管機關登記，但主管機關究竟難以查明真相，故公司法乃有如下之規定：

1.主管機關撤銷或廢止登記

公司應收之股款，股東並未實際繳納，而以申請文件表明收足，或股東雖已繳納而於登記後將股款發還股東，或任由股東收回者，公司負責人各處五年以下有期徒刑、拘役或科或併科新臺幣五十萬元以上二百五十萬元以下罰金（公§9Ⅰ）。有前項情事時，公司負責人應與各該股東連帶賠償公司或第三人因此所受之損害（公§9Ⅱ）。

(1)違反公司法第9條第1項規定，經法院判決有罪確定後，由中央主管機關撤銷或廢止其登記。但判決確定前，已為補正者，不在此限（公§9Ⅲ）。又公司之負責人、代理人、受僱人或其他從業人員以犯刑法偽造文書印文罪章之罪辦理設立或其他登記，經法院判決有罪確定後，由中央主管機關依職權或依利害關係人之申請撤銷或廢止其登記（公§9Ⅳ）。因此，撤銷公司之登記，須具備下列二種情形之一：

①公司應收之股款有虛偽不實情事，經法院判決有罪確定。

②公司負責人、代理人、受僱人或其他從業人員犯刑法偽造文書印文罪章之罪，經法院判決有罪確定者。

(2)公司主管機關雖已明知公司之設立登記或其他登記事項，有違法或虛偽情事，亦不能擅予撤銷登記，必須先將全案移送法院，俟法院裁判確定後，始可據以撤銷登記。

(3)法院判決確定，本應由第一審法院通知主管機關撤銷登記（最高法院49.10.31.第 3 次民刑庭總會會議決議(二)），但現行公司法第 9 條第 3 項及第 4 項已明定法院判決有罪確定後，可由中央主管機關依職權或依利害關係人之申請撤銷或廢止其登記。

(4)公司經解散或撤銷其登記後，除於清算目的之必要範圍內，仍視為存續外，其人格已不復存在，故原已核准登記之處分縱有瑕疵，亦因設立登記被撤銷而失所附麗，似無待於再為撤銷登記（法務部83.4.18.法律 07601 號函）。

(5)變更事項經撤銷登記後，應回復原狀（經濟部 61.7.17.商 19572 號函）。

(6)撤銷設立登記之效果，有主張自始無效，即認為公司根本未經成立，另有本於公益上之理由及確保交易之安全，而主張嗣後無效者，比較兩者，應以後說為當。

2.主管機關命令解散

(1)公司有下列情事之一者，主管機關得依職權或利害關係人之申請，命令解散之（公§10）。

①公司設立登記後六個月尚未開始營業者，但已辦妥延展登記者，不在此限（公§10①）。

②開始營業後自行停止營業六個月以上者，但已辦妥停業登記者，不在此限（公§10②）。

A.依公司法第 10 條第 2 款規定，公司有開始營業後自行停業六個月

以上之情事，主管機關即得命令解散；又該公司復未向主管機關提出申請解散登記，即按同法第 397 條第 1 項規定廢止公司登記（最高行政法院 110 年度上字第 194 號判決）。

B.公司如因欠稅被勒令停業，並非自行停業（經濟部 56.3.7.商 05300 號函）。應注意者，公司在六個月間所申報營業額均為零時，是否有逃漏稅捐之行為既尚待調查，從而不可單憑所報營業額為零，即認為已構成自行停止營業六個月以上之情形（經濟部 63.9.3.商 23071 號函）。

③公司名稱經法院判決確定不得使用，公司於判決確定後六個月內尚未辦妥名稱變更登記，並經主管機關令其限期辦理仍未辦妥（公§10③）。

A.例如著名商標「內碼 A1D1」被使用為公司名稱，經商標權人提起訴訟，法院判決內碼 A1D1 股份有限公司不得使用「內碼 A1D1」為其公司名稱。實務上，部分公司未依判決主文主動辦理名稱之變更，造成他人權利受損，爰增訂此第 3 款。

B.其目的在藉此督促公司辦理名稱變更登記。

④未於第 7 條第 1 項所定期限內，檢送經會計師查核簽證之文件者。但於主管機關命令解散前已檢送者，不在此限（公§10④）。

(2)公司經主管機關命令解散者，毋須依公司法第 316 條規定，再經股東會決議解散，得逕行依法清算（經濟部 56.12.4.商 34028 號函）。

(3)命令解散屬中央主管機關職權，地方主管機關如發現公司構成命令解散之原因時，應報經濟部核准後，再行辦理（經濟部 64.8.6.商 18303 號函）。

(4)利害關係人固得向主管機關申請命令解散公司，惟是否命令解散，其裁量權仍屬主管機關加以決定（最高行政法院 95 年度判字第 719 號判決）。

(5)主管機關依職權為廢止公司登記，不以命令解散行政處分經終局判決

或判決確定後始得廢止登記（最高行政法院 94 年度判字第 285 號判決）。

(6)公司不需以有正當理由始得申請停止營業（最高行政法院 93 年度判字第 1284 號判決）。

(7)公司如有命令解散之要件，則有無通知公司申復，並非為命令解散處分之必要條件（最高行政法院 84 年度判字第 1785 號判決）。

(8)命令公司解散處分，於行政機關為此處分時即發生效力（最高行政法院 78 年度判字第 2467 號判決）。

(9)股東聲請公司解散之程序中，需具備股東身分（最高法院 91 年度台抗字第 230 號民事裁定）。

3.決算表冊之查核

(1)公司每屆會計年度終了，應將營業報告書、財務報表及盈餘分派或虧損撥補之議案，提請股東同意或股東常會承認（公§20Ⅰ）。上述書表，主管機關得隨時派員查核或令其限期申報，其查核辦法由中央主管機關定之。主管機關即依公司法第 20 條第 4 項規定之授權，訂定發布「公司決算書表申報暨查核辦法」。

(2)公司資本額達一定數額以上或未達一定數額而達一定規模者，其財務報表，應先經會計師查核簽證；其一定數額、規模及簽證之規則，由中央主管機關定之。但公開發行股票之公司，證券主管機關另有規定者，不適用之（公§20Ⅱ）。又前項會計師之委任、解任及報酬，準用第 29 條第 1 項規定（公§20Ⅲ）。公司負責人違反前揭規定時，各處新臺幣一萬元以上五萬元以下罰鍰。規避、妨礙或拒絕前項查核或屆期不申報時，各處新臺幣二萬元以上十萬元以下罰鍰（公§20Ⅴ）。主管機關依公司法第 20 條第 2 項及有限合夥法第 27 條第 3 項規定之授權，訂定發布「會計師查核簽證財務報表規則」，以資遵循。

(3)公司法第 20 條第 2 項所稱公司資本額達一定數額以上者，係指財務報

導期間結束日，實收資本額達新臺幣三千萬元以上之公司，其財務報表，應先經會計師查核簽證後，提請股東同意或股東常會承認（經濟部 107.11.8.經商 10702425340 號公告）。

(4)公司法第 20 條第 2 項所稱公司資本額未達一定數額而達一定規模者，係指財務報導期間結束日，實收資本額未達新臺幣三千萬元而符合下列兩者之一之公司：①營業收入淨額達新臺幣一億元；②參加勞工保險員工人數達一百人（經濟部 107.11.8.經商 10702425340 號公告）。蓋所稱「未達一定數額而達一定規模」，主要鑑於部分實收資本額不高但其經濟活動具有一定規模之公司，因對社會整體之影響，已達一定程度，實有必要納入規範。

(5)主管機關查核第 20 條所定各項書表，或依前條檢查公司業務及財務狀況時，得令公司提出證明文件、單據、表冊及有關資料，除法律另有規定外，應保守秘密，並於收受後十五日內，查閱發還。公司負責人違反前項規定，拒絕提出時，各處新臺幣二萬元以上十萬元以下罰鍰。連續拒絕者，並按次連續各處新臺幣四萬元以上二十萬元以下罰鍰（公§22）。

(6)依證券交易法第 36 條第 1 項規定，公開發行公司，除情形特殊，經主管機關另予規定者外，應於每會計年度終了後三個月內，並應於每會計年度第一、二、三季終了後四十五日內，將報經會計師核閱及提報董事會之財務報告向證券主管機關申報並公告之。

(7)依所得稅法第 76 條規定，公司每年度辦理結算申報時，應向稅捐稽徵機關提出資產負債表、財產目錄及損益表。

(8)外國公司在我國境內設立分公司，準用公司法第 20 條第 1 項至第 4 項之規定（公§377Ⅰ）。外國公司在中華民國境內之負責人違反準用第 20 條第 1 項或第 2 項規定者，處新臺幣一萬元以上五萬元以下罰鍰；違反準用第 20 條第 4 項規定，規避、妨礙或拒絕查核或屆期不申報者，處新臺幣二萬元以上十萬元以下罰鍰（公§377Ⅱ）。

4.平時業務之檢查

(1)主管機關得會同目的事業主管機關，隨時派員檢查公司業務及財務狀況，公司負責人不得規避、妨礙或拒絕。若公司負責人妨礙、拒絕或規避前項檢查者，各處新臺幣二萬元以上十萬元以下罰鍰，若連續妨礙、拒絕或規避者，並按次連續各處新臺幣四萬元以上二十萬元以下罰鍰（公§21）。

(2)外國公司在中華民國境內之負責人違反第 377 條第 1 項準用第 21 條第 1 項規定，規避、妨礙或拒絕檢查者，處新臺幣二萬元以上十萬元以下罰鍰。再次規避、妨礙或拒絕者，並按次處新臺幣四萬元以上二十萬元以下罰鍰（公§377Ⅲ）。

(三)董事、監察人、經理人及大股東資料申報之查核及監督

1.公司內部人資料之定期申報及變動申報義務

　　為配合洗錢防制政策，協助建置完善洗錢防制體制，強化洗錢防制作為，增加法人（公司）之透明度，明定公司應每年定期以電子方式申報相關資料至中央主管機關建置或指定之資訊平臺。申報資料如有變動，並應於變動後十五日內申報。

2.電子方式申報之資料內容

　　公司應每年定期將董事、監察人、經理人及持有已發行股份總數或資本總額超過百分之十之股東之姓名或名稱、國籍、出生年月日或設立登記之年月日、身分證明文件號碼、持股數或出資額及其他中央主管機關指定之事項，以電子方式申報至中央主管機關建置或指定之資訊平臺；其有變動者，並應於變動後十五日內為之。但符合一定條件之公司，不適用之（公§22-1Ⅰ）。

3.資訊平臺之建置或指定

　　關於資訊平臺之建置或指定、資料之申報期間、格式、經理人之範圍、一定條件公司之範圍、資料之蒐集、處理、利用及其費用、指定事

項之內容，前項之查核程序、方式及其他應遵行事項之辦法，由中央主管機關會同法務部定之（公§22-1Ⅲ）。主管機關即依公司法第 22 條之 1 第 3 項規定之授權，訂定發布「公司法第二十二條之一資料申報及管理辦法」，以資遵循。雖然中央主管機關為辦理申報資料及其相關作業，得編列預算經費，自行建置資訊平臺（公司法第二十二條之一資料申報及管理辦法§2Ⅰ），但目前係依職權，指定臺灣集中保管結算所股份有限公司建置申報之資訊平臺及負責營運管理。

4.主管機關之查核及處罰

　　關於公司以電子方式申報之資料，中央主管機關應定期查核（公§22-1Ⅱ）。公司未依公司法第 22 條之 1 第 1 項規定申報或申報之資料不實，經中央主管機關限期通知改正，屆期未改正者，處代表公司之董事新臺幣五萬元以上五十萬元以下罰鍰。經再限期通知改正仍未改正者，按次處新臺幣五十萬元以上五百萬元以下罰鍰，至改正為止。其情節重大者，得廢止公司登記（公§22-1Ⅳ。若有上開情形，應於第 1 項之資訊平臺依次註記裁處情形（公§22-1Ⅴ）。

三、主管機關送達公文書之方式及對象

　　主管機關依法應送達於公司之公文書，得以電子方式為之（公§28-1Ⅰ）。為因應電子科技之進步，明定主管機關依法應送達於公司之公文書，除維持現行書面送達之方式外，亦得以電子方式為之。關於電子方式送達之實施辦法，則授權由中央主管機關定之（公§28-1Ⅲ）。主管機關依公司法第 28 條之 1 第 3 項及第 387 條第 2 項規定之授權，訂定發布「公司登記電子申請及電子送達實施辦法」，以資遵循。

　　主管機關依法應送達於公司之公文書無從送達者，改向代表公司之負責人送達之；仍無從送達者，得以公告代之（公§28-1Ⅱ）。

第七節　公司之解散

一、公司解散之意義

(一) 公司解散，乃公司法人人格消滅原因上所表現之法律事實。

(二) 解散僅為法人人格消滅之原因，公司解散後，尚必須經過清算之程序，將其對內外既存之法律關係加以整頓，其法人人格始歸消滅。但若另有其他整頓既存法律關係之法定程序存在時，則公司可例外不經清算即歸於消滅，例如公司因合併、分割或破產而解散者是（公§24）。

(三) 因股東死亡而辦理解散登記時應先辦理繼承及過戶手續（經濟部65.4.14.商09242號函）。

二、公司解散之原因

公司解散須有原因，且係隨公司種類之不同而有所差異。但公司解散之共通原因，則有下列四種：

(一)任意解散

即公司基於其意思而解散。例如公司章程定有解散之事由（公§71Ⅰ②、§113、§115、§315Ⅰ①）發生，或由股東三分之二以上之同意（公§71Ⅰ③、§115）、股東表決權三分之二以上之同意（公§113）或股東會為解散之決議（公§315Ⅰ③）。

(二)法定解散

乃公司因法律所規定解散事由之發生而消滅。例如公司所營事業已成就或不能成就（公§71Ⅰ②、§113、§115、§315Ⅰ②）、股東減少而不足法定之最低人數（公§71Ⅰ④、§115、§315Ⅰ④）、與他公司合併（公§71Ⅰ⑤、§113、§115、§315Ⅰ⑤）、公司破產（公§71Ⅰ⑥、§113、§115、§315⑦）、公司分割（公§315⑥）等是。由於有

限公司可由一人以上股東所組成（公§98 I），理論上不至於發生股東
減少而不足法定之最低人數問題。

(三)命令解散

1.為公司因主管機關或法院之命令而解散。

2.此項命令解散，可分為二種情形：

(1)主管機關依職權或依利害關係人之申請而命令解散（公§10）。

(2)由中央主管機關撤銷或廢止其登記。但判決確定前，已為補正者，不
　　在此限（公§9Ⅲ）。公司之負責人、代理人、受僱人或其他從業人
　　員以犯刑法偽造文書印文罪章之罪辦理設立或其他登記，經法院判決
　　有罪確定後，由中央主管機關依職權或依利害關係人之申請撤銷或廢
　　止其登記（公§9Ⅳ）。

(四)經法院依裁定命令解散

1.公司之經營，有顯著困難或重大損害時，法院得據股東之聲請，於徵
　　詢主管機關及目的事業中央主管機關意見，並通知公司提出答辯後，
　　裁定解散（公§11 I）。例如公司因業務無法推展，虧損連連，且公
　　司內部股東意見嚴重歧異，無人願意增資彌補虧損，已難繼續經營
　　（臺灣屏東地方法院91年度司字第16號民事裁定），公司之股東得向
　　法院聲請裁定解散。

2.惟其聲請於股份有限公司，應有繼續六個月以上持有已發行股份總數
　　百分之十以上股份之股東提出（公§11Ⅱ）。

3.所謂公司之經營，有顯著困難云者，係指公司於設立登記後，開始營
　　業，在經營中有業務不能開展之原因。如再繼續經營，必導致不能彌
　　補之虧損之情形而言（最高法院76年度台抗字第274號民事裁定）。

4.民法第58條之聲請解散事件，應由法人主事務所所在地之法院為之
　　（非訟事件法§59），但公司法所定由法院處理之裁定解散公司事
　　件，由本公司所在地之法院管轄（非訟事件法§171）。

5. 受徵詢之中央主管機關及目的事業中央主管機關，就公司之經營是否有顯著困難或重大損害表示意見後，法院始能裁定命令解散（臺灣高等法院暨所屬法院 65.12.10.法律座談會民事類提案第 25 號）。

6. 裁定公司解散前，法院應依職權訊問公司相關之利害關係人，並應徵詢主管機關及目的事業中央主管機關之意見（最高法院 94 年度台抗字第 1027 號民事裁定）。

三、公司解散之效果

(一)應行清算

1. 除因合併、分割或破產而解散者外，解散之公司應行清算（公§24）。清算者，為以了結解散公司之一切法律關係，並分配財產為目的之程序。

2. 解散之公司，於清算範圍內，視為尚未解散（公§25）。公司經宣告解散，其法人人格於解散以後，清算完結以前，尚屬存在，仍有其權利能力與行為能力，惟其權利能力及行為能力僅限於清算目的範圍內，凡以營業為前提之一切法規，均不得沿用，如公司逾越其清算事務之範圍，繼續經營業務，依法不生效力。

3. 解散之公司在清算時期中，為了結現務及便利清算之目的，得暫時經營業務（公§26）。

4. 公司經中央主管機關撤銷或廢止登記者，準用第 24 條至第 26 條之規定（公§26-1）。

5. 經解散、撤銷或廢止登記之公司，自解散、撤銷或廢止登記之日起，逾十年未清算完結，或經宣告破產之公司，自破產登記之日起，逾十年未獲法院裁定破產終結者，其公司名稱得為他人申請核准使用，不受第 18 條第 1 項規定之限制。但有正當理由，於期限屆滿六個月內，報中央主管機關核准者，仍受第 18 條第 1 項規定之限制（公§26-2）。

(二)更易公司負責人

1. 公司解散後，其代表及執行業務之機關均失其權限，而由清算人代之。
2. 在無限公司及有限公司，由全體股東為清算人。但公司法或章程另有規定或經股東決議，另選清算人者，不在此限（公§79、§113Ⅱ）。
3. 在兩合公司，清算由全體無限責任股東任之。但無限責任股東得以過半數之同意另行選任清算人；其解任時亦同（公§127）。
4. 在股份有限公司，則以董事為清算人。但公司法或章程另有規定或股東會另選清算人時，不在此限（公§322Ⅰ）。
5. 清算人在公司清算程序階段，即取代原執行業務股東或董事之地位，而為公司之職務上負責人（公§8Ⅱ）。

(三)應為解散之登記及公告

1. 公司之解散，除破產外，命令解散（公§10）或裁定解散（公§11）應申請主管機關為解散之登記。
2. 公司之公告應登載於新聞紙或新聞電子報（公§28Ⅰ）。中央主管機關得建置或指定網站供公司公告（公§28Ⅱ），以提供多元化公告方式。但公開發行股票之公司，證券主管機關另有規定者，從其規定（公§28Ⅲ）。
3. 公司之解散，不向主管機關申請解散登記者，主管機關得依職權或據利害關係人申請，廢止其登記（公§397Ⅰ）。主管機關對於前項之廢止，除命令解散或裁定解散外，應定三十日之期間，催告公司負責人聲明異議；逾期不為聲明或聲明理由不充分者，即廢止其登記（公§397Ⅱ）。
4. 公司之人格並非於解散登記後，即行消滅，而係於清算人在清算完結，向法院為聲報時，始行消滅。

(四)清算程序中，由法院監督

公司之一般監督，由主管機關為之，而公司解散後之清算監督，則由法院任之（公§83、§113Ⅱ、§115、§326、§335）。

(五)清算終結，人格始歸消滅

公司之解散，其法人人格並非即告消滅，必須經清算程序，俟清算完結後，始喪失其人格（最高法院104年度台上字第561號民事判決）。

四、公司解散之防止

(一)防止公司解散之理由

公司一旦成立，即為社會經濟擔當一重要角色，其解散消滅，不但攸關股東個人之利益，對於社會經濟利益、大眾交易之安全，均有影響，故公司法乃設有防止公司解散之制度，在特定情形下，允許公司或股東依聲請或同意之方式扭轉生機。

(二)防止公司解散之方法

1.申請延展

公司設立登記後滿六個月尚未開始營業，或開始營業後自行停止營業六個月以上者，主管機關本得依命令解散之，惟已辦妥延展登記或停業登記者，不在此限（公§10①、②）。

2.同意繼續經營

無限公司、有限公司或兩合公司因章程所定解散事由發生，或因公司所營事業已成就或不能成就而須解散者，得經全體股東或一部股東之同意繼續經營，其不同意者，視為退股（公§71Ⅱ、§113Ⅱ、§115），惟此時公司應變更章程（公§71Ⅳ、§113Ⅱ、§115）。應注意者，公司法第71條無限公司解散事由之規定，有限公司雖得準用，但尚無準用退股之規定（經濟部92.12.1.經商09202248360號函）。

3.加入新股東

　　無限公司、兩合公司或股份有限公司之股東經變動致不足公司法所定最低人數時，如股份有限公司之股東不足最低人數者，得加入新股東或增加股東繼續經營，以防解散（公§71Ⅲ、§113Ⅱ、§115、§315Ⅱ）。至於有限公司可由一人以上股東所組成（公§98Ⅰ），故不至於發生股東經變動致不足公司法所定最低人數之問題。

4.修正章程繼續經營

　　股份有限公司，有章程所定解散事由，應予解散，但得經股東會議變更章程後，繼續經營（公§315Ⅱ）。

第八節　公司之合併

一、公司之合併概念

(一)公司合併之意義

　　所謂合併：指依企業併購法或其他法律規定參與之公司全部消滅，由新成立之公司概括承受消滅公司之全部權利義務；或參與之其中一公司存續，由存續公司概括承受消滅公司之全部權利義務，並以存續或新設公司之股份、或其他公司之股份、現金或其他財產作為對價之行為（企業併購法§4Ⅰ③）。亦即，所稱公司合併，為兩個以上之公司，在不辦理清算程序下，訂立契約，依法定程序，相合或併入而形成一公司之法律行為。故合併為公司間之契約行為，應由代表人訂立契約，且參與合併之公司，至少必有一個歸於消滅，將其權利義務概括地移轉於合併後之公司。

(二)公司合併之必要

　　現代之企業競爭激烈，公司為避免彼此間無謂之競爭，節省經營費用，謀求經營之合理化，每有合併之必要，故公司法特別規定，公司合

併無須清算（公§24），而使消滅公司之權利義務概括地移轉於存續或新設之公司，簡便手續，並使公司之營業及其他之法律關係不致停頓或中斷而蒙受損失，俾利公司之合併。惟公司之合併若漫無限制，則易形成壟斷獨占，致破壞公平競爭之市場秩序而危害社會，故仍宜加以適度之限制或管制。

(三)公司合併之方式

1.吸收合併（又稱存續合併）：為參與合併之公司，一者存續而他者消滅之方式。
2.創設合併（又稱新設合併）：乃參與合併之公司，全歸消滅而另新設一公司之方式。

二、公司合併之程序

(一)合併契約之作成

1.公司合併，按其性質為兩個公司間之契約行為，故應作成合併契約。
2.合併契約經常係作成書面，載明合併條件等有關事項若為股份有限公司，則其合併契約應以書面為之，並記載法定事項（公§317-1Ⅰ，企業併購法§22）。
3.合併契約在性質上，為以合併決議之成立為停止條件之契約。

(二)合併之決議

1.合併契約作成後，各該參與合併之公司，必須作成合併決議。
2.合併決議本身之內容並不受合併契約之拘束，即使參與合併之公司為與合併契約條款不同之決議，該決議仍能有效成立，但當事公司須互為協議，修改合併契約，以資配合。
3.合併決議，旨在防止因合併而致侵害股東之權利，故公司法乃採加重表決制，如無限公司及兩合公司之合併須經合併公司全體股東之同意（公§72、§115）。有限公司之合併，應經股東表決權三分之二以上

之同意（公§113Ⅰ）。至於股份有限公司之合併決議，除母子公司或兄弟公司間之簡易合併、非對稱合併外，原則上應有代表已發行股份總數三分之二以上股東之出席，以出席股東表決權過半數之同意行之（公§316Ⅰ，企業併購法§18Ⅰ），但公開發行股票之公司，出席股東之股份總數不足上開定額者，得以有代表已發行股份總數過半數股東之出席，出席股東表決權三分之二以上之同意行之（公§316Ⅱ，企業併購法§18Ⅱ）。上開出席股東股份總數及表決權數，章程有較高之規定者，從其規定（公§316Ⅲ，企業併購法§18Ⅲ）。

4.由於無限公司及兩合公司之合併須經合併公司全體股東之同意（公§72、§115），故無限公司或兩合公司之股東中有不同意合併或合併之條件者，可運用其同意權作為談判籌碼，達成退股之目的，就無限公司而言，可解為不同意合併之股東有非可歸責於自己之重大事由，不問公司定有存續期限與否，得予退股（公§65Ⅱ）。就兩合公司而言，可解為不同意合併之無限責任股東有非可歸責於自己之重大事由，不問公司定有存續期限與否，得予退股（公§115準用§65Ⅱ）；不同意合併之有限責任股東遇有非可歸責於自己之重大事由，而經無限責任股東以過半數之同意退股（公§124）。

5.有限公司合併，應經股東表決權三分之二以上之同意（公§113Ⅰ），但公司法並未賦予不同意股東收回投資之權利，似有立法疏漏。又有限公司合併，雖準用無限公司有關之規定，但並未準用無限公司退股之規定。

6.股份有限公司進行企業併購法第18條之合併時，存續公司或消滅公司之股東於決議合併之股東會集會前或集會中，以書面表示異議，或以口頭表示異議經記錄，並投票反對或放棄表決權者，得請求公司按當時公平價格，收買其持有之股份。但公司依第18條第7項進行合併時，僅消滅公司股東得表示異議（企業併購法§12Ⅰ②）。又股份有限公司進行第19條之簡易合併時，其子公司股東於決議合併之董事會

依第 19 條第 2 項公告及通知所定期限內以書面向子公司表示異議者，得請求公司按當時公平價格，收買其持有之股份（企業併購法§12 I ③）。

7.公司法除對公司合併之決議設有規定外，對合併公司及被合併公司並未設有任何限制條件，故法理上，縱被合併而消滅之公司，其負債超過資產，亦法所不禁。按公司合併，係兩個以上公司間之契約行為，在不違反法律強制或禁止規定之前提下，公司應享有契約自由，至於合併是否有實益，乃屬另一事實問題。至於公司法第 211 條第 2 項規定，公司資產顯有不足抵償其所負債務時，除得依第 282 條辦理重整外，董事會應即聲請宣告破產。由於上開條文並非效力規範，董事會若違反聲請破產宣告之義務而逕行公司合併，該合併並非無效（法務部 72.9.19.法律決 11739 號函），僅董事應負行政罰責任（公§211Ⅲ）及民事責任而已。

(三)編造資產負債表、財產目錄及為合併之通知

合併決議成立後，公司負責人應即編造資產負債表及財產目錄，且應向各債權人分別通知及公告，並指定三十日以上之期限，聲明債權人得於期限內提出異議（公§73 I 、Ⅱ、§113Ⅱ、§115、§319，企業併購法§23 I）。

公司不為公司法第 73 條之通知及公告，或對於在指定期限內提出異議之債權人不為清償，或不提供相當擔保者，不得以其合併對抗債權人（公§74、§113Ⅱ、§115、§319，企業併購法§23Ⅱ）。

(四)召集股東會或發起人會議並修改或訂立章程

股份有限公司合併後，存續公司之董事會，或新設公司之發起人，於完成催告債權人程序後，其因合併而有股份合併者，應於股份合併生效後；其不適於合併者，應於該股份為處分後，分別循左列程序行之：

1.存續公司，應即召集合併後之股東會，為合併事項之報告，其有變更

章程必要者，並為變更章程；2.新設公司，應即召開發起人會議，訂立章程（公§318Ⅰ）。應注意者，存續公司得於合併後第一次股東會為合併事項之報告（企業併購法§26），以符實際狀況。又上開變更章程或訂立章程，不得違反合併契約之規定（公§318Ⅱ）。

(五)辦理公司合併之登記

1.公司為合併時，應於實行後十五日內，向主管機關申請登記（公司登記辦法§2、§4Ⅰ）。

2.其所應為之登記，情形有三：

(1)因合併而存續之公司，為變更之登記。

(2)因合併而消滅之公司，為解散之登記。

(3)因合併而另立之公司，為設立之登記。

3.公司合併登記之效力，乃採登記要件主義。存續公司或新設公司取得消滅公司之財產，其權利義務事項之移轉，自合併基準日起生效。但依其他法律規定其權利之取得、設定、喪失或變更應經登記者，非經登記，不得處分（企業併購法§25Ⅰ）。

三、公司合併之效果

(一)公司之消滅

1.合併必使一個以上之公司消滅，此乃合併之必然結果。

2.消滅公司無須經清算程序序（公§24）。

3.於形式上，發生消滅公司之法人格直接消滅之效果。

4.於實質上，非為解散公司之純粹的消滅，而僅為態樣之變更。

(二)公司之變更或設立

1.在吸收合併之場合，由參與合併而未消滅之公司，以存續公司之地位變更其原有組織而繼續存在，並應辦理變更登記。

2.在創設合併之場合，參與合併之公司全歸消滅而產生新公司，此新公

司為「新設公司」，應為新設之登記。

(三)權利義務之概括承受

1.因合併而消滅之公司，其權利義務應由合併後存續或另立之公司概括承受（公§75、§113Ⅱ、§115、§319）。

2.因合併而消滅之公司，其權利義務應由合併後存續或新設之公司概括承受；消滅公司繼續中之訴訟、非訟、仲裁及其他程序，由存續公司或新設公司承受消滅公司之當事人地位（企業併購法§24）。

3.所謂概括承受者，為公司之全部權利義務，故毋庸就各個權利義務為個別移轉，亦不能以合併契約免除其一部分之承受。

4.承受債權時，無須通知債務人，即可對之發生效力，而與民法第297條規定不同。

5.承受債務時，無須另行通知債權人，而獲其承認，亦當然發生承擔之效力，而與民法第301條規定不同。

6.存續公司或新設公司為辦理企業併購法第25條第1項財產權利之變更或合併登記，得檢附下列文件逐向相關登記機關辦理批次登記，不受土地法第73條第1項、動產擔保交易法第7條及其他法律規定有關權利變更登記應由權利人及義務人共同辦理之限制（企業併購法§25Ⅱ）：

(1)公司合併登記之證明。

(2)消滅公司原登記之財產清冊及存續公司或新設公司辦理變更登記之財產清冊。

(3)其他各登記機關規定之文件。

7.公司合併後有關不動產之移轉登記，由合併後存續或另立之公司單獨聲請辦理登記（最高法院94年度台抗字第1052號民事裁定）。

8.公司合併，消滅公司之分公司得由存續公司直接申請變更為存續公司之分公司（經濟部90.11.5.經商0900223990號函）。

9.公司因合併而消滅，消滅公司原當選為他公司董事或監察人者，得由
　合併後存續或另立之公司以變更董事或監察人名稱之方式接續原職務
　（經濟部 88.11.19.商 88222810 號函）。

第九節　公司之變更組織

一、變更組織之意義

(一) 公司之變更組織，乃公司不中斷其法人資格，而將其組織型態變更
　　為他種型態之行為，例如由無限公司變更為兩合公司，有限公司變
　　更為股份有限公司。組織變更前之公司與組織變更後之公司，不失
　　其法人之同一性，並非兩個不同之公司，組織變更前公司之權利義
　　務，當然由組織變更後之公司概括承受（最高法院 85 年度台上字第
　　2255 號民事判決）。

(二) 依現行法規定，公司變更組織時，得不經解散清算之程序，僅在形
　　式上辦理變更登記，手續簡便，且公司業務不致中斷。

二、變更組織之條件

(一)須得一定比例股東之同意

1.無限公司得經全體股東之同意，以一部股東改為有限責任或另加入有
　限責任股東，變更其組織為兩合公司（公§76Ⅰ）。

2.無限公司因股東經變動而不足公司法所定之最低人數，得加入有限責
　任股東繼續經營，變更其組織為兩合公司（公§76Ⅱ）。

3.為利無限公司轉型，公司法於民國 107 年 8 月 1 日修正時，明定無限公
　司得經股東三分之二以上之同意變更章程，將其組織變更為有限公司
　或股份有限公司（公§76-1Ⅰ）。上開情形，不同意之股東得以書面
　向公司聲明退股（公§76-1Ⅱ）。

4.公司法於民國 107 年 8 月 1 日修正時，降低變更組織之同意門檻為股東表決權過半數之同意。亦即，有限公司得經股東表決權過半數之同意變更其組織為股份有限公司（公§106Ⅲ）。不同意之股東，對章程修正部分，視為同意（公§106Ⅳ），以避免不同意股東藉由反對修正章程為手段阻止程序之進行。

5.兩合公司之有限責任股東全體退股時，無限責任股東在二人以上者，得以一致之同意變更其組織為無限公司（公§126Ⅱ）

6.兩合公司並得以無限責任股東與有限責任股東全體之同意變更組織為無限公司（公§126Ⅲ）。

7.兩合公司得經股東三分之二以上之同意變更章程，將其組織變更為有限公司或股份有限公司（公§126Ⅳ）。上開情形，不同意之股東得以書面向公司聲明退股（公§126Ⅴ）。

(二)須變更為他種法定型態之組織

1.若僅為股東之變動，而公司之組織型態不變者，並非變更組織。

2.組織變更，須變更為公司法所規定四種公司之組織型態之一。但公司法不允許有限公司變更為無限公司或兩合公司，且股份有限公司不得經股東會決議變更為無限公司、兩合公司或有限公司。

3.組織變更後，股東責任可能因此而有所變更，但其責任之變更與否，並非變更組織之要件。

(三)須變更章程

　　公司之名稱，係公司章程之絕對必要記載事項（公§41Ⅰ、§101Ⅰ、§116、§129），且依法應標明其種類（公§2Ⅱ），故公司既已變更組織，其種類已更異，自當變更章程。

(四)須辦理變更登記

　　公司變更組織後，可逕辦變更登記，無須同時分別辦理解散登記與

設立登記之雙重程序。

三、變更組織之限制

(一) 公司變更組織，依現行法之規定，並非任何公司均可變為任何公司，而是得變更組織之公司及變更後公司之組織型態兩者，均受有限制。

(二) 變更組織之限制，原則上為公司性質相近似而股東責任相同之公司，始可互變。

(三) 依現行法之規定，公司得變更組織之情形如下：

1.無限公司得變更為兩合公司。無限公司變為兩合公司之情形有二：

(1)以一部分股東改為有限責任或另加入有限責任股東，變更其組織為兩合公司（公§76Ⅰ）。

(2)股東經變動而不足法定最低人數時，新加入有限責任股東而變為兩合公司（公§71Ⅰ④、Ⅲ、§76Ⅱ）。

2.兩合公司得變更為無限公司，其情形有二：

(1)有限責任股東全體退股時，若無限責任股東在二人以上者，得以一致之同意變更其組織為無限公司（公§126Ⅱ）。

(2)無限責任股東與有限責任股東，以全體之同意，得變更其組織為無限公司（公§126Ⅲ）。

3.無限公司及兩合公司得變更為有限公司或股份有限公司，以利無限公司及兩合公司之轉型。

(1)無限公司得經股東三分之二以上之同意變更章程，將其組織變更為有限公司或股份有限公司（公§76-1Ⅰ）。

(2)兩合公司得經股東三分之二以上之同意變更章程，將其組織變更為有限公司或股份有限公司（公§126Ⅳ）。

4.有限公司得變更為股份有限公司：有限公司得經股東表決權過半數之同意，變更其組織為股份有限公司（公§106Ⅲ）。

5.股份有限公司不得改組為其他種類之公司。

(1)為加強公司大眾化，限制股份有限公司變更組織為有限公司，故股份
　有限公司於有記名股東不足最低人數時，僅得增加有記名股東繼續經營
　（公§315Ⅱ），而不得經股東全體同意，而變更其組織為有限公司。

(2)股份有限公司於重整時，若章程之變更列入重整計畫（公§304Ⅰ
　⑥），經關係人會議表決通過，並經法院裁定認可，似可能變更為其
　他種類之公司。惟因公司法第 310 條第 1 項後段規定，重整完成時，
　應聲請法院為重整完成之裁定，並於裁定確定後，召集重整後之股東
　會選任董事、監察人，故解釋上股份有限公司於重整程序，應不得變
　更為其他種類之公司。

第十節　公司之負責人及經理人

一、公司之負責人

(一)公司負責人之意義及種類

1.代表公司為行為之自然人，通稱為公司之負責人。

2.依公司法第 8 條之規定，公司負責人可分為二種：

(1)當然負責人：在無限公司、兩合公司為執行業務或代表公司之股東；
　在有限公司、股份有限公司為董事（公§8Ⅰ）。

(2)職務負責人：此種負責人僅於執行職務範圍內，始得視為公司負責
　人。公司之經理人、清算人或臨時管理人，股份有限公司之發起人、
　監察人、檢查人、重整人或重整監督人等屬之（公§8Ⅱ）。

3.公司所屬分支機構包括分公司、工廠或營業所申請營利事業登記之負
　責人，原則上應與總公司之負責人一致。此旨在防止分支機構之主持
　人未得總機構之決定擅自申請變更，滋生紛爭。然為便於事務之執
　行，可由總公司出具授權書授權各該分支機構實際負責人，辦理申請

登記，其申請表上之分支機構負責人不必為總機構之負責人，俾符實際（經濟部 56.5.29.商 13434 號函）。

4. 檢查人對保管帳冊等資料之人起訴，請求交付業務帳冊等資料，應以公司為原告，檢查人為公司負責人（最高法院 69 年度台上字第 3845 號民事判決）。

5. 臨時管理人，在代行董事長、董事會或董事之職權時（公 §208-1、§108IV），自屬公司負責人（最高行政法院 97 年度判字第 350 號判決）。臨時管理人旨在因應股份有限公司之董事會或有限公司之董事不為或不能行使職權時，藉臨時管理人之代行董事長、董事會或董事之職務，以維持公司運作。由於該臨時管理人係代行董事長、董事會或董事之職權，是以，在執行職務範圍內，亦為公司負責人。

6. 公司法經理人、董事與公司間之關係屬委任關係，其等之退休金不得自勞工退休準備金中支應，應由事業單位另行籌措支給（最高行政法院 92 年度判字第 1539 號判決）。

7. 公司法民國 101 年 1 月 4 日修正前，依早期司法實務見解，就負責人之認定係採形式主義，如非名義上擔任公司董事或經理人，非為公司之負責人。是修正前公司法第 8 條規定之公司負責人，不包含所謂「實際負責人」。則被上訴人既非○○公司之董事，亦非經理人，該公司又僅有唯一董事之設置，其雖掛名擔任副董事長，要難認為係公司法第 8 條規定之公司負責人（最高法院 106 年度台上字第 475 號民事判決）。則當事人既非公司之董事，亦非經理人，該公司又僅有唯一董事之設置，其雖掛名擔任副董事長，要難認為係公司負責人（最高法院 106 年度台上字第 475 號民事判決）。惟晚近司法實務見解則認為，關於公司負責人之認定，應改採實質原則，稱實質負責人，不單只以形式上之名稱或頭銜為判斷基準，尚包括名義上雖未掛名董事，但實際上對公司之決策、業務、財務及人事等各方面，具有控制支配力之人（最高法院 111 年度台上字第 4689 號刑事判決）。

8.現行公司法設有事實上董事及實質董事（影子董事）之制度，亦即公司之非董事，而實質上執行董事業務或實質控制公司之人事、財務或業務經營而實質指揮董事執行業務者，與公司法董事同負民事、刑事及行政罰之責任。但政府為發展經濟、促進社會安定或其他增進公共利益等情形，對政府指派之董事所為之指揮，不適用之（公§8Ⅱ）。

9.法人亦得為公司之負責人（經濟部94.6.6.經商09400090780號函），但僅限於擔任公司之董事或監察人（公§27Ⅰ）。

(二)公司負責人之義務及責任

1.公司負責人應忠實執行業務並盡善良管理人之注意義務，如有違反致公司受有損害者，負損害賠償責任（公§23Ⅰ）。應注意者，董事長係經董事會選任之公司代表，對公司及股東負有忠實之義務，倘董事長有悖於忠實義務之行為，致公司發生損害，而其行為得評價為高度違反誠信者，基於公司代表之忠實義務蘊含高度信賴、期待忠誠篤實等特殊要求，應認為其已該當以違背善良風俗之方法侵害他人權利或利益之侵權行為要件（最高法院110年度台上字第2493號民事判決）。

2.公司之非董事，而實質上執行董事業務或實質控制公司之人事、財務或業務經營而實質指揮董事執行業務者，與公司法董事同負民事、刑事及行政罰之責任。但政府為發展經濟、促進社會安定或其他增進公共利益等情形，對政府指派之董事所為之指揮，不適用之（公§8Ⅲ）。又公司法於民國107年8月1日修正時，為強化公司治理並保障股東權益，實質董事之規定，不再限於公開發行股票之公司始有適用，因此，股份有限公司或有限公司均有事實上董事及影子董事規定之適用。

3.實質董事雖非登記名義之董事，但就公司經營有實質控制力或重大影響力，依衡平原則，應使其受委任董事之規範，俾保障股東權益（最

高法院 103 年度台再字第 31 號民事判決）。

4.公司負責人對於違反公司法第 23 條第 1 項規定，為自己或他人為該行為時，股東會得以決議將該行為之所得視為公司之所得。但自所得產生後逾一年者，不在此限（公§23Ⅲ）。但股份有限公司經理人之委任、解任及報酬係由董事會決議，則對經理人行使歸入權，是否應對對公司法第 23 條第 3 項規定為目的性限縮，解為由董事會決議即可，似值重視。

5.董事長挪用公司款項，公司因而受損失時，不能列報為與公司業務有關之損失（最高行政法院 81 年度判字第 1426 號判決）。

6.公司負責人違法處理有關公司之事務，且公司應負有賠償之責時，公司負責人與公司應負連帶賠償責任（臺灣高等法院 97 年度重上字第 58 號民事判決）。

7.公司負責人應忠實執行業務，係指於執行公司業務時，應謀求公司之利益，不得犧牲公司之利益，而圖謀個人或第三人之利益（法務部 95.1.3.法律 0940046500 號函）。

8.董事向公司表示辭職時，其委任關係即已終止；然公司之董事登記尚未變更前，其對外應負之董事責任並非當然解消（最高行政法院 96 年度判字第 1930 號判決）。

9.依最高法院早期之見解，公司負責人連帶賠償責任，應適用民法第 125 條規定，為十五年（最高法院 96 年度台上字第 2517 號民事判決、最高法院 76 年度台上字第 2474 號民事判決）。惟最高法院近期之見解，則認為按公司法第 23 條第 2 項規定公司負責人執行公司業務，如有違反法令致他人受有損害時，應與公司對他人負連帶賠償之責。對公司負責人就其違反法令之行為課予應與公司負連帶賠償責任之義務，其立法目的係因公司負責人於執行業務時，有遵守法令之必要，苟違反法令，自應負責，公司為業務上權利義務主體，既享權利，即應負其義務，故連帶負責，以予受害人相當保障。次按我國採民商法合一之立

法政策，除就性質不宜合併者，另行制頒單行法，以為相關商事事件之優先適用外，特別商事法規未規定，而與商事法之性質相容者，仍有民法相關規定之適用。依上說明，若公司負責人執行公司業務，違反法令致他人受有損害，公司依民法第 28 條規定應負侵權行為損害賠償責任者，既應適用民法第 197 條第 1 項二年時效之規定，受害人併依公司法第 23 條第 2 項規定請求公司負責人與公司連帶賠償時，因責任發生之原因事實乃侵權行為性質，且公司法就此損害賠償請求權並無時效期間之特別規定，而民法第 197 條第 1 項侵權行為損害賠償請求權消滅時效二年之規定，復無違商事法之性質，自仍有該項規定之適用（最高法院 107 年度台上字第 1498 號民事判決）。

10. 公司使用他公司職員所洩漏之公司營業秘密製造並販賣之機器，公司負責人應負侵權行為責任（最高法院 97 年度台上字第 2237 號民事判決）。

11. 公司負責人與公司負連帶賠償責任，須公司負責人處理有關公司之事務，且必以公司負有賠償之責為要件（最高法院 89 年度台上字第 2749 號民事判決）。

12. 依民法第 35 條規定，法人之董事知悉法人之財產不能清償債務，如即時向法院聲請破產，法人之債權人可得全部或部分之清償，倘董事怠於聲請，致債權人全未受償或較少受償時，法人之董事始應負損害賠償責任（最高法院 94 年度台上字第 247 號民事判決）。申言之，法人之債權人，主張因法人之董事於法人之財產不能清償債務時，未即聲請宣告法人破產，致其債權受損害者，應以法人債權人所受損害與法人董事未即時聲請宣告法人破產間有因果關係存在為前提（最高法院 88 年度台上字第 191 號民事判決、最高法院 91 年度台上字第 1844 號民事判決）。

13. 公司依股東會決議將公司債權信託由其負責人管理或處分，非法所不許（最高法院 91 年度台上字第 1746 號民事判決）。

14. 公司負責人代表公司執行公司業務，為公司代表機關之行為，若構成侵權行為，即屬公司本身之侵權行為（最高法院 95 年度台上字第 142 號民事判決）。

15. 董事或其他有代表權人之執行職務，應包括外觀上足認為法人之職務行為，或與職務行為在社會觀念上有適當牽連關係之行為在內（最高法院 92 年度台上字第 2344 號民事判決）。

16. 民法第 28 條及公司法第 23 條第 2 項所謂執行職務或業務之執行，除外觀上足認為執行職務（業務）之行為外，在社會觀念上與執行職務（業務）有適當牽連關係之行為，亦屬之。是以，砂石開採加工及買賣既為公司營業項目之一，則該公司之實際負責人盜採管理機關所管理之土地砂石，縱已構成犯罪，然在社會觀念上能否謂與執行職務（業務）無適當之牽連關係，而不得認係執行職務（業務）之行為，自非無疑（最高法院 102 年度台上字第 1060 號民事判決）。

二、公司之經理人

(一)經理人之意義

1. 經理人設置之目的在輔助公司業務之執行。經理人者，乃為公司管理事務，及有權為其簽名之人（民法§553）。

2. 公司得依章程規定置經理人（公§29 I 前段）。經理人係屬公司之任意的業務執行機關，故公司縱未設置經理人，仍不妨害其有效成立。但經理人之設置必須依據章程之規定，且一旦設置，即屬公司之常設業務執行機關。

(二)經理人之人數

經理人之人數，非但無法定最低數，其最高數亦無限制，一切均按章程之規定。

(三)經理人之資格

1.積極限制

　　公司法對於經理人並無積極資格之要求，故是否為公司之董事或股東，均非所問，學經歷亦無限制。公司法於民國 107 年 8 月 1 日修正前，曾要求經理人必須在國內有住所或居所。但為因應公司經營之國際化、自由化，經理人住、居所已不再設有限制。

2.消極限制

(1)經理人為公司第一線之負責人，對於公司營業之成敗，關係重大，故設有消極之限制。

(2)有下列情形之一者，不得充任經理人，其已充任者，當然解任（公§30）。

　①曾犯組織犯罪防制條例規定之罪，經有罪判決確定，尚未執行、尚未執行完畢，或執行完畢、緩刑期滿或赦免後未逾五年。

　②曾犯詐欺（刑法§339～§341）、背信（刑法§342）、侵占罪（刑法§335～§338）經宣告有期徒刑一年以上之刑確定，尚未執行、尚未執行完畢，或執行完畢、緩刑期滿或赦免後未逾二年。

　③曾犯貪污治罪條例之罪，經判決有罪確定，尚未執行、尚未執行完畢，或執行完畢、緩刑期滿或赦免後未逾二年。

　④受破產之宣告或經法院裁定開始清算程序，尚未復權。

　⑤使用票據經拒絕往來尚未期滿者。

　⑥無行為能力或限制行為能力者。所謂限制行為能力，應依民法之規定定之。即指七歲以上未滿二十歲之未成年人而言，惟限制行為能力之未成年人已屆法定結婚年齡而結婚者，即有行為能力（民法§13Ⅱ）。

　⑦受輔助宣告尚未撤銷。

(3)監察人職司監督公司業務，性質上不得兼任經理人（公§222）。

3.副理或業務部副理非為經理人，非公司法第 8 條所規定之公司負責人

（最高法院 94 年度台上字第 1726 號民事判決、最高法院 97 年度台上
字第 2380 號民事裁定）。

4.又協理若為經理人，則公司與協理間為委任關係，而非僱傭關係（最
高法院 97 年度台上字第 2351 號民事判決）。惟所謂經理人乃指為公司
管理事務及簽名之人，是凡由公司授權為其管理事務及簽名之人，即
為公司之經理人，不論其職稱為何（最高法院 100 年度台上字第 1295
號民事判決）。

5.被判刑並宣告刑期，雖通緝期已過（並未服刑），仍應受經理人消極
資格之限制（經濟部 100.4.14.商 10000558410 號函）。蓋其屬於尚未執
行之情形。

(四)經理人之任免

1.經理人乃非公司之必要機關，其設置與否，按章程之規定，故未經章
程規定者，股東、股東會、或董事會均不得依決議就其設置，作任何
決定。

2.經理人之任免及報酬，因公司種類之不同而異其條件，但公司章程有
較高規定者，從其規定（公§29Ⅰ）：

(1)無限公司、兩合公司須有全體無限責任股東過半數同意。

(2)有限公司須有全體股東表決權過半數同意。

(3)股份有限公司應由董事會以董事過半數之出席，及出席董事過半數同
意之決議行之。

3.公司有公司法第 156 條之 4 之情形者，專案核定之主管機關應要求參與
政府專案紓困方案之公司提具自救計畫，並得限制其發給經理人報酬
或為其他必要之處置或限制；其辦法，由中央主管機關定之（公§29
Ⅱ）。主管機關即依據上開授權規定，訂定發布「參與政府專案紓困
方案公司發行新股與董事監察人經理人限制報酬及相關事項辦法」，
以資遵循。

4. 經理人係經董事會決議後，始生委任關係，尚無追認之問題（經濟部 94.4.28.經商 09402050630 號函）。

5. 員工與公司間究屬僱傭或委任關係，應依契約之實質關係以為斷，初不得以公司員工職務之名稱逕予推論（最高法院 97 年度台上字第 1510 號民事判決）。

6. 顧問職務，其聘任及薪資之勞工性甚低，難謂有經濟上及人格上之從屬性，堪認非屬勞動契約，而係有償之委任契約（最高法院 97 年度台上字第 2330 號民事判決）。

7. 股份有限公司經理人之報酬，係專屬董事會決議事項（經濟部 96.1.4. 經商 09500202210 號函）。

(五)經理人之職權

1. 民法第 554 條第 1 項及第 555 條為經理人固有職權之規定，而公司法第 31 條乃民法之補充規定，並非其特別規定，從而若以章程或契約訂定關於經理人之職權，當不能與民法上之規定相牴觸。

2. 因此，有關公司經理人職權之規定，可歸納如下：

(1)經理人對於第三人之關係，就商號或其分號，或其事務之一部，視為其有管理上一切必要行為之權（民法§554 I）。

(2)對於不動產之買賣或設定負擔，非經公司書面授權，經理人不得為之（民法§554 II）。

(3)經理人就其所任之事務，視為有代理公司為原告或被告或其他一切訴訟上行為之權（民法§555）。應注意者，公司經理人須以公司營業上之事務為限，就執行職務之範圍，始屬公司之負責人，得對外代表公司。是公司係以一般投資為其營業項目，他造公司以公司為被告提起確認股東權存在之訴，核屬他造公司對於公司股東權存否之爭執，與總經理執行公司對外投資之業務，並無關涉，縱使為公司董事會委任之總經理，仍不得於確認股東權存在之訴，以公司負責人之地位聲

　　明承受訴訟（最高法院 101 年度台抗字第 1038 號民事裁定）。

(4)經理人之職權，除章程規定外，並得依契約之訂定，經理人在公司章
　　程或契約規定授權範圍內，有為公司管理事務及簽名之權（公
　　§31）。

3.經理人收受存款或向他人借款之行為，除依營業之性質或其他情事可
　　認其有此權限者外，並非當然對於本人發生效力（最高法院 84 年度台
　　上字第 828 號民事判決、臺灣高等法院臺中分院 100 年度重上更(一)字
　　第 31 號民事判決）。

4.經理人有為商號簽名之權利，其以公司名義與他人訂立書面契約或簽
　　發支票，縱僅由其簽名或蓋章而未加蓋公司印章，仍然有效，且為便
　　利交易，形式上若已足以辨認其係代表公司而為之，則縱未表明職
　　銜，亦應認為有效。

5.公司對經理人職權之限制，除法律別有規定外（如不動產之買賣或設
　　定負擔），不得對抗善意第三人（民法§557，公§36）。惟此乃指經
　　理人所為事項，係在法定職權範圍內有關公司營業上之事務而言，若
　　經理人所為事項，非公司營業上事務，公司自不負責任，而不發生善
　　意第三人問題（司法院 28 年度院字第 1931 號解釋）。所謂善意，即不
　　知情。

6.所謂經理權者，乃就其公司之一切事務，為公司之經理依法而有經理
　　之權者而言，若其所經理之事務非公司之一切事務，即屬無權經理，
　　即不問第三人是否善意，非經公司之特別委任或追認，自不能對公司
　　發生效力（最高法院 71 年度台上字第 1486 號民事判決）。

7.凡屬業務範圍內之事務，公司經理人有為公司為一切行為之權限，無
　　須另經公司授權（最高法院 92 年度台上字第 2605 號民事判決）。例如
　　以買賣不動產為營業之公司，其經理當然有為公司為買賣不動產所必
　　要之一切行為之權限（臺灣高等法院 92 年度上更(一)字第 37 號民事判
　　決）。又例如股份有限有公司之經理人，因辦理放款業務，而就他人

提供之不動產取得抵押權之設定及塗銷登記行為，似毋須書面之授權（法務部 76.2.11.法參 1763 號函）。

8.未依公司法規定委任之經理人，惟如符合表現代理之要件時，即應依表見代理之法理，對於善意之第三人負授與經理權之責任（最高法院 97 年度台上字第 1360 號民事判決）。

9.董事全經假處分禁止其行使董事職權，難憑公司已設總經理、經理即遽認無選任臨時管理人之必要（最高法院 95 年度台抗字第 232 號民事裁定）。

(六)經理人之義務

1.忠實義務及善良管理人之注意義務

公司負責人應忠實執行業務並盡善良管理人之注意義務，如有違反致公司受有損害者，負損害賠償責任（公§23Ⅰ）。經理人為公司之職務負責人，對公司自負有忠實義務及善良管理人之注意義務。

2.不競業之義務

(1)經理人不得兼任其他營利事業之經理人，並不得自營或為他人經營同類之業務。但經依第 29 條第 1 項規定之方式同意者，不在此限（公§32）。

①其立法意旨重在使經理人能盡忠職守，防止彼此營業競爭，免使任何一方有所偏頗。

②其他營利事業，包括公司及獨資、合夥在內（經濟部 57.12.21.商 44798 號函）。

③經理人雖未經登記，但既經公司委任，此種競業之情形即為法所不許（經濟部 63.5.10.商 11890 號函）。

④經理人兼職之限制，在外國公司並無準用，蓋公司法第 377 條關於外國公司準用同法各條之規定，並未將第 32 條列入（司法行政部 50.9.18.臺函參 4815 號函）。

(2)所謂「不得自營或為他人經營同類之業務」，「經營業務」之概念相

當廣泛，不僅應包括業務執行，亦應包括監督公司之業務在內，故解釋上不僅包括擔任其他具有同類業務營利事業之董事及經理人等職務在內，亦應包括監察人之職務。蓋監察人之職務主要為監督公司業務執行（公§218）及財務會計之審核（公§219），且於特定情形下，尚具有法律行為代表權（公§223）及訴訟代表權（公§213），故其職權之行使亦為「經營業務」。

(3)經理人如違反競業禁止之義務者，依民法第 563 條第 1 項規定，公司得請求因其行為所得之利益作為損害賠償。此項請求權，自公司知有違反行為時起經過二個月，或自行為時起經過一年不行使而消滅（民法§563Ⅱ）。

(4)經理人縱非自營或為他人經營同類之業務，若有輔助他人經營與公司同類之業務，至有損及公司利益之情形時，應在禁止之列（臺灣高等法院 85 年度勞上字第 44 號民事判決）。

3.不得變更公司意旨或逾越權限之義務

　　經理人不得變更董事或執行業務股東之決定，或股東會或董事會之決議，或逾越其規定之權限（公§33、§34）。

4. 守法義務

　　經理人因違反法令、章程或第 33 條之規定，致公司受損害時，對於公司負賠償之責限（公§34）。

(七)經理人之責任

1.對於公司之責任

(1)經理人應遵守政府法令、公司章程、董事或執行業務股東決定或股東會及董事會決議或其規定之權限，若違反而致公司受損害時，對於公司應負賠償責任（公§33、§34）。

(2)經理人違反法令、章程，致公司受損害，公司縱不能證明該公司所受損害之數額，法院仍應審酌一切情況定其數額（最高法院 91 年度台上字第 1886 號民事判決）。

(3)經理人違反競業禁止之義務者，公司得請求因其行為所得利益，作為
損害賠償（民法§563 I）。又經理人為公司負責人，若違反公司法
第23條第1項之規定，為自己或他人為該行為時，股東會得以決議，
將該行為之所得視為公司之所得。但自所得產生後逾一年者，不在此
限（公§23Ⅲ）。

(4)公司經理人違反競業禁止規定，公司得請求經理人將因其競業行為所
得之利益，作為損害賠償（最高法院96年度台上字第923號民事判
決）。

(5)公司經理人違反競業禁止，其所為之競業行為並非無效（最高法院81
年度台上字第1453號民事判決）。

2.對於第三人之責任

經理人在執行職務範圍內，為公司之負責人（公§8Ⅱ），故如對於
公司業務之執行，應忠實執行業務並盡善良管理人之注意義務，如有違
反法令致他人受有損害時，對他人應與公司負連帶賠償之責（公§23
Ⅱ）。

第二章
無限公司

第一節 無限公司之概念與設立

一、無限公司之概念

(一) 無限公司為二人以上之股東所組織，全體之股東，對於公司債務負
連帶無限清償責任之公司。

(二) 無限公司之信用，完全建立在股東個人之信用上，且其存續與經營
均深受股東個人條件之影響，故為典型之人合公司。

(三) 在實質上，其仍為個人企業或合夥企業，但我國公司法從法國、日
本之立法例，承認其為法人，俾使對外之法律關係臻於安定。

二、無限公司之設立

(一)設立之階段

無限公司之設立，須經過兩個階段，即章程之訂定與設立之登記。

1.章程之訂定

(1)無限公司之股東，應有二人以上，其中半數，應在國內有住所（公§
40 I）。股東應以全體之同意，訂立章程，簽名或蓋章，置於本公
司，並每人各執一份（公§40）。

(2)章程之記載事項如次（公§41 I）：

①絕對必要記載事項：欠缺時，其章程無效。

A.公司名稱：名稱應標明無限公司，例如「同昌建築無限公司」。

B.所營事業：公司經營何業，須具體記載。

C.股東姓名、住所或居所。

D.資本總額及各股東之出資額。

E.盈餘及虧損分派之比例或標準,或按出資多寡為比例,或另定標準,均須載明於章程中。

F.本公司所在地。

G.訂立章程之年、月、日。

②相對必要記載事項:法律雖有明文規定,且原則上若有該特有事項時應行記載於章程,否則不發生法律上之效力,但縱未記載,亦不影響章程之效力者。

A.各股東有以現金以外之財產為出資者,其種類、數量、價格或估價之標準。

B.定有代表公司之股東者,其姓名。

C.定有執行業務之股東者,其姓名。

D.定有解散之事由者,其事由。

E.設有分公司者,其所在地。

③任意記載事項:經股東全體之同意,任意記載於章程,而一經記載即生效力者。凡不違反法律所強制禁止或不違背公序良俗者,均得經約定而成為任意記載事項。

(3)代表公司之股東,不備置前項章程於本公司者,處新臺幣一萬元以上五萬元以下罰鍰。連續拒不備置者,並按次連續處新臺幣二萬元以上十萬元以下罰鍰(公§41Ⅱ)。

2.設立之登記

　　公司之設立,非經登記完成,不得成立,且登記乃一種公示制度,在使與公司交易之第三人,知悉公司之狀況而給予信任。

(二)設立之無效及撤銷

1.無限公司之設立,係屬一種法律行為,倘有無效或得撤銷之原因時,自得為無效之主張或撤銷之。

2.我公司法對設立無效之事由未設特別規定，應適用民法有關之規定。
　至於設立得撤銷之事由，僅明定下列二種情事：

(1)公司應收之股款，股東並未實際繳納，而以申請文件表明收足，或股
　東雖已繳納而於登記後將股款發還股東，或任由股東收回者，經法院
　判決有罪確定後，由中央主管機關撤銷或廢止其登記。但判決確定
　前，已為補正者，不在此限（公§9Ⅲ）。

(2)公司之負責人、代理人、受僱人或其他從業人員以犯刑法偽造文書印
　文罪章之罪辦理設立登記，經法院判決有罪確定後，由中央主管機關
　依職權或依利害關係人之申請撤銷或廢止其登記（公§9Ⅳ）。

3.但公司設立登記後，經撤銷者，應承認該事實上之公司，並開始清算
　程序，以保護交易之安全。

第二節　無限公司之內部關係

一、概　說

(一) 所稱內部關係，係指公司與股東及股東與股東相互間之法律關係。

(二) 各國關於公司內部關係適用法規之準則，向有二種立法例：

1.商法主義：係以商法為主，章程為輔。

2.章程主義：為以章程為主，商法為輔。

(三) 無限公司之內部關係，除法律有規定者外，得以章程定之（公§
　42）。故我國無限公司之內部關係適用法律規定之準則，係採商法
　主義。

二、內部關係之法定事項

(一)出資義務

1.出資之意義

　　無限公司股東,對於公司均負有出資之義務。所謂出資,乃為達到公司營利之目的,股東基於股東資格,對於公司所為之一定給付。

2.出資之態樣(公§43)

(1)現金、其他財產或權利出資

　①因股東以現金以外之財產為出資者,其種類、數量、價格或估價之標準,均應記載於章程(公§41 I ⑤),故股東本得以現金及其他財產為標的之出資。

　②現金固為財產出資之主要者,然他如一般動產、不動產、債權、專利權、著作權等均無不可。又股東得以其他權利為出資,並須依照公司法第 41 條第 1 項第 5 款之規定辦理(公§43)。

　③股東以現金或動產出資者,須履行交付行為;以不動產出資者,應為所有權移轉之登記;以無體財產權或權利出資者,應交付證券或權利讓與書;以債權出資者,如該債權到期不受清償時,應由該股東補繳,倘公司因而受有損害,並應負賠償之責(公§44)。

(2)勞務出資

　①所稱勞務出資,為股東以精神上、身體上之勞力,供給於公司之出資,例如技術人員為公司提供一定之技術(營造廠之建築技術)者。

　②勞務出資,須將其估定之價格及勞務之標準載明於章程上,至於其標準如何,由訂立章程者自由定之(公§43)。

(3)不得以信用出資

　①所謂信用出資,為股東使公司利用其信用,以作為出資。信用出資,可使公司獲得種種有形及無形之利益,其方式如為公司債務之

連帶保證或就公司所發行之票據為保證、背書、承兌等。

②基於信用界定不易，且現行勞務或其他權利出資，已足敷股東使用，又查迄今為止，所有登記之無限公司並無以信用出資者，爰於民國 107 年 8 月 1 日修正公司法時，刪除無限公司信用出資之規定。

(二)業務之執行及監察

1.業務執行之機關

(1)無限公司之股東，均有執行業務之權利而負其義務，即原則上全體股東均得為公司執行業務之機關，所謂企業所有與企業經營分離之原則，在此不能適用。

(2)法律為尊重企業自治之原則，如章程訂定公司業務由股東中之一人或數人執行者，則從其訂定（公§45Ⅰ），但仍不得訂定股東均不執行業務。

(3)執行業務之股東，須半數以上在國內有住所（公§45Ⅱ）。

2.業務執行之方法

(1)執行業務之股東其為意思決定之方法，首先依章程規定（公§42）。

(2)章程無規定者，如全體股東皆有執行權者，取決於全體股東之過半數，如僅數股東有執行權者，則取決於該數人之過半數（公§46Ⅰ）。

(3)至於通常事務，則執行業務之股東，各得單獨執行，但其餘執行業務之股東有一人提出異議時，應即停止執行（公§46Ⅱ）。

3.執行業務股東與公司之關係

(1)執行業務股東之權利

①報酬請求權：執行業務股東，非有特約，不得向公司請求報酬（公§49）。亦即原則上為無償委任，但有特約時，亦得請求報酬，此時即為有償委任。無償委任與有償委任，對於執行業務之過失，致公司受有損害時，理論上其責任輕重各有所別。無償委任時，除係

違反法令章程及股東之決定，依公司法之特別規定外，執行業務之股東僅就重大過失，負其責任（公§52，民法§544）。惟因無限公司為執行業務或代表公司之股東為公司負責人（公§8Ⅰ），依公司法第 23 條第 1 項規定，應忠實執行業務並盡善良管理人之注意義務，並未區分無償委任或有償委任。

②償還墊款請求權：股東因執行業務所代墊之款項，得向公司請求償還，並支付墊款之利息（公§50Ⅰ）。其利率如未經約定，應依週年利率百分之五計算（民法§203）。

③債務擔保請求權：股東因執行業務負擔債務，而其債務尚未到期者，得請求公司提供相當之擔保（公§50Ⅰ）。

④損害賠償請求權：股東因執行業務，受有損害時，如其損害非由於自己之過失所致者，得向其公司請求賠償（公§50Ⅱ）。

(2)執行業務股東之義務

①遵守法令規章之義務：股東執行業務時，應依照法令、章程及股東之決定，如違背此項義務，致公司受有損害者，對於公司應負賠償之責（公§52）。但若股東中之一人違背忠實之義務，即欠缺妥慎處理業務之注意，而為自己或其私人利益起見，使公司為無益之擔負者，眾股東當然不應負責（大理院 4 年度上字第 168 號民事判決）。

②代收款項交還之義務：執行業務時，股東代收公司款項而不於相當期間照繳，或挪用公司款項者，應加算利息，一併償還，如公司受有損害，並應賠償（公§53）。

③報告業務及答覆質詢之義務：執行業務之股東對於公司，立於委任關係，除應將業務情形報告公司外（民法§540），並應答覆不執行業務股東之隨時質詢（公§48）。

④不得隨意辭職之義務：公司章程訂明專由股東中之一人或數人執行業務時，該股東不得無故辭職，他股東亦不得無故使其退職，以免

公司業務停滯（公§51）。

⑤不競業之義務：執行業務股東因執行業務每獲知公司事業之機密，為防其利用已知之機密圖利自己或他人而使公司蒙受損害，特予禁止執行業務之股東，為自己或他人為與公司同類營業之行為（公§54Ⅱ）。若其違反此項義務，其他股東得以過半數之決議，將其為自己或他人所為行為之所得，作為公司之所得，即公司取得歸入權，但自所得產生後逾一年者，不在此限（公§54Ⅲ），且違反競業禁止之規定，乃法律訓示規定，並非強制禁止之規定，不影響公司或營利事業登記之效力（經濟部59.8.3.商36631號函）。

⑥無限公司為執行業務或代表公司之股東為公司負責人（公§8Ⅰ），對公司應負忠實義務及盡善良管理人之注意義務（公§23Ⅰ）。

4.業務之監察

(1)業務之監察，由不執行業務之股東為之，即不執行業務之股東，均得隨時向執行業務之股東質詢公司營業之情形，查閱財產之文件與帳簿表冊（公§48），以免公司業務為執行業務之股東所操縱。蓋不執行業務之股東既未參與經營，為瞭解公司之營運狀況，以保護其股東權益，避免執行業務之股東任意操控公司，故明定得查閱公司之財產文件、帳簿、表冊。

(2)公司法第 48 條規定之「查閱」，應為擴張解釋，即除查看閱覽外，凡可達不執行業務股東瞭解及監控公司營運之規範目的者，諸如請求交付財產文件、帳簿、表冊及複印該文件等方式，均包括在內。換言之，諸如影印、抄錄、複製、照相等方式，及公司銀行帳戶之存摺及交易明細，均包括在查閱範圍內。又因公司業務有其接續性，查閱公司文件簿冊之範圍，亦不以股東取得股權後者為限。

(3)不執行業務股東之質詢權及查閱權等權利，不得以章程加予限制或剝奪之。

(三)股東投資之限制

1. 無限公司之股東，不得為他公司之無限責任股東，或合夥事業之合夥人，惟如經其他股東全體之同意，則無不可（公§54Ⅰ）。

2. 限制股東投資之理由：

(1)無限公司之股東，對於公司債務負連帶無限清償之責任，而無限責任股東或合夥事業之合夥人，對於其所參與之公司或合夥事業之債務，亦負連帶無限清償責任，如無限公司之股東為他公司之無限責任股東或合夥事業之合夥人，則將使該股東負雙重無限連帶清償責任，對公司、股東及債權人均屬不利。

(2)無限公司之股東，原則上均有執行業務之權利與義務，若其同時兼為他公司之無限責任股東或合夥事業之合夥人，則勢將分心，而無法專心致力於本公司之業務。

3. 股東違反投資限制時，其行為仍然有效，但可能具有下列其他效果：

(1)公司得經其他股東全體之同意議決將其除名（公§67②）。

(2)或依一般侵權行為之法則，認其違反保護他人之法律請求賠償損害（民法§184Ⅱ）。

(四)盈虧之分派與債務之抵銷

1. 無限公司之盈虧應如何分派，公司法未設有特別規定，完全委諸章程。

2. 盈餘及虧損分派之比例或標準，乃章程之絕對必要記載事項（公§41Ⅰ⑥），故當不致發生章程未記載應如何分配盈虧之問題。

3. 以勞務出資者，應否分擔虧損，學者見解不一。依管蠡之見，除章程另有規定外，依其性質，應準用合夥之例，可不受損失之分配（民法§677Ⅲ）。

4. 公司於過去如有虧損，則非經彌補虧損後，不得分派盈餘，以穩固公司之基礎，若公司負責人違反之，則各科一年以下有期徒刑、拘役或科或併科新臺幣六萬元以下罰金（公§63）。

5.無限公司之股東對於公司之債務，固負無限連帶清償責任，但公司為法人，與其股東之人格各別，股東之債權，非即為公司之債權，故公司之債務人，不得以其債務與其對於股東之債權抵銷（公§64）。

(五)出資之轉讓

1.所謂出資之轉讓，即公司股東轉讓因出資而取得之股東權。

2.無限公司股東之出資，無論其為全部或一部之轉讓，均須得其他股東全體之同意（公§55）。蓋無限公司為人合公司，係基於股東間相互之高度信賴而成立故也。

3.在全部轉讓時，讓與人即完全喪失股東權，而受讓人則新取得股東權，惟讓與之股東對於公司之債務，於登記後兩年內，仍負連帶無限責任（公§70Ⅱ）。相對地，在一部轉讓時，讓與人並未完全喪失其股東權，而受讓人則與全部轉讓同，為新取得股東權。

4.未經其他全體股東同意之出資轉讓，不生公司法上之效力，縱其轉讓債權契約有效成立，亦不得以之對抗公司及其他股東，受讓人僅得依債務不履行之法則，對於讓與人請求賠償損害。

5.無限公司股東將其出資額信託時，因委託人必須將出資轉讓給受託人，信託始能成立，故委託人及受託人間出資額轉讓應符合公司法第55 條規定，並辦理修正章程變更登記。又公司章程及登記表等股東姓名部分應以受託人姓名登載，並加註信託意旨文字（例如於受託人後載明「信託受託人」）（經濟部111.10.3.經商11102415540號函）。

(六)章程之變更

1.無限公司因故須變更章程時，其變更應經全體股東之同意（公§47）。

2.其理由為：無限公司股東就公司債務，係負連帶無限清償責任，而章程之變更，關係重大，不宜以多數決之方法強使少數服從多數，故其章程須經全體股東之同意而訂立，變更亦不得草率。

第三節　無限公司之外部關係

一、概　說

(一) 外部關係，乃公司本身與第三人之關係及股東與第三人之關係。

(二) 無限公司之外部關係涉及第三人之利益、社會交易之安全，故公司法有關此種關係之規定，多屬強行規定，不得以章程任意變更之。

二、公司法所規定之外部關係

(一)公司之代表

1.代表之意義

無限公司為法人之一種，須有自然人以實現其意思而為其機關，此機關乃公司之代表，其行為即係公司之行為。

2.代表之資格

(1)原則上無限公司之股東皆得代表公司，但公司得依章程之規定，特定代表公司之股東，惟仍不得以章程剝奪全體股東代表公司之權（公§56）。

(2)代表無限公司者，必為其股東。

(3)代表無限公司之股東，須半數以上在國內有住所（公§45Ⅱ、§56）。

3.代表之權限

(1)代表公司之股東，關於公司營業上一切事務，有辦理之權（公§57）。

(2)公司雖得以章程或股東全體之同意，加以限制代表權限，但公司對於股東代表權所加之限制，不得對抗善意第三人，俾保護交易之安全（公§58）。

(3)公司或股東主張第三人惡意（即知情）時，應負舉證責任。

(4)代表公司之股東，如為自己或他人與公司為買賣借貸或其他法律行為時，不得同時為公司之代表，但向公司清償債務時，不在此限（公§59），蓋以股東代表權之行使，應以公司之利益為依歸，而代表公司之股東若為自己或他人與公司為法律行為，則乃處於與公司利害相反之地位，恐有祇圖自己利益或他人利益之虞，故特加限制，此與民法第 106 條禁止雙方代理之情形相同，惟單純的債務履行，並無偏頗之虞，因此予以除外。

(5)如代表公司之股東將其所有之土地信託予受託人後，受託人嗣將信託財產出賣予該股東所代表之公司，受託人於買賣過程中既須受託信託本旨之拘束，於其職務行使上，實質上受委託人目的之支配，就公司法第 59 條所欲防範之風險（避免損害公司利益）而言，與代表公司之股東自行出賣土地予公司之情形尚無不同，解釋上似應適用公司法第 59 條之規定，以避免信託當事人以脫法行為迂迴規避強行規定。又公司法第 59 條之立法意旨，既在防範代表公司之股東「為自己或他人之利益」，致損害公司利益，則上開信託關係無論自益、他益或公益信託，均應在上開規定限制之列（法務部　104.12.16.法律10403516290 號函）。

(6)關於是否有公司法第 59 條「雙方代表禁止原則」之適用，依司法實務之多數見解，仍應視是否與公司間有利益衝突之情形而定，即依個案具體衡量，倘未減損公司財產、無損及公司債權人債權之擔保或有保護公益之情形，例如股東將自己財產無償贈與公司，似得認無須適用公司法第 59 條規定之「雙方代表禁止原則」（經濟部　109.2.20.經商 10902404220 號函）。

(二)股東之責任

1.一般責任

(1)股東之一般責任，係指公司股東在公司存續中，而無特殊事由的存在時，對於公司債務所負之責任。

(2)無限公司之資產不足清償債務時，由其股東負連帶清償之責（公
§60）。

　①股東對公司債務所負之責任，性質上為直接責任，故公司債權人得
　　直接向股東請求清償。

　②股東所負之責任相同，縱令實際上公司業務不由其經理，亦不因之
　　減輕責任。

　③股東對公司債務，係居於保證人地位，故：

　　A.股東所負之連帶責任，係股東相互間之連帶責任，而非股東與公
　　　司間之連帶責任。

　　B.公司債權人須依強制執行或破產程序之結果而不能全部受清償
　　　時，始可向股東請求清償。

　　C.公司對債權人所得為之抗辯，股東均得主張之。

　④公司債務，包括以公司名義所締結之法律行為所生債務及依法律規
　　定，公司所負之各種債務，且不問其債務之發生原因。

　⑤股東於清償公司全部債務後，對其他股東有求償權，應適用民法第
　　281條及第282條關於連帶債務人間求償之規定。

2.特殊責任

(1)股東之特殊責任，即股東因特殊之事由，所應負之責任。

(2)無限公司股東之特殊責任，其情形如次：

　①新入股東之責任：即無限公司成立後，始加入為股東者，對於未加
　　入前公司業已存在之債務，亦須負責（公§61），俾增強公司之信
　　用。

　②類似股東（表見股東）之責任：即非股東而其行為可令人誤信其為
　　股東者，對於善意之第三人，應負與股東同一之責任（公§62）。

　③退股股東之責任：退股股東應向主管機關申請登記，且對於登記前
　　公司之債務，於登記後二年內，仍負連帶無限責任。股東轉讓其出
　　資者亦同（公§70）。

④解散後股東之責任：股東之連帶無限責任，自解散登記後，滿五年而消滅（公§96）。此五年之期間為除斥期間，而非時效時間，故此期間屆滿後，即令仍有債務未清償，債權人亦不得以時效未完成為理由，對股東有所請求。

⑤變更組織後股東之責任：無限公司經全體股東之同意，得以一部分之股東改為有限責任或另加入有限責任股東，變更其組織為兩合公司（公§76Ⅰ）。又公司得經股東三分之二以上之同意變更章程，將其組織變更為有限公司或股份有限公司（公§76-1Ⅰ）。股東依公司法第76條第1項或第76條之1第1項之規定，改為有限責任時，其在公司變更組織前，公司之債務，於公司變更登記後二年內，仍負連帶無限責任（公§78）。

(三)資本之充實

1.資本乃各股東之財產出資的總額，無限公司之股東對於公司債務雖負無限責任，惟公司之資產方為債權人最重要之保障。

2.公司法為保護無限公司之債權人，對公司資本之充實，特別設有下列規定：

(1)盈餘分派之限制：公司非彌補虧損後，不得分派盈餘（公§63Ⅰ）。公司負責人違反上開規定時，各處一年以下有期徒刑、拘役或科或併科新臺幣六萬元以下罰金（公§63Ⅱ）。

(2)債務抵銷之限制：公司之債務人，不得以其債務與其對於股東之債權抵銷（公§64）。

第四節　無限公司之入股與退股

一、股東資格之限制

無限公司為人合公司，其在經營及對外關係方面，均深受股東條件

之影響,故公司法對於股東資格之取得及喪失,均設有嚴格之限制。

二、入　股

(一) 所謂入股,乃指於無限公司成立後,以出資方式原始地取得股東資
格之行為。

(二) 入股之性質,應認為係一種契約,且欲使該契約生效,必須變更公
司章程。故入股契約,常以變更章程為其停止條件,但變更章程,
應得全體股東之同意(公§47),並須依法為變更章程之登記(公
§12)。

(三) 新加入無限公司為股東者,對於未加入前公司之債務,亦須負責
(公§61)。

三、退　股

(一)退股之定義

所謂退股,係指在無限公司存續中,基於特定股東之意思或法定原
因,使股東絕對地喪失其股東資格而言。

(二)無限公司股東退股之原因

1.聲明退股

(1)無限公司為人合公司,其信用基礎在於股東,故若任由股東自由退
股,將影響公司信用,但無限公司之股東,就公司債務,負無限連帶
清償責任,若不許其自願聲明退股,亦非公允,故公司法允許無限公
司股東聲明退股,惟在退股後一定期間內,仍令其負連帶無限責任,
以兼顧公司債權人之利益。

(2)股東聲明退股之情形有下列二種:

①年終退股:章程未定有公司存續期限者,除關於退股另有訂定外,
股東得於每會計年度終了退股,但應於六個月前,以書面向公司聲

明（公§65Ⅰ）。

②隨時退股：股東有非可歸責於自己之重大事由（如因病不能執行公司業務）時，不問公司定有存續期限與否，均得隨時退股（公§65Ⅱ）。

2.法定退股

(1)為法律所規定之退股原因發生，而不待公司或股東為任何行為或聲明，即當然發生退股之效力者。

(2)法律所規定之退股原因有（公§66）：

①章程所定退股原因：例如章程訂明，以勞務出資者達到一定之年齡，即應退股者是。

②死亡：股東死亡，其權利義務原應由其繼承人繼承，但無限公司為人合公司，重視股東之信用，而繼承人未必為其他人所信賴，故以死亡為退股原因。

③破產：股東若已宣告破產，則其信用已完全喪失，若仍以之為無限公司之股東，即將影響公司之信用，故以之為退股原因。

④受監護或輔助宣告：股東因心神喪失或精神耗弱致不能處理自己之事務而受監護或輔助宣告時，自亦無從參與公司業務之執行，其信用亦無所憑藉，故為退股原因。

⑤除名：

A.無限公司之股東，若不履行對公司所負之義務或不忠實於公司時，其他股東得以全體之同意，予以議決除名。

B.但公司法為防止多數股東利用除名之手段以為權利鬥爭之工具，故對於除名之條件，設有詳細之規定。

C.議決除名之原因有四（公§67）：

(A)應出之資本不能照繳或屢催不繳者。

(B)違反公司法第 54 條第 1 項，即違反「不得為他公司之無限責任股東或合夥事業之合夥人」之規定者。

(C)有不正當行為妨害公司之利益者。

(D)對於公司不盡重要之義務者。

D.股東經其他股東全體之同意，經合法議決除名後，即發生退股之效力，但非經通知後，不得對抗該股東（公§67但書）。

⑥股東之出資，經法院強制執行者：

A.法院應先依強制執行法有關規定，禁止債務人處分其出資。

B.執行法院並應於二個月前通知公司及其他股東（公§66Ⅱ）。

C.公司接到法院通知之日起兩個月內，應以退股時公司財產之狀況為準結算（公§69Ⅰ）。

(三)退股之效果

1.姓名使用之停止

公司之名稱中列有股東之姓名者，該股東退股時，得請求停止使用（公§68）。

2.股本之退還

(1)退股之股東與公司之結算，應以退股時公司財產之狀況為準（公§69Ⅰ）。

(2)退股股東之出資，不問其種類，均得以現金抵還（公§69Ⅱ）。

(3)股東退股時，公司事務有未了結者，於了結後計算其損益，分派其盈虧（公§69Ⅲ）。

第五節　無限公司之解散、合併及變更組織

一、無限公司之解散

(一)無限公司解散之原因

1.無限公司解散之事由，公司法以明文為列舉之規定。

2.依公司法第71條規定，無限公司之解散計有下列事由：

(1)章程所定解散事由之發生：如章程訂明十年之存續期間，而屆滿十年者是。但在此情形下，得經全體或一部股東之同意繼續經營，而其不同意者，視為退股，並應變更章程（公§71Ⅱ、Ⅳ）。

(2)公司所營事業已成就或不能成就：例如為開採某特定地方之礦產而成立之公司，若因估測錯誤毫無收穫或最後探明無礦可採，是為事業不能成就，反之，如其礦產已開採完竣，則為其事業已成就。此種情形，亦得經全體或一部股東之同意繼續經營，其不同意者，也視為退股，並應變更章程（公§71Ⅱ、Ⅳ）。

(3)股東三分之二以上之同意：無限公司乃因股東全體之同意，訂立章程而組成，本應以全體之同意而解散。但為鼓勵無限公司退場，故降低無限公司解散之門檻為經股東三分之二以上之同意，以應需要。

(4)股東經變動而不足本法所定之最低人數：無限公司須由二人以上之股東組成，此法定之最低人數二人既為無限公司之成立要件，亦為其存續要件，故股東經變動而不足法定之最低人數時，即為公司解散之事由，惟仍可加入新股東而繼續經營，並應變更章程（公§71Ⅲ、Ⅳ）。又無限公司得經全體股東之同意，另加入有限責任股東，變更其組織為兩合公司（公§76Ⅱ），繼續經營。

(5)與其他公司合併：公司合併後，被合併公司之權利義務，即概括地由存續公司承受，自為解散事由。

(6)破產：公司既已宣告破產，當不能繼續營業而須依破產程序清理債權債務關係，故為解散原因。

(7)解散之命令或裁判：亦即有公司法命令解散（公§10）或裁判解散（公§11）之情事

(二)繼續經營之情況

1.無限公司因章程所定解散事由、公司所營事業已成就或不能成就而解散時，得經全體或一部股東之同意繼續經營，其不同意者視為退股

（公§71Ⅱ），並應變更章程（公§71Ⅳ）。

2.無限公司因股東經變動而不足本法所定之最低人數而解散時，得加入新股東繼續經營（公§71Ⅲ），並應變更章程（公§71Ⅳ）。

二、無限公司之合併

(一)合併之概念

　　無限公司得以全體股東之同意，與他公司合併（公§72）。公司法對於合併公司之種類及合併後存續或另立公司之種類，雖未有明文限制，但為避免法律關係複雜化，解釋上無限公司僅得與股東責任性質相同之無限公司合併，不得與其他種類公司合併。

(二)無限公司合併之要件與程序

1.合併草約之訂立

　　公司合併時，通常由公司之代表機關先作成草約，再提經全體股東同意。

2.合併之決議

(1)公司合併後，即發生消滅或變更之效果，其影響所及，就人合公司之無限公司的股東而言，自屬重大，故無限公司之合併，應得全體股東之同意（公§72）。

(2)無限公司無股東會之設立，股東之同意，並不以召開會議議決為限，即以書面、通訊或電話表示同意，亦無不可。

3.表冊之編造

(1)公司決議合併時，應即編造資產負債表及財產目錄（公§73Ⅰ）。

(2)編造表冊之目的，在於供債權人閱覽，俾明瞭公司之財產情形。

4.對債權人之通知及公告

(1)公司為合併之決議後，應即向各債權人分別通知及公告，並指定三十日以上期限，聲明債權人得於期限內提出異議（公§73Ⅱ）。

(2)通知及公告之目的在於使債權人知悉公司合併之內容，俾其對合併有異議時，能及時提出異議。

(3)公司債權人不於所定期限內提出異議者，解釋上應視為承認其合併。

(4)公司債權人如於所定期限內提出異議時，公司應即為清償或提供相當之擔保。蓋公司不為公司法第 73 條之通知及公告，或對於在指定期限內提出異議之債權人不為清償，或不提供相當擔保者，不得以其合併對抗債權人（公§74）。

5.合併登記之辦理

公司為合併時，應於實行後十五日內，向主管機關，依情況分別申請為變更登記、解散登記或設立登記（公司登記辦法§2、§4）。

三、無限公司之變更組織

(一)變更組織之種類

1.無限公司得變更組織為兩合公司（公§76）。

2.為利無限公司轉型，允許無限公司可經股東三分之二以上之同意變更章程將其組織變更為有限公司或股份有限公司（公§76-1 I）。無限公司股東如不同意變更組織為有限公司或股份有限公司者，得以書面向公司聲明退股（公§76-1 II）。

(二)無限公司變更為兩合公司之方法

1.將原有之無限責任股東，一部改為有限責任（公§76 I）。

2.不變更原有無限責任股東，而另加入有限責任股東（公§76 I）。

3.股東經變動而不足法定最低人數，加入有限責任股東繼續經營，變更其組織為兩合公司（公§76 II）。

(三)無限公司變更組織之要件

無限公司以一部股東改為有限責任或另加入有限責任股東，變更組織為兩合公司，須經全體股東之同意（公§76），故若有一股東拒絕同

意，其組織即無由變更。但變更組織為有限公司或股份有限公司，僅須
經股東三分之二以上之同意（公§76-1 I），以利無限公司轉型。至於
無限公司股東如不同意變更組織為有限公司或股份有限公司者，得以書
面向公司聲明退股（公§76-1 II）。

(四)無限公司變更組織之程序

　　無限公司依公司法第76條及第76條之1變更組織時，準用第73條
至第75條之規定（公§77）。亦即，除先經全體或股東三分之二以上股
東之同意外，應即編造資產負債表及財產目錄，各債權人分別通知及公
告，最後並須申請變更登記。

(五)無限公司變更組織之效果

1. 無限公司變更為兩合公司、有限公司或股份有限公司，其法人人格並
　未中斷，無限公司之原有債務，仍應由變更後之公司繼續負責。
2. 原為無限責任之股東，依公司法第76條第1項或第76條之1第1項
　之規定，改為有限責任時，其在公司變更組織前，公司之債務，於公
　司變更登記後二年內，仍負連帶無限責任（公§78）。

第六節　無限公司之清算

一、清算之概念

(一) 所謂清算，乃已解散之公司，為處分現有財產，以了結公司與第三
　　人及公司與股東之債權債務關係，漸次消滅公司法人人格之一種程
　　序。
(二) 解散之公司，除因合併、分割或破產而解散者外，應行清算（公§
　　24）。因此，公司之解散，其法人人格並非即告消滅，必須經清算
　　程序，俟清算完結後，始喪失其人格。

(三) 在清算時期中之公司，稱之為清算公司，而處理清算事宜之人，則稱為清算人。

(四) 清算公司之法人人格，於清算範圍內，視為尚未解散（公§25）。因此，解散之公司在清算時期中，得為了結現務及便利清算之目的，暫時經營業務（公§26）。

(五) 清算人為清算公司之機關，原公司執行業務股東或代表公司股東之職權，因清算之開始而停止。

(六) 公司之清算，有法定清算及任意清算之別。

1.法定清算

所稱法定清算，為依法定之嚴格程序，以處理公司既有法律關係之清算。

2.任意清算

所謂任意清算，為依章程或股東全體之同意，議定方法，據以處理公司現務之清算。我國現行公司法僅承認法定清算。

二、清算人之選任與解任

(一)選　任

就清算人之選任而言，因其為法定清算人、選任清算人或選派清算人而異。

1.法定清算人

(1)無限公司之清算，原則上應以全體股東為清算人（公§79本文）。

(2)由股東全體清算時，股東中有死亡者，清算事務由其繼承人行之，繼承人有數人時，應由繼承人互推一人行之（公§80）。

(3)法定清算人無須清算人為就任之承諾，似應認為公司解散之日為清算人就任之日（經濟部88.9.27.商88024855號函）。

2.選任清算人

(1)無限公司之清算,原則上固應以全體股東為清算人,但章程另有規定或經股東決議,得另選清算人(公§79但書)。

(2)選任清算人無積極資格之限制,即第三人如律師、會計師等亦無不可。

(3)鑒於股東選任之清算人,得由股東過半數之同意,將其解任(公§82但書)。因此,股東決議選任清算人,解釋上為經股東過半數之同意即可。

(4)公司解散登記後,未推定代表公司之清算人,則股東為當然清算人(最高法院95年度台上字第2549號民事判決)。

(5)選任之清算人,未向法院聲報,則該人非公司之清算人(最高行政法院96年度判字第1732號判決)。

3.選派清算人

(1)法定清算人及選任清算人均無法產生,例如股東全體集體中毒死亡時,法院得因利害關係人之聲請,選派清算人(公§81)。

(2)公司清算人之選派,由本公司所在地之地方法院管轄(非訟事件法§171)。對於法院選派公司清算人之裁定,不得聲明不服(非訟事件法§175本文)。

(3)清算人與公司間之法律關係屬委任,由法院依公司法第81條、第113條或第322條選派之清算人,除為律師者,依律師法第22條規定,非經釋明有正當理由,不得辭法院指定之職務外,其非為律師之人,並無接受法院所命職務之義務,自應待其為就任之承諾,與公司間之委任關係始足成立(最高法院105年度台上字第1608號民事判決)。

(二)解　任

1.清算人解任之途徑

(1)法院之解任：不論其為法定清算人，選任清算人或選派清算人，法院因利害關係人之聲請，認為必要時，得將清算人解任（公§82）。

(2)股東之解任：選任清算人除得由法院予以解任外，亦得由股東過半數之同意，將其解任（公§82但書）。

2.清算人解任之裁定

清算人之解任，亦由本公司所在地地方法院管轄，對於解任清算人之裁定，不得聲明不服（非訟事件法§175）。

3.清算人解任之聲請

依民法第 39 條規定，法人之清算人，法院認為有必要時，得解除其任務，並無準用公司法第 82 條關於無限公司之清算人得由利害關係人聲請解任之規定。因此，民法第 39 條所定有關法人清算人之解任，法人之主管機關或其利害關係人並無聲請法院解任清算人之聲請權（臺灣高等法院 96 年度非抗字第 49 號民事裁定）。

三、清算人之聲報或公告

(一)聲　報

1.法定清算人或選任清算人應於就任後十五日內，將其姓名、住所或居所及就任日期，向本公司所在地地方法院聲報（公§83 I）。公司法所定清算人就任之聲報，應以書面為之（非訟事件法§178 I）。

2.法定清算人或選任清算人之解任，應由股東於十五日內，向本公司所在地地方法院聲報（公§83 II，非訟事件法§179）。

3.違反公司法第 83 條第 1 項及第 2 項聲報限期之規定者，各科新臺幣三千元以上一萬五千元以下罰鍰（公§83 IV）。

(二)公　告

　　選派清算人由法院選派時，則應公告之，其解任亦同（公§83Ⅲ）。

四、清算事務

　　清算人與公司之關係，除公司法規定外，依民法關於委任之規定（公§97）。清算人應以善良管理人之注意處理職務，倘有怠忽而致公司發生損害時，應對公司負連帶賠償之責任；其有故意或重大過失時，並應對第三人負連帶賠償責任（公§95Ⅰ），執行清算事務為清算人之職務，公司法規定如下：

(一)了結現務（公§84Ⅰ①）

1. 即了結於公司解散時，業已開始而尚未終了之事務。如為了結現務，清算人仍得為新法律行為。
2. 公司決議解散後，股權之變更非屬清算人職務範圍（最高法院52年度台上字第1238號民事判決）。
3. 解散公司倘為了結現務之目的而為清算之必要範圍者，應以繼續原有之營業為限（經濟部90.4.2.經商09002073140號函）。
4. 經廢止登記之公司，仍有進行清算以了結債權債務之必要（最高法院95年度台上字第1386號民事判決）。
5. 了結現務，並不限於財產上之現務，包括公司一切待為了結之事務均包括之（臺灣高等法院97年度上字第28號民事判決）。

(二)收取債權、清償債務（公§84Ⅰ②）

1. 清算人原則上應於六個月內，完結清算；不能於六個月內完結清算時，清算人得申敘理由，向法院聲請展期（公§87Ⅲ），故應收取已到期之債權，清償已至清償期之債務。清算人不於公司法第87條前項規定期限內清算完結者，各處新臺幣一萬元以上五萬元以下罰鍰。

2.未到期之債權或為附條件之債權，為清算之必要，得為讓與或其他換價處分。

3.尚未至清償期之債務，得拋棄其期限利益，俾利完結清算。

(三)分派盈餘或虧損（公§84 I ③）

收取債權、清償債務後，若有盈餘，則應分配給股東，如有所虧損，則由股東分擔。

(四)分派賸餘財產（公§84 I ④）

1.股東有賸餘財產分派請求權，故公司之財產於清償債務後，如有賸餘，自應分派於各股東。

2.清算人非清償公司債務後，不得將公司財產分派於各股東（公§90 I）。清算人違反上開規定時，各處一年以下有期徒刑、拘役或科或併科新臺幣六萬元以下罰金（公§90 II）。

3.賸餘財產之分派，除章程另有訂定外，依各股東分派盈餘或虧損後淨餘出資之比例定之（公§91）。

4.公司財產不足清償其債務時，清算人應即聲請宣告破產（公§89 I），否則各處新臺幣二萬元以上十萬元以下罰鍰（公§89 III）。

五、清算之執行

(一) 清算人就任後，應即執行下列職務：

1.清算人就任後，應即檢查公司財產情形，造具資產負債表及財產目錄，送交各股東查閱（公§87 I）。對清算人所為檢查有妨礙、拒絕或規避行為者，各處新臺幣二萬元以上十萬元以下罰鍰（公§87 II）。

2.清算人應於六個月內完結清算；不能於六個月內完結清算時，清算人得申敘理由，向法院聲請展期（公§87 III）。清算人不於上開規定期限內清算完結者，各處新臺幣一萬元以上五萬元以下罰鍰（公§87 IV）。

3. 清算人遇有股東詢問時，應將清算情形隨時答覆（公§87V）。清算人違反上開規定者，各處新臺幣一萬元以上五萬元以下罰鍰（公§87VI）。

4. 清算人就任後，應以公告方法，催告債權人報明債權，對於明知之債權人，並應分別通知（公§88）。

5. 清算人於清償公司債務後，將公司賸餘財產分派於各股東（公§90）。

(二) 清算人執行公司法第84條第1項之清算事務，得代表公司為訴訟上及訴訟外之一切行為（公§84Ⅱ）。

(三) 清算人有數人時，得推定一人或數人代表公司，如未推定時，各有代表公司之權，而關於清算事務之執行，則取決於過半數之同意（公§85Ⅰ）。因此，清算人有數人時，如未推定代表公司之人時，對於第三人各有代表公司之權（最高法院 102 年度台上字第 724 號民事判決、最高法院 98 年度台上字第 245 號民事判決）。又推定代表公司之清算人，應準用公司法第 83 條第 1 項之規定向法院聲報（公§85Ⅱ）。

(四) 公司對於清算人代表權所加之限制，不得對抗善意第三人（公§86）。

(五) 清算人應以善良管理人之注意處理職務，倘有怠忽而致公司發生損害時，應對公司負連帶賠償之責任，其有故意或重大過失時，並應對第三人負連帶賠償責任（公§95）。

(六) 清算人有數人時，得推定一人或數人代表公司，該推定取決於全體清算人過半數同意為已足（臺灣高等法院 87 年度抗字 1104 號民事裁定）。

(七) 清算人提起分配表異議之訴，無須取決於過半數清算人之同意（臺灣高等法院 94 年度上易字第 617 號民事判決）。

(八) 清算人有數人時，如未推定代表公司之人時，對於第三人各有代表

公司之權（最高法院 98 年度台上字第 245 號民事判決）。

六、清算之完結

(一) 清算完結之時期：公司於分派賸餘財產後，清算程序即告完結。

(二) 清算完結之期限：清算人應於六個月內完結清算，不能於六個月內完結清算時，清算人得申敘理由，聲請法院展期（公§87Ⅲ）。其請求展期之法院，由本公司所在地之法院管轄（非訟事件法§171），並應以書面為之（非訟事件法§179）。應注意者，清算人應於六個月內完結清算，非指該期限屆滿清算即當然完結（最高行政法院 90 年度判字第 2335 號判決）。

(三) 清算之承認：清算人應於清算完結後十五日內，造具結算表冊，送交各股東，請求其承認，如股東不於一個月內提出異議，即視為承認，但清算人有不法行為時，不在此限（公§92）。

(四) 清算完結之聲報：所謂清算完結（終結），係指清算人就清算程序中應為之清算事務，全部辦理完竣（臺灣高等法院 92 年度抗字第 621 號民事裁定）。清算人應於清算完結經送請股東承認後十五日內，向法院聲報，經此聲報，公司人格，即為消滅。清算人若違反上開聲報限期之規定時，各科新臺幣三千元以上一萬五千元以下罰鍰（公§93）。

(五) 簿冊之保存：公司之帳簿、表冊及關於營業與清算事務之文件，應自清算完結向法院聲報之日起，保存十年，其保存人，以股東過半數之同意定之（公§94）。

(六) 完結後股東之責任：股東之連帶無限責任，自解散登記後滿五年而消滅（公§96）。

(七) 清算完結之效果：是否發生清算完結之效果，應視是否完成合法清算而定（最高法院 93 年度台上字第 1314 號民事判決）。清算人向法院聲報清算完結，僅屬備案性質，法院所為准予備案之處分，無

實質確定力（最高法院 93 年度台上字第 1314 號民事判決）。質言之，清算人事實上已依規定清算完結，並已向法院聲報清算終結，即屬依法解散清算，並不以經法院函准備查或為其他處分為必要（最高行政法院 74 年度判字第 1868 號判決）。

第三章
有限公司

第一節　有限公司之概念與設立

一、有限公司之概念

(一)有限公司之意義

　　有限公司由一人以上股東所組成（公§98Ⅰ）。

(二)有限公司之特點

1.股東之條件

　　為因應公司經營之國際化、自由化，有限公司股東已無國籍、住所及出資額之限制。其股東人數之最低額為一人以上，故公司法承認一人有限公司之設立。

2.股東之責任

(1)各股東對於公司之責任，除公司法第99條第2項規定外，以其出資額為限（公§99Ⅰ）。亦即，對於公司債權人原則上只負間接責任，而不負直接責任。

(2)股東濫用公司之法人地位，致公司負擔特定債務且清償顯有困難，其情節重大而有必要者，該股東應負清償之責（公§99Ⅱ），即明定「揭穿公司面紗原則」之適用要件。按「揭穿公司面紗原則」之目的，在防免股東利用公司之獨立人格及股東有限責任而規避其應負之責任。考量僅負有限責任之有限公司股東，亦有利用公司之獨立人格及股東有限責任而規避其應負責任之可能，故於民國107年8月1日修正公司法時引進「揭穿公司面紗原則」。

(3)與股份有限公司股東同屬負有限責任之有限公司股東，亦有利用公司之獨立人格及股東有限責任以規避其應負責任，而損害債權人權益之可能，乃於 2018 年 8 月 1 日增訂第 99 條第 2 項規定。準此，對於 2013 年 1 月 30 日前或 2018 年 8 月 1 日前之有限公司股東濫用公司獨立人格，淘空公司資產，而侵害公司債權人權益者，仍得以公司法第 154 條第 2 項規定之揭穿公司面紗法理而予以適用（最高法院 108 年度台上字第 1738 號民事判決）。

二、有限公司之設立

有限公司之設立程序較為簡單，可分為三個步驟。

(一)訂立章程

1.股東應以全體之同意訂立章程，簽名或蓋章，置於本公司，每人各執一份（公§98Ⅱ）。

2.其章程應載明下述各事項（公§101Ⅰ）：

(1)公司名稱。

(2)所營事業。

(3)股東姓名或名稱。

(4)資本總額及各股東出資額。

(5)盈餘及虧損分派比例或標準。

(6)本公司所在地。

(7)董事人數。

(8)定有解散事由者，其事由。

(9)訂立章程之年、月、日。

3.除上列九款事項外，有限公司之股東，就其內部關係，於不違背強制禁止規定或公序良俗下，亦得自由訂定任意記載事項。

4.有限公司得以章程訂定按出資多寡比例分配表決權（公§102 但書），

以排除一股東一表決權之適用。亦即公司法容許有限公司得以章程另定股東依出資額分配表決權之計算方法。

5.有限公司於章程訂定較公司法規定為高之股東表決權同意數時，僅於公司法有明定章程得規定較高之規定時，始得依該規定為之（經濟部108.5.21.經商10800597810號函）。例如有限公司經理人之委任、解任及報酬，依公司法第29條第1項第2款規定，須有全體股東表決權過半數同意，但公司章程有較高規定者，從其規定，因此，若有限公司章程經理人之委任、解任及報酬設有較高之股東表決權同意數，應屬合法。又例如有限公司無虧損者，依公司法第122條第3項準用第241條第1項第2款及第3項之規定，得依第240條第1項至第3項所定之方法，將法定盈餘公積及資本公積（受領贈與之所得）之全部或一部，按股東原有出資之比例發給現金。由於有限公司並無股東會之設置，應如何依公司法第240條第1項至第3項所定之方法，將法定盈餘公積及資本公積（受領贈與之所得）之全部或一部發給股東現金，解釋上應由持有出資額占資本總額三分之二以上之股東出席，出席股東表決權過半數之同意，始為合法議決。但出席股東持有出資額總數及表決權數，章程有較高規定者，從其規定。因此，若有限公司章程對於以法定盈餘公積及資本公積（受領贈與之所得）發給現金設有較高之股東表決權同意數，即屬合法。

6.應注意者，經濟部民國100年5月21日經商字第10800597810號函（下稱「108年新函釋」）作成前，若有限公司已於章程訂有較高之決議門檻者，得繼續維持適用較高之股東表決權同意門檻，不強制公司配合108年新函釋修章；至於108年新函釋發布日（即108年5月21日）後新設立之公司或公司修正章程涉及調高股東表決權同意門檻者，則應適用108年新函釋（經濟部108.8.23.經商10802421750號函）。

7.代表公司之董事不備置章程於本公司者，處新臺幣一萬元以上五萬元

以下罰鍰。再次拒不備置者，並按次處新臺幣二萬元以上十萬元以下罰鍰（公§101Ⅱ）。

(二)繳足股款

1.公司資本總額各股東應全部繳足，不得分期繳納或向外招募（公§100）。因此，有限公司登記之資本總額係各股東全部已繳足之出資額總合，並無實收資本額之登記事項（經濟部 101.8.8.經商10102101300 號函、經濟部 101.7.8.經商 10102285110 號函）。

2.股東之出資除現金外，得以對公司所有之貨幣債權、公司事業所需之財產或技術抵充之（公§99-1），以符合公司登記實務，但不得以信用或勞務出資。

3.有限公司設立後增加資本額，除可由股東為現金出資，亦得以對公司所有之貨幣債權、公司事業所需之財產或技術抵充之，公司並不一定因增加資本額而增加現實資產（最高法院 109 年度台上字第 1553 號民事判決）。

(三)設立登記

　　有限公司應於章程訂立後，向主管機關申請為設立之登記（公§6、387Ⅰ）。

第二節　有限公司之內部關係

一、股東之出資、減資及增資

(一)出資之方式

　　有限公司對外之信用基礎重在資本，故股東之出資，以現金、對公司所有之貨幣債權、公司事業所需之財產或技術為限（公§99-1），不得以勞務或信用為出資之標的。

(二)出資之方法

公司之資本總額，應由各股東全部繳足，不得分期繳款或向外招募（公§100）。

(三)出資之轉讓及拋棄

1. 股東非得其他股東表決權過半數之同意，不得以其出資之全部或一部，轉讓於他人（公§111Ⅰ）。
2. 董事非得其他股東表決權三分之二以上之同意，不得以其出資之全部或一部，轉讓於他人（公§111Ⅱ）。
3. 股東或董事出資之轉讓，不同意之股東有優先受讓權；如不承受，視為同意轉讓，並同意修改章程有關股東及其出資額事項（公§111Ⅲ）。
4. 法院依強制執行程序，將股東之出資轉讓於他人時，應通知公司及其他股東，於二十日內，依公司法第111條第1項或第2項之方式，指定受讓人；逾期未指定或指定之受讓人不依同一條件受讓時，視為同意轉讓，並同意修改章程有關股東及其出資額事項（公§111Ⅳ）。
5. 股東拋棄出資額，與轉讓出資額之情形，二者固然不盡相同；但就股東不再持有出資額之情形而言，則屬於相類似事實，應類推適用公司法第111條第1項規定，認為股東出資額之拋棄不能完全自由，必須獲得其他全體股東過半數之同意（臺灣高等法院100年度上字第309號民事判決）。
6. 有限公司資本總額雖以股東出資額計算，惟公司法並未明文排除有限公司出資額不得拋棄（經濟部103.10.21.經商10302345190號函）。至於股東如將其拋棄出資額之意思表示送達發行公司之登記地址時，其拋棄出資額之意思表示是否即已發生效力，則有疑義。司法實務上認為應類推適用公司法第111條第1項規定，必須獲得其他全體股東過半數之同意，始生效力。

7.有限公司股東出資有借名登記之情事,於借名關係終止後,出名人將借名登記之出資返還借名人,造成股東出資額異動,仍屬出資轉讓行為。惟所稱不同意股東之優先受讓權,係指得優先受讓出資而言,尚非出資轉讓雙方之原因關係即當然由不同意之股東承受。因此,股東基於無償之原因關係將出資轉讓於他人,不同意之股東行使優先受讓權時,係得以相當價額有償承受,尚非得援附原出資轉讓之原因關係主張無償受讓(最高法院 109 年度台上字第 193 號民事判決)。

(四)減資之方法

1.減資之程序

公司得經股東表決權過半數之同意減資,而不同意之股東,對章程修正部分,視為同意(公§106Ⅲ、Ⅳ)。有限公司減少資本,準用公司法第 73 條及第 74 條之規定(公§107Ⅲ)。因此,有限公司為減資之決議後,須向各債權人分別通知及公告,並指定三十日以上期限,聲明債權人得於期限內提出異議(公§107Ⅲ、§73)。公司若不為上開之通知及公告,或對於在指定期限內提出異議之債權人不為清償,或不提供相當擔保者,不得以其合併對抗債權人(公§107Ⅲ、§74)。

2.比例減資

為避免特定股東受不平等對待,有限公司減資,倘按股東出資額比例減資,適用公司法第 106 條第 3 項規定,經股東表決權過半數之同意即可;倘未依比例減資,限縮適用公司法第 106 條第 3 項規定,須經全體股東同意,方得為之(經濟部 109.1.8.經商 10902400360 號函)。

(五)增資之限制

1.增資之程序

公司增資,應經股東表決權過半數之同意。但股東雖同意增資,仍無按原出資數比例出資之義務(公§106Ⅰ),而不同意增資之股東,對章程因增資修正部分,則視為同意(公§106Ⅳ)。

(1)鑒於民國 107 年 8 月 1 日修正公司法時，已將有限公司增資之程序，降低門檻為股東表決權過半數之同意，且經股東表決權過半數之同意後，即須進行修正章程，而修正章程，依公司法第 113 條第 1 項規定，須經股東表決權三分之二以上之同意。為避免不同意股東以反對修正章程為手段阻止增資程序之進行，爰明定不同意增資之股東，對章程修正部分，視為同意。

(2)公司法就有限公司股東以貨幣債權抵繳股款部分，並無限制；是以股東自得以對公司所有之貨幣債權為出資；另如有限公司股東同時具有董事身分，且因執行公司業務而生代墊款項者，依公司法第 108 條第 4 項準用同法第 50 條規定既得向公司請求償還，則屬對公司所有之貨幣債權。惟上開出資方式均須踐行公司法第 106 條之法定程序，則屬當然（經濟部 103.1.20.經商 10202153500 號函）。

2.新股東參加增資

　　若股東雖同意增資，而不按原出資數比例出資時，得經股東表決權過半數之同意，由新股東參加（公§106Ⅱ）。至於不同意新股東參加之股東，對章程因增資修正部分，則視為同意（公§106Ⅳ）。鑒於民國 107 年 8 月 1 日修正公司法時，已將有限公司新股東參加之程序，降低門檻為股東表決權過半數之同意，且經股東表決權過半數之同意後，即須進行修正章程，而修正章程，依公司法第 113 條第 1 項規定，須經股東表決權三分之二以上之同意。為避免不同意股東以反對修正章程為手段阻止新股東加入程序之進行，爰明定不同意新股東加入之股東，對章程修正部分，視為同意。

二、股東名簿之備置

(一) 公司備置股東名簿之作用，在於方便召集股東開會或通知股東。

(二) 公司應在本公司備置股東名簿，股東名簿應記載下列各款事項（公§103Ⅰ）：

1.各股東出資額。

2.各股東姓名或名稱、住所或居所。

3.繳納股款之年、月、日。

(三) 代表公司之董事不備置股東名簿於本公司者，處新臺幣一萬元以上
　　 五萬元以下罰鍰。再次拒不備置者，並按次處新臺幣二萬元以上十
　　 萬元以下罰鍰（公§103Ⅱ）。

(四) 有限公司不再對股東發給股單，以免遭誤解股單為有價證券。

三、內部之組織

(一)概　說

1.在民國 69 年 5 月 9 日修正公司法前，有限公司之業務執行機關原採
　「執行業務股東」及「董監事」雙軌制，執行業務股東準用無限公司
　之有關規定，而董事、監察人則準用股份有限公司之有關規定。惟因
　準用不同種類公司規範之結果，使兩者在法律上之地位不同，造成有
　限公司組織型態之紛歧。

2.為簡化有限公司之組織，並強化其執行機關之功能，公司法於民國 69
　年 5 月 9 日修正時，乃將「執行業務股東」及「董監事」雙軌制予以廢
　除，改採「董事」單軌制，以「董事」取代「執行業務股東」之地
　位，並準用無限公司之有關規定，而不再準用股份有限公司之有關規
　定。

(二)業務執行機關（無董事會之設置）

1.有限公司之業務，由董事執行之。公司應至少置董事一人執行業務並
　代表公司，最多置董事三人，應經股東表決權三分之二以上之同意，
　就有行為能力之股東中選任之（公§108Ⅰ前段）。

2.董事之消極資格，準用公司法第 30 條有關經理人之規定（公 108Ⅳ準
　用§30）。

3.有限公司無董事會之設置，且有限公司之董事並無任期之限制（經濟部 69.6.12.商 19306 號函）。

4.董事請假或因故不能行使職權時，指定股東一人代理之；未指定代理人者，由股東間互推一人代理之（公§108Ⅱ）。應注意者，若有限公司僅董事一人死亡，尚未依法補選，對之起訴應聲請法院選任特別代理人，不可以全體股東為法定代理人（司法院 95.1.22.司法業務研究會第三期）。

5.公司設有董事數人時，關於業務之執行，取決於董事過半數之同意，關於通常事務，則董事各得單獨執行，但其餘之董事，有一人提出異議時，應即停止執行（公§108Ⅳ準用§46）。

6.董事非有特約，不得向公司請求報酬（公§108Ⅳ準用§49）。至報酬之約定方式，允屬董事與公司當事人間之私法契約關係，公司法並未規定（經濟部 109.11.12.經商 10900098420 號函）。

7.董事因執行業務所代墊之款項，得向公司請求償還，並支付墊款之利息；如係負擔債務，而其債務尚未到期者，得請求提供相當之擔保。股東因執行業務，受有損害，而自己無過失者，得向公司請求賠償（公§108Ⅳ準用§50）。

8.有限公司之董事不得無故辭職，他股東亦不得無故使其退職（公§108Ⅳ準用§51）。

(1)有限公司之董事不得無故辭職，但其他股東倘有正當理由，自得依選任董事之同一方式，經三分之二以上股東之同意使該董事退職，而另就有行為能力之股東中選任董事。惟有限公司並無股東會之組織，故經三分之二以上之股東同意之形式，並不拘泥於以何種方式為之，縱以股東會之名義召集，若經全體股東三分之二以上表決權之同意而為決議，亦屬合法（最高法院 102 年度台上字第 832 號民事判決、最高法院 104 年度台抗字第 599 號民事裁定）。

(2)有限公司選任之董事與有限公司間屬委任關係，倘股東認該選任之董

事有不適任情形，非不得依選任董事之同一方式，即經三分之二以上股東之同意使該董事退職，另就有行為能力之股東中選任。又因有限公司並無股東會之組織，上開經三分之二以上之股東同意之形式，並不拘泥於以何種方式為之，其以股東會之名義召集，經全體股東三分之二以上之決議，固符合上開規定，而屬合法。縱認有限公司股東會之召集程序或決議方法違法而應予撤銷，祇須同意解任之股東表決權達三分之二以上，仍生合法解任之效力。是解任董事之股東會決議是否應予撤銷，並不當然影響該董事與公司間委任關係之存否（最高法院 104 年度台抗字第 599 號民事裁定）。

9. 有限公司之董事應忠實執行業務並盡善良管理人之注意義務，如有違反致公司受有損害者，負損害賠償責任（公§23 I）；至於公司法第 23 條第 3 項有關歸入權規定之適用，應解為有限公司之董事違反公司法第 23 條第 1 項規定，為自己或他人為該行為時，股東得以決議，將該行為之所得視為公司之所得。但自所得產生後逾一年者，不在此限。

10. 有限公司之董事執行業務，應依照法令、章程及股東之決定。違反上開規定，致公司受有損害者，對於公司應負賠償之責（公§108 IV準用§52）。

11. 董事代收公司款項，不於相當期間照繳或挪用公司款項者，應加算利息，一併償還；如公司受有損害，並應賠償（公§108 IV準用§53）。

(1) 依公司法第 108 條第 4 項準用第 53 條規定，已明文禁止有限公司將資金貸與股東個人，或董事挪用代收款項，則若無法律依據或正當理由，自無因有限公司全體股東（或董事）同意，任由個人股東挪用公司資金之餘地（最高法院 107 年度台上字第 841 號民事判決）。

(2) 公司與股東人格各別，權利義務關係各自獨立。公司所有之資金，屬公司所有，股東不得挪為私用，以免造成公司資產減少，此為公司法

之基本法理。且觀公司法第 23 條第 1 項規定「公司負責人應忠實執行業務並盡善良管理人之注意義務，如有違反致公司受有損害者，負損害賠償責任」；同法第 53 條規定「股東代收公司款項，不於相當期間照繳或挪用公司款項者，應加算利息，一併償還；如公司受有損害，並應賠償」，依同法第 108 條第 4 項規定，於有限公司之董事準用之。均明文禁止有限公司之股東或董事挪用代收款項（最高法院 107 年度台上字第 515 號民事判決）。

12.有限公司之董事姓名並非章程之記載事項，故有限公司法人股東改派代表為董事，毋庸修改章程。

13.有限公司僅董事一人死亡，未依法補選，對之起訴應聲請法院選任特別代理人，不可以全體股東為法定代理人（司法院 95.1.22.司法業務研究會第三期）。

14.董事為自己或他人為與公司同類業務之行為，應對全體股東說明其行為之重要內容，並經股東表決權三分之二以上之同意（公§108Ⅲ）。董事違反上開不競業義務時，其他股東得以過半數之決議，將其為自己或他人所為行為之所得，作為公司之所得。但自所得產生後逾一年者，不在此限（公§108Ⅳ準用§54Ⅲ）。

15.有限公司虧損達實收資本額二分之一時，董事應向股東報告（公§108Ⅳ準用§211Ⅰ）。但一人有限公司虧損達資本額二分之一時，因董事即為股東，故董事無須向股東報告（經濟部 93.2.6.經商09302014500 號函）。

16.公司資產顯有不足抵償其所負債務時，除得依第 282 條辦理者外，董事會應即聲請宣告破產（公§108Ⅳ準用§211Ⅱ）。

17.有限公司之非董事，而實質上執行董事業務或實質控制公司之人事、財務或業務經營而實質指揮董事執行業務者，與公司法董事同負民事、刑事及行政罰之責任。但政府為發展經濟、促進社會安定或其他增進公共利益等情形，對政府指派之董事所為之指揮，不適用之（公§8Ⅲ）。

(三)意思機關（無股東會之設置）

1.現行公司法對有限公司採用董事單軌制，且不再準用股份有限公司之有關規定，故無股東會之設置。

2.有限公司變更章程、合併及解散，應經股東表決權三分之二以上之同意（公§113Ⅰ）。至於其他關於變更章程、合併、解散及清算之事項，準用無限公司有關之規定（公§113Ⅱ）。

3.有限公司股東表決權之行使，毋須以會議方式為之，於股東行使同意權時，得以書面為之（臺灣高等法院臺南分院95年度上字第149號民事判決）。

(四)監察機關（無監察人之設置）

1.公司法對於有限公司已不採「執行業務股東」及「董監事」雙軌制，改採董事制，不再準用股份有限公司有關監察人之規定，故不設監察人制度。

2.不執行業務之股東，均得行使監察權（公§109Ⅰ前段）。

3.不執行業務之股東，係指非董事之股東（最高法院97年度台上字第467號民事判決）。公司法第109條係於民國69年5月9日修正為：「不執行業務之股東，均得行使監察權；其監察權之行使，準用第四十八條之規定。」其修正理由載明：「配合第一百零八條有限公司採董事單軌制之修正，準用無限公司之有關規定，不再準用股份有限公司之有關規定，有限公司監察人制度宜予廢除。」依上開條文文義及修法理由，有限公司行使監察權之「主體」為不執行業務股東，行使之「對象」得為執行業務之股東（董事），而質詢公司營業情形及查閱財產文件、帳簿、表冊則為監察權行使之「內容」（最高法院105年度台上字第241號民事判決）。

4.不執行業務之股東未參與經營，為瞭解公司之營運狀況，以保護其股東權益，避免董事任意操控公司，故得查閱公司之財產文件、帳簿、

表冊。因此，公司法第 109 條第 1 項準用同法第 48 條規定之查閱，應為擴張解釋，即除查看閱覽外，凡可達不執行業務股東瞭解及監控公司營運之規範目的者，諸如請求交付財產文件、帳簿、表冊及複印該文件等方式，均包括在內（最高法院 111 年度台上字第 2602 號民事判決）。申言之，凡可達不執行業務股東瞭解及監控公司營運之規範目的者，如影印、抄錄、複製、照相等方式，及公司銀行帳戶之存摺及交易明細，均包括在查閱範圍內。且因公司業務有其接續性，查閱公司文件簿冊之範圍，亦不以股東取得股權後者為限（最高法院 110 年度台上字第 2468 號民事判決）。

5. 不執行業務股東為行使監察權，得隨時向董事質詢公司營業情形、查閱財產文件、帳簿表冊（公§109 I 後段準用§48）。亦即，得行使質詢權及查閱權（簿冊閱覽權）等監察權，但並無代表權。不執行業務股東所得行使之監察權，係本於其股東身分而取得之固有權限，與股份有限公司之監察人係由股東會選任，法律明定其不得兼任公司董事、經理人或其他職員者有別，故不因其兼任公司之經理人或其他職務而受限制（最高法院 107 年度台上字第 1608 號民事判決）。

6. 不執行業務之股東行使監察權、查閱財產文件、帳簿表冊等事務，得代表公司委託律師、會計師審核之（公§109 II）。若有規避、妨礙或拒絕不執行業務股東行使監察權者，代表公司之董事各處新臺幣二萬元以上十萬元以下罰鍰（公§109 III）。解釋上，有限公司不執行業務股東，行使監察權時，如委託會計師查閱公司財產文件、帳簿及表冊所產生之查核費用，應由公司負擔。

7. 有限公司之不執行業務股東，現行公司法並未賦予其得行使代表訴訟權。至於能否類推適用公司法第 214 條及第 215 條等規定，則有檢討空間。應注意者，類推適用，係就法律未規定之事項，比附援引與其性質相類似之規定，加以適用，倘無法律漏洞，自不生類推適用而補充之問題。而所謂法律漏洞，乃指違反法律規範計畫、意旨的之不完整

性，法律所未規定者，並非當然構成法律漏洞，端視其是否違反法律規範意旨、計畫及立法者是否有意沉默而定（最高法院107年度台上字第1594號民事判決）。

8. 有限公司不執行業務之股東，具有選派檢查人聲請權。亦即，繼續六個月以上持有出資額占資本總額百分之三以上之股東，得檢附理由、事證及說明其必要性，聲請法院選派檢查人，於必要範圍內，檢查公司業務帳目、財產情形、特定事項、特定交易文件及紀錄（公§110Ⅲ準用§245Ⅰ）。對於依公司法第110條第3項準用第245條第1項規定，聲請法院選派檢查人之檢查，有規避、妨礙或拒絕行為者，處新臺幣二萬元以上十萬元以下罰鍰（公§110Ⅳ）。

四、章程之變更

(一) 有限公司章程之變更，應經股東表決權三分之二以上之同意（公§113Ⅰ）。其餘事項，準用無限公司有關之規定（公§113Ⅱ）。

(二) 有限公司於章程訂定較公司法規定為高之股東表決權同意數時，僅於公司法有明定章程得規定較高之規定時，始得依該規定為之（經濟部108.5.21.經商10800597810號函）。由於公司法第113條第1項之增訂，係為便利有限公司運作，爰修正有限公司變更章程之門檻為股東表決權三分之二以上之同意，不再準用無限公司有關變更章程須經全體股東同意門檻之規定，其立法目的事涉公益，性質上屬於強行規定。因此，公司法修正條文於民國107年11月1日施行後，有限公司章程之內容若與第113條第1項規定不符者，應屬無效。

(三) 有限公司以經股東表決權過半數之同意，決定增資、減資或變更其組織為股份有限公司時，不同意之股東，對章程修正部分，視為同意（公§106Ⅳ）。

(四) 股東或董事出資之轉讓，不同意之股東有優先受讓權；如不承受，

視為同意轉讓，並同意修改章程有關股東及其出資額事項（公§111
Ⅲ）。

(五) 法院依強制執行程序，將股東之出資轉讓於他人時，公司及其他股
東逾期未指定受讓人或指定之受讓人不依同一條件受讓時，視為同
意轉讓，並同意修改章程有關股東及其出資額事項（公§111Ⅳ）。

第三節　有限公司之外部關係

一、公司之代表

(一) 現行公司法對有限公司之業務執行機關及代表機關，改採「董事」
單軌制，公司至少應設董事一人，最多三人，以執行業務並代表公
司（公§108Ⅰ前段）。

(二) 董事有數人時，得以章程置董事長一人，對外代表公司；董事長應
經董事過半數之同意互選之（公§108Ⅰ後段）。有限公司董事有數
人時，得不設董事長（經濟部69.6.7.商18692號函）。

(三) 代表公司之董事或董事長，關於公司營業上一切事務，有辦理之權
（公§108Ⅳ準用§57）。如非董事，而以代表人自居，以有限公司
之名義對外為法律行為者，其行為對有限公司不發生效力（最高法
院70年度台上字第2290號民事判決）。

1.公司法第108條第1項雖規定有限公司之董事執行業務並代表公司，但
依同條第4項準用同法第57條之規定，僅關於公司營業上之事務有辦
理之權，若其所代表者非公司營業上之事務，則不在代表權範圍之
內，此項無權限之行為，不問第三人是否善意，非經公司承認，不能
對於公司發生效力。次按公司除章程已明定得以保證為業務，且足以
使交易第三人有所了解之情況外，否則該項負責人所為之保證，即不
能認為係公司之行為，對於公司自不發生效力（臺灣高等法院105年度

重上字第 571 號民事判決）。

2.公司對於董事代表權所加之限制，固不得對抗善意第三人（公§108Ⅳ
準用§58），然代表公司之董事，僅關於公司營業上之事務有辦理之
權，若其所代表者非公司營業上之事務，本不在代表權範圍之內，自
無所謂代表權之限制。故此項無權限之行為，不問第三人是否善意，
非經公司承認，不能對於公司發生效力。

(四) 董事請假或因故不能行使職權時，指定股東一人代理之；未指定代
理人者，由股東間互推一人代理之（公§108Ⅱ）。若章程置有董事
長時，董事長請假或因故不能行使職權時，由董事長指定董事一人
代理之；董事長未指定代理人者，由董事互推一人代理之（公§108
Ⅳ準用§208Ⅲ）。

(五) 有限公司董事不為或不能行使職權，致公司有受損害之虞時，法院
因利害關係人或檢察官之聲請，得選任一人以上之臨時管理人，代
行董事長及董事之職權。但不得為不利於公司之行為（公§108Ⅳ準
用§208-1Ⅰ）。臨時管理人選任時，法院應囑託主管機關為之登記
（公§108Ⅳ準用§208-1Ⅱ）。臨時管理人解任時，法院應囑託主
管機關註銷登記（公§108Ⅳ準用§208-1Ⅲ）。

(六) 代表公司之董事或董事長，如為自己或他人與公司為買賣借貸或其
他法律行為時，不得同時為公司之代表，但向公司清償債務時，不
在此限（公§108Ⅳ準用§59）。

1.依民法第106條規定：「代理人非經本人之許諾，不得為本人與自己之
法律行為，亦不得既為第三人之代理人，而為本人與第三人之法律行
為。但其法律行為，係專履行債務者，不在此限。」本條規範禁止雙
方代理或自己代理之意旨在於避免利益衝突，防範代理人厚己薄人，
失其公正立場，以保護本人之利益，惟本文及但書設有經本人許諾及
法律行為係專履行債務者二項例外，因此際無利害衝突之處。至於純
獲法律上利益之情形，雖非上開例外情形，惟既無利害衝突，自無加

以禁止之必要，換言之，應對民法第 106 條之適用範圍做目的性限縮解釋。查公司法第 59 條規定：「代表公司之股東，如為自己或他人與公司為買賣、借貸或其他法律行為時，不得同時為公司之代表。但向公司清償債務時，不在此限。」係仿民法第 106 條所定，與民法第 106 條規定同一旨趣。因此在代表人將個人所有商標權無償讓與公司或出具註冊同意書予公司情形，就公司而言，應屬純獲法律上利益，似宜無禁止自己代表之必要（法務部 96.3.20.法律決 0960008616 號函）。

2. 公司法第 108 條第 4 項準用同法第 59 條規定「雙方代表禁止原則」，應係於性質不相牴觸之範圍內適用，尚非完全適用。是以，是否有「雙方代表禁止原則」之適用，參酌司法實務多數見解，仍應視是否與公司間有利益衝突之情形而定，即依個案具體衡量，倘未減損公司財產、無損及公司債權人債權之擔保或有保護公益之情形，例如股東將自己財產無償贈與公司，似得認無須準用公司法第 59 條規定之「雙方代表禁止原則」（經濟部 109.2.20.經商 10902404220 號函）。例如代表公司之股東為自己或他人與公司為買賣等行為時，不得同時為公司之代表，惟二家一人股東之公司簽訂契約者，因無利益衝突之問題，故無雙方代表禁止之適用（經濟部 101.10.12.經商 10102119590 號函）。

3. 有限公司董事如為自己或他人與公司為買賣借貸或其他法律行為時，不得同時為公司之代表，則代表公司之董事，違反雙方代表禁止之規定，其法律行為應屬無效（最高法院 80 年度台上字第 180 號民事判決）。

4. 有限公司之董事長若非向公司清償債務，縱經全體股東事前授權，似仍不得為公司之代表與其本人訂立買賣契約（經濟部 75.9.9.經商 39986 號函）。

5. 就由自然人一人組成之有限公司，得否以債權（股東往來）轉增資股款而言，依公司法第 108 條第 4 項準用同法第 59 條規定，有限公司代

表公司之董事或董事長，如為自己或他人與公司為買賣借貸或其他法律行為時，不得同時為公司之代表；且為公司監控計，一人股東之有限公司亦須依公司法第 108 條第 4 項準用同法第 59 條規定辦理，並應依下列情形，另定代表公司之人：(1)僅置董事一人者，由全體股東之同意另推選（或增加）有行為能力之股東代表公司；(2)置董事二人以上，並特定一董事為董事長者，由其餘之董事代表公司（經濟部103.1.20.經商 10202153500 號函）。

(七) 有限公司之負責人對於公司業務之執行，如有違反法令致他人受有損害時，對他人應與公司負連帶賠償之責（公 § 23 Ⅱ）。

二、股東之責任

(一) 有限公司之股東，僅對公司負責，對公司債權人並不負任何責任，且其對公司係以出資額為限，負有限責任，即各股東對公司之責任，除公司法第 99 條第 2 項規定外，僅於出資之範圍內，負繳足股款之責任（公 § 99 Ⅰ）。

(二) 股東濫用公司之法人地位，致公司負擔特定債務且清償顯有困難，其情節重大而有必要者，該股東應負清償之責（公 § 99 Ⅱ）。按「揭穿公司面紗原則」（Piercing the Corporate Veil）之目的，在防免股東利用公司之獨立人格及股東有限責任而規避其應負之責任。考量有限責任之有限公司股東，亦有利用公司之獨立人格及股東有限責任而規避其應負責任之可能，公司法於民國 107 年 8 月 1 日修正時，乃對於有限公司引進「揭穿公司面紗原則」。應注意者，對於民國 102 年 1 月 30 日前或民國 107 年 8 月 1 日前之有限公司股東濫用公司獨立人格，淘空公司資產，而侵害公司債權人權益者，仍得以公司法第 154 條第 2 項規定之揭穿公司面紗法理而予以適用（最高法院 108 年度台上字第 1738 號民事判決）。

(三) 有限公司須增資時，股東雖已同意增資，仍無按原出資數比例出資

之義務（公§106 I 但書）。

第四節　有限公司之會計

一、概　說

有限公司具有資合公司之性質，對於公司之債務，僅以公司之資產為其擔保，故為保護債權人，公司法對公司之會計，乃設有詳細之規定。

二、會計表冊之造具及承認

(一) 有限公司於每屆會計年度終了，董事應依公司法第 228 條之規定，造具各項表冊，分送各股東，請其承認；其承認應經股東表決權過半數之同意（公§110 I）。上開表冊，至遲應於每會計年度終了後六個月內分送。分送後逾一個月未提出異議者，視為承認（公§110 II）。

(二) 在股東承認後，除董事有不法行為者外，即視為已解除其責任（公§110III 準用§231）。

(三) 若協議係由公司當時全體股東所簽訂，則除各該股東個人外，由全體股東形成其意思決定之公司，亦應受該協議之拘束。嗣有限公司雖變更組織為股份有限公司，惟其法人格之同一性不變，即已承認該公司經會計師事務所查核無誤之帳務，自無從再以營收短少、虛列成本為由，對協議之當事人主張權利，亦無從代表公司對其提起訴訟（最高法院 109 年度台上字第 360 號民事判決）。

(四) 會計表冊獲股東承認後，主管機關得隨時派員查核或令其限期申報（公§20IV）。

三、公積之提存

(一)公積之意義

所謂公積，乃公司營業之盈餘，為特定目的由公司保留而不分派於各股東之數額。理論上公積不以現金為限，動產、不動產均可為之，但會計實務上則以現金為限。

(二)公積提存之情形

1.法定盈餘公積之提存

(1)有限公司於彌補虧損完納一切稅捐後，分派盈餘時，應先提出百分之十為法定盈餘公積，但法定盈餘公積已達資本總額時，不在此限（公§112Ⅰ）。

(2)公司負責人倘違反規定，不提出法定盈餘公積時，各處新臺幣二萬元以上十萬元以下罰鍰（公§112Ⅳ）。

2.特別盈餘公積之提存

(1)除法定盈餘公積之外，有限公司得以章程訂定，或經股東表決權三分之二以上之同意，另提特別盈餘公積（公§112Ⅱ）。

(2)特別盈餘公積之提存，不受公司盈餘百分之十之限制。

3.法定盈餘公積及資本公積之處理及使用

(1)有限公司提列之法定盈餘公積及會計處理產生之資本公積，應如何處理或使用，準用公司法第239條、第241條第1項第2款及第3項之規定（公§112Ⅲ）。

(2)法定盈餘公積及資本公積，除填補公司虧損外，不得使用之。但第公司法241條規定之情形，或法律另有規定者，不在此限。公司非於盈餘公積填補資本虧損，仍有不足時，不得以資本公積補充之（公§112Ⅲ準用§239）。

(3)有限公司無虧損者，得經持有出資額占資本總額三分之二以上之股東出席，出席股東表決權過半數之同意，將法定盈餘公積或資本公積

（受領贈與之所得）之全部或一部，按股東原有出資之比例發給出資
額或現金（公§112Ⅲ準用§241Ⅰ②）。

(4)以法定盈餘公積發給新股或現金者，以該項公積超過實收資本額百分
之二十五之部分為限（公§112Ⅲ準用§241Ⅲ）。

四、盈餘之分派

(一)盈餘分派之規範基礎

　　有限公司盈餘之分派，原則上係準用股份有限公司之規定（公§110
Ⅲ準用§228-1、§232、§233、§235、§235-1、§240Ⅰ）。

1.公司無盈餘時，不得分派股息及紅利（公§110Ⅲ準用§232Ⅱ）。

2.公司須於彌補虧損，依規定提存法定盈餘公積及特別盈餘公積後，方
得分派股息及紅利（公§110Ⅲ準用§232Ⅰ）。

3.有限公司負責人違反準用公司法第232條第1項或第2項規定分派股息
及紅利時，各處一年以下有期徒刑、拘役或科或併科新臺幣六萬元以
下罰金（公§110Ⅲ準用§232Ⅲ）。

4.有限公司違反準用第232條規定分派股息及紅利時，公司之債權人，得
請求退還，並得請求賠償因此所受之損害（公§110Ⅲ準用§233）。

5.公司法第110條第3項並未準用第234條有關建設股息分派之規定，故
有限公司不得為建設股息之分派。

(二)股東之盈餘分派請求權

　　公司若有盈餘，股東本於股東權，雖有盈餘分派請求權，然此僅係
可能獲得分派之期待權，如公司未完納一切稅捐、彌補虧損、依法提出
法定盈餘公積，及盈餘分派之議案未經股東會決議承認，自不發生盈餘
分派給付請求權，股東即不得以公司有盈餘而請求分派股息及紅利。是
以，有限公司之盈餘分派議案，應經各股東承認後，對公司始生盈餘分
派請求權，在盈餘分派議案未經股東承認前，各股東對公司尚無盈餘分

派請求權（臺灣臺北地方法院 111 年度訴字第 4151 號民事判決）。

(三)盈餘分派之時機

　　有限公司章程得訂明盈餘分派或虧損撥補於每季或每半會計年度終了後為之（公§110Ⅲ準用§228-1Ⅰ）。

1.有限公司前三季或前半會計年度盈餘分派或虧損撥補之議案，應連同營業報告書及財務報表交不執行業務之股東查核後，由董事以過半數之同意決定之（公§110Ⅲ準用§228-1Ⅱ）。至於有限公司年度盈餘分派或虧損撥補之議案，究竟應經董事過半數或股東表決權過半數之同意，似有疑義。依管蠡之見，因公司法第 110 條第 1 項規定，有限公司於每屆會計年度終了，董事應依公司法第 228 條之規定，造具盈餘分派或虧損撥補之議案等各項表冊，分送各股東，請其承認；其承認應經股東表決權過半數之同意，故解釋上應經股東表決權過半數之同意。

2.有限公司於前三季或前半會計年度辦理盈餘分派時，應先預估並保留應納稅捐、依法彌補虧損及提列法定盈餘公積。但法定盈餘公積，已達實收資本額時，不在此限（公§110Ⅲ準用§228-1Ⅲ）。

3.有限公司於前三季或前半會計年度分派盈餘而以發給出資額方式為之時，應準用第 240 條第 1 項規定，經股東表決權三分之二以上之同意後辦理；發放現金者，應經董事過半數之同意（公§110Ⅲ準用§228-1Ⅳ）。

(四)盈餘分派之比例或標準

　　有限公司盈餘分派之比例或標準，為章程必要記載事項（公§101Ⅰ⑤），故於章程必有所訂定，而其分派自應依章程所定。亦即，股息及紅利之分派，除公司法另有規定外，以各股東出資額之比例為準（公§110Ⅲ準用§235）。

(五)員工酬勞制度

　　有限公司應於章程訂定員工酬勞制度（公§110Ⅲ準用§235-1）。

1. 有限公司應於章程訂明以當年度獲利狀況之定額或比率，分派員工酬勞。但公司尚有累積虧損時，應予彌補（公§110Ⅲ準用§235-1Ⅰ）。

2. 雖股份有限公司員工酬勞得以股票為之，惟有限公司在性質上無從準用，是以，有限公司發放員工酬勞時，僅得以現金為之（經濟部104.6.11.經商10402413890號函）。

3. 員工酬勞以現金為之，應由董事三分之二以上之出席及出席董事過半數同意之決議行之，並向股東報告（公§110Ⅲ準用§235-1Ⅲ）。

4. 章程得訂明發給現金之對象包括符合一定條件之控制或從屬公司員工（公§110Ⅲ準用§235-1Ⅳ）。

第五節　有限公司股東之退股與除名

一、有限公司之股東，是否得為退股，或經股東決議除名，在公司法均未規定。

二、因有限公司具有資合公司之性質，若允許退股與除名，勢必發生出資之返還，故解釋上應不得退股與除名。又縱使具有人合與資合性質之兩合公司，公司法第123條亦明定，有限責任股東，不因受監護或輔助宣告而退股。兩合公司之有限責任股東死亡時，其出資歸其繼承人。因此，有限公司之股東，亦不因監護或輔助宣告、死亡而退股。

三、有限公司並無規定有股東如何「退股」或準用無限公司公司法第65條所定股東之聲明退股及第66條規定有法定退股事由時，股東應退股之規定，蓋此乃因有限公司股東對公司之責任，乃以其出資額為限，非如無限公司股東依公司法第60條規定於公司資產不足清償債

務時，由股東負連帶清償之無限責任之故（臺灣臺南地方法院 87 年度簡上字第 180 號民事判決）。

第六節　有限公司之合併、解散、清算及變更組織

一、有限公司之合併、解散及清算

(一)有限公司之合併

1.有限公司之合併，原則上準用無限公司之規定（公§113Ⅱ）。但有限公司合併，應經股東表決權三分之二以上之同意（公§113Ⅰ）。

2.股份有限公司與有限公司合併者，存續或新設公司以股份有限公司為限（公§316-1Ⅰ，企業併購法§20 後段）。

3.因合併而消滅之公司，其權利義務應由合併後存續或新設之公司概括承受（公§113Ⅱ準用§75，企業併購法§24 前段）；消滅公司繼續中之訴訟、非訟、仲裁及其他程序，由存續公司或新設公司承受消滅公司之當事人地位（企業併購法§24 後段）。

(二)有限公司之解散及清算

1.有限公司之解散及清算，原則上準用無限公司之規定（公§113Ⅱ）。但有限公司解散，應經股東表決權三分之二以上之同意（公§113Ⅰ）。

2.有限公司之清算人有數人，且未推定代表公司之清算人時，以其中一人為公司之代表人作成處分書及送達，該處分即屬有效成立。

3.有限公司唯一股東（董事）死亡時，應先依民法關於繼承之規定辦理，未必會構成公司之法定解散事由；反之，若已確認該唯一股東無繼承人或繼承人均拋棄繼承，因無繼承人得以繼承其對公司之出資，致公司之股東變動，而不足有限公司至少應有股東 1 人之規定，依公司法第 113 條準用第 71 條第 1 項第 4 款規定，始構成有限公司之解散事

由（法務部 106.1.10.法律 10503514810 號函）。

二、有限公司之變更組織

(一)公司組織之變更

　　為加強公司大眾化，限制有限公司之設立，現行公司法規定，有限公司得變更為股份有限公司，但股份有限公司不得變更組織為有限公司。

(二)變更為股份有限公司之要件

1.經股東表決權過半數之同意

　　有限公司得經股東表決權過半數之同意變更其組織為股份有限公司（公§106Ⅲ），以便利有限公司組織變更。

2.變更章程

　　有限公司變更組織為股份有限公司時，自應變更章程，以符合公司法第 129 條之記載事項。若經股東表決權過半數之同意，有不同意之股東，對章程修正部分，視為同意（公§106Ⅳ）。

3.通知及公告債權人

　　有限公司為變更組織之決議後，應即向各債權人分別通知及公告（公§107Ⅰ），但有限公司變更組織為股份有限公司時，其公司法人格仍為存續，股東對公司之責任，僅以其出資額或繳清其股份之金額為限，即股東之責任並不因變更組織而有所不同，不若無限公司股東對公司之債務，須負連帶清償責任，其變更組織時須準用合併之規定。因此，有限公司變更組織時，僅須向各債權人分別通知及公告即可，無須編製資產負債表、財產目錄及在通知及公告中指定三個月以上之期限，聲明債權人得於期限內提出異議。

4.辦理變更登記

　　有限公司變更組織為股份有限公司，須申請變更登記。至於有限公

司變更組織，其名下之不動產，得以名義變更登記方式申辦更名登記
（內政部 87.51.11 台內地 8704960 號函）。

(三)變更組織後之效果

1. 有限公司依公司法規定變更其組織為股份有限公司，其法人人格之存
   續不受影響（司法院大法官會議釋字第 167 號解釋）。

2. 公司變更組織改採變更登記程序，故變更組織後之公司，應承擔變更
   組織前公司之債務（公§107Ⅱ）。若有對變更組織前公司之確定判
   決，可據以對變更組織後之股份有限公司為強制執行。

3. 有限公司變更組織同時增資，無保留員工認股之適用（經濟部 73.3.1.
   商 07699 號函）。

4. 有限公司因違法所受之裁罰，不能因事後變更組織為股份有限公司而
   主張原處分及訴願決定為無效，或當事人不適格（最高行政法院 81 年
   度判字第 1499 號判決）。

5. 為瞭解公司財務狀況，有限公司不執行業務之股東起訴請求董事交付
   文件供閱覽，係行使公司法第 109 條準用第 48 條賦予之權限，縱於訴
   訟進行中，公司組織由有限公司變更為股份有限公司，就該不執行業
   務股東已行使有限公司時期之簿冊閱覽權並不因而消滅（最高法院 111
   年度台上字第 926 號民事判決）。

第四章
兩合公司

第一節　兩合公司之概念與設立

一、兩合公司之概念

(一)兩合公司之意義

1. 兩合公司係一人以上之無限責任股東，與一人以上之有限責任股東所組織（公§114 I、§2 I③），其無限責任股東對公司債務負連帶責任，與無限公司之股東同；而有限責任股東僅以出資額為限，對公司負其責任之公司（公§114 II、§2 I③）。

2. 兩合公司為無限公司之一種變型，係以無限責任股東為重心，得以勞務或其他權利為出資（公§115 準用§43）；而有限責任股東則以資本參加之，不得以勞務為出資（公§117）。

(二)兩合公司之性質

1. 組織二元化

　　兩合公司於我國現行法上，乃唯一之二元組織公司，須由無限責任股東與有限責任股東之兩種不同種類之股東組織而成。

2. 酷似隱名合夥及類似有限合夥

(1)兩合公司具有人合公司與資合公司之性質，於經濟上之功能，不僅酷似民法上之隱名合夥，亦類似有限合夥法之有限合夥。

(2)兩合公司與民法上之隱名合夥仍不盡相同：

　　①兩合公司為法人，而隱名合夥僅屬契約，合夥本身不具法人人格。

　　②兩合公司之有限責任股東以資本參加，係對外公開，而隱名合夥之隱名合夥人所為之資本參與，則對外不顯現。

③兩合公司之有限責任股東，應以其出資額對公司負責任，即對公司
債權人負間接之有限責任，而隱名合夥在經濟上雖為隱名合夥人與
出名營業人所共營，故有損益之分擔及分受，但在法律上則僅為出
名營業人之營業，隱名合夥人對於第三人不生任何法律關係（民
§704 II）。

(3)有限合夥應有一人以上之普通合夥人，與一人以上之有限合夥人，互
約出資組織之（有限合夥法§6 I）。所謂普通合夥人，指直接或間
接負責有限合夥之實際經營業務，並對有限合夥之債務於有限合夥資
產不足清償時，負連帶清償責任之合夥人（有限合夥法§4②）。所
稱有限合夥人，指依有限合夥契約，以出資額為限，對有限合夥負其
責任之合夥人（有限合夥法§4③）。

3.準用無限公司之規定

兩合公司乃無限公司之變型，除有限責任股東之部分外，均與無限
公司相同，故公司法第四章原則上僅就有限責任股東加以規定，其餘則
準用第二章無限公司之規定（公§115）。

二、兩合公司之設立

(一) 兩合公司之設立，除下述數點不同外，其餘均與無限公司相同：

1.兩合公司之成立，至少須有無限責任股東及有限責任股東各一人，最
多人數則無限制。

2.兩合公司之有限責任股東，不得以勞務為出資（公§117），亦不得以
信用出資。

3.兩合公司之章程，除記載公司法第 41 條所列各款事項外，並應記明各
股東之責任為無限或有限（公§116）。

(二) 兩合公司之無限責任股東，不得為公司組織（公§13 I），原則上
僅限於自然人；有限責任股東，則無限制。

第二節　兩合公司之內外關係

一、兩合公司之內部關係

(一)出資義務

1.無限責任股東之出資,其種類較為多元,除現金或其他財產之外,尚得以勞務或其他權利為出資(公§115準用§43)。

2.有限責任股東,則不得以勞務為出資(公§117)。

(二)業務執行

1.業務執行之機關

(1)公司業務經營之成敗,與對公司債務負連帶無限清償責任之無限責任股東利害攸關,故原則上各無限責任股東均有執行公司業務之權利,並負有義務,但章程中訂定由無限責任股東中之一人或數人執行業務者,從其訂定(公§115準用§45)。

(2)有限責任股東不得執行公司業務及對外代表公司(公§122),以章程訂定有限責任股東有業務執行權者,其規定無效。但有限責任股東仍得依委任或僱傭之方式,受任為經理人或受僱人,為公司執行業務。

2.業務執行之方式

(1)兩合公司如僅有無限責任股東一人時,公司業務之執行,由該無限責任股東單獨為之。

(2)兩合公司之無限責任股東有數人,而由其全體或其中數人執行業務時:

①關於通常事務之執行,採取「單獨執行制」,各執行業務之無限責任股東得單獨執行之,惟其餘執行業務之無限責任股東,若有人提出異議時,應即停止執行,改由全體執行業務之無限責任股東,以過半數之同意決定之(公§115準用§46Ⅱ)。

②關於非通常事務之決定與執行，採取「多數決」之原則，取決於全
體執行業務之無限責任股東過半數之同意（公§115準用§46
Ⅰ）。但一經多數決決定後，其具體之執行行為，則可委由任何一
執行業務之無限責任股東依照該決議單獨為之。

(三)業務監察

1.業務監察之機關

(1)有限責任股東不得執行業務，但有監察權。

(2)依章程規定不執行業務之無限責任股東，亦有監察權。

2.監察權之範圍

　　兩合公司之有限責任股東與無限責任股東，對公司營業與財務之情
形如何，其利害關係深淺不同，故兩者監察權之範圍亦有差異：

(1)無限責任股東之監察權：不執行業務之無限責任股東，得隨時向執行
業務之股東質詢公司營業情形、查閱財產文件、帳簿表冊（公§115
準用§48），而無時間上之限制。

(2)有限責任股東之監察權

①有限責任股東監察權之行使，時間上受有限制。有限責任股東，得
於每會計年度終了時，查閱公司帳目、業務及財產情形；必要時，
法院得因有限責任股東之聲請，許其隨時檢查公司帳目、業務及財
產之情形（公§118Ⅰ）。

②對於前開之檢查，有妨礙、拒絕或規避行為者，各處新臺幣二萬元
以上十萬元以下罰鍰。連續妨礙、拒絕或規避者，並按次連續各處
新臺幣四萬元以上二十萬元以下罰鍰（公§118Ⅱ）。

(四)章程之變更

1.兩合公司之章程變更，因公司法第四章兩合公司未另設規定，故應準
用無限公司之規定（公§115），即公司章程之變更，應得全體股東之
同意（公§115準用§47），而兩合公司係由無限責任股東與有限責任

股東所組織而成，故應得全體無限責任股東及全體有限責任股東之同意。

2.章程變更後，應申請變更登記（公§12）。

(五)出資之轉讓

1.轉讓之限制

由於無限責任股東及有限責任股東與公司之利害結合程度深淺不同，故其出資轉讓之限制亦因之而相異。

(1)無限責任股東出資之轉讓準用無限公司之規定。亦即，非經其他股東全體之同意，不得以自己出資之全部或一部，轉讓他人（公§115 準用§55）。無限責任股東出資轉讓之限制，與無限責任股東是否執行公司之業務無關，而所謂「他人」，亦包含其他股東在內。

(2)有限責任股東出資之轉讓

　①有限責任股東與公司之利害結合程度較淺，故其出資轉讓之限制較無限責任股東為寬。

　②有限責任股東以其出資之全部或一部轉讓於他人時，僅須得「無限責任股東」過半數之同意即可（公§119Ⅰ）。

　③為避免無限責任股東以拒絕修改章程之方法，阻撓有限責任股東轉讓其出資，公司法第 119 條第 2 項明定準用其第 111 條第 2 項之規定，即有限責任股東之出資轉讓，不同意之無限責任股東有優先受讓權，如不承受，視為同意轉讓，並同意修改章程有關股東及其出資額事項（公§119Ⅱ準用§111Ⅱ）。

2.出資轉讓之強制執行

(1)有限責任股東之出資轉讓，依公司法第119條第2項規定，準用第111條第4項之規定。

(2)法院依強制執行程序，將有限責任股東之出資轉讓於他人時，應通知公司及其他全體股東，於二十日內，依無限責任過半數之同意方式，

指定受讓人，逾期未指定或指定之受讓人不依同一條件受讓時，視為同意轉讓，並同意修改章程有關股東及其出資額事項（公§119 II 準用§111 IV）。

(六)投資或競業之禁止與自由

1.禁止投資或競業（無限責任股東）

　　關於無限責任股東之投資限制及競業禁止，準用無限公司有關之規定（公§115）。

(1)無限責任股東非經其他股東全體之同意，不得為他公司之無限責任股東，或合夥事業之合夥人（公§115準用§54 I）。

(2)執行業務之無限責任股東，不得為自己或他人為與公司同類營業之行為（公§115準用§54 II）。

(3)執行業務之無限責任股東違反上述規定時，其他股東得以過半數之決議，將其為自己或他人所為行為之所得，作為公司之所得，此通稱為介入權，但自所得產生後逾一年者，不在此限（公§115 準用§54 III）。

2.自由投資或競業（有限責任股東）

(1)兩合公司之有限責任股東，對內既不能執行公司業務，對外又不能代表公司（公§122），對公司之債務亦僅以出資額對公司負其責任，當無因知公司業務秘密而為不利公司行為或因受投資公司之經營不善而牽連本公司之虞。

(2)有限責任股東不受競業限制，因此有限責任股東，得為自己或他人為與本公司同類營業之行為。又有限責任股東若非公司組織，亦得為他公司之無限責任股東或合夥事業之合夥人。

(七)盈餘之分派

1.兩合公司之盈餘分派，公司法並無特別規定，故仍應準用無限公司之規定（公§115）。

2.即公司非彌補虧損後，不得分派盈餘。公司負責人違反此規定時，各
　處一年以下有期徒刑、拘役或科或併科新臺幣六萬元以下罰金（公§
　115 準用§63）。

3.其分派之比例或標準，乃章程必要記載事項（公§116、§41Ⅰ⑥），
　故應依章程所規定。

二、兩合公司之外部關係

(一)公司之代表

1.無限責任股東，除章程另訂或經全體股東之同意，特定代表公司之無
　限責任股東外，均得各自代表公司（公§115 準用§56）。

2.兩合公司之對外代表權，專屬於無限責任股東，有限責任股東不得對
　外代表公司（公§122）。

(二)股東之責任

1.無限責任股東之責任

　　無限責任股東之責任與無限公司之股東相同，即直接對公司債權人
負連帶無限之責任（公§115 準用§60）。

2.有限責任股東之責任

　　有限責任股東之責任以出資額為限，對於公司負其責任（公§114
Ⅱ）。惟其行為倘足使善意第三人信其為無限責任股東時，對該人負無
限責任股東之責（公§121）。例如有限責任股東，對外自稱為無限責任
股東，而參與公司業務之執行或為公司之代表時，為保護不知情善意第
三人，應依外觀優越原則，使其負無限責任，此稱為類似無限責任股東
之責任或表見無限責任股東之責任。

第三節　兩合公司之入股、退股及除名

一、兩合公司之入股

　　公司法對兩合公司股東之入股，並無特別規定，自應準用無限公司之規定。亦即，加入兩合公司為無限責任股東者，對於未加入前公司已發生之債務，亦應負責（公§115準用§61）。

二、兩合公司之退股

(一)無限責任股東之退股

　　無限責任股東之退股，準用無限公司之規定（公§115準用§65、§66）。

(二)有限責任股東之退股

　　有限責任股東之退股，其情形有二，另有一例外規定。

1.自願退股

(1)遇有非可歸責於自己的重大事由時，得經全體無限責任股東過半數的同意退股，或聲請法院准其退股（公§124）。

(2)兩合公司得經股東三分之二以上之同意變更章程，將其組織變更為有限公司或股份有限公司（公§126Ⅳ），但不同意之股東得以書面向公司聲明退股（公§126Ⅴ）。

2.法定退股

(1)因章程所定退股事由之發生而退股（公§115準用§66Ⅰ①）。

(2)因破產而退股（公§115準用§66Ⅰ③）。

(3)因遭除名而退股（公§115準用§66Ⅰ⑤）。

(4)因股東之出資，經法院強制執行而退股（公§115準用§66Ⅰ⑥）。經法院強制執行出資而退股時，執行法院應於二個月前通知公司及其他股東（公§115準用§66Ⅱ）。

3.退股原因之例外規定

(1)有限責任股東不因受監護或輔助宣告而退股（公§123 I），不構成法定退股之事由。

(2)有限責任股東死亡時，其出資歸其繼承人（公§123 II），不構成法定退股之事由。

三、兩合公司之除名

(一) 兩合公司之有限責任股東有下列各款情事之一者，得經全體無限責任股東之同意，將其除名：

1.不履行出資義務者（公§125 I ①）：有限責任股東，重在出資，如不履行此出資義務，自得將之除名。

2.有不正當行為，妨害公司利益者（公§125 I ②）：兩合公司之有限責任股東，雖不參與執行業務，但其行為仍有足以妨害公司利益之可能，若因其不正當行為而妨害時，自可予以除名。

(二) 依公司法第 125 條第 1 項規定將有限責任股東除名，非通知該股東後，不得對抗之。

第四節　兩合公司之解散、合併、變更組織及清算

一、兩合公司之解散

(一)解散之原因

1.一般解散原因：準用無限公司之規定。

2.特定解散原因（公§126 I）：

(1)無限責任股東全體退股時。

(2)有限責任股東全體退股時。

(二)例　外

1.兩合公司雖因一方之全體股東退股而應行解散，但其餘股東得以一致之同意，加入無限責任股東或有限責任股東，而繼續經營（公§126Ⅰ）。

2.兩合公司之有限責任股東全體退股時，無限責任股東在二人以上者，得以一致之同意，變更其組織為無限公司（公§126Ⅱ）。

二、兩合公司之合併

　　公司法對於兩合公司之合併並未設有特別規定，其合併要件、程序及效果，均準用無限公司之規定（公§115）。

三、兩合公司之變更組織

(一) 兩合公司得變更組織為無限公司。

(二) 兩合公司變更為無限公司之情形有二：

1.因有限責任股東全體退股而變為無限公司（公§126Ⅱ）。

2.因無限責任股東與有限責任股東全體同意變為無限公司（公§126Ⅲ）。

(三) 為利兩合公司轉型，兩合公司得經股東三分之二以上之同意變更章程，將其組織變更為有限公司或股份有限公司（公§126Ⅳ）。上開情形，不同意之股東得以書面向公司聲明退股（公§126Ⅴ）。

四、兩合公司之清算

(一) 兩合公司之清算，由全體無限責任股東任之，但無限責任股東得以過半數之同意，另行選任清算人，其解任時亦同（公§127）。

(二) 另行選任清算人時，兩合公司的有限責任股東，亦有被選任的資格。

(三) 關於清算之其他事項，如清算程序、清算期間等，均準用無限公司有關清算的規定（公§115）。

第五章
股份有限公司

第一節　股份有限公司之概念

一、股份有限公司之意義

　　股份有限公司指二人以上股東或政府、法人股東一人所組織，全部資本分為股份；股東就其所認股份，對公司負其責任之公司（公§2 I④）。準此，股份有限公司之意義，可從股東之人數、公司之資本、股東之出資及責任等面向析述。

(一)股東之人數

1.須有二人以上股東或政府、法人股東一人所組織。政府或法人股東一人所組織之股份有限公司，不受有二人以上股東之限制（公§128-1 I）。

2.股東人數非但係公司成立之要件，亦為公司存續之要件，故已成立之公司，如股東人數變動，致有記名股票之股東不滿二人時，除政府或法人股東人數得為一人者外，公司應予解散（公§315 I④）。

3.凡具有人格者，均得為其股東，但自然人為無行為能力人、限制行為能力人或受輔助宣告尚未撤銷之人，不得為發起人（公§128 II）。

(1)公司法除於第 128 條第 2 項明文限制股份有限公司之發起人不得為無行為能力人、限制行為能力人或受輔助宣告尚未撤銷之人外，對於股份有限公司之股東，並未規定須以成年人為限。

(2)發起人為外國人者，倘發起人之年齡依其本國法已成年，而依我國民法尚未成年，應由該發起人負舉證責任，提出證明文件始得為之（經

濟部 100.5.11.經商 10002054140 號函）。

4.政府或法人均得為發起人，但法人為發起人者，以下列情形為限（公§128Ⅲ）：

(1)公司或有限合夥。

(2)以其自行研發之專門技術或智慧財產權作價投資之法人。

(3)經目的事業主管機關認屬與其創設目的相關而予核准之法人。

　①依國立大學校院校務基金設置條例第 10 條第 3 項規定，國立大學校院為處理投資事宜，應組成投資管理小組，擬訂年度投資規劃及執行各項投資評量與決策，並定期將投資效益報告管理委員會。準此，現行法令並未排除國立大學可擔任公司發起人（經濟部 105.4.19.經商 10502408860 號函）。

　②財團法人係屬公益性質，與以營利為目的之公司組織，性質不同。故財團法人可否出資而成為公司股東，宜由主管機關視該投資行為是否為該財團法人達成公益目的所必要而定（法務部 96.4.10.法律決 0960013258 號函）。

　③財團法人就其財產之運用方法（包括保值、投資等財產運用方法），則應符合財團法人法第 19 條第 3 項各款情形之一，是如財團法人對其財產之運用方法，並非財團法人法第 19 條第 3 項第 1 款至第 5 款所定運用項目之一，尚須主管機關已將該投資項目及購買額度列入依財團法人法第 19 條第 3 項第 6 款授權所定本於安全可靠原則所為其他有助於增加財源之投資項目及額度中，始得為之（法務部 109.7.30.法律 10903511800 號書函）。

5.政府或法人股東一人所組織之股份有限公司，應注意下列特殊規定：

(1)一人股份有限公司之股東會職權由董事會行使，不適用公司法有關股東會之規定（公§128-1Ⅰ）。基此，得免訂定股東會議事規則（經濟部 108.1.21.經商 10802400550 號函）。但董事會仍應編造營業報告書、財務報表、盈餘分派或虧損撥補之議案交監察人查核（公§228

Ⅰ），其後再將其所造具之各項表冊，由董事會自己承認（公§230
Ⅰ）。又一人股份有限公司若依章程規定不置監察人（公§128-1
Ⅲ），董事會應直接將其所造具之各項表冊，由其自己承認。

(2)一人股份有限公司得依章程規定不設董事會，置董事一人或二人；置
董事一人者，以其為董事長，董事會之職權公司法由該董事行使，不
適用有關董事會之規定；置董事二人者，準用公司法有關董事會之規
定（公§128-1Ⅱ）。

(3)一人股份有限公司得依章程規定不置監察人；未置監察人者，不適用
公司法有關監察人之規定（公§128-1Ⅲ）。

(4)一人股份有限公司之董事、監察人，由政府或法人股東指派（公
§128-1Ⅳ）。

(5)單一法人股東公司決議解散清算，因本無股東會設置，自無從由股東
會選任清算人，又原業務執行機關（董事會及董事）已因公司解散而
不復存在，是以此一「已不復存在」之董事會亦無從代行股東會職權
選任清算人。至於清算人因係取代董事組成之董事會而為清算公司之
業務執行機關，故其另行指派亦應由單一法人股東為之，方符公司法
第 128 條之 1 第 4 項及第 322 條所揭櫫尊重股東選定之規範意旨（經
濟部商業司 111.10.4.經商五 11102427990 號函）。

(二)公司之資本

1.股份有限公司之資本，應分為股份，擇一採行票面金額股或無票面金
額股（公§156Ⅰ）。故股份得為面額股（par-value stock）或無面額股
（no par value stock）。

(1)公司採行票面金額股者，每股金額應歸一律；採行無票面金額股者，
其所得之股款應全數撥充資本（公§156Ⅱ）。

(2)公司股份之一部分得為特別股；其種類，由章程定之（公§156
Ⅲ）。

(3)股份有限公司之資本，應分為股份，每股金額應歸一律，故一股為資本構成之最小單位，不得再分割為幾分之幾（經濟部 66.2.11.經商03910 號函）。

2.公司章程所定股份總數，得分次發行（公§156IV前段）。

(1)公司法於民國 94 年 6 月 22 日修正時，對股份有限公司採取完全授權資本制，未規定公司設立時第一次應發行股份總數之一定比例，從折衷式授權資本制改採完全授權資本制。完全授權資本制之最大優點，在使公司易於迅速成立，公司資金之籌措趨於方便，公司亦無須閒置超過其營運所需之巨額資金。

(2)公司法於民國 98 年 4 月 29 日修正時，已廢除最低資本額制度。亦即，資本額如足敷公司設立時之開辦成本即准予設立，有助於公司迅速成立，亦無閒置資金之弊，故資本額由個別公司因應其開辦成本而自行決定。

3.股東之出資係以股份為計算之單位，其他如減少資本（公§168Ⅰ）、股東表決權之行使（公§179Ⅰ）、股息及紅利之分派（公§235）、股東新股認購權之行使（公§267Ⅲ）、膳餘財產之分派（公§330）等，亦均以股份為計算標準。

4.公司之資本，有形式資本與實質資本之分：

(1)形式資本乃股東之出資。若採票面金額股者，公司之資本，即以公司發行之股份總額及章程中所定每股金額所表示出來之資本總額，為一定不變之計算上數額，其變動須履踐嚴格之法定程序。若採無票面金額股者，公司之資本，即股東出資所得之全部股款。

(2)形式資本因公司經營而有增減，其因增減而實際存在之公司財產，即為實質資本。

5.同次發行之股份，其發行條件相同者，價格應歸一律。但公開發行股票之公司，其股票發行價格之決定方法，得由證券主管機關另定之（公§156IV後段）。若同次董事會中各發行新股之決議，其相關發行

條件均相同，惟所訂發行價格不同之情形，則與公司法第 156 條第 4 項規定有所未符（經濟部 110.3.9.經商 1002008700 號函）。

(三)股東之出資及責任

1.於公司設立階段，發起人之出資，除現金外，得以公司事業所需之財產、技術抵充之（公§131Ⅲ）。至於募集設立時之其他認股人，應僅得以現金出資。

(1)公司發起設立，其發起人之股款以公司事業所需之技術抵繳者，其抵充之數額得依上開第 131 條第 1 項規定，於發起人確認繳足股款並選任董事及監察人之程序中決定（經濟部 94.7.30.經商 10400063840 號函）。

(2)公司採募集設立時，發起人用以抵作股款之財產，如估價過高者，創立會得減少其所給股數或責令補足（公§147）。

2.股東之出資，除現金外，得以對公司所有之貨幣債權、公司事業所需之財產或技術抵充之；其抵充之數額需經董事會決議（公§156Ⅴ）。

(1)公司設立後，公司增資發行新股時，除現金出資外，股東尚得採用以債作股、公司事業所需之財產或技術出資。但抵充之數額需經董事會之普通決議。又公司法第 156 條第 5 項及第 131 條第 3 項均明定為得以技術作價。是以，依公司法第 272 條規定，由原有股東認購或由特定人協議認購，而不公開發行時之出資，亦得以技術抵繳股款（經濟部 110.3.11.經商 11002406410 號函）。

(2)公司發行新股時，尚不問認股人是否原為股東之身分，均得以對公司所有之貨幣債權抵繳所認之股份（經濟部 94.4.28.經商 09402052610 號函）。

(3)公開發行股票公司私募股票之應募人，得依公司法第 156 條第 5 項規定，以非現金之方式出資；其抵充數額及合理性，應提經股東會討論通過（財政部證券暨期貨管理委員會 92.3.21.台財證一 0920109346 號函）。

3.公司設立後得發行新股作為受讓他公司股份之對價,需經董事會三分之二以上董事出席,以出席董事過半數決議行之,不受第 267 條第 1 項至第 3 項之限制(公§156-4)。

(1)所稱「股份交換」,即公司設立後得發行新股作為受讓他公司股份對價之行為,係因股份交換取得新股東之有利資源,對公司整體之營運將有助益,其目的乃在藉由公司間部分持股,形成企業間策略聯盟之效果,應包含公司發行新股受讓他公司股份的各種態樣(經濟部 100.6.27.經商 10002416950 號函)。

(2)依公司法或企業併購法之規定實施股份交換,以發行新股作為受讓其他公開發行公司股份之對價者,其受讓股份之行為屬「公開收購公開發行公司有價證券管理辦法」第 11 條第 2 項第 2 款之「其他符合本會規定者」,不適用同條第 1 項應公開收購有價證券之規定(財政部證券暨期貨管理委員會 92.6.11.台財證三 0920002520 號函)。

(3)所謂「他公司股份」包括三種:①他公司已發行股份;②他公司新發行股份;③他公司持有之長期投資。其中「他公司已發行股份」,究為他公司本身持有或其股東持有,尚非所問(經濟部 94.3.23.經商 09402405770 號函)。

4.股份共有人,對於公司負連帶繳納股款之義務(公§160Ⅱ)。

5.股東之責任,得以「股份有限責任」一詞表示之,即股東就其所認股份,就公司負其有限之責任(公§2Ⅰ④)。申言之,股東就其所認股份,負有對公司繳納股款之義務(公§139);而股東對公司之責任,除公司法第 154 條第 2 項規定外,亦以繳清其所認股份之金額為限(公§154Ⅰ)。

6.股東濫用公司之法人地位,致公司負擔特定債務且清償顯有困難,其情節重大而有必要者,該股東應負清償之責(公§154Ⅱ)。

(1)就源自英、美法例之揭穿公司面紗原則而言,其目的在於防免股東濫

用公司之法人地位而脫免責任導致債權人之權利落空，求償無門。蓋公司法人格與股東個人固相互獨立，惟公司股東倘濫用公司獨立人格，侵害他人權益，若不要求股東對公司之負債負責，將違反公平正義時，英美法例就此發展出揭穿公司面紗原則，俾能在特殊情形下，否認公司法人格，排除股東有限責任原則，使股東就公司債務負責（最高法院 108 年度台上字第 1738 號民事判決）。我國於民國 102 年 1 月 30 日修正公司法時，亦引進揭穿公司面紗原則，以保障債權人權益。

(2)法院適用揭穿公司面紗之原則時，其審酌之因素，例如審酌該公司之股東人數與股權集中程度；系爭債務是否係源於該股東之詐欺行偽；公司資本是否顯著不足承擔其所營事業可能生成之債務等情形。

(3)公司法人格與股東固各具有獨立性，惟若公司股東濫用公司制度，利用公司獨立法人格規避法律責任或逃避契約義務，以達其規避法規範強制或禁止規定之脫法目的，或造成社會經濟失序等顯不公平情形時，本於誠信及衡平原則，得例外地否認公司之法人格予以救濟。因此，如認關係企業行使基於契約所取得之權利，有違反誠信原則、公共利益，或以損害他人為主要目的，係屬公司制度之濫用，其權利之行使應受限制，法院應駁回其請求（最高法院 111 年度台上字第 1744 號民事判決）。

二、股份有限公司之特質

　　股份有限公司之資本，須分為股份，且公司資產之構成，僅以資本為基礎。股份有限公司信用之基礎在於公司資產，股東之信用不與焉，乃典型之資合公司。股份有限公司，具有股份轉讓自由及企業所有與經營分離資合公司之等特質。

(一)股份轉讓之自由

1.股份有限公司為資合公司，不注重股東個人之信用或條件，其股東之地位化為公司資本單位之股份，並表彰於股票，以利於儘速轉讓，尤其在交易制度發達後之今日，股票交易最為便利，股東如遇急需，得隨時將其股票轉讓。

2.我公司法對股份轉讓之自由特以明文加以保障，明定公司股份之轉讓，除公司法另有規定外，不得以章程禁止或限制之。但非於公司設立登記後，不得轉讓（公 § 163）。

3.股東間私自以書面契約合理禁止或限制股份轉讓者，與以章程強行規定者，尚屬有別，則本於當事人意思自主原則，契約當事人之合意自屬有效（臺灣高等法院 97 年度重上字第 61 號民事判決）。

4.當事人間私自以契約禁止或限制股份轉讓者，與以章程強制規定者，尚屬有別，本於當事人意思自主原則，其合意自屬有效。申言之，有關章程限制或禁止股份自由轉讓，其法律關係存在於公司與股東即團體與成員間；反之，以契約為相類約定者，其法律關乃存在個別當事人間，縱此當事人可能同時具有公司與股東間身分，但無礙其私法當事人身分所為約定，以是，公司與股東間如基於私法當事人身分以契約為前揭約定，即不得認違反公司法第 163 條規定而無效（臺灣高等法院高雄分院 101 年度上字第 74 號民事判決）。

(二)企業所有與經營分離

1.股份有限公司之資本既分為均一之股份，且因資本證券化之關係，股東可將其股票隨時轉讓，以變換為現金，故為一般投資人之最好投資對象，其股份遂宜分散而為眾多股東所持有。

2.股東之志趣大多在依投資以參加利益之分派（投資股東）或求取股價上漲之利益（投機股東），而無意參與經營而成為經營股東，故公司業務之執行，勢必委諸對於企業之經營及管理有興致與經驗之股東或

非股東。因此，自然導致企業所有與企業經營趨於分離。

3.企業所有與企業經營分離之結果，一面可使經營者施展所長，而造成企業之發展，但另一方面亦可使多數股東對於公司之經營，漠不關心。

4.股份有限公司之董事會，原則上設置董事不得少於三人，由股東會就有行為能力之人選任之（公§192 I）。故董事不以具有股東身分為必要。

5.公司監察人，由股東會選任之，監察人中至少須有一人在國內有住所（公§216 I）。故監察人亦不以具有股東身分為必要。

三、股份有限公司之資本三大原則

股份有限公司為一典型之資合公司，公司之信用完全建立於公司資本之上，對於債權人之保護，難免較差，乃股份有限公司缺點之一。故為確保公司對債權人最低限度之擔保，乃產生公司資本之三大原則：

(一)資本確定原則

1.為股份有限公司設立時，其資本必須以章程加以確定，且應認足或募足之原則，旨在確保公司於成立時，即有穩固之財產基礎。

2.我公司法於民國 55 年 7 月 19 日全面修政之前，即嚴採資本確定原則。其後，民國 55 年 7 月 19 日修正公司法時，為貫徹資本證券化及加強董事會職權計，改採折衷式之授權資本制，規定公司成立時，只需認足或募足股份總數之四分之一，其餘股份則授權董事會視實際需要，再行招募，故資本確定之原則已呈相對化。但於民國 94 年 6 月 22 日修正公司法時，為使公司資金之籌措更為機動，乃刪除「第一次應發行之股份，不得少於股份總數四分之一」之限制，而改採與美國相同之完全授權資本制。

3.在授權資本制之下，公司得於章程所定股份總數（即授權股份數）之

範圍內，按照實際需要，經董事會之特別決議，分次發行股份（公§
266Ⅰ、Ⅱ），毋庸經變更章程之程序。倘公司欲發行新股之股數加計
已發行股份數，逾章程所定股份總數時，應允許公司可逕變更章程將
章程所定股份總數提高，不待公司將已規定之股份總數，全數發行
後，始得變更章程提高章程所定股份總數（增加資本）。

4.公司法第 9 條第 3 項應收股款股東未實際繳納，而以申請文件表明收
　足之處罰規定，旨在維護公司資本充實原則與公司資本確定原則，公
　司負責人各處五年以下有期徒刑、拘役或科或併科新臺幣五十萬元以
　上二百五十萬元以下罰金（公§9Ⅰ前段）（最高法院 101 年度台上字
　第 2191 號刑事判決）。

(二)資本維持原則（又稱資本拘束原則、資本充實原則）

1.所謂資本維持原則，係指公司在存續中，應維持與資本總額相當之財
　產，旨在確保企業之健全發展，並保護公司債權人及未來股東之利
　益。

2.現行公司法基於資本維持原則，設有下列制度：

(1)採行票面金額股之公司，其股票之發行價格，不得低於票面金額。但
　公開發行股票之公司，證券主管機關另有規定者，不在此限（公
　§140Ⅰ）。例如公開公司因企業併購而發行新股，得不受公司法第
　140 條規定之限制（金融監督管理委員會 94.2.1 金管證一 090000486
　號函）。

(2)採行無票面金額股之公司，其股票之發行價格不受限制（公§140
　Ⅱ）。

(3)抵作股款之財產如估價過高者，創立會得減少所給股數或責令補足
　（公§147）。

(4)認股人延欠應繳之股款，經發起人催告仍不照繳者，即失其權利，所
　認股份另行募集，如有損害，仍得對認股人請求賠償（公§142）。

(5)未認足之第一次發行股份，及已認而未繳股款者，應由發起人連帶認
　繳，其已認而經撤回者亦同（公§148）。

(6)公司除依第 158 條、第 167 條之 1、第 186 條、第 235 條之 1 及第
　317 條規定外，原則上不得自行將股份收回、收買或收為質物（公§
　167 I 前段）。公司無償取得自己之股份並不會導致公司資產減少，
　無違反資本維持原則之要求，故若經當事人協議，自得許公司無償取
　得自己之股份（最高法院 81 年度台上字第 296 號民事判決）。

(7)公司分派盈餘時，須先彌補虧損及提出百分之十為法定盈餘公積，方
　得分派股息及紅利（公§232 I、§237 I）。

(三)資本不變原則

1.所謂資本不變原則，即指公司之資本總額，經章程確定後，非依法定
　之程序，不得任意變動之原則。

2.資本不變原則與資本維持原則相配合，才能維持公司之實質財產，並
　防止其形式資本總額之減少，而保護公司債權人之利益。

3.我國公司法對於資本不變原則之主要規定如下：

(1)公司增加章程規定之股份總數而提高章定資本時，必須依變更章程之
　規定（公§277 I）。

(2)公司非依股東會決議減少資本，不得銷除其股份（公§168 I）。公
　司進行實質減資時，須向債權人分別通知及公告，對於提出異議之債
　權人，更須為清償或提供相當之擔保，否則即不得對抗該債權人（公
　§281 準用§73、§74）。

4.依公司法第 129 條第 3 款規定，章程所載股份總數為授權資本制下之
　授權資本額，該授權資本額得於公司設立時一次發行完畢，亦得分次
　發行，如該授權資本額於全部發行後增加資本或銷除資本，涉及公司
　章程所載股份總數，應經股東會以特別決議方法決議變更章程後始得
　為之。因此，股份有限公司章程所定之資本額已全部發行後，依公司

法第 168 條之 1 規定同時辦理減少資本及增加資本時，自須先經股東會特別決議變更章程後為之（最高法院 110 年度台上字第 894 號民事判決）。惟在授權資本額度內減資，僅涉及實收資本之減少，既不涉及公司章程所載股份總數，自無須變更章程，僅經股東會普通決議即可（最高法院 102 年度台上字第 808 號民事判決）。

四、公開發行程序之申辦與停止

(一) 公司得依董事會之決議，向證券主管機關申請辦理公開發行程序（公§156-2 I 前段）。

(二) 公司申請停止公開發行者，應有代表已發行股份總數三分之二以上股東出席之股東會，以出席股東表決權過半數之同意行之（公§156-2 I 後段）。出席股東之股份總數不足上開定額者，得以有代表已發行股份總數過半數股東之出席，出席股東表決權三分之二以上之同意行之（公§156-2 II）。又出席股東股份總數及表決權數，章程有較高之規定者，從其規定（公§156-2 III）。

(三) 公開發行股票之公司已解散、他遷不明或因不可歸責於公司之事由，致無法履行證券交易法規定有關公開發行股票公司之義務時，證券主管機關得停止其公開發行（公§156 IV）。

(四) 公營事業之申請辦理公開發行及停止公開發行，應先經該公營事業之主管機關專案核定（公§156 V）。

(五) 公司對於未依證券交易法發行之股票，擬在證券交易所上市或於證券商營業處所買賣者，應先向主管機關申請補辦證券交易法規定之有關發行審核程序（證券交易法§42 I）。未依上開規定補辦發行審核程序之公司股票，不得為證券交易法之買賣，或為買賣該種股票之公開徵求或居間（證券交易法§42 II）。

第二節　股份有限公司之設立

一、概　說

(一) 股份有限公司之設立，須先有發起人為之發起，其次依序訂立章程、發起人認足股份及選出董事、監察人，最後申請設立登記，始克完成。其設立程序比其他種類之公司較為複雜。

(二) 有關股份有限公司設立程序上之規定，在性質上乃屬於強行規定，不得以發起人全體之同意變更之。蓋因股份有限公司係以資本為結合之團體，為防止少數人從中舞弊，遂不得不採取嚴格之設立程序。

(三) 股份有限公司之設立方式，可分為下列兩種：

1.發起設立

所謂發起設立，係由發起人自行認足第一次應發行之股份總數（公§131 I），而不對外募集認股人之方式。發起設立之方式因程序較為簡單，且由發起人認足後，公司即可成立，故又稱單純設立或同時設立。設立閉鎖性股份有限公司或非公開發行之股份有限公司，均採用發起設立之方式。

2.募集設立

所稱募集設立，即由發起人認足第一次應發行股份之一部分，而將其餘額向公眾募足之方式。亦即，發起人不認足第一次發行之股份時，應募足之（公§132 I）。其程序較為複雜，除應依法申請證券管理機關審核（公§133 I，證券交易法§22 I），編製及加具公開說明書（證券交易法§30 I）及訂定招股章程（公§137）等文件外，股東又先後分次確定，並召開創立會（公§143），故亦稱複雜設立或漸次設立。

二、股份有限公司設立之要件

(一)發起人及發起人會議

1.發起人之意義及職權

(1)發起人為訂立章程，籌設公司之人。公司以發起設立者，發起人之主
要職權為訂立章程、選任董事及監察人；公司以募集設立者，發起人
之主要職權則為訂立章程、具備營業計畫書、招股章程等文件申請證
券管理機關審核、備置認股書、召開創立會及將設立事項報告於創立
會。

(2)須為在公司章程或招股章程簽章之人，至於事實上是否曾參與公司之
設立，則非所問。故雖參與籌設工作，但未簽名於章程者，解釋上仍
非發起人。應注意者，司法實務上有認為，股份有限公司之設立人，
謂之發起人，而公司法第 129 條固有發起人應以全體之同意訂立章
程，載明各款事項，並簽名或蓋章之規定，惟此乃規範發起人應如何
為章程之絕對必要記載事項，非可以此「有無於章程上完成簽名、蓋
章」之形式上判斷，即為有關發起人之認定之唯一標準，仍應參酌實
際上有無參與公司設立之情事以為斷（最高法院 93 年度台上字第
2188 號民事判決）。

2.發起人之人數

(1)股份有限公司應有二人以上為發起人（公§128 I），但政府或法人
股東一人所組織之股份有限公司，不受前開之限制（公§128-1 I）。

(2)除政府或法人股東一人所組織之股份有限公司外，發起人二人乃法定
最低人數，若未達此法定人數，則公司之設立無效。

3.發起人之資格

(1)發起人為自然人時，須為有行為能力人。無行為能力人、限制行為能
力人或受輔助宣告尚未撤銷之人，不得為發起人（公§128 II）。故
發起人於申請設立登記時，應全部附繳戶籍謄本，以便審查。

(2)政府或法人亦得為發起人，但法人以下列三者為限：①公司或有限合夥；②以其自行研發之專門技術或智慧財產權作價投資之法人；③經目的事業主管機關認屬與其創設目的相關而予核准之法人為限（公§128Ⅲ）。惟公司為發起人時，仍須受公司法第 13 條有關轉投資之限制。

4.發起人之權利

(1)發起人籌設公司，備極辛勞，且為鼓勵熱心人士積極規劃、籌設公司，以期共謀經濟之發展，故法律特准其得依章程之規定，享受報酬或特別利益（公§130Ⅰ④）。

(2)發起人所得受之特別利益，股東會得修改或撤銷之。但不得侵及發起人既得之利益（公§130Ⅱ）。

(3)發起人所得受之報酬或特別利益有冒濫者，創立會得裁減之，用以抵作股款之財產，如估價過高者，創立會得減少其所給股數或責令補足（公§147）。

5.發起人之認股及出資

(1)發起人原則上應認足第一次應發行之股份（公§131Ⅰ）。倘發起人不認足第一次發行之股份時，應募足之（公§132Ⅰ）。

(2)發起人之出資，除現金外，得以公司事業所需之財產、技術抵充之（公§131Ⅲ）。

(3)發起設立及募集設立之發起人均不得撤回認股（最高法院 96 年度台上字第 2574 號民事判決）。

(4)未認足之第一次發行股份，及已認而未繳股款者，應由發起人連帶認繳；其已認而經撤回者亦同（公§148）。

6.發起人會議之開會

(1)股份有限公司發起設立第一次發起人會議主席，公司法並無明文規定，可由發起人推選一人為主席（經濟部 69.6.23 經商 20074 號函）。又為申請設立登記之需要，並應製作發起人會議之議事錄。

(2)股份有限公司之發起人，應可授權該公司其他發起人或籌備委員代為行使職權（例如出席發起人會議共同訂立章程等）（法務部 79.11.19. 法律 16622 號函）。亦即，股份有限公司發起人得委託代理人出席發起人會議（經濟部 68.8.31.商 28072 號函）。

7.發起人之責任

(1)因恐存心不良之徒虛設公司，利用發起機會而行詐欺，致危害一般投資大眾，故課發起人以嚴格之責任。

(2)依公司法之規定，發起人因公司成立或不成立，其責任有所差異：

　①公司成立時之責任

　　A.對公司之責任：

　　(A)充實資本之責任

　　　a.未認足之第一次發行股份，及其已認而經撤回者（公§137 I ④、§152、§153），應由發起人連帶認繳（公§148）。

　　　b.認股人延欠應繳之股款時，發起人應定一個月以上之期限催告該認股人照繳，並聲明逾期不繳失其權利（公§142 I）。發起人已為上開之催告，認股人不照繳者，即失其權利，所認股份另行募集（公§142 II）發起人如有損害，仍得向認股人請求賠償（公§142 III）。又解釋上，發起人對於不照繳股款之認股人，得依民法第 312 條有關代位清償之規定代位求償。

　　(B)損害賠償責任

　　　a.發起人所得受之報酬或特別利益及公司所負擔之設立費用有冒濫者，創立會均得裁減之，用以抵作股款之財產，如估價過高者，創立會得減少其所給股數或責令補足（公§147），公司受有損害時，得向發起人請求賠償（公§149）。

　　　b.未認足之第一次發行股份，及已認而未繳股款或已認而經撤回者者，應由發起人連帶認繳（公§148），公司受有損害時，得向發起人請求賠償（公§149）。

　　c.公司於設立階段，若有應收之股款，股東並未實際繳納，而以申請文件表明收足時，因發起人在執行其職務之範圍內，亦為公司之負責人（公§8Ⅱ），即應與各該股東連帶賠償公司因此所受之損害（公§9Ⅰ、Ⅱ）。

(C) 連帶損害賠償責任

　　發起人對於公司設立事項，如有怠忽其任務致公司受損害時，應對公司負連帶賠償責任（公§155Ⅰ）。

B.對第三人之責任：

(A)發起人在執行其職務之範圍內，亦為公司之負責人（公§8Ⅱ），故其於設立事務之執行，若有違反法令，致他人受有損害時，對他人應與公司負連帶賠償之責（公§23Ⅱ）。又在公司設立階段，若有應收之股款，股東並未實際繳納，而以申請文件表明收足時，發起人即應與各該股東連帶賠償第三人因此所受之損害（公§9Ⅰ、Ⅱ）。

(B)公司在設立登記前所負債務，在登記後亦負連帶責任（公§155Ⅱ）。

(C)發起人募集股份時，因有虛偽、詐欺或其他足致他人誤信之行為，致該股份之善意取得人受有損害者，應負賠償之責（證券交易法§20Ⅰ、Ⅲ）。

(D)發起人募集股份時，未先向認股人交付公開說明書，致善意相對人因而受損害者，應負賠償責任（證券交易法§31）。

(E)交付於認股人之公開說明書，其應記載之主要內容有虛偽或隱匿之情事者，發起人對於善意之相對人因而所受之損害，應與公司負連帶賠償責任（證券交易法§32Ⅰ）。

②公司不成立時之責任

　A.所謂公司不成立，乃指公司已進行設立，惟因未完成設立登記或創立會為公司不設立之決議（公§151）等事由，而致公司不成

立者而言。

B.公司設立無效，仍應屬公司不能成立之一種情形。公司不能成立時，發起人關於公司設立所為之行為，及設立所需之費用，均應負連帶責任，其因冒濫經裁減者亦同（公§150）。上述責任，一般認股人不負擔之，並得依與設立中公司債權人相同之地位，請求返還其已繳納之股款。

C.公司之設立費用係指發起人在籌備期間所發生之費用，而公司為營業準備所發生之費用係指公司設立登記前以公司名義所負之人債務（最高法院93年度台上字第2188號民事判決）。

(3)公司於設立登記前，由發起人為設立中之公司所為之行為，發生之權利義務，自公司設立登記以後，應歸公司行使及負擔（最高法院72年度台上字第2127號民事判決）。

8.發起人之法律地位

有關發起人在法律上之地位如何，學說不一，其重要者，有無因管理說、為第三人契約說、同一體說、當然承繼說等，而以同一體說為通說。

同一體說又稱設立中公司之機關說，認為已完成登記而成立之公司乃登記前之設立中公司的繼續，兩者在實質上應屬同一體，而發起人係設立中公司之機關。依同一體說，發起人在設立過程中所取得之權利或所負擔之義務，在公司成立後，即當然由公司承繼。

(1)按依同一體說之見解，設立中公司與成立後之公司屬於同一體，因此設立中公司之法律關係即係成立後公司之法律關係。申言之，發起人以設立中公司之執行及代表機關所為有關設立之必要行為，其法律效果，於公司成立時，當然歸屬於公司（最高法院86年度台上字第2404號民事判決）。

(2)公司於籌備設立期間，與成立後之公司屬於同一體，該籌備設立期間公司之法律關係即係成立後公司之法律關係。是於設立登記前，由發

起人或主要股東為籌備設立中公司所為之行為，因而發生之權利義務，於公司設立登記以後，自應歸由公司行使及負擔。故公司於設立登記前，以其名義簽訂之租賃契約，無礙租賃關係之成立（最高法院102年度台上字第230號民事判決）。

(二)訂立章程

股份有限公司之設立，不論係採用發起設立或募集設立，均須以發起人全體之同意訂立章程（公§129）。

章程之記載事項，因必要程度之不同，可分為下列三種：

1.絕對必要事項

章程中不記載絕對必要事項者，該章程無效。

(1)公司名稱：須標明股份有限公司，並注意有無違反公司法第 18 條之規定。

(2)所營事業：指公司擬經營之事業，故又稱目的事業。

(3)採行票面金額股者，股份總數及每股金額；採行無票面金額股者，股份總數。

(4)本公司所在地：即公司之住所。公司係以其本公司所在地為住所（公§3 I）。

(5)董事及監察人之人數及任期。應注意者，政府或法人股東一人所組織之股份有限公司，得依章程規定不置監察人；未置監察人者，不適用公司法有關監察人之規定（公§128-1 III）。又董事及監察人之任期不得逾三年。但得連選連任（公§195 I、§217 I）。

(6)訂立章程之年、月、日。

2.相對必要事項

章程中縱未記載相對必要事項，亦不影響章程之效力，僅不生該事項之效力（公§130 I）。

(1)分公司之設立。

(2)解散之事由。

(3)特別股之種類及其權利義務。

(4)發起人所得受之特別利益及受益者之姓名。應注意者,發起人所得受之特別利益,股東會得修改或撤銷之。但不得侵及發起人既得之利益(公§130Ⅱ)。若公司章程並未規定給予發起人特別利益,股東會竟以其參與籌辦公司為由決議給予特別利益,顯已違反上開公司法之規定(最高法院90年度台上字第1933號民事裁定)。

(5)其他尚有散見於公司法中規定之相對必要事項,主要有:經理人之選任及其職權(公§29、§31);關於發行特別股之各種事項(公§157、§356-7);股東表決權之限制(公§179Ⅰ);董事之報酬(公§196Ⅰ);董事出席董事會之代理(公§205Ⅱ);董事會與股東會權限之劃分(公§202);副董事長之設置(公§208Ⅰ);建業股息之分派(公§234);分派股息及紅利之標準(公§235);特別盈餘公積之提存(公§237Ⅱ);清算人之人選(公§322Ⅰ)等事項。

3.任意記載事項

　　除絕對必要事項、相對必要事項外,凡不違反公序良俗或強行法規之一切事項,均得載明於章程,此等載明於章程中之其他事項,即為任意記載事項。例如:股票過戶的手續屬之。但為俾利彈性調整公司債可轉換股份之數額,使公司在授權資本範圍內視實際需要,靈活運用,以掌握時效,有利企業經營,公司債可轉換股份之數額不得為章程任意記載事項(經濟部91.4.16.經商09102061390號函)。

(三)認足股份

　　股份有限公司之設計,必須認足股份總額或第一次應發行之股份,其由發起人認足全部股份或向外募足均可。因此,股份有限公司之設立程序,乃可分為「發起設立」與「募集設立」兩種。

三、設立程序

(一)發起設立之程序

1.訂立章程

(1)股份有限公司之發起人，應以全體之同意，訂立章程，簽名或蓋章（公§129）。

(2)章程雖已訂立，但在公司登記以前，仍可經全體發起人之同意，予以變更。

2.認足股份

(1)發起設立先由發起人認足股份，每人所認股份雖不一致，但必須全部認足。

(2)若股份分次發行時，發起人僅認足第一次應發行之部分即可（公§156Ⅳ前段）。

(3)發起人認股，宜以書面為之，以使公司之設立行為確實，並免日後舉證困難。

3.繳足股款

(1)發起人認足第一次應發行之股份時，應即繳足股款。此項股款，不得分期繳納（公§131Ⅰ）。

(2)發起人所應繳之股款，除現金外，亦得以公司事業所需之財產、技術抵充之（公§131Ⅲ）。例如提供機器設備、土地或專利權作價抵繳股款，俗稱為現物出資。

(3)出資財產價格之評定，依其市價定之，若無市價，則估定其價格，如不易估定價格時，得洽詢公正之有關機關或專家予以評定（經濟部56.4.4.商 08180 號函）。

(4)會計師受託查核簽證公司設立登記或合併、分割、收購、股份轉換、股份交換、增減實收資本額等變更登記，應對第 2 條所定公司編製之資本額變動表及附表進行查核資本額是否確實（會計師查核簽證公司

登記資本額辦法§4 I）。

(5)會計師受託查核簽證公司設立登記或合併、分割、收購、股份轉換、股份交換、增加實收資本額變更登記等，查核報告書應分別載明其來源（現金、貨幣債權、技術作價、勞務出資、股票抵繳、其他財產、股息紅利、法定盈餘公積、資本公積、合併、分割、收購、股份轉換、股份交換、限制員工權利新股）及其發行股款價額、發行股數與資本額，其有溢價或折價情形，應載明每股發行金額及敘明會計處理方式，並載明增資前後之已發行股份總數及資本額（會計師查核簽證公司登記資本額辦法§7 I）。

(6)會計師受託查核簽證以技術作價、股票抵繳或其他財產抵繳股款者，應查核公司股東姓名及財產之種類、數量、價格或估價標準與公司核給之股份或憑證（會計師查核簽證公司登記資本額辦法§7Ⅱ②）。又以技術作價及其他財產抵繳股款者，除僑外投資公司外，會計師應取得有關機關團體或專家之鑑定價格意見書，並評估是否採用；及查核相關財產是否已於設立前或增資基準日前依法登記予公司；但依法無登記之規定者，應查核該項財產已於設立前或增資基準日前交付予公司（會計師查核簽證公司登記資本額辦法§7Ⅱ③）。

(7)土地抵繳股款者，公司應先行踐行土地所有權移轉登記程序（經濟部94.6.7.經商09402410621號函）。

(8)外國公司得以其台灣分公司之全部資產及營業，以資產作價方式設立台灣子公司（經濟部91.7.31.經商09102152360號函）。

(9)公司設立後，股東之出資，除現金外，得以對公司所有之貨幣債權、公司事業所需之財產或技術抵充之；其抵充之數額需經董事會決議（公§156Ⅴ）。至於股東出資之抵充，其抵充之數額需經董事會以普通決議通過（經濟部93.3.23.經商09302037430號函）。

(10)按公司增資發行新股，洽由特定人協議以公司事業所需之財產為出資而認購者，依公司法第 7 條、第 268 條、第 272 條及第 274 條之

規定，固應由公司依認購者出資之財產核定應給之股數，經董事會送請監察人查核加具意見，連同會計師查核簽證資料送主管機關核定。惟該認購協議之債權行為與認購者移轉公司事業所需之財產所有權（與繳足股款同）而取得股東資格之物權行為，其間或有關聯，究各該行為在法律上之評價，應係兩個相互分離、性質不同之法律行為，此與買賣契約之債權行為及作為其履行行為之移轉所有權之物權行為，分屬獨立而不同之法律行為概念相同，亦即取得新股股份行為與認購協議行為間之關係，一如移轉所有權之物權行為與其原因即買賣契約之債權行為間具有「獨立性」或「無因性」，前者行為之效力不受其原因即後者行為效力之影響。因此，洽由特定人認購新股之協議，該意思表示縱有瑕疵而屬無效或經撤銷時，認購者取得公司新股股份之行為仍不因而當然無效或失其存在（最高法院 101 年度台上字第 280 號民事判決）。

(11)股東僅就其所認股份對公司負其責任，公司向股東所募集之資金，即成為公司之資本並形成公司之財產，倘公司未經修改章程增加股份總數，而發行超過章程所訂股份總數之股票時，自應解為無效（最高法院 99 年度台上字第 1792 號民事判決）。

4.選任董事及監察人

(1)發起人繳足股款後，應按章程所定董事及監察人之人數，選出董事及監察人（公§131 I）。

(2)其選任之方法，採累積投票法（公§131 II、§198），即每一股份有與應選出董事或監察人人數相同之選舉權，得集中選舉一人，或分配選舉數人，由所得選票代表選舉權較多者，分別當選為董事或監察人。

5.設立登記

於董事或監察人就任後，應由半數以上之董事及至少監察人一人向主管機關申請為設立之登記，其申請得委任代理人，代理人以會計師、律師為

限（公§387Ⅲ）。但應加具代理之委託書。應注意者，公司之業務須經政
府許可者，於領得許可文件後，方得申請公司登記（公§17）。例如金融
控股公司、銀行、保險公司、證券商、票券金融公司等特許行業，即必
須先領得金融監督管理委員會之許可文件，始得申請公司登記。

(二)募集設立之程序

1.訂立章程

(1)由全體發起人訂立章程（公§129）。

(2)其情形一如發起設立之規定。

2.發起人自行認股

　　訂立章程後，發起人應自行認股，每人至少應認一股以上，而全體發起
人所認股份，不得少於第一次發行股份總數四分之一（公§133Ⅱ）。

3.招募股份

(1)訂立招股章程

　　發起人公開招募股份，應先訂立招股章程。招股章程應註明下列各款
　　事項（公§137）。

　　①公司法第129條及第130條所列各款事項。

　　②各發起人所認之股數。

　　③股票超過票面金額發行者，其金額。

　　④招募股份總數募足之期限，及逾期未募足時，得由認股人撤回所認
　　　股份之聲明。

　　⑤發行特別股者，其總額及公司法第157條第1項各款之規定。

(2)申請證券管理機關審核

　　①訂妥招股章程後，尚應具備下列各款事項，申請證券管理機關審核
　　　（公§133）。

　　　A.營業計畫書。

　　　B.發起人姓名、經歷、認股數目及出資種類。

　　　　C.招股章程。

　　　　D.代收股款之銀行或郵局名稱及地址。

　　　　E.有承銷或代銷機構者，其名稱及約定事項。

　　　　F.證券管理機關規定之其他事項。

　　②證券管理機關審核時，如有下列情形之一者，證券管理機關得不予
　　　核准或撤銷核准（公§135Ⅰ）。

　　　　A.申請事項，有違反法令或虛偽者。

　　　　B.申請事項有變更，經限期補正而未補正者。

　　③發起人於申請事項有違反法令或虛偽情事時，發起人申請事項有變
　　　更，經限期補正而未補正時，由證券管理機關各處新臺幣二萬元以
　　　上十萬元以下罰鍰（公§135Ⅱ）。

　　④發起人依證券交易法之規定，對公眾招募股份時，須先向證券主管
　　　機關申報生效。申請審核時，除須具備上述公司法第 133 條第 1 項
　　　所列事項外，應另行加具公開說明書（證券交易法§22Ⅰ、§30
　　　Ⅰ）。

(3)公告招募

　　發起人應於證券管理機關通知到達之日起三十日內，加記核准文號
及年、月、日公告招募之，但有承銷或代銷機構者，其約定事項，得免
予公告（公§133Ⅲ）。

4.認股人認股

(1)發起人應備認股書，載明第 133 條第 1 項各款事項，並加記證券管理
　機關核准文號及年、月、日，由認股人填寫所認股數、金額及其住所
　或居所，簽名或蓋章（公§138Ⅰ）。

(2)採行票面金額股之公司，其股票之發行價格，不得低於票面金額。但
　公開發行股票之公司，證券主管機關另有規定者，不在此限（公
　§140Ⅰ）。其以超過票面金額發行股票者，認股人應於認股書註明
　認繳之金額（公§138Ⅱ）。

(3)採行無票面金額股之公司，其股票之發行價格不受限制（公§140Ⅱ）。

(4)發起人不備認股書者，由證券管理機關各處新臺幣一萬元以上五萬元以下罰鍰（公§138Ⅲ）。

(5)依證券交易法之規定募集有價證券時，應先向認股人或應募人交付公開說明書。違反之者，對於善意之相對人因而所受之損害，應負賠償責任（證券交易法§31），且處一年以下有期徒刑、拘役或科或併科新臺幣一百二十萬元以下罰金（證券交易法§178Ⅰ②）。

(6)發起人應於招股章程內所載招募股份總額募足之期限內募足發行之股份總數，若逾期未募足時，認股人得撤回其所認之股份（公§137④）。

(7)認股人填寫認股書後，有依照所填認股書繳納股款之義務（公§139）。

5.催繳股款

(1)第一次發行股份總數募足時，發起人應即向各認股人催繳股款，以超過票面金額發行股票時，其溢額應與股款同時繳納（公§141）。

(2)認股人延欠應繳之股款時，發起人應定一個月以上之期限，催告該認股人照繳，並聲明逾期不繳，失其權利（公§142Ⅰ）。

(3)發起人已為上述催告，認股人不照繳者，即發生下列效果。

　①認股人之失權：即認股人喪失其認股之權利（公§142Ⅱ前段）。

　②股份之再招募：失權認股人所認之股份，發起人得另行招募股東（公§142Ⅱ後段）。

　③失權認股人之損害賠償責任：認股人逾期不繳股款而失權時，如公司有損害（如遲延利息、失權程序所需費用），仍得向認股人請求賠償（公§142Ⅲ）。

(4)認股人延欠股款而發起人未進行限期催告之失權程序時，認股人仍保有認股人之權利義務。同時，發起人對此已認而未繳股款之部分，應

負連帶認繳之責（公§148）。

(5)認股人繳足股款後即與公司發生股東關係之效力（經濟部 92.4.4.經商 09202065310 號函）。

6.召開創立會

(1)股款繳足後，發起人應於二個月內召集創立會（公§143）。

(2)創立會之召集、出席、表決等程序，均準用股東會之規定。亦即，創立會之程序及決議，準用公司法第 172 條第 1 項、第 4 項、第 5 項、第 174 條、第 175 條、第 177 條、第 178 條、第 179 條、第 181 條、第 183 條第 1 項、第 2 項、第 4 項、第 5 項及第 189 條至第 191 條之規定。但關於董事及監察人之選任，準用第 198 條之規定（公§144 Ⅰ）。

7.申請設立登記

創立會結束後應向主管機關申請為設立之登記。

四、創立會

(一)意　義

1.所謂創立會，乃由發起人召集各認股人，使認股人參與關於公司設立事務之會議。

2.創立會之性質頗與公司成立後之股東會相當，為設立中公司之意思決定機關。

3.創立會制度係為保護認股人之利益，給與認股人聽取設立經過之報告而使之能有機會加以檢討，若認為章程不妥當或公司以不設立為適當時，創立會尚得修改章程或為不設立之決議（公§151Ⅰ）。

(二)召　集

1.創立會應由發起人召集。股款繳足後，發起人應於二個月內召開創立會（公§143）。至於發起人召集之決定，解釋上須經發起人過半數之

同意，推派代表人為之，並擔任創立會之主席，且公司法並不承認少
數股份認股人之召集權。

2.創立會應於第一次發行股份之股款繳足後二個月內召集。如逾期不予
召集，認股人得撤回其認股（公§152）。

3.創立會之召集，應於二十日前通知各認股人。此項通知應載明召集之
事由；其通知經相對人同意者，得以電子方式為之（公§144Ⅰ準用§
172Ⅰ、Ⅳ）。又選任董事、監察人之事項，應在召集事由中列舉並說
明其主要內容，不得以臨時動議提出（公§144Ⅰ準用§172Ⅳ）。發
起人違反通知期限及召集事由之規定時，各處新臺幣一萬元以上五萬
元以上罰鍰（公§144Ⅱ）。

(三)決　議

1.表決權

創立會之決議方法，準用股東會之規定。

(1)各認股人，除公司法另有規定外，原則上每一股有一表決權（公§
144Ⅰ準用§179）。

(2)政府或法人為認股人時，其代表人不限於一人，但其表決權之行使，
仍以其所持有之股份綜合計算（公§144Ⅰ準用§181Ⅰ）。代表人若
有二人以上時，其代表人行使表決權應共同為之（公§144Ⅰ準用§
181Ⅱ）。

(3)有自身利害關係之認股人，不得加入表決或代理表決（公§144Ⅰ準
用§178）。

2.決議方法

(1)普通決議：應有代表已發行之股份總數過半數之認股人出席，以出席
認股人表決權過半數之同意行之（公§144Ⅰ準用§174）。

(2)假決議：出席認股人不滿定額而有代表已發行股份總數三分之一以上
認股人出席時，得以出席人表決權之過半數為假決議，並將假決議通

知各認股人，於一個月內再行召集創立會，如仍有已發行股份總數三分之一以上之認股人出席，並經出席認股人表決權過半數同意假決議者，視同正式決議（公§144Ⅰ準用§175）。

(3)修改章程決議：創立會得為修改章程之決議（公§151Ⅰ）。應有代表已發行股份總數三分之二以上之認股人出席，以出席認股人表決權過半數之同意行之。公開發行股票之公司，出席認股人之股份總數不足上開定額者，得以有代表已發行股份總數過半數認股人之出席，出席認股人表決權三分之二以上之同意行之。又出席認股人股份總數及表決權數，章程有較高之規定者，從其規定（公§151Ⅱ、§277Ⅱ、Ⅲ、Ⅳ）。

(4)公司不設立決議：創立會得為公司不設立之決議（公§151Ⅰ）。應有代表已發行股份總數三分之二以上認股人之出席，以出席認股人表決權過半數之同意行之，公開發行股票之公司，出席認股人之股份總數不足上述定額者，得以有代表已發行股份總數及表決權數，章程有較高之規定者，從其規定（公§151Ⅱ、§316）。

3.議事錄

(1)創立會之議決事項，應作成議事錄，由主席簽名或蓋章，並於會後二十日內，將議事錄分發各認股人（公§144Ⅰ準用§183Ⅰ）。

(2)議事錄之製作及分發，得以電子方式為之（公§144Ⅰ準用§183Ⅱ）。

(3)議事錄應記載會議之年、月、日、場所、主席姓名、決議方法、議事經過之要領及其結果，在公司存續期間，應永久保存（公§144Ⅰ準用§183Ⅳ）。

(4)出席認股人之簽名簿及代理出席之委託書，其保存期限至少為一年。但經認股人依公司法第189條提起訴訟者，應保存至訴訟終結為止（公§144Ⅰ準用§183Ⅴ）。

(5)發起人違反準用第183條第1項、第4項、第5項規定者，處新臺幣一萬元以上五萬元以下罰鍰（公§144Ⅱ）。

(四)權　限

1.聽取有關設立事項之報告

發起人應就關於設立之必要事項，報告於創立會，俾認股人了解公司設立之情形，發起人對於報告有虛偽情事時，各科新臺幣六萬元以下罰金（公§145Ⅱ）。發起人應就下列各款事項報告於創立會（公§145Ⅰ）：

(1)公司章程。

(2)股東名簿。

(3)已發行之股份總數。

(4)以現金以外之財產、技術抵繳股款者，其姓名及其財產、技術之種類、數量、價格或估價之標準及公司核給之股數。

(5)應歸公司負擔之設立費用，及發起人得受報酬。

(6)發行特別股者，其股份總數。

(7)董事、監察人名單，並註明其住所或居所、國民身分證統一編號或其他經政府核發之身分證明文件字號。

2.選任董事及監察人

(1)創立會應選任董事及監察人（公§146Ⅰ前段）。

(2)選任方法，係採累積投票制（公§144Ⅰ但書準用§198）。

3.調查設立經過

(1)董事及監察人經選任後，應即就發起人所報告之事項，為確實之調查並向創立會報告（公§146Ⅰ）。

(2)董事或監察人如有由發起人當選，且與自身有利害關係者，創立會得另選檢查人調查之（公§146Ⅱ）。

(3)調查之主要目的在於查明現物出資之估價有無冒濫及公司所核給之股數是否相當，以及應歸公司負擔之設立費用及發起人所得受之報酬或特別利益之數額有無冒濫或虛偽。經調查後，如有冒濫或虛偽者，由創立會裁減之（公§146Ⅲ）。

(4)發起人對於董事、監察人或檢查人之調查不得加以妨礙，而董事、監察人或檢查人之調查報告，亦應據實為之，故如有妨礙調查之行為或報告有虛偽者，均各科新臺幣六萬元以下之罰金（公§146Ⅳ）。

(5)調查報告因無法及時提出而經董事、監察人或檢查人請求延期提出時，創立會應準用公司法第 182 條之規定，決議在五日內延期或續行集會，並不適用應於二十日前通知認股人之一般召集程序之規定（公§146Ⅴ）。

4.裁減利益

創立會於聽取董事、監察人或檢查人之調查報告後，可採取下列措施：

(1)發起人所得受之報酬或特別利益，及公司所負擔之設立費用有冒濫者，創立會得裁減之（公§147 前段）。蓋基於公益之必要，避免大股東濫用權利。公司章程並未規定給予發起人特別利益，股東會竟以其參與籌辦公司為由決議給予特別利益，顯已違反公司法之規定（最高法院 90 年度台上字第 1933 號民事裁定）。

(2)用以抵作股款之財產，如估價過高者，創立會得減少其所給股數或責令補足（公§147 後段）。

(3)未認足之第一次發行股份，及已認而未繳股款者，創立會得請求發起人連帶認繳，其已認而經撤回者亦同（公§148）。但創立會結束後，認股人不得將股份撤回（公§153）。

(4)因有公司法第 147 條及第 148 條情形，公司受有損害時，得向發起人請求賠償（公§149）。

5.修改章程

(1)章程原係全體發起人所訂立，未必合乎其他全體認股人之意思，故創立會得修改章程（公§151Ⅰ前段）。

(2)創立會若認為發起人所訂定之章程未臻完善時，得以認股人特別決議之同意修改之（公§151Ⅰ準用§277Ⅱ、Ⅲ、Ⅳ）。亦即，應有代表

已發行股份總數三分之二以上認股人之出席，以出席認股人表決權過半數之同意行之。公開發行股票之公司，出席認股人之股份總數不足上開定額者，得以有代表已發行股份總數過半數認股人之出席，出席認股人表決權三分之二以上之同意行之。又出席認股人股份總數及表決權數，章程有較高之規定者，從其規定。

6.為公司不設立之決議

創立會之目的固在創設公司，但如因經濟情況變遷，或政府法令修改，原定之事業，已無利可圖，甚或發起人與認股人間意見相左，預見其難以合作，與其解散於成立之後，不如廢止於成立之先，故得為公司不設立之決議。

惟公司不設立之決議，關係重大，故準用公司解散有關特別決議之規定（公§151Ⅱ準用§316）。亦即，應有代表已發行股份總數三分之二以上認股人之出席，以出席認股人表決權過半數之同意行之。公開發行股票之公司，出席認股人之股份總數不足上開定額者，得以有代表已發行股份總數過半數認股人之出席，出席認股人表決權三分之二以上之同意行之。又出席認股人股份總數及表決權數，章程有較高之規定者，從其規定。

第三節　股份有限公司之股份

一、股份之意義

股份為資本之構成單位，又表示股東之地位，得以股票表彰之。

(一)股份為資本之成分

1.股份有限公司之資本，應分為股份，擇一採行票面金額股或無票面金額股（公§156Ⅰ），故股份為公司資本構成的最小單位，每一股份具有不可分性。

(1)公司採行票面金額股者，每股金額應歸一律；採行無票面金額股者，其所得之股款應全數撥充資本（公§156Ⅱ）。又為鼓勵國內新創事業之發展，於民國102年12月23日刪除「公開發行股票公司股務處理準則」第14條規定後，公開發行股票公司即使採行票面金額股，每股面額亦不限於新臺幣10元，可採行彈性面額。

(2)公司法第156條第1項及第2項前段僅規定股份有限公司之資本，應分為股份，採行票面金額股者每股金額應歸一律，並未禁止元以下之金額為單位。且每股金額採元以下之單位者，依商業會計處理準則第12條但書規定，得依交易之性質延長元以下之位數為會計處理（經濟部107.2.1.商10702402640號函）。

2.股東之出資，除現金外，得以對公司所有之貨幣債權、公司事業所需之財產或技術抵充之；其抵充之數額需經董事會決議（公§156Ⅴ）。上開董事會決議係屬普通決議。至於貨幣債權之種類，並無限制規定（經濟部91.10.7.經商09102224760號函）。又依公司法第272條規定，由原有股東認購或由特定人協議認購，而不公開發行時之出資，亦得以技術抵繳股款；股東依公司法第272條規定以技術授權入股，亦無不可（經濟部110.3.11.經商11002406410號函）。

3.公司設立後得發行新股作為受讓他公司股份之對價，需經董事會三分之二以上董事出席，以出席董事過半數決議行之，不受第267條第1項至第3項之限制（公§156-3）。所稱「他公司」包括依公司法及依外國法律組織登記之公司（經濟部91.4.16.經商09102073880號函）。

4.公司設立後，為改善財務結構或回復正常營運，而參與政府專案核定之紓困方案時，得發行新股轉讓於政府，作為接受政府財務上協助之對價；其發行程序不受公司法有關發行新股規定之限制，其相關辦法由中央主管機關定之（公§156-4Ⅰ）。紓困方案達新臺幣十億元以上者，應由專案核定之主管機關會同紓困之公司，向立法院報告其自救計畫（公§156-4Ⅱ）。經濟部依據上開授權，即訂定發布「參與政府

專案紓困方案公司發行新股與董事監察人經理人限制報酬及相關事項辦法」，以資遵循。

5.同次發行之股份，其發行條件相同者，價格應歸一律。但公開發行股票之公司，其股票發行價格之決定方法，得由證券主管機關另定之（公§156Ⅳ）。若同次董事會中各發行新股之決議，其相關發行條件均相同，惟所訂發行價格不同之情形，與公司法第156條第4項規定有所未符（經濟部110.3.9.經商11002008700號函）。

(二)股東依其股份主張股東權

1.股東因股份而取得其在公司之地位，得享受權利及負擔義務。質言之，股東權，乃股東基於其股東之身分得對公司主張權利之地位（最高法院95年度台上字第984號民事判決）。

2.每一股份表現一個股東之地位，而一個股東之地位，未必即意味股東一人。股東一人持有數股份時，該股東一人即有數個股東地位。

3.股份有限公司之資本分成股份，股份分屬出資股東，各股東僅得依其股份對公司主張股東權（最高法院99年度台上字第1362號民事判決）。至於股份有限公司股東權之內容，原不以分派股利、剩餘財產分配為限，尚包括參與公司之管理、檢查重要文件、優先認購新股、權利損害救濟等（最高法院99年度台抗字第1003號民事裁定）。

(三)股份係藉股票以表彰其價值

1.公司得印製股票表彰股份。惟鑑於有價證券無實體化可有效降低實體有價證券遺失、被竊及被偽造、變造等風險，已為國際主要證券市場發展趨勢，目前各主要證券市場之國家亦陸續朝有價證券無實體化之方向推動。故發行股票之公司，其發行之股份得免印製股票（公§161-2Ⅰ）。

2.股票由股票持有人以背書轉讓之，並應將受讓人之姓名或名稱記載於股票（公§164）。股票為有價證券之一種，具有交換金錢之性能，股

份若以股票表彰，其轉讓應在股票以記名背書方式為之。

二、股份之性質

(一)股份之平等性

1.股份均等之理由

　　股份為公司資本之最小且均等之單位，每股價格一律，且除公司法另有規定外，均有一表決權。股份價格必須一律之理由：

(1)便利股東權之計算。

(2)便於帳簿登載。

(3)分配股利手續簡易。

(4)市場買賣便利。

2.股份平等原則

(1)同次發行之股份，其發行條件相同者，價格應歸一律。但公開發行股票之公司，其股票發行價格之決定方法，證券管理機關另有規定者，不在此限（公§156Ⅳ）。

(2)上市或上櫃公司辦理現金增資發行新股，或興櫃股票公司辦理現金發行新股為初次上市、上櫃公開銷售者，提撥以時價對外公開發行時，同次發行由公司員工承購或原有股東認購之價格，應與對外公開發行之價格相同（發行人募集與發行有價證券處理準則§17Ⅳ）。

(3)表決權平等原則：公司各股東，除公司法另有規定外，每股有一表決權（公§179Ⅰ）。

(4)一次整批表決解任多數董事，其決議方式違反股份平等原則（最高法院93年度台上字第417號民事判決）。但股東會於董事任期未屆滿前，改選全體董事者，如未決議董事於任期屆滿始為解任，視為提前解任（公§199-1Ⅰ）。因此，股東會決議全面改選全體董事，則為法之所許。

(二)股份之不可分性

　　因股份有限公司之資本,應分為股份,每股金額應歸一律,故一股為資本構成之最小單位,不得再分割為幾分之幾(經濟部 66.2.11.商03910 號函)。惟公司法第 156 條第 1 項並未禁止元以下之金額為單位。且每股金額採元以下之單位者,依「商業會計處理準則」第 12 條但書規定,得依交易之性質延長元以下之位數為會計處理(經濟部 107.2.1.經商 10702402640 號函)。

(三)股份之轉讓性

1. 股份有限公司股份之轉讓,固係包括股東應有權利義務之全體而為轉讓,與一般財產權之讓與有別,但股東之個性與公司之存續並無重大關係,故除法定限制外,股東自可將其股份自由轉讓於他人(最高法院 43 年度台上字第 771 號民事判決)。

2. 公司法為貫徹股份之自由轉讓性,明定公司股份之轉讓,除公司法另有規定外,不得以章程禁止或限制之。但非於公司設立登記後,不得轉讓(公§163)。

(四)股份之有限責任性及法人格否認法理

1. 股東僅就其所認股份,對公司負其責任(公§2Ⅰ④);股東對於公司之責任,除公司法第 154 條第 2 項規定外,以繳清其股份之金額為限(公§154Ⅰ)。故股東於繳清其所認股份之金額外,並無增資之義務。

2. 股東濫用公司之法人地位,致公司負擔特定債務且清償顯有困難,其情節重大而有必要者,該股東應負清償之責(公§154Ⅱ)。

(1) 我國為解決關係企業中控制公司濫用從屬公司獨立人格之爭議,先於民國 86 年 6 月 25 日在公司法增訂第六章之一關係企業,針對控制公司與從屬公司間從事非常規交易之情形,為保護從屬公司少數股東及債權人權益而為規定,已具有揭穿公司面紗原則之精神,復於民國 102

年 1 月 30 日增訂公司法第 154 條第 2 項,規定濫用公司法人地位之股東對該公司債權人負清償之責,立法理由明示引進揭穿公司面紗原則。詳言之,公司法人格與股東固各具有獨立性,惟若公司股東濫用公司制度,利用公司獨立法人格規避法律責任或逃避契約義務,以達其規避法規範強制或禁止規定之脫法目的,或造成社會經濟失序等顯不公平情形時,本於誠信及衡平原則,得例外地否認公司之法人格予以救濟(最高法院 111 年度台上字第 1744 號民事判決)。因此,如認關係企業行使基於契約所取得之權利,有違反誠信原則、公共利益,或以損害他人為主要目的,係屬公司制度之濫用,基於揭穿公司面紗原則、法人格否認理論之相同法理,以關係企業名義所為之權利行使,無異其自己之行為,既有為權利濫用或違反誠信原則,故其權利之行使應受限制。

(2)我國公司法於民國 86 年 6 月 25 日增訂第六章之一關係企業中控制公司對於從屬公司之賠償責任相關規定時,參照德國 1965 年「股份法」(Aktiengesetz)就關係企業之母公司於某些情形,應對子公司負賠償責任之相關規範,該規範之精神即類似揭穿公司面紗原則之否認公司人格之思維。是公司法雖於 102 年 1 月 30 日始增訂第 154 條第 2 項規定,其立法理由敘明「揭穿公司面紗之原則,其目的在防免股東濫用公司之法人地位而脫免責任導致債權人之權利落空,求償無門。為保障債權人權益,我國亦有引進揭穿公司面紗原則之必要。」而將揭穿公司面紗理論明文化(最高法院 108 年度台上字第 1738 號民事判決)。因此,對於民國 102 年 1 月 30 日前股份有限公司之股東濫用公司獨立人格,淘空公司資產,而侵害公司債權人權益者,仍得以公司法第 154 條第 2 項規定之揭穿公司面紗法理而予以適用。

(五)股份之證券性

股份係以股票表彰之,而股票為有價證券,故股份亦有證券性。應

注意者，公開發行股票之公司，應於設立登記或發行新股變更登記後三個月內發行股票（公§161-1Ⅰ）。但非公開發行股票之公司是否發行股票，則由公司自行決定。

(六)股份之資本性

股份有限公司之資本，係由股份以求得之，若欲知公司之資本，於採行票面金額股者，應先問公司之股份總數，而後乘以每股金額，即可獲知。於採行無票面金額股者，應先問公司之股份總數，而後乘以實際發行金額。

三、股份之種類

(一)普通股與特別股

以股東所享受權利之不同而區分。公司股份之一部分得為特別股；其種類，由章程定之（公§156Ⅲ）。

1.普通股

所謂普通股，為通常所發行無特別權利之股份，此為公司資本構成之基本股份。

2.特別股

(1)所謂特別股（preferred stock），為較諸普通股處於有利或不利待遇狀態之股份。公司發行特別股來籌資，通常具有特殊原因，例如控制負債比率或防止股權與經營權受外人控制等。

①分派盈餘之優先股：當公司於年終獲有盈餘時，除彌補損失及提存公積外，得按一定之比例優先分派股利，而後，普通股股東始得就其賸餘部分加以分派之特別股。

A.累積分派優先股：為公司本年度之盈餘數額不敷分派約定之優先股利時，得由下年度盈餘補足之特別股。

B.非累積分派優先股：為特別股利之分派，以當年度盈餘為準，即

使不敷分派，其不足之數額亦不必由下年度盈餘補足之特別股。

C.參加分派優先股（可參加特別股）：為除優先分派約定之股利外，公司如仍有盈餘，並得參加與普通股共同分派之特別股。

D.非參加分派優先股（不可參加特別股）：係僅有分派約定股利之優先權，於分派後即使公司尚有盈餘，亦不得再參與分派之特別股。

②分派賸餘財產之特別股：係公司於解散清算時，得特別分派賸餘財產者。

③表決權優先股：係對於普通股並無表決權之特定事項，享有表決權者。

④無表決權股：為不享有表決權之特別股。

⑤後配股：乃較普通股處於不利地位，須於普通股受盈餘或賸餘財產分派後，始得受分派之股份。

⑥複數表決權股：係對於股東會之決議事項，享有倍數表決權者。

⑦否決權股：亦稱黃金股，係指對於特定決議事項具有否決權者。

⑧禁止或限制被選舉為董事或監察人股：係指持有該種股份之股東，不得被選舉為董事或監察人者，或其被選舉為董事或監察人受限制者。

⑨保障董事名額股：係指持有該種股份之股東，享有當選一定名額董事之權利者。

⑩轉讓限制股：係指持有該種股份之股東，其股份之轉讓受到一定條件或程序之限制。

(2)公司發行特別股時，應就下列各款於章程中定之（公§157Ⅰ）：

①特別股分派股息及紅利之順序、定額或定率。

②特別股分派公司賸餘財產之順序、定額或定率。

③特別股之股東行使表決權之順序、限制或無表決權。

④複數表決權特別股或對於特定事項具否決權特別股。但複數表決權

特別股股東,於監察人選舉,與普通股股東之表決權同(公§157
Ⅱ),以確保公司之監督機關不被特定股東把持或壟斷。

⑤特別股股東被選舉為董事、監察人之禁止或限制,或當選一定名額
董事之權利。亦即,不僅特別股股東之被選舉權為董事或監察人之
權利得以章程剝奪之,亦得保障特別股股東當選一定名額董事之權
利。但不得保障特別股股東當選一定名額監察人之權利,以確保公
司之監督機關不被特定股東把持或壟斷。

⑥特別股轉換成普通股之轉換股數、方法或轉換公式。所謂轉換,係
指特別股能否轉換為普通股而言,故特別股可再區分為轉換特別股
(可轉換特別股)與非轉換特別股(不可轉換特別股)。

⑦特別股轉讓之限制。

⑧特別股權利、義務之其他事項。

(3)為利特別股之股息及紅利分派,公司法第 157 條第 1 項第 1 款所規定
之定額或定率,自應具體明定於章程,倘僅載明「若干倍」或「一定
比例」,難謂符合上開公司法之規定(經濟部 110.1.18.經商 10902063
700 號函)。

(4)公司法第 157 條第 1 項第 1 款及第 2 款所定之定額或定率,尚非不得
為零(經濟部 91.11.28.經商 09102272830 號函)。應注意者,倘具體
載明於一定條件下,方得分派一定數額或比率之股息及紅利於特別
股,尚無不可,惟所定條件亦應具體明確,倘公司已於章程中具體明
確規定特別股分派股息及紅利之定額或定率,並同時規定於一定條件
成就時,特別股得享有較高之股息及紅利分派,尚非法所不許(經濟
部 110.3.11.經商 11002009640 號函)。

(5)公司法第 157 條第 1 項第 4 款規定,公司發行特別股時,應就下列各
款於章程中定之:「……複數表決權特別股或對於特定事項具否決權
特別股。」是以,立法上既許就特定事項發行具否決權之特別股,依
舉重以明輕之法理,尚無限制發行就特定事項具複數表決權,或排除

特定事項具複數表決權之特別股，惟事涉特別股股東之權利義務事項，自應於章程中訂明（經濟部 109.8.13.經商 10902421340 號函）。

(6)對於特定事項具否決權之特別股股東，於行使否決權時，應以股東會所得決議之事項為限；若依法屬於董事會決議之事項，例如：經理人之委任、解任及報酬（公§29 I ③），則不得行使否決權。又特別股股東對於「董事選舉之結果」，亦不得行使否決權，以維持公司之正常運作。又特別股股東針對特定事項行使否決權時，應於討論該事項之股東會中行使，以避免法律關係懸而未決。縱使特別股發行條件另有約定「得於股東會後行使」，亦宜限於該次股東會後合理期間內行使，以使法律關係早日確定（經濟部 108.1.4.經商 10702430970 號函）。

(7)按公司法第 157 條第 1 項第 5 款規定，公司得發行特別股股東當選一定名額董事權利之特別股，條文既明定「特別股股東當選一定名額董事」，即指當選之董事須具此等特別股股東資格。次按公司法第 27 條第 1 項規定，政府或法人為股東時，得當選為董事或監察人。但須指定自然人代表行使職務。是以，依該項規定，公司之董事為該法人股東（特別股股東），而非其所指定之自然人，該自然人僅為代表行使職務，爰可指定非具特別股股東身分之人（自然人）代表行使董事職務（經濟部 108.6.14.經商字第 10800045890 號函）。

(8)公司法第 157 條第 1 項第 8 款所謂特別股權利、義務之「其他事項」，係指不得違反股份有限公司之本質及法律之強制或禁止規定（經濟部 93.6.11.經商 09302318110 號函）；且應不以盈餘分配請求權，賸餘財產分派請求權及表決權有關之事項為限（法務部 79.12.26.法律 18888 號函）。

(9)公開發行股票之公司不適用下列特別股：

①公司法第 157 條第 1 項第 4 款、第 5 款及第 7 款所規定之特別股。
蓋考量放寬特別股限制，少數持有複數表決權或否決權之股東，可

能凌駕或否決多數股東之意思，公開發行股票之公司股東眾多，為保障所有股東權益，並避免濫用特別股衍生萬年董事或監察人之情形，導致不良之公司治理及代理問題，故明定公開發行股票公司排除適用。又特別股股東被選舉為董事、監察人之禁止或限制，或當選一定名額董事之權利，有違股東平等原則，考量公開發行股票之公司，股東人數眾多，為保障所有股東權益，不宜放寬限制。至於特別股轉讓受到限制，即特別股股東無法自由轉讓其持有之特別股，與上市、上櫃或興櫃等公開發行股票之公司，其股票係透過集中市場、店頭市場交易之情形，有所扞格，自應排除其適用。

②得轉換成複數普通股之特別股。亦即，章程中不可明定特別股得按一股換數股比例轉換為普通股。蓋一特別股轉換複數普通股者，其效果形同複數表決權，考量公開發行股票之公司，股東人數眾多，為保障所有股東權益，不宜放寬限制。

(二)面額股與無面額股

若以股票票面是否記明股份金額為標準而為分類，得區分為面額股與無面額股。公司應擇一採行票面金額股或無票面金額股（公§156Ⅰ）。

1.票面金額股

票面金額股係於股票票面表示有一定金額之股份。公司採行票面金額股者，每股金額應歸一律（公§156Ⅱ前段）。

2.無票面金額股

股票票面不表示一定金額之股份，亦稱比例股。公司採行無票面金額股者，其所得之股款應全數撥充資本（公§156Ⅱ後段）。

3.票面金額股轉換為無票面金額股之程序及限制

(1)公司得經有代表已發行股份總數三分之二以上股東出席之股東會，以出席股東表決權過半數之同意，將已發行之票面金額股全數轉換為無

票面金額股；其於轉換前依第 241 條第 1 項第 1 款提列之資本公積，應全數轉為資本（公§156-1 I）。又出席股東股份總數及表決權數，章程有較高之規定者，從其規定（公§156-1 II）。

(2)公司印製股票者，依公司法第 156 條之 1 第 1 項規定將已發行之票面金額股全數轉換為無票面金額股時，已發行之票面金額股之每股金額，自轉換基準日起，視為無記載（公§156-1 III）。上開情形，公司應通知各股東於轉換基準日起六個月內換取股票（公§156-1 IV）。

(3)公司法第 156 條之 1 第 1 項至第 4 項有關票面金額股轉換為無票面金額股之規定，於公開發行股票之公司，不適用之（公§156-1 V）。鑑於公開發行股票之公司涉及眾多投資人權益，原則上仍續維持現行票面金額股制度，故明定不得轉換為無票面金額股。至於非公開發行股票之公司未來申請首次辦理公開發行或申請上市、上櫃掛牌時，其原為票面金額股者，於公開發行後，即不得轉換，以免造成投資人交易習慣及資訊之混淆。

(4)公司採行無票面金額股者，不得轉換為票面金額股（公§156-1 VI）。又非公開發行公司採行無票面金額股者，未來申請公開發行或其後申請上市、上櫃時，仍應繼續維持無票面金額股，不得轉換為票面金額股（經濟部 110.4.9.經商 11000028930 號函）。

(三)償還股與非償還股

若以是否預定以公司的利益予以收回作為區分標準，得分為償還股與非償還股。

1.償還股

所稱償還股，為得由公司予以收回的股份，特別股得為償還股。

(1)公司發行之特別股，得收回之。但不得損害特別股股東按照章程應有之權利（公§158）。至於收回特別股之資金來源，不以盈餘或發行新股所得之股款為限。例如發行公司債或借款，亦無不可。反之，普

通股，公司除符合第 167 條第 1 項之規定外，不得自將股份收回、收買或收為質物。

(2)公司發行具有收回條件、期限之特別股時，特別股應收回之條件、期限等事項，屬公司法第 157 條第 1 項第 8 款所稱「特別股權利、義務之其他事項」，應於章程中訂定。公司收回特別股，不需以公司法第 168 條之規定「應經股東會決議」為之（經濟部 100.9.2.經商 10002118440 號函）。

(3)公司雖得發行以無償方式收回之特別股，但應依公司法第 157 條第 1 項第 8 款規定，將發行條件及無償收回載明於章程（經濟部 98.11.19. 經商 09802152860 號函）。

2.非償還股

所稱非償還股，乃不得以公司的利益予以收回之股份。普通股僅能為非償還股。

(四)轉換股與非轉換股

若係以股份之種類，是否可以轉換為標準而為分類，得區分為轉換股與非轉換股。

1.轉換股

即得轉換為他種股份者。特別股得轉換為普通股，例如章程記載特別股轉換成普通股之轉換股數、方法或轉換公式（公§157 I ⑥）。由於公司法第 157 條第 1 項第 6 款僅規定「特別股轉換成普通股之轉換股數、方法或轉換公式」，解釋上，特別股僅得轉換成普通股，而不得轉換成他種特別股，且普通股亦不得轉換成特別股。又公司若擬發行普通股收回特別股，因形同特別股轉換為普通股，事涉公司股東股權結構與持股比例之變動，故不得泛以新發行普通股作為收回特別股之對價於章程中定之（經濟部 109.6.9.經商 10902025270 號函）。

2.非轉換股

　　即不得轉換為他種股份者，普通股得否轉換為特別股，公司法未明定。

四、股份之共有

(一) 一股份不妨為數人所共有。數人共有股份時，其股東權利應由共有人推定一人行使之（公§160 I）。

1.持有一股之股東自得將股份轉讓與數人共有，並由共有人推定其中一人行使股東之權利（經濟部 73.10.4.商 38567 號函）。

2.依公司法第 169 條第 1 項第 1 款規定，各股東之本名或名稱、住所或居所，應記載於股東名簿上。故股份為數人共有，如未依前揭法條規定向公司申報其股份為共有者，其未登記為股東之共有人，即不具對抗公司之效力（經濟部 82.6.10.商 212321 號函）。

3.公同共有股份之股東，為行使股東之共益權而出席股東會，係屬行使權利而非管理行為，自無民法第 828 條第 2 項準用第 820 條第 1 項規定之適用，亦不得逕由依民法第 1152 條規定所推選之管理人為之。就此權利之行使，公司法第 160 條第 1 項固規定應由公同共有人推定一人為之，惟既係為行使公同共有之股東權所為推選，自應得公同共有人全體之同意，俾符民法第 828 條第 3 項之規定，倘未經全體公同共有人同意推選之人，即不得合法行使股東權（最高法院 104 年度台上字第 2414 號民事判決）。

4.股東死亡而繼承人有數人時，在分割遺產前，各繼承人得各推一人為管理人，以行使股份共有人權利（經濟部 56.6.20.商 22056 號函）。

5.訴請確認股東會決議不成立、無效或撤銷股東會決議之權利為行使共益權範疇，於股份屬公同共有情形，未經全體公同共有人同意推派一人行使其股東權利前，公同共有人中之一人或數人倘欲行使股東之共益權而提起上開訴訟，因屬公同共有財產權其他權利之行使，自應依

民法第 831 條準用第 828 條第 3 項規定,得其他公同共有人全體之同意或由公同共有人全體為原告,其當事人適格始無欠缺(最高法院 110 年度台上字第 2365 號民事判決、最高法院 111 年度台上字第 605 號民事判決)。公同共有人中一人或數人未得全體公同共有人同意而起訴請求者,倘他公同共有人拒絕同為原告無正當理由,已起訴之原告得聲請法院以裁定命該未起訴之人於一定期間內追加為原告,逾期未追加則視為已一同起訴(最高法院 111 年度台上字第 605 號民事判決)。

(二) 股份共有人,對於公司負連帶繳納股款之義務(公§160Ⅱ)。

五、股份之轉讓

(一)自由轉讓原則

1.股份有限公司之股份得自由轉讓,公司不得以章程禁止或限制之(公§163Ⅰ)。股份之移轉,於支付價款時始生效力,在支付價款以前,股息增資股及股息,由原轉讓人領取(最高法院 69 年度台上字第 2613 號民事判決)。

2.股東轉讓其股權,雖致股東不滿法定人數,其轉讓仍為有效(最高法院 93 年度台上字第 1834 號民事裁定)。

3.股東間私自以書面契約合理禁止或限制股份轉讓者,與以章程強行規定者,尚屬有別,則本於當事人意思自主原則,契約當事人之合意自屬有效。另參酌企業併購法第 11 條第 1 項、第 2 項規定,公司進行併購時,因其他法令規定所為之限制,或因股東身分、公司業務競爭或整體業務發展之目的所為必要之限制,得以股東間書面契約或公司與股東間之書面契約,合理限制股份轉讓之自由。是據此足證上開公司法之規定,僅就公司章程之禁止或限制為之,並不及於股東間書面契約之禁止或限制(臺灣高等法院 97 年度重上字第 61 號民事判決。另

參閱臺灣高等法院高雄分院 96 年度重上字第 44 號民事判決）。

4.當事人間私自以契約禁止或限制股份轉讓者，與以章程強制規定者，尚屬有別，本於當事人意思自主原則，其合意自屬有效。申言之，有關章程限制或禁止股份自由轉讓，其法律關係存在於公司與股東即團體與成員間；反之，以契約為相類約定者，其法律關乃存在個別當事人間，縱此當事人可能同時具有公司與股東間身分，但無礙其私法當事人身分所為約定，以是，公司與股東間如基於私法當事人身分以契約為前揭約定，即不得認違反公司法第 163 條第 1 項規定而無效（臺灣高等法院高雄分院 101 年度上字第 74 號民事判決）。

(二)自由轉讓之例外（限制）

股份之轉讓，原則上雖屬自由，惟為保護投資人之利益，亦設有或存在若干例外：

1.就一般股東言，股份之轉讓須在公司設立登記後，始得為之（公§163 但書），違反此限制所為之債權讓與行為，依民法第 71 條及第 294 條第 1 項第 1 款之規定，自屬無效（最高法院 82 年度台上字第 2205 號民事判決）。

2.就董事或監察人言，經選任後應向主管機關申報，其選任當時所持有之公司股份數額；公開發行股票之公司董事在任期中轉讓超過選任當時所持有之公司股份數額二分之一時，其董事當然解任（公§197 I、§227）。

3.就時間言，記名股票之轉讓，於股東常會開會前三十日內，股東臨時會開會前十五日內，或公司決定分派股息及紅利或其他利益之基準日前五日內，不得為「過戶」之手續，且不得以其轉讓對抗公司（公§165 II）。公開發行股票之公司辦理股東名簿記載之變更，於股東常會開會前六十日內，股東臨時會開會前三十日內，不得為之（公§165 III）。前述期間，自開會日或基準日起算（公§165 IV）。

4. 就當事人言，原則上公司本身不得為受讓人而收買自己的股份，以免有背資本充實之原則（公§167Ⅰ）。

5. 就公司員工言，公司對員工依公司法第267條第1項或第2項承購之股份，得限制在一定期間內不得轉讓。但其期間，最長不得超過二年（公§267Ⅵ）。又公司依第167條之1或其他法律規定收買自己之股份轉讓於員工者，得限制員工在一定期間內不得轉讓。但其期間最長不得超過二年（公§167-3）。

6. 已依證券交易法發行股票公司之董事、監察人、經理人或持有公司股份超過股份總額百分之十之股東，其股票之轉讓，應依下列方式之一為之：(1)經主管機關核准或自申報主管機關生效日後，向非特定人為之；(2)依主管機關所定持有期間及每一交易日得轉讓數量比例，於向主管機關申報之日起三日後，在集中交易市場或證券商營業處所為之。但每一交易日轉讓股數未超過一萬股者，免予申報；(3)於向主管機關申報之日起三日內，向符合主管機關所定條件之特定人為之（證券交易法§22-2Ⅰ）。經由前開三款受讓之股票，受讓人在一年內欲轉讓其股票，仍須依前開各款所列方式之一為之（證券交易法§22-2Ⅱ）。

7. 上市、上櫃、興櫃等公司之董事、監察人、經理人或持有公司百分之十以上股權之股東，對公司之上市或在證券商營業處所買賣之股票，於取得後六個月內再行賣出，或於賣出後六個月內再行買進，因而獲得利益者，公司得請求將其利益歸於公司（證券交易法§157）。

8. 就上市、上櫃、興櫃等公司言，其董事、監察人、經理人、持有公司股份超過百分之十之股東、基於職業或控制關係獲悉消息之人、喪失前開身分後未滿六個月者或從前述之人獲悉消息者，於獲悉公司有重大影響其股票價格之消息時，在該消息未公開或公開後十八小時內，不得買入或賣出公司上市或在證券商營業處所買賣之股票（證券交易法§157-1）。

(三) 股份轉讓及設質之相關實務

1. 公司未經完成設立登記後，即發行股票，與偽造有價證券罪有別（最高法院 94 年度台上字第 498 號刑事判決）。

2. 公開發行股票之公司，應於設立登記或發行新股變更登記後三個月內發行股票（公§161-1 I）。股票係表彰股東權之有價證券，股東權係於公司設立登記或發行新股生效時發生，因此上開規定，旨在規範公司須於股東權發生後，始得發行股票，以維護交易安全。其違反上開規定發行股票者，並不當然具備倫理之非難性，而應科以刑罰，而應視具體情形是否該當於刑事處罰之構成要件而定（最高法院 93 年度台上字第 3287 號刑事判決）。

3. 未發行股票之股份有限公司股東，轉讓股份應課徵所得稅（最高行政法院 93 年度判字第 177 號判決）。具體而言，未發行股票之股份有限公司，股東為其所有股份之買賣，因其並無與股票性質相同而用以表彰公司股票權利之證書或憑證情事，更與所謂新股權利證書無涉，故此等股份之買賣，性質上自非所得稅法第 4 條之 1 所稱之證券交易，而屬同法第 14 條第 1 項第 7 類第 1 款所規範之財產交易範疇（最高行政法院 108 年度判字第 484 號判決），應納入財產交易所得課稅。

4. 股票質權，乃民法第 908 條證券質權之一種，亦屬權利質權。公司分派之盈餘（包括由盈餘轉成之增資配股），係由各股份所生之法定孳息，質權人亦得就此行使權利質權（最高法院 63.5.28 第 3 次民庭庭推總會議決議(二)）。

5. 停止記名股票過戶期間仍可准許法人股東變更其指派之代表人董事或監察人（經濟部 62.5.11.商 13224 號函）。

6. 認購股份有限公司股份之實際出資人，若欲以其所指定之第三人為股份名義人，指示公司將之登載於公司股東名簿者，該公司於完成相關登記後，就該等股份之轉讓，依公司法第 163 條第 1 項前段規定，不得以章程禁止或限制之，且得行使股東權利之人，僅為登記名義人，

與實際出資人並不相關（最高法院 99 年度台上字第 594 號民事判決）。

六、股份之收回、收買及收為質物

(一)原　則

1.我國公司法原則上禁止公司自將股份收回、收買或收為質物。亦即，公司除依第 158 條、第 167 條之 1、第 186 條、第 235 條之 1 及第 317 條規定外，不得自將股份收回、收買或收為質物。但於股東清算或受破產之宣告時，得按市價收回其股份，抵償其於清算或破產宣告前結欠公司之債務（公§167 I），為強制禁止規定。其禁止理由：公司如得任意收回、收買或質押自己之股份，則不僅將使公司之資本減少，有違資本維持之原則，損害債權人之利益；且使公司負責人易於操縱股價，擾亂證券市場，影響投資大眾之利益。於公司蒙受虧損時，公司負責人或將儘先收買自己及其親友所持有之股份，致違背股東平等原則。如公司違反禁止取得自己股份規定之行為，應屬無效（最高法院 72 年度台上字第 289 號民事判決、最高法院 96 年度台上字第 252 號民事判決、最高法院 97 年度台上字第 70 號民事判決），依法應負回復原狀之義務，當不得依該法律行為而行使權利。同理，若公司股東會決議違反該項規定者，其決議內容違法，依同法第 191 條規定應屬無效。

2.被持有已發行有表決權之股份總數或資本總額超過半數之從屬公司，亦不得將控制公司之股份收買或收為質物（公§167 III）。如因合併導致從屬公司取得控制公司之股份者，與上開「收買或收為質物」之情形，係屬二事（經濟部 95.7.11.經商 09502096910 號函）。又公司法第 167 條第 3 項規定，被持有已發行有表決權之股份總數或資本總額超過半數之從屬公司不得將控制公司之股份收買或收為質物，係在避免控制公司利用其從屬公司收買控制公司之股份，致衍生弊端。是以，倘認從

屬公司得以公司法第 156 條之 3 所規定之股份交換方式取得控制公司股份，恐將使第 167 條第 3 項規定形同具文，其所稱「收買」自不限於民法之買賣關係，應擴及於「支付對價取得股份」之行為（經濟部 100.6.27.經商 10002416950 號函）。

3. 控制公司及其從屬公司直接或間接持有他公司已發行有表決權之股份總數或資本總額合計超過半數者，他公司亦不得將控制公司及其從屬公司之股份收買或收為質物（公§167IV）。

4. 經當事人協議，自得許公司無償取得自己之股份（最高法院 81 年度台上字第 296 號民事判決）。

5. 公司不得自將股份收回，收買或收為質物而為之，否則該行為應無效（最高法院 97 年度台上字第 70 號民事判決）。至於是否構成公司法第 167 條第 3 項或第 4 項規定所禁止之行為，則應依具體個案判斷。惟若股份買受人非公司本身，縱為公司之關係企業，不得謂公司自將股份收回（最高行政法院 92 年度判字第 1903 號判決）。

6. 給付股票之聘任條件約定，並非假藉合法手段，以達到公司收回、收買或收質股票之目的，自非脫法行為（最高法院 93 年度台上字第 1031 號民事裁定）。

7. 因公司合併而取得股份，尚非屬收買或收為質物（經濟部 95.7.11.經商 09502096910 號函）。又從屬公司因合併而持有控制公司之股份，無收買或收質之適用（經濟部 95.1.18.經商 09402202920 號函）。

8. 公司法第 167 條第 3 項及第 4 項之規定，本國公司或國外之子公司均有適用（經濟部 90.1.8.經商 09002280660 號函）。

9. 證券金融事業因辦理融資業務，而收受本身事業之股票作為擔保品，似有違反公司法第 167 條第 1 項規定（法務部 84.7.20.法律決 17231 號函）。

10. 公司依第 267 條第 9 項發行限制員工權利新股之情形，仍受公司法第 167 條第 1 項規定之限制（法務部 84.7.20.法律決 17231 號函），仍不

得自將股份收回、收買或收為質物。

(二)例　外

1.特別股之收回

(1)公司發行之特別股，得收回之（公§158本文）。特別股係股東平等原則之例外，許其長久存在，影響普通股之權益，故民國100年6月29日修正公司法第158條規定之前，規定公司僅得以盈餘或發行新股所得之股款收回之。但限制僅得以盈餘或發行新股股款收回，公司財務之運用欠缺彈性，公司法於民國100年6月29日修正時，認為收回特別股屬公司內部自治事項，宜由公司自行決定，遂回歸公司治理之精神，刪除公司法第158條之限制，若公司有需要收回特別股時，不限以盈餘或現金收回，亦得以其他資金來源充之。

(2)特別股之收回，不得損害特別股股東按照章程應有之權利（公§158但書）。

(3)特別股收回毋庸經股東會決議減資（經濟部100.9.2.經商10002118440號函）。且收回特別股無須依股東所持股份比例減少（經濟部91.10.14.經商09102226190號函）。

(4)公司以盈餘收回特別股後，該帳列盈餘可再經股東會決議分派現金股利或股票股利（經濟部79.12.4.商217605號函）。

(5)公司發行具有收回條件、期限之特別股時，特別股應收回之條件、期限等事項，屬公司法第157條第1項第8款所稱「特別股權利、義務之其他事項」，應於章程中訂定（經濟部100.7.7.經商字第10002418380號函）。

2.清算或破產股東股份之收回

於股東清算或受破產之宣告時，為抵償其於清算或破產宣告前結欠公司之債務，公司得按市價收回該股東之股份（公§167Ⅰ但書）。其立法理由，在於因恐按破產程序處分其股份時，股份因拍賣結果，行情定

將下落，致使公司蒙受損害。

3.轉讓股份於員工

(1)公司除法律另有規定者外，得經董事會以董事三分之二以上之出席及出席董事過半數同意之決議，於不超過該公司已發行股份總數百分之五之範圍內，收買其股份；收買股份之總金額，不得逾保留盈餘加已實現之資本公積之金額（公§167-1 I）。前開公司收買之股份，應於三年內轉讓於員工，屆期未轉讓者，視為公司未發行股份，並為變更登記（公§167-1 II），又公司依前規定收買之股份，不得享有股東權利（公§167-1）。但股票已在證券交易所上市或於證券商營業處所買賣之公司，其為轉讓予員工而買回之股份，應於買回之日起五年內轉讓；逾期未轉讓者，視為公司未發行股份，並應辦理變更登記（證券交易法§28-2 II）。

(2)公司買回庫藏股票轉讓員工，民國 100 年 6 月 29 日以前並無員工再轉讓的限制，但若員工取得股份後，立即轉讓，即失去員工獎酬工具的效用，故民國 100 年 6 月 29 日修正公司法時，特別增訂公司以員工庫藏股票獎酬員工時，得限制員工於一定期間內不得轉讓。但其期間最長不得超過二年（公§167-3）。

(3)關於員工庫藏股，依公司法第 167 條之 1 第 1 項後段規定，公司收買股份之總金額，不得逾保留盈餘加已實現之資本公積之金額。是否逾越上述額度，應以董事會為特別決議之日，公司財務報表上所載之金額為斷（經濟部 91.12.23.經商 09102298480 號函）。又員工庫藏股之收買無次數之限制（經濟部 92.12.30.經商 09202266910 號函）。

(4)公司法第 167 條第 3 項規定「收買」不限於民法之買賣關係，應擴及於「支付對價取得股份」之行為（經濟部 100.6.27.經商 10002416950 號函）。又公司收買員工庫藏股，屆期未轉讓者，視為公司未發行股份，並為變更登記，亦即應依比例銷除股份（經濟部 93.11.26.經商 09302199890 號函）。

(5)公司章程得訂明員工庫藏股轉讓之對象包括符合一定條件之控制或從屬公司員工（公§167-1Ⅳ）。所稱「一定條件之控制或從屬公司」包括國內外控制或從屬公司，認定上，依公司法第 369 條之 2、第 369 條之 3、第 369 條之 9 第 2 項、第 369 條之 11 之標準為之（經濟部 107.11.30.經商 10702427750 號函）。

(6)依公司法第 167 條之 1 買回股份轉讓予員工，其轉讓價格公司法未有限制（經濟部 91.1.8.經商 09002285260 號函）。

(7)公司法第 167 條第 3 項規定「收買」不限於民法之買賣關係，應擴及於「支付對價取得股份」之行為（經濟部 100.6.27.經商 10002416950 號函）。

(8)員工依認股權契約所認購股份之出資種類得以事業所需之財產抵繳之（經濟部 92.8.25.經商 09202175880 號函）。

4.因少數股東之請求而收買

(1)股份收買請求權之立法目的

股份收買請求權係為保護少數股東之利益而設。應注意者，公司之併購，依企業併購法之規定，企業併購法未規定者，始依公司法之規定（企業併購法§2Ⅰ）。由於企業併購法第 12 條及及第 13 條對於股份收買請求權行使之要件、程序及買回股份，設有詳細規定，依特別法優先於普通法之法律適用原則，應優先適用之。換言之，公司法關於股份有限公司為營業讓與、營業受讓、合併或分割時異議股東行使股份收買請求權之相關規定，因企業併購法已設有詳細規定，似已無任何適用之空間。

(2)得請求收買之原因

①股東於股東會為公司法第 185 條所列重要決議前，已以書面通知公司反對該項行為之意思表示，並於股東會已為反對者，得請求公司以當時公平價格，收買其所有之股份（公§186）。

②公司分割或與他公司合併時，股東在股東會集會前或集會中，以書

面表示異議或以口頭表示異議經紀錄者，得放棄表決權而請求公司按當時公平價格收買其持有之股份（公§317 I）。

③企業併購法第 12 條第 1 項就公司於進行併購時異議股東之股份收買請求權設有統一規定，明定公司於進行併購而有所列舉之 8 種情形之一，股東得請求公司按當時公平價格，收買其持有之股份。應注意者，民國 111 年 06 月 15 日修正第 12 條第 1 項第 1 款、第 2 款、第 4 款、第 5 款及第 7 款，將股東會集會前或集會中表示異議並投票反對之股東納入得行使收買請求權之範圍。至於未於股東會集會前或集會中表示異議者（包含已出席及未出席之情形）；或雖於股東會集會前或集會中表示異議，但投票贊成者，為求公平，並考量併購成本，則不得行使股份收買請求權。此外，為求明確，「放棄表決權」之股份數，則不算入已出席股東之表決權數（企業併購法§12 II）。

(3)請求收買之期間

公司法係規定為股東應於為股東會決議日起二十日內，並應以書面記載股份種類及數額，提出於公司（公§187 I 、§317 III）。至於企業併購法則規定股東應於股東會決議日起二十日內以書面提出，並列明請求收買價格及交存股票之憑證。若依企業併購法規定以董事會為併購決議者，應於第 19 條第 2 項、第 30 條第 2 項或第 37 條第 3 項所定期限內以書面提出，並列明請求收買價格及交存股票之憑證（企業併購法§12 III）。

(4)收買價格之決定與支付價款之期間

①收買價格原則上應經公司與股東協議為之。如達成協議者，公司應自股東會或董事會決議日起九十日內支付。

如自決議日起六十日內未達協議者，股東應於此期間經過後三十日內，聲請法院為價格之裁定（公§187 II 、§317 III）。惟企業併購法則規定公司應自決議日起九十日內，依其所認為之公平價格支付

價款予未達成協議之股東；公司未支付者，視為同意股東請求收買之價格（企業併購法§12Ⅵ）。

②股東與公司間就收買價格自股東會或董事會決議日起六十日內未達成協議者，公司應於此期間經過後三十日內，以全體未達成協議之股東為相對人，聲請法院為價格之裁定。未達成協議之股東未列為相對人者，視為公司同意該股東請求收買價格。公司撤回聲請，或受駁回之裁定，亦同。但經相對人陳述意見或裁定送達相對人後，公司為聲請之撤回者，應得相對人之同意（企業併購法§12Ⅶ）。聲請程序費用及檢查人之報酬，由公司負擔（企業併購法§12ⅩⅢ）。

③公司法規定收買價格如經法院裁定後，公司應自決議時算至九十日期間屆滿日起，支付法定利息（公§187Ⅲ、§317Ⅲ）。惟企業併購法則規定價格之裁定確定時，公司應自裁定確定之日起三十日內，支付裁定價格扣除已支付價款之差額及自決議日起九十日翌日起算之法定利息（企業併購法§12ⅩI）。

④股份價款之支付，應與股票之交付同時為之，股份之移轉並於價款支付時生效（公§187Ⅲ、§317Ⅲ）。

(5)請求收買行為之失效

股東之請求，於公司取消（銷）其收買原因行為時，失其效力（公§188、§317Ⅲ，企業併購法§12Ⅴ）。

(6)收回或收買股份之處置

公司依第167條但書或第186條規定，收回或收買之股份應於六個月內，按市價將其出售，逾期未經出售者，視為公司未發行股份，並為變更登記（公§167Ⅱ）。

①股東死亡，其繼承人已踐行上開規定之程序，自得於辦妥繼承登記後，請求公司買回其股份（經濟部 92.7.1.經商 09202129190 號函）。

②公司依企業併購法第 12 條規定買回股份，應依下列規定辦理：A.消滅公司自合併後買回股東之股份，應併同消滅公司其他已發行股份，於消滅公司解散時，一併辦理註銷登記；B.前款以外情形買回之股份，得依下列規定辦理：a.依合併契約、股份轉換契約、分割計畫或其他契約約定轉讓予消滅公司或其他公司股東。b.逕行辦理變更登記；c.於買回之日起三年內，按市價將其出售，屆期未經出售者，視為公司未發行股份，並辦理變更登記（企業併購法§13Ⅰ）。公司依企業併購法規定買回之股份，不得質押；於未出售或註銷前，不得享有股東權利（企業併購法§13Ⅱ）。

(三)違反之處罰

公司負責人違反公司法第 167 條第 1 項至第 4 項規定，將股份收回、收買或收為質物，或抬高價格抵償債務或抑低價格出售時，應負賠償責任（公§167Ⅴ）。

七、股份之銷除

(一) 所謂股份之銷除，乃使公司股份之一部歸於消滅之謂也。股份有限公司之資本為公司債權人之擔保，而股份銷除之結果將使資本減少，可能影響債權人之權益。

1.公司非依股東會決議減少資本，不得銷除其股份；減少資本，應依股東所持股份比例減少之。但公司法或其他法律另有規定者，不在此限（公§168Ⅰ）。所謂股東會決議，原則上以普通決議為之。惟若授權資本額於全部發行後銷除資本或增加資本，既涉及公司章程所載資本額之變動，自應經股東會以特別決議變更章程關於資本額之記載後始得為之。因此，股份有限公司章程所定之資本額已全部發行後，依公司法第 168 條之 1 規定同時辦理減少資本及增加資本時，自須先經股東會特別決議變更章程後為之（最高法院 110 年度台上字第 894 號民事判決）。

2.公司負責人違反規定銷除股份者,各處新臺幣二萬元以上十萬元以下罰鍰(公§168Ⅳ)。

(二) 為使公司得靈活運用資本,以因應企業經營之實際需求,公司法於民國100年6月29日修正時,乃參酌股東得以現金以外財產出資,即得以對公司貨幣債權、技術或商譽抵繳出資之規定,明定公司減資亦得以現金以外之財產退還股款。但為保障股東權益,落實公司治理之精神,以現金以外財產退還股款,須先經股東會決議,並經該收受財產股東之同意(公§168Ⅱ);且該項財產價值及抵充之數額,董事會應於股東會前,送交會計師查核簽證(公§168Ⅲ)。

(三) 銷除股份之方法,或為收買,或為合併,即將所有股份,以二股或數股合為一股。

(四) 公司為彌補虧損,於會計年度終了前,有減少資本及增加資本之必要者,董事會應將財務報表及虧損撥補之議案,於股東會開會三十日前交監察人查核後,提請股東會決議(公§168-1Ⅰ)。

(五) 法定減資無須召開股東會決議通過及毋庸向債權人通知及公告(經濟部92.6.16.經商09202120760號函)。

(六) 股份之銷除乃使已發行之股份所表彰之股東權絕對消滅,並使股票失其效力(最高法院95年度台上字第5號民事判決)。

(七) 公司辦理減資以現金收回資本公積轉增資配發之增資股票,即係將帳面上資本公積轉增資所增加之股份變現,發放現金給予股東,實質上與營利事業將出售土地之盈餘分配予股東,並無不同,此時股東實質上已有所得,依實質課稅原則,即應計入當年度所得課徵所得稅(最高行政法院94年度判字第290號判決)。

(八) 公司減資收回股票,不生股票轉讓之效果(最高行政法院94年度判字第708號判決)。

(九) 股東會不得授權董事會可決議撤銷公司減資之決議(經濟部92.10.31.經商09202221530號函)。

(十) 減資後之實收資本額不得為零（經濟部 90.9.4.經商 09002185470 號函）。

(十一) 公司訂章程刪除未發行股份，實收資本並無減少，應不視為減資（經濟部 78.3.15.商 015226 號函）。

八、股份之拋棄

(一) 股東拋棄其持有之股份時，應向公司為拋棄之意思表示。又股東拋棄其股份之意思表示完成時，該公司因而取得該股份所有權（司法行政部 64.6.17.台參 05196 號函）。

(二) 股東拋棄其持有之股份屬單獨行為，無須相對人同意。惟因拋棄股票涉及股東名簿之更改，故須通知公司。依民法第 95 條規定，非對話之意思表示，以其意思表示之通知達到相對人時，發生效力。是投資人將其拋棄股份之意思表示送達發行公司之登記地址時，其拋棄股份之意思表示即已發生效力，與該公司是否有人員可代為收受信函或該信函是否被退回無涉股東拋棄其股份之意思表示完成時，該公司因而取得該股份所有權。另為便於股東拋棄股份實務作業之遂行，股東可採通知發行公司拋棄股份之存證信函辦理集保帳戶之股份拋棄作業（經濟部 102.1.7.經商 10102446370 號函）。

(三) 股東拋棄股份無須俟取得股份起六個月後即可逕行辦理減資變更登記（經濟部 95.3.8.經商 09502024260 號函）。

九、股份之公開發行及停止公開發行

(一) 公司得依董事會之決議，向證券主管機關申請辦理公開發行程序（公§156-2 I 前段）。

(二) 申請停止公開發行者，應有代表已發行股份總數三分之二以上股東出席之股東會，以出席股東表決權過半數之同意行之（公§156-2 I 後段）。出席股東之股份總數不足上開定額者，得以有代表已發行

股份總數過半數股東之出席，出席股東表決權三分之二以上之同意
之（公§156-2Ⅱ）。又出席股東股份總數及表決權數，章程有較高
之規定者，從其規定（公§156-2Ⅲ）。

(三) 公開發行股票之公司已解散、他遷不明或因不可歸責於公司之事
由，致無法履行證券交易法規定有關公開發行股票公司之義務時，
證券主管機關得停止其公開發行（公§156-2Ⅳ）。

(四) 公營事業之申請辦理公開發行及停止公開發行，應先經該公營事業
之主管機關專案核定（公§156-2Ⅴ）。

第四節　　股份有限公司之股票

一、股票之意義

(一) 股票為表彰股東權之一種有價證券。

(二) 股票雖為有價證券，但其性質係屬證權證券。

二、股票之種類

(一)記名股票與無記名股票

　　若以股票之形式作為其分類標準，可區分為記名股票與無記名股
票。

1.記名股票：股票上有股東姓名之記載者。

2.無記名股票：股票上無股東姓名之記載者。

(1)為配合洗錢防制之需求，我國公司法於民國 107 年 8 月 1 日修正時，
已廢除無記名股票制度。

(2)惟已發行之無記名股票仍存在，為逐步走向全面記名股票制度，減少
無記名股票之流通，就修正施行前已發行之無記名股票，公司應依公
司法第 447 條之 1 第 2 項規定變更為記名股票。詳言之，該無記名股

票，於持有人行使股東權時，公司應將其變更為記名式。

(二)單數股票與複數股票

　　若以股票所表示股份之多寡而區分，可區分為單數股票與複數股票。

1.單數股票：為表彰一股份之股票。一般股票所表示之股份須為一股。

2.複數股票：為表彰數股份之股票。如十股票、百股票、千股票。此種股份可便利股份之轉讓與計算。

(三)一般股票與特別股票

　　若以股票所表彰股東權之種類而區分，可區分為一般股票與特別股票。

1.一般股票：即表彰普通股權之股票。

2.特別股票：為表彰特別股權之股票。特別股應標明其特別種類之字樣（公§162 I ⑥）。

三、股票之發行

(一)股票發行之時期

1.股份有限公司發行股票，係指製作並交付股票之行為（最高法院 110 年度台上字第 1418 號民事判決）。公司非經設立登記或發行新股變更登記後，不得發行股票，但公開發行股票之公司，證券管理機關另有規定者，不在此限（公§161 I）。違反前開規定發行股票者，其股票無效。但持有人得向發行股票人請求損害賠償（公§161 II）。

2.公開發行股票之公司，應於設立登記或發行新股變更登記後三個月內發行股票（公§161-1 I）。公司負責人違反前項規定，不發行股票者，除由證券主管機關令其限期發行外，各處新臺幣二十四萬元以上二百四十萬元以下罰鍰；屆期仍未發行者，得繼續令其限期發行，並按次處罰至發行股票為止（公§161-1 II）。應注意者，發行股票之公

司，其發行之股份得免印製股票（公§161-2 I）。

3.證券交易法第 6 條第 1 項及第 2 項規定之有價證券，未印製表示其權利之實體有價證券者，亦視為有價證券（證券交易法§6Ⅲ）。

4.非公開發行股票之公司是否發行股票，由公司自行決定。

(二)股票發行之款式

1.編　號

發行股票之公司印製股票者，股票應編號。

2.應記載事項

股票應編號，載明下列事項（公§162 I）：

(1)公司名稱。

(2)設立登記或發行新股變更登記之年、月、日。

(3)採行票面金額股者，股份總數及每股金額；採行無票面金額股者，股份總數。

(4)本次發行股數。

(5)發起人股票應標明發起人股票之字樣。

(6)特別股應標明其特別種類之字樣。

(7)股票發行之年、月、日。

以上所列事項，除(5)及(6)兩項為相對必要記載事項外，其餘均為絕對必要記載事項。股票之發行，不得欠缺必要記載事項，否則其股票無效（經濟部 94.8.8.經商 09402113580 號函）。

股票應用股東姓名，其為同一人所有者，應記載同一姓名；股票為政府或法人所有者，應記載政府或法人之名稱，不得另立戶名或僅記載代表人姓名（公§162Ⅱ）。

3.簽章及簽證

(1)股票由代表公司之董事簽名或蓋章，並經依法得擔任股票發行簽證人之銀行簽證後發行之（公§162 I）。

(2)股票之簽證規則，由中央主管機關定之。但公開發行股票之公司，證券主管機關另有規定者，不適用之（公§162Ⅲ）。經濟部即依據公司法第 162 條第 3 項之授權，訂定發布「股份有限公司發行股票簽證規則」；金融監督管理委員會則依據證券交易法第 35 條規定之授權，訂定發布「公開發行公司發行股票及公司債券簽證規則」，以資適用。

(3)公司印製之股票，未經主管機關簽證，該股票之性質僅屬股權憑證（最高行政法院 80 年度判字第 1586 號判決）。

(4)未依規定簽證之股票，自非證券交易法第 6 條第 1 項及證券交易稅條例第 1 條所稱有價證券（最高行政法院 94 年度判字第 135 號判決）。惟若公開發行公司股票、公司債券、新股權利證書、股款繳納憑證及受益憑證等證券，未印製表示其權利之實體證券者，免辦理簽證（公開發行公司發行股票及公司債券簽證規則§2Ⅱ）。

(5)轉讓尚未簽證之股票，應課徵綜合所得稅（最高行政法院 94 年度判字第 2046 號判決）。

4.免印製股票

(1)發行股票之公司，其發行之股份得免印製股票（公§161-2Ⅰ）。

(2)未印製股票之公司，應洽證券集中保管事業機構登錄其發行之股份，並依該機構之規定辦理（公§161-2Ⅱ）。

(3)經證券集中保管事業機構登錄之股份，其轉讓及設質，應向公司辦理或以帳簿劃撥方式為之，不適用第 164 條及民法 908 條之規定（公§161-2Ⅲ）。上開情形，於公司已印製之股票未繳回者，不適用之（公§161-2Ⅳ）。

(三)股票發行之實務

1.我國現行上市、上櫃及興櫃公司股票業已全面無實體化，證券集中保管事業機構就上市、上櫃及興櫃有價證券，全面採無實體登錄方式保管。

2.非依公司法第 162 條規定發行之股票,即非屬有價證券(最高行政法院 77 年度判字第 1978 號判決)。

3.股票記載事項未臻完備,應由公司改正,對持有人之股權,應不受影響(最高法院 98 年度台上字第 448 號民事判決)。

4.偽造公司之股票時,其被害人為公司,非董事個人或股東(最高法院 92 年度台上字第 2723 號刑事判決)。

四、股票之轉讓

(一)股票之轉讓方法

1.股票由股票持有人以背書轉讓之,並應將受讓人之姓名或名稱記載於股票(公§164)。股票由股票持有人以背書轉讓之,並應將受讓人之姓名或名稱記載於股票。因此,記名背書為股票唯一之轉讓方式,受讓人依記名背書方式受讓取得股票者,即為該股票之合法持有人,得請求公司於股東名簿上記載其為股東;未依記名背書方式受讓取得股票者,並非股東,尚無權請求公司為股東名簿記載變更(最高法院 111 年度台上字第 1379 號民事判決)。

2.背書之方法,公司法未規定,解釋上得比照票據之背書為之。應注意者,記名股票之受讓人雖得經出讓人之授權而自行於股票記載其姓名或名稱,以完成記名股票轉讓之生效要件,惟受讓人在未依授權記載完成前,該記名股票仍不生轉讓效力(最高法院 109 年度台上字第 3239 號民事判決)。

3.記名股票之出讓人,雖非不得授權受讓人自行於股票記載其姓名或名稱,以完成記名股票轉讓之生效要件,惟受讓人在未依授權記載完成前,若因故已無從完成該記載者,該記名股票仍不生轉讓效力,公司自應依其股東名簿之記載,分派股息及紅利(最高法院 105 年度台上字第 1223 號民事判決)。

4. 記名股票之受讓人，得否主張善意取得？實務上以為，記名股票為證明股東權之有價證券而非動產，故不適用動產善意占有之規定（最高法院 59 年度台上字第 2787 號民事判決）。

5. 記名股票在未過戶以前，可由該股票持有人更背書轉讓他人（最高法院 60 年度台上字第 817 號民事判決）。

6. 出讓股份契約之效力，不因受讓人未辦理過戶而受影響（最高法院 62 年度台抗字第 307 號民事裁定）。

7. 若於記名股票背面盜用股票持有人之印章，並記載受讓人之姓名或名稱者，其為偽造股票背書，依規定所為轉讓股票之意思表示，則為偽造股票持有人名義私文書之行為。偽造公司增資股票背書轉讓之方法，使其他公司受讓取得該等增資股票，而予以侵占，對此可認為是以一行為觸犯行使偽造私文書罪及業務侵占罪，可依想像競合犯關係從較重之業務侵占罪處斷，始為適法（最高法院 109 年度台上字第 1487 號刑事判決）。

(二)未發行股票時之股份轉讓

1. 股份有限公司未發行股票者，其記名股份轉讓之成立要件，祇須轉讓當事人間具備要約與承諾之意思表示已足（最高法院 105 年度台上字第 1323 號民事判決、最高法院 102 年度台上字第 677 號民事判決），而已發行股票者，倘屬記名股票，依公司法第 164 條規定，其轉讓即須由股票持有人背書（最高法院 102 年度台上字第 677 號民事判決）。

2. 公司未發行股票者，其股份轉讓之成立要件，只須當事人間具備要約與承諾之意思表示為已足（臺灣高等法院 93 年度重上字第 510 號民事判決）。

3. 未發行股票者其股份之轉讓，應由轉受人雙方填具轉受讓同意書，參照公司法第 165 條規定會同向公司辦理過戶（經濟部 60.1.15.商 01630 號函）。

4.股份為無體財產權之一，取得股份、讓與股份之行為，屬於準物權行為，為處分行為之一種（最高法院 104 年度台上字第 315 號民事判決）。

(三)股票之過戶交割

1.股份之轉讓，非將受讓人之姓名或名稱及住所或居所，記載於公司股東名簿，不得以其轉讓對抗公司（公§165 I），即其轉讓必經過戶之後，始得以其轉讓對抗公司。

2.因股份轉讓所為股東名簿記載之變更，於股東常會開會前三十日內，股東臨時會開會前十五日內，或公司決定分派股息及紅利或其他利益之基準日前五日內，不得為之（公§165 II）。公開發行股票之公司辦理股東名簿記載之變更，於股東常會開會前六十日內，股東臨時會開會前三十日內，不得為之（公§165 III）。

3.股票在基準日前交割者，應屬連息或連權買賣。如係於基準日以後辦理交割，除買賣雙方有連息或連權之特約並經申報者外，應為除息或除權交易，所有以前應得之股息或其他權利，如當事人未經特約申報者，應歸讓與人享有（經濟部 55.7.2.商 15103 號函）。

4.公司法第 165 條第 1 項所謂：「不得以其轉讓對抗公司」，係指未過戶前，不得向公司主張因背書受讓而享受開會及分派股息或紅利而言，並不包括股票持有人請求為股東名簿記載變更之權利（最高法院 60 年度台上字第 817 號民事判決）。

5.股份有限公司之股東名簿應記載各股東之本名或名稱、住所或居所，及其股數及股票號數等。記名股票之轉讓，非將受讓人之本名或名稱記載於股票，並將受讓人之本名或名稱及住所或居所記載於公司股東名簿，不得以其轉讓對抗公司。公司法第 169 條第 1 項、第 165 條第 1 項分別定有明文。故凡列名於股東名簿之股東者，即推定其為股東，對公司得主張其有股東資格而行使股東之權利（最高法院 86 年度台上字第 1730 號民事判決）。

6. 股份有限公司若不以股東名簿之記載為準，則股東與公司間之法律關係將趨於複雜，無從確認而為圓滿之處理。故凡於股東名簿登記為股東者，縱未持有公司股票，該股東仍得主張其有股東資格而行使股東之權利。倘第三人向公司主張登記股東之股份為其所有，乃第三人與登記股東間之爭執，應由彼等另以訴訟解決，公司於該第三人提出勝訴確定判決或與確定判決有同一效力之證明，請求將其姓名或名稱及住所或居所記載於股東名簿前，尚不得主張登記股東之股東權不存在（最高法院 110 年度台上字第 3299 號民事判決）。應注意者，股份有限公司股東名簿登記為股東者，倘該登記係偽造或不實，即不能僅以該登記認其對公司之股東權存在（最高法院 110 年度台上字第 2157 號民事判決）。

7. 受讓人持具備過戶要件之股票辦理過戶，遭公司拒絕，此時受讓人應得以其轉讓對抗公司；股東名簿記載之變更，不以雙方填具過戶申請書為必要（臺灣高等法院 97 年度上字第 357 號民事判決）。

8. 過戶之閉鎖期間之立法目的在於方便公司股東會之開會作業，是於閉鎖期間，僅有礙公司憑以確定股東開會通知寄發對象，或有礙公司憑以確定股息等利益分派對象之股東名簿記載變更行為，始受限制而不得為之。至股東之其他權利，則不在限制之列（最高法院 108 年度台上字第 2550 號民事判決）。

(四)股票轉讓之相關實務

1. 股份之買賣，違反公司法第 163 條關於禁止轉讓規定，其讓與契約無效（最高法院 83 年度台上字第 3022 號民事判決）。

2. 公司減資收回股票，不生股票轉讓之效果（最高行政法院 94 年度判字第 708 號判決）。

3. 證券經紀商經營之有價證券買賣，其業務性質應認其為行紀（最高法院 91 年度台上字第 2426 號民事判決）。

4. 以訴訟方式向公司為請求更名登記,經勝訴確定判決,無須受讓人或繼承人再向公司重新聲請(最高法院 89 年度台上字第 1539 號民事判決)。

5. 背書為股票轉讓之唯一方式,且必於背書轉讓,向公司辦妥過戶手續後,始得以股票受讓人之身分對公司主張股東之權利(最高法院 88 年度台上字第 1756 號民事判決)。

6. 股票未過戶之前,不得向公司主張享有開會及分派股息或紅利,惟不包括股票持有人主張因背書受讓請求更換股東名義之權利(臺灣高等法院 88 年度上字第 1500 民事判決)。

7. 上市公司記名股票設定質權後,倘欲在集中交易市場以變賣方式實行質權,應塗銷質權設定後並符合背書連續之要件,始得為之(法務部 80.8.1.法律 11625 號函)。

8. 股票質權之效力及於盈餘及由盈餘轉成之增資配股(最高法院 63.5.28 第 3 次民庭庭推總會議決議(二))。

9. 公司以不正當之消極行為,阻止股票受讓人申請辦理變更股東名簿記載之成就,應視為記載已成就(最高法院 96 年度台上字第 515 號民事判決)。

第五節　股份有限公司之股東

一、股東之意義

(一) 股東為股份之所有人,公司之資本主。

(二) 股東之資格,法無限制,自然人、法人均可。

(三) 股份有限公司應有二人以上股東,此最低人數既為公司之成立要件,亦為其存續要件。但政府、法人為股東時得為一人。

(四) 股東基於其股份,對於公司享有權利並負擔義務。

(五) 政府或法人股東一人之股份有限公司，無公司法第 165 條第 2 項及第 3 項規定之適用（經濟部 92.8.25.經商 09202174830 號函）。

(六) 一人股份有限公司之董事會代行股東會職權時，為使議事內容明確，可於議案「說明」部分，敘明係「代行股東會職權」及依據公司法第 128 條之 1 規定為之（經濟部 92.11.4.經商 09202435440 號函）。至於金融控股公司持有子公司已發行全部股份或資本總額時，該子公司之股東會職權亦由董事會行使，不適用公司法有關股東會之規定（金融控股公司法§15 I）。因此，該全資子公司之董事會代行股東會職權時，其法律依據宜敘明依據金融控股公司法第 15 條第 1 項規定為之。

二、股東之有限責任原則

(一) 股份有限公司之股東，在其所認股份之價額限度內，對於公司負出資之義務。

(二) 股東對於公司之責任，原則上以繳清其股份之金額為限（公§154 I）。但有下列例外：

1. 股東濫用公司之法人地位，致公司負擔特定債務且清償顯有困難，其情節重大而有必要者，該股東應負清償之責（公§154 II）。

2. 控制公司直接或間接使從屬公司為不合營業常規或其他不利益之經營，而未於會計年度終了時為適當補償，致從屬公司受有損害者，應負賠償責任（公§369-4 I）。

3. 公司法人格與股東固各具有獨立性，惟若公司股東濫用公司制度，利用公司獨立法人格規避法律責任或逃避契約義務，以達其規避法規範強制或禁止規定之脫法目的，或造成社會經濟失序等顯不公平情形時，本於誠信及衡平原則，得例外地否認公司之法人格予以救濟。就此英美法與德、日法系分別發展揭穿公司面紗、法人格否認理論等，以達衡平救濟之目的。觀諸我國為解決關係企業中控制公司濫用從屬

公司獨立人格之爭議，先於民國 86 年 6 月 25 日在公司法增訂第六章之一關係企業，針對控制公司與從屬公司間從事非常規交易之情形，為保護從屬公司少數股東及債權人權益而為規定，已具有揭穿公司面紗原則之精神，復於民國 102 年 1 月 30 日增訂公司法第 154 條第 2 項，規定濫用公司法人地位之股東對該公司債權人負清償之責，立法理由明示引進揭穿公司面紗原則。是在仲裁判斷當事人利用與關係企業成立契約之自由，以規避仲裁判斷所命義務，如認關係企業行使基於契約所取得之權利，有違反誠信原則、公共利益，或以損害他人為主要目的，係屬公司制度之濫用，基於揭穿公司面紗、法人格否認理論之相同法理，以關係企業名義所為之權利行使，無異仲裁判斷當事人自己之行為，既有為權利濫用或違反誠信原則，其權利之行使應受限制，法院應駁回其請求（最高法院 111 年度台上字第 1744 號民事判決）。

(三) 股東之有限責任原則，不得以章程或股東會之決議變更之。公司章程或股東會之決議，違反股東之有限責任原則者，均為無效。

三、股東平等原則

(一) 為基於股東之資格，在公司中之相互法律關係上，概屬平等之原則。公司法針對股東平等原則所設之具體規定如下：

1.減少資本，應依股東所持股份比例減少之（公§168 I）。亦稱為減資平等原則。

2.公司各股東，除公司法另有規定外，每股有一表決權（公§179 I）。亦稱為表決權平等原則。

3.股息及紅利之分派，除章程另有規定外，以各股東持有股份之比例為準（公§235）。亦稱為股東平等分派原則。

4.公司得經股東會之特別決議，將法定盈餘公積及資本公積之全部或一部，按股東原有股份之比例發給新股或現金（公§241 I）。亦稱為公

積發給平等原則。

5.公司發行新股時，除依前二項保留者外，應公告及通知原有股東，按照原有股份比例儘先分認，並聲明逾期不認購者，喪失其權利（公§267Ⅲ）。亦稱為新股認購平等原則。

6.清償債務後，賸餘之財產應按各股東股份比例分派。但公司發行特別股，而章程中另有訂定者，從其訂定（公§330）。亦稱為賸餘財產分派平等原則。

(二) 所謂平等，非指股東人數之均一平等，而係持股比例之平等，亦即利益、賸餘財產之分派與表決權之行使，均應依照各股東持有股份之數額定之。

(三) 公司法第 191 條規定股東會決議之內容，違反法令者無效。所謂決議內容違反法令，除違反股東平等原則、股東有限責任原則、股份轉讓自由原則或侵害股東固有權外，尚包括決議違反強行法規或公序良俗在內（最高法院 103 年度台上字第 620 號民事判決）。相對地，又股份有限公司之章程，倘無違反強制或禁止規定、公共秩序、善良風俗、股份有限公司本質、股東平等原則及侵害股東固有權等情形，原則應承認其效力，以避免過度干擾公司之內部自治（最高法院 111 年度台上字第 2463 號民事判決）。因此，除法有明文可例外排除股東平等原則之適用外，凡章程或股東會之決議違反之者，應解為違反強制規定，均歸無效。

(四) 營錡機械股份有限公司變更章程之爭議為例，該公司於民國 93 年 7 月 26 日之股東會，決議變更章程後有關盈餘、紅利之分派，股東所能分派之盈餘，僅占全部盈餘 0.5%，已幾近於零；由股東會決議變更章程中有關員工分紅部分，即占公司盈餘紅利分配之 99.5%，而員工紅利中 99%分派予公司協理級以上之員工，而營錡機械股份有限公司僅有法定代理人一人為協理級以上員工；由是項決議變更章程中有關盈餘、紅利之分派比例，其結果使占有營錡機械股份有限

公司已發行股份總數 39%之股東即法定代理人王恩光一人獨獲全部盈餘 98%之分派，顯然違反公司法第 235 條第 1 項所規定之股東平等分派原則，且對於公司法允許公司存在之經濟上目的及資本主義市場之經濟秩序，將為之破壞殆盡，違背一般社會國家之利益，及道德觀念，參諸台灣公司法第 191 條、民法第 72 條之規定意旨，及最高法院判決、判例意旨，應認該股東常會對於章程中有關更改盈餘分配之決議，違背法令及公共秩序，為無效（臺灣高等法院 94 年度上字第 194 號民事判決）。

四、股東之權利

股東權，乃股東基於其股東之身分得對公司主張權利之地位（最高法院 95 年度台上字第 984 號民事判決）。亦即，股東基於其地位，而得享有之權利。股東權係屬財產權之範圍，其訴訟標的價額應以原告如獲勝訴判決，所得受之客觀上利益定之（最高法院 94 年度台抗字第 427 號民事裁定）。

(一)共益權與自益權

股東權限之性質若以權利行使之目的為標準進行分類，可區分為共益權與自益權，前者係指股東以參與公司之管理、營運為目的所享有之權利，如表決權、股東提案權即屬之，此類權利原則上不得以公司章程或股東會決議剝奪或限制之；後者則純以股東為自己利益而行使之股東權利，包含盈餘分派請求權及賸餘財產分派請求權等，此類股東權利則得以公司章程或股東會決議予以剝奪或限制（臺灣高等法院臺南分院 101 年度上字第 69 號民事判決）。

1.共益權

股東行使之目的，係為其自己之利益，同時亦兼為公司之利益者。例如：

(1)提案權（公§172-1）

①持有已發行股份總數百分之一以上股份之股東，得向公司提出股東常會議案。但以一項為限，提案超過一項者，均不列入議案（公§172-1Ⅰ）。

②提案權係股東之固有權利，公司法並無行使提案權須予迴避之規定（最高法院102年度台上字第2334號民事判決）。

(2)股東會召集請求權或自行召集權（公§173Ⅰ、Ⅱ，證券交易法§45-4Ⅳ）

①繼續一年以上，持有已發行股份總數百分之三以上股份之股東，得以書面記明提議事項及理由，請求董事會召集股東臨時會（公§173Ⅰ）。關於公司法第173條及第173條之1規定之股東會召集權，並無排除持有無表決權股東之適用，故持有無表決權之股東仍得行使股東會召集權，無表決權之股份數亦應計入已發行股份總數（經濟部107.11.26.日經商10702062910號函）。

②解釋上凡屬於股東會得決議之事項，經股東載明於提議事項，請求董事會召集，於提出後15日內董事會不為召集，經股東就該提議事項報請主管機關審查許可其可自行召集時，均可提出於該股東會議決，公司法第185條第1項規定相關之議案亦然，且不受同法條第5項規定董事會提出程序要件之限制（最高法院106年度台上字第2461號民事判決）。

③公開收購人與其關係人於公開收購後，所持有被收購公司已發行股份總數超過該公司已發行股份總數百分之五十者，得以書面記明提議事項及理由，請求董事會召集股東臨時會，不受公司法第173條第1項規定之限制（證券交易法§43-5Ⅳ）。

④股東依公司法第173條規定獲得主管機關許可、依第173條之1規定自行召集股東臨時會，或監察人依公司法第220條規定召集股東會者，應委託股務代理機構辦理有關「公開發行公司出席股東會使

用委託書規則」第 7 條規定製作及傳送徵求人徵求彙總資料、第 12
條規定傳送及揭示徵求人徵得之委託書明細資料、第 13 條規定傳
送及揭示非屬徵求受託代理人代理之股數明細資料、第 13 條之 1
規定辦理委託書統計驗證作業與「公開發行公司股東會議事手冊應
行記載及遵行事項辦法」第 5 條及第 6 條規定製作與傳送股東會議
事手冊及各項議案之說明資料（金融監督管理委員會 107.11.16.金
管證交 1070340761 號令）。

(3)股東會自行召集權（公§173Ⅳ、§173-1）

①董事因股份轉讓或其他理由，致董事會不為召集或不能召集股東會
時，得由持有已發行股份總數百分之三以上股份之股東，報經主管
機關許可，自行召集（公§173Ⅳ）。

②股東臨時會係由未辦理過戶之股東所召集，縱其事實上為股份過半
數之股東，因其餘公司股東既無從得知其有無召集權限而無法決定
是否出席，基於公示原則及維持法律關係穩定之考量，自不得依公
司法第 173 條之 1 規定召集股東臨時會，以避免不必要之紛爭（最
高法院 111 年度台上字第 134 號民事判決）。

③公司之股東死亡發生股份當然繼承之情形，繼承人既未向公司辦理
股份變更登記，自難僅以其為事實上持有過半數股份之股東，即得
依公司法第 173 條之 1 規定，自行召集股東臨時會，此與繼承人得
否以公司已知悉繼承之事實，而對公司主張行使股東權，應屬兩事
（最高法院 111 年度台上字第 760 號民事判決）。

(4)出席股東會之表決權（公§179）

①股東得親自或委託代理人於出席股東會（公§177Ⅰ）。公司各股
東，除公司法另有規定外，每股有一表決權（公§179Ⅰ）。

②股東對公司權利之行使，惟有賴參與股東會以行使表決權方式為
之，該表決權為股東固有權，除法令或章程另有限制外，不容股東
會以決議或任何方式剝奪。公司因經營需要，由股東會決議實質上

剝奪部分股東之表決權，公司須證明該決議具正當性，即該決議為公司經營上所必要，且公司因該決議所獲利益遠大於部分股東因此喪失行使表決權之利益，而符合比例原則。否則，即係以多數股東之決議侵害少數股東之權利，而屬權利濫用，被剝奪表決權之股東自得主張該決議無效（最高法院 108 年度台上字第 1234 號民事判決）。

③公司不當禁止股東出席股東會，積極侵害股東參與股東會之權益，應認為違反之事實重大，不論該行為對於決議有否影響，法院均不得駁回撤銷股東會決議之請求（最高法院 110 年度台上字第 3067 號民事判決）。

(5)董事、監察人候選人提名權（公§192-1、§216-1）

①公司董事選舉，採候選人提名制度者，應載明於章程，股東應就董事候選人名單中選任之。但公開發行股票之公司，符合證券主管機關依公司規模、股東人數與結構及其他必要情況所定之條件者，應於章程載明採董事候選人提名制度（公§192-1Ⅰ）。持有已發行股份總數百分之一以上股份之股東，得以書面向公司提出董事候選人名單，提名人數不得超過董事應選名額；董事會提名董事候選人之人數，亦同（公§192-1Ⅲ）。

②公開發行股票之公司董事選舉，對董事被提名人之審查，依公司法第 192 條之 1 第 5 項規定，係由董事會或其他召集權人召集股東會者為之，亦即公司董事被提名人之審查應屬該公司董事會職權範圍，自應經公司董事會決議始為合法。次按公司法第 192 條之 1 第 7 項明文規定，公司應將審查結果通知提名股東，對於提名人選未列入董事候選人名單者，並應敘明未列入之理由，故公司董事既對公司法第 192 條之 1 規定知之甚詳，雖仍有將審查結果通知提名股東，然卻在將審查結果通知提名股東之通知函未記載不列入之具體理由，即難認董事不具非難性及可責性（臺灣臺北地方法院 106 年

度簡字第 228 號行政訴訟判決）。

③採取董事候選人提名制度之公司，持有已發行股份總數1%以上股份之股東，得於公司受理期間，以書面敘明被提名人姓名、學歷、經歷（公§192-1Ⅳ），向公司提出董事候選人名單，由公司董事會就提名股東及董事候選人之資格、要件加以審查，倘提名股東未敘明未敘明被提名人姓名、學歷及經歷，公司無待踐行通知補正之程序，經董事會審查無誤後，即得不將該被提名人列入董事候選人名單（公§192-1Ⅴ④）。

(6)董事會決議違反法令或章程之制止請求權（公§194）

①董事會決議，為違反法令或章程之行為時，繼續一年以上持有股份之股東，得請求董事會停止其行為（公§194）。公司法第 194 條所規定之單獨股東權，旨在強化小股東之股權，使之為保護公司及股東之利益，得對董事會之違法行為，予以制止，藉以防範董事之濫用權限，而董事長或董事為董事會之成員，若董事長或董事恣意侵害公司及股東之利益而為違法行為，是否仍應拘泥須為董事會之違法行為，始有上開規定之適用，而不得探求法律規定之目的，為法律的補充或類推適用，尚非無疑（最高法院 80 年度台上字第 1127 號民事判決）。

②公司法第 194 條所定董事會決議，為公司登記業務範圍以外之行為或為其他違反法令或章程之行為時，得由繼續一年以上持有股份之股東請求董事會停止其行為之「股東制止請求權」，必以董事會之組成為合法，且其所作成之決議有違反法令或章程等情形為其前提。倘由不具董事身分之人所非法組成董事會而作成決議，自非屬於董事會之決議，即不生股東行使制止請求權之問題（最高法院 87 年度台上字第 433 號民事判決）。

③公司法第 194 條所定股東制止請求權，為單獨股東權、共益權及固有權，其目的在預防董事會執行不法之決議，該制止請求權必以董

事會組成合法，且所作成之決議有違反法令或章程等情形為前提。另股東行使制止請求權，得於訴訟外通知董事會停止違法行為，非必以訴訟為之，倘董事會於股東行使制止請求權時，其所為決議已執行完畢，或停止其行為，即無預防董事會執行不法決議可言，應無行使制止請求權之必要（智慧財產及商業法院 111 年度商訴字第 3 號民事判決）。

(7)撤銷股東會決議訴請權（公§189）

　①股東會之召集程序或其決議方法，違反法令或章程時，股東得自決議之日起三十日內，訴請法院撤銷其決議（公§189）。若股東初僅以股東會之決議方法違反法令為由，訴請撤銷該股東會決議，嗣後再以股東會有召集程序之瑕疵，訴請撤銷股東會決議，後者於行使撤銷訴權時，距股東會決議之日已逾三十日除斥期間，其撤銷權即告消滅（最高法院 111 年度台上字第 2120 號民事判決）。

　②公司法為民法之特別法，依特別法優於普通法原則，公司應優先適用公司法之有關規範，如公司法中無特別規定時，則應回歸適用民法之普通規定。公司法雖未對有限公司決議方法違法之撤銷為規定，但民法第 56 條既就社團法人總會決議方法違法之撤銷已有明文，是有限公司股東會決議之決議方法如有違反法令或章程者，自得依該條規定撤銷之，是股東於股東會之召集程序或決議方法，違反法令或章程時，其得於決議後三個月內請求法院撤銷其決議，但以出席社員，對召集程序或決議方法，當場表示異議者為限，避免出席會議之股東，事後任意翻異，致有礙公司營運之決策與推展（臺灣高等法院 100 年度上字第 120 號民事判決）。

　③法院對於前條撤銷決議之訴，認為其違反之事實非屬重大且於決議無影響者，得駁回其請求（公§189-1）。應注意者，民法第 56 條第 1 項請求撤銷總會決議之規定，既係參考公司法第 189 條規定修正而來，基於相類情形應為相同處理原則，於法院受理撤銷總會決

議之訴時，自得類推適用公司法第 189 條之 1 規定，倘總會之召集程序或決議方法違反法令或章程之事實，非屬重大且於決議無影響時，法院得駁回其請求，以兼顧大多數社員之權益（最高法院 107 年度台上字第 1957 號民事判決）。

(8)宣告股東會決議無效訴請權（公§191）

①股東會決議之內容，違反法令或章程者無效（公§191）。

②所謂誠實信用之原則，係在具體之權利義務關係，依正義公平方法，確定並實現權利內容，避免一方犧牲他方利益以圖利自己，應以各方當事人利益為衡量依據，並考慮權利義務之社會作用，於具體事實為妥善運用。倘經認定違反誠信原則時，其法律效果以不發生該違反者所期待者為原則。而本於股東平等原則，股份有限公司就各股東基於股東地位對公司享有權利及負擔義務，應予平等待遇。此原則係基於衡平理念而建立，藉以保護一般股東，使其免受股東會多數決濫用之害，為股份有限公司重要原則之一。倘因股東會多數決之結果，致少數股東之自益權遭實質剝奪，大股東因而享有不符比例之利益，而可認為有恣意之差別對待時，即屬有違立基於誠信原則之股東平等原則，該多數決之決議內容，自該當於公司法第 191 條規定之「違反法令者無效」之情形（最高法院 108 年度台上字第 1836 號民事判決）。

(9)裁判解任董事及監察人訴請權（公§200、§227）

①董事執行業務，有重大損害公司之行為或違反法令或章程之重大事項，股東會未為決議將其解任時，得由持有已發行股份總數百分之三以上股份之股東，於股東會後三十日內，訴請法院裁判之（公§200）。公司法第 200 條係補充同法第 199 條第 1 項前段之不足，使公司股東得對不適任董事訴請法院解任，避免董事持股甚多而無從依公司法第 199 條第 1 項前段規定以股東會決議解任不適任董事，其規範目的與公司法第 192 條第 5 項準用第 30 條於董事當選

之初即視為當然解任不同（臺灣高等法院高雄分院 105 年度金上字第 1 號民事判決）。

②保護機構辦理證券投資人及期貨交易人保護法第 10 條第 1 項業務，發現上市、上櫃或興櫃公司之董事或監察人，有證券交易法第 155 條、第 157 條之 1 或期貨交易法第 106 條至第 108 條規定之情事，或執行業務有重大損害公司之行為或違反法令或章程之重大事項，得訴請法院裁判解任公司之董事或監察人，不受公司法第 200 條及第 227 條準用第 200 條之限制，且解任事由不以起訴時任期內發生者為限（證券投資人及期貨交易人保護法§10-1 I ②）。又證券投資人及期貨交易人保護法第 10 條之 1 第 1 項第 2 款之董事或監察人，經法院裁判解任確定後，自裁判確定日起，三年內不得充任上市、上櫃或興櫃公司之董事、監察人及依公司法第 27 條第 1 項規定受指定代表行使職務之自然人，其已充任者，當然解任（證券投資人及期貨交易人保護法§10-1 Ⅶ）。

(10)章程及帳簿查閱請求權（公§210 Ⅱ、§229）

①股東及公司之債權人得檢具利害關係證明文件，指定範圍，隨時請求查閱、抄錄或複製；其備置於股務代理機構者，公司應令股務代理機構提供（公§210 Ⅱ）。又董事會所造具之各項表冊與監察人之報告書，應於股東常會開會十日前，備置於本公司，股東得隨時查閱，並得偕同其所委託之律師或會計師查閱（公§229）。

②公司法第 210 條第 2 項規定之「簿冊」，係指歷屆股東會議事錄、資產負債表、股東名簿及公司債存根簿，尚不包括財務業務契約在內（經濟部 81.12.8.商 232851 號函）。抄錄之方式，包含影印（經濟部 85.3.4.商 85203563 號函）。

③當事人為公司登記之真正股東，其股東身分，非借名登記，自得行使股東權利，閱覽公司之帳簿資料，不須另提出其他利害關係之證明文件。且有權知悉公司經營情況、分享公司營運成果（最高法院

111 年度台上字第 402 號民事裁定）。

④董事為公司負責人，應忠實執行業務並盡善良管理人之注意義務，如有違反致公司受損害者，負損害賠償責任，董事依其權責自有查閱、抄錄公司法第 210 條第 1 項章程、簿冊之權。且其所得查閱、抄錄或複製簿冊文件的範圍，當大於股東及債權人所得查閱、抄錄或複製之範圍，原則上不宜有過多的限制（經濟部 108.1.29.經商 10800002120 號函）。具體而言，董事如因執行業務之合理目的需要，為善盡義務，自應使其取得於執行業務合理目的必要範圍內之相關公司資訊。而董事之資訊請求權既緣於其執行職務之本質所生，與股東權之行使無涉，其範圍當非以公司法第 210 條規定為限。然董事之資訊請求權，係應受託義務為基礎而生，則其所得請求查閱、抄錄之資訊應以其為履行執行職務之合理目的所必要者為限，且董事就取得之公司資訊仍應本於忠實及注意義務為合理使用，並盡相關保密義務，不得為不利於公司之行為。因此，倘公司舉證證明該資訊與董事之執行業務無涉或已無必要，或董事請求查閱抄錄該資訊係基於非正當目的，自得拒絕提供（最高法院 110 年度台上字第 3245 號民事判決、最高法院 110 年度台上字第 539 號民事判決）。

⑤公司股東及公司債權人，依公司法第 210 條第 2 項規定向公司請求查閱或抄錄時，得出具委任書委任他人為之（經濟部 96.3.30.經商 09602408050 號函）。

⑥代表公司之董事，違反公司法第 210 條第 2 項規定無正當理由而拒絕查閱、抄錄、複製或未令股務代理機構提供者，處新臺幣一萬元以上五萬元以下罰鍰。但公開發行股票之公司，由證券主管機關處代表公司之董事新臺幣二十四萬元以上二百四十萬元以下罰鍰（公§210Ⅳ）。主管機關或證券主管機關並應令其限期改正；屆期未改正者，繼續令其限期改正，並按次處罰至改正為止（公§210Ⅴ）。

⑦董事會所造具之各項表冊與監察人之報告書，應於股東常會開會十日前，備置於本公司，股東得隨時查閱，並得偕同其所委託之律師或會計師查閱（公§229）。

(11)對董事及監察人提起代表訴訟之權（公§214、§227）

①繼續六個月以上，持有已發行股份總數百分之一以上之股東，得以書面請求監察人或董事會為公司對董事或監察人提起訴訟（公§214Ⅰ、§227），此為股東提起代表訴訟之前置要件。惟若新公司設立尚未滿六個月，股東應如何請求監察人或董事會為公司對董事或監察人提起訴訟，顯有法律漏洞。解釋上應為目的性限縮，對於新設立尚未滿六個月之公司，得不適用「繼續六個月以上」之要件。

②公司法就監察人對少數股東以書面請求對董事起訴，既未明文規定應經監察人以多數決通過或由全體始得提起，監察人自應各自本於忠實執行職務義務之考量，裁量斟酌是否起訴，並由同意起訴之監察人為公司法定代理人提起訴訟，以免因監察人間之立場不一致而影響公司對董事訴訟之進行或使該訴訟程序陷於不能開始（最高法院104年度台抗字第581號民事裁定）。

③監察人或董事會自有公司法第214條第1項之請求日起，三十日內不提起訴訟時，股東得為公司提起訴訟；股東提起訴訟時，法院因被告之申請，得命起訴之股東，提供相當之擔保；如因敗訴，致公司受有損害，起訴之股東，對於公司負賠償之責（公§214Ⅱ、§227）。

④股東提起公司法第214條第2項訴訟，其裁判費超過新臺幣六十萬元部分暫免徵收（公§214Ⅲ、§227）。

⑤股東提起公司法第214條第2項訴訟，法院得依聲請為原告選任律師為訴訟代理人（公§214Ⅳ、§227）。

⑥提起公司法第214條第2項訴訟所依據之事實，顯屬虛構，經終局

判決確定時，提起此項訴訟之股東，對於被訴之董事，因此訴訟所受之損害，負賠償責任。提起公司法第 214 條第 2 項訴訟所依據之事實，顯屬實在，經終局判決確定時，被訴之董事，對於起訴之股東，因此訴訟所受之損害，負賠償責任（公§215、§227）。

⑦公司法第 214 條第 2 項所賦與少數股東者為訴訟實施權，屬法定訴訟擔當之一種，少數股東於訴訟上係本於公司對於董事之實體法上請求權起訴，仍應以該實體法上請求權人知悉損害與賠償義務人時，起算請求權時效（最高法院 106 年度台上字第 965 號民事判決）。

⑧證券投資人及期貨交易人保護法於民國 109 年 6 月 10 日修正時，明定保護機構辦理第 10 條第 1 項業務，發現上市、上櫃或興櫃公司之董事或監察人，有證券交易法第 155 條、第 157 條之 1 或期貨交易法第 106 條至第 108 條規定之情事，或執行業務有重大損害公司之行為或違反法令或章程之重大事項，得以書面請求公司之監察人為公司對董事提起訴訟，或請求公司之董事會為公司對監察人提起訴訟，或請求公司對已卸任之董事或監察人提起訴訟。監察人、董事會或公司自保護機構請求之日起三十日內不提起訴訟時，保護機構得為公司提起訴訟，不受公司法第 214 條及第 227 條準用第 214 條之限制（證券投資人及期貨交易人保護法§10-1①）。又保護機構依證券投資人及期貨交易人保護法第 10 條之 1 第 1 項第 1 款規定提起訴訟時，就同一基礎事實應負賠償責任且有為公司管理事務及簽名之權之人，得合併起訴或為訴之追加；其職務關係消滅者，亦同（證券投資人及期貨交易人保護法§10-1Ⅴ）。

(12)檢查人選派聲請權（公§245，證券交易法§38-1Ⅱ）

　①公司法第 245 條第 1 項所定聲請選派檢查人之規定，除具備繼續六個月以上持有已發行股份總數百分之一之股東之要件外，別無其他資格之限制（最高法院 86 年度台抗字第 108 號民事裁定）。縱具

　　身兼董事身分，亦得聲請法院選派檢查人（臺灣高等法院臺中分院
　　101 年度非抗字第 42 號民事裁定）。

②最高法院曾認為，依公司法第 218 條第 1 項規定，監察人得隨時調
　　查公司業務及財物狀況，查核簿冊文件，並請求董事會提出報告。
　　若股東身兼監察人，自得隨時行使上開職權，殊無另依公司法第
　　245 條第 1 項規定，聲請法院選派檢查人，檢查公司業務帳目及財
　　產情形之必要（最高法院 75 年度台抗字第 150 號民事裁定）。惟
　　檢查人之權限在於檢查公司業務帳目及財產情形，將其結果報告於
　　法院，法院審查檢查人之報告認有必要時，得命監察人召集股東
　　會，以謀求因應之道（如：解任董監事、追究董監事責任等），故
　　其權限為監督權，與監察人之監查權迴異（臺灣高等法院 101 年度
　　非抗字第 48 號民事裁定）。

③公司法第 326 條第 1 項規定：「清算人就任後，應即檢查公司財產
　　情形，造具資產負債表及財產目錄，送經監察人審查，提請股東會
　　請求承認後，並即報法院。」既已明定公司於清算中，其財產之檢
　　查由清算人為之，而清算人執行職務應顧及股東之利益，清算人就
　　任後，如有不適任情形，監察人及股東又得依公司法第 323 條第 2
　　項規定將清算人解任，是少數股東之權益已獲有相當之保障，故股
　　份有限公司除在特別清算程序中，有公司法第 352 條第 1 項情形，
　　法院得依聲請或依職權命令檢查公司之財產外，在普通清算程序
　　中，自不容許股東依公司法第 245 條第 1 項聲請法院選派檢查人
　　（最高法院 81 年台抗字第 331 號民事裁定）。

④繼續一年以上，持有股票已在證券交易所上市或於證券商營業處所
　　買賣之公司已發行股份總數百分之三以上股份之股東，對特定事項
　　認有重大損害公司股東權益時，得檢附理由、事證及說明其必要
　　性，申請主管機關就發行人之特定事項或有關書表、帳冊進行檢查
　　（證券交易法§38-1 II）。

(13)請求解任清算人之權（公§323Ⅱ）

　①法院因監察人或繼續一年以上持有已發行股份總數百分之三以上股份股東之聲請，得將清算人解任（公§323Ⅱ）。

　②清算人合法就任後，非經股東會或法院予以解任，自不失其清算人資格（最高法院104年度台上字第561號民事判決）。

(14)從屬公司股東提起代表訴訟之權（公§369-4Ⅲ）

　①控制公司未為公司法第369條之4第1項之賠償，繼續一年以上持有從屬公司已發行有表決權股份總數或資本總額百分之一以上之股東，得以自己名義行使第369條之4第1項及第2項從屬公司之權利，請求對從屬公司為給付（公§369-4Ⅲ）。

　②控制公司直接或間接使從屬公司為不合營業常規或其他不利益之經營，而未於會計年度終了時為適當補償，致從屬公司受有損害者，應負賠償責任，無論形式上或實質上之控制公司與從屬公司，均有其適用（最高法院107年度台上字第4182號刑事判決）。

2.自益權

　　所謂自益權，指股東行使之目的，係專為該股東自己之利益者。

(1)發給股票之請求權（公§161-1）

　公開發行股票之公司，應於設立登記或發行新股變更登記後三個月內發行股票。又公司法於民國107年11月1日修正施行後，非公開發行股票之公司是否發行股票，宜由公司自行決定，故改以公司有無公開發行，作為是否強制發行股票之判斷基準（經濟部107.12.22.經商10702428590號函）。

(2)股東名簿變更記載（股份過戶）之請求權（公§165）

　①股份之轉讓，非將受讓人之姓名或名稱及住所或居所，記載於公司股東名簿，不得以其轉讓對抗公司（公§165Ⅰ）。

　②公司法第165條第1項所謂「不得以其轉讓對抗公司」，係指未過戶前，不得向公司主張因背書受讓而享受開會及分派股息或紅利而

言，並不包括股票持有人請求為股東名簿記載變更之權利，亦即該變更登記之股東權利，並不在限制之列（最高法院 60 年度台上字第 817 號民事判決、最高法院 101 年度台上字第 1747 號民事判決、臺灣高等法院 111 年度上更一字第 1 號民事判決）。

(3)股息紅利分派請求權（公§235）

①公司無盈餘時，不得分派股息及紅利（公§232Ⅱ）。股東之盈餘分派請求權與盈餘分派給付請求權不同。股東之盈餘分派請求權乃股東權之一種，於股東會決議分派盈餘時，股東之盈餘分派請求權即告確定，而成為具體的請求權，屬於單純之債權，故得與股份分離而成為讓與扣押之標的，而股份讓與時，上開獨立之債權並不當然隨同移轉予股份受讓人（最高法院 90 年度台上字第 1721 號民事判決）。申言之，所謂盈餘分派請求權，乃於公司有盈餘時，股東可能獲得分派之期待權，不得與股份分離而獨立存在，當股份轉讓時，應一併移轉於股份受讓人（臺灣桃園地方法院 99 年度訴字第 461 號民事判決）。

②公司收入是否分配盈餘予各股東，應依公司章程辦理，倘公司章程訂有分配盈餘之規定，卻未分配，股東仍應向公司行使盈餘分派請求權，自不得向董事個人請求（臺灣高等法院 101 年度上字第 1023 號民事判決）。

(4)建設股息請求權（公§234）

①公司依其業務之性質，自設立登記後，如需二年以上之準備，始能開始營業者，經主管機關之許可，得依章程之規定，於開始營業前分派股息（公§234Ⅰ）。因此，建設股息之分派，係指公司開始營業前依公司章程規定分派股息予股東。

②公司符合第 234 條第 1 項規定時，固得於未開始營業而無盈餘時，分派股息，但開始營業後，須有盈餘始得為之。所謂「營業」，係指公司經營其事業獲取利益之事實狀態，故「開始營業」應以該狀

態之啟始為認定時點，以判定其因營業而獲取利益後有無盈餘，當不以其全部營業據點均開始營業為必要（最高法院 104 年度台上字第 2120 號民事判決）。換言之，公司一旦開始營業，即須嚴守資本維持原則，回歸盈餘分配之規定，不得發放建設股息。

(5)新股認購權（公§267Ⅲ）

①公司發行新股時，除依公司法第 267 條第 1 項及第 2 項保留者外，應公告及通知原有股東，按照原有股份比例儘先分認，並聲明逾期不認購者，喪失其權利；原有股東持有股份按比例不足分認一新股者，得合併共同認購或歸併一人認購；原有股東未認購者，得公開發行或洽由特定人認購（公§267Ⅲ）。

②公司法第 267 條第 3 項規定係屬強制規定，於公司發行新股時，應依原有股份比例儘先分認，其乃為防止原股東之股權被稀釋，而影響其基於股份所享有之權利，惟為保護交易安全，非謂原股東以外第三人認購新股之法律行為即為無效。又原股東可於發行新股完畢前對董事會行使股東制止請求權，若股份已發行完畢，原股東亦得就其股份被稀釋之損害請求董事會負連帶損害賠償責任（最高法院 103 年度台上字第 1681 號民事判決）。蓋觀諸民法第 71 條後段，可知法律行為違反強制規定並非一律無效，判斷行為是否無效，應綜合法規意旨、法益種類、交易安全、其所禁止者係針對雙方當事人或一方當事人等加以認定。

(6)賸餘財產分派請求權（公§330）

①清償債務後，賸餘之財產應按各股東股份比例分派。但公司發行特別股，而章程中另有訂定者，從其訂定（公§330）。所謂章程另有訂定，例如章程規定特別股分派公司賸餘財產之順序、定額或定率。

②股份有限公司之股東，基於持有股份對於公司行使盈餘分派及於公司解散後，請求剩餘財產之分配請求權，與公司本身之財產遭受他

人侵害，而對於侵權行為人請求損害賠償請求權者，截然有別。申言之，受損害者為公司而非股東，即難以該公司之股東，基於其股權得行使盈餘分派或剩餘財產分配之權，即認其同時受損害，而得對侵害人有損害賠償請求權（最高法院 101 年度台上字第 1650 號民事判決）。

(7)盈餘分派給付請求權

①公司股東之盈餘分派給付請求權雖源自股東盈餘分派請求權，惟二者並非相同，倘股東常會已合法決議分派盈餘，股東對公司即有具體之盈餘分派給付請求權存在（最高法院 103 年度台上字第 2260 號民事判決）。

②盈餘分派請求權係股東權之一種，於公司有盈餘時，股東可能獲得分派之期待權，不得與股份分離而獨立存在，當股份轉讓時，應一併移轉於股份受讓人。至盈餘分派給付請求權則自股東盈餘分派請求權分支而生，係對已經股東會承認之確定盈餘分派金額之具體的請求權，屬於單純之債權，得與股份分離而獨立存在，亦不當然隨同股份移轉與受讓人。故股東之盈餘分派請求權與盈餘分派給付請求權不同（臺灣桃園地方法院 99 年度訴字第 461 號民事判決）。

(二)固有權與非固有權

若以股東權可否以章程或股東會之決議予以剝奪或限制為分類標準，可區分為固有權與非固有權。

1.固有權：為非經該股東之同意，不得以章程或股東會決議予以剝奪之權利。例如股東之共益權，多屬之。

2.非固有權：係得依公司章程或股東會決議予以剝奪或限制之權利。例如股東之自益權，多屬之。

(三)普通權與特別權

若依權利歸屬之主體為標準而為分類，可區分為普通權與特別權。

1.普通權：乃屬於公司一般股東之權利。

2.特別權：為屬於股東中特定人之權利。例如否決權、當選一定名額董事之權利等。

(四)單獨股東權與少數股東權

若以股東行使權利時，須否達一定之股份數額為分類標準，可區分為單獨股東權與少數股東權。

1.單獨股東權

為股東一人單獨即可行使之權利。一般之權利均屬之，部分之共益權亦屬之。例如：

(1)請求法院判決撤銷股東會決議之權（公§189）。

(2)宣告決議無效之請求權（公§191）。

(3)董事會決議違反法令或章程之制止請求權（公§194）。

2.少數股東權

所謂少數股東權，係指持有已發行股份總數達百分之若干比例以上股份之股東，始得行使之權利。通常不限於有表決權股份，僅從屬公司之少數股東行使代表訴訟權時，始限於有表決權股份。

(1)承認少數股東權之目的，乃在於利用此權利之行使，以防止多數股東濫用權利而損害少數股東之利益。

(2)但為防止少數股東利用此權利，以妨害公司或董事、監察人正常業務之執行，對於少數股東權通常設有兩種限制：

　①對於持有股份之期間，課以最低期限之限制，如繼續三個月以上、六個月以上或一年以上持有者是。

　②對於請求人持有之股份總數加以最低之限制，如持有已發行股份總數百分之一、百分之三或百分之十以上是。

(3)依現行公司法，少數股東權可分成下列八大類：

　①繼續三個月以上持有已發行股份總數過半數股份之股東，得自行召

集股東臨時會（公§173-1Ⅰ）。應注意者，所稱「持有已發行股份總數過半數股份之股東」，不以單一股東為限，如數股東持有股份總數之和過半數者，亦包括在內。此外，持有無表決權之股東仍得行使股東會召集權，無表決權之股份數亦應計入已發行股份總數（經濟部107.11.26.經商 10702062910 號函）。

②繼續六個月以上，持有已發行股份總數百分之一以上之股東：

　A.得為公司對董事或監察人提起訴訟（公§214、§227）。

　B.得檢附理由、事證及說明其必要性，聲請法院選派檢查人，於必要範圍內，檢查公司業務帳目、財產情形、特定事項、特定交易文件及紀錄（公§245Ⅰ）。

③繼續六個月以上持有已發行股份總數百分之三以上股份之股東，得聲請法院檢查清算中公司之業務及財產（公§352Ⅰ）。

④繼續六個月以上持有已發行股份總數百分之十以上股份之股東：

　A.得聲請公司重整（公§282Ⅰ②）。

　B.得聲請裁定解散（公§11Ⅱ）。

⑤繼續一年以上持有從屬公司已發行有表決權股份總數或資本總額百分之一以上之股東，得以自己名義行使從屬公司之權利，請求控制公司及其負責人對從屬公司為給付（公§369-4Ⅲ）。

⑥繼續一年以上持有已發行股份總數百分之三以上股份之股東：

　A.得請求董事會召集股東臨時會或自行召集（公§173Ⅰ、Ⅱ）。

　B.得訴請法院解任董事（公§200）。

　C.得請求法院解任清算人（公§323Ⅱ）。

　D.得申請主管機關就發行人之特定事項或有關書表、帳冊進行檢查（證券交易法§38-1Ⅱ）

⑦持有已發行股份總數百分之一以上股份之股東：

　A.得以書面或電子受理方式向公司提出股東常會議案（公§172-1Ⅰ）。

B.得以書面向公司提出董事或監察人候選人名單（公§192-1Ⅲ、
　§216-1Ⅰ）。

⑧持有已發行股份總數百分之三以上股份之股東，於董事因股份轉讓
　或其他理由，致董事會不為召集或不能召集股東會時，得報經主管
　機關許可，自行召集（公§173Ⅳ）。公司法第 173 條第 4 項係董
　事會不為或不能召集股東臨時會時，股東得報經主管機關許可自行
　召集，惟公司法第 173 條之 1，本不以董事會不為或不能召集為前
　提，兩者適用要件不同。

五、股東之義務

(一)繳納股款之義務

發起人認足第一次應發行之股份時，應即按股繳足股款（公§131
Ⅰ），認股人有照所填認股書，繳納股款之義務（公§139）。如數人共
有股份，則各共有人對於公司負連帶繳納股款之義務（公§160Ⅱ）。

(二)對公司債務之義務

股東對公司之債務，原則上僅負有限責任，即各股東之責任，以繳
清其所認股份之金額為限。若股東已盡此義務，則雖公司之資產仍不足
清償其債務，亦不負責任（公§154Ⅰ）。惟股東若濫用公司之法人地
位，致公司負擔特定債券且清償顯有困難，其情節重大而有必要者，該
股東仍應負清償之責任（公§154Ⅱ），學理上稱為法人格否認法理或揭
穿公司面紗原則。

六、揭穿公司面紗原則

(一) 公司法人格與股東個人固相互獨立，惟公司股東倘濫用公司獨立人
　　格，侵害他人權益，若不要求股東對公司之負債負責，將違反公平
　　正義時，英美法例就此發展出揭穿公司面紗原則，俾能在特殊情形

下，否認公司法人格，排除股東有限責任原則，使股東就公司債務
負責（最高法院 108 年度台上字第 1738 號民事判決）。原則上，公
司與其股東既然各為不同之法律主體，亦即各具有獨立之人格，從
而公司之權利及責任，係與其股東分離。股東對公司之債務僅於其
出資額或所認股份之限度內負責。但法院為保護更高位階之法益，
而不得不透過否認公司之法人格，亦即可「揭穿公司面紗」，否定
公司與股東各為獨立主體之原則。

(二) 在「揭穿公司面紗原則」下，就股東對於公司債務僅負有限責任之
公司而言，雖然股東原則上只就其出資額或所認繳之股款負責，但
當公司因資力不足無法清償其債務時，公司債權人在某些特定之情
形下，可要求公司股東或其他成員就公司之債務負責。「揭穿公司
面紗原則」又稱「揭開公司面紗原則」或「法人格否認法理」。

(三) 我國公司法為防股東濫用法人人格獨立及股東有限責任之設計，而
脫免責任，乃於民國 102 年 1 月 30 日對於股份有限公司增訂第 154
條第 2 項，引進「揭穿公司面紗原則」。此條款又俗稱為「王又曾
條款」。惟於現行規定下，須公司就其所負擔債務之清償發生顯著
之困難時，始有揭穿公司面紗進入權衡審酌的空間。

七、股東名簿

(一)意　義

　　所謂股東名簿，乃記載股東及其股份有關事項之簿冊。除證券主管
機關另有規定外，董事會應將股東名簿備置於本公司或股務代理機構
（公§210Ⅰ）。代表公司之董事，違反公司法第 210 條第 1 項規定，不
備置簿冊者，處新臺幣一萬元以上五萬元以下罰鍰。但公開發行股票之
公司，由證券主管機關處代表公司之董事新臺幣二十四萬元以上二百四
十萬元以下罰鍰（公§210Ⅲ）。

(二)股東名簿之應記載事項

1.股東名簿應編號記載左列事項（公§169Ⅰ）：

(1)各股東之姓名或名稱、住所或居所；

(2)各股東之股數，發行股票者其股票號數；

(3)發給股票之年、月、日；

(4)發行特別股者，並應註明特別種類字樣。

2.附表：採電腦作業或機械處理者，以上之資料得以附表補充之（公§169Ⅱ）。

(三)股東名簿之作用

1.股東名簿為公司申請設立時，不可或缺之文件。

2.除證券主管機關另有規定外，董事會應將股東名簿備置於本公司或股務代理機構（公§210Ⅰ），以便於查考或寄發通知之依據。且股東及公司之債權人得檢具利害關係證明文件，指定範圍，隨時請求查閱、抄錄或複製；其備置於股務代理機構者，公司應令股務代理機構提供（公§210Ⅱ）。

3.公司對於股東之通知或催告，如已按股東名簿上所記載之住所發送者，縱未送達，公司亦不負責任。申言之，股東會之召集通知，祇須依照股東名簿上所載股東之住址於法定期限前為通知，即屬合法，至該股東有無收受該通知在所不問（最高法院95年度台再字第9號民事判決）。

4.記名股票之轉讓，非將受讓人之姓名或名稱及住所，記載於股東名簿，則不得對抗公司（公§165Ⅰ）。

5.凡列名於股東名簿之股東者，即推定其為股東，對公司得主張其有股東資格而行使股東之權利（最高法院86年度台上字第1730號民事判決）。惟公司股東名簿登記僅係公司股份轉讓對抗要件，並非生效要件，如得反證推翻股東名簿之記載，關於實際股東為何人、股權有無轉讓等事實，仍非不得另為實質認定，且不因股東名簿是否已經陳報主管機關備查而有異

（臺灣高等法院 102 年度上字第 230 號民事判決）。

6. 股份有限公司若不以股東名簿之記載為準，則股東與公司間之法律關係將趨於複雜，無從確認而為圓滿之處理。故凡於股東名簿登記為股東者，縱未持有公司股票，該股東仍得主張其有股東資格而行使股東之權利（最高法院 110 年度台上字第 3299 號民事判決）。惟股份有限公司股東名簿登記為股東者，倘該登記係偽造或不實，即不能僅以該登記認其對公司之股東權存在（最高法院 110 年度台上字第 2157 號民事判決）。

7. 以訴訟方式向公司為請求更名登記，經勝訴確定判決，無須受讓人或繼承人再向公司重新聲請（最高法院 89 年度台上字第 1539 號民事判決）。

8. 股份過戶之閉鎖期間不得延長或縮短（經濟部 95.6.2.經商 09502078440 號函）。股權過戶之閉鎖期間，若予受理辦妥過戶手續，不生效力（最高法院 87 年度台上字第 190 號民事判決）。

9. 受讓人持具備過戶要件之股票辦理過戶，遭公司拒絕，此時受讓人應得以其轉讓對抗公司；股東名簿記載之變更，僅為受讓人對公司主張股東權所應踐行之程序，而不以雙方填具股東讓與過戶申請書為必要（臺灣高等法院 97 年度上字第 357 號民事判決）。

10. 過戶之閉鎖期間之立法目的在於方便公司股東會之開會作業，是於閉鎖期間，僅有礙公司憑以確定股東開會通知寄發對象，或有礙公司憑以確定股息等利益分派對象之股東名簿記載變更行為，始受限制而不得為之。至股東之其他權利，則不在限制之列（最高法院 108 年度台上字第 2550 號民事判決）。

11. 按股份有限公司之新任董事長，自其就任後即生效力。而股東向公司辦理股票事務或行使其他有關權利，凡以書面為之者，應簽名或加蓋留存印鑑，股東於印鑑卡同時留存簽名式及印鑑者，其向公司辦理股票事務或行使其他有關權利時，得以簽名或蓋章其一方式為之即生效力（最高法院 103 年度台上字第 2329 號民事判決）。

(四)股東名簿之備置及提供

1. 除證券主管機關另有規定外，董事會應將股東名簿備置於本公司或股務代理機構（公§210Ⅰ）。代表公司之董事，不備置簿冊者，處新臺幣一萬元以上五萬元以下罰鍰。但公開發行股票之公司，由證券主管機關處代表公司之董事新臺幣二十四萬元以上二百四十萬元以下罰鍰（公§210Ⅲ）。

2. 股東及公司之債權人得檢具利害關係證明文件，指定範圍，隨時請求查閱、抄錄或複製股東名簿；其備置於股務代理機構者，公司應令股務代理機構提供（公§210Ⅱ）。

(1) 代表公司之董事，無正當理由而拒絕查閱、抄錄、複製或未令股務代理機構提供者，處新臺幣一萬元以上五萬元以下罰鍰。但公開發行股票之公司，由證券主管機關處代表公司之董事新臺幣二十四萬元以上二百四十萬元以下罰鍰（公§210Ⅳ）。

(2) 請求查閱或抄錄股東名簿須證明其為公司股東或債權人之身分，並檢具利害關係證明文件（臺灣高等法院 85 年度上字第 743 號民事判決）。惟最高法院曾認為，若參酌股東名冊、帳戶交易明細、協議書、領據、錄音譯文、經濟部函釋、臺北市商業處函等件足見當事人為公司登記之真正股東，其股東身分，非訴外人借名登記，自得行使股東權利，閱覽公司之帳簿資料，不須另提出其他利害關係之證明文件（最高法院 111 年度台上字第 402 號民事裁定）。

3. 代表公司之董事，不備置簿冊者，或無正當理由而拒絕查閱、抄錄、複製或未令股務代理機構提供者，主管機關或證券主管機關並應令其限期改正；屆期未改正者，繼續令其限期改正，並按次處罰至改正為止（公§210Ⅴ）。

4. 董事會或其他召集權人召集股東會者，得請求公司或股務代理機構提供股東名簿（公§210-1Ⅰ）。代表公司之董事拒絕提供股東名簿者，處新臺幣一萬元以上五萬元以下罰鍰。但公開發行股票之公司，由證

券主管機關處代表公司之董事新臺幣二十四萬元以上二百四十萬元以下罰鍰（公§210-1Ⅱ）。股務代理機構拒絕提供股東名簿者，由證券主管機關處新臺幣二十四萬元以上二百四十萬元以下罰鍰（公§210-1Ⅲ）。

5.代表公司之董事或股務代理機構拒絕提供股東名簿者，主管機關或證券主管機關並應令其限期改正；屆期未改正者，繼續令其限期改正，並按次處罰至改正為止（公§210-1Ⅳ）。

第六節　股份有限公司之機關

一、概　說

　　股份有限公司為法人，既有權利能力，亦有行為能力，但其本身卻不能為任何行為，故須借助自然人之行為以表現其行為，並設置公司之機關。

　　按股份有限公司之股東會、董事會及董事、監察人為法定必備之機關，而副董事長、常務董事及經理人為非必設之任意機關（經濟部88.9.10.商 88218862 號函）。應注意者，政府或法人股東一人所組織之股份有限公司，得依章程規定不置監察人；未置監察人者，不適用公司法有關監察人之規定（公§128-1Ⅲ）。

(一)法定必備之機關

　　公司法就股份有限公司之必要機關採取三分制，即公司最高意思機關之股東會、業務執行機關之董事會及監察機關之監察人。

　　應注意者，已依證券交易法發行股票之公司，應擇一設置審計委員會或監察人。但主管機關得視公司規模、業務性質及其他必要情況，命令設置審計委員會替代監察人（證券交易法§14-4Ⅰ）。具體而言，已依本法發行股票之金融控股公司、銀行、票券金融公司、保險公司、證

券投資信託事業、綜合證券商、上市（櫃）期貨商及實收資本額達新臺幣二十億元以上非屬金融業之上市（櫃）公司，應設置審計委員會替代監察人；實收資本額未滿新臺幣二十億元非屬金融業之上市（櫃）公司，應自民國 109 年 1 月 1 日起設置審計委員會替代監察人。但前開金融業如為金融控股公司持有發行全部股份者，得擇一設置審計委員會或監察人。又依據證券交易法第 181 條之 2 規定，現任董事、監察人任期未屆滿之公司，其適用時程規定如下：1.實收資本額達新臺幣二十億元以上未滿新臺幣一百億元非屬金融業之上市（櫃）公司，應於 108 年底前設置完成；2.實收資本額未滿新臺幣二十億元非屬金融業之上市（櫃）公司，應自 109 年 1 月 1 日起設置審計委員會替代監察人，其董事、監察人任期於 109 年未屆滿者，得自其任期屆滿時，始適用之（金融監督管理委員會 107.12.19.金管證發 10703452331 號令）。

又股票已在證券交易所上市或於證券商營業處所買賣之公司應設置薪資報酬委員會（證券交易法§14-6 I）。

(二)非必設之任意機關

公司章程得規定設置副董事長、常務董事或經理人。

1. 董事會未設常務董事者，得依章程規定，以互選董事長之同一方式互選一人為副董事長（公§208 I）。董事會設有常務董事者，董事長或副董事長由常務董事依公司法第 208 條第 1 項選舉方式互選之（公§208 II 後段）。

2. 董事會設有常務董事者，其常務董事依公司法第 208 條第 1 項選舉方式互選之（公§208 II 前段），故常務董事之選舉，應以三分之二以上董事之出席，出席董事過半數之同意互選之（經濟部 94.6.2.經商 09402315620 號函）。由於常務董事非必設之任意機關，章程雖設置常務董事，於未選任時公司業務之執行仍由董事會決定之，並不以立即選任為必要（經濟部 88.9.10.商 88218862 號函）。

3.董事會設有常務董事者，其名額至少三人，最多不得超過董事人數三分之一（公§208Ⅱ）。常務董事於董事會休會時，依法令、章程、股東會決議及董事會決議，以集會方式經常執行董事會職權（公§208Ⅳ）。

4.公司得依章程規定置經理人，股份有限於章程規定經理人之設置者，其委任、解任及報酬應由董事會以董事過半數之出席，及出席董事過半數同意之決議行之。但公司章程有較高規定者，從其規定（公§29Ⅰ③）。

二、股東會

(一)股東會之意義

股東會乃全體股東所組織而為公司內部決定意思之最高機關。

(二)股東會之種類

1.股東常會與股東臨時會

(1)若以須否經常開會為標準所為之分類，可區分為股東常會與股東臨時會。

①股東常會：每年至少召集一次（公§170Ⅰ①）。

A.須於每會計年度終結後六個月內召集之股東會議。每年至少須召集一次，召集次數及時期，得以章程定之，但除非有正當理由而報經主管機關核准，均應於每會計年度終結後六個月內召集（公§170Ⅱ）。例如公司110年1月設立，其召開股東常會之時點，為110年之會計年度終了後六個月；亦即如公司以每年1月1日起至12月31日止為會計年度，則應於111年6月30日前召開股東常會。

B.代表公司之董事違反召開期限之規定者，處新臺幣一萬元以上五萬元以下罰鍰（公§170Ⅲ）。

　　C.股票已在證券交易所上市或於證券商營業處所買賣之公司股東常
　　　會，應於每會計年度終了後六個月內召開；不適用公司法第 170
　　　條第 2 項但書規定時（證券交易法§36Ⅶ）。

②股東臨時會：於必要時召集之（公§170Ⅰ②）。

　　A.因法律規定應強制召集者，例如：董事缺額達三分之一時，董事
　　　會應於三十日內召開股東臨時會補選之。但公開發行股票之公
　　　司，董事會應於六十日內召開股東臨時會補選之（公§201）；
　　　監察人全體均解任時，董事會應於三十日內召開股東臨時會選任
　　　之。但公開發行股票之公司，董事會應於六十日內召開股東臨時
　　　會選任之（公§217-1）；法院對於檢查人之報告認為必要時，
　　　得命監察人召集股東會（公§245Ⅱ）；公司重整人，應於重整
　　　計畫所定期限內完成重整工作；重整完成時，應聲請法院為重整
　　　完成之裁定，並於裁定確定後，召集重整後之股東會選任董事、
　　　監察人（公§310Ⅰ）；清算完結時，清算人應於十五日內，造
　　　具清算期內收支表、損益表、連同各項簿冊，送經監察人審查，
　　　並提請股東會承認（公§331Ⅰ）等。

　　B.董事會依繼續一年以上，持有已發行股份總數百分之三以上股份
　　　之股東，得以書面記明提議事項及理由之請求（公§173Ⅰ）。

　　C.董事因股份轉讓或其他理由，致董事會不為召集或不能召集股東
　　　會時，由持有已發行股份總數百分之三以上股份之股東，報經主
　　　管機關許可，自行召集（公§173Ⅳ）。

　　D.繼續三個月以上持有已發行股份總數過半數股份之股東，得自行
　　　召集股東臨時會（公§173-1Ⅰ）。

　　E.監察人除董事會不為召集或不能召集股東會外，得為公司利益，
　　　於必要時，召集股東會（公§220）。

　　F.依證券交易法第 14 條之 4 第 4 項規定，公司法第 220 條對審計
　　　委員會之獨立董事成員準用之，是以有關審計委員會之獨立董事

召集股東會議一節，依公司法對於監察人之規定辦理（經濟部
100.3.1.經商 10000533380 號函）。

(2)公司未經主管機關核准延期召開，仍應於當年度擇期召開股東常會
（經濟部 91.7.24.經商 09102149590 號函）。

(3)已於會計年度終了後六個月內召開股東會，因出席股東不足而流會，
尚無違公司法第 170 條第 2 項規定（經濟部 91.7.15.經商 09102141900
號函）。

2.普通股東會與特別股東會

　　若以股東會之其構成員為標準所為之分類，可為準而區分普通股東
會與特別股東會。

(1)普通股東會：由普通股股東及特別股股東出席組成者，公司法第 170
條第 1 項規定之股東常會及股東臨時會均屬之。

(2)特別股東會：僅由特別股股東出席而構成者，每於變更章程而有損害
特別股股東之權利時，召集之。倘無章程需變更之情事，自無公司法
第 159 條規定之適用。

①公司已發行特別股者，其章程之變更如有損害特別股股東之權利
時，除應有代表已發行股份總數三分之二以上股東出席之股東會，
以出席股東表決權過半數之決議為之外，並應經特別股股東會之決
議（公§159Ⅰ）。公開發行股票之公司，出席股東之股份總數不
足前項定額者，得以有代表已發行股份總數過半數股東之出席，出
席股東表決權三分之二以上之同意行之，並應經特別股股東會之決
議（公§159Ⅱ）。上開出席股東股份總數及表決權數，章程有較
高之規定者，從其規定（公§159Ⅲ）。

②特別股股東會準用關於股東會之規定（公§159Ⅳ）。

(三)股東會之召集

1.召集權人

(1)股東會召集權之歸屬。

　①原則：由董事會召集之（公§171）。

　②例外：監察人（公§220、§245Ⅱ）、少數股東（公§173Ⅱ、Ⅳ）、持有過半數股份之股東（公§173-1Ⅰ）、重整人（公§310Ⅰ）、清算人（公§331Ⅰ）等亦有召集權。

(2)無召集權人召集股東會之效力

　①無召集權人召集之股東會所為之決議所以為當然無效，係因股東會應由有召集權人召集，其由無召集權人召集之股東會，既非合法成立之股份有限公司之意思機關，自不能為有效之決議，此與公司法第 191 條規定股東會決議之內容違反法令或章程者無效，迥然有異（最高法院 70 年度台上字第 2235 號民事判決）。

　②無召集權人召集之股東會所為之決議，當然無效（最高法院 92 年度台上字第 2291 號民事裁定）。

　③公司之改選董事及監察人，既未經董事會決議，或由少數股東或監察人循前開程序召集股東會為之。僅由常務董事某乙之名義召集股東會，係屬無權召集。從而其所召集之臨時股東會所為改選董事及監察人之決議，應屬當然無效（司法院司法業務研究會72.第三期）。

　④公司董事長代表公司秉承董事會之決議，通知召集股東臨時會，所發開會通知雖未記載由董事會名義召集，與單純無召集權之人擅自召集之情形有別，尚不得指其召集程序為違法，據為撤銷決議之原因（最高法院 79 年度台上字第 1302 號民事判決）。

　⑤公司召集董事會，並未於七日前通知各董事及監察人，監察人亦未出席董事會，董事會決議應屬無效，惟其既有董事會決議之外觀，並據以召集股東會，則股東會自與由無召集權人召集之情形有別，

尚不得遽認該股東會決議無效，而應認僅屬召集程序之瑕疵（最高法院 111 年度台上字第 2120 號民事判決）。

⑥監察人於無召集股東會之必要時召集股東會，與無召集權人召集股東會之情形有別，僅係該股東會之召集程序有無違反法令，得否依公司法第 189 條規定，由股東自決議之日起一個月內，訴請法院撤銷其決議而已，該決議在未經撤銷前，仍為有效（最高法院 86 年度台上字第 1579 號民事判決）。

(3)召集權人召集股東會程序瑕疵之爭議及實務

①依董事會無效之決議所召開之股東會，其召集程序自屬違反法令，得訴請撤銷，如未訴請撤銷，其決議自屬有效（最高法院 96 年度台上字第 1853 號民事判決）。

②董事長如未先行召集董事會，即逕以董事會名義召集股東會，屬召集程序違反法令（最高法院 93 年度台上字第 1677 號民事裁定）。

③董監事解任僅餘董事二人，仍應以董事會名義召集股東會改選（經濟部 68.6.15.商 17754 號函）。

④由少數股東依公司法第 173 條規定召集之股東會，其臨時動議倘係就主管機關許可以外之事項為決議，其決議自有瑕疵（最高法院 94 年度台上字第 1821 號民事判決）。

⑤董事會不為召集股東會之情形，包括雖為召集，但所定股東會開會日期故意拖延之情形（經濟部 82.12.10.商 230086 號函）。

⑥股東會開會通知召集人之記載只要足使一般人知悉何人召開及該人確屬有權召開會議即可（臺灣高等法院高雄分院 97 年度上字第 144 號民事判決）。惟股東未真正召開股東會議，虛偽作成會議決議，雖股東持有公司過半數之股權，但該決議仍應認為有損害股東之權益（最高法院 94 年度台上字第 5776 號民事判決）。

⑦臨時管理人得單獨代行該公司董事會之職權召集股東會（臺灣高等法院臺中分院 97 年度上字第 362 號民事判決）。亦即，臨時管理

人得代行董事會之職權,得依公司法有關規定召集股東會(經濟部
81.9.26.商224788號函)。

⑧有關審計委員會之獨立董事召集股東會議一節,依公司法對於監察
人之規定辦理(經濟部100.3.1.經商1000053380號函)。

⑨清算公司之業務執行機關已不存在,董事會之業務執行權及董事長
之公司代表權亦消滅,而代之以清算人,清算人於執行清算相關事
務,有與董事相同之權利義務,故清算人自得召集股東會,以利清
算事務進行。而公司第173條之立法理由,乃因股東會以董事會召
集為原則,但如董事會應召集股東會而不召集時,允予股東應有請
求召集或自行召集之權。上開股東會之召集,以股東請求董事會召
集股東臨時會,董事會不為召集之通知為前提(請求提出後十五天
內),其與清算公司之董事會職權不存在,由清算人執行清算事務
之情形不同。基此,清算公司尚不得由股東依公司法第173條第2
項規定自行召集(經濟部93.12.28.經商09302217950號函)。

⑩申請自行召集股東會,得由他人「代表」召集。亦即,民法及公司
法固有關於代表之規定,但並無自然人之間不得互為代表之規定,
因代表制度並非專為法人而設之制度,舉凡符合代表制度之精神,
為簡化多數人多數行為同一目的,自可推選代表人為之(最高法院
82年度台再字第120號民事判決)。

2.召集程序

(1)股東常會之召集,應於二十日前通知各股東。股東臨時會之召集,應
於十日前通知各股東(公§172Ⅰ、Ⅱ)。

(2)公開發行股票之公司股東常會之召集,應於三十日前通知各股東;股
東臨時會之召集,應於十五日前通知各股東(公§172Ⅲ)。

(3)通知及公告應載明召集事由。其通知經相對人同意者,得以電子方式
為之(公§172Ⅳ)。至於相對人同意之取得方式,公司法並無明
文,是以,公司係採用主動徵詢或被動受理等方式取得相對人同意,

均無不可。又公司採用主動徵詢方式者，基於股東平等原則，應對所有股東為之；若公司應股東請求而被動受理者，核與前開情形不同，自無對所有股東為之問題。至股東經公司公告，向公司表達同意股東會召集通知以電子方式為之者，性質上仍屬公司以被動受理之方式取得相對人同意。又股東可否同意其喪失股東身分後，復取得股東身分時，毋庸再經其同意，仍得以其原同意為電子方式股東會召集通知一節，查上開公司法所定經相對人同意之意旨，係為尊重股東之意願而保障其股東會召集通知之權益而設，且股東參與投資之特徵難期一致性，準此，倘公司賦予股東有擇定一定期間或不定期間以電子方式為股東會召集通知之多元選擇機會，且使該股東明確知悉擇定同意一定期間或不定期間以電子方式為通知之範圍及效果（股東雖喪失股東身分，復經取得者，亦毋庸再經同意，仍得以電子方式為股東會召集通知），並提供得隨時變更其同意內容之機制者，核與前開尊重股東之意願及保障收受通知方式之程序無違，似無不可（經濟部 111.4.8.經商 11102402800 號函）。

(4)禁止以臨時動議提出之議案

①選任或解任董事、監察人、變更章程、減資、申請停止公開發行、董事競業許可、盈餘轉增資、公積轉增資、公司解散、合併、分割或第 185 條第 1 項各款之事項，應在召集事由中列舉並說明其主要內容，不得以臨時動議提出；其主要內容得置於證券主管機關或公司指定之網站，並應將其網址載明於通知（公§172Ｖ）。其中，公司法第 185 條第 1 項各款之事項，不得僅在召集事由記載「處分重大資產」，應至少載明處分資產內容。

②公開發行公司關於公司法第 209 條第 1 項、第 240 條第 1 項及第 241 條第 1 項之決議事項，應在召集事由中列舉，並說明其重要內容，不得以臨時動議提出（證券交易法§26-1）。

③公開發行公司進行有價證券之私募者，不得以臨時動議提出（證券

交易法§43-6Ⅵ）。

④變更章程，應在股東會召集事由中列舉，係指召集通知應載明會議議案有變更章程事項，非謂應將擬修正之章程條項一一詳列（最高法院 96 年度台上字第 642 號民事判決、最高法院 109 年度台上字第 2641 號民事判決）。至於公司法第 185 條第 1 項各款之事項，既應在召集事由中列舉並說明其主要內容，自不得僅在召集事由記載「處分重大資產」，應至少載明處分資產內容（經濟部 109.8.19. 經商字第 10900068030 號函）。

⑤股東就有關章程修正議案，於股東會上有主動提修正案之權利。公司法第 172 條第 4 項之規定意旨，無非謂：以變更章程為召集事由者，應於召集通知之召集事由中列舉，未載明者，不得以臨時動議提出之意，非謂應將擬修正之章程條項詳列（最高法院 72 年度台上字第 113 號民事判決）。

(5)股東會之召集通知及發信主義

①股份有限公司股東會召集之通知採發信主義，公司法對於如何計算期間之方法既未特別規定，自仍應適用民法第 119 條、第 120 條第 2 項不算入始日之規定，自通知之翌日起算至開會前一日，算足公司法所定期間（最高法院 84.1.17.第 1 次民事庭會議決議）。

②股份有限公司股東會之召集通知，係採發信主義，祇要將召集之通知書交付郵局寄出之日，即發生通知之效力（最高法院 83 年度台上字第 941 號民事判決）。

③股份有限公司之股東人數眾多，為避免股東動輒藉召集股東會之通知未合法送達而爭執股東會決議之效力，公司法第 172 條規定股東會召集之通知，於解釋上應採發信主義，即於規定期限內，依股東名簿所載股東地址發送通知，一經付郵，即生通知之效力，受通知人是否收受，則在所不問。若確實知悉該股東之實際所在，而向非股東名簿所載之地址發送時，因客觀上得使該股東確實收受通知，

自應認為屬合法通知（最高法院 103 年度台上字第 615 號民事判決）。

④股東會之召集通知，祇須依照股東名簿上所載股東之住址於法定期限前為通知，即屬合法，至該股東有無收受該通知在所不問（最高法院 95 年度台再字第 9 號民事判決）。

⑤召集股東會通知，須於法定期限前，依股東名簿所載各股東之本名或名稱、住所或居所，為發送該召集股東會之通知，始生其效力（最高法院 89 年度台上字第 1311 號民事判決）。

⑥股份有限公司不得將不同日期不同討論內容之兩次股東會，於同一份開會通知書一次通知各股東（經濟部 72.12.21.商 50602 號函）。

3.召集處所

公司股東會舉行地點，公司法並無規定，如章程亦無特別規定者，可自由選擇適當地點召開股東會，惟公司股東會為公司最高決策機構，自應使全體股東皆有參與審議機會（經濟部 57.9.9.經商 31763 號函）。

4.違反召集期限及禁止以臨時動議提出議案規定之處罰

代表公司之董事，違反公司法第 172 條第 1 項至第 3 項或第 5 項規定者，處新臺幣一萬元以上五萬元以下罰鍰。但公開發行股票之公司，由證券主管機關處代表公司之董事新臺幣二十四萬元以上二百四十萬元以下罰鍰（公§172Ⅵ）。

5.禁止以臨時動議提出議案之公開及股東會議事手冊之編製

(1)選任或解任董事、監察人、變更章程、減資、申請停止公開發行、董事競業許可、盈餘轉增資、公積轉增資、公司解散、合併、分割或第 185 條第 1 項各款之事項，應在召集事由中列舉並說明其主要內容，不得以臨時動議提出；其主要內容得置於證券主管機關或公司指定之網站，並應將其網址載明於通知（公§172Ⅴ）。

(2)公開發行股票之公司召開股東會，應編製股東會議事手冊，並應於股東會開會前，將議事手冊及其他會議相關資料公告（公§177-3Ⅰ）。

公告之時間、方式，議事手冊應記載之主要事項及其他應遵行事項之
辦法，由證券管理機關定之（公§177-3Ⅱ）。

6.少數股東之提案權

鑒於現代公司法架構下，公司之經營權及決策權多賦予董事會。若
股東無提案權，則許多不得以臨時動議提出之議案，除非由董事會於開
會通知列入，否則股東難有置喙之餘地，為使股東得積極參與公司之經
營，民國94年6月22日修正公司法時，爰賦予股東提案權。

(1)股東提出議案之條件（公§172-1Ⅰ）

①持有已發行股份總數百分之一以上股份之股東，得向公司提出股東
常會議案。

②提案以一項為限，超過一項者，均不列入議案。

(2)受理提案之公告（公§172-1Ⅱ）

①公司應於股東常會召開前之停止股票過戶日前，公告受理股東之提
案、書面或電子受理方式、受理處所及受理期間。

②受理期間不得少於十日。

(3)提案之限制（公§172-1Ⅲ）

①股東所提議案以三百字為限。

②提案股東應親自或委託他人出席股東常會，並參與該項議案討論。

(4)不列入議案之情事及得列入議案之情事

①為保障股東提案權益，明定除所列各款情形外，董事會均應將股東
提案列為議案。亦即，除有下列情事之一者外，股東所提議案，董
事會應列為議案（公§172-1Ⅳ）：

A.該議案非股東會所得決議。

B.提案股東於公司依第165條第2項或第3項停止股票過戶時，持
股未達百分之一。

C.該議案於公告受理期間外提出。

D.該議案超過三百字或有公司法第172條第1項但書提案超過一項
之情事。

②公司法第 172 條第 1 項股東提案係為敦促公司增進公共利益或善盡社會責任之建議，董事會仍得列入議案。例如公司注意環保議題、汙染問題等，股東提案如係為促使公司增進公共利益或善盡社會責任之建議，董事會仍得列入議案。

(5)提案之處理（公§172-1Ⅵ）

①公司應於股東會召集通知前，將處理結果通知提案股東，並將合於規定之議案列於開會通知。

②對於未列入議案之股東提案，董事會應於股東會說明未列入之理由。

(6)違反之處罰

公司負責人違反公司法第 172 條第 2 項、第 4 項或第 6 項規定者，各處新臺幣一萬元以上五萬元以下罰鍰。但公開發行股票之公司，由證券主管機關各處公司負責人新臺幣二十四萬元以上二百四十萬元以下罰鍰（公§172-1Ⅶ）。

(7)股東提案權相關之實務

①法人股東一人所組股份有限公司，無公告受理股東提案問題（經濟部 95.4.28.經商 09502057920 號函）。

②公司召開股東常會，股東始有提出議案權利（經濟部 95.4.13.經商 09500537340 號函）。

③股東提出之議案採到達主義（經濟部 95.4.7.經商 09502043500 號函）。

④股東提修正案或替代案時毋庸具一定股份之要件（經濟部 95.2.8.經商 09502402970 號函）。

⑤提案權或提名權，不扣除無表決權股份數（經濟部 95.2.8.經商 09502402920 號函）。

⑥股東提案之審查權，專屬董事會職權，故不得授權常務董事會為之（經濟部 95.1.11.經商 09402204660 號函）。

⑦觀諸公司法第 172 條之 1 第 4 項及第 6 項規定，業將股東提案之審
查權及對於未列入議案之原因說明義務，賦予董事會。是以，非由
董事會召集之股東常會，尚無公司法第 172 條之 1 規定之適用問題
（經濟部 94.12.2.經商 09402187390 號函）。

⑧提案權係股東之固有權利，公司法並無行使提案權須予迴避之規定
（最高法院 102 年度台上字第 2334 號民事判決）。

(四)股東會之會議及開會形式

1.股東會之出席

(1)各股東均有出席股東會之權利，不論所持有之股份得否行使表決權。

(2)股東得於每次股東會，出具委託書，載明授權範圍，委託代理人，出
席股東會。但公開發行股票之公司，證券主管機關另有規定者，從其
規定（公§177 I）。

(3)除信託事業或經證券主管機關核准之股務代理機構外，一人同時受二
人以上股東委託時，其代理之表決權不得超過已發行股份總數表決權
之百分之三，超過時其超過之表決權，不予計算（公§177 II）。

(4)一股東以出具一委託書，並以委託一人為限，應於股東會開會五日前
送達公司，委託書有重複時，以最先送達者為準，但聲明撤銷前委託
者，不在此限（公§177 III）。經查該公司法第 177 條第 3 項規定係
民國 55 年 7 月 19 日所增列，揆其立法目的，在於便利公司之股務作
業，並含有糾正過去公司召集股東會收買委託書之弊，防止大股東操
縱股東會之旨趣，乃規定股東委託代理人出席股東會時，應於開會五
日前將委託書送達公司。上開規定並無必須強制實現及其違反之法律
效果，非屬強制規定，且自上開立法旨趣觀察，亦非屬僅具教示意義
之訓示規定。則以該規定有便利公司作業之目的出發，將股東未於開
會五日前送達委託書之情形，讓諸公司決定是否排除（優先）上開規
定而適用，而屬隱藏性任意規定，適與上開立法目的相符。準此，除

公司同意排除適用上開規定，或股東逾規定之開會五日前期限送達委託書而未拒絕者外，股東仍應遵守該期間送達委託書於公司，否則公司得拒絕其委託之代理人出席（最高法院 107 年度台上字第 1706 號民事判決、最高法院 106 年度台上字第 1203 號民事判決）。

(5)委託書送達後，股東欲親自出席股東會或欲以書面或電子方式行使表決權或欲以書面或電子方式行使表決權者，應於股東會開會二日前，以書面向公司為撤銷委託之通知，逾期撤銷者，以委託代理人出席行使之表決權為準（公§177Ⅳ）。

(6)非公開發行股票公司之股東得自行書寫委託書，委託他人代理出席（最高法院 69 年度台上字第 3879 號民事判決）。

(7)遭禁止行使股東權之股東及股數，仍得出席股東會，僅不得行使股東權利（最高法院 95 年度台上字第 984 號民事判決）。

(8)政府或法人股東如代表人因故不能出席股東會時，可由政府或法人股東另行改派其他代表人出席，如政府或法人股東未另行指派他人出席時，其代表人可複委託他人代理出席股東會（最高法院 91 年度台上字第 2496 號民事判決）。

(9)股東委託出席股東會之代理人並不限於公司之股東（經濟部 72.3.30.商 11957 號函）。

(10)按公司法第 177 第 1 項規定，並未限制股東不得授權予代理人於相當期間內出席股東會之權限，而係僅在建立股東得以委託書授權他人出席之制度，倘股東授權受託人出席一定期間內之數次股東會，因屬股東對自身股東權益之合法處分，一旦確認股東具有授權真意者，自無禁止受託人行使代理權限之理（臺灣高等法院臺南分院 101 年度上字第 69 號民事判決）。

2.視訊會議或其他經中央主管機關公告之方式

(1)鑑於科技發達，以視訊會議或其他經中央主管機關公告之方式（例如視公司規模大小公告可採行語音會議）開會，亦可達到相互討論之會

議效果，與親自出席無異，故放寬閉鎖性股份有限公司以外之非公開發行股票之公司，其股東會亦得以視訊會議或其他經中央主管機關公告之方式召開，並規定其法律效果。

(2)就非公開發行股票之公司而言，其公司章程得訂明股東會開會時，以視訊會議或其他經中央主管機關公告之方式為之。但因天災、事變或其他不可抗力情事，中央主管機關得公告公司於一定期間內，得不經章程訂明，以視訊會議或其公告之方式開會（公§172-2Ⅰ）。股東會開會時，如以視訊會議為之，其股東以視訊參與會議者，視為親自出席（公§172-2Ⅱ）。

(3)關於股東會以視訊會議為之，於公開發行股票之公司應符合之條件、作業程序及其他應遵行事項，證券主管機關另有規定者，從其規定（公§172-2Ⅲ）。金融監督管理委員會依據民國 110 年 12 月 29 日修正公司法第 172 條之 2 第 3 項之授權，即配合修正「公開發行股票公司股務處理準則」之相關條文，明定公開發行公司召開股東會視訊會議相關作業規範，俾使我國建立符合國際趨勢之股東會視訊會議制度。至於臺灣集中保管結算所股份有限公司則配合主管機關推動視訊輔助股東會政策，訂定「股東會視訊會議平台作業要點」，以建置股東會視訊會議平台。

(4)就閉鎖性股份有限公司而言，其公司章程得訂明股東會開會時，以視訊會議或其他經中央主管機關公告之方式為之。但因天災、事變或其他不可抗力情事，中央主管機關得公告公司於一定期間內，得不經章程訂明，以視訊會議或其公告之方式開會（公§356-8Ⅰ）。閉鎖性股份有限公司之股東會開會時，如以視訊會議為之，其股東以視訊參與會議者，視為親自出席（公§356-8Ⅱ）。

3.股東會之主席

(1)董事長對內為股東會、董事會及常務董事會主席，對外代表公司。董事長請假或因故不能行使職權時，由副董事長代理之；無副董事長或

副董事長亦請假或因故不能行使職權時，由董事長指定常務董事一人代理之；其未設常務董事者，指定董事一人代理之；董事長未指定代理人者，由常務董事或董事互推一人代理之（公§208Ⅲ）。

(2)股東會由董事會召集者，其主席依第 208 條第 3 項規定辦理；由董事會以外之其他召集權人召集者，主席由該召集權人擔任之，召集權人有二人以上時，應互推一人擔任之（公§182-1Ⅰ）。若法人股東依公司法第 173 條第 2 項規定，於報經主管機關許可自行召集股東臨時會時，該法人股東即為召集權人，並依公司法第 182 條之 1 第 1 項規定為會議主席；惟因法人本身依法尚須由代表人代為行使職務，則前開之召集權人自應由其法定代表人，或由其指定（派）之人代表行使會議主席職務（經濟部 103.1.20.經商 10302002070 號函）。

(3)法定之股東會主席因故未能出席股東會，得經由股東會股東於會議進行前先行推選一人擔任會議主席（臺灣高等法院 97 年度上字第 460 號民事判決）。惟主持並指揮會議進行之主席，對於決議過程及結果有極大之影響，故股東會如由無法定資格者擔任主席，則經其主持並指揮會議進行之股東會決議，自不能謂其未違反法令（最高法院 97 年度台上字第 2686 號民事判決）。

(4)公司應訂定議事規則（公§182-1Ⅱ前段）。解釋上，股東會議事規則之訂定及修正，應經股東會以普通決議通過。惟政府或法人股東一人組成之股份有限公司，其股東會職權係由董事會行使，得免訂定股東會議事規則（經濟部 108.1.21.經商 10802400550 號函）。

(5)為預防法人股東濫用權利，造成股東會場失序情事，公司如於議事規則規定法人股東指派代表人之人數，以當次股東會擬選董事及監察人之人數為上限，於法尚屬可行（經濟部 104.3.10.經商 10402404570 號函）。

(6)股東會開會時，主席違反議事規則，宣布散會者，得以出席股東表決權過半數之同意推選一人擔任主席，繼續開會（公§182-1Ⅱ後段）。

(7)社團法人主席任意宣布散會之處理方式，得以出席股東表決權過半數之同意推選一人擔任主席（臺灣高等法院 97 年度上字第 356 號民事判決）。

(8)公開發行公司股東會議，議程於議事（含臨時動議）未終結前，非經決議，主席不得逕行宣布散會（最高法院 93 年度台上字第 423 號民事判決）。但若股東會既定議程既已完成，則宣布散會即屬主席裁量權限而無須全體股東表決通過（經濟部 99.11.25.經商 09900692530 號函）。

4.股東會之職權

(1)股東會之職權已大受縮減

①現行法因採行企業所有與企業經營分離之原則，股東會之職權遂大受縮減，其得決議之事項，僅以法律或章程有特別規定者為限，其餘則由董事會決議之（公§202）。由此觀之，公司法似傾向於採取董事優位主義，而非股東優位主義。最高法院亦曾認為我國尊重董事會之治理權能，雖採取董事會優先原則，即董事會負責制定業務發展方針與落實營運計畫，而賦予相當之權力，然相對地要求其應以善良管理人之注意義務（應符合理、誠信及比例原則），重視每個股東權益，務須平等待之，貫徹公司核心理念，並應強化資訊揭露之受託義務（最高法院 108 年度台上字第 2622 號民事判決）。

②公司法第202條規定：「公司業務之執行，除本法或章程規定應由股東會決議之事項外，均應由董事會決議行之。」旨在劃分股東會及董事會職權，不使兩者權責混淆，並充分賦予董事執行業務之權。例如，公司法第29條第1項第3款之委任、解任經理人規定，係專屬董事會職權，股東會之決議對此不具拘束力。惟依同法第193條第1項規定：「董事會執行業務，應依照法令章程及股東會之決議。」據此，公司法或章程規定股東會決議之事項，董事會應依決

議執行之，自不得由董事會決議變更（經濟部94.5.27.經商
09402071210號函）。

(2)法定得決議事項

①查核表冊：董事會有應將其所造具之各項表冊，請求股東常會承認
之義務（公§230）。監察人對於此項表冊，則有核對簿據、調查
實況、報告意見於股東會之義務（公§219）。股東會就上述之表
冊及報告，有查核之職責（公§184）。

②聽取報告

A.董事會報告

(A)公司虧損達實收資本額二分之一時，董事會應於最近一次股東
會報告（公§211 I）。惟公司資產顯有不足抵償其所負債務
時，除得依第 282 條辦理者外，董事會應即聲請宣告破產（公
§211 II），其立法意旨在鞏固社會大眾公益，保障債權人權
益。所謂「公司資產」係指其淨變現價值而言，亦即公司於合
理期間內從容處分其資產所可得之淨變現價值，與依「繼續經
營」慣例之公司帳載資產價值有別（經濟部 78.9.26.商字第
211080 號函）。代表公司之董事，違反上開規定者，處新臺幣
二萬元以上十萬元以下罰鍰（公§211 III）。

(B)公司經董事會決議後，得募集公司債。但須將募集公司債之原
因及有關事項報告股東會（公§246 I）。

(C)公司合併後，存續公司之董事會，於完成催告債權人程序後，
其因合併而有股份合併者，應於股份合併生效後；其不適於合
併者，應於該股份為處分後，應即召集合併後之股東會，為合
併事項之報告，其有變更章程必要者，並為變更章程（公§318
I①）。由於公司法第 318 條第 1 項第 1 款因未明定合併後存
續公司召開股東會報告合併事項之時間，且公開發行股票之公
司召集股東會較為困難，故明定存續公司得於合併後第一次股
東會為合併事項之報告（企業併購法§26）。

B.監察人、清算人或檢查人之報告

(A)監察人對於董事會編造提出股東會之各種表冊,應予查核,並報告意見於股東會(公§184 I、§219 I)。

(B)清算完結時,清算人應於十五日內,造具清算期內收支表、損益表、連同各項簿冊,送經監察人審查,並提請股東會承認(公§331 I)。

(C)關於清算完結,股東會得另選檢查人,檢查清算人造具之各項簿冊是否確當(公§331 II)。

C.財務之處理

股東會得據董事會所提出之「盈餘分派或虧損彌補之議案」決議分派盈餘及股息紅利(公§184 I),亦得將應分派股息及紅利之全部或一部,以發行新股的方式為之(公§240 I),或決議另提特別公積(公§237 II)等是。

D.人事之處理

公司之重要人事,如董事、監察人及清算人之選任、解任及報酬的決定,均由股東會決議之(公§192、§196、§199、§216、§227、§322 I、§323 I)。

E.重要議案之決定

其他例如董事競業行為之許可(公§209)、營業政策重大變更之同意(公§185 I)、公司章程之變更(公§277)及公司之解散、分割及合併(公§316 I)等事項。

5.股東會之決議

(1)股東表決權行使之方式

①股東除得以親自出席或委託代理人出席股東會行使表決權外,於公司採行以書面或電子方式行使表決權時,亦得以書面或電子方式行使之。

②以書面或電子方式行使表決權之方法及限制。

A.公司召開股東會時，採行書面或電子方式行使表決權者，其行使方法應載明於股東會召集通知。但公開發行股票之公司，符合證券主管機關依公司規模、股東人數與結構及其他必要情況所定之條件者，應將電子方式列為表決權行使方式之一（公§177-1Ⅰ）。經查上市（櫃）公司及興櫃公司召開股東會時，應將電子方式列為表決權行使管道之一；並自民國 112 年 1 月 1 日生效（金融監督管理委員會 111.1.18.金管證交 1110380064 號令）。

B.以書面或電子方式行使表決權之股東，視為親自出席股東會。但就該次股東會之臨時動議及原議案之修正，視為棄權（公§177-1Ⅱ）。

C.股東以書面或電子方式行使表決權者，其意思表示應於股東會開會二日前送達公司，意思表示有重複時，以最先送達者為準。但聲明撤銷前意思表示者，不在此限（公§177-2Ⅰ）。

D.股東以書面或電子方式行使表決權後，欲親自出席股東會者，應於股東會開會二日前，以與行使表決權相同之方式撤銷前項行使表決權之意思表示；逾期撤銷者，以書面或電子方式行使之表決權為準（公§177-2Ⅱ）。

E.股東以書面或電子方式行使表決權，並以委託書委託代理人出席股東會者，以委託代理人出席行使之表決權為準（公§177-2Ⅲ）。

F.公司召開股東會視訊會議，股東以書面或電子方式行使表決權後，欲以視訊方式參與股東會，應於股東會開會二日前，以與行使表決權相同之方式撤銷前述行使表決權之意思表示；逾期撤銷者，以書面或電子方式行使之表決權為準（公開發行股票公司股務處理準則§44-14）。

G.公司召開股東會視訊會議，應同時向以視訊方式參與之股東、徵求人或受託代理人，提供投票功能，參與之股東並應透過視訊會

議平台進行各項議案表決及選舉議案之投票（公開發行股票公司股務處理準則§44-17Ⅱ①）。

H.關於公司股東會以書面、電子方式行使股東會表決權，其具體規定應遵守「公開發行股票公司股務處理準則」第 44 條之 1 至第 44 條之 8 等規定。關於股東會視訊會議，其具體規定應遵守「公開發行股票公司股務處理準則」第 44 條之 9 至第 44 條之 23 等規定。

③表決權行使方式之相關實務：

A.表決權之行使，採取「無異議視為通過」之表決方式，於法並無違背（臺灣高等法院 86 年度上字第 1829 號民事判決）。亦即，本於私法自治原則，股東會議事規則定有以無異議表決之方式進行議決，該方式進行仍要求符合上開條文規範，公開進行決議，為明確計算法定決議數額，並無否決股東得提出反對意見之權益，亦或剝奪少數股東之不同意見表達權益，自與以單純為反面表決，致影響贊成者、無意見者之表決權數不確定之情形不同，自屬合法之表決方式（臺灣高等法院 95 年度上字第 348 號民事判決）。

B.公司股東常會開會時，股東就系爭議案提出異議，主席即予說明並徵詢在場股東無異議後，以多數鼓掌視為通過之表決方式作成決議之過程，其決議方式於法尚無不合（最高法院 85 年度台上字第 2945 號民事判決）。事實上，若公開發行股票之公司召開股東會時，採行以電子方式並得採行以書面方式行使其表決權時，即不可能採取「無異議視為通過」之表決方式，應進行投票表決。例如，依臺灣證券交易所股份有限公司訂定發布「○○股份有限公司股東會議事規則」參考範例第 13 條第 5 項規定，股東會表決時，應逐案由主席或其指定人員宣佈出席股東之表決權總數後，由股東逐案進行投票表決。

C.公司法規定之股東表決權，其行使以意思表示為之，並未限制須以投票或其他何種方式表示，自得由公司於開會中採行適當方式為之（最高法院 104 年度台上字第 1454 號民事判決、臺灣高等法院 86 年度上字第 397 號民事判決）。

D.關於反面表決方式是否合法，司法實務有不同見解。有認為若公司股東會議事規則就有無表決權過半數之同意之統計方式，並無規定僅得以統計同意之表決權數之方法為限，亦未限制不得以反面表決方式為之，則以統計反對股東權數，經主席徵詢並表示其餘均視為無異議通過之表決方式，有助於議事之順利進行，對決議結果並無影響，且對少數不同意股東之表決權數予以確實計算，尚難認有何違反法令章程之處，自為合法有效之表決方式。是以，只要有代表已發行股份總數過半數股東之出席，且出席股東表決權數扣除反對股東之表決權數逾出席股數半數者，即得推定贊成股東之表決數逾出席股數半數之同意，而通過議案之表決方式，對於決議之正確性並無影響（臺灣高等法院 92 年度上更(一)字第 78 號民事判決）。相對地，有認為「反表決方式」，因未表示反對意見之股東，未必即為贊成議案之股東，且依修正前公司法第 179 條第 1 項但書「一股東而有已發行股份總數百分之三以上者，應以章程限制其表決權。」或中途有人離席或棄權，均影響「贊成」表決權數之計算，此種「反表決方式」似不無違背股東每股有一表決權之原則，而有規避法律規定門檻之嫌，是否為法之所許，尚非無研求之餘地（最高法院 92 年度台上字第 595 號民事判決）。

E.股東會之決議成立，係出於股東表決時即為成立（臺灣高等法院 96 年度上字第 999 號民事判決）。

F.報請主管機關許可召集股東臨時會，就主管機關許可以外事項為決議，屬有瑕疵而得撤銷（最高法院 98 年度台上字第 280 號民事裁定）。

G.為保障全體股東之權益，非僅形式上賦予每一股份相等之表決權為已足，更應實質上以公平之方式實施決議方式，使每一股份於行使其表決權時，得以自由表達其意思，不受不當之干擾或限制，否則即有違背每一股份均有一表決權、每一股份表決權利平等之原則，而一次整批表決解任多數董事，不能表達參與表決之股東對各被解任董事之個別意思，會產生不公平之結果。如公司形式上雖符合每一股有一表決權，但於實質上違背股東以公平方式表達其意見，影響表決之結果，其決議方式應認為違反股份平等原則（最高法院 93 年度台上字第 417 號民事判決）。

H.股東臨時會可以變更股東常會決議（經濟部 62.4.4.商 09047 號函）。惟為避免公司於其後之年度股東常會上變更決議，以迴避公司法第 232 條盈餘應以上年度財務表冊為基礎，於彌補虧損及提出法定盈餘公積後方得分派之規範意旨，股東常會分派盈餘之決議，應僅於股東常會召開當年度營業終結前召開之股東臨時會，方得變更股東常會之決議（最高法院 90 年度台上字第 1721 號民事判決）。

I. 股東親自出席股東會，而將已領取之選舉票囑人代為填寫被選人姓名，並將其投入票櫃，要係利用他人為傳送意思之機關，或係民法上代理權之授與，究與公司法出席股東會之代理有所不同，除有特別約定外，無上開法條之適用，此種選票認為有效（最高法院 55.3.28.第 2 次民刑庭總會會議決議(五)）。因此，若股東親自出席股東會，將已領取之選舉票囑人代為填寫被選人姓名，並將其投入票櫃，不須出具委託書。

J. 委託書未載明委託事項，依法得行使表決權之一切事項均得代理行使表決權（經濟部 71.12.20.商 47593 號函）。

K.表決就出席股東表決權計算之，不以表決時實際出席股數為準（經濟部 64.1.30.商 02367 號函）。

(2)股東表決權行使之限制

　①表決權行使之迴避

　　原則上出席之股東或其代理人均得行使表決權，但股東對會議之事項，有自身利害關係致有害於公司利益之虞時，不得加入表決，並不得代理他股東行使其表決權（公§178）。

　　A.對股東決議事項是否有自身利害關係，於法人股東時應以該法人股東為認定之標準（最高法院 88 年度台上字第 2590 號民事判決、臺灣高雄地方法院 106 年度訴字第 683 號民事判決）。

　　B.依公司法第 178 條，股東對於會議之事項，有自身利害關係致有害於公司利益之虞時，不得加入表決，並不得代理他股東行使其表決權。該規定係屬強行規定，故若股份有限公司之股東會之決議，違背該規定而為決議，其決議方法即屬同法第 189 條所稱之決議方法違反法令，而得訴請法院撤銷其決議（最高法院 95 年度台上字第 1848 號民事判決）。

　　C.公司法第 178 條所謂有自身利害關係致有害於公司利益之虞，係指會議之事項，對於股東或董事自身有直接具體權利義務之變動，將使該股東或董事特別取得權利、或免除義務、或喪失權利、或新負義務，並致公司利益有受損害之可能而言（最高法院 107 年度台上字第 1666 號民事判決）。

　　D.而合併通常係為提升公司經營體質，強化公司競爭力，不致發生有害於公司利益之情形。此外，公司擬進行解散或合併，以調整企業經營模式，若持有多數股權之股東或全體董事同為擬合併之他公司股東或董事時，即認該等股東或董事於股東會或負責公司業務執行之董事會議，均應迴避，將造成少數股東可藉由反對公司解散或合併案方式阻止多數股東進行企業轉型或改變經營模式，難謂妥適（臺灣高等法院 104 年度上字第 1367 號民事判決）。

②表決權計算之限制

原則上每股有一表決權，但應受下列限制：

A.公司各股東，除公司法另有規定外，每股有一表決權（公§179
　Ⅰ序文）。

B.除信託事業或經證券主管機關核准之股務代理機構外，一人同時
　受二人以上股東委託時，其代理之表決權不得超過已發行股份總
　數表決權之百分之三，超過時其超過之表決權，不予計算（公§
　177Ⅱ）。亦即，代理之表決權超過百分之三之部分應計入已出
　席股份總數（經濟部 92.4.11.經商 09200059580 號函），但不得
　行使表決權。

C.政府或法人為股東時，其代表人不限於一人。但其表決權之行
　使，仍以其所持有之股份綜合計算（公§181Ⅰ）。其代表人有
　二人以上時，其代表人行使表決權應共同為之（公§181Ⅱ）。

D.法人為股東而有指派代表人者，其表決權應由其指派之代表人行
　使。而當事人為法人股東所指派之代表人，其自有權代表公司於
　股東臨時會行使股東表決權（最高法院 110 年度台上字第 2530
　號民事判決）。

E.公司法第 181 條規定，政府或法人為股東時，其代表人不限於一
　人。但其表決權之行使，仍以其所持有之股份綜合計算。前項之
　代表人有二人以上時，其代表人行使表決權應共同為之。故政府
　或法人股東之代表人雖有數人，各該代表人固均得出席股東會，
　惟其所代表之該政府或法人股東實質上僅一法人格，就所參與表
　決之議案僅有一意思決定。是各該出席股東會之代表人於參與股
　東會表決時，其等所持有之股份為表彰該政府或法人股東對議案
　之一個意思決定，即應共同為之，並綜合計算該政府或法人股東
　所持有之股份，而不得各為相互歧異之意思表示。至於該政府或
　法人股東指派之代表人是否全體出席股東會參與表決，則非所

問。經濟部指派二十二人為其股權代表，共同代表經濟部行使職權，而系爭股東臨時會開會當日雖僅等十八人與會，仍不影響已出席之代表人，共同代表經濟部所持有之全部股數，行使其股東職權（最高法院 98 年度台上字第 1695 號民事判決）。

F.公開發行公司之股東係為他人持有股份時，股東得主張分別行使表決權（公§181Ⅲ）。至於分別行使表決權之資格條件、適用範圍、行使方式、作業程序及其他應遵行事項之辦法，由證券主管機關定之（公§181Ⅳ）。金融監督管理委員會已依據上開授權，訂定發布「公開發行公司股東分別行使表決權作業及遵行事項辦法」。

G.有下列情形之一者，其股份無表決權（公§179Ⅱ）：

(A)公司依法持有自己之股份。

(B)被持有已發行有表決權之股份總數或資本總額超過本數之從屬公司，所持有控制公司之股份。

(C)控制公司及其從屬公司直接或間接持有他公司已發行有表決權之股份總數或資本總額合計超過半數之他公司，所持有控制公司及其從屬公司之股份。

G.股東會之決議，對無表決權股東之股份數，不算入已發行股份之總數（公§180Ⅰ）。

H.股東會之決議，對依公司法第 178 條規定不得行使表決權之股份數，不算入已出席股東之表決權數（公§180Ⅱ）。

③表決權行使限制之相關實務

A.為防止公司利用從屬公司之控股結構持有公司自己股份，公司法第 167 條第 3 項及第 4 項規定對控制公司持股過半之從屬公司將控制公司之股份收買或收為質物之限制，亦包含控制公司及其從屬公司再轉投資之其他公司之情形。惟就原已存在之交叉持股情形，為避免影響過大，故未強制其賣出。又從屬公司對控制公司

之持股，於控制公司股東會中行使表決權時，與控制公司就自己
股份行使表決權並無不同，有違公司治理原則，故有限制其行使
表決權之必要。至同法第 179 條第 2 項第 3 款有關從屬公司之規
定，雖明文規定持有已發行有表決權之股份總數或資本額超過半
數，仍應解釋僅限於形式控制之從屬公司，蓋如非限於形式控制
之從屬公司，將發生直接實質上之從屬公司具有表決權，而間接
實質上從屬公司則無之失衡現象（最高法院 102 年度台上字第
2138 號民事判決）。

B. 為落實公司治理原則，公司法第 179 條第 2 項第 3 款與同法第 167
條第 4 項規定，應作相同之解釋，始符合立法規範目的。因此同
法第 167 條之規定旨在避免控制公司經由其從屬公司，將控制公
司股份收買或收為質物，故該條第 3 項、第 4 項規範對象係以出
資關係形成之控制從屬公司類型為限（最高法院 100 年度台上字
第 1178 號民事判決）。

C. 法人股東與公司締結買賣契約議案，法人股東之代表人不得加入
表決（經濟部 91.1.16.經商 09102287950 號函）。

D. 公開發行股票之公司董事之股份設定質權超過選任當時所持有之
公司股份數額二分之一時，其超過之股份不得行使表決權，不算
入已出席股東之表決權數（公 §197-1 II）。關於計算董事股份
設質數時，是否以其於任期中之設質為限，司法實務曾有不同
見解。

(A) 臺灣高等法院曾認為，股東於擔任董監事前將股份設質，並無
違反對公司之忠實義務，因此公司法第 197 條之 1 第 2 項表決
權之限制，係屬規範董監事任職期間，將股份設質之行為，而
不包括股東擔任董監事之前將股份設質之情形。若包括股東擔
任董監事之前將股份設質之情形，則與立法目的不合。此外，
設質股份過半之表決權予以扣除，其決議方法違反之事實非屬

重大且於決議無影響，法院得依公司法第 189 條駁回撤銷股東
會決議之請求。

(B)最高法院則認為，按公司法第 197 條之 1 第 2 項規定，公開發
行股票之公司董事以股份設定質權超過選任當時所持有之公司
股份數額二分之一時，其超過之股份不得行使表決權，不算入
已出席股東之表決權數。其立法意旨係因發生財務困難之上
市、上櫃公司，其董監事多將持股質押以求護盤；股價下跌
時，又再借貸力守股價，導致公司財務急遽惡化，損害投資大
眾權益。為健全資本市場與強化公司治理，防免董監事信用過
度膨脹、多重授信，固無論董監事之持股設質係在任期前或任
期中，對其超過一定比例之股份限制其表決權之行使，始符法
意。則計算董監事股份設質數時，應不以其於任期中之設質為
限（最高法院 103 年度台上字第 1732 號民事判決）。

E.屬同一法人股東指派之不同代表人多次當選，因此，該法人股東
均應承受不得行使表決權之不利益，故應以個別當選時所持有之
公司股份數額二分之一為上限，依經濟部 100 年 12 月 29 日經商
字第 10052403510 號函分別計算不得行使表決權數，再採最高數
作為認定不得行使表決權（經濟部 109.6.9.經商 10902415220 號
函）。

(3)股東會之決議方法

就股東會之決議方法而言，因決議事項之不同而異，可分為下列四
種：

①普通決議

A.股東會之決議，除公司法另有特別規定外，均應依此方式為之。

B.此項決議，應有代表已發行股份過半數股東之出席，以出席股東
表決權過半數之同意行之（公§174）。

C.普通決議，可依公司法第 175 條規定之二次「假決議」之方法行
之。

②假決議

A.所謂「假決議」，係指出席股東不足前條定額，而有代表已發行
股份總數三分之一以上股東出席時，得以出席股東表決權過半數
之同意，為假決議，並將假決議通知各股東，於一個月內再行召
集股東會（公§175 I）。上開股東會，對於假決議，如仍有已
發行股份總數三分之一以上股東出席，並經出席股東表決權過半
數之同意，即視同公司法第 174 條之決議（公§175 II）。

B.少數股東自行召集股東臨時會，依公司法第 173 條第 4 項規定應
報經地方主管機關許可，惟依同法第 175 條為假決議後，於一個
月內再召集第二次股東臨時會時，固不須再報經地方主管機關許
可，但僅得就假決議再為表決，不得修改假決議之內容而為決
議，用以貫徹事先須報經地方主管機關許可之意旨（最高法院 92
年度台上字第 1174 號民事判決）。

C.公司法就改選董事、監察人既有特別規定，是於改選董事、監察
人不適用第 175 條假決議之規定（最高行政法院 89 年度判字第
3903 號判決）。

D.參照公司法第 175 條，假決議依其表決方式，應僅能適用於普通
決議事項，公司法中特別決議事項及選舉董事、監察人，因另設
其決議或選舉方法，無從適用假決議，是系爭股東會中關於選舉
董監事之決議部分，亦無從適用依假決議之方式補行成立或治癒
其效力（臺灣臺南地方法院 100 年度訴字第 595 號民事判決）。

E.董事、監察人之選舉並無假決議之適用（經濟部 94.8.17.經商
09402120100 號函）。

③特別決議

A.特別決議係指公司法第 174 條第 1 項所言「除本法另有規定外」
者而言。

B.特別決議用於決定特別重大之事項，其出席股東所代表之股份總

數或表決權數必須提高。

C.輕度特別決議

原則上應經代表已發行股份總數三分之二以上股東之出席，以出席股東表決權過半數之同意者。此種決議方法，在公開發行股票之公司，若出席股東之股份總數不足上述定額時，得以有代表已發行股份總數過半數股東之出席，出席股東表決權三分之二以上之同意行之。但不論是否為公開發行股票之公司，有關出席股東股份總數及表決權數，章程有較高之規定者，從其規定。例如：

(A)轉投資超過實收股本百分之四十之決議（公§13Ⅱ、Ⅲ、Ⅳ）。

(B)申請停止公開發行之決議（公§156-2Ⅰ、Ⅱ、Ⅲ）。

(C)重大營業政策之變更（公§185Ⅰ、Ⅱ、Ⅲ）。

(D)決議解任董事或監察人之決議（公§199Ⅱ、Ⅲ、Ⅳ、§227）。

(E)董事競業行為之許可（公§209Ⅱ、Ⅲ、Ⅳ）。

(F)盈餘轉增資之決議（公§240Ⅰ、Ⅱ、Ⅲ）。

(G)公積轉增資或發給現金之決議（公§241Ⅰ）。

(H)發行限制員工權利新股之決議（公§267Ⅸ、Ⅹ、Ⅺ）。

(I)變更章程之決議（公§277Ⅱ、Ⅲ、Ⅳ）。

(J)公司解散、分割或合併（公§316Ⅰ、Ⅱ、Ⅲ）。

(K)閉鎖性股份有限公司變更為非閉鎖性股份有限公司之決議（公§356-13Ⅰ、Ⅱ）。

D.重度特別決議

原公司法設有重度特別決議之規定，適用於公司解散或合併事由，其由應有代表已發行股份總額四分之三以上股東出席，以出席股東表決權過半數之同意行之者之決議，然公司法於民國90年

11 月 12 日第十一次修正時已將公司解散或合併之決議修改為輕度特別決議，故現行公司法已無重度特別決議。

④全體股東同意

非公開發行股票之股份有限公司得經全體股東同意，變更為閉鎖性股份有限公司（公§356-14 I）。

⑤股東會決議方法之相關實務：

A.公司未經股東會特別決議通過即為主要財產之處分，係屬無效行為，惟相對人於受讓時如屬善意，公司尚不得以其無效對抗該善意之相對人（最高法院 97 年度台上字第 2216 號民事判決）。

B.讓與主要部分之營業或財產，係指該部分營業或財產之轉讓，足以影響公司所營事業之不能成就者而言（最高法院 96 年度台上字第 1707 號民事判決）。

C.和解未經公司股東會之特別決議同意，則因和解而拋棄財產之行為在經股東會之特別決議追認以前，對於公司自不生效力（最高法院 97 年度台抗字第 312 號民事裁定）。

D.公司讓與全部或主要部分之營業或財產，如以臨時動議提出並為決議，自不生效力（最高法院 87 年度台上字第 1998 號民事判決）。

E.股份有限公司之清算人將公司營業包括資產負債轉讓於他人時，以經特別決議即得行之（最高法院 91 年度台上字第 2137 號民事判決）。

F.公司讓與商標毋庸經股東會之特別決議，然應經董事會決議（最高法院 86 年度台上字第 2996 號民事判決）。

G.總公司將分公司資產轉讓，如係公司法第 185 條情形，應經股東會特別決議，並非分公司得自行轉讓（經濟部 70.10.6.商 42082 號函）。

6.表決權拘束契約及表決權信託契約

(1)為使非公開發行股票公司之股東，得以協議或信託之方式，匯聚具有相同理念之少數股東，以共同行使表決權方式，達到所需要之表決權數，爰參酌公司法第 356 條之 9 第 1 項有關閉鎖性股份有限公司之規定，明定公司股東得訂立表決權拘束契約及表決權信託契約。亦即，股東得以書面契約約定共同行使股東表決權之方式，亦得成立股東表決權信託，由受託人依書面信託契約之約定行使其股東表決權（公§175-1Ⅰ）。

(2)股東非將前項書面信託契約、股東姓名或名稱、事務所、住所或居所與移轉股東表決權信託之股份總數、種類及數量於股東常會開會三十日前，或股東臨時會開會十五日前送交公司辦理登記，不得以其成立股東表決權信託對抗公司（公§175-1Ⅱ）。

(3)非公開發行股票公司之股東成立表決權信託契約，其受託人之資格，不以股東為限，與公司法第 356 條之 9 第 2 項規定不同。

(4)公開發行股票之公司，不適用公司法第 175 條之 1 第 1 項及第 2 項有關表決權拘束契約及表決權信託契約之規定（公§175-1Ⅲ）。

(5)股東間協議與表決權拘束契約之概念不同。就股東間協議之合意內容而言，通常包括當事人應為之給付（出資）、當事人期待之對價及實現對價之手段。其中，當事人應為之給付（出資）與當事人期待之對價（利益分配），可稱為對價契約；至於實現對價之方法，通常會涉及股東之表決權行使，可稱為表決權拘束契約。

(6)表決權信託，性質上為信託行為，因此，股東成立表決權信託時，必須將其股份移轉與受託人，並由受託人依書面信託契約之約定行使其股東表決權。受託人係以自己名義行使表決權，非代理委託股東行使表決權（經濟部 104.12.29.經商 10402137390 號函）。

(7)公司法增訂第 175 條之 1 規定係於 2018 年 11 月 1 日施行，依法律不溯及既往原則，在法律適用上自不能以上開修正規定直接否定公開發

行股票公司之股東間於 2018 年 11 月 1 日前所締結表決權拘束契約之
有效性，仍應依具體個案，審查其實質內容有無違反強制禁止規定或
公序良俗，以判定其約定條款是否有效。

(8)公司進行併購時，股東得以書面契約約定其共同行使股東表決權之方
式及相關事宜（企業併購法§10 I）。公司進行併購時，股東得將其
所持有股票移轉予信託公司或兼營信託業務之金融機構，成立股東表
決權信託，並由受託人依書面信託契約之約定行使其股東表決權（企
業併購法§10 II）。股東非將前項書面信託契約、股東姓名或名稱、
事務所或住（居）所與移轉股東表決權信託之股份總數、種類及數量
於股東會五日前送交公司辦理登記，不得以其成立股東表決權信託對
抗公司（企業併購法§10III）。

(9)企業併購法第 10 條為公司法第 175 條之 1 的特別規定，依特別法優
於普通法之原則，公開發行股票公司進行併購時，股東仍得依企業併
購法第 10 條規定以書面契約約定其共同行使股東表決權之方式及相
關事宜，不受公司法第 175 條之 1 第 3 項之限制。

(五)股東會決議之紀錄

1.股東會之議決事項，應作成議事錄，由主席簽名或蓋章，並於會後二
十日內，將議事錄分發各股東（公§183 I）。

2.議事錄之製作及分發，得以電子方式為之（公§183 II）。又議事錄之
分發，公開發行股票之公司，得以公告方式為之（公§183III）。

3.議事錄應記載會議之年、月、日、場所、主席姓名、決議方法、議事
經過之要領及其結果，在公司存續期間，應永久保存（公§183IV）。

4.出席股東之簽名簿及代理出席之委託書，其保存期限至少為一年。但
經股東依第 189 條提起訴訟者，應保存至訴訟終結為止（公§183
V）。

5.代表公司之董事，違反前述規定者，處新臺幣一萬元以上五萬元以下

罰鍰（公§183Ⅵ）。

6.公司股東會議事錄、董事會議事錄之製作名義人，均為會議主席，須該股東會、董事會之主席，始有權製作股東會、董事會議事錄（最高法院97年度台上字第5548號刑事判決）。

7.股份有限公司董事會執行業務，應依照法令章程及股東會之決議，至股東會議事錄僅為股東會議決事項等之證明文件之一，如確有誤載情事，自得由公司予以更正，並應依公司法第183條之規定，將更正後之議事錄分發各股東，公司法上尚無要求公司須再召開臨時股東會說明更正股東會議事錄之規定（經濟部87.11.17.商87033128號函）。

(六)股東會決議之瑕疵

股東會決議之瑕疵，有不成立、無效、得撤銷等態樣，為各自獨立之類型，必須先有符合成立要件之股東會決議存在，始有探究股東會決議是否有無效或得撤銷事由（最高法院111年度台上字第672號民事判決）。

1.決議之撤銷

(1)撤銷之原因（公§189）

①召集程序之違反法令或章程：例如對一部分股東未發召集通知，或不於通知中載明召集事由等是。

②決議方法違反法令或章程：例如非股東或非其代理人之第三人參與表決，或有自身利害關係之股東加入表決等是。其中，決議方法之違反，係指非股東參與決議、特別利害關係人加入表決，或出席股東不足法定之定額等，對於決議結果有影響之情形而言；僅議案未經討論，與決議結果難謂有影響，自不屬所謂決議方法違法（最高法院104年度台上字第1454號民事判決）。

(2)撤銷之程序與效力

①股東會之召集程序或其決議方法，違反法令或章程時，股東得自決議之日起三十日內，以通常訴訟程序，訴請第一審管轄法院撤銷其

決議，法院對於前述撤銷決議之訴，認為其違反之事實非屬重大且於決議無影響者，得駁回其請求（公§189-1）。

②依公司法第 189 條所定請求撤銷股東會決議之訴，應以股東會所由屬之公司為被告，其當事人之適格始無欠缺（最高法院 68 年度台上字第 603 號民事判決）。

③提起撤銷決議之訴之原告，於起訴時，須具有股東身分（最高法院 57 年度台上字第 3381 號民事判決）。

④其判決之效力不獨及於公司，且及於與該決議有利害關係之第三人（最高法院 31.9.22.民刑事庭會議決議(四)）。

⑤決議事項已為登記者，經法院為撤銷決議之判決確定後，主管機關經法院之通知或利害關係人之聲請時，應撤銷其登記（公§190）。

(3)法院駁回請求撤消決議之要件

①法院對於撤銷股東會決議之訴，認為其違反之事實非屬重大且於決議無影響者，得駁回其請求（公§189-1）。

②監察人暨股東已有機會於股東會中針對股東會召集程序之瑕疵提出異議，復因該股東會決議而受領盈餘分配，且改選之董事及監察人亦已就任執行職務，而董事會召集程序之瑕疵，實質上不會影響股東會決議結果及公司之利益，則股東會召集程序之瑕疵，仍應認非屬重大（最高法院 106 年度台上字第 57 號民事判決）。

③若得任由公司違反召集程序或決議方法，惡意將持股比例甚低之股東摒除於股東會之外，顯非公司法增列第 189 條之 1 規定之立法意旨。故對於惡意違反法令之情形，應為限縮解釋，而無適用該規定之餘地（最高法院 106 年度台上字第 440 號民事判決）。

④公司不當禁止股東出席股東會，積極侵害股東參與股東會之權益，應認為違反之事實重大，不論該行為對於決議有否影響，法院均不得駁回撤銷股東會決議之請求（最高法院 110 年度台上字第 3067

號民事判決）。

⑤民法第 56 條第 1 項請求撤銷總會決議之規定，既係參考公司法第 189 條規定修正而來，基於相類情形應為相同處理原則，於法院受理撤銷總會決議之訴時，自得類推適用公司法第 189 條之 1 規定，倘總會之召集程序或決議方法違反法令或章程之事實，非屬重大且於決議無影響時，法院得駁回其請求，以兼顧大多數社員之權益（最高法院 107 年度台上字第 1957 號民事判決）。

2.股東會決議撤銷之相關實務

(1)撤銷股東會決議之股東，仍應受民法第 56 條第 1 項但書之限制（最高法院 72.9.6.第 9 次民事庭會議決議(一)）。

(2)股份有限公司之股東，依公司法第 189 條規定訴請撤銷股東會之決議，仍應受民法第 56 條第 1 項但書之限制，如已出席股東會而其對於股東會之召集程序或決議方法未當場表示異議者，不得為之（最高法院 73 年度台上字第 595 號民事判決、最高法院 75 年度台上字第 594 號民事判決）。

(3)監察人於無召集股東會之必要時召集股東會，係屬股東會之召集程序有無違反法令，該決議在未經撤銷前，仍為有效（最高法院 86 年度台上字第 1579 號民事判決）。

(4)關於撤銷訴權之規定，股東依此規定提起撤銷之訴，其於股東會決議時，雖尚未具有股東資格，然若其前手即出讓股份之股東，於股東會決議時，具有股東資格，且已依民法第 56 條規定取得撤銷訴權時，其訴權固不因股份之轉讓而消滅。但若其前手未取得撤銷訴權，則繼受該股份之股東，亦無撤銷訴權可得行使（最高法院 73 年度台上字第 595 號民事判決）。

(5)無召集權人召集之股東會所為之決議，當然無效（最高法院 98 年度台上字第 257 號民事判決）。

(6)關於股東會係依無效董事會決議而召集，其決議是否無效，最高法院

有歧異見解。有認為股東會係依無效董事會決議而召集，應認其決議無效（最高法院 96 年度台上字第 2833 號民事判決）。反之，則有認為股東會之召集，應由董事長先行召集董事會，再由董事會決議召集股東會，惟董事會僅屬公司內部機關，其所作成召集股東會之決議是否具有瑕疵，實非外界得以輕易知悉，倘客觀上已經由董事會之決議而召集股東會，且該次股東會又已合法作成決議時，該股東會決議即非當然無效或不存在，縱令作成召集該股東會之董事會決議存有瑕疵，僅係公司法第 189 條股東會召集程序違反法令得否訴請法院撤銷之問題（最高法院 109 年度台上字第 922 號民事判決）。

(7)少數股東獲得合併之資訊不足、不易結合，且無餘力對合併案深入瞭解，執有公司多數股份股東或董事會欲召集股東會對於公司合併為決議者，應於相當時日前使未贊同合併之股東，及時獲取合併對公司利弊影響之重要內容、有關有利害關係股東及董事之自身利害關係之重要內容、贊成或反對併購決議之理由、收購價格計算所憑之依據等完整資訊，其召集始符正當程序之要求，否則即應認有召集程序之違法（最高法院 110 年度台上字第 1835 號民事判決）。

(8)請求撤銷臨時股東會決議，核其標的，並非對於親屬關係及身分上之權利有所主張，自屬財產權之訴訟（最高法院 92 年度台上字第 635 號民事裁定）。

(9)股東會決議如剔除不具股東適格之表決權數，仍有成立決議之定額，且不具決議瑕疵，難謂該股東會決議有撤銷之餘地（最高法院 89 年度台上字第 1558 號民事判決）。

(10)未出席股東會之股東，對於股東會決議有違反章程或法令之情事，應許其於法定期間內提起撤銷股東會決議之訴（最高法院 86 年度台上字第 3604 號民事判決）。

(11)請求撤銷股東會決議之訴中，請求合併確認對公司及該次決議所選任之董事或監察人間之委任關係不存在，自符合訴訟經濟原則（最

高法院 86 年度台上字第 772 號民事判決）。

(12)撤銷股東會決議之訴，不得以其中一股東已取得撤銷權，即認為共同原告之他股東所行使之撤銷權亦屬存在（最高法院 83 年度台上字第 2840 號民事判決）。

(13)提起撤銷股東會決議之訴，在起訴時具有股東身分，其當事人之適格，即無欠缺，並不以占有股票為必要（最高法院 80 年度台上字第 2645 號民事判決）。

(14)撤銷選任董事、監察人之股東會決議之訴，於起訴前或訴訟中其經選任之董事、監察人業已任滿改選者，應認為欠缺訴之利益（臺灣高等法院 95 年度重上字第 560 號民事判決）。

(15)股東會開會通知召集事由未記載之事項，除法律禁止以臨時動議提出者外，難認董事會不得以臨時動議提出而為決議（臺灣高等法院 93 年度上字第 467 號民事判決）。

(16)股東會部分議案之決議方法有違反法令或章程，股東僅須就該部分決議訴請法院撤銷（經濟部 90.6.1.經商 09002118540 號函）。

(17)股東會決議不成立應為股東會決議瑕疵之獨立類型；少數股東自行召集股東臨時會其通知及公告應載明召集事由，得列臨時動議，惟未列臨時動議者，開會時即不得提臨時動議（最高法院 92 年度台上字第 1174 號民事判決）。

(18)股東會縱承認內容違法不實或漏載有關伊頓園經營之會計表冊，亦不構成股東會決議違反法令或章程情形（臺灣高等法院臺南分院 96 年度上字第 81 號民事判決）。

(19)公司召集董事會，並未於七日前通知各董事及監察人，監察人亦未出席董事會，董事會決議應屬無效，惟其既有董事會決議之外觀，並據以召集股東會，則股東會自與由無召集權人召集之情形有別，尚不得逕認該股東會決議無效，而應認僅屬召集程序之瑕疵。此外，股東會之召集程序或其決議方法，違反法令或章程時，股東得

自決議之日起三十日內，訴請法院撤銷其決議，惟股東會之決議方法違反法令，與召集程序違反法令，係屬不同原因事實。因此，股東初僅以股東會之決議方法違反法令為由，訴請撤銷該股東會決議，嗣後再以股東會有召集程序之瑕疵，訴請撤銷股東會決議，後者於行使撤銷訴權時，距股東會決議之日已逾三十日除斥期間，其撤銷權即告消滅（最高法院 111 年度台上字第 2120 號民事判決）。

3.決議之無效

(1)股東會決議之內容，違反法令或章程者無效（公§191）。

　①所謂決議內容違反法令，除違反股東平等原則、股東有限責任原則、股份轉讓自由原則或侵害股東固有權外，尚包括決議違反強行法規或公序良俗在內（最高法院 103 年度台上字第 620 號民事判決）。

　②所謂決議內容違反章程，係指由發起人訂立或股東會決議變更之章程。蓋章程係由發起人以全體之同意訂立，為公司申請設立登記事項之一，於公司成立後，其變更須經股東會之特別決議，「股東會議事規則」雖經股東會決議通過，但其效力究與章程有別（臺灣臺北地方法院 102 年度訴字第 4189 號民事判決）。

(2)股東會之決議既屬無效，公司及股東即不受其拘束，但內容是否違法，公司與股東間若有爭執時，則得提起確認之訴，以確認某特定決議事項之法律關係存在或不存在。

4.股東會決議無效之相關實務

(1)股東會決議是否有效，行政機關或行政法院對該先決問題並無判斷權限（最高行政法院 96 年度判字第 1232 號判決）。

(2)股份有限公司董事長之職務加給及總經理之薪資，屬應由董事會而非股東會所得決議之事項（臺灣高等法院 97 年度抗字第 485 號民事裁定）。

(3)股東會決議得為確認訴訟之標的（臺灣高等法院臺中分院 93 年度上

字第 100 號民事判決）。

(4)董事及監察人之選任經判決無效確定，則其執行職務行為依無因管理法則解決（經濟部 58.8.5.商 26762 號函）。

(5)股東會決議違反法令或章程，以有會議決議存在之事實為前提（臺灣高等法院花蓮分院 86 年度上字第 83 號民事判決）。

(6)公司法第 191 條雖規定股東會決議之內容違反法令或章程者無效，然此種決議之內容為法律關係發生之原因，要非法律關係之本身，當不能作為確認之訴之標的（最高法院 71 年度台上字第 4013 號民事判決）。

(7)股東會係依無效董事會決議而召集，應認其決議無效（最高法院 96 年度台上字第 2833 號民事判決）。惟公司召集董事會，並未於七日前通知各董事及監察人，監察人亦未出席董事會，董事會決議雖屬無效，但其既有董事會決議之外觀，並據以召集股東會，則股東會自與由無召集權人召集之情形有別，尚不得逕認該股東會決議無效，而應認僅屬召集程序之瑕疵（最高法院 111 年度台上字第 2120 號民事判決）。

(8)公司法第 191 條規定，股東會決議之內容違反法令或章程者，無效。故盈餘分配，於決議前未依該法第 232 條規定彌補虧損及提出法定盈餘公積，則該部分之決議自屬無效（最高法院 109 年度台上字第 2435 號民事判決）。

(9)股份有限公司採企業所有與企業經營分離原則，一般股東對公司業務原則委由理事及監察人負責執行。但對公司權利之行使，惟有賴參與股東會以行使表決權方式為之，該表決權為股東固有權，除法令或章程另有限制外，不容股東會以決議或任何方式剝奪。公司因經營需要，由股東會決議實質上剝奪部分股東之表決權，公司須證明該決議具正當性，即該決議為公司經營上所必要，且公司因該決議所獲利益遠大於部分股東因此喪失行使表決權之利益，而符合比例原則。否

則，即係以多數股東之決議侵害少數股東之權利，而屬權利濫用，被剝奪表決權之股東自得主張該決議無效（最高法院 108 年度台上字第1234 號民事判決）。

(10)本於股東平等原則，股份有限公司就各股東基於股東地位對公司享有權利及負擔義務，應予平等待遇。此原則係基於衡平理念而建立，藉以保護一般股東，使其免受股東會多數決濫用之害，為股份有限公司重要原則之一。倘因股東會多數決之結果，致少數股東之自益權遭實質剝奪，大股東因而享有不符比例之利益，而可認為有恣意之差別對待時，即屬有違立基於誠信原則之股東平等原則，該多數決之決議內容，自該當於公司法第 191 條規定之「違反法令者無效」之情形（最高法院 108 年度台上字第 1836 號民事判決）。

5.決議之不成立

股份有限公司股東會議決議之瑕疵，與法律行為之瑕疵相近，有不成立（不存在）、無效、得撤銷等態樣。股東會之決議，乃多數股東基於平行與協同之意思表示相互合致而成立之法律行為，如法律規定其決議必須有一定數額以上股份之股東出席，此一定數額以上股份之股東出席，為該法律行為成立之要件。若欠缺此項要件，股東會決議即屬不成立（最高法院 111 年度台上字第 672 號民事判決），尚非單純之決議方法違法問題。

6.股東會決議不成立之相關實務

(1)未召集股東會、董事會或無決議之事實，而在議事錄為虛構之開會或決議之紀錄，其決議自始不成立，亦不生任何效力（最高法院 92 年度台上字第 1878 號民事判決）。

(2)股東會之決議係多數股東合致之意思表示，如決議須有一定股份之股東出席，則為該法律行為之成立要件。倘有欠缺，則該股東會決議為不成立。又按公司法第 174 條規定，股東會之決議，除本法另有規定外，應有代表已發行股份總數過半數股東之出席，以出席股東表決權

過半數之同意行之。亦即股東會出席之股東不足代表已發行股份總數過半數，所為之決議即不成立（最高法院 103 年度台上字第 1764 號民事判決、最高法院 103 年度台上字第 1516 號民事判決）。

(3)股東會之決議，乃多數股東基於平行與協同之意思表示相互合致而成立之法律行為，如法律規定其決議須有一定數額以上股份之股東出席，此一定數額以上股份之股東出席，為該法律行為成立之要件，如欠缺此項要件，則股東會決議不成立，為股東會決議瑕疵之獨立類型（最高法院 103 年度台上字第 1644 號民事判決）。

(4)股東會決議之不成立（不存在），應屬股東會決議瑕疵之獨立類型，當事人如就股東會決議是否成立（存在）有所爭執，以決議不成立（不存在）為理由，提起確認股東會決議不成立（不存在）之訴，應為法之所許（最高法院 92 年度台上字第 1174 號民事判決、最高法院 98 年度台上字第 1724 號民事判決）。

(5)所謂決議不成立，係指自決議之成立過程觀之，顯然違反法令，在法律上不能認為有股東會召開或有決議成立之情形而言（臺灣高等法院 92 年度上字第 768 號民事判決）。

(6)確認會議決議不成立，此乃屬確認法律關係基礎事實存否之訴，非法律關係本身，以不能提起他訴訟者為限，始能請求確認（臺灣高等法院 96 年度上字第 955 號民事判決）。

(7)由無召集權人召集之股東會所為之決議，係屬當然無效（最高法院 93 年度台抗字第 763 號民事裁定、最高法院 98 年度台上字第 257 號民事判決）。

(8)股東會之決議無效，與股東會之決議不成立，其法律型態並非相同。此外，公司董事長代表公司秉承董事會之決議，通知召集股東臨時會，所發開會通知雖僅記載董事長召集，未記載董事會召集，仍屬有權召集，非無召集權人之召集（最高法院 108 年度台上字第 586 號民事判決）。

三、董事及董事會

(一)董　事

董事為董事會之構成分子，不以具有股東身分為必要，主要職責為
參與公司業務之執行。

1.董事之選任

(1)選任人

①公司設立之初

　A.發起設立：由發起人互選之（公§131 I）。其選任董事之方
　　法，準用公司法第198條之規定（公§131 II）。

　B.募集設立：由創立會選任之（公§146 I）。關於董事及監察人
　　之選任，準用第198條之規定（公§144 I但書）。

②公司成立之後：選任之權，專屬於股東會（公§192 I）。

(2)選任方法

①股東會選任董事時，每一股份有與應選出董事人數相同之選舉權，
　得集中選舉一人，或分配選舉數人，由所得選票代表選舉權較多
　者，當選為董事（公§198 I）。又第 178 條之規定，對於上開選
　舉權，不適用之（公§198 II）。

②董事及監察人之改選，應有代表已發行股份總數過半數股東之出席
　（公§199-1 II、§227）。

③公開發行公司之董事選舉，應依公司法第 198 條規定辦理，獨立董
　事與非獨立董事應一併進行選舉，分別計算當選名額。依證券交易
　法設置審計委員會之公開發行公司，其獨立董事至少一人應具備會
　計或財務專長（公開發行公司獨立董事設置及應遵循事項辦法§5
　VII）。

④選舉權人將選票投入票箱前，更改其記載，至其用何方法塗改，如
　經在場監票人認可，仍應有效（臺灣高等法院 89 年度上字第 256

號民事判決）。

⑤公司董事或監察人選舉票之分割，允屬公司自治事項（經濟部
95.5.22.經商 09502070850 號函）。

(3)董事之種類

①個人董事

所謂個人董事，即自然人以個人名義當選董事者。公開發行公司之
獨立董事，僅得以個人名義當選。

②政府董事或法人董事

政府或法人為股東時，得當選為董事或監察人。但須指定自然人代
表行使職務（公§27 I）。公司法第 27 條第 1 項及第 2 項之代表
人，得依其職務關係，隨時改派補足原任期（公§27III）。又對於
公司法第 27 條第 1 項、第 2 項代表權所加之限制，不得對抗善意
第三人（公§27IV）。

③政府之代表人董事或法人之代表人董事

政府或法人為股東時，亦得由其代表人當選為董事或監察人。代表
人有數人時，得分別當選，但不得同時當選或擔任董事及監察人
（公§27 II）。法人股東若依公司法第 27 條第 2 項規定委任指派
代表人當選董事，不僅該代表人董事與公司間具有委任關係，且該
代表人董事與法人股東間亦具有委任關係。若法人股東指示代表人
董事為不利於公司之行為，因公司法第 23 條第 1 項規定為強行規
定，代表人董事自應遵守法令，對公司負善管注意義務及忠實義
務，至於法人股東之不法指示，代表人董事應可拒絕履行。

(4)被選任之資格

①須就有行為能力之人選任之，但不以具備股東身分為必要，故無行
為能力人固不得當選為董事，即民法第 15 條之 2 有關受輔助宣告
之人及第 85 條有關行為能力補充之規定，於股東任董事之資格，
亦不適用（公§192 I、IV）。

②積極資格雖無限制,但在消極方面,公司法第 30 條關於經理人消極資格之規定,對董事亦準用之(公§192Ⅵ)。

③公營事業之組織型態不一,依公司法設立者為私法人,其與內部人員之關係,屬私法上之契約關係;依法規特別設立者為公法人,其與內部人員之關係,依公務員任用法或事業特別法之規定,屬公法關係。是以判斷公營事業之法人屬性時,應以其設立法源之性質、構成員資格之取得、有無行使公權力之權能及得否為權利義務主體等項為標準(最高法院 93 年度台上字第 1365 號民事判決)。

④股份有限公司二位法人董事尚不得分別指派同一位自然人出席董事會(經濟部 98.2.19.經商 09800522520 號函)。

⑤選任董事之股東會決議當然無效或不存在,則董事之選任無效或不存在,被選任人自始非董事(臺灣高等法院高雄分院 95 年度上字第 84 號民事判決)。

(5)當選失效

①公開發行股票之公司董事當選後,於就任前轉讓超過選任當時所持有之公司股份數額二分之一時,或於股東會召開前之停止股票過戶期間內,轉讓持股超過二分之一時,其當選失其效力(公§197Ⅲ)。但若因公司依章程規定收回特別股而交回該特別股,與轉讓股份不同,不適用上開規定。

②獨立董事持股轉讓,不適用公司法第 197 條第 3 項規定(證券交易法§14-2Ⅴ)。蓋獨立董事之持股偏低,甚至得免持有公司股票,為避免獨立董事因小額持股轉讓而有公司法第 197 條第 1 項及第 3 項規定之情事,故排除公司法有關持股轉讓超過二分之一應解任規定之適用。

③有關公職人員財產申報法所定財產申報信託義務人,如本為公開發行股票之公司董事,若將股票全部強制信託予信託業者,不喪失董事身分(經濟部 102.4.19.經商 10200569710 號函)。

(6)候選人提名制度

①候選人提名制度採行之條件

A.公司董事選舉，採候選人提名制度者，應載明於章程，股東應就董事候選人名單中選任之（公§192-1Ⅰ本文）。

B.公開發行股票之公司，符合證券主管機關依公司規模、股東人數與結構及其他必要情況所定之條件者，應於章程載明採董事候選人提名制度（公§192-1Ⅰ但書）。

C.公開發行公司獨立董事選舉，應依公司法第192條之1規定採候選人提名制度，並載明於章程，股東應就獨立董事候選人名單中選任之（公開發行公司獨立董事設置及應遵循事項辦法§5Ⅰ）。

D.依據公司法第192條之1第1項但書及第216條之1第1項準用第192條之1第1項但書規定，上市（櫃）公司及興櫃公司之董事及監察人選舉應採候選人提名制度，並載明於章程，股東應就董事及監察人候選人名單中選任之（金融監督管理委員會112.12.29.金管證交1120386116號令）。

②受理提名之公告

A.公司應於股東會召開前之停止股票過戶日前，公告受理董事候選人提名之期間、董事應選名額，其受理處所及其他必要事項（公§192-1Ⅱ前段）。

B.受理期間不得少於十日（公§192-1Ⅱ後段）。

③候選人之提名

A.持有已發行股份總數百分之一以上股份之股東，得以書面向公司提出董事候選人名單（公§192-1Ⅲ前段）。

B.提名人數不得超過董事應選名額。董事會提名董事候選人之人數，亦同（公§192-1Ⅲ後段）。

C.提名股東應敘明被提名人姓名、學歷及經歷（公§192-1Ⅳ）。至

於「當選後願任董事之承諾書、無第三十條規定情事之聲明書」者，鑑於是否當選，尚屬未定，實無必要要求提前檢附，況被提名人一旦當選，公司至登記主管機關辦理變更登記時，即知是否願任；又「被提名人為法人股東或其代表人者，並應檢附該法人股東登記基本資料及持有之股份數額證明文件」者，基於法人股東登記基本資料及持有之股份數額證明文件，公司已有相關資料，亦無必要要求檢附。因此，提名股東僅敘明被提名人姓名、學歷及經歷即可。

D.股東或董事會依「公開發行公司獨立董事設置及應遵循事項辦法」第 5 條第 3 項提供推薦名單時，應敘明被提名人姓名、學歷及經歷，並檢附被提名人符合「公開發行公司獨立董事設置及應遵循事項辦法」第 2 條第 1 項、第 3 條、第 4 條之文件及其他證明文件（公開發行公司獨立董事設置及應遵循事項辦法§5 Ⅳ）。

④不列入董事候選人名單之法定事由

為簡化提名股東之作業程序，故是否列入董事候選人名單，應依公司法第 192 條之 1 第 5 項規定判斷，遂不再要求董事會或其他召集權人，對被提名人予以審查。因此，董事會或其他召集權人召集股東會者，除有下列情事之一者外，應將其列入董事候選人名單（公§192-1Ⅴ）：

A.提名股東於公告受理期間外提出。

B.提名股東於公司依第 165 條第 2 項或第 3 項停止股票過戶時，持股未達百分之一。

C.提名人數超過董事應選名額。

D.提名股東未敘明被提名人姓名、學歷及經歷。

⑤候選人資料之公告

公司應於股東常會開會二十五日前或股東臨時會開會十五日前，將

董事候選人名單及其學歷、經歷公告。但公開發行股票之公司應於
股東常會開會四十日前或股東臨時會開會二十五日前為之（公§
192-1Ⅵ）。

⑥違反之處罰

公司負責人或其他召集權人違反公司法第 192 條之 1 第 2 項或第 5
項、第 6 項規定者，各處新臺幣一萬元以上五萬元以下罰鍰。但公
開發行股票之公司，由證券主管機關各處公司負責人或其他召集權
人新臺幣二十四萬元以上二百四十萬元以下罰鍰（公§192-1
Ⅶ）。

(7)董事之人數

①董事之設置，不得少於三人（公§192Ⅰ）。

②公司得依章程規定不設董事會，置董事一人或二人。置董事一人
者，以其為董事長，董事會之職權並由該董事行使，不適用公司法
有關董事會之規定；置董事二人者，準用公司法有關董事會之規定
（公§192Ⅱ）。

③已依證券交易法發行股票之公司董事會，設置董事不得少於五人
（證券交易法§26-3Ⅰ）。

(8)董事責任保險

①公司得於董事任期內就其執行業務範圍依法應負之賠償責任投保責
任保險（公§193-1Ⅰ）。

②公司為董事投保責任保險或續保後，應將其責任保險之投保金額、
承保範圍及保險費率等重要內容，提最近一次董事會報告（公§
193-1Ⅱ）。

(9)董事之報酬

①其報酬未經章程訂明者，應由股東會議定，不得事後追認（公§
196Ⅰ）。公司法第 29 條第 2 項之規定，對董事準用之（公§196
Ⅱ）。應注意者，依經濟部之解釋，曾認為公司採募集設立者，其

創立會之位階與股東會相同，設立時有決議董事、監察人報酬之需要，由創立會決議之，尚屬可行（經濟部 94.12.15. 經商 09402428680 號函）。問題在於，創立會與股東會之職權明顯有異，焉能謂二者之位階相同。蓋創立會之職權僅限於報告聽取權（公§145 I）、選任董事、監察人（公§146 I）、發起人所得受之報酬或特別利益及公司設立費用之裁減權、抵作股款財產所給股數過高之裁減權或責令補足權（公§147 I）、得修改章程或為公司不設立之決議（公§151 I）等，並無議定董事、監察人報酬之權限。同理，公司採發起設立者，發起人雖得互選董事及監察人，但亦無議定董事、監察人報酬之權限。

②所謂「董事之報酬」，係指董事為公司服勞務應得之酬金而言。所謂「車馬費」，顧名思義，則指董事前往公司或為公司與他人洽商業務所應支領之交通費用而言，自與董事之報酬有別（最高法院 69 年度台上字第 4049 號民事判決）。

③公司股東會不得以決議將董、監事報酬額之決定委諸董事會定之，否則該決議無效（最高法院 98 年度台上字第 935 號民事判決）。

④董事之報酬未經章程訂明者，應由股東會議定，無事後追認之情事（經濟部 93.1.20. 經商 0930200550 號函）。

⑤股份有限公司與董事間之關係，除公司法另有規定外，依民法關於委任之規定。而董事之報酬，未經章程訂明者，應由股東會議定。又委任契約報酬縱未約定，如依習慣，或依委任事務之性質，應給與報酬者，受任人得請求報酬。分別為公司法第 192 條第 5 項、第 196 條及民法第 547 條定有明文（最高法院 94 年度台上字第 2350 號民事判決）。

⑥按股份有限公司與董事或監察人間之關係，依公司法第 192 條第 4 項、第 196 條第 1 項、第 216 條第 3 項之規定，原則上從民法關於有償委任之規定，即由法人股東自己當選為董事或監察人後，再指

定自然人代表行使職務，其與公司間成立委任關係者係法人股東本身而非該代表行使職務之自然人。同法第 27 條第 1 項、第 2 項規定，法人為股東時，得自己或其代表人當選為董事或監察人，係由法人股東之代表人以個人身分當選為董事或監察人，其與公司成立委任關係者為該代表人個人而非法人股東本身。因此，由法人股東自己當選為董事或監察人，再指定自然人代表行使職務之情形，除有其他法律規定或特別約定或另有決議外，該經指定之自然人代表因與公司間無委任關係存在，即無本於委任關係請求公司給付報酬之餘地，公司亦不負給付該自然人代表報酬之義務（最高法院 101年度台上字第 1696 號民事判決）。

⑦政府或法人為股東時，依修正前公司法第 27 條第 2 項規定，得由其代表人當選為董事或監察人，代表人有數人時，得分別當選。是法人股東代表人當選為被投資公司之董事或監察人者，就代表人與被投資公司，及法人股東三者間之內部權利義務關係，非單純代表人與被投資公司間雙方之關係，有關如何給付代表人之報酬乙事，仍須由當選之代表人、法人股東及被投資公司三方間依其內部關係以為決定，非單純由當選代表人對被投資公司直接請求給付報酬（最高法院 101 年度台上字第 1093 號民事判決）。

(10)董事之任期

①董事之任期，不得逾三年，但得連選連任（公§195 I）。董事得連選連任係公司法明文賦予之權利，既董事得連選連任，同樣具董事身分之董事長又無其他特別規定，應亦得連選連任。是以，公司於章程限制董事（長）不得連任或只能連選連任一次，與公司法第 195 條第 1 項之意旨不符（經濟部 108.5.20.經商 10802411360 號函）。

②董事任期屆滿而不及改選時，延長其執行職務至改選董事就任時為止。但主管機關得依職權限期令公司改選；屆期仍不改選者，自限

期屆滿時，當然解任（公§195Ⅱ）。若董事當然解任後仍實際行使董事職權，則構成公司法第8條第3項之事實上董事。

③股份有限公司之新任董事長或監察人，雖不以經主管機關准予變更登記後始生效力，惟仍須「就任」始生效力（最高法院96年度台上字第2152號民事判決）。

④新任董事長業經選舉產生，尚未就任，原任董事長自得延長其執行職務至新任董事長就任時為止（最高法院94年度台抗字第1041號民事裁定）。

⑤董、監事雖已任期屆滿，然主管機關經濟部，既命其於某期限前改選董、監事，則在此期限屆至前，即不生當然解任之問題（最高法院94年度台抗字第72號民事裁定）。

⑥公司之董事並非任期屆滿即不得再執行職務，必俟改選之董事就任時，始喪失原任董事之資格（最高法院84年度台抗字第268號民事裁定）。

⑦董監事任期屆滿不及改選時，該法人股東得另改派代表人執行職務至改選就任時為止（經濟部91.11.12.經商09102257800號函）。

⑧主管機關依職權限期改變，屆期未改選者，無須俟主管機關為解任之處分即生解任效力（經濟部91.7.12.經商09102139170號函）。

2.董事之職權

(1)出席董事會參與討論及表決

①董事為董事會之構成員，故董事會開會時，董事原則上應親自出席並參與表決及執行業務，但公司章程得訂定可由其他董事代理（公§205Ⅰ）。

②董事委託其他董事代理出席董事會時，應於每次出具委託書，並列舉召集事由之授權範圍，但代理人以受一人之委託為限（公§205Ⅲ）。

③董事會開會時，如以視訊會議為之，其董事以視訊參與會議者，視

為親自出席（公§205Ⅱ）。公司法第 205 條規定董事會採行視訊會議方式進行，而無董事親自出席集會時，有關議事錄會議場所之記載，得載明某一特定與會者（如主席）之「實際所在地」或記載該次視訊會議所使用之連結及識別方式作為會議場所。

④公司章程得訂明經全體董事同意，董事就當次董事會議案以書面方式行使其表決權，而不實際集會（公§205Ⅴ）。應注意者，董事會議案採書面決議者，除全體董事就當次董事會議案應以書面方式行使其表決權，並無實際集會外，尚無排除公司法第 204 條規定之適用，故公司仍應將書面決議之事由及行使方式依限通知各董事與監察人（經濟部 111.2.25.經商 11102407120 號函）。

(2)調查報告

董事由創立會選任後，應即就公司法第 145 條第 1 項所規定事項，為確實之調查，並向創立會報告（公§146Ⅰ）。

(3)簽章於股票與公司債

公司所發行之股票或公司債，代表公司之董事簽名或蓋章（公§162Ⅰ、§257Ⅰ）。

(4)任免經理人

經理人之委任、解任、報酬，應由董事會的董事過半數之出席，及出席董事過半數同意之決議行之（公§29Ⅰ③）。

(5)申請各種登記

股份有限公司之登記，由代表公司之負責人申請之（公§387Ⅰ、Ⅳ）。

(6)代表公司對監察人提起訴訟

股東會決議，對於監察人提起訴訟時，若未另行選任起訴之代表，則董事得代表公司自決議之日起三十日內提起之（公§225）。

(7)董事行使職權之相關實務

①董事長或董事應無公司法第 194 條股東之制止請求權（臺灣高等法

院臺中分院 97 年度上字第 157 號民事判決）。

②董事之資格，因股東臨時會之決議並改選全體董、監事而提前解任，自不得再行使董事長之職權（最高法院 95 年度台抗字第 722 號民事裁定）。

③董事會之召集程序有瑕疵時，該董事會之效力，當然無效（臺灣高等法院 97 年度上字第 603 號民事判決）。

④董事為自己或他人與公司有交涉時，由監察人為公司之代表，惟此所謂交涉，並不包括訴訟行為在內（臺灣高等法院花蓮分院 84 年度抗字第 184 號民事裁定）。

⑤董事或其他有代表權人之執行職務，應包括外觀上足認為法人之職務行為，或與職務行為在社會觀念上有適當牽連關係之行為在內（最高法院 92 年度台上字第 2344 號民事判決）。

⑥董事如因執行業務之合理目的需要，為善盡義務，自應使其取得於執行業務合理目的必要範圍內之相關公司資訊。董事之資訊請求權既係附隨於受託義務或緣於其執行職務之本質所生，而與股東權行使無涉，其所得請求查閱、抄錄之資訊範圍，自非以公司法第 210 條規定者為限，惟仍應與其履行執行職務相關，本於正當、合理之目的所必要者，且應就取得之公司資訊本於忠實及注意義務為合理使用，並盡相關保密義務，不得為不利於公司之行為，公司除能舉證證明該資訊與董事之執行業務無涉或已無必要，或董事請求查閱、抄錄該資訊係基於非正當目的者外，不得拒絕提供（最高法院 111 年度台上字第 1079 號民事判決、最高法院 110 年度台上字第 3245 號民事判決）。

3.董事之義務

　　就股份有限公司與董事間之關係而言，依公司法第 192 條第 5 項規定，應適用民法關於委任之規定。該特殊委任契約之締結係以股東會決議為基礎，並以處理團體法上之公司事務為標的（最高法院 93 年度台上

字第 1224 號民事判決）。故董事除應對公司負民法委任上之受任人義務外，尚應對公司負公司法之受託人義務（fiduciary duty）或誠信義務。亦即，董事應忠實執行業務，並盡善良管理人之注意義務。

(1)善良管理人之注意義務

　　①董事為公司之當然負責人，應盡善良管理人之注意義務，如有違反致公司受有損害者，負損害賠償責任（公§23Ⅰ）。

　　②依司法實務之見解，向來認為觀諸公司法第 192 條第 5 項及第 196條規定，股份有限公司與董事間之關係為有償委任（最高法院 89年度台上字第 2191 號民事判決、最高法院 101 年度台上字第 1696號民事判決）。蓋公司與董事之關係，除公司法另有規定外，依民法關於委任之規定（公§192Ⅳ），故董事受有報酬者，不論該報酬係何項名義，其處理公司事務，均應以善良管理人之注意為之（民法§535）。

　　③觀諸司法實務之見解，通常認為所謂善良管理人之注意義務，即依交易上一般觀念，認為有相當知識經驗及誠意之人應盡之注意（臺灣高等法院 98 年度上字第 1307 號民事判決）。惟亦有以為，所謂盡善良管理人之注意，係指董事應在善意與相當注意下，追求公司與股東之最大利益（智慧財產及商業法院 111 年度商訴字第 4 號民事判決）。應注意者，是否已盡善良管理人之注意，應依抽象、客觀之標準定之，而以一般審慎之人處於同樣地位及類似情況下，被合理期待行使之注意能力判斷。

(2)忠實義務

　　①董事為公司之當然負責人，應忠實執行業務，如有違反致公司受有損害者，負損害賠償責任（公§23Ⅰ）。

　　②觀諸司法實務之見解，有認為所稱忠實義務，係指公司負責人即董事處理公司事務時，須為公司利益著想，不得違背公司與股東之信賴，圖謀自己或第三人之利益（智慧財產及商業法院 111 年度商訴

字第 4 號民事判決）。亦有認為所謂忠實執行業務，係指公司負責人執行業務，應對公司盡最大之誠實，謀取公司之最佳利益（臺灣高等法院臺中分院 111 年度重上字第 6 號民事判決）。蓋公司負責人因受公司股東信賴而委以特殊優越之地位，故於執行業務時，自應本於善意之目的，著重公司之利益，依公司規定之程序做出適當之經營判斷，避免自身利益與公司利益相衝突。質言之，董事不得利用公司之資源、資產、資金、資本或資訊，為自己或他人謀取利益。

③所謂忠實義務，即公司負責人因受公司股東信賴而委以特殊優越之地位，故於執行業務時，自應本於善意之目的，著重公司之利益，依公司規定之程序做出適當之經營判斷，避免自身利益與公司利益相衝突。忠實義務大致可歸納為二種類型，一為禁止利益衝突之規範理念，一為禁止奪取公司利益之理念（臺灣高等法院 98 年度上字第 1307 號民事判決）。

(3)守法義務

①董事會執行業務，應依照法令章程及股東會之決議（公 § 193 Ⅰ），性質上為不作為義務。

②董事會或董事執行業務有違反法令、章程或股東會決議之行為者，監察人應即通知董事會或董事停止其行為（公 § 218-2 Ⅱ）。

③所謂善良管理人之注意義務，應包括公司負責人知悉並遵守法令規定之守法義務（最高法院 110 年度台上字第 2608 號民事判決）。具體而言，公司法第 23 條第 1 項規定為董事受託義務之規範，而董事基於受託義務，解釋上應本於善意行事，不得違反法律規定，否則無法達成受託目的，董事執行受託事務時自有守法義務，且此應善意行事之守法義務，與同具善意要件之善良管理人注意義務相合，與規範利益衝突之忠實義務有異，該守法義務，應為受託義務中善良管理人之注意義務內涵（智慧財產及商業法院 111 年度商訴

字第 4 號民事判決）。

(4)監督義務

①我國司法實務上尚未明確確立監督義務（duty to monitor）之範疇，但關於內部控制制度建置之相關法令規定，經常被認為是董事監督義務之重要內涵。鑒於忠實義務主要在處理董事與公司間之利益衝突事項，故董事之監督義務宜定位為屬於善良管理人之注意義務的一環，性質上為作為義務。不過監督義務並不應解為等同於僅負建置內部控制制度之義務，而仍應涵蓋是否適當監督公司事務之合法運作。

②提供會計表冊、營業報告書、損益表及財務報表等年報或相關文件予董事會成員參閱並事先準備，本係公司經營者之責任，董事會理應以善良管理人之注意義務，監督並全盤兼顧管理人之管理，或思慮未及之處，就各提出之年報，詳加審閱，避免怠忽監察職責，此為董事會督導、事後據實審核之責（臺灣高等法院臺中分院 100 年度重上更(一)字第 27 號民事判決）。

(5)報告損害之義務

董事發現公司有受重大損害之虞時，應立即向監察人報告（公§218-1），俾能貫徹監察人之監察權。

(6)符合持股比例義務

公開發行股票之公司依公司法第 192 條第 1 項選任之董事，其全體董事合計持股比例，證券主管機關另有規定者，從其規定（公§192Ⅱ）。

(7)申報持股義務

董事經選任後，應向主管機關申報，其選任當時所持有之公司股份數額（公§197Ⅰ）。董事在任期中其股份有增減時，應向主管機關申報並公告之（公§197Ⅱ）。

(8)不為競業行為之義務

①競業之限制：董事熟知公司業務之秘密，為防止其與公司爭利，原則上，董事不得為自己或他人為屬於公司營業範圍內之行為（公§209Ⅰ）。其規範目的在防杜董事為牟自己或他人之利益，與公司為現實之競業行為，防制此利益衝突之情事，以保障公司及股東之權益。

②例外之許可

董事如對股東會說明其行為之重要內容，並取得股東會之許可者，則仍可與公司經營同類之業務（公§209Ⅰ）。惟股東會為許可之決議，應有代表已發行股份總數三分之二以上股東之出席，以出席股東表決權過半數之同意行之（公§209Ⅱ）。公開發行股票之公司，出席股東之股份總數不足上述定額者，則得以有代表已發行股份總數過半數股東之出席，出席股東表決權三分之二以上之同意行之（公§209Ⅲ）。有關出席股東股份總數及表決權數，章程有較高之規定者，均從其規定（公§209Ⅳ）。

A.董事競業許可之事項，應在召集事由中列舉並說明其主要內容，不得以臨時動議提出；其主要內容得置於證券主管機關或公司指定之網站，並應將其網址載明於通知（公§172Ⅴ）。

B.已依證券交易法發行有價證券之公司召集股東會時，關於公司法第209條第1項之決議事項，應在召集事由中列舉並說明其主要內容，不得以臨時動議提出（證券交易法§26-1）。所稱「說明其主要內容」，與公司法規定之「對股東會說明其行為之重要內容」，用語雖不同，惟目的均在確保董事競業資訊之充分揭露，使股東得以決定是否許可董事競業行為。上開規定乃預防性規定，董事應於事前個別向股東會說明競業行為之重要或主要內容，並取得許可，不包括由股東會事後概括性追認解除所有董事責任。故競業董事是否已盡說明義務，應就其說明之內容是否足

供股東據以作成是否同意董事從事該競業行為之合理判斷，即是否得使股東據以合理預測公司營業今後將因該競業行為所受影響程度。於具體個案並應就各董事說明競業行為之內容，檢視是否已充分揭露。是公開發行公司擬向股東會提出許可新選任董事競業行為議案，應適用證券交易法第 26 條之 1 規定，在股東會召集通知書上列舉選舉董事、許可新任董事競業行為議案，說明其新任董事競業行為之主要內容。於確有不能在股東會召集通知書說明者，始得表明於股東會討論該議案前，當場補充說明其範圍與內容。不論說明或補充說明，均應依上開規定，適當而充分揭露董事競業行為之資訊，始能謂無違反證券交易法第 26 條之 1 規定（最高法院 109 年度台上字第 686 號民事判決）。

C. 公司在進行股東許可決議前，至少應提供全體股東有關董事競業行為之重要內容，以便股東在表決前有相當之判斷資料。倘股東會議案僅為概括性地解除董事競業禁止之義務，則全體股東無法評估判斷是否解除董事競業禁止之義務及其風險，與公司法第 209 條第 1 項之立法目的顯然有違，應認股東會決議無效（臺灣新竹地方法院 106 年度訴字第 578 號民事判決）。

③適用範圍

董事兼任他公司之董事或經理人職務，即係董事為他人為屬於公司營業範圍之行為，他公司如非為營業性質相同或類似者，因二公司間無競爭關係，無適用競業禁止規範之必要；他公司如為經營同類業務者，因存在競爭之可能性，仍應受本項競業禁止之規範。惟二公司間如為百分之百之母子公司，或為同一法人百分之百直接或間接持股之公司，或為關係企業（公司法第 369 條之 1 參照），雖各公司獨立存在而有各別法人格，因在經濟意義上實為一體，或無利益衝突可言，則不構成競業行為（最高法院 109 年度台上字第 686 號民事判決）。

④違反之效果

A.董事未得股東會之許可,而為自己或他人為屬於公司業務範圍之行為時,股東會得以決議,將該行為之所得,視為公司之所得,但自所得產生後逾一年者,不在此限(公§209 V)。

B.董事為自己或他人為屬於公司營業範圍內之行為,未對股東會說明其行為之重要內容並取得其許可,公司得行使歸入權,不以該行為致公司受損害為要件。倘公司因此受有損害,非不得依民法第 544 條規定請求該董事賠償(最高法院 109 年度台上字第 273 號民事判決)。

(9)不得為雙方代理之義務

董事為自己或他人與公司為買賣、借貸或其他法律行為時,由監察人為公司之代表(公§223)。公司法第 223 條旨在禁止雙方代表,以保護公司(本人)之利益,非為維護公益而設,非強行規定,違反該規定,並非當然無效,倘公司(本人)事前許諾或事後承認,對於公司(本人)亦生效力。又催告係意思通知之一種,在學理上屬準法律行為之一種,準法律行為原則上類推適用有關法律行為之規定,故公司法第 223 條之規定亦應類推適用(最高法院 109 年度台上字第 2588 號民事判決)。

(10)民法委任關係下之其他義務

公司與董事之關係,除公司法另有規定外,依民法關於委任之規定(公§192 IV)。所稱公司法另有規定,例如公司法第 192 條第 6 項準用同法第 30 條關於董事之消極資格、第 195 條關於董事之任期、第 196 條關於董事之報酬、第 197 條、第 199 條、第 200 條關於董事之解任、第 205 條關於董事之出席董事會、第 209 條關於董事之競業禁止等(最高法院 102 年度台上字第 2457 號民事判決),即屬之。茲列舉民法所規定之其他義務如下:

①自己處理義務

受任人應自己處理委任事務。但經委任人之同意或另有習慣或有不得已之事由者，得使第三人代為處理（民法§537）。應注意者，公司法第205條第1項及第3項設有代理出席董事會之限制。

②報告義務

A.受任人應將委任事務進行之狀況，報告委任人，委任關係終止時，應明確報告其顛末（民法§540）。

B.公司董事或經理於委任關係終止時，固負有依民法第540條之規定，明確報告委任事務進行顛末之義務，其有違反者，並應負債務不履行之損害賠償責任。惟公司董事或經理如未於終止時主動為之，而由公司於委任關係終止後，另依民法第540條之規定，請求公司董事或經理報告委任事務進行之狀況或顛末者，因公司之董事源於股東會之選任，經理係由董事會之決議而委任（公司法第192條第1項、第29條第1項第3款規定），足見董事與公司間委任關係之形成係以股東會之決議為基礎，經理與公司間之關係，不因委任契約之締結，乃基於董事會之決議產生，均以處理公司法（團體法）上之事務為其標的，與依據民法（個人法）所訂立之一般委任契約，未盡相同。故上開報告義務在適用於公司董事或經理時，自不能毫無期間之限制。參酌公司法第231條規定，公司各項會計表冊經股東會決議承認後，除董事有不法行為者外，應視為公司已解除董事之責任；及商業會計法第68條第3項規定，商業負責人對於該年度會計上之責任，除有不法或不正當行為者外，於決算報表獲得承認後解除。復以企業（尤其是公司）活動及經營管理所衍生之事務恆具有多樣性、持續性、頻繁性與複雜性，苟於委任關係終止後時隔久遠，公司董事或經理記憶淡薄或模糊時，始要求其明確報告委任事務進行之顛末，勢有困難而不具期待性。於此情形，應視公司要求報告事項內容

與性質之不同，將公司董事或經理人之報告義務限縮在其與公司間委任關係終止後相當且合理之期間內為之，俾董事或經理得在其記憶仍屬清晰之情形下，作明確之報告，以免強人所難並造成強制執行上之困難（最高法院 102 年度台上字第 2457 號民事判決）。

③計算義務：受任人因處理委任事務，所收取之金錢、物品及孳息，應交付於委任人。受任人以自己之名義，為委任人取得之權利，應移轉於委任人（民法§541）。

4.董事之責任

(1)對公司之責任

①董事應忠實執行業務並盡善良管理人之注意義務，如有違反致公司受有損害者，負損害賠償責任（公§23 I）。

②公司董事對於違反公司法第 23 條第 1 項之規定，為自己或他人為該行為時，股東會得以決議將該行為之所得視為公司之所得。但自所得產生後逾一年者，不在此限（公§23 III）。例如董事違反忠實義務，竊取公司機會以中飽私囊，股東會得以決議對其行使歸入權。

③董事其因處理公司事務有過失或因逾越權限之行為所生之損害，對於公司應負損害賠償責任（民法§544，公§192 V）。

④董事會之決議，如違反法令、章程及股東會之決議，致公司受損害時，參與決議之董事，對於公司應負賠償責任，但經表示異議之董事，有紀錄或書面聲明可證者，可免其責（公§193 II）。

⑤董事違反公司法第 209 條第 1 項之規定，為自己或他人為該行為時，股東會得以決議，將該行為之所得視為公司之所得。但自所得產生後逾一年者，不在此限（公§209 V）。

(2)對股東之責任

股東依公司法第 214 條之規定，為公司自行對董事提起訴訟，而所

依據之事實，顯屬實在，經終局判決確定時，被訴訟之董事，對於起訴之股東，因此訴訟所受之損害，負賠償之責任（公§215Ⅱ）。

(3)對第三人之責任

　　股份有限公司之董事為公司之負責人（公§8Ⅰ），對於公司業務之執行，如有違反法令致他人受有損害時，對他人應與公司負連帶賠償之責（公§23Ⅱ）。應注意者，證券交易法第 20 條第 1 項、第 3 項所定「有價證券之募集、發行、私募或買賣，不得有虛偽、詐欺或其他足致他人誤信之行為；違反第一項規定者，對於該有價證券之善意取得人或出賣人因而所受之損害，應負賠償責任。」與公司法第 23 條第 2 項「公司負責人對於公司業務之執行，如有違反法令致他人受有損害時，對他人應與公司負連帶賠償之責。」規定，並非互相排斥而不能併存，則證券交易法第 20 條第 1 項、第 3 項對公司法第 23 條第 2 項規定而言，自非同一事項而為特別之規定（最高法院 108 年度台上字第 1937 號民事判決）。

(4)與監察人之連帶責任

　　監察人對於公司或第三人負損害賠償責任，而董事亦負其責任時，董事與監察人為連帶債務人（公§226）。

(5)事實上董事與影子董事之責任

　　公司之非董事，而實質上執行董事業務或實質控制公司之人事、財務或業務經營而實質指揮董事執行業務者，與公司法董事同負民事、刑事及行政罰之責任。但政府為發展經濟、促進社會安定或其他增進公共利益等情形，對政府指派之董事所為之指揮，不適用之（公§8Ⅲ）。

5.董事責任之解除

(1)各項表冊經股東會決議承認後，視為公司已解除董事及監察人之責任。但董事或監察人有不法行為者，不在此限（公§231）。

(2)公司各項表冊經股東會決議承認後，視為公司已解除董事及監察人之責任，解釋上應限於向股東常會提出之會計表冊所揭載事項或自此等

表冊得知悉之事項（最高法院 95 年度台上字第 1942 號民事判決），
而非因不法行為所生已發生或未確定發生之各種責任而言，至於其他
事項，不包括在內（最高法院 105 年度台上字第 2074 號民事判
決）。

(3)所稱解除董事之經營責任，係指股東承認董事之經營成果，不再追究
董事對於經營成敗之責，亦即公司不得以董事經營績效不佳為由，解
任董事或請求損害賠償，要非指股東常會承認前一年度之會計表冊
後，公司即喪失各項法律關係之請求權。若公司依法律規定得據以為
主張時，仍得依各該法律關係主張各項權利；另董事及監察人對公司
之責任，雖得經股東常會決議承認各項會計表冊而視為解除，然董事
及監察人若有不法行為，如營私舞弊或假造單據等，不因承認決議而
視為解除，董事及監察人仍須就該不法行為負責。準此，會計表冊之
承認與董事及監察人責任之解除為不同概念，其間並無必然關連，董
事、監察人若有不法行為，並無法因各項表冊之承認而免責（臺灣高
等法院臺中分院 101 年度重上字第 83 號民事判決）。

6.經營判斷法則之抗辯

(1)經營判斷法則之概念

　　所謂「經營判斷法則」或「商業判斷原則」（business judgment
rule），在美國學說及實務上，其內涵及實際適用標準，並非完全無爭
論。基本上，經營判斷原則是一種推定，即推定公司董事所作成之經營
決定，立於資訊充足之基礎上，且出於善意，真實確信其行為符合公司
之最佳利益。在無裁量權濫用（absent an abuse of discretion）之情況
下，法院將尊重董事之經營判斷，而由原告負責舉證以相關事實來推翻
推定。一旦經營判斷法則之推定經原告舉證推翻，舉證責任將移轉至董
事負擔，以證明其已盡到注意義務。

(2)經營判斷法則之測試要素

　　關於檢驗是否符合經營判斷法則之要素，主要包括：①限於經營決

定（a business decision）；②不具個人利害關係且獨立判斷（disinterested and independence）；③盡注意義務（due care）；④善意（good faith）；⑤未濫用裁量權（no abuse of discretion）。亦即，股東或公司起訴董事時，必須先推翻經營判斷法則之適用，其應舉證證明董事具有下列某些事項或情況，否則依經營判斷法則，法院即不對董事是否違反受託人義務進行實質審查：

A.非屬經營決策之事項。例如有詐欺等不合法越權行為及浪費情事。

B.董事作成決定時係處於資訊不足之狀況。

C.董事係基於惡意作成決定。亦即非基於善意作成決策。

D.參與作成決定之董事具有重大利益衝突之關係。

E.董事有濫用裁量權之情事。

(3)我國肯定適用經營判斷法則之實務見解

①審究我國公司法第 23 條第 1 項規定係源自英美法上之「fiduciary duty」即一般所稱之忠誠義務。所謂「fiduciary duty」，即是認為公司負責人（含董事、經理人等）與公司間之關係為一種「信託」關係，根據此一信託關係（fiduciary relationship），課予公司負責人忠實義務。公司負責人應對公司盡最大之誠實義務為內容，使其於執行公司業務時，能為公正誠實之判斷，並防止其追求公司利益以外之個人利益。英美法上之忠誠義務（fiduciary duty）又可細分為三大類，即注意義務（duty of care）、狹義忠誠義務（duty of loyalty）及其他義務（other duty）。注意義務約當於我國法上之「善良管理人注意義務」，即指公司負責人必須以合理的技能水準、合理的謹慎和注意程度去處理公司事務。因此，公司負責人在無其他忠實義務或其他相關法令之違反，而已盡其應有之注意義務，公司負責人之判斷縱然有錯誤或結果未如預期，公司負責人之經營判斷行為仍屬「經營判斷原則」下合理行為，亦即相當於我國

法上已盡善良管理人之注意義務,自毋庸就其經營管理行為對公司負損害賠償之責。公司負責人在經營公司時,若已經盡善良管理人之注意義務,惟因經營判斷錯誤,事後公司雖然發生損失,則仍不可反推公司負責人未盡其善良管理人之注意義務。此即英美法所謂「經營判斷原則」(business judgment rule)。據此我國法院在判斷公司負責人所為之營業行為是否符合「經營判斷法則」,可借用與美國法院相同之營業標準,亦即:A.限於經營決定(a business decision);B.不具個人利害關係且獨立判斷(disinterested and independence);C.盡注意義務(due care);D.善意(good faith);E.未濫用裁量權(no abuse of discretion)。若公司負責人為經營行為當時若具備此五項經營判斷法則,則可推定其具善良管理人之注意義務,而毋庸對公司及股東負損害賠償責任。本件被告董事會決議修改章程變更公司名稱,符合前述「經營判斷法則」之五個原則,不論其有效或無效,董事會成員可推定已具善良管理人之注意義務,而毋庸對公司負損害賠償責任(臺灣臺北地方法院 96 年度訴字第 2105 號民事判決)。

②關於注意義務,美國法院於經營者注意義務違反的審查上,採用所謂「經營判斷法則」,可供參考。依美國法律協會(ALI)所編寫的「公司治理原則」規定,當董事之行為符合下列各款規定,而基於善意作出經營判斷時,即認其已滿足應負之注意義務:「(一)與該當經營判斷事項無利害關係。(二)在該當情況下,董事等有合理理由相信渠等已於適當程度上,取得該當經營判斷事項所需之相關資訊。(三)董事等合理地相信其之經營判斷符合公司最佳利益。」在此規範理念下,「公司治理原則」要求,董事等負有「一般審慎之人於同樣地位及類似情況下,被合理期待行使之注意」義務,類似於我國善良管理人之注意義務(臺灣高等法院 98 年度上字第 1307 號民事判決)。

③按企業之間透過併購之方式進行組織調整，以發揮企業經營之效率，本有不同主、客觀因素之考量，尚難逕行比附援引其他企業間之合併過程據為應行注意之操作基準。又法人代表以討論合併案及召開股東會議為事由，寄發董事會開會通知單予各董事及監察人，固未依公司法第 204 條規定於開會前七日為之。但有緊急情事時，得隨時召集之。是以，法人代表認有急待董事會商決之緊急情事，隨即於董事會請財務顧問及會計師列席說明，使全體董事得以獲悉相關內容及與會討論，應認尚未逾董事經營判斷之合理範疇（最高法院 99 年度台上字第 261 號民事判決）。

(4)我國否定適用經營判斷法則之實務見解

　　我國公司法未將經營判斷法則予以明文化，且該原則適用對象為公司董事，與公司法第 23 條、第 8 條所稱公司負責人包含董事、監察人、經理人等之規範主體並不相同。又「經營判斷法則」包含兩項法律原則，一為程序上之推定，一為實體法上之規則，前者指在訴訟程序上推定具有善意與適當注意，後者指公司董事在授權範圍內，以善意與適當之注意而為的行為，即便造成公司損害或損失，亦毋庸承擔法律上責任。然我國程序法推定免責，應以法律明文規定者為限，但並無此推定免責之規定，又公司法上之董事係適用民法委任關係為規範，且受任人處理委託事件具有過失或逾越權限，委任人依委任關係得請求賠償，而公司法無具體排除此項規定適用之明文，是不能採用上開法則（臺灣臺北地方法院 92 年度訴字第 4844 號民事判決）。

(5)引進經營判斷法則之思維路徑

　　由於我國善良管理人注意義務之過失程度為抽象輕過失，美國法上董事注意義務之過失程度需達重大過失（gross negligence），兩者在過失程度上顯然有極大差異。又因經營判斷法則在美國法上是推定公司董事所作成之經營決定，立於資訊充足之基礎上，且出於善意，真實確信其行為符合公司之最佳利益。因此，我國若欲在民事訴訟程序上引進經

營判斷法則，似不宜直接以舉證責任轉換或倒置論述，而應關注經營判斷法則所欲達成之目的在於避免股東濫訴、避免法官事後判斷、鼓勵董事勇於任事等，而對於訴訟程序上之舉證活動及待證事項，合理分配及調整舉證責任。

(6)經營判斷法則於刑事案件之適用

　　經營判斷法則固然為民事程序中舉證責任分配之規則，但對於判斷公司負責人是否構成背信罪「違背職務」之構成要件時，究竟有無作用？司法實務上則有不同見解。持肯定見解者認為，法院不應也不宜以市場結果之後見之明，論斷經理人或相關授信人員原先所為商事判斷是否錯誤，甚而認失敗之商業判斷係故意或過失侵害公司，即論經營者或經理人以背信罪責（臺灣高等法院高雄分院 95 年度上易字第 233 號刑事判決、臺灣高等法院 100 年度金上重更(一)字第 4 號刑事判決）。相對地，持否定見解者認為，刑事訴訟程序關於背信罪構成事實之判斷，基於證據裁判、無罪推定、罪疑唯輕原則，本應由檢察官就犯罪構成事實實質舉證，經法院審判程序嚴格證明達確信程度，以定其罪責有無，而無待乎援引商業判斷法則推定行為人已盡注意義務（最高法院 109 年度台上字第 3212 號刑事判決）。

7.對董事之訴訟

(1)公司對董事提起訴訟

　①股東會決議對於董事提起訴訟時，公司應自決議之日起三十日內提起之（公§212）。

　②公司對董事提起訴訟之當事人，乃公司與董事，自不宜由董事代表公司，故除法律另有規定外（例如公§214 I 所規定之少數股東），應由監察人代表公司為之，股東會亦得另選代表公司之訴訟人（公§213）。至於股份有限公司與董事間訴訟，於訴訟進行中，代表公司之監察人聲明承受訴訟者，法院毋庸審酌其與該董事間之利害關係（最高法院 109 年度台抗大字第 1196 號民事裁定）。

③公司法第 213 條規定「公司與董事間訴訟，除法律另有規定外，由監察人代表公司，股東會亦得另選代表公司為訴訟之人」。所謂公司與董事間之訴訟，當指同法第 212 條所定股東會決議於董事提起訴訟而言，蓋股東會為公司最高權力機關，惟其有權決定公司是否對董事（或監察人）提起訴訟。至監察人行使監察權，如認董事有違法失職，僅得依同法第 220 條召集股東會，由股東會決議是否對董事提起訴訟。同法第 213 條所稱除法律另有規定外，則指如同法第 214 條所定不經股東會決議之例外情形而言（最高法院 69 年度台上字第 1995 號民事判決）。

④股份有限公司之董事係以合議方式決定公司業務之執行，於公司與董事間訴訟，為避免董事代表公司恐循同事之情，損及公司利益，故公司法第 213 條規定，應由監察人或股東會另選之人代表公司為訴訟。而該為訴訟當事人之董事倘已不具董事資格，既不復有此顧慮，且非屬公司與董事間訴訟，自無適用上開規定之餘地，亦不生對其起訴是否應經股東會決議之問題（最高法院 103 年度台抗字第 603 號民事裁定）。

(2)少數股東對董事提起訴訟

①當選董事者，多為持有多數股份之股東，致要以股東會之決議對董事提起訴訟，事實恐有困難，故為保障少數股東之權利計，公司法明定，繼續六個月以上，持有已發行股份總數百分之一以上之股東，得以書面請求監察人為公司對董事提起訴訟，上述股東得為公司，自行提起訴訟（公§214Ⅰ）。

②監察人自有前項之請求日起，三十日內不提起訴訟時，前項之股東，得為公司提起訴訟；股東提起訴訟時，法院因被告之申請，得命起訴之股東，提供相當之擔保（公§214Ⅱ）。

③裁判費之暫免徵收

為降低少數股東提起訴訟之障礙，股東提起公司法第 214 條第 2 項

訴訟,其裁判費超過新臺幣六十萬元部分暫免徵收(公§214
Ⅲ)。

④訴訟代理人之選任

公司法第 214 條第 2 項訴訟,法院得依聲請為原告選任律師為訴訟
代理人(公§214Ⅳ)。

⑤訴訟之效果

A.起訴股東之責任

(A)對公司負賠償責任:如敗訴,致公司受有損害時,對公司應負
賠償之責(公§214Ⅱ後段)。

(B)對被訴董事負賠償責任:其所依據之事實,顯屬虛構,經終局
判決確定時,對於被訴董事因此訴訟所受之損害,負賠償責任
(公§215Ⅰ)。

B.敗訴董事之賠償責任

少數股東提起訴訟所依據之事實,顯屬實在,經終局判決時,被
訴之董事,對於起訴之股東因此所受之損害,負賠償責任(公§
215Ⅱ)。

(3)證券投資人及期貨交易人保護中心為公司對董事提起訴訟

①保護機構發現上市、上櫃或興櫃公司之董事或監察人執行業務,有
證券交易法第 155 條、第 157 條之 1 或期貨交易法第 106 條至第
108 條規定之情事,或執行業務有重大損害公司之行為或違反法令
或章程之重大事項,得以書面請求公司之監察人為公司對董事提起
訴訟,或請求公司之董事會為公司對監察人提起訴訟,或請求公司
對已卸任之董事或監察人提起訴訟。監察人、董事會或公司自保護
機構請求之日起三十日內不提起訴訟時,保護機構得為公司提起訴
訟,不受公司法第 214 條及第 227 條準用第 214 條之限制。保護機
構之請求,應以書面為之(證券投資人及期貨交易人保護法§10-1
Ⅰ①)。

②公司已依法設置審計委員會者，證券投資人及期貨交易人保護法第
　10條之1第1項及第6項所稱監察人，指審計委員會或其獨立董事
　成員（證券投資人及期貨交易人保護法§10-1Ⅸ）。

③證券投資人及期貨交易人保護法第34條至第36條規定，於保護機
　構依第10條之1第1項規定提起訴訟、上訴或聲請保全程序、執
　行程序時，準用之（證券投資人及期貨交易人保護法§10-1Ⅲ）。

④公司因故終止上市、上櫃或興櫃者，保護機構就該公司於上市、上
　櫃或興櫃期間有證券投資人及期貨交易人保護法第10條之1第1
　項所定情事，仍有同條第1項至第3項規定之適用（證券投資人及
　期貨交易人保護法§10-1Ⅳ）。

⑤保護機構依證券投資人及期貨交易人保護法第10條之1第1項第1
　款規定提起訴訟時，就同一基礎事實應負賠償責任且有為公司管理
　事務及簽名之權之人，得合併起訴或為訴之追加；其職務關係消滅
　者，亦同（證券投資人及期貨交易人保護法§10-1Ⅴ）。又公
　司之監察人、董事會或公司依同條第1項第1款規定提起訴訟時，
　保護機構為維護公司及股東權益，於該訴訟繫屬中得為參加，並準
　用民事訴訟法第56條第1項規定（證券投資人及期貨交易人保護
　法§10-1Ⅵ）。

⑥為加強公司治理機制，發揮保護機構為公司代位訴訟功能，增訂證
　券投資人及期貨交易人保護法第10條之1第1項第1款，使具公
　益色彩之保護機構於辦理業務時，就上市或上櫃公司之董事或監察
　人執行業務違反法令或章程，發現其重大者，即得以自己名義為原
　告，為公司對董事或監察人提起損害賠償之訴，性質上屬法律賦與
　訴訟實施權之規範，應自公布施行起，即對保護機構發生效力。因
　保護機構於訴訟程序上所行使之實體法上權利仍屬公司所有，本應
　對公司負損害賠償責任之董事或監察人而言，並未增加不可預期之
　法律上制裁，亦非另創設保護機構新的獨立請求權基礎，不生不適

用之問題（最高法院 103 年度台上字第 846 號民事判決）。

⑦按證券投資人及期貨交易人保護法第 10 條之 1 第 1 項規定所謂執
行業務者，包括積極的作為與消極的不作為。舉凡行為之外觀，足
以認為係執行業務，或在社會觀念上，與職務行為有相當牽連關係
者均屬之（最高法院 108 年度台上字第 614 號民事判決）。

8.董事之辭任及解任

(1)董事之自行辭職

①董事得自行辭職，故從廣義而言，辭職亦為其解任之一原因。公司
與董事間之關係，除公司法另有規定外，依民法關於委任之規定
（公§192Ⅴ）。依民法第 549 條第 1 項規定：「當事人之任何一
方，得隨時終止委任契約。」故董事得隨時辭職，終止與公司間之
委任契約。但董事於不利於公司之時期終止契約者，應負損害賠償
責任（民法§549Ⅱ）。

②董事之辭職，以向公司為辭任之意思表示，即生效力（經濟部
93.3.22.經商 09302039820 號函）。

③董事之辭職以向公司代表人為表示即生效力，不論係以口頭或書面
為之（經濟部 80.9.7.商 223815 號函）。

④股份有限公司董事於向公司為辭職之表示時，其與公司間之委任關
係即已終止；然後其公司之董事登記尚未變更前，應認其對外應
負之董事責任並非當然解消（最高行政法院 98 年度判字第 164 號
判決）。

(2)任期之屆滿

①董事之任期，應依章程所定，但不得逾三年，董事任期屆滿而不及
改選時，延長其執行職務至改選董事就任時為止。但主管機關得依
職權限期令公司改選；屆期仍不改選者，自限期屆滿時，當然解任
（公§195）。

②董、監事雖已任期屆滿，然主管機關經濟部，既命其於某期限前改

選董、監事，則在此期限屆至前，即不生當然解任之問題（最高法院 94 年度台抗字第 72 號民事裁定）。

(3)股東會之決議（決議解任）

①董事得由股東會之決議，隨時解任；如於任期中無正當理由將其解任時，董事得向公司請求賠償因此所受之損害（公 § 199 I）。股東會為前述解任之決議，應有代表已發行股份總數三分之二以上股東之出席，以出席股東表決權過半數之同意行之（公 § 199 II）。又公開發行股票之公司，出席股東之股份總數不足前項定額者，得以有代表已發行股份總數過半數股東之出席，出席股東表決權三分之二以上之同意行之（公 § 199 III）。前述出席股東股份總數及表決權數，章程有較高之規定者，從其規定（公 § 199 IV）。

②股東會於董事任期未屆滿前，經改選全體董事者，如未決議董事於任期屆滿始為解任，視為提前解任（公 § 199-1 I）。上開改選，應有代表已發行股份總數過半數股東之出席（公 § 199-1 II）。因此，股東會決議改選全體董事及監察人者，僅需經普通決議。

③董事、監察人在任滿前因無正當理由遭解任，該董事、監察人於任期屆滿前，如未遭解任原可獲得之報酬，為其等所受之損害（臺灣高等法院 84 年度上更(二)字第 449 號民事判決）。

④股東會尚不得逕行決議將董事、監察人停權（經濟部 82.10.28.商 226225 號函）。

⑤董事長解任後應先補選董事長或補選董事，公司可自行決定（經濟部 93.11.1.經商 09300189290 號函）。

⑥公司法於民國 90 年 11 月 12 日修正時增訂第 199 條之 1 規定之立法理由謂：「依第 195 條第 1 項規定，董事係採任期制。惟實務上公司於董事任期中提前改選者頗多，而依其所附會議記錄及召集通知，均僅載明改選董監事議案；又依第 172 條改選案，係經董事會決議通過，始行通知各股東開會，雖未同時於議程中就現任董事為

決議解任，而實務上均於新任董事就任日視為提前解任，爰增訂本條，俾釐清董事與公司之權益關係。」顯見本條新增之立法目的旨在釐清股東會於董事任期屆滿前提前改選董事時，新舊任董事任期問題，而非規定董事選任或解任之方式，亦非強調提前改選應經較慎重之特別決議程序或股東會決議改選全體董事須先為解任董事之決議（臺灣高等法院暨所屬法院 100.11.16.法律座談會民事類提案第 19 號）。

(4)當然解任

①董事準用公司法第 30 條有關經理人消極資格之規定。有下列情事之一者，不得充董事，其已充任者，當然解任：

A.曾犯組織犯罪防制條例規定之罪，經有罪判決確定，尚未執行、尚未執行完畢，或執行完畢、緩刑期滿或赦免後未逾五年。

B.曾犯詐欺、背信、侵占罪經宣告有期徒刑一年以上之刑確定，尚未執行、尚未執行完畢，或執行完畢、緩刑期滿或赦免後未逾二年。

C.曾犯貪污治罪條例之罪，經判決有罪確定，尚未執行、尚未執行完畢，或執行完畢、緩刑期滿或赦免後未逾二年。

D.受破產之宣告或經法院裁定開始清算程序，尚未復權。

E.使用票據經拒絕往來尚未期滿。

F.無行為能力或限制行為能力。

G.受輔助宣告尚未撤銷。

②已依證券交易法發行股票之公司，其獨立董事有下列情事之一者，不得充任獨立董事，其已充任者，當然解任（證券交易法§14-2 Ⅳ）：

A.有公司法第 30 條各款情事之一。

B.依公司法第 27 條規定以政府、法人或其代表人當選。

C.違反依證券交易法第 14 條之 2 第 2 項所定獨立董事之資格。亦

即，不具備「公開發行公司獨立董事設置及應遵循事項辦法」第2 條規定之積極資格或及構成第 3 條規定之消極資格。

③股份之轉讓

A.董事與公司之成敗，關係至為密切，若將其股份轉讓過多，必減低對公司之責任心，故公司法規定，董事經選任後，應向主管機關申報，其選任當時所持有之公司股份數額；公開發行股票之公司董事在任期中轉讓超過選任當時所持有之公司股份數額二分之一時，其董事當然解任，即不待股東會之決議或法院之裁判，當然地喪失董事的身分（公§197Ⅰ）。惟上開規定，似有違所有權與經營權分離原則之理念。

B.公開發行股票之公司董事當選後，於就任前轉讓超過選任當時所持有之公司股份數額二分之一時，或於股東會召開前之停止股票過戶期間內，轉讓持股超過二分之一時，其當選失其效力（公§197Ⅲ）。

C.獨立董事持股轉讓，不適用公司法第 197 條第 1 項後段及第 3 項規定（證券交易法§14-2Ⅴ）。

D.董事經選任後，在任期中股份轉讓超過二分之一時，其董事當然解任，此所謂轉讓，不以將股票受讓人記載於股東名簿為限（最高法院 92 年度台上字第 1504 號民事判決）。

E.董事、監察人信託移轉股份超過選任當時二分之一時，仍有公司法第 197 條當然解任之適用（證券暨期貨管理委員會 92.9.16.財證(三)920137238 號函）。

F.「選任當時所持有之公司股份數額」之認定，係指停止過戶股東名簿所記載股份數額（經濟部 91.9.9.經商 09102195340 號函）。

G.轉讓之股份恰為二分之一即未超過並不影響董事之職務（經濟部 56.4.21.商 10005 號函）。

(5)法院之裁判解任

①少數股東訴請法院裁判解任

A.董事執行業務，有重大損害公司之行為或違反法令或章程之重大事項，股東會未為決議將其解任時，得由持有已發行股份總數百分之三以上股份之股東，於股東會後三十日內，訴請法院裁判之（公§200）。

B.公司法第 200 條係補充同法第 199 條第 1 項前段之不足，使公司股東得對不適任董事訴請法院解任，避免董事持股甚多而無從依公司法第 199 條第 1 項前段規定以股東會決議解任不適任董事，其規範目的公司法第 192 條第 5 項準用第 30 條於董事當選之初即視為當然解任不同。是以，倘董事當選時逾公司法第 30 條所定期間，自不生當然解任之效果，惟若其有不適任之情形，股東會或少數股東自得各依公司法第 199 條第 1 項前段或第 200 條解任董事（臺灣高等法院高雄分院 105 年度金上字第 1 號民事判決）。

②證券投資人及期貨交易人保護中心訴請法院裁判解任

A.保護機構發現上市、上櫃或興櫃公司之董事或監察人執行業務，有證券交易法第 155 條、第 157 條之 1 或期貨交易法第 106 條至第 108 條規定之情事，或執行業務有重大損害公司之行為或違反法令或章程之重大事項，得訴請法院裁判解任公司之董事或監察人，不受公司法第 200 條及第 227 條準用第 200 條之限制，且解任事由不以起訴時任期內發生者為限（證券投資人及期貨交易人保護法§10-1 I ②）。證券投資人及期貨交易人保護法第 10 條之 1 第 1 項第 2 款之董事或監察人，經法院裁判解任確定後，自裁判確定日起，三年內不得充任上市、上櫃或興櫃公司之董事、監察人及依公司法第 27 條第 1 項規定受指定代表行使職務之自然人，其已充任者，當然解任（證券投資人及期貨交易人保護法

§10-1Ⅶ）。且同條第 1 項第 2 款之解任裁判確定後，由主管機關（金融監督管理委員會）函請公司登記主管機關辦理解任登記（證券投資人及期貨交易人保護法§10-1Ⅷ）。蓋為保障投資人權益及促進證券市場健全發展，其一旦經裁判解任確定後，即不應在一定期間內繼續擔任公司董事、監察人，以避免影響公司治理及危害公司之經營。又依公司法第 27 條第 1 項規定受指定代表行使職務之自然人，實質上行使董事、監察人職務，自有併予規範之必要，故為維護公益，確保公司及其股東權益，並達成解任訴訟之立法意旨，明定不論被解任者之職務為董事或監察人，其經裁判解任確定日起三年內，皆不能擔任上市、上櫃或興櫃公司之董事、監察人及依公司法第 27 條第 1 項規定受指定代表行使職務之自然人，其已充任者，當然解任。

B.證券投資人及期貨交易人保護法第 34 條至第 36 條規定，於保護機構依證券投資人及期貨交易人保護法第 10 條之 1 第 1 項規定提起訴訟、上訴或聲請保全程序、執行程序時，準用之（證券投資人及期貨交易人保護法§10-1Ⅲ）。

C.公司因故終止上市、上櫃或興櫃者，保護機構就該公司於上市、上櫃或興櫃期間有證券投資人及期貨交易人保護法第 10 條之 1 第 1 項所定情事，仍有同條第 1 項至第 3 項規定之適用（證券投資人及期貨交易人保護法§10-1Ⅳ）。

D.證券投資人及期貨交易人保護法第 10 條之 1 第 1 項第 2 款訴請法院裁判解任權，自保護機構知有解任事由時起，二年間不行使，或自解任事由發生時起，經過十年而消滅（證券投資人及期貨交易人保護法§10-1Ⅱ），以明定形成訴權行使之除斥期間。

E.我國雖未如英美等國採行由法院宣告董事於一定期間失格之制度，惟證券投資人及期貨交易人保護法第 10 條之 1 第 1 項第 2 款規定既兼具維護股東權益及社會公益之保護，其裁判解任，應

以董事或監察人損害公司之行為或違反法令或章程之事項，在客觀上已足使人認該董事或監察人繼續擔任其職務，將使股東權益或社會公益受有重大損害，而不適任其職務，即足當之。參以該條款係規定保護機構發現有前開行為時得行使裁判解任之形成訴權，發現時點與行為時點本或有時間差異，則裁判解任事由自不以發生於起訴時之當次任期內為限（最高法院 106 年度台上字第 177 號民事判決）。因此，證券投資人及期貨交易人保護法於民國 109 年 6 月 10 日修正時，特別增訂第 10 條之 1 第 1 項第 2 款規定，明定解任事由不以起訴時任期內發生者為限。應注意者，證券投資人及期貨交易人保護法第 10 條之 1 第 1 項第 2 款裁判解任規定未如同條項第 1 款代表訴訟規定般，明定可對已卸任之董事提起，乃存在法律漏洞，應予目的性擴張，認董事於起訴前雖已不在任，仍具解任訴訟之訴之利益，以填補該法律漏洞，而達事理之平（最高法院 112 年度台上字第 842 號民事判決）。換言之，保護機構依證券投資人及期貨交易人保護法第 10 條之 1 規定行使形成訴權，提起解任訴訟，其解任之確定裁判於修法後乃具失格效力，遭裁判解任者於一定期間內不得再繼續擔任公司董事、監察人職務，縱其於訴訟中自行辭任，該訴訟仍具訴之利益（臺灣高等法院 111 年度金上字第 13 號民事判決）。

F. 董事違反證券交易法第 20 條第 2 項財務報告不得為虛偽或隱匿之規定，顯屬違反法令之重大事項。證券投資人及期貨交易人保護中心依證券投資人及期貨交易人保護法第 10 條之 1 第 1 項第 2 款之規定，訴請法院解任該董事長之董事職務，於法自屬有據（臺灣高等法院 105 年度上字第 460 號民事判決）。惟為求明確並強化經營者之誠信，促進公司治理，證券投資人及期貨交易人保護法於民國 109 年 6 月 10 日修正時，明定保護機構發現上市、上櫃或興櫃公司之董事或監察人，有證券交易法第 155 條、

第 157 條之 1 或期貨交易法第 106 條至第 108 條規定之情事，或執行業務有重大損害公司之行為或違反法令或章程之重大事項，證券投資人及期貨交易人保護中心得訴請法院裁判解任，明文將之列舉為保護機構得提起解任訴訟之獨立事由。

G.董事如有違反法令之重大事項，縱對於公司未造成重大損害，保護機構仍得訴請法院裁判解任其董事職務，以達保護市場即證券投資人權益之目的（臺灣高等法院 105 年度金上字第 18 號民事判決）。

H.證券投資人及期貨交易人保護法第 10 條之 1 第 1 項所稱「執行業務」意涵，應參酌董事忠實義務意涵，採取廣義解釋，而不應採取狹義解釋，如董事利用執行董事職務所獲取公司營業資訊而為內線交易或操縱股價行為，該內線交易或操縱股價行為固非屬狹義之「執行業務」行為，然屬董事因執行業務機會獲取相關營業資訊，始得完成內線交易或操縱股價，與董事職務有密切相關，自應仍屬該條所稱「執行業務」行為。至於該執行業務行為是否違反董事忠實義務，且對公司造成重大損害或該當違反法令、章程之重大事項，乃屬另事。又證券投資人及期貨交易人保護法第 10 條之 1 第 1 項第 2 款之裁判解任制度，乃屬有別於公司法裁判解任制度之獨立監督公司治理制度，該解任事由並不限於所欲解任董事任期所生之事由，法院應依公司法第 23 條第 1 項董事忠實義務之立法意旨，具體妥為審認董事是否違反忠實義務且情節重大（臺灣高等法院臺中分院 105 年度金上字第 3 號民事判決）。

I. 證券投資人及期貨交易人保護法第 10 條之 1 第 1 項第 2 款裁判解任規定，應以董事或監察人損害公司之行為或違反法令或章程之事項，在客觀上已足使人認該董事或監察人繼續擔任其職務，將使股東權益或社會公益受有重大損害，而不適任其職務，即足

　　　　當之（最高法院 106 年度台上字第 177 號民事判決、最高法
　　　　院 106 年度台上字第 2658 號民事判決）。

(6)其他事由

　　例如公司破產解散、決議解散或董事死亡等。

9.董事之補選

(1)董事缺額達三分之一時，董事會應於三十日內召開股東臨時會補選
　　之。但公開發行股票之公司，董事會應於六十日內召開股東臨時會補
　　選之（公§201）。

(2)獨立董事因故解任，致人數不足證券交易法第 14 條之 2 第 1 項或章
　　程規定者，應於最近一次股東會補選之。獨立董事均解任時，公司應
　　自事實發生之日起六十日內，召開股東臨時會補選之（證券交易法
　　§14-2Ⅵ）。

(3)已依證券交易法發行股票之公司，其董事因故解任，致不足五人者，
　　公司應於最近一次股東會補選之。但董事缺額達章程所定席次三分之
　　一者，公司應自事實發生之日起六十日內，召開股東臨時會補選之
　　（證券交易法§26-3Ⅶ）。所稱最近一次股東會，當獨立董事或董事
　　因故解任之時點，已逾公開發行公司董事會訂定股東會日期及股東會
　　議案內容之決議日，或章程訂有董事候選人提名制度，已逾董事會董
　　事候選人提名受理期間及董事應選名額之決議日者，為前述董事會決
　　議所召開股東會之下次股東會（行政院金融監督管理委員會 96.8.6.金
　　管證一 0960042004 號令）。

(4)股東會補選董事之人數是否應與缺額董事人數相同，公司法尚乏規定
　　（經濟部 90.5.16.經商 09002096490 號函）。

(5)董事缺額達三分之一時，公司可自行決定補選或全面改選（經濟部
　　93.11.12.經商 09302191430 號函）。

(二)董事會

1.董事會之組成

(1)董事會為公司執行業務之必要集體機構，故董事必組成董事會以決定業務之執行。

(2)董事會以三人以上之董事組成之（公§192Ⅰ）。但公司得依章程規定不設董事會，置董事一人或二人。置董事一人者，以其為董事長，董事會之職權並由該董事行使，不適用公司法有關董事會之規定；置董事二人者，準用公司法有關董事會之規定（公§192Ⅱ）。因此，非公開發行股份有限公司之董事人數及職權設計，得採取下列三種選擇：

　①設置董事三人以上，並組成董事會。

　②設置董是二人，並準用董事會規定。

　③設置董事一人，並擔任董事長及行使董事會職權。

(3)已依證券交易法發行股票之公司董事會，設置董事不得少於五人（證券交易法§26-3Ⅰ）。

(4)董事會未設常務董事者，應由三分之二以上董事之出席，及出席董事過半數之同意，互選一人為董事長，並得依章程規定，以同一方式互選一人為副董事長（公§208Ⅰ）。

(5)每屆第一次董事會，由所得選票代表選舉權最多之董事於改選後十五日內召開之。但董事係於上屆董事任滿前改選，並決議自任期屆滿時解任者，應於上屆董事任滿後十五日內召開之（公§203Ⅰ）。

(6)董事會並非經常開會，故得設常務董事會。董事會設有常務董事者，其常務董事依前項選舉方式互選之，名額至少三人，最多不得超過董事人數三分之一。董事長或副董事長由常務董事依前項選舉方式互選之（公§208Ⅱ）。

(7)董事長對內為股東會、董事會及常務董事會主席，對外代表公司。董事長請假或因故不能行使職權時，由副董事長代理之；無副董事長或副董事長亦請假或因故不能行使職權時，由董事長指定常務董事一人

代理之；其未設常務董事者，指定董事一人代理之；董事長未指定代
理人者，由常務董事或董事互推一人代理之（公§208Ⅲ）。

(8)司法實務上認為，僅剩二人董事，不可召開董事會決議提出破產之聲
請（臺灣高等法院 96 年度抗字第 103 號民事裁定）。惟經濟部之解
釋認為，公司如因其他因素，僅剩二人以上之董事可參與董事會時
（二人以上方達會議之基本形式要件），可依實際在任而能應召出席
董事，以為認定董事會應出席之人數，由該出席董事以董事會名義召
開臨時股東會改（補）選董（監）事，以維持公司運作（經濟部
93.12.2.經商 09302202470 號函）。

(9)董事會組成之相關實務

①董事長死亡，董事未重新選任董事長時，應由全體常務董事或全體
董事代表公司，自無公司代表人欠缺之問題（最高法院 97 年度台
簡上字第 21 號民事判決）。換言之，公司董事長死亡，其人格權
即告消滅，僅能另行補選董事長，殊無互推代理人之餘地（最高法
院 93 年度台抗字第 999 號民事裁定）。惟股份有限公司董事長死
亡而未及補選前，得由副董事長暫時執行董事長職務（最高法院 88
年度台抗字第 85 號民事裁定）

②參照公司法第 171 條、第 203 條第 1 項本文等規定，股份有限公司
之股東會，除另有規定外，由董事長召集之董事會召集之，並就已
經董事會決議之事項為審議。若公司設有董事三人，但於股東臨時
會召集前，董事長已死亡，另一董事亦因轉讓過半持股而解任職
務，賸餘董事已無從以董事會名義召開股東會，自不得逕予論定該
董事不需經董事會決議即可召開股東臨時會，選任之監察人亦屬有
效，論事用法尚有可議之處（最高法院 99 年度台上字第 109 號民
事判決）。

③公司董事長之執行業務，非其獨自一人所得全權決定（最高法院 91
年度台上字第 1432 號民事判決）。

④章程不得明定副董事長二人（經濟部 92.3.11.經商 09202048480 號函）。

⑤公司章程內或董事會規程中不得將董事長之職權明定一部分為副董事長之職權（經濟部 88.3.17.經商 88204911 號函）。

⑥公司法明定董事會職權者，不得由常務董事會決議（經濟部 86.12.26.經商 86224536 號函）。

2.董事會之召集

(1)召集權人

董事會由董事長召集之，但每屆第一次董事會，由所得選票代表選舉權最多之董事召集之（公§203Ⅰ）。

①每屆第一次董事會之召集

A.每屆第一次董事會，由所得選票代表選舉權最多之董事於改選後十五日內召開之。但董事係於上屆董事任滿前改選，並決議自任期屆滿時解任者，應於上屆董事任滿後十五日內召開之（公§203Ⅰ）。解釋上，每屆第一次董事會既由所得選票代表選舉權最多之董事召集，自應由其擔任主席。

B.董事係於上屆董事任期屆滿前改選，並經決議自任期屆滿時解任者，其董事長、副董事長、常務董事之改選得於任期屆滿前為之，不受第 1 項之限制（公§203Ⅱ）。公司法第 203 條第 2 項立法意旨僅為銜接視事，故該項之董事會議案範圍應僅限改選董事長、副董事長、常務董事。

C.第一次董事會之召開，出席之董事未達選舉常務董事或董事長之最低出席人數時，原召集人應於十五日內繼續召開，並得適用公司法第 206 條之決議方法選舉之（公§203Ⅲ）。應注意者，當屆第一次董事會之召開，出席董事倘未達選舉董事長之最低出席人數，若原召集人並未於十五日內繼續召開，自無從逕依公司法第 206 條之決議方法選舉董事長，而仍應以三分之二以上董事出

席、出席董事過半數同意之決議方法為之（臺灣高等法院高雄分院 111 年度上字第 253 號民事判決）。

D.得選票代表選舉權最多之董事，未在公司法第203條第1項或第3項期限內召開董事會時，得由過半數當選之董事，自行召集之（公§203Ⅳ）。

②定期董事會之召集及主席

A.董事會由董事長召集之（公§203-1Ⅰ），董事長對內為董事會主席（公§208Ⅲ前段）。

B.過半數之董事得以書面記明提議事項及理由，請求董事長召集董事會（公§203-1Ⅱ）。上開請求提出後十五日內，董事長不為召開時，過半數之董事得自行召集（公§203-1Ⅲ）。倘實務上發生董事長不作為之情事，不僅導致公司之運作僵局，更嚴重損及公司治理。經查 107 年 11 月 1 日施行修正公司法第 203 條之 1 之立法目的，乃為解決董事長不召開董事會，而影響公司之正常經營，倘董事長於法定期限內不為召開時，過半數之董事，毋庸經主管機關許可，得自行召集董事會。是以，董事長倘未於前開期限內，按過半數董事書面記明之提議事項召開董事會者，該等過半數董事即得自行召集董事會（經濟部 111.6.10.經商 11102019270 號函），並比照公司法第 182 條之 1 規定由過半董事互推產生主席（經濟部 108.1.19.經商 10802400580 號函）。

C.董事長如不召開定期董事會，尚不得由其他監察人召集之。

(2)召集之程序

①召集通知及方式

A.董事會之召集，應於三日前通知各董事及監察人。但章程有較高之規定者，從其規定（公§204Ⅰ）。公開發行股票之公司董事會之召集，其通知各董事及監察人之期間，由證券主管機關定之，不適用公司法第 204 條第 1 項規定（公§204Ⅱ）。又依證

券交易法第 26 條之 3 第 8 項規定之授權，金融監督管理委員會並據以訂定發布「公開發行公司董事會議事辦法」，以資遵循。質言之，公開發行公司董事會之召集，應載明召集事由，於七日前通知各董事及監察人。但有緊急情事時，得隨時召集之（公開發行公司董事會議事辦法§3Ⅱ）。

B.有緊急情事時，董事會之召集，得隨時為之（公§204Ⅲ）。

C.召集之通知，經相對人同意者，得以電子方式為之（公§204Ⅳ）。

　(A)同意之方式包含明示同意及默示同意兩種情形。明示同意係指當事人間以書面或口頭明白表示同意以電子方式為之；默示同意係指依其外在所表現之行為，足以認定相對人已默示同意以電子方式為之。又相對人是否已經表示同意，屬事實認定問題，應由司法機關依具體情況綜合判斷，解釋上，未可一概而論。倘章程已規定董事會召集通知得以電子方式為之者，解釋上既認定為董事已默示同意，是以發送董事會召集通知給董事時，即得以電子方式為之（毋庸另取得董事同意），尚無「董事得否不同意以電子方式通知」之問題（經濟部 101.7.23.經商 10102093130 號函）。

　(B)所謂董事會之召集通知，包含會議資料，自得於取得相對人同意後，以電子方式為之。倘將召集通知紙本用印掃描後，透過網際網路以電子郵件傳輸給相對人，或上傳雲端硬碟或其他網路平台後，由相對人自行下載者，倘經相對人同意，自無不可（經濟部 102.9.2.經商 10202097590 號函）。

②董事會召集之相關實務

　A.董監事未親自出席或視同親自出席董監事會議之情形，則公司即不得列報董監事議事費用（最高行政法院 95 年度判字第 1804 號判決）。

B.董事會之召集，應於三日前通知各董事及監察人，所稱三日前不算入始日。董事會未通知監察人列席陳述意見即逕為決議，其效力如何，公司法雖無明文，惟參諸公司法第 218 條之 2 第 1 項規定，賦予監察人得列席董事會陳述意見之權利，乃係藉由監察人之客觀、公正第三人立場，提供董事會不同意見，且監察人為公司業務之監督機關，須先明瞭公司業務經營狀況，俾能妥善行使職權，同法第 204 條第 1 項因就董事會之召集明定應載明事由，於三日前通知監察人，以資遵循之趣旨以觀，董事會未通知監察人列席陳述意見，即逕為決議，其決議應屬無效（最高法院 106 年度台上字第 2629 號民事判決、最高法院 106 年度台上字第 57 號民事判決）。應注意者，公司法第 204 條關於董事會之召集應載明事由於三日前通知各董事及監察人之規定，其目的無非係以董事會由董事所組成，董事會之召集通知，自應對各董事為之，俾確保各董事均得出席董事會，參與議決公司業務執行之事項。故董事會之召集雖違反上開規定，惟全體董監事倘皆已應召集而出席或列席董事會，對召集程序之瑕疵並無異議而參與決議，尚難謂董事會之召集違反法令而認其決議為無效（最高法院 104 年度台上字第 823 號民事判決）。

C.股份有限公司設立董事會之趣旨，在使全體董事經參與董事會會議，互換意見，詳加討論後，決定公司業務執行之方針。因此，董事會之召集程序，若有違反公司法第 203 條之 1 第 1 項規定之情形，其所為決議雖屬無效。惟董事會開會通知書係由時任公司董事長指示職員辦理，且經職員將該開會通知書先行傳送予董事長確認後，再由職員依其指示通知公司董事召開董事會事宜，故該董事會係由董事長所召集，其所為決議自無決議無效之情事（臺灣高等法院臺南分院 111 年度上字第 171 號民事判決）。同理，公司董事長召集董事會，於期限前依公司登記名冊之本名或

名稱、住所或居所發送召集董事會之通知，應認已生通知之效力
（最高法院 95 年度台上字第 2611 號民事判決）。

D.開會通知召集事由未記載之事項，難認董事會不得以臨時動議提
出而為決議（臺灣高等法院 93 年度上字第 467 號民事判決）。

E.公司法及證券交易法對於董事會開會地點，均無明文規定。又董
事會係公司之執行機關，董事會召開之地點，自應使全體董事皆
有參與討論機會，應於公司所在地或便於全體董事出席且適合董
事會召開之地點為之，並不以國內為限（經濟部 97.10.21.經商
09702424710 號函）。

F.董事會通知係採發信主義（經濟部 99.4.9.經商 09902036620 號
函）。

3.董事會之決議

(1)實體會議及董事會之出席

①董事會開會時，董事應親自出席，但公司章程訂定得由其他董事代
理者，不在此限（公§205Ⅰ）。惟董事會僅由董事一人親自出
席，不具會議之基本形式要件（經濟部 93.5.7.經商 09302073130 號
函）。

②董事委託其他董事代理出席董事會時，應於每次出具委託書，並列
舉召集事由之授權範圍（公§205Ⅲ）。

③為防止董事會為人所操縱，代理人以受一人之委託為限（公§205
Ⅳ）。

④董事委託其他董事出席董事會時，應每次出具委託書，並列舉召集
事由之授權範圍，違反者，不生委託出席之效力（最高法院 70 年
度台上字第 3410 號民事判決）。

⑤章程未訂有董事出席董事會之代理者，則董事委託其他董事代理出
席董事會對公司不生效力（經濟部 92.8.19.經商 09202171850 號
函）。

⑥按股份有限公司設立董事會之趣旨，在使全體董事經參與董事會會議，互換意見，詳加討論後，決定公司業務執行之方針。因此，公司法第 203 條之 1、第 204 條、第 205 條第 3 項、第 4 項、第 206 條規定董事會之召集程序及決議方式，俾利全體董事出席董事會，及議決公司業務執行之計策。董事會召集程序及決議方式，違反法令或章程時，其所為決議，應屬無效（最高法院 99 年度台上字第 1650 號民事判決、最高法院 106 年度台上字第 2629 號民事判決）。

(2)視訊會議

①董事會開會時，如以視訊會議為之，其董事以視訊參與會議者，視為親自出席（公§205 II）。

②鑑於電傳科技發達，人與人溝通已不侷限於同一時間、同一地點、從事面對面交談，如以視訊會議方式從事會談，亦可達到相互討論之會議效果，與親自出席無異。

(3)書面決議

①非公開發行之股份有限公司，其章程得訂明經全體董事同意，董事就當次董事會議案以書面方式行使其表決權，而不實際集會（公§205 V）。亦即，公司本於章程自治，允許董事以書面方式行使其表決權，可不實際集會，以利公司運作之彈性及企業經營之自主。

②上開情形，視為已召開董事會；以書面方式行使表決權之董事，視為親自出席董事會（公§205 VI）。

③非公開發行之股份有限公司，其董事會雖得依章程規定，以書面決議取代實際開會，但僅就當次董事會議案為限。

④於公開發行股票之公司，不適用董事會得採用書面決議之規定（公§205 VII）。

(4)決議之方法

①表決權行使之限制

A.董事對於會議之事項，有自身利害關係時，應於當次董事會說明其自身利害關係之重要內容（公§206Ⅱ），負有說明義務。

B.董事對於會議之事項，有自身利害關係時，致有害於公司利益之虞時，不得加入表決，並不得代理他董事行使其表決權（公§178、§206Ⅳ）。

C.董事之配偶、二親等內血親，或與董事具有控制從屬關係之公司，就前項會議之事項有利害關係者，視為董事就該事項有自身利害關係（公§206Ⅲ）。

(A)所謂「董事之配偶、二親等內血親」，其利害關係人之範圍，不僅包括個人董事之配偶、二親等內血親，亦應包括法人或政府所指派代表人董事之配偶、二親等內血親。

(B)所稱「與董事具有控制從屬關係之公司」，解釋上除法人董事之控制公司及從屬公司外，亦應將與指派代表人董事之法人具有控制從屬關係之公司納入利害關係人之範圍。

D.不得行使表決權之董事，亦不算入已出席之表決權數（公§206Ⅳ準用§180）。但董事會之決議，對依第178條規定不得行使表決權之董事，仍應算入已出席之董事人數內（經濟部91.5.16.經商09102088350號函）。鑒於董事會之決議，對依公司法第178條規定不得行使表決權之董事，仍應算入已出席之董事人數內，故董事出席符合法定開會門檻，雖僅餘一人可就決議事項進行表決且其同意決議事項，仍符合決議門檻（經濟部99.4.26.經商09902408450號函）。

E.董事會對會議事項，有自身利害關係致有害於公司利益之虞時，不得加入表決，違背而為決議，該決議無效，且不必以訴訟主張（最高法院88年度台上字第2863號民事判決）。至於子公司之

董事對於母子公司雙方合作或締結買賣契約之議案，應依事實個案認定是否依公司法第 178 條「有自身利害關係致有害於公司利益之虞」之認定而迴避（經濟部 99.5.5.經商 09902408910 號函）。

F.參照公司法第 206 條第 4 項準用第 178 條規定，股份有限公司董事會於表決會議事項時，董事對於會議之事項有自身利害關係致有害於公司利益之虞時，該董事應不得加入表決。董事會違背上揭規定而為決議者，該部分之決議為無效。故若以股東公司未向他人借款之情形，竟有其他董事於董事會議提案將系爭股票轉讓予他人抵償借款，受讓人亦為公司董事，依上述規定自不得參與表決，惟其仍參與表決同意，且收受系爭股票，自已違反上述規定，而有不法侵害他人權利之情形，應依民法第 185 條規定負連帶損害賠償責任，惟若以上述二董事間之行為，若其中一人已因請求權時效消滅而得免債務，另一董事亦難免其應賠償之責任，非可以連帶關係認其賠償義務亦得免除（最高法院 99 年度台上字第 385 號民事判決）。

②表決之方法普通決議：應有過半數董事之出席，出席董事過半數之同意行之（公§206 I）。

B.特別決議：應由三分之二以上董事出席，以出席董事過半數之同意行之。何種事項應經特別決議，依公司法之特別規定，例如董事長或常務董事之選任（公§208 I）、公司債之募集（公§246 II）及新股之發行（公§266 II）等均屬之。

③董事長僅有一表決權，故董事會正反意見同數時，其不得行使可決權（經濟部 81.2.1.商 200876 號函）。

(5)議事錄之作成

①董事會之議事錄準用股東會議事錄之相關規定（公§207 準用§183）。

②董事會之議決事項，應作成議事錄，由主席簽名或蓋章，並於會後二十日內，將議事錄分發各股東（公§207準用§183Ⅰ）。

③議事錄應記載會議之年、月、日、場所、主席姓名、決議方法、議事經過之要領及其結果，在公司存續期間，應永久保存（公§207準用§183Ⅳ）。公司法第205條規定董事會採行視訊會議方式進行，而無董事親自出席集會時，有關議事錄會議場所之記載，得載明某一特定與會者（如主席）之「實際所在地」或記載該次視訊會議所使用之連結及識別方式作為會議場所。至於公開發行股票之公司，如其董事會之召開採視訊會議者，其議事錄之會議地點得直接敘明採視訊進行，且其視訊影音資料為議事錄之一部分，爰應同時錄音與錄影，且該視訊影音資料呈現方式，須注意應能清楚呈現各董事與會情形、其發言內容及會議完整過程等，俾符合「公開發行公司董事會議事辦法」第17條規定有關議事錄應詳實記載之意旨（經濟部110.7.19.經商11000641250號函）。

④董事會之議事錄應保存出席董事簽名簿（經濟部91.12.31.經商09102302570號函）。

⑤議事錄之製作及分發，得以電子方式為之。董事會議事錄之分發，公開發行股票之公司，得以公告方式為之（公§207準用§183Ⅱ、Ⅲ）。

(6)董事會決議之瑕疵

①召集程序或決議方法之瑕疵

A.董事會之召集，漏未通知部分董事致有影響決議結果之虞時，該決議當然無效（臺灣高等法院暨所屬法院65.12.10.法律座談會民事類第28號）。

B.董事會之召集程序有瑕疵時，該董事會之效力，當然無效（臺灣高等法院97年度上字第693號民事判決）。

C.董事會對會議事項，有自身利害關係致有害於公司利益之虞時，

不得加入表決，違背而為決議，該決議無效，且不必以訴訟主張（最高法院 88 年度台上字第 2863 號民事判決）。

D.董事會之召集程序或決議方法有瑕疵，雖無準用同法第 189 條之明文，惟參諸董事會係供全體董事交換意見，決定公司業務方針之意旨以觀，如違反上開規定，其所為之決議，應屬無效（最高法院 106 年度台上字第 133 號民事判決）。

E.董事會之召集程序違反法律規定所為之決議無效（最高法院 97 年度台上字第 925 號民事判決）。

F.股份有限公司設立董事會之趣旨，在使全體董事經參與董事會會議，互換意見，詳加討論後，決定公司業務執行之方針。因此，公司法第 203 條、第 204 條、第 205 條第 3 項、第 4 項、第 206 條規定董事會之召集程序及決議方式，俾利全體董事出席董事會，及議決公司業務執行之計策。董事會召集程序及決議方式，違反法令或章程時，其所為決議，應屬無效（最高法院 99 年度台上字第 1650 號民事判決）。

G.按董事會為股份有限公司之權力中樞，為充分確認權力之合法、合理運作，及其決定之內容最符合所有董事及股東之權益，原應嚴格要求董事會之召集程序、決議方法須符合公司法第203條至第207條之規定，如有違反，應認為當然無效。惟公司法第204條關於董事會之召集應載明事由於三日前通知各董事及監察人之規定，其目的無非係以董事會由董事所組成，董事會之召集通知，自應對各董事為之，俾確保各董事均得出席董事會，參與議決公司業務執行之事項。故董事會之召集雖違反上開規定，惟全體董監事倘皆已應召集而出席或列席董事會，對召集程序之瑕疵並無異議而參與決議，尚難謂董事會之召集違反法令而認其決議為無效（最高法院104年度台上字第823號民事判決）。

②決議內容之瑕疵

　　A.董事會之召集程序有瑕疵時，該董事會之效力如何，公司法雖未明文規定，惟董事會為公司之權力中樞，為充分確認權力之合法、合理運作，及其決定之內容最符合所有董事及股東之權益，應嚴格要求董事會之召集程序、決議內容均須符合法律之規定，如有違反，應認為當然無效（最高法院 97 年度台上字第 925 號民事判決）。

　　B.董事會因執行業務已決議事項，違反法令、章程及股東會之決議，致公司受損害時，參與決議之董事，對於公司負賠償之責，但經表示異議之董事有紀錄及書面聲明可證者，免其責任（公 § 193 Ⅱ）。

　　C.公司董事會決議之有效與否，非屬於法律關係之基礎事實，自不得為確認之訴之標的（最高法院 96 年度台上字第 2304 號民事判決）。蓋所謂「法律關係基礎事實」係指法律關係所由發生之原因事實而言。董事會決議之提案通常僅係股東會作成決議之基礎，但兩者間並無必然關係，股東會仍有可能否決董事會所提之議案。

　　D.董事會決議，為違反法令或章程之行為時，繼續一年以上持有股份之股東，得請求董事會停止其行為（公 § 194）。

③業務執行之瑕疵

　　董事會或董事執行業務有違反法令、章程或股東會決議之行為者，監察人應即通知董事會或董事停止其行為（公 § 218-2）。

4.董事會之權限

(1)業務之執行

　　①董事會之主要權限為決定公司業務之執行。

　　②公司業務之執行，除公司法或章程規定應由股東會決議之事項外，均應由董事會決議行之（公 § 202）。

③我國尊重董事會之治理權能，雖採取董事會優先原則，即董事會負責制定業務發展方針與落實營運計畫，而賦予相當之權力，然相對地要求其應以善良管理人之注意義務（應符合理、誠信及比例原則），重視每個股東權益，務須平等待之，貫徹公司核心理念，並應強化資訊揭露之受託義務（最高法院 108 年度台上字第 2622 號民事判決）。

(2)董事會之權限至為廣泛，茲舉其要者如下：

　①任命公司經理人（公§29Ⅰ③）。

　②申請辦理公開發行程序（公§156-2Ⅰ）。

　③收買員工庫藏股（公§167-1Ⅰ）。

　④與員工簽訂認股權契約（公§167-2Ⅰ）。

　⑤召集股東會（公§171）。

　⑥提出營業政策重大變更之議案權（公§185Ⅴ）。

　⑦決定募集公司債之權（公§246）。

　⑧在授權資本制下，決定發行新股權（公§266）。

　⑨向法院聲請重整（公§282Ⅰ）。

　⑩於每季或每半年會計年度終了時決定以發放現金方式之盈餘分派（公§228-1Ⅱ、Ⅳ）。

　⑪作成分割計畫、合併契約（公§317Ⅰ）。

(3)董事會執行業務並非漫無限制，仍應依照法令、章程及股東會之決議（公§193Ⅰ）。

(4)商標權之讓與應經董事會決議行之（最高法院 96 年度台上字第 2352 號民事判決）。基本上，公司之重大投資事項，必須依法定程序召開董事會作成決議，始具有法定效力。從而公司負責人並未經過公司董事會正式開會決議合法授權，擅自以公司名義簽訂投資案。縱其私下取得相關人員之同意，然依公司法及公司內部章程之規定，尚不足以取代董事會之決議，應僅屬私下意見溝通之性質，並不生董事會決議

之合法效力者，自不能據以認定公司業經其董事會決議授權，由負責人執行投資案之進行（最高法院 107 年度台抗字第 333 號刑事裁定）。

(5)代表公司之董事將公司之債權讓與他人，而未經董事會決議，董事此項行為，非經公司承認，對於公司不生效力（最高法院 95 年度台上字第 2370 號民事判決）。

(6)公司停業中，董事會功能不彰或不能推行時，公司股東會尚無代董事會議決出租理財行為之可言（經濟部 91.9.18.經商 09102206950 號函）。

(7)股份有限公司之董事會，係屬意思決定機關，而非代表機關，其決議不能直接對外發生效力（最高法院 84 年度台上字第 213 號民事判決）。

5.董事會之職責及義務

(1)董事會除應負責業務執行外，尚負有下列重要職責：
　①作成並保存議事錄之義務（公 207 準用§183）。
　②備置章程簿冊之義務（公§210）。
　③編造會計表冊書類之義務（公§228）。
　④分發並公告會計表冊之義務（公§230）。
　⑤報告資本虧損之義務（公§211Ⅰ、Ⅲ）。
　⑥依監察人之請求提出報告義務（公§218Ⅰ）。
　⑦聲請宣告公司破產之義務（公§211Ⅱ）。
　⑧通知、公告公司解散之義務（公§316）。

(2)董事會係在缺額達三分之一未依主管機關函令依法補選前召開，則其決議提出破產之聲請，當然程序於法不合（臺灣高等法院高雄分院 96 年度破抗字第 103 號民事裁定）。

(3)公司經法院裁定駁回破產聲請，公司自可經股東會為解散之決議（經濟部 93.12.7.經商 0930062972 號函）。

(4)依公司法第 211 條第 1 項規定，公司虧損達實收資本額二分之一時，董事會應於最近一次股東會報告。實務上，對於公司虧損之認定，以公司財務報表上之累積虧損及當期損益作為判斷依據。至於在台外國公司虧損達營運資金一半時並不準用公司法第 211 條破產宣告（經濟部 80.12.20.商 23370 號函）。

(5)公司法第 211 條第 2 項規定，股份有限公司於其資產顯有不足抵償其所負債務而向法院聲請重整遭駁回時，該公司之董事會即有向法院聲請宣告破產之法定作為義務，並無須經董事會為同意之決議後，始得向法院聲請宣告破產之明文規定（最高法院 97 年度台抗字第 308 號民事裁定）。民法第 35 條第 2 項所規定「不為前項聲請（指聲請破產），致法人之債權人受損害時，其有過失之董事，應負賠償之責任」者，其所謂「損害」，係指如法人之董事有向法院聲請破產，則債權人可得全部或部分之清償，因怠於聲請，致全未受償或較少受償而言。如公司宣告破產與否，對債權人之債權（普通債權）不能受償之結果，仍屬相同，則未聲請法院宣告破產，並不增加債權人之損失，此時該法人之法定代理人，自不負賠償責任（最高法院 71 年度台上字第 1043 號民事判決、臺灣高等法院 92 年度重上字第 551 號民事判決）。

6.常務董事會

(1)常務董事會，乃經常以集合方式，於董事會休會時，經常執行董事會職權之機構。

(2)常務董事於董事會休會時，依法令、章程、股東會決議及董事會決議，以集會方式經常執行董事會職權，由董事長隨時召集，以半數以上常務董事之出席，及出席過半數之決議行之（公§208Ⅳ），並由董事長擔任主席。從法條文義而言，常務董事之權限似採法定職權說，而非授權說。

(3)常務董事之選任，應由三分之二以上董事之出席及出席董事過半數之

同意,由董事互選之,其名額至少三人,最多不得超過董事人數三分之一(公§208Ⅱ)。

(4)董事會因董事人多難以經常集會,故公司得設置常務董事會,於董事會休會期間,決定公司業務之執行。應注意者,是否設置常務董事,依章程之規定為之。

(5)就常務董事之代理而言,因常務董事會係在董事會休會時所作之設置,故如公司章程訂定董事得由其他董事代理時,則常務董事會亦得比照代理之(經濟部 87.3.21.商 87205438 號函)。是否設置常務董事,依章程之規定為之。

(6)常務董事會開會時,宜通知監察人,監察人亦得列席常務董事會陳述意見(經濟部 91.4.22.經商 09102068230 號函)。

(7)依經濟部之解釋,公司法明定專屬「董事會」決議之事項,不論係普通決議(例如同法第 171 條召集股東會之決議)或特別決議(例如第 266 條發行新股之決議),均不得由常務董事會決議(經濟部 86.12.26.經商 86224536 號函)。亦即,採取限制性法定職權說之見解。

7.臨時管理人

(1)董事會不為或不能行使職權,致公司有受損害之虞時,法院因利害關係人或檢察官之聲請,得選任一人以上之臨時管理人,代行董事長及董事會之職權。但不得為不利於公司之行為(公§208-1Ⅰ)。所稱「董事會不為或不能行使職權」,例如董事會長期無法召集開會或執行業務、董事全體辭任、全部董事均無法行使職權等是。

(2)公司法第 208 條之 1 所定選任臨時管理人事件,由利害關係人或檢察官向法院聲請(非訟事件法§183Ⅰ),法院為裁定時,應附理由(非訟事件法§183Ⅳ)。上開聲請,應以書面表明董事會不為或不能行使職權,致公司有受損害之虞之事由,並釋明之(非訟事件法§183Ⅱ)。公司法第 208 條之 1 第 1 項事件,法院為裁定前,得徵詢

主管機關、檢察官或其他利害關係人之意見（非訟事件法§183
Ⅲ）。法院選任前開之臨時管理人時，法院應囑託主管機關為之登記
（公§208-1Ⅱ，非訟事件法§183Ⅴ）。

(3)又臨時管理人解任時，法院應囑託主管機關註銷登記（公§208-1
Ⅲ）。

(4)法院選任之臨時管理人不以股東為限（經濟部 92.4.4.經商
09202070730號函）。

(5)臨時管理人之選任與解任，允屬法院職權（經濟部 95.12.11.經商
09502168730號函）。

(6)各臨時管理人得單獨代行該公司董事會之職權召集股東會（臺灣高等
法院臺中分院97年度上字第362號民事判決）。臨時管理人，在代
行董事長及董事會時，自屬公司負責人（公§8Ⅱ）。

(7)臨時管理人選任，以法人有急切需董事親自處理之具體事項，因董事
全部不能行使職權，致法人有受損害之虞時為要件（臺灣高等法院87
年度抗字第943號民事裁定）。

(8)臨時管理人對於有自身利害關係致有害於公司利益之虞之事項，類推
適用同法第178條規定，亦不得代理公司行使其職權（最高法院92
年度台抗字第538號民事裁定）。

(三)董事長

1.代表機關

(1)董事會應有董事長，董事長對外代表公司，故董事長為代表機關。

(2)股份有限公司之新任董事長，自其就任後即生效力（最高法院97年
度台抗字第688號民事裁定）。

(3)代表公司之董事，關於公司營業上一切事務，有辦理之權（公§208
Ⅴ準用§57）。公司對於董事長代表權所加之限制，不得對抗善意第
三人（公§208Ⅴ準用§58）。凡與公司營業有關之一切事務，董事
長均有代表公司辦理之權，不以公司章程所載之營業事項為限，以維

護交易安全及保障善意之交易相對人（最高法院 108 年度台上字第 1640 號民事判決）。

(4)有權代表公司之人與第三人訂立契約時，只須表明代表公司之意旨而為，即生效力，並不以加蓋公司之印章為必要（最高法院 87 年度台上字第 801 號民事判決）。

(5)公司董事長之執行業務，非其獨自一人所得全權決定（最高法院 91 年度台上字第 1432 號民事判決）。

(6)公司雖已選任董事，但尚未選任董事長，自應由全體董事對內經多數決執行法人事務，對外均有代表公司之權限（臺灣高等法院 97 年度抗字第 1192 號民事裁定）。

(7)代表與代理固不相同，惟關於公司機關之代表行為，解釋上應類推適用關於代理之規定，故無代表權人代表公司所為之法律行為，若經公司承認，即對於公司發生效力（最高法院 74 年度台上字第 2014 號民事判決、最高法院 110 年度台上字第 330 號民事判決）。

(8)公司法第 208 條第 3 項雖規定董事長對外代表公司，但僅關於公司營業上之事務有辦理之權，若有所代表者非公司營業上之事務，本不在代表權範圍之內，此項無權限之行為，不問第三人是否善意，非經公司承認，不能對於公司發生效力（最高法院 76 年度台上字第 1866 號民事判決）。亦即，採取效力未定說（無權代表說）之立場。相對地，董事長對外所為之法律行為，如未經董事會決議或其決議有瑕疵，且其情形為交易相對人所明知，則該法律行為對於公司尚不發生效力（最高法院 106 年度台上字第 133 號民事判決）。

(9)按股份有限公司董事對外執行業務時，依公司法第 202 條、第 206 條規定，固應依章程或董事會決議等行之，然股份有限公司之董事會係定期舉行，其內部如何授權董事長執行公司之業務、董事長對外所為之特定交易行為有無經董事會決議及其決議有無瑕疵等，均非交易相對人從外觀即可得知；而公司內部就董事會與董事長職權範圍之劃

分，就交易對象言，與公司對於董事長代表權之限制無異，為保障交易安全，自應參酌同法第 57 條、第 58 條之規定，認董事長代表公司所為交易行為，於交易相對人為善意時，公司不得僅因未經董事會決議或其決議有瑕疵，即逕否認其效力（最高法院 103 年度台上字第 1568 號民事判決）。又依公司法第 208 條第 3 項規定，股份有限公司之董事長對內為股東會、董事會及常務董事會主席，對外代表公司。雖同法第 202 條規定：「公司業務之執行，除本法或章程規定應由股東會決議之事項外，均應由董事會決議行之」，第 206 條第 1 項規定：「董事會之決議，除本法另有規定外，應有過半數董事之出席，出席董事過半數之同意行之」，惟股份有限公司之董事會係定期舉行，其內部如何授權董事長執行公司之業務、董事長對外所為之特定交易行為有無經董事會決議及其決議有無瑕疵等，均非交易相對人從外觀即可得知；而公司內部就董事會與董事長職權範圍之劃分，對於交易對象而言，與公司對於董事長代表權之限制無異，為保障交易之安全，宜參酌公司法第 57 條、第 58 條之規定，認董事長代表公司所為之交易行為，於交易相對人為善意時，公司不得僅因未經董事會決議或其決議有瑕疵，即否認其效力（最高法院 102 年度台上字第 2511 號民事判決）。觀諸上開司法實務之見解，似傾向採取相對無效說之立場。

2.召集權限

(1)董事會由董事長召集之（公§203-1Ⅰ）。

(2)常務董事於董事會休會時，依法令、章程、股東會決議及董事會決議，以集會方式經常執行董事會職權，由董事長隨時召集（公§208Ⅳ）。

3.主席權

　　董事長對內為股東會、董事會及常務董事會主席（公§208Ⅲ前段）。

4.董事長之代理

(1)董事長請假或因故不能行使職權時，由副董事長代理之；無副董事長或副董事長亦請假或因故不能行使職權時，由董事長指定常務董事一人代理之；其未設常務董事者，指定董事一人代理之；董事長未指定代理人者，由常務董事或董事互推一人代理之（公§208Ⅲ）。

(2)「董事長因故不能行使職權」，係指事實之不能或法律上之不能而言，並不包括董事長能行使而消極不行使職權在內。例如董事長因案被押或逃亡等一時的不能行使其職權（臺灣高等法院 97 年度上易字第 489 號民事裁定）。

(3)董事間既未能互推一人代理董事長，應由全體董事代表公司（最高法院 96 年度台聲字第 793 號民事裁定）。

5.董事長之辭任

　　董事長辭任，乃屬董事長缺位之情形，與公司法第 208 條第 3 項「董事長因故不能行使職權」之情形有別。故董事長辭職後，其職權消滅，其基於董事長地位而指定之代理人，其代理權限亦隨同消滅，應依公司法第 208 條第 1 項、第 2 項補選董事長；於未及補選董事長前，得類推適用同條第 3 項規定，由副董事長代理之；無副董事長者，由常務董事或董事互推一人暫時執行董事長職務，以利改選董事長會議之召開及公司業務之執行（最高法院 107 年度台上字第 97 號民事判決）。

6.董事長之解任

(1)依公司法第 208 條規定，董事長、副董事長、常務董事之選任，係屬董事會或常務董事會之權限，雖其解任方式，公司法並無明文，若非章程另有規定，自仍以由原選任之常務董事會或董事會決議為之較合理（經濟部 97.7.15.經商 09702082340 號函）。至於常務董事會或董事會決議解任之出席人數及決議方法，可準照公司法第 208 條第 1 項規定之董事會選任董事長、副董事長、常務董事或董事會選任董事長、副董事長之出席人數及決議方法行之。此外，則董事長、副董事

長、副董事長或常務董事仍得因股東會決議解除其董事職務而當然去職（經濟部 74.11.27.經商 51787 號函）。

(2)董事長之改選方式與董事長之解任方式，公司法均無明文規定，是其決議之出席人數及決議方法，得由董事會依公司法第 208 條第 1 項規定之決議為之（經濟部 111.6.10.經商字第 11102019270 號函）。

(3)董事長若經股東會決議解任其董事之資格，其董事長之身分自應連同其董事之資格一併喪失（最高法院 96 年度台上字第 5609 號民事判決）。

(4)公司法對於董事會之臨時動議，並未如公司法第 172 條第 5 項規定設有明文限制。因此，董事會以臨時動議解任及選任董事長，公司法尚無限制規定（經濟部 97.7.15.經商 09702082340 號函）。應注意者，若為公開發行公司，依民國 111 年 8 月 5 日修正之「公開發行公司董事會議事辦法」第 7 條第 1 項規定：「公司對於下列事項應提董事會討論：一、公司之營運計畫。二、年度財務報告及半年度財務報告。但半年度財務報告依法令規定無須經會計師查核簽證者，不在此限。三、依本法第十四條之一規定訂定或修正內部控制制度，及內部控制制度有效性之考核。四、依本法第三十六條之一規定訂定或修正取得或處分資產、從事衍生性商品交易、資金貸與他人、為他人背書或提供保證之重大財務業務行為之處理程序。五、募集、發行或私募具有股權性質之有價證券。六、董事會未設常務董事者，董事長之選任或解任。七、財務、會計或內部稽核主管之任免。八、對關係人之捐贈或對非關係人之重大捐贈。但因重大天然災害所為急難救助之公益性質捐贈，得提下次董事會追認。九、依本法第十四條之三、其他依法令或章程規定應由股東會決議或董事會決議事項或主管機關規定之重大事項。」又依「公開發行公司董事會議事辦法」第 3 條第 4 項規定：「第七條第一項各款之事項，除有突發緊急情事或正當理由外，應在召集事由中列舉，不得以臨時動議提出。」因此，公開發行公司董事長之選任及解任不得以臨時動議提出。

四、監察人

(一)概　說

1.監察人為股份有限監察公司業務及財務狀況之必要常設監察機關。

2.監察人為公司職務上之負責人（公§8Ⅱ）。

3.監察人各得單獨行使監察權（公§221）。

4.為期能以超然立場行使職權，監察人不得兼任公司董事、經理人或其他職員（公§222）。

(二)監察人之選任

1.人　數

(1)至少一人（公§216Ⅰ），多則無限制，視公司之需要，以章程定之。

　①政府或法人股東一人所組織之股份有限公司，得依章程規定不置監察人；未置監察人者，不適用公司法有關監察人之規定（公§128-1Ⅲ）。

　②已依證券交易法發行股票之公司，應擇一設置審計委員會或監察人。但符合主管機關依公司規模、業務性質及其他必要情況所定條件者，應設置審計委員會替代監察人（證券交易法§14-4Ⅰ）。

(2)公開發行股票之公司依前項選任之監察人須有二人以上，其全體監察人合計持股比例，證券主管機關另有規定者，從其規定（公§216Ⅱ）。

(3)公司設置「監察人會」，不生法律效力（經濟部83.8.3.商214137號函）。

2.資　格

(1)須為有行為能力之人，其中至少須有一人在國內有住所（公§216Ⅰ、Ⅳ）。

(2)公司法第30條之規定及第192條第1項、第4項關於行為能力之規

定,對監察人準用之(公§216Ⅳ)。已依本法發行股票之公司,應擇一設置審計委員會或監察人。但符合主管機關依公司規模、業務性質及其他必要情況所定條件者,應設置審計委員會替代監察人。

(3)政府或法人監察人與政府或法人代表人監察人

①政府或法人為股東時,得當選為監察人。但須指定自然人代表行使職務(公§27Ⅰ)。不同法人股東依公司法第 27 條第 1 項規定分別當選董事、監察人,不得指定同一自然人代表行使職權(經濟部 107.1.22.經商五 10702196520 號函)。

②政府或法人為股東時,亦得由其代表人當選為監察人。代表人有數人時,得分別當選,但不得同時當選或擔任董事及監察人(公§27Ⅱ)。

③公司法第 27 條第 1 項及第 2 項之代表人,得依其職務關係,隨時改派補足原任期(公§27Ⅲ)。

④對公司法第 27 條第 1 項及第 2 項代表權所加之限制,不得對抗善意第三人(公§27Ⅳ)。

⑤又政府或法人為公開發行公司之股東時,除經主管機關核准者外,不得由其代表人同時當選或擔任公司之董事及監察人(證券交易法§26-3Ⅱ)。證券交易法第 26 條之 3 第 2 項所稱代表人,包括政府、法人股東或與其有控制或從屬關係者(含財團法人及社團法人等)指派之代表人(行政院金融監督管理委員會 99.2.6.金管證發 0990005875 號令)。

(4)關於經理人及董事資格之限制之規定,於監察人準用之(公§216Ⅳ)。又董事及經理人及其他職員不得兼任監察人(公§222)。

(5)繼承人所推之代表人得依法當選為監察人(經濟部 79.10.22.商 219268 號函)。

(6)公司之監察人於就任後,如有公司法所規定消極資格限制之情事時,即當然解任(經濟部 93.8.26.經商 09302139530 號函)。

3.兼職限制

(1)董事及經理人及其他職員不得兼任監察人（公§222）。

(2)所謂不得兼任公司董事及經理人，係指不得兼任同一公司之董事及經理人而言，如兼任其他公司之董事及監察人，自不受限制（經濟部93.8.26.經商 09302139530 號函）。

(3)監察人不得兼任清算人（經濟部 92.12.24.經商字第 09202263550 號函）。

3.候選人提名制度

(1)公司得依章程規定，對監察人採候選人提名制度。

(2)公司監察人選舉，依章程規定採候選人提名制度者，準用第 192 條之1第 1 項至第 6 項有關董事之規定（公§216-1Ⅰ）。

(3)依據公司法第 192 條之 1 第 1 項但書及第 216 條之 1 第 1 項準用第192 條之 1 第 1 項但書規定，上市（櫃）公司及興櫃公司之董事及監察人選舉應採候選人提名制度，並載明於章程，股東應就董事及監察人候選人名單中選任之（金融監督管理委員會 112.12.29.金管證交1120386116 號令）。

(4)公司負責人或其他召集權人違反前項準用第 192 條之 1 第 2 項、第 5項或第 6 項規定者，各處新臺幣一萬元以上五萬元以下罰鍰。但公開發行股票之公司，由證券主管機關各處公司負責人或其他召集權人新臺幣二十四萬元以上二百四十萬元以下罰鍰（公§216-1Ⅱ）。

4.選任程序

(1)由股東會就有行為能力之人選任之（公§216Ⅰ、Ⅳ）。

(2)監察人之選任方法，準用公司法第 198 條關於董事選任方法之規定（公§227）。

(三)監察人之任期及報酬

1.任　期

(1)監察人任期不得逾三年，但得連選連任（公§217 I）。又監察人任期屆滿而不及改選時，延長其執行職務至改選監察人就任時為止。但主管機關得依職權，限期令公司改選；屆期仍不改選者，自限期屆滿時，當然解任（公§217 II）。

(2)股份有限公司之新任董事長或監察人，雖不以經主管機關准予變更登記後始生效力，惟仍須「就任」始生效力（最高法院 96 年度台上字第 2152 號民事判決）。

(3)公司之監察人於就任後，如有公司法所規定消極資格限制之情事時，即當然解任。

2.報　酬

　　公司與監察人之關係，從民法關於委任之規定（公§216 III），性質上宜屬有償委任，故如監察人之報酬未經章程訂明者，應由股東會議定，不得事後追認（公§227 準用§196）。

(四)監察人之職權

1.監察權

(1)監察人各得單獨行使監察權（公§221）

　①公司法第 213 條規定之訴訟代表權，性質上非監察權之行使（最高法院 99 年度台抗字第 142 號民事裁定）。

　②公司法第 223 條規定之法律行為代表權，性質上非監察權之行使（最高法院 100 年度台上字第 1026 號民事判決）。

(2)查核發起人之報告

　　股份有限公司於募集設立時，監察人應就公司法第 146 條各款事項調查後，報告於創立會。

(3)檢查業務（監督權、調查權、查核權、報告聽取權）

①監察人應監督公司業務之執行，並得隨時調查公司業務及財務狀況，查核簿冊文件，並得請求董事會或經理人提出報告（公§218Ⅰ）。監察人乃公司法定常設機關，而公司法第 218 條第 1 項所規定者，乃監察人之法定職權，尚不因曾任該公司董事，而影響其上開法定職權之行使。次按監察人檢查業務權，係為健全公司之經營，核乃公司內部之權利制衡機制，且條文亦未規定行使監察權須向董事會表示查核或須待董事會決議始得為之，是尚難僅憑公司帳冊涉及公司業務及財務狀況之營業秘密項目，對公司營運實有重大影響，而要求監察人檢查時應類推適用公司法第 228 條經董事會同意之規定（臺灣高等法院 102 年度上字第 636 號民事判決）。

②董事發現公司有受重大損害之虞時，應立即向監察人報告（公§218-1）。

③監察人辦理業務檢查，得代表公司委託律師、會計師審核之（公§218Ⅱ），而監察人委託律師、會計師以外人員充任時，公司得加以拒絕（經濟部 63.10.22.商 27259 號函）。又公司法第 218 條第 2 項規定「監察人辦理前項事務，得代表公司委託律師、會計師審核之」，其委託行為係代表公司所為，故其委託應認係公司之委託行為，所需費用自應由公司負擔（經濟部 71.3.16.經商 08736 號函）。

④股份有限公司監察人對公司行使查閱財產文件、帳簿、表冊之檢查業務權，為對公司之監督權行使之一環，其行使之對象自係公司（最高法院 104 年度台上字第 1116 號民事判決）。

⑤公司法第 210 條是針對股東及債權人查閱或抄錄公司股東名簿表冊所設計；而同法第 218 條則是因應公司監察人行使監察權之職權而為規範，其文字解釋上，第 218 條的範圍大於第 210 條，原則上可查閱或抄錄之範圍不宜有過多的限制（經濟部 104.3.10.經商

10402404610 號函）。

⑥違反公司法第 218 條第 1 項規定，規避、妨礙或拒絕監察人檢查行為者，代表公司之董事處新臺幣二萬元以上十萬元以下罰鍰。但公開發行股票之公司，由證券主管機關處代表公司之董事新臺幣二十四萬元以上二百四十萬元以下罰鍰（公§218Ⅲ）。上開情形，主管機關或證券主管機關並應令其限期改正；屆期未改正者，繼續令其限期改正，並按次處罰至改正為止（公§218Ⅳ）。

(4)查核表冊

①監察人對於董事、清算人會編造提出股東會之各種表冊，應該對簿據、調查實況、報告意見於股東會（公§219Ⅰ、§331）。監察人違反前開規定而為虛偽之報告者，各科新臺幣六萬元以下罰金（公§219Ⅲ）。

②為辦理此項事務，監察人得委託會計師審核之（公§219Ⅱ）。

③所稱監察人報告，則係指監察人依同法第 219 條第 1 項之規定對於董事會編造之各種表冊，應核對簿據調查實況而提供給股東之意見報告（經濟部 79.4.26.經商 204489 號函）。

④公司法第 219 條第 1 項之報告應以書面為之（經濟部 90.5.18.經商 09002097920 號函）。

2.董事會違法行為之制止權

　　於民國 69 年 5 月 9 日修正時，增訂監察人之停止請求權。其後民國 90 年 11 月 12 日修正時，認為董事執行業務，亦為規範對象，故將「董事」執行業務納入規範。因此，董事會或董事執行業務有違反法令、章程或股東會決議之行為者，監察人應即通知董事會或董事停止其行為（公§218-2Ⅱ）。

3.股東會召集權

(1)監察人除董事會不為召集或不能召集股東會外，得為公司利益，於必要時，召集股東會（公§220）。股東會召集權，監察人可單獨行

使，毋庸徵得其他監察人之同意（經濟部 94.2.22.經商 09402019810
號函）。

①依司法實務之見解，實務上有認所謂為公司利益，必須客觀上具備
公司發生須由股東會決定之重大事項或監察人可否透過正常程序對
公司不合宜之事項予以指證或解決其發現之問題。

A.所謂為公司利益，必要時，應係指公司發生重大事項，必須藉由
為公司最高意思機關之股東會決定，始符公司利益者，尚非得任
由監察人憑一己主觀意思擅自行使，否則勢將影響公司正常營運
狀態，殊非立法原意（臺灣高等法院 99 年度上字第 488 號民事
判決）。

B.監察人召集公司股東會，仍須符合為公司利益，且必要之情形為
要件，否則將使公司及董事疲於應對股東會之召集，影響公司正
常之營運。換言之，公司法第 220 條所規定「為公司利益，而有
必要」，應採目的限縮，亦即監察人固有其監督之權，惟應否該
召開股東臨時會，除法條列舉董事應召開而不召開之情形外，端
視監察人可否透過正常程序，在董監事會議或股東會發聲表達意
見，本於監督人之角色，針對公司不合宜之事項予以指證，或可
透過之正常程序，在不影響公司之利益情況下，解決其發現之問
題（臺灣高等法院 99 年度上字第 1166 號民事判決）。

C.監察人職司公司執行業務之監督及公司會計之審核，公司法第
220 條所謂「必要時」，應以監察人行使監察權時，基於公司利
害關係審慎裁量，認為確有召集股東會必要之情形，始為相當，
以符比例原則之要求。倘並無不能召開董事會或應召集而不為召
集股東會乃至其他類此之必要情形，任由監察人憑一己之主觀意
旨，隨時擅自行使此一補充召集之權，勢將影響公司之正常營
運，有礙公司利益，自失立法原意（最高法院 101 年度台上字第
847 號民事判決）。

D.所謂必要時,應以行使監察權時,基於公司利害關係審慎裁量,認為確有召集股東會必要者為之。又監察人召集股東會是否為公司利益及有無必要性之認定,應以召開時其所持召開之事由,客觀上是否確與公司利益相關,而與所提決議事項間具有合理關聯性者定之,非僅以召集通知書面所記載及爭議結果有無確定為斷。

②相對地,司法實務上有認為公司法第 220 條立法理由已明示所謂「為公司利益,而有必要」之情形「由監察人認定」,法院應適度加以尊重,不應過度干涉。

A.公司之監察人若為公司利益,於必要之時,有權召開股東臨時會。所謂「為公司利益,而有必要」之情形,公司法第 220 條立法理由已明示「由監察人認定」,則法院雖非不得於受理此類訴訟時,依召集當時之客觀情形加以審視,但不應過度干涉,如非明顯違法,即應適度加以尊重(臺灣高等法院臺南分院 100 年度上字第 182 號民事判決)。

B.按監察人依照公司法第 220 條規定,得為公司利益,於必要時,召集股東會,不以董事會不為召集或不能召集之情形為限(臺灣高等法院 103 年度上字第 1170 號民事判決)。似認為監察人為公司利益,於必要時,召集股東會,係屬於監察人之獨立權限。

(2)監察人召集股東會,不得委託他人代為召集(經濟部 66.8.3.商 22414 號函)。

(3)監察人依法召集之股東會,可由監察人擔任主席(經濟部 59.12.4.商 55816 號函)。

(4)監察人無召集股東會之必要而召集股東會,與無召集權人召集股東會有別,在決議未被撤銷前仍然有效(最高法院 88 年度台上字第 2886 號民事判決)。

4.代表權

(1)代表公司起訴

①公司與董事間之訴訟，除法律另有規定，或股東會另選代表人者外，由監察人代表公司（公§213），故監察人具有訴訟代表權。觀諸公司法第 213 條規定之立法意旨，在於股份有限公司之董事，係以合議方式決定公司業務之執行，如董事與公司間訴訟，仍以董事為公司之代表起訴或應訴，難免利益衝突，乃規定應改由監察人或股東會另行選定之人代表公司。故股份有限公司與董事間訴訟，不論公司為原告或被告，除法律別有規定、股東會另選代表公司為訴訟之人，或少數股東依同法第 214 條第 2 項規定為公司提起訴訟外，即應由監察人代表公司起訴或應訴（最高法院 109 年度台抗大字第 1196 號民事裁定）。

②監察人不得逕自代表公司對董事提起自訴（最高法院 93 年度台上字第 335 號民事判決）。亦即，監察人代表公司對董事提起自訴，應經公司股東會決議（最高法院 91 年度台上字第 5081 號民事判決）。

③按公司與董事間訴訟，除法律另有規定外，由監察人代表公司，股東會亦得另選代表公司為訴訟之人，公司法第 213 條定有明文。所謂公司與董事間訴訟，無論由何人提起，均有其適用，且亦不限於其訴之原因事實係基於董事資格而發生，即其事由基於個人資格所生之場合，亦包括在內（最高法院 98 年度台抗字第 844 號民事裁定）。至於股東會依公司法第 213 條規定另選代表公司為訴訟之人不以股東為限（經濟部 93.4.5.經商字第 09602040510 號函）。

④公司清算中，公司股東會與監察人依然存續，對董事之訴訟應由監察人或股東會所選任之人代表公司為之（最高法院 94 年度台上字第 230 號民事判決）。亦即，公司與清算人間訴訟，應由監察人代表公司，或經股東會選任代表公司為訴訟之人代表公司為之，始為

適法（臺灣高等法院 97 年度抗字第 114 號民事裁定）。

⑤公司對董事或清算人之訴訟，依公司法第 212 條、第 213 條規定，除有公司法第 214 條所定情形外，尚須經股東會決議，監察人始得代表公司對董事提起訴訟，股東會並得另選代表公司為訴訟之人，監察人非得任意代表公司為訴訟行為。準此，於董事或清算人對公司提起之訴訟時，如監察人有二人以上，而未經股東會選任者，自應列全體監察人為公司之法定代理人，始為適法。又公司監察人依公司法第 221 條規定，固得單獨行使監察權，惟行使監察權與對外代表公司係屬二事，尚不得以監察人得單獨行使監察權，而謂董事或清算人對公司訴訟時，得任選一監察人為公司之法定代理人進行訴訟（最高法院 99 年度台抗字第 142 號民事裁定）。

⑥公司對第三人起訴，並非監察人執行職務之範圍，故監察人就此當無代表公司起訴之權源（最高法院 95 年度台抗字第 483 號民事裁定）。相對地，公司之董事長，對公司提起確認股東會決議無效訴訟，應以公司之監察人代表公司應訴（最高法院 91 年度台抗字第 579 號民事裁定）。至於股份有限公司為被害人時，僅得由其代表人提起自訴（最高法院 91 年度台上字第 67 號民事判決）。

(2)代表公司委託律師、會計師

①監察人為辦理檢查業務及查核表冊事項，監察人辦理前項事務，得代表公司委託律師、會計師審核之（公§218Ⅱ）。又監察人委託律師會計師審核費用應由公司負擔（經濟部 71.3.16.商 08736 號函）。至於監察人委託律師、會計師以外人員審核時公司得加以拒絕（經濟部 64.10.22.商 27259 號函）。

②監察人辦理查核董事會編造提出股東會之各種表冊事務，得委託會計師審核之（公§219Ⅱ）。

(3)代表公司與董事交涉

董事為自己或他人與公司為買賣、借貸或其他法律行為時，由監察人

為公司之代表（公§223），故監察人具有法律行為代表權。董事長與公司有所交涉時，倘由監察人以外之人代表公司為之，即屬無權代表（臺灣高等法院88年度重上字第108號民事判決）

①關於監察人有數人時，其法律行為代表權之行使應單獨或共同為之，實務上有不同見解。依經濟部之解釋，即認為公司法第223條規定：「董事為自己或他人與公司為買賣、借貸或其他法律行為時，由監察人為公司之代表。」旨在防患董事礙於同事之情誼，致有犧牲公司利益之虞，故監察人為公司之代表時，應本諸該立法意旨實質審查該法律行為。又依公司法第221條規定：「監察人各得單獨行使監察權。」是以，自無應由數監察人共同代表公司之可言。又監察人依前開規定因董事為自己或他人與公司為買賣、借貸或其他法律行為而取得之代表權，性質上，仍屬監察權之一環，得由監察人一人單獨為公司之代表（經濟部101.10.3.經商字第10102130450號函）。相對地，最高法院則認為董事為自己或他人與公司為買賣、借貸或其他法律行為時，由監察人為公司之代表，公司法第221條、第223條定有明文。本條係規定監察人之代表權，而非監察權之行使，公司之監察人若有數人時，應由全體監察人共同代表公司與董事為買賣、借貸或其他法律行為（最高法院100年度台上字第1026號民事判決）。

②依公司法第223條，董事為自己或他人與公司為買賣、借貸或其他法律行為，應由監察人為公司之代表。然該條規定旨在保護公司之利益，禁止雙方代表，非為維護公益而設，自非強行規定，故董事與公司為法律行為違反該條規定，並非當然無效，倘公司事前許諾或事後承認，對公司亦生效力（最高法院100年度台上字第1672號民事判決）。

③早期實務見解有認為，監察人代表公司時，其行為仍須先經董事會決議通過方可代表公司為行為（臺灣高等法院97年度重上字第338

號民事判決）。反之，亦有認為監察人代表公司與董事為法律行為，無須經公司董事會之決議核准，不得主張未經董事會決議而不生效力（最高法院 99 年度台上字第 1593 號民事判決）。其後最高法院民事庭會議決議認為參酌公司法第 223 條立法規範意旨，在於董事為自己或他人與本公司為買賣、借貸或其他法律行為時，不得同時作為公司之代表，以避免利害衝突，並防範董事長礙於同事情誼，而損及公司利益，故監察人代表公司與董事為法律行為時，無須經公司董事會之決議核准（最高法院 100.6.21.第 3 次民事庭會議決議）。因此，股份有限公司與他公司為法律行為時，倘雙方董事長為同一人，既與董事為他人與公司為法律行為無殊，自得由各該公司之監察人為公司之代表，無須經公司董事會之決議授權（最高法院 112 年度台上字第 765 號民事判決）。

5.列席權

(1)監察人得列席董事會陳述意見（公§218-1 I）。公司法於民國 90 年 11 月 12 日修正增訂第 218 條之 2 第 1 項規定，其立法理由係基於監察人為公司業務之監督機關，而妥善行使監督職權之前提，須先明瞭公司之業務經營狀況，若使監察人得列席董事會，則往往較能及早發覺董事等之瀆職行為，故賦予監察人亦有參加董事會之權利。是以，監察人自應親自列席董事會，俾發揮監督功能，不得委託第三人代理或攜同第三人列席董事會（經濟部 98.12.9.經商字第 09802166680 號函）。

(2)監察人得列席常務董事會（經濟部 91.4.22.經商 09102068230 號函）。

(3)監察人應親自列席董事會（經濟部 94.9.27.經商 09402143110 號函）。

(五)監察人之義務及責任

1.監察人之義務

(1)監察人在執行其職務之範圍內，亦為公司之負責人（公§8Ⅱ），故應忠實執行業務並盡善良管理人之注意義務，如有違反致公司受有損害者，負損害賠償責任（公§23Ⅰ）。

(2)公司監察人利用職務上之權限與機會獲悉之重大消息，於公司股東及證券市場投資人均不知情前，先行賣出所持有之公司股票以規避損失，其顯然考量個人利益優先於公司利益，將原本應屬於基因公司全體股東之重大消息，挪作個人規避損失之私益使用，此利用職務之便及資訊上不平等之優勢，即已違反證券交易法第 157 條之 1 內線交易禁止之規定，顯為圖謀個人之不法利益，並損害公司股東及投資人之權益，勘認違背負責人之忠實義務（臺灣高等法院 104 年度金上字第 6 號民事判決）。

2.對於公司之責任

(1)監察人得享受報酬，其與公司之關係乃屬有償委任，故於執行職務時，應盡善良管理人之注意義務及忠實義務（公§23Ⅰ）。監察人執行職務違反法令、章程或怠忽監察職務，致公司受損害者，對公司負賠償責任（公§224）。

(2)按監察人與公司間之關係既屬有償委任，則就處理委任事務有過失或因逾越權限之行為對公司發生損害，應對公司負賠償之責（最高法院 103 年度台上字第 7 號民事判決）。

(3)監察人有依股東會決議起訴之義務，監察人未依決議對董事起訴，如違反忠實執行職務義務時，應對公司負賠償之責；倘依決議起訴，並就該訴訟盡其善良管理人之注意義務，縱然敗訴，對公司亦不負損害賠償責任（最高法院 104 年度台抗字第 581 號民事判決）。

3.對於第三人之責任

　　監察人在執行其職務之範圍內，亦為公司之負責人（公§8Ⅱ），故

如有違反法令，致第三人受有損害時，對他人應與公司負連帶賠償之責（公§23Ⅱ）。

4.對於股東之責任

　　由少數股東對監察人提起代表訴訟，其所訴屬實經終局判決確定時，被訴之監察人對起訴之股東，因此訴訟所受之損害應負賠償責任（公§227準用§215）。

5.監察人與董事之連帶責任

　　監察人對公司或第三人負損害賠償責任，而董事亦負其責任時，該監察人及董事為連帶債務人（公§226）。

(六)對監察人之訴訟

1.股東會之提訴

(1)股東會決議，對於監察人提起訴訟時，公司應自決議之日起三十日內提起之（公§225Ⅰ）。

(2)公司對監察人起訴之代表，股東會得於董事外另行選任（公§225Ⅱ）。蓋因對於監察人之訴訟，多係由於其對於公司業務未盡監察義務，若由執行業務之董事長代表公司，則有所不妥，故明定股東會得另行選任。

2.少數股東之提訴

(1)繼續六個月以上，持有已發行股份總數百分之一以上之股東，得以書面請求董事會為公司對監察人提起訴訟（公§227準用§214Ⅰ）。董事會自有上開之請求日起，三十日內不提起訴訟時，股東得為公司利益，自行提起訴訟（公§227準用§214Ⅱ）。

(2)公司法第214條就監察人對少數股東以書面請求對董事起訴，既未明文規定應經監察人以多數決通過或由全體始得提起，監察人自應各自本於忠實執行職務義務之考量，裁量斟酌是否起訴，並由同意起訴之監察人為公司法定代理人提起訴訟，以免因監察人間之立場不一致而

影響公司對董事訴訟之進行或使該訴訟程序陷於不能開始（最高法院104年度台抗字第581號民事判決）。

(3)股東對監察人提起公司法第227條準用第214條第2項之訴訟，其裁判費超過新臺幣六十萬元部分暫免徵收（公§227準用§214Ⅲ）。法院並得依聲請為原告選任律師為訴訟代理人（公§227準用§214Ⅳ）。

(4)股東為公司對監察人提起代表訴訟之提供擔保及賠償損害，均準用有關董事之規定（公§227準用§214Ⅱ、§215）

(七)監察人之辭任及解任

　　關於監察人之辭任及解任，其情形與董事之解任相同（公§216Ⅳ準用§30、§227準用§197、§199、§200）。

(八)監察人之補選

1.監察人全體均解任時，董事會應於三十日內召開股東臨時會選任之。但公開發行股票之公司，董事會應於六十日內召開股東臨時會選任之（公§217-1）。

2.股份有限公司監察人缺額達三分之一時，公司法尚無準用第201條之規定（經濟部91.1.23.經商09102012170號函）。

第七節　股份有限公司之會計

一、概　說

　　股份有限公司係以公司財產為其債務之唯一擔保，且因其股東人數通常眾多，而大部分股東又不能直接參與經營，故為保護股東及債權人之利益，我國公司法對股份有限公司乃特設「會計」一節，關於會計表冊之編造、承認、分發、公積之提存及使用、盈餘及建設股息之分派

等，均設有強行規定。

二、會計表冊之編造

(一)會計表冊之種類

　　股份有限公司於每會計年度終了，董事會應編造下列各項表冊，於股東常會開會三十日前，交監察人查核（公§228 I）。監察人亦得請求董事會提前交付查核（公§228Ⅲ）。

1.營業報告書：乃報告上一年度公司營業狀況之文書。

2.財務報表：乃記載公司財務之報告表。又財務報表包括下列各種：(1)資產負債表；(2)綜合損益表；(3)現金流量表；(4)權益變動表（商業會計法§28 I）。上開各款報表應予必要之附註，並視為財務報表之一部分（商業會計法§28Ⅱ）。

3.盈餘分派或虧損撥補之議案。

(二)會計表冊之編造方法

1.會計表冊應依中央主管機關規定之規章編造之（公§228Ⅱ）。例如商業會計法、「商業會計處理準則」等是。

2.證券交易法所稱財務報告，指發行人及證券商、證券交易所依法令規定，應定期編送主管機關之財務報告（證券交易法§14 I）。上開財務報告之內容、適用範圍、作業程序、編製及其他應遵行事項之財務報告編製準則，由主管機關定之，不適用商業會計法第四章、第六章及第七章之規定（證券交易法§14Ⅱ）。例如金融監督管理委員會即依證券交易法第 14 條第 2 項規定之授權，訂定發布「證券發行人財務報告編製準則」（採國際財務報導準則版本）、「金融控股公司財務報告編製準則」、「公開發行銀行財務報告編製準則」、「公開發行票券金融公司財務報告編製準則」、「證券商財務報告編製準則」及「公司制證券交易所財務報告編製準則」。至於「期貨商財務報告編

製準則」及「期貨結算機構財務報告編製準則」及「公司制期貨交易所財務報告編製準則」，則係依期貨交易法第 97 條第 2 項規定之授權而訂定發布；「保險業財務報告編製準則」則是依保險法第 148 條之 1 第 3 項規定之授權而訂定發布。

3. 公司於開始營業前依章程訂定分派建設股息時，其分派股息之金額，應以預付股息列入資產負債表之股東權益項下，公司開始營業後，每屆分派股息及紅利超過實收資本額百分之六時，應以其超過之金額扣抵沖銷之（公§234Ⅱ）。

(三)會計表冊之查核

1. 監察人之查核

　　監察人於收到董事會所造具之各項表冊，應核對單據、調查實況、報告意見於股東會（公§219Ⅰ）。監察人辦理上項事務，得委託會計師審核之（公§219Ⅱ）。至於會計師受監察人委託至受查核公司進行上開條文所指事務之審核時，應親自為之。會計師事務所助理人員欲在會計師指導下進行查核時，應得受查核公司同意（經濟部 102.10.31.經商 10202121040 號函）。

2. 股東之查閱

(1)董事會應將其所造具之各項表冊及監察人報告書，於股東常會開會十日前備置於本公司，股東得隨時查閱（公§229 前段）。

(2)股東於查閱時，得偕同其所委託之律師或會計師查閱（公§229 後段）。股東雖得偕同其所委託之律師或會計師查閱董事會於股東常會前所備置之各項表冊，但因其委託係股東之個人行為，故其費用應由股東個人負擔（經濟部 71.3.16.經商 08736 號函）。

(3)股東及債權人得委任他人為查閱或抄錄（經濟部 96.3.30.經商 09602408050 號函）。

(4)公開發行公司得拒絕提供財務業務契約予股東（經濟部 81.12.8.商

232851 號函）。惟繼續六個月以上，持有已發行股份總數百分之一以上之股東，得檢附理由、事證及說明其必要性，聲請法院選派檢查人，於必要範圍內，檢查公司業務帳目、財產情形、特定事項、特定交易文件及紀錄（公§245Ⅰ）。

(四)會計表冊之承認

1.董事會應將其所造具之各項表冊，提出於股東常會請求承認（公§230Ⅰ）。應注意者，因公司法第 230 條有關董事會所造具表冊之承認，係屬股東會專屬職權，故政府或法人股東一人所組織之股份有限公司，自應依公司法第 128 條之 1 規定由董事會行使（經濟部 91.5.24.經商 09102099060 號函）。

2.各項表冊經股東會決議承認後，視為公司已解除董事及監察人之責任，但董事及監察人有不法之行為者，不在此限（公§231）。

3.公司各項表冊經股東會決議承認後，視為公司已解除董事及監察人之責任，解釋上應限於向股東常會提出之會計表冊所揭載事項或自此等表冊得知悉之事項（最高法院 95 年度台上字第 1942 號民事判決）。

4.公司停業期間仍應召開股東會承認會計表冊（經濟部 86.11.27.商 86222989 號函）。

5.股東會未承認董事會所造具之各項表冊，自應再行召集股東常會承認之（經濟部 93.1.9.經商 09302002300 號函）。

6.若股東協議係由公司當時全體股東所簽訂，則除各該股東個人外，由全體股東形成其意思決定之公司，亦應受該協議之拘束。嗣有限公司雖變更組織為股份有限公司，惟其法人格之同一性不變，即已承認該公司經會計師事務所查核無誤之帳務，自無從再以營收短少、虛列成本為由，對協議之當事人主張權利，亦無從代表公司對其提起訴訟（最高法院 109 年度台上字第 360 號民事判決）。

7.已依證券交易法發行股票之公司設置審計委員會者，由董事長、經理

人及會計主管簽名或蓋章之年度財務報告及須經會計師查核簽證之第二季財務報告，應經審計委員會全體成員二分之一以上同意，並提董事會決議（證券交易法§14-5Ⅰ⑩）。如有正當理由致審計委員會無法召開時，上開年度財務報告及第二季財務報告事項應以全體董事三分之二以上同意行之。但仍應由獨立董事成員出具同意意見（證券交易法§14-5Ⅲ）。

(五)會計表冊之分發、抄錄及公示

1.公司法之一般規定

(1)董事會應將其所造具之各項表冊，提出於股東常會請求承認，經股東常會承認後，董事會應將財務報表及盈餘分派或虧損撥補之決議，分發各股東（公§230Ⅰ）。上開財務報表及盈餘分派或虧損撥補決議之分發，公開發行股票之公司，得以公告方式為之（公§230Ⅱ）。其理由乃為節省分發作業之成本及響應環保無紙化政策，並考量分開資訊觀測站之建置已臻完善所致。

(2)上述各種表冊及決議，公司債權人得要求給予、抄錄或複製（公§230Ⅲ）。

(3)代表公司之董事，違反公司法第 230 條第 1 項規定不為分發者，處新臺幣一萬元以上五萬元以下罰鍰（公§230Ⅳ）。

(4)公司每屆會計年度終了之虧損撥補議案之「虧損」，係指為完成決算程序經股東會承認後之累積虧損（最高行政法院 96 年度判字第 489 號判決）。

2.證券交易法上之特別規定

(1)已依證券交易法發行有價證券之公司，應於每會計年度終了後三個月內公告並向證券主管機關申報，經會計師查核簽證、董事會通過及監察人承認之年度財務報告（證券交易法§36Ⅰ①）。

(2)股票已在證券交易所上市或於證券商營業處所買賣之公司股東常會，

應於每會計年度終了後六個月內召開；不適用公司法第 170 條第 2 項但書規定（證券交易法§36Ⅶ）。

(3)已依證券交易法發行有價證券之公司，除情形特殊，經主管機關另予規定者外，應依下列規定公告並向主管機關申報：

①於每會計年度終了後三個月內，公告並申報經會計師查核簽證、董事會通過及監察人承認之財務報告（證券交易法§36Ⅰ①）。

②於每會計年度第一季、第二季及第三季終了後四十五日內，公告並申報經會計師核閱及提報董事會之財務報告（證券交易法§36Ⅰ②）。

③於每月十日以前，公告並申報上月份營運情形（證券交易法§36Ⅰ③）。

(4)有股東常會承認之年度財務報告與公告並向證券主管機關申報之年度財務報告不一致或發生對股東權益或證券價格有重大影響之事項者，應於事實發生之日起二日內公告並向證券主管機關申報（證券交易法§36Ⅲ）。

(5)已依證券交易法發行有價證券之公司應編製年報，於股東常會分送股東（證券交易法§36Ⅳ）。

三、公　積

(一)概　說

1.公積之意義

　　所謂公積，乃為穩固公司之財產基礎，健全其財務狀況，將其超過資本額之純財產額不分派於股東而積存於公司之金額。

2.提存公積之理由

　　蓋以股份有限公司之股東，僅就其所認之股份負有限責任，致公司之信用，除其財產之外，別無依據，故公司法乃設置公積之制度，俾能

充實公司之財產，增強公司信用，藉以保護債權人。

(二)公積之種類

1.依其提存有無強制性而區分

(1)法定盈餘公積

　　①亦稱強制公積，即依法律之規定強制其提存，不許公司以章程或股東會之決議予以取消或變更者。

　　②公司於完納稅捐後，分派盈餘時，應先提出百分之十為法定盈餘公積。但法定盈餘公積之提存，已達資本總額時，則不在此限（公§237Ⅰ）。

　　③公司負責人違反公司法第 237 條第 1 項規定，不提法定盈餘公積時，各處新臺幣二萬元以上十萬元以下罰鍰（公§237Ⅲ）。

(2)特別盈餘公積

　　①任意盈餘公積又稱任意公積。為除法定公積之外，公司得以章程訂定或股東會議決，另提特別提盈餘公積（公§237Ⅱ）。

　　②特別盈餘公積之來源為營業上之盈餘。

　　③因提存目的之不同，特別盈餘公積可分為：損失填補公積、分派平衡公積、償還公司債公積、折舊公積、一般公積等，而各得就其提出之目的而為使用。

　　④特別盈餘公積可依變更章程之方法或由股東會再為新決議，而變更其提存之目的及此例。

2.依學理上之分類

(1)秘密公積

　　①為形式上雖無公積之名，但具有公債之實質者，如故意估低公司之資產、虛增公司債務、增列負債準備等，均將發生秘密公積。

　　②秘密公積之存在，將使公司之損益情形與實際狀況不符，致影響股權之價值之公正評價且有逃漏稅損之虞，故為法律所不許。

(2)類似公積

　①乃無公積之實質，但於形式上卻有公積之名者，如於資產負債表公

　　積項下，記載折舊公積是。

　②類似公積應否允許，法無明文，似應從德國立法例許之。

(3)命令特別公積

　①主管機關認為有必要時，對於依證券交易發行有價證券之公司，得

　　以命令規定其於分派盈餘時，除依法提出法定盈餘公積外，並應另

　　提一定比率之特別盈餘公積（證券交易法§41）。

　②特別公積具有法定公積之性質。

(三)公積之使用

1.法定盈餘公積及資本公積之使用

(1)以填補公司之虧損為原則

　①要件

　　公司無盈餘時，不得分派股息及紅利（公§232Ⅱ）。又法定盈餘

　　公積及資本公積，除填補公司虧損外，不得使用之。但第241條規

　　定之情形，或法律另有規定者，不在此限（公§239Ⅰ）。

　②填補虧損之作法

　　A.以公積填補虧損，僅書類處理，無須以現金為支付。

　　B.即使有虧損，亦非強制填補，而可將之遞延至下期。

　　C.毋庸一次即填補全額。

　③使用公積填補虧損之順序

　　公司非於盈餘公積填補資本虧損，仍有不足時，不得以資本公積補

　　充之（公§239Ⅱ）。

(2)以發給新股或現金為例外

　①發給新股或現金之要件

　　公司無虧損者，得依公司法第 240 條第 1 項至第 3 項所定股東會決

議之方法，將法定盈餘公積及下列資本公積之全部或一部，按股東原有股份之比例發給新股或現金（公§241Ⅰ）：

A.超過票面金額發行股票所得之溢額。

B.受領贈與之所得。

②效力

A.依公司法第241條發行新股，除公開發行股票之公司，應依證券主管機關之規定辦理者外，於決議之股東會終結時，即生效力，董事會應即分別通知各股東，或記載於股東名簿之質權人（公§241Ⅱ準用§240Ⅳ）。

B.公開發行股票之公司，得以章程授權董事會以三分之二以上董事之出席，及出席董事過半數之決議，將應分派股息及紅利之全部或一部，以發放現金之方式為之，並報告股東會（公§241Ⅱ準用§240Ⅴ）。

③發給新股或現金之限制

以法定盈餘公積發給新股或現金者，以該項公積超過實收資本額百分之二十五之部分為限（公§241Ⅲ）。又公司盈餘轉增資發行之新股，應以普通股為限，不得以發行特別股之方式為之（經濟部110.2.9.經商11002403250號函）。

④公積使用之相關實務

A.公積轉增資之事項，應在召集事由中列舉並說明其主要內容，不得以臨時動議提出；其主要內容得置於證券主管機關或公司指定之網站，並應將其網址載明於通知（公§172Ⅴ）。又依證券交易法第26條之1規定，已依證券交易法發行有價證券之公司召集股東會時，關於公司法第241條第1項之決議事項，應在召集事由中列舉並說明其主要內容，不得以臨時動議提出。又公司法第241條第1項所規定將公積撥充資本，包括將法定盈餘公積、特別盈餘公積或資本公積撥充資本之情形（最高法院84年度台

　　上字第 2406 號民事判決）。

B. 資本公積轉增資及減資之過程，以現金收回資本公積轉增資配發股票之行為，仍為股利之分派，性質上屬營利所得，而應課稅（最高行政法院 97 年度判字第 864 號判決）。

C. 公司法第 241 條第 3 項所稱實收資本額，係以公司依該條項之規定，為股東會之特別決議時之實收資本額為計算基礎（經濟部 95.4.7.經商 09502045880 號函）。

D. 公司擬將公積轉作資本，究竟應由股東常會或股東臨時會為決議，公司法尚無限制規定（經濟部 91.3.11.經商 09102037480 號函）。

E. 公司法第 241 條第 1 項第 1 款所稱「超過票面金額發行股票所得之溢額」，其範圍包括庫藏股票交易溢價，故註銷庫藏股票所產生之交易溢價，自屬上開函釋所稱「超過票面金額發行股票所得之溢額」（經濟部 92.1.9.經商 09102306250 號函）。

⑤效果

　　若以公積發行新股，股份總額即將因之而增加，故應一併變更章程。

⑥時期

　　若合於公司法第 241 條規定之要件，則公司即使於會計年度中，亦可將法定盈餘公積及資本公積對股東發給新股或現金。

2.特別公積之使用

　　特別盈餘公積或任意公積之用途，則不受公司法之特別限制，其使用悉依章程規定或股東會之決議（公 § 237 II）。但若為證券交易法上之命令特別公積，其用途則依證券主管機關之命令定之。

四、股息紅利之分派

(一)有盈餘時之分派

1.分派原則

(1)股份有限公司之目的在乎營利，故每會計年度所獲之盈餘，自應分派於各股東。但若公司章程明定盈餘作為營運、公益或特定目的之用，而不分派給股東，以經營社會企業為宗旨，應無不可。

(2)公司非彌補虧損及依本法規定提出法定盈餘公積後，不得分派股息及紅利（公§232Ⅰ）。具體而言，每會計年度終了，公司如有盈餘，則經彌補虧損、扣除稅額（完納稅捐）、提存公積，並依章程之規定分派員工酬勞後，得就其餘額，為股息或紅利之分派。

(3)按公司法第 191 條規定，股東會決議之內容違反法令或章程者，無效。故盈餘分配，於決議前未依該法第 232 條規定彌補虧損及提出法定盈餘公積，則該部分之決議自屬無效（最高法院 109 年度台上字第 2435 號民事判決）。

(4)為使公司法與國際規制相符並與商業會計法規範一致，將員工紅利非屬盈餘之分派予以修正，2015 年 5 月 1 日增訂公司法第 235 條之 1 規定，明定公司應於章程訂明以當年度獲利狀況之定額或比率，分派員工酬勞。但公司尚有累積虧損時，應予彌補（公§235-1Ⅰ）。

(5)股息及紅利之分派，除公司法另有規定外，以各股東持有股份之比例為準（公§235）。

2.股東之盈餘分派平等原則

(1)基於股東之盈餘分派平等原則，股息及紅利之分派，除公司法另有規定外，以各股東持有股份之比例為準（公§235）。原則上，公司應依其股東名簿之記載，分派股息及紅利。

(2)有關彌補虧損及分派盈餘，限以股東身分為之（經濟部 105.8.17.經商 10502423590 號函、經濟部 105.8.17.經商 10502423590 號函）。

3.分派原則之決定機關

(1)股東會得查核董事會造具之表冊、監察人之報告，並決議盈餘分派或虧損撥補（公§184 I）。因此，公司之盈餘分派，原則上屬股東會職權（經濟部 94.8.4.經商字第 09402112840 號函、經濟部 98.8.17.經商 09302128770 號函）。但若以發放現金方式為前三季或前半會計年度之期中盈餘分派，則由董事會決議之（公§228-1 IV）。

(2)公開發行股票之公司，得以章程授權董事會以三分之二以上董事之出席，及出席董事過半數之決議，將應分派股息及紅利之全部或一部，以發放現金之方式為之，並報告股東會（公§240 V）。

(3)分派股息及紅利，股東會除自行決議外，得將其分派基準日授權由董事會決議定之（最高行政法院 94 年度判字第 794 號判決）。質言之，分派股息及紅利基準日得由董事會決議（經濟部 94.7.14.經商 09402095290 號函）。

(4)股息紅利之發放應以股票或現金為限（經濟部 90.7.13.經商字第 09002150810 號函），尚不得以實物分派。

(5)盈餘分配係以股東常會承認盈餘分派議案之盈餘數額為依據，非以稅捐單位核定之盈餘數額為準（經濟部 86.9.23.商字第 86217699 號函）。

4.彌補虧損與盈餘分派之課稅

(1)以往年度營業之虧損，不得列入本年度計算。但公司組織之營利事業，會計帳冊簿據完備，虧損及申報扣除年度均使用所得稅法第 77 條所稱藍色申報書或經會計師查核簽證，並如期申報者，得將經該管稽徵機關核定之前十年內各期虧損，自本年純益額中扣除後，再行核課（所得稅法§39 I）。

(2)資本公積轉增資及減資之過程，以現金收回資本公積轉增資配發股票之行為，仍為股利之分派，性質上屬營利所得，而應課稅（最高行政法院 97 年度判字第 864 號判決）。

(3)公司有盈餘而未立即彌補虧損，尚非違法，僅不得分派股息紅利（最高行政法院 97 年度判字第 828 號判決）。

(4)公司之盈餘分派，屬股東會職權（經濟部 94.8.4.經商 09402112840 號函、經濟部 98.8.17.經商 09302128770 號函）。但若以發放現金方式為期中盈餘分派，則由董事會決議之（公§228-1Ⅳ）。

5.股東之盈餘分派請求權及盈餘分派給付請求權

(1)股東之盈餘分派請求權與盈餘分派給付請求權不同，盈餘分派請求權係股東權之一種，於公司有盈餘時，可能獲得分派之期待權，不得與股份分離而獨立存在，當股份轉讓時，應一併移轉於股份受讓人。盈餘分派給付請求權則自股東盈餘分派請求權分支而生，係對已經股東會承認之確定盈餘分派金額之具體的請求權，屬於單純之債權，得與股份分離而獨立存在，亦不當然隨同股份移轉與受讓人。換言之，股東盈餘分派請求權乃股東權之一種，於股東會決議分派盈餘時，股東之盈餘分派請求權即告確定，而成為具體的請求權，屬於單純之債權，故得與股份分離而成為讓與扣押之標的，而股份讓與時，上開獨立之債權並不當然隨同移轉予股份受讓人（最高法院 90 年度台上字第 1721 號民事判決）。

(2)公司股東之盈餘分派給付請求權雖源自股東盈餘分派請求權，惟二者並非相同，倘股東常會已合法決議分派盈餘，股東對公司即有具體之盈餘分派給付請求權存在（最高法院 103 年度台上字第 2260 號民事判決）。具體而言，股東盈餘分配請求權，於股東會決議分派盈餘時，股東之盈餘分派請求權即告確定，股東自分派盈餘請求權成立時起，取得請求公司給付股息、紅利之請求權。公司自決議之時起，亦負有給付股息、紅利予股東之義務（司法行政部 65.6.19.參 4948 號函）。

(3)拋棄當年度盈餘配股股息之意思表示，於到達公司時起發生效力（經濟部 93.5.18.經商 09302076800 號函）。又股東拋棄其股息及紅利之

分派權利,股東會可對該項股東作不予分派之決議(經濟部 93.3.23.經商 09302041230 號函)。

(4)股東若逾期未領股利,係屬企業之「其他收入」(經濟部 93.3.23.經商 09302041230 號函)。

(5)公司依公司法第 240 條、公司法第 241 條規定所發給股東之新股,性質非屬民法規定之「債權」,尚無民法第 126 條五年短期消滅時效期間規定之適用(經濟部 88.1.14.經商字第 87229258 號函)。亦即,公司因盈餘轉增資或公積轉增資發給股東之新股,於公司完成發行程序時已屬股東之財產,無待股東另向公司再為請求,自無消滅時效規定之適用。

(二)盈餘分派之方法及時機

1.盈餘分派之方法

(1)現金分派

所稱股息紅利之分派,原則上應以現金為之,因以現金分派,股東始能現實的獲得利益。

(2)現股分派

①現股分派之概念

所稱現股分派,即以發行新股之方式為股息紅利之分派。

②現股分派之程序

關於現股分派之程序,因公司股票是否公開發行而有差異。

A.非公開發行股票之公司

(A)公司得由有代表已發行股份總數三分之二以上股東出席之股東會,以出席股東表決權過半數之決議,將應分派股息及紅利之全部或一部,以發行新股之方式為之,其不滿一股之金額,以現金分派之(公§240 I)。但有關出席股東股份總數及表決權數,章程有較高規定者,則從其規定(公§240 III)。

(B)依上開方法發行新股，於決議之股東會終結時，即生效力，董事會應即分別通知股東，或記載於股東名簿之質權人，其發行無記名股票者，並應公告之（公§240Ⅳ）。

B.公開發行股票之公司

(A)公開發行股票之公司，出席股東之股份總數不足公司法第 240 條第 1 項規定之定額者，則得以有代表已發行股份總數過半數股東之出席，出席股東表決權三分之二以上之同意行之（公§240Ⅱ）。但出席股東股份總數及表決權數，章程有較高規定者，從其規定（公§240Ⅲ）。

(B)公開發行股票之公司，得以章程授權董事會以三分之二以上董事之出席，及出席董事過半數之決議，將應分派股息及紅利之全部或一部，以發放現金之方式為之，並報告股東會（公§240Ⅴ）。

(C)公開發行股票之公司，依公司法第 240 條發行新股之方式分派股息及紅利，應依證券主管機關之規定辦理（公§240Ⅳ前段）。亦即，依公司法之規定發行新股時，非向主管機關申報生效後，不得為之（證券交易法§22Ⅰ、Ⅱ）。

2.盈餘分派或虧損撥補之時機

(1)期末盈餘分派或虧損撥補

每會計年度終了，董事會應編造盈餘分派或虧損撥補之議案，於股東常會開會三十日前交監察人查核（公§228Ⅰ③），並由股東會決議盈餘分派或虧損撥補（公§184Ⅰ）。

①股份有限公司於每會計年度終了，董事會應編造營業報告書、財務報表、盈餘分派或虧損撥補之議案，於股東常會開會三十日前交監察人查核，經股東常會承認後，將財務報表及盈餘分派或虧損撥補之決議，分發各股東，則股份有限公司之盈餘分派或虧損撥補，須每年會計年度終了，由董事會提案，經股東常會決議（最高法院

103 年度台上字第 2249 號民事判決）。

②依公司法第 228 條、第 230 條規定，股份有限公司即既需於年度終了時，由董事會基於各項財務表冊編造盈餘分派之議案，交監察人查核後，送股東常會請求承認。為避免公司於其後之年度股東常會上變更決議，以迴避公司法第 232 條盈餘應以上年度財務表冊為基礎，於彌補虧損及提出法定盈餘公積後方得分派之規範意旨，股東常會分派盈餘之決議，應僅於股東常會召開當年度營業終結前召開之股東臨時會，方得變更股東常會之決議（最高法院 90 年度台上字第 1721 號民事判決）。申言之，股份有限公司於股東常會為分派盈餘之決議後，若未於股東常會召開當年度營業終結前召開之股東臨時會變更該股東常會之決議，而係於其後年度召開之股東會為變更之決議，該決議內容即違反公司法第 228 條、第 230 條與 232 條規定意旨，依公司法第 191 條規定，應屬無效（最高法院 90 年度台上字第 1934 號民事判決）。

(2)期中盈餘分派或虧損撥補

①章程訂明

股份有限公司章程得訂明盈餘分派或虧損撥補於每季或每半會計年度終了後為之（公§228-1 I）。

②議案提出程序

股份有限公司前三季或前半會計年度盈餘分派或虧損撥補之議案，應連同營業報告書及財務報表交監察人查核後，提董事會決議之（公§228-1 II），不適用股東會相關規定，例如公司法第 184 條、第 230 條、第 240 條等規定。

③財務報表經會計師查核或核閱：公開發行股票之公司，依公司法第 228 條之 1 第 1 項至第 4 項規定分派盈餘或撥補虧損時，應依經會計師查核或核閱之財務報表為之（公§228-1 V）。

④股份有限公司依公司法第 228 條之 1 第 2 項規定分派盈餘時，應先

預估並保留應納稅捐、依法彌補虧損及提列法定盈餘公積。但法定
盈餘公積，已達實收資本額時，不在此限（公§228-1Ⅲ）。

⑤決議機關及決議方法

股份有限公司於前三季或前半會計年度分派盈餘而以發行新股方式
為之時，應依第 240 條規定辦理；發放現金者，應經董事會決議
（公§228-1Ⅳ）。因此，股份有限公司於前三季或前半會計年度分
派盈餘時，其決議程序，應注意下列事項：

A.發行新股

因涉及股權變動而影響股東權益較大，應經股東會之特別決議通
過。亦即，由有代表已發行股份總數三分之二以上股東出席之股
東會，以出席股東表決權過半數之決議同意。公開發行股票之公
司，出席股東之股份總數不足前項定額者，得以有代表已發行股
份總數過半數股東之出席，出席股東表決權三分之二以上之同意
行之。上開出席股東股份總數及表決權數，章程有較高規定者，
從其規定（公§228-1Ⅳ、§240Ⅰ、Ⅱ、Ⅲ）。又依公司法第
228 條之 1 第 2 項規定發行新股，除公開發行股票之公司，應依
證券主管機關之規定辦理者外，於決議之股東會終結時，即生效
力，董事會應即分別通知各股東，或記載於股東名簿之質權人
（公§228-1Ⅳ、§240Ⅳ）。

B.發放現金

因未涉及股權變動，僅須經董事會決議（公§228-1Ⅳ）。至於董
事會之決議方法，解釋上應為普通決議。

3.違法分派之效果

(1)刑事責任

①公司負責人違反公司法第 237 條第 1 項之規定，單純的不提法定盈
餘公積時，各處新臺幣二萬元以上十萬元以下罰鍰（公§237
Ⅲ）。

②公司負責人違反第 232 條第 1 項或第 2 項之規定，不彌補虧損或不提法定盈餘公積而分派股息紅利，或公司無盈餘而分派股息紅利時，各處一年以下有期徒刑、拘役或科或併科新臺幣六萬元以下罰金（公§232Ⅲ）。

(2)民事責任

公司違反公司法第 232 條之規定分派股息及紅利時，公司之債權人得請求退還，並得請求賠償因此所受之損害（公§233）。

(三)無盈餘時之分派

1.公司無盈餘時，不得分派股息及紅利（公§232Ⅱ）。依公司法第 191 條規定，股東會決議之內容違反法令或章程者，無效。故盈餘分配，於決議前未依公司法第 232 條規定彌補虧損及提出法定盈餘公積，則該部分之決議自屬無效。又股東會得查核董事會造具之表冊，乃股東會之權利而非義務，至董事會造送股東會請求承認之表冊內容如有不實或其他舞弊情事，為董事應否負民刑事責任之問題，難謂股東會該項決議違反法令或章程（最高法院 109 年度台上字第 2435 號民事判決）。

2.公司在本會計年度中無盈餘，或雖有盈餘以之彌補損失及提存法定盈餘公積後，已無賸餘時，原則上不得分派股息及紅利。

(四)未開業前之分派股息

1.基本原則

公司既未開業，當無盈餘可資分派，故本應不得分派股息及紅利。基於資本維持原則，建設股息之發放，並非所有公司皆得任意以與投資人間之契約而加以發放，而係在取得主管機關之許可後，始得為之。

2.建設股息之分派（公§234）

(1)建設股息之意義

所稱建設股息，為股份有限公司在開始營業前，於一定條件之下，分

派於股東之股息。蓋建設股息之分派，係指公司在開始營業前，依公司章程規定分派股息予股東，則公司一旦開始營業，即須嚴守資本維持原則，回歸公司法第 232 條盈餘分配之規定，不得再行發放建設股息（臺灣高等法院 103 年度上易字第 358 號民事判決）。

(2)承認建設股息之立法理由

在於獎勵一般大眾投資於需長時間準備而具有建設性之事業，俾發展建設性企業。

(3)分派建設股息之條件

①公司依其業務之性質，自設立登記後，需二年以上之準備，始能開始營業者。

A.建設股息之分派，係指公司開始營業前依公司章程規定分派股息予股東，公司一旦開始營業，即須嚴守資本維持原則，回歸盈餘分配之規定，不得發放建設股息。此外，開始營業，應係為一事實狀態，於公司實際對外招攬客戶，出售公司之商品或勞務，而有營業收入時應即屬之，尚不以全面開始營業為必要。如公司營業項目屬特種及特許業務，則公司是否開始營業，自應先經該業務之目的事業主管機關加以認定，始得判斷（臺灣高等法院 103 年度重上字第 1011 號民事判決、臺灣高等法院 103 年度重上字第 637 號民事判決）。

B.「開始營業」，應係為一事實狀態，於公司實際對外招攬客戶，出售公司之商品或勞務，而有營業收入時應即屬之，應不以全面開始營業為必要，且非公司或相關主管機關得恣意延後或提前（臺灣高等法院 103 年度重上字第 301 號民事判決）。具體而言，建業股息係以資本分派股息，與資本維持原則有悖，為保護債權人之權益，其要件本應嚴格限制，即對「開始營業」解釋應以公司實際從事所營事業，即屬之，否則將致遞延以資本預付股息之情事，而危害資本維持原則及債權人之權益，且與公司法第

232 條第 2 項規定即營業無盈餘時不得分派股息及紅利精神不符，是上開規定之「開始營業」之定義不得任由公司或相關主管機關恣意延後或提前，應以公司實際開始營利活動之事實狀態為據（臺灣高等法院 103 年度重上字第 401 號民事判決）。

C.公司符合第 234 條第 1 項規定時，固得於未開始營業而無盈餘時，分派股息，但開始營業後，須有盈餘始得為之。而所謂「營業」，係指公司經營其事業獲取利益之事實狀態，故「開始營業」應以該狀態之起始為認定時點，以判定其因營業而獲取利益後有無盈餘，當不以其全部營業據點均開始營業為必要（最高法院 104 年度台上字第 2120 號民事判決）。

②須經主管機關之許可。

③須事先以章程規定，於開始營業前分派股息。

(4)建設股息分派後之會計處理

分派股息之金額，應以預付股息列入資產負債表之股東權益項下，公司開始營業後，每屆分派股息及紅利超過實收資本額百分之六時，應以其超過之金額扣抵沖銷之（公§234Ⅱ）。

五、員工酬勞之分派

（一）章程應訂明員工酬勞之定額或比率

公司應於章程訂明以當年度獲利狀況之定額或比率，分派員工酬勞。但公司尚有累積虧損時，應予彌補（公§235-1Ⅰ）。

1.為降低公司無法採行員工分紅方式獎勵員工之衝擊，公司應於章程訂明以當年度獲利狀況之定額或比率，即參考公司法第 157 條第 1 項第 1 款及第 2 款體例之定額或定率方式，合理分配公司利益，以激勵員工士氣，惟獲利狀況係指稅前利益扣除分配員工酬勞前之利益，是以一次分配方式，爰為公司法第 235 條之 1 第 1 項規定，並增列但書規定

「但公司尚有累積虧損時，應予彌補」。

2. 所謂獲利狀況，係指稅前利益扣除分派員工酬勞前之利益。實務上應指不含員工酬勞金額之稅前利益；亦即當年度除員工、董監事酬勞（公司得於章程訂定依獲利狀況之定額或比率分派董監事酬勞）未估算入帳外之稅前利益結算金額，並以此金額直接依章程所定比率或定額計算員工、董監事酬勞，不需導入聯立方程式計算員工、董監事酬勞。例如：未估算員工、董監事酬勞及所得稅費用之全年度稅前利益金額為 1,000,000 元，即依公司章程所訂之 10%（舉例）員工酬勞計算員工酬勞金額，得出 100,000 元（1,000,000 元 × 10%=100,000 元）（經濟部 105.1.4.經商 10402436190 號函）。

3. 依公司法第 235 條之 1 第 1 項規定：「公司應於章程訂明以當年度獲利狀況之定額或比率，分派員工酬勞。但公司尚有累積虧損時，應予彌補。」公司章程倘係以年度獲利之定額方式訂定員工、董監事酬勞之分派（例如於章程規定：公司如有獲利，應提撥○○元為員工酬勞、○○元為董監事酬勞。但公司尚有累積虧損時，應預先保留彌補數額），而公司當年度獲利小於章程所訂分派員工、董監事酬勞之定額者，依當年度獲利分派員工、董監事酬勞。但公司尚有累積虧損時，應予彌補（預先保留彌補數額）（經濟部 105.1.4.經商 10402436190 號函）。

4. 公司法第 235 條之 1 所謂定額，係指固定數額（一定數額）。區間或上下限之訂定方式，均與定額不符。另章程訂定方式：「當年度獲利扣除累積虧損後達新臺幣 X 元以上，提撥新臺幣○○元為員工酬勞，新臺幣○○元為董監事酬勞。當年度獲利扣除累積虧損後未達新臺幣 X 元，提撥員工酬勞○○%，董監事酬勞不高於○○%。」尚無不可（經濟部 105.1.4.經商 10402436390 號函）。

5. 公司法第 235 條之 1 第 1 項所謂「當年度獲利狀況之定額或比率」，其中當年度獲利狀況，應以會計師查核簽證之財務報表為準；但資本

額未達中央主管機關所定一定數額（新臺幣三千萬元）以上者，則以董事會決議編造之財務報表為準。至於比率訂定方式，選擇以固定數（例如：百分之二）、一定區間（例如：百分之二至百分之十）或下限（例如：百分之二以上、不低於百分之二）三種方式之一，均屬可行（經濟部 104.6.11.經商 10402413890 號函）。

6.依公司法第 235 條之 1 第 1 項立法理由略以：「所謂獲利狀況係指稅前利益扣除分派員工酬勞前之利益，是以一次分派方式為之。」準此，員工酬勞係一年分派一次，至於發放給員工時，一次全額發放或分次發放，均屬可行，由公司自行決定。倘公司無員工編制時，可不提列員工酬勞（經濟部 104.6.11.經商 10402413890 號函）。

(二)公營事業之例外

公營事業除經該公營事業之主管機關專案核定於章程訂明分派員工酬勞之定額或比率外，不適用前項之規定（公§235-1Ⅱ）。公營事業之經營係基於各種政策目的及公共利益，以發揮經濟職能，其性質實與民營事業有所區別與不同，其員工酬勞得否分配予員工，應視個別情況而定。

(三)決定機關

員工酬勞以股票或現金為之，應由董事會以董事三分之二以上之出席及出席董事過半數同意之決議行之，並報告股東會（公§235-1Ⅲ）。蓋為權衡人才與資金對企業經營的重要性及必要性，員工酬勞以現金發放或股票須經董事會特別決議通過，嗣後並報告股東會並兼顧股東權益。

(四)適用對象

章程得訂明前項發給股票或現金之對象，包括符合一定條件之從屬公司員工（公§235-1Ⅴ）。

1.員工酬勞發給現金或股票時，其發放之範圍對象可擴大至從屬公司員

工。所稱「一定條件之控制或從屬公司」，包括國內外控制或從屬公司，認定上，依公司法第 369 條之 2、第 369 條之 3、第 369 條之 9 第 2 項、第 369 條之 11 之標準為之（經濟部 107.11.30.經商 10702427750 號函）。

2.公司法第 235 條之 1 規定所稱「員工」，除董事、監察人非屬員工外，其餘人員是否屬員工，應由公司自行認定。倘公司董事長兼任員工時，係身兼二種身分，可基於員工身分受員工酬勞之分派（經濟部 110.1.18.經商 10900116680 號函）。至於控制公司派任至從屬公司之董事或監察人，非從屬公司員工之範疇（經濟部 92.10.15.經商 09202214370 號函）。

(五)關於員工酬勞之章程範例

第 X 條：　公司年度如有獲利，應提撥○○%（或○○元）為員工酬勞。但公司尚有累積虧損時，應預先保留彌補數額。

第 X+1 條：公司年度總決算如有盈餘，應先提繳稅款、彌補累積虧損，次提 10%為法定盈餘公積，其餘除派付股息外，如尚有盈餘，再由股東會決議（有限公司為由股東同意）分派股東紅利。

第八節　股份有限公司之公司債

一、公司債之意義

公司債者，乃股份有限公司為募集資金，以發行債券之方法，向公眾大量的、集團的負擔之債務，申言之，公司債係一種債務，公司為債務人，購買公司債之公眾或特定人則為債權人。又公司債係以發行債券方式所負擔之債務，性質上為直接金融；而公司一般舉債之方式，則多係向銀行借貸，性質上為間接金融。公司債係向公眾募集或向特定人私

募而負擔之債務，而一般之金錢借貸則僅向特定銀行、企業或個人洽借。

二、公司債之種類

(一)有擔保公司債與無擔保公司債

公司債以是否有附擔保品為區別標準，可分為有擔保公司債與無擔保公司債。

1.有擔保公司債：為公司債之還本付息有特定財產供作擔保者。

(1)公司債之發行如由金融機構擔任保證人者，得視為有擔保之發行（證券交易法§29）。

(2)公司為發行公司債所設定之抵押權或質權，得由受託人為債權人取得，並得於公司債發行前先行設定（公§256 I）。受託人對於上開之抵押權或質權或其擔保品，應負責實行或保管之（公§256 II）。

(3)公開發行公司以動產或不動產作為擔保品發行公司債，除該擔保品須設定抵押權或質權予債權人之受託人外，該擔保品表彰之擔保價值須足以償付公司債未來應負擔之本息，並應於受託契約明訂，受託人於公司債存續期間應持續對該擔保品進行評價，因擔保品之市價波動而發生跌價情事時，受託人應即通知發行公司限期補足差額，公司債之發行符合前述條件者，得視為有擔保公司債（經濟部 88.3.1.商88203546 號函）。

(4)民法上關於抵押權、質權之設定，係屬物權行為，是以公司以出具承諾將於該債券發行一定時間內取得該擔保品設定抵押權或質權方式為之者，在完成設定抵押權或質權前，尚未具民法上之物權效力，不宜算入有擔保公司債範疇（經濟部 88.9.1.商 88216445 號函）。

2.無擔保公司債：乃無特定財產供作還本付息擔保之公司債。

3.區別實益

區別擔保公司債與無擔保公司債之實益，在於發行條件之寬嚴不同。

(1)無擔保公司債之總額，不得逾公司現有全部資產減去全部負債後之餘
額二分之一（公§247Ⅱ）

(2)公司有下列情形之一者，不得發行無擔保公司債（公§249）：

①對於前已發行之公司債或其他債務，曾有違約或遲延支付本息之事
實已了結，自了結之日起三年內。

②最近三年或開業不及三年之開業年度課稅後之平均淨利，未達原定
發行之公司債，應負擔年息總額之百分之一百五十。

(3)公司最近三年或開業不及三年之開業年度課稅後之平均淨利，未達原
定發行之公司債應負擔年息總額之百分之一百者，不得發行公司債。
但經銀行保證發行之公司債不受限制（公§250②）。

(4)已依證券交易法發行股票之公司，募集與發行公司債，其發行總額，
除經主管機關徵詢目的事業中央主管機關同意者外，依下列規定辦
理，不受公司法第 247 條規定之限制（證券交易法§28-4）：

①有擔保公司債、轉換公司債或附認股權公司債，其發行總額，不得
逾全部資產減去全部負債餘額之百分之二百。

②前款以外之無擔保公司債，其發行總額，不得逾全部資產減去全部
負債餘額之二分之一。

(二)記名公司債與無記名公司債

公司債若以公司債券上是否記載債權人之姓名為區別標準，可分為
記名公司債與無記名公司債。

1.記名公司債：為公司債之債券上記載公司債債權人之姓名者。

2.無記名公司債：乃債券上未記載債權人之姓名者。

3.區別實益

區別記名公司債與無記名公司債之實益，在於轉讓與設質方式之不同。

(1)記名式之公司債券,得由持有人以背書轉讓之。但非將受讓人之姓名或名稱,記載於債券,並將受讓人之姓名或名稱及住所或居所記載於公司債存根簿,不得以其轉讓對抗公司(公§260)。

(2)債券為無記名式者,債權人得隨時請求改為記名式(公§261)。

(3)公開發行公司其公司債信託公示登記,應將原為無記名式之公司債改為記名式(金融監督管理委員會 94.3.15.金管證法 0940100477 號令)。

(三)特別公司債與普通公司債

公司債若以債權人是否具有請求將公司債轉換為公司股份、交換為其他公司股份或請求公司發行新股以供認購等權利為區別標準,可分為特別公司債與普通公司債。

1.特別公司債:例如轉換公司債、附認股權公司債、交換公司債等。

(1)所謂轉換公司債,為公司債發行後,於經過一定之期間,得按公司規定之轉換辦法,請求轉換為公司之股份者。

(2)所謂附認股權公司債,為公司債權人,得按公司規定之認購辦法,請求公司發行股份,以供其認購者。

(3)公開發行公司亦可募集或私募轉換公司債及附認股權公司債。

(4)私募公司債之發行公司不以上市、上櫃、公開發行股票之公司為限(公§248Ⅱ後段)。因此,非公開發行公司亦可私募普通公司債、轉換公司債及附認股權公司債。

(5)從屬公司得持有控制公司轉換公司債,而不進行轉換(經濟部91.4.16.經商 09102071760 號函)。

2.普通公司債:乃公司債權人不得請求將公司債轉換為公司股份、交換為其他公司股份或請求公司發行新股以供認購之公司債。

3.區別實益

(1)公司發行轉換公司債時,應將轉換辦法,申請證券主管機關申報生效

（公§248Ⅰ⑱）。

(2)公司發行附認股權公司債時，應將認購辦法，申請證券主管機關申報生效（公§248Ⅰ⑲）。

(3)公司依公司法第248條第2項私募轉換公司債或附認股權公司債時，因可能涉及股權變動而影響股東權益較深，故除應經第246條董事會之決議，並應經股東會決議。但公開發行股票之公司，證券主管機關另有規定者，從其規定（公§248-1）。亦即，非公開發行股票之公司私募轉換公司債或附認股權公司債，應由三分之二以上董事之出席，及出席董事過半數之同意行之，並應經股東會決議。至於公開發行股票之公司私募轉換公司債或附認股權公司債，依證券交易法第43條之6第1項規定，得以有代表已發行股份總數過半數股東之出席，出席股東表決權三分之二以上之同意，對特定人進行有價證券之私募。

(4)公司募集或私募普通公司債時，則經董事會決議即可（公§246Ⅰ）。其中，募集公司債之決議，應由三分之二以上董事之出席，及出席董事過半數之同意行之（公§246Ⅱ）。

(5)公開發行股票之公司，若為普通公司債之私募，其發行總額，除經主管機關徵詢目的事業中央主管機關同意者外，不得逾全部資產減去全部負債餘額之百分之四百，不受公司法第247條規定之限制。並得於董事會決議之日起一年內分次辦理（證券交易法§43-6Ⅲ）。

(四)本國公司債與外國公司債

若以公司債之募集地為區分標準，可分為本國公司債與外國公司債。

1.本國公司債：為公司在本國募集之公司債。

2.外國公司債：乃公司在外國募集之公司債。外國公司債之發行，現行法雖無明文規定，解釋上應無不可。惟公開發行公司募集與發行海外有價證券，除應受外國資本市場法令之限制外，尚應注意證券交易法

第 22 條第 4 項及「發行人募集與發行海外有價證券處理準則」之適用。

三、公司債發行之限制

主要為發行總額或起債條件之限制。

(一)公司債總額之限制

公開發行股票公司之公司債總額,不得逾公司現有全部資產減去全部負債後之餘額(公§247 I)。至於非公開發行股票公司,其公司債總額則無上開限制。

(二)特別公司債之限制

1.已依證券交易法發行股票之公司,募集與發行有擔保公司債、轉換公司債或附認股權公司債,除經主管機關徵詢目的事業中央主管機關同意者外,其發行總額,不得逾全部資產減去全部負債餘額之百分之二百,不受公司法第 247 條規定之限制(證券交易法§28-4①)。

2.依證券交易法第 43 條之 6 第 3 項規定,私募轉換公司債及附認股權公司債,其私募數額仍須受公司法第 247 條規定之限制。換言之,公開發行股票公司私募上開種類之特別公司債仍有舉債額度限制,以免影響公司財務健全。至非公開發行股票之公司,為便利其籌資,私募公司債之總額,亦無限制。

(三)無擔保公司債之限制

1.無擔保公司債之總額,不得逾公司現有全部資產減去全部負債後之餘額二分之一(公§247 II),蓋因其無擔保,保障力差,故減少其發行額。

2.已依證券交易法發行股票之公司,募集與發行無擔保公司債,除經主管機關徵詢目的事業中央主管機關同意者外,其發行總額,不得逾全

部資產減去全部負債餘額之二分之一，不受公司法第 247 條規定之限制（證券交易法§28-4②）。

(四)普通公司債之限制

公開發行股票之公司，若為普通公司債之私募，其發行總額，除經主管機關徵詢目的事業中央主管機關同意者外，不得逾全部資產減去全部負債餘額之百分之四百，不受公司法第 247 條規定之限制（證券交易法§43-6Ⅲ）。

四、公司債發行之禁止及例外

(一)公司債發行之禁止

公司有下列原因時，不得發行公司債：

1. 對於前已發行之公司債或其他債務有違約或遲延支付本息之事實，尚在繼續中者（公§250①）。應注意者，債務雖經債權人同意展延，仍有公司法第 250 條第 1 款之情事（經濟部 92.3.18.經商 09200042900 號函）。
2. 最近三年或開業不及三年之開業年度課稅後之平均淨利，未達原定發行之公司債應負擔年息總額之百分之一百者。但經銀行保證發行之公司債不受限制（公§250②）。應注意者，公司雖連續三年虧損，但若以前所發行且流通在外及本次擬發行之公司債，其票面利率及實質利率（投資人賣回殖利率及公司贖回殖利率）均為零，因無應負擔年息總額之問題，似無違反公司法第 250 條第 2 款規定。

(二)無擔保公司債發行之禁止

公司有下列情形之一者，不得發行無擔保公司債：

1. 對於前已發行之公司債或其他債務，曾有違約或遲延支付本息之事實已了結，自了結之日起三年內（公§249①）。
2. 最近三年或開業不及三年之開業年度課稅後之平均淨利，未達原定發

行之公司債，應負擔年息總額之百分之一百五十者（公§249②）。至於公司雖連續三年虧損，但若以前所發行且流通在外及本次擬發行之公司債，其票面利率及實質利率（投資人賣回殖利率及公司贖回殖利率）均為零，因無應負擔年息總額之問題，似未違反公司法第 249 條第 2 款規定。

(三)公司債發行禁止之例外

　　普通公司債、轉換公司債或附認股權公司債之私募不受公司法第249條第2款及第250條第2款之限制，並於發行後十五日內檢附發行相關資料，向證券主管機關報備；私募之發行公司不以上市、上櫃、公開發行股票之公司為限（公§248Ⅱ）。

五、公司債之發行程序

(一)董事會或股東會之特別決議

1.公司經董事會決議後，得募集公司債（公§246Ⅰ前段）。又公司債之募集，須經董事會之特別決議，始得為之，即應由三分之二以上董事之出席，及出席董事過半數之同意行之（公§246Ⅱ）。

2.公司債之募集屬董事會之專屬權限，既不必經股東會之決議，亦不需再經股東會之決議承認，董事會只須將募集公司債之原因及有關事項報告股東會即可（公§246Ⅰ後段）。

3.公司依公司法第 248 條第 2 項私募轉換公司債或附認股權公司債時，應經第 246 條董事會之決議，並經股東會決議。但公開發行股票之公司，證券主管機關另有規定者，從其規定（公§248-1）。所稱經第246條董事會之決議，係指應以特別決議為之。

4.公開發行股票之公司私募具有股權性質之公司債，應經股東會之決議。亦即，公開發行股票之公司，得以有代表已發行股份總數過半數股東之出席，出席股東表決權三分之二以上之同意，對下列特定人進

行有價證券之私募（證券交易法§43-6 I）：

(1)銀行業、票券業、信託業、保險業、證券業或其他經主管機關核准之法人或機構。

(2)符合主管機關所定條件之自然人、法人或基金。

(3)該公司或其關係企業之董事、監察人及經理人。

5.公開發行股票之公司，其普通公司債之私募，並得於董事會決議之日起一年內分次辦理（證券交易法§43-6 III）。

6.公開發行股票之公司私募公司債，證券交易法第43條之6第1項第2款及第3款之應募人總數，不得超過三十五人（證券交易法§43-6 II）。

(二)公司債受託契約之訂立

1.公司發行公司債時，應載明公司債權人之受託人名稱及其約定事項，向證券主管機關辦理之。但公司債之私募不在此限（公§248 I ⑫）。

2.公司法第248條第1項第12款之受託人，以金融或信託事業為限，由公司於申請發行時約定之，並負擔其報酬（公§248 VI）。因此，公司在擬募集公司債前，應與金融或信託事業成立公司債受託契約（利他性信託契約），以金融或信託事業擔任受託人，藉由金融或信託事業以受託人之地位介入其間，以代表債權人之利益。

3.受託人之報酬，由發行公司負擔之（公§248 VI）。

(三)受託人之職責

1.董事會在實行公司法第254條請求前，應將全體記名債券應募人之姓名、住所或居所暨其所認金額，及已發行之無記名債券張數、號碼暨金額，開列清冊，連同第248條第1項各款所定之文件，送交公司債債權人之受託人（公§255 I）。公司債受託人，為應募人之利益，有查核及監督公司履行公司債發行事項之權（公§255 II）。

2.公司為發行公司債所設定之抵押權或質權，得由受託人為債權人取得，並得於公司債發行前先行設定（公§256 I）。受託人對於該項抵

押權或質權或其擔保品，應負責實行或保管之（公§256Ⅱ）。因此，公司發行公司債已有提供擔保品而由受託人為全體債權人利益取得，按其性質，自屬有擔保公司債（經濟部75.1.4.商0023775號函）。

3.公司債受託人於必要時，得為公司債債權人之共同利害關係事項，召集同次公司債債權人會議（公§263Ⅰ）。

4.受託人，為應募人之利益，有查核及監督公司履行公司債發行事項之權（公§255Ⅱ）。

(四)募集公司債之聲請

1.公司募集公司債時，應將下列事項，並加具公開說明書（證券交易法§30），向證券主管機關辦理之（公§248Ⅰ）。

(1)公司名稱。

(2)公司債之總額及債券每張之金額。

(3)公司債之利率。

(4)公司債償還方法及期限。

(5)償還公司債款之籌集計畫及保管方法。

(6)公司債募得價款之用途及運用計畫。

(7)前已募集公司債者，其未償還之數額。

(8)公司債發行價格或最低價格。

(9)公司股份總數及已發行股份總數及其金額。

(10)公司現有全部資產，減去全部負債及無形資產後之餘額。

(11)證券主管機關規定之財務報表。

(12)公司債權人之受託人名稱及其約定事項。公司債之私募不在此限。

(13)代收款項之銀行或郵局名稱及地址。

(14)有承銷或代銷機構者，其名稱及約定事項。

(15)有發行擔保者，其種類、名稱及證明文件。

(16)有發行保證人者，其名稱及證明文件。

(17)對於前已發行之公司債或其他債務，曾有違約或遲延支付本息之事實或現況。

(18)可轉換股份者，其轉換辦法。

(19)附認股權者，其認購辦法。

(20)董事會之議事錄。

(21)公司債其他發行事項，或證券主管機關規定之其他事項。

2.公司法第 248 條第 1 項第 7 款、第 9 款至第 11 款、第 17 款，應由會計師查核簽證；第 12 款至第 16 款，應由律師查核簽證（公§248 V）。

3.公司就公司法第 248 條第 1 項各款事項有變更時，應即向證券主管機關申請更正；公司負責人不為申請更正時，由證券主管機關各處新臺幣一萬元以上五萬元以下罰鍰（公§248Ⅳ）。

4.公司法第 248 條第 1 項第 18 款之可轉換股份數額或第 19 款之可認購股份數額加計已發行股份總數、已發行轉換公司債可轉換股份總數、已發行附認股權公司債可認購股份總數、已發行附認股權特別股可認購股份總數及已發行認股權憑證可認購股份總數，如超過公司章程所定股份總數時，應先完成變更章程增加資本額後，始得為之（公§248 Ⅶ）。

5.僅於公司債券面上載明得提前清償，似難逕認為無效（經濟部 75.12.3. 商 33507 號函）。

6.公司債之募集及發行，除政府債券或經主管機關核定之其他有價證券外，非向主管機關申報生效後，不得為之（證券交易法§22Ⅰ）。又依據證券交易法第 22 條第 4 項之授權，金監督管理委員會則訂定發布「發行人募集與發行有價證券處理準則」，明定公司發行普通公司債、有擔保公司債、交換公司債、轉換公司債及附認股權公司債（附可分離認股權公司債與不可分離認股權公司債）之申報事項及相關規範，以資遵循。此外，公司募集、發行公司債，於申請審核時，除依

公司法第 248 條第 1 項所規定記載事項外，應另行加具公開說明書（證券交易法§30 I）。

(五)私募公司債之決議及報備

1.普通公司債、轉換公司債或附認股權公司債之私募不受第 249 條第 2款及第 250 條第 2 款之限制，並於發行後十五日內檢附發行相關資料，向證券主管機關報備；私募之發行公司不以上市、上櫃、公開發行股票之公司為限（公§248 II）。又公司債之私募人數不得超過三十五人。但金融機構應募者，不在此限（公§248 III）。

2.公開發行股票之公司，進行普通公司債之私募，其發行總額，除經主管機關徵詢目的事業中央主管機關同意者外，不得逾全部資產減去全部負債餘額之百分之四百，不受公司法第 247 條規定之限制。並得於董事會決議之日起一年內分次辦理（證券交易法§43-6 II）。又該公司應於股款或公司債等有價證券之價款繳納完成日起十五日內，檢附相關書件，報請主管機關備查（證券交易法§43-6 IV）。此外，符合主管機關所定條件之自然人、法人或基金、發行公司或其關係企業之董事、監察人及經理人之應募人總數，不得超過三十五人（證券交易法§43-6 III）。

(六)募集之公告

1.公司發行公司債之申請經核准後，董事會應於核准通知到達之日起三十日內，備就公司債應募書，附載公司法第 248 條第 1 項各款事項，加記核准之證券管理機關與年、月、日、文號，並同時將其公告，開始募集。但第 248 條第 1 項第 11 款之財務報表，第 12 款及第 14 款之約定事項，第 15 款及第 16 款之證明文件，第 20 款之議事錄等事項，得免予公告（公§252 I）。

2.超過公司法第 252 條第 1 項期限未開始募集而仍須募集者，應重行申請（公§252 II）。

3.代表公司之董事，違反公司法第 252 條第 1 項規定，不備應募書者，由證券管理機關處新臺幣一萬元以上五萬元以下罰鍰（公§252Ⅲ）。

(七)公司債之召募與應募

1.公司於備就公司債應募書及依法令為公告後，即可開始募集，但募集時應向應募人交付公開說明書（證券交易法§31）。

2.應募人應在應募書上填寫所認金額及其住所或居所，簽名或蓋章，並照所填應募書負繳款之義務（公§253Ⅰ）。應募人以現金當場購買無記名公司債券者，免填前項應募書（公§253Ⅱ）。

(八)所認金額之繳款與請求繳足

1.應募人於認定後，有照所填應募書負繳款之義務（公§253Ⅰ），代收機構於收款後，則應向各該繳款人交付經公司簽章之繳納憑證，俾據以交換債券（證券交易法§33、§34）。

2.除以現金當場購買無記名公司債券者外，董事會應向未交款之各應募人請求繳足其所認金額（公§254），但董事會為此請求之前，應將全體記名債券應募人之姓名、住所或居所，暨其所認金額，及已發行之無記名債券張數、號碼暨金額，開列清冊，連同公司法第 248 條第 1 項各款所定之文件，送交公司債債權人之受託人（公§255Ⅰ）。

(九)債券之發行與公司債存根之備置

1.公司債之債券應編號載明發行之年、月、日及公司法第 248 條第 1 項第 1 款至第 4 款、第 18 款及第 19 款之事項，有擔保、轉換或可認購股份者，載明擔保、轉換或可認購字樣，由代表公司之董事簽名或蓋章，並經依法得擔任債券發行簽證人之銀行簽證後發行之（公§257Ⅰ）。

2.有擔保之公司債除前項應記載事項外，應於公司債正面列示保證人名稱，並由其簽名或蓋章（公§257Ⅱ）。

(十)債券之無實體化及登錄

1.公司發行之公司債，得免印製債票，並應洽證券集中保管事業機構登錄及依該機構之規定辦理（公§257-2Ⅰ）。經證券集中保管事業機構登錄之公司債，其轉讓及設質應向公司辦理或以帳簿劃撥方式為之，不適用公司法第 260 條及民法第 908 條之規定（公§257-2Ⅱ）。

2.公司發行之公司債，若未印製表示其權利之實體有價證券者，亦視為有價證券（證券交易法§6Ⅲ）。

(十一)主管機關之撤銷核准

公司發行公司債經核准後，如發現其申請事項，有違反法令或虛偽情形時，證券管理機關得撤銷核准（公§251Ⅰ）。

六、公司債之轉讓

(一)記名式公司債券之轉讓

其轉讓須由持有人以背書為轉讓，且非將受讓人姓名或名稱記載於公司債券，並將受讓人之姓名或名稱及住所記載於公司債存根簿，不得以其轉讓對抗公司（公§260）。

(二)無記名式公司債券之轉讓

無記名式公司債券之轉讓，依無記名有價證券之通例，非經交付，不生效力。但債券為無記名式者，債權人得隨時請求改為記名式（公§261）。

七、公司債用途之限制

(一)限制理由

在於預防公司負責人濫用職權，於不必要時擅行決議募集公司債，而於募集後變更其用途。

(二)用途之限制

　　公司募集公司債款後，未經申請核准變更，而用於規定事項以外者，處公司負責人一年以下有期徒刑、拘役或科或併科新臺幣六萬元以下罰金，如公司因此受有損害時，對於公司並負賠償責任（公§259）。

八、公司債券之設質

(一) 公司債券既為有價證券，自得為質權之標的。

(二) 其設質方式，因標的之不同而異。

1.以無記名式之債券設定質權者因債券之交付而生質權設定之效力。

2.以記名式之債券設定質權者：除交付債券外，並應依背書方法為之（民法§908）。

(三) 經證券集中保管事業機構登錄之公司債，其轉讓及設質應向公司辦理或以帳簿劃撥方式為之，不適用第 260 條及民法第 908 條之規定（公§257-2Ⅱ）。上開情形，於公司已印製之債券未繳回者，不適用之（公§257-2Ⅲ）。

九、公司債之償還

(一)公司債之付息

1.公司債之利率，均依債券所載條件而定（公§248Ⅰ③），而公司債有附以息券者，亦有不附息券者。若為附有息券者，債權人於規定付息時，截取息券，以換取利息，該息券並得由債券本身分離而為轉讓。不附息券之公司債，則於償還債款時，以其全部利息一次給付之。

2.公司債債權人之利息給付請求權，自得為請求之日起，經過五年不行使，因時效而消滅（民法§126）。

(二)公司債之還本

　　償還之方法及期限，亦應依債券所載條件而定，如已屆還本期限，

公司自應依原定方法為之。

十、公司債之轉換

(一) 公司募集公司債時，得訂明公司債能轉換為股份，而為轉換公司債之發行。

(二) 轉換公司債之發行，其持有人既得保持公司債之安全性，又可請求轉換為股份以作投機，故頗具吸引力。

(三) 公司發行轉換公司債時，須將其轉換辦法申請證券管理機關審核之（公§248 I ⑱），公司債約定得轉換股份者，公司有依其轉換辦法核給股份之義務。但公司債債權人有選擇權（公§262 I）。

(四) 按公司債契約，係因公司債應募人在發行公司備就之應募書上，填寫所認金額，並簽名或蓋章而成立（公§252 I、§253 I），公司債應募人僅能附從發行公司所定轉換條件締結公司債契約，無權個別協商契約之內容。而公司債約定得轉換股份者，依公司法第 248 條第 1 項第 18 款、「發行人募集與發行有價證券處理準則」第 29 條第 1 項第 10 款規定，應於其轉換辦法中訂定轉換條件（含轉換價格、轉換期間及轉換股份之種類等）之決定方式。至公司債債權人依公司法第 262 條第 1 項但書規定，固享有選擇將所持公司債轉換為發行公司股份與否之權利，惟其轉換權之行使，仍應受轉換辦法所定轉換條件之限制，於其適法行使轉換權時，發行公司始有依其轉換辦法核給股份之義務（最高法院 108 年度台上字第 640 號民事判決）。

(五) 轉換股份額，如超過公司章程所定可轉換股份之數額時，應先完成變更章程增加可轉換股份之數額後，始得為之（公§248Ⅶ）。

(六) 轉換公司債之債券，應載明轉換字樣（公§257）。

(七) 以轉換公司債轉換為股份而增發新股時，不適用公司法第 267 條有關員工保留股及股東新股認購權之規定（公§267Ⅷ）。

十一、公司債債權人會議

(一)公司債債權人會議之意義

公司債債權人會議者，乃同次公司債債權人所組成之臨時會議團體。

(二)設置公司債債權人會議之理由

公司債債權人為數甚多，如皆個別行使其權利，則於債權人與公司雙方均屬不便，故仿瑞、日之立法例，設公司債債權人會議，就有關公司債債權人之共同利害關係事項而為決議，以收劃一之效。

(三)公司債債權人會議之召集

1.召集權人（公§263Ⅰ）

(1)發行公司債之公司。

(2)公司債債權人之受託人。

(3)有同次公司債總數百分之五以上之公司債債權人。

上述三者，均得為公司債債權人之共同利害關係事項，召集同次公司債債權人會議。

2.召集程序

公司債債權人會議之召集程序如何，公司法尚無明文規定，應類推適用有關公開發行股票之公司股東臨時會召集程序之規定。換言之，公司債債權人會議之召集，應於十五日前通知同次各公司債債權人，對於持有無記名公司債券者，應於三十日前公告之。通知及公告應載明召集事由（經濟部93.8.27.經商09302137800號函）。

(四)集公司債債權人會議之出席、主席及決議

1.公司債債權人之出席

(1)公司債債權人得出席公司債債權人會議，親自行使其表決權。至公司債債權人如委託代理人出席會議時，其表決權如何代理行使，公司法

尚無明文規定，解釋上，得類推適用公司法第 177 條第 1 項及第 3 項
規定。至第 177 條第 2 項規定，則不在類推適用之列，因公司債債權
人非公司之構成員，其表決權之行使，與公司支配無關（經濟部
94.2.15.經商 09402403110 號函）。

(2)公司債債權人對於會議之事項，如有自身利害關係致有害於公司利益
之虞時，得否加入表決，及能否代理他公司債債權人行使表決權，又
發行公司對於持有自己之公司債能否行使表決權，公司法尚無明文規
定，解釋上，得類推適用公司法第 178 條及第 179 條第 2 項規定（經
濟部 94.2.15.經商 09402403110 號函）。

(3)無記名公司債債權人，出席第 1 項會議者，非於開會五日前，將其債
券交存公司，不得出席（公§263Ⅲ）。

(4)公司債債權人為政府或法人時，其代表人之人數有無限制及表決權如
何行使，公司法尚無明文規定，解釋上，得類推適用公司法第 181 條
第 1 項及第 2 項規定（經濟部 94.2.15.經商 09402403110 號函）。

2.主席

公司債債權人會議應以何人為主席，公司法尚無明文規定。解釋
上，如會議由發行公司召集，依同法第 208 條第 3 項規定辦理。如由受
託人召集，由受託人為主席。如由公司債債權人召集，由公司債債權人
中互推一人為主席（經濟部 94.2.15.經商 09402403110 號函）。

3.決議方法

公司債債權人會議之決議，應有代表公司債債權總額四分之三以上
債權人之出席，以出席債權人表決權三分之二以上之同意行之，並按每
一公司債券最低票面金額有一表決權（公§263Ⅱ）。

4.議事錄之製成、決議之效力及執行

(1)公司法第 263 條債權人會議之決議，應製成議事錄，由主席簽名，經
申報公司所在地之法院認可並公告後，對全體公司債債權人發生效
力，由公司債債權人之受託人執行之。但債權人會議另有指定者，從

其指定（公§264）。因此，經申報由法院認可債權人會議之決議，並於公告後，即對全體公司債債權人發生效力。

(2)債權人會議之決議，其議事錄如何製作及保存，公司法尚無明文規定，解釋上，得類推適用公司法第183條第1項、第3項及第4項規定（經濟部94.2.15.經商09402403110號函）。

5.法院不予認可之決議事項

基本上，何種事項得由債權人會議決議，除應募書上有所記載外，其他允屬法院認可職權範疇（經濟部93.8.27.經商09302137800號函）。公司債債權人會議之決議，有下列情事之一者，法院不予認可（公§265）：

(1)召集公司債債權人會議之手續或其決議方法，違反法令或應募書之記載者。

(2)決議不依正當方法達成者。

(3)決議顯失公正者。

(4)決議違反債權人一般利益者。

第九節　股份有限公司之發行新股

一、發行新股之意義

(一) 發行新股，乃股份有限公司成立後，第二次發行股份之謂。

(二) 公司若採用授權資本制，依公司法第156條第4項分次發行股份者（公§266 I），在章定股份總數範圍內，原則上授權董事會決議發行新股。司辦理發行新股係屬董事會之職權，應明確訂明發行新股金額、股數等。倘公司發行新股認繳不足致無法於增資基準日完成者，亦得召開董事會決議修正發行新股數額及增資基準日，以實際已認購繳款之金額辦理（經濟部105.1.28.經商10502005270號函）。

(三) 發行新股因發行方式、對象及目的之不同,其程序、決策機關及受
　　監管程度有所差異。

二、發行新股之情形

(一)不增資發行與增資發行

1.不增資發行

　　公司章程所定股份總數,得分次發行(公§156Ⅳ前段)。故所謂不
增資發行,乃公司依公司法第 156 條第 4 項規定之分次發行時,所為第
二次以後之新股發行。此種發行在章程原定之股份總數以內,故無須變
更章程,以增加章定資本。

2.增資發行

(1)即公司已將章程規定之股份總數全數發行完畢,然後增加資本,變更
　　章程,再發行新股者。

(2)倘公司未經修改章程增加股份總數,而發行超過章程所訂股份總數之股
　　票時,自應解為無效(最高法院 99 年度台上字第 1792 號民事判決)。

(二)通常發行與特殊發行

1.通常發行

(1)所謂通常發行,即公司以調度資金為目的所為之發行。例如公司法第
　　五章第八節關於發行新股之規定。一般而言,現金增資發行新股,即
　　為通常發行。

(2)公司依公司法第 156 條第 4 項分次發行新股,依本節之規定(公§
　　266Ⅰ)。

2.特殊發行

(1)所稱特殊發行,即係不以籌措資金為主要目的,基於特殊目的所為之
　　發行。例如公司法第 240(因盈餘轉增資而發行新股)、第 241 條
　　(公積轉增資而發行新股)、第 262 條(依轉換公司債之轉換辦法或

附認股權公司債之認購辦法核給股份之發行新股）、第 267 條第 6 項
（因合併他公司、分割、公司重整而增發新股）、第 167 條之 2（因
員工認股權契約之履行而發行新股）、第 268 條之 1 第 1 項（依認股
權憑證或附認股權特別股之認股辦法核給股份而增發新股）、第 267
條第 9 項（因實施員工獎酬而發行限制員工權利新股）等。

(2)應注意者，已依證券交易法發行股票之公司，於依公司法之規定發行
新股時，除依第 43 條之 6 第 1 項及第 2 項規定辦理者外，仍應依證
券交易法第 22 條第 1 項規定辦理（證券交易法§22Ⅱ）。亦即，公
司依公司法之規定發行新股，非向證券主管機關申報生效後，不得為
之。

(3)存續公司吸收合併消滅公司，毋庸就自己持有消滅公司之股份發行新
股（經濟部 91.3.11.經商 09102038310 號函）。

(三)不公開發行與公開發行

1.不公開發行

　　一般所稱不公開發行新股，乃由員工及股東全部認足或其餘額洽由
特定人認購，而不向公眾募集發行股份者。

2.公開發行

　　所謂公開發行新股，係指除去股東認購，員工承購者外，其餘額並
不洽由特定人認購，而向公眾募集發行股份者。公開發行新股，受到證
券主管機關高度監理，主要規範如下：

(1)公開發行具有優先權利特別股之資格限制（公§269）。

(2)公開發行新股之資格限制（公§270）。

(3)公司公開發行新股時，應向證券主管機關申請核准（審核）（公
§268Ⅰ），並加具公開說明書（證券交易法§30Ⅰ）。又公司募集
及發行新股時，非向主管機關申報生效後，不得為之（證券交易法§
22Ⅰ）。

(4)股票未在證券交易所上市或未於證券商營業處所買賣之公開發行股票公司，其股權分散未達主管機關依證券交易法第 22 條之 1 第 1 項所定標準者，於現金發行新股時，除主管機關認為無須或不適宜對外公開發行者外，應提撥發行新股總額之一定比率，對外公開發行，不受公司法第 267 條第 3 項關於原股東儘先分認規定之限制（證券交易法§28-1 I）。上開提撥比率定為發行新股總額之百分之十。但股東會另有較高比率之決議者，從其決議（證券交易法§28-1 III）。目前證券市場實務上，公司為辦理初次上市或上櫃前現金增資之需要，通常會依證券交易法第 28 條之 1 規定，先經股東會決議通過原有股東全數放棄優先認購權，全數對外辦理上市或上櫃前之公開承銷。

(5)股票已在證券交易所上市或於證券商營業處所買賣之公開發行股票公司，於現金發行新股時，主管機關得規定提撥發行新股總額之一定比率，以時價向外公開發行，不受公司法第 267 條第 3 項關於原股東儘先分認規定之限制（證券交易法§28-1 II）。上開提撥比率定為發行新股總額之百分之十。但股東會另有較高比率之決議者，從其決議（證券交易法§28-1 III）。

三、發行新股之決定

(一)不變更章程增資發行之決定

1.應由董事會以董事三分之二以上之出席，及出席董事過半數之決議行之（公§266 II）。

2.在授權資本制下之分次發行，公司發行新股之決定專屬於董事會之權限，公司不得以章程規定其由股東會決定之，違反者，其章程應屬無效。董事會依此專屬權限所得決議之事項，包括分次發行之新股種類、股數、發行價額、繳納股款日期等。

3.公司公開發行新股時，應以現金為股款。但由原有股東認購或由特定

人協議認購，而不公開發行者，得以公司事業所需之財產為出資（公§272）。因此，股東依公司法第 272 條規定以技術授權入股，亦無不可（經濟部 110.3.11.經商 11002406410 號函）。

4. 依公司法第 272 條規定，由原有股東認購或由特定人協議認購，而不公開發行時之出資，亦得以技術抵繳股款；又股東之出資，除現金外，得以對公司所有之貨幣債權、公司事業所需之財產或技術抵充之；其抵充之數額需經董事會決議（公§156V）。因此，公司不公開發行新股時，是否接受股東以公司事業所需之財產出資，為董事會專屬決定事項之一，而應經董事會以普通決議同意始可。

5.閉鎖性股份有限公司發行新股時，新股認購人之出資方式，除準用公司法第 356 條之 3 第 2 項至第 4 項規定外，並得以對公司所有之貨幣債權抵充之（公§356-12Ⅱ）。

6.公司設立後得發行新股作為受讓他公司股份之對價，需經董事會三分之二以上董事出席，以出席董事過半數決議行之，不受公司法第 267 條第 1 項至第 3 項之限制（公§156-3）。

(1)公司法第 156 條之 3 規定之股份交換，不包括受讓他公司已發行股份達百分之百之情形。蓋讓與已發行股份達百分之百之情形，屬企業併購法第 4 條第 5 款、第 29 條、第 30 條等所規定股份轉換之規範範疇。

(2)公司法第 156 條之 3 規定之股份交換，係以公司發行新股作為受讓他公司股份之對價，所謂「他公司股份」包括三種：①他公司已發行股份；②他公司新發行股份；③他公司持有之長期投資。其中「他公司已發行股份」，究為他公司本身持有或其股東持有，尚非所問（經濟部 107.12.19.經商 10702426510 號函）。

7.公司設立後，為改善財務結構或回復正常營運，而參與政府專案核定之紓困方案時，得發行新股轉讓於政府，作為接受政府財務上協助之對價；其發行程序不受本法有關發行新股規定之限制，其相關辦法由

中央主管機關定之（公§156-4 I）。又紓困方案達新臺幣十億元以上者，應由專案核定之主管機關會同受紓困之公司，向立法院報告其自救計畫（公§156-4 II）。

8.公司發行新股係屬董事會之專屬權限，無論分次發行新股或發行增資後之新股，均應由董事會以特別決議方式議決之（臺灣高等法院95年度上更(一)字第86號民事判決）。又發行新股須經董事會之特別決議，違反者應屬無效（最高法院95年度台上字第761號民事判決）。

(二)變更章程增資發行之決定

1.因增資發行涉及公司章程所定股份總數之變更，故須先變更章程。

2.公司非經股東會決議，不得變更章程（公§277 I）。股東會之決議，應由代表已發行股份總數三分之二以上之股東出席，以出席股東表決權過半數之同意，方得為新股之發行（公§277 II）。公開發行股票之公司，出席股東之股份總數不足上述定額者，得以有代表已發行股份總數過半數股東之出席，出席股東表決權三分之二以上之同意行之（公§277 III）。上開出席股東股份權數及表決權數於章程有較高之規定者，均從其規定（公§277 IV）。

3.股東不同意增資案時，股東間具有得請求其他股東收買其股份之約定，性質上僅為股東間之內部約定（最高法院94年度台上字第1424號民事判決）。

四、新股承購權與新股認購權

(一)新股承購權及新股認購權之意義

1.所謂新股承購權或新股認購權，乃股份有限公司發行新股時，員工或原有股東享有優先承購或認購新股之權利。

2.新股承購權則為員工之法定認購權。公司員工雖無股東之地位，亦得在法令限制之範圍內享有新股承購權，可謂係法定承購權，故原有股

東之新股認購權不概括所發行之新股總數。至於新股認購權則為股東之固有權利，既不經章程之規定而發生，亦不得由公司依章程限制或剝奪之。

(二)享有新股承購權或新股認購權之人

1.員　　工

(1)公司發行新股時，除經目的事業中央主管機關專案核定者外，應保留發行新股總數百分之十至十五之股份由公司員工承購（公§267Ⅰ）。公司負責人違反公司法第 267 條第 1 項規定者，各處新臺幣二萬元以上十萬元以下罰鍰（公§267 XIII）

　①公司發行新股保留部分予員工認購係屬強制規定（經濟部 83.11.9.商 221194 號函）。

　②公司不得以實收資本額之一定比例辦理現金增資發行新股專供員工承購（經濟部 80.8.27.商 221116 號函）。

　③公司發行特別股時，員工及原股東仍享有認購權（經濟部 78.12.26.商 213900 號函）。

　④兼具股東及員工身分者，於公司發行新股時，似得分別以員工身分及股東身分認購新股（法務部 75.6.4.法參 6723 號函）。

(2)公營事業經該公營事業之主管機關專案核定者，得保留發行新股由員工承購；其保留股份，不得超過發行新股總數百分之十（公§267Ⅱ）。

(3)公司章程得訂明依公司法第 267 條第 1 項規定承購股份之員工，包括符合一定條件之控制或從屬公司員工（公§267Ⅶ）。

(4)金融控股公司為子公司業務而發行新股，金融控股公司之子公司員工得承購金融控股公司之股份，並準用公司法第 267 條第 1 項、第 2 項、第 4 項至第 6 項規定（金融控股公司法§30Ⅰ）。蓋金融控股公司盈餘大多來自各子公司盈餘上繳，如為子公司業務而發行新股，金

融控股公司之股份應可由各子公司員工承購，以求公允。

(5)金融控股公司持有子公司已發行全部股份或資本總額者，該子公司發行新股時，得不受公司法第 267 條第 1 項規定之限制（金融控股公司法§30 II），以維持一人公司之股東結構。

(6)閉鎖性股份有限公司發行新股，除章程另有規定者外，應由董事會以董事三分之二以上之出席，及出席董事過半數同意之決議行之（公§356-12 I），但其新股之發行，不適用公司法第 267 條規定（公§356-12 III），排除員工新股承購權及原有股東新股認購權規定之適用。

(7)公司法上之員工獎酬制度

制度名稱	決策機關及決議方法	適用對象（章程得訂明包括符合一定條件之控制或從屬公司員工）	法律依據
員工庫藏股	董事會特別決議	V	公§167-1
員工認股權契約	董事會特別決議	V	公§167-2
員工酬勞	董事會特別決議，並報告股東會	V	公§235-1、110 III
員工新股承購權	董事會特別決議	V	公§267 I、VII
限制員工權利新股	股東會特別決議	V	公§267 IX～XII

註 1：有限公司依公司法第 110 條第 3 項準用第 235 條之 1 規定，亦應於章程訂明以當年度獲利狀況之定額或比率，分派員工酬勞。但解釋上，其員工酬勞應以現金為之，並由董事三分之二以上之出席及出席董事過半數同意之決議行之，事後再向股東報告。

註 2：閉鎖性股份有限公司依公司法第 356 條之 12 第 3 項規定，其新股之發行，不適用第 267 條規定。

2.股　東

(1)公司發行新股時，除依公司法第 267 條第 1 項及第 2 項保留者外，應公告及通知原有股東，按照原有股份比例儘先分認，並聲明逾期不認購者，喪失其權利；原有股東持有股份按比例不足分認一新股者，得

合併共同認購或歸併一人認購；原有股東未認購者，得公開發行或洽由特定人認購（公§267Ⅲ）。

①股東之新股認購權尚不包括特定人認購之部分在內（經濟部84.4.29.商207018號函）。

②股東之新股認購權為其固有權，具有自益權之性質，不得侵害。例如公司辦理現金增資時，不得全數保留由員工承購，而排除原有股東之新股認購權。

③股東依法享有新股優先認購權不得以章程限制之（經濟部80.4.1.經商206033號函）。

④早期實務見解雖有認為，股東依公司法第267條所享有之新股認購權利，係股東依法享有之固有權利，應不受公司重整之影響（司法院秘書長78.6.1.秘(一)1513號函），但公司法於民國95年2月3日修正時，業已明定第267條規定對因公司重整而增發新股者，不適用之（公§267Ⅷ）。經查其旨在公司依重整計畫發行新股，如可排除員工及原有股東之優先承購權。重整人即可依計畫內容逕自尋求認購，無需再費時探詢公司員工及原有股東是否優先承購，可節省勞力、時間、費用，並提高債權人及投資者之投資意願，有助於重整程序之進行。故重整時無須保留員工之新股承購權及原股東之新股認購權（經濟部96.1.4.經商09502185160號函）。因此，未來法院裁定准予公司重整，而重整公司關係人會議通過重整計畫發行新股，重整人即可依重整計畫內容逕行尋求認購者，無需再費時探詢公司員工及原有股東是否優先承購，藉以彰顯社會正義，同時也提高債權人及投資者之投資意願，俾利重整程序之進行。

(2)公司法第267條第3項規定係屬強制規定，於公司發行新股時，應依原有股份比例儘先分認，其乃為防止原股東之股權被稀釋，而影響其基於股份所享有之權利，惟為保護交易安全，非謂原股東以外第三人認購新股之法律行為即為無效。又原股東可於發行新股完畢前對董事

會行使股東制止請求權，若股份已發行完畢，原股東亦得就其股份被稀釋之損害請求董事會負連帶損害賠償責任（最高法院 103 年度台上字第 1681 號民事判決）。

(3)按公司法第 267 條第 3 項所謂「原股東新股認購權」，係指原股東於公司發行新股時有優先認購之機會，倘原股東依公司所定配股比例、股價及認購期限表示認股者，公司即不得拒絕原股東之認股，應接受其認股。此項規定僅係賦予原股東優先認股之機會，而原股東行使新股認購權時，乃對公司之增資為「認股行為」。至於「認股行為」之法律性質，係認股人與發行公司間之以加入公司為目的之一種契約。因而原股東新股認購權僅因公司不得拒絕原股東之認股，乃被認為性質上與形成權相似，惟尚不得以此特性遽以否認公司對外之公告招募非為要約，原股東之認股非為承諾（臺灣高等法院 100 年度金上字第 42 號民事判決）。

(4)公司發行之新股，不論為普通股或特別股，原有股東（包含普通股股東及特別股股東）均享有上開規定之新股優先認購權（經濟部 110.2.9.經商 11002403250 號函）。

五、發行新股之程序

(一)不公開發行新股之程序

1.董事會之決議

(1)公司發行新股，應由董事三分之二以上之出席，及出席董事過半數同意之決議行之（公§266Ⅱ）。

(2)發行新股須經董事會特別決議，違反者應屬無效（最高法院 91 年度台上字第 2183 號民事判決）。

(3)股份有限公司董事會決議發行新股，未依法保留發行新股由公司員工承購，且決議於當日前完成認股並繳足股款，其決議似應認為無效

（法務部 76.2.23.法參 2345 號函）。

2.由員工承購、股東認購或洽由特定人認購

(1)除經目的事業中央主管機關專案核定者外，應保留原發行新股總數百分之十至十五之股份由公司員工承購（公§267 I）。公營事業經該公營事業之主管機關專案核定者，得保留發行新股由員工承購，其保留股份不得超過發行新股總數百分之十（公§267 II）。

(2)公司發行新股時，除依前二項保留者外，應公告及通知原有股東，按照原有股份比例儘先分認，並聲明逾期不認購者，喪失其權利，而原有股東持有股份按比例不足分認一新股者，得合併共同認購或歸併一人認購，原有股東未認購者，得公開發行或洽由特定人認購（公§267 III）。

(3)股東之新股認購權，係基於股東之資格，而屬於股東權中之一種權利，得與原有股份分離，而獨立轉讓（公§267 IV）。至於員工之新股承購權，則不得轉讓。

　①股份轉讓時，具體之新股認購權並不當然隨同股份移轉於受讓人（臺灣高等法院 89 年度重上字第 586 號民事判決）。

　②公司發行新股，股東之一筆認購股份權利可分割為部分自行認購，部分轉讓他人認購（經濟部 77.2.3.商 03273 號函）。

　③公司股東所有之股票被法院命令禁止移轉，而公司辦理現金增資發行新股時，該股東之新股認購權似應不得再自由轉讓（經濟部 78.3.1.商 055125 號函）。

(4)但公司於以公積抵充（公積轉增資），核發新股予原有股東者，公司法第 267 條第 1 項及第 2 項所定保留員工承購股份之規定，均不適用（公§267 V）。

(5)公司對員工依公司法第 267 條第 1 項、第 2 項承購之股份，得限制在一定期間內不得轉讓。但其期間最長不得超過二年（公§267 VI）。

　①股份有限公司發行新股保留員工承購而限制轉讓之股份尚不得設定

質權（經濟部 90.4.26.經商 09000097880 號函）。

②質權人認購新股之權利係屬債權代位性質（經濟部 86.5.16.商 86209163 號函）。

③公司不得對員工承購之股份轉讓對象有所限制（經濟部 84.4.13.商 205633 號函）。

④公司發行新股保留股份由公司員工承購之權利不能獨立轉讓（經濟部 80.11.19.商 226843 號函）。

⑤公司發行新股保留部分予員工認購係屬強制規定（經濟部 83.11.9.商 221194 號函）。

⑥員工繳納股款後仍得請求公司交付股票，不因公司轉讓期限規定而受影響（經濟部 80.10.5.商 224559 號函）。

⑦公司不得規定強制員工於離職時應將承購之股份轉讓與特定對象（經濟部 80.3.23.商 204488 號函）。

(6)公司法第 267 條第 1 項至第 3 項等規定，對於因合併他公司、分割或依第 167 條之 2、第 235 條之 1、第 262 條、第 268 條之 1 第 1 項而增發新股者，不適用之（公§267Ⅷ）。

(7)發行限制員工權利新股之特殊規定

①為符合員工獎酬制度之國際發展趨勢，公司法於民國 100 年 6 月 29 日修正時，特別引進限制員工權利新股制度，明定公開發行股票之公司得經股東會之特別決議，發行限制員工權利新股。民國 107 年 8 月 1 日公司法修正後，不論公開發行股票之公司或非公開發行股票之公司均得發行限制員工權利新股，不適用公司法第 267 條第 1 項至第 6 項之規定，應有代表已發行股份總數三分之二以上股東出席之股東會，以出席股東表決權過半數之同意行之（公§267 Ⅸ）。又公開發行股票之公司出席股東之股份總數不足上開定額者，得以有代表已發行股份總數過半數股東之出席，出席股東表決權三分之二以上之同意行之（公§267 Ⅹ）。又鑑於發行股票之公

司所發行限制員工權利股票，係為激勵員工績效達成之特殊性，故明定排除公司法第267條第1項至第6項所定員工承購權相關規定之適用。

②所稱限制員工權利新股，謂發行人依公司法第267條第9項發給員工之新股附有服務條件或績效條件等既得條件，於既得條件達成前，其股份權利受有限制（發行人募集與發行有價證券處理準則§60-1 I）。

③公司章程得訂明依公司法第267條第9項規定發行限制員工權利新股之對象，包括符合一定條件之控制或從屬公司員工（公§267XI）。

④公開發行股票之公司依前公司法第267條第9項及第10項規定發行新股者，其發行數量、發行價格、發行條件及其他應遵行事項，由證券主管機關定之（公§267XII）。金融監督管理委員會依據上開授權，即於「發行人募集與發行有價證券處理準則」第60條之1至第60條之9明定發行限制員工權利新股之相關規範。

3.備置認股書

公司發行新股，而依公司法第272條但書不公開發行時，仍應依第273條第1項之規定，備置認股書；如以現金以外之財產抵繳股款者，並於認股書加載其姓名或名稱及其財產之種類、數量、價格或估價之標準及公司核給之股數（公§274 I）。

4.繳納股款

(1)新股認足後，公司應向各認股人催繳股款，以超過票面金額發行時，其溢額應與股款同時繳納（公§266III準用§141）。

(2)認股人延欠應繳之股款時，公司應定一個月以上之期限催告該認股人照繳，並聲明逾期不繳失其權利。公私人已為上開之催告，認股人不照繳者，即失其權利，所認股份另行洽由特定人認購。上開情形，如有損害，仍得向認股人請求賠償（公§266III準用§142）。

(3)股款原則上應為現金，但由原有股東認購或由特定人協議認購，而不公開發行者，得以公司事業所需之財產為出資（公§272）。因此，依公司法第 272 條規定，由原有股東認購或由特定人協議認購，而不公開發行時之出資，亦得以技術抵繳股款；股東依第 272 條規定以技術授權入股，亦無不可（經濟部 110.3.11.經商 11002406410 號函）。

(4)如以現金以外之財產抵繳股款者，於財產出資實行後，董事會應送請監察人查核加具意見，報請主管機關核定之（公§274Ⅱ）。例如公開發行股票公司不公開發行新股時，而以現金以外之財產抵繳股款者，董事會應送請監察人查核加具意見（經濟部 92.11.6.經商 09202234840 號函）。

(5)公開發行股票公司私募股票之應募人，得以非現金之方式出資（經濟部 92.3.12.經商 09202047660 號函）。

(6)公開發行股票公司不公開發行新股時，而以現金以外之財產抵繳股款者，董事會應送請監察人查核加具意見（經濟部 92.11.6.經商 09202234840 號函）。

(7)自然人及法人之認股人，均得以財產抵繳股款（經濟部 91.8.23.經商 09102178250 號函）。

(8)認股行為一經成立，認股人即取得公司股東之資格（最高法院 57 年度台上字第 1374 號民事判決）。

(9)認股人於公司增資認購新股時，一經完成認股行為，即取得公司股東之資格，得享受股東之權利，不以辦理股東登記或交付股票為生效要件（最高法院 87 年度台上字第 1522 號民事判決）。

5.董事及監察人之改選

(1)公司發行新股，對於董事監察人，並非當然應予改選。蓋董事、監察人之任期於公司章程中均已明定，且各公司現金增資額度不一，若辦理現金增資即須應少數股東之請求改選董事及監察人，易引起公司經營權紛爭。

(2)若公司因股權結構重大變動而辦理董事及監察人之改選，新股東自亦得當選董監事。例如繼續三個月以上持有已發行股份總數過半數股份之股東，得自行召集股東臨時會（公§173-1Ⅰ），據以改選董事及監察人。

(3)股份有限公司董事及監察人之選舉，應依第 198 條之規定採累積投票制。但閉鎖性股份有限公司股東會選任董事及監察人之方式，除章程另有規定者外，依第 198 條規定（公§356-3Ⅶ）。

6.發行新股之登記

(1)公司發行新股，於每次發行新股結束後應向主管機關申請登記。公司登記事項如有變更者，應於變更後十五日內，向主管機關申請為變更之登記（公司登記辦法§4Ⅰ）。

(2)發行新股登記，屬變更登記之一種，並不發生創設登記之效力。

(二)公開發行新股之程序

1.董事會之決議（同不公開發行）

(1)在公司採用授權資本制下，公司發行新股，應由董事三分之二以上之出席，及出席董事過半數同意之決議行之（公§266Ⅱ）。

(2)公司發行新股應由董事會以特別決議方式議決之，違反應屬無效（臺灣高等法院 96 年度上更(二)字第 173 號民事判決）。

2.申請核准

(1)公司發行新股時，除由原有股東及員工全部認足或由特定人協議認購而不公開發行者外，應將下列事項，申請證券主管機關核准，公開發行（公§268Ⅰ）。

　①公司名稱。

　②原定股份總數、已發行數額及金額。

　③發行新股總數、每股金額及其他發行條件。

　④證券管理機關規定之財務報表。

⑤增資計畫。

⑥發行特別股者，其種類、股數、每股金額及第 157 條第 1 項第 1 款至第 3 款、第 6 款及第 8 款事項。

⑦發行認股權憑證或附認股權特別股者，其可認購股份數額及其認股辦法。

⑧代收股款之銀行或郵局名稱及地址。

⑨有承銷或代銷機構者，其名稱及約定事項。

⑩發行新股決議之議事錄。

⑪證券主管機關規定之其他事項。

(2)公司就前項各款事項有變更時，應即向證券主管機關申請更正；公司負責人不為申請更正者，由證券主管機關各處新臺幣一萬元以上五萬元以下罰鍰（公§268Ⅱ）。

(3)公司法第 268 條第 1 項第 2 款至第 4 款及第 6 款，由會計師查核簽證；第 8 款、第 9 款，由律師查核簽證（公§268Ⅲ）。

(4)公司法第 268 條第 1 項、第 2 項規定，對於第 267 條第 5 項之發行新股，不適用之（公§268Ⅳ）。

(5)公司發行新股之股數、認股權憑證或附認股權特別股可認購股份數額加計已發行股份總數、已發行轉換公司債可轉換股份總數、已發行附認股權公司債可認購股份總數、已發行附認股權特別股可認購股份總數及已發行認股權憑證可認購股份總數，如超過公司章程所定股份總數時，應先完成變更章程增加資本額後，始得為之（公§268Ⅴ）。

(6)公司公開發行新股時，應向證券主管機關申請核准（審核）（公§268Ⅰ），並加具公開說明書（證券交易法§30Ⅰ）。事實上，為增進募集與發行之時效，簡化審核程序，我國現行證券交易法對於發行市場之管理，係採取申報生效制。亦即，公司募集及發行新股時，非向主管機關申報生效後，不得為之（證券交易法§22Ⅰ）。

3.募　　股

(1)公司發行新股時，其募股之程序，與募集設立時之募股類似。

(2)備置認股書

董事會應備置認股書，載明下列事項，由認股人填寫所認股數、種類、金額及其住所或居所，簽名或蓋章（公§273Ⅰ）：

①第 129 條及第 130 條第 1 項之事項。

②原定股份總數，或增加資本後股份總數中已發行之數額及其金額。

③第 268 條第 1 項第 3 款至第 11 款之事項。

④股款繳納日期。

(3)公告與發行

公司應將認股書中所載各事項，於證券主管機關核准通知到達後三十日內，加記核准文號及年月日，公告並發行之。營業報告、財產目錄、議事錄、承銷或代銷機構約定事項，得免予公告（公§273Ⅱ）。至於三十日之期限，公司應予遵守，若超過此期限仍須公開發行時，應重行申請（公§273Ⅲ）。

(4)代表公司之董事，違反公司法第 273 條第 1 項規定，不備置認股書者，由證券主管機關處新臺幣一萬元以上五萬元以下罰鍰（公§273Ⅳ）

4.其他事項

其他諸如股款之繳納，董事及監察人改選、發行新股之登記等，均與不公開發行同。

六、發行認股權憑證或附認股權特別股

公司發行認股權憑證或附認股權特別股者，有依其認股辦法核給股份之義務，不受公司法第 269 條及第 270 條規定之限制。但認股權憑證持有人有選擇權（公§268-1Ⅰ）。

又公司法第 266 條第 2 項、第 271 條第 1 項、第 2 項、第 272 條及

第 273 條第 2 項、第 3 項之規定，於公司發行認股權憑證時，準用之（公§268-1Ⅱ）。

七、公司發行新股之限制

(一)限制公司發行新股之原因

　　股份有限公司因採授權資本制，為保護一般債權人，對於新股之發行，乃設有嚴格之限制。

(二)公開發行新股之限制

1.公開發行新股之禁止

(1)公司有下列情形之一者，不得公開發行新股（公§270）：

　①最近連續兩年有虧損者，但依其事業性質，須有較長準備期間或具有健全之營業計畫，確能改善營利能力者，不在此限。

　②資產不足抵償債務者。

(2)發行附認股權特別股不受第 269 條及第 270 條限制（經濟部 91.4.9.經商 09102064760 號函）。

(3)因發行認股權憑證或附認股權特別股而核給股份者，不受第 269 條及第 270 條限制（經濟部 91.2.19.經商 09102027940 號函）。

(4)公開發行股票上市之公司，發行新股時，縱其發行之新股，係由股東、員工及特定人認購，仍無礙為公開發行之本質（最高行政法院 76 年度判字第 1612 號判決）。

2.公開發行優先權利特別股之禁止

(1)公司有下列情形之一者，不得發行具有優先權利之特別股（公§269）：

　①最近三年或開業不及三年之開業年度課稅後之平均淨利，不足支付已發行及擬發行之特別股股息者。

　②對於已發行之特別股約定股息，未能按期支付者。

(2)所謂「最近連續二年有虧損者」之「虧損」，係指最近連續二個會計年度有虧損者而言（經濟部 92.7.1.經商 09202128120 號函）。

(3)公司如有公司法第 269 條所述任何一種情形，即顯示債信不健全，故應予以限制。惟如公司盈餘足夠分派特別股股息，而全體特別股股東均放棄分派，當無公司法第 269 條規定之情事（經濟部 75.11.19.商 50843 號函）。

八、核准發行新股之撤銷

(一) 公司發行新股時，與發行公司債同，於核准後，如發現其申請事項，有違反法令或虛偽情形時，證券主管機關得撤銷其核准（公§271 I）。

(二) 發行新股之核准經撤銷後，其新股未發行者，停止發行；已發行者，股份持有人得於撤銷時起，向公司依股票原定發行金額加算法定利息，請求返還；股票持有人因此所生之損害，並得請求賠償（公§271 II）。惟若增資案係於申請核准後，因認股特定人未能依限繳足股款，而經主管機關撤銷核准，則既非因發現其申請事項，有違反法令或虛偽情形，而被撤銷核准，自無公司法第 271 條第 2 項之適用（最高法院 81 年度台上字第 555 號民事判決）。

(三) 發行新股之申請事項，有違反法令或虛偽情形時，公司負責人有公司法第 135 條第 1 項第 2 款所規定申請事項有變更，經限期補正而未補正者情事時，由證券主管機關各處新臺幣二萬元以上十萬元以下罰鍰（公§135 II、§271 III）。此外，發行人於依證券交易法第 30 條規定之申請事項為虛偽之記載，對其為行為之負責人處一年以上七年以下有期徒刑，得併科新臺幣二千萬元以下罰金（證券交易法§174 I ①、§179）。

第十節　股份有限公司之變更章程

一、章程之變更

（一）變更章程之程序

1.公司非經股東會決議，不得變更章程（公§277 I）。股東會之變更章程決議，應有代表已發行股份總數三分之二以上之股東出席，以出席股東表決權過半數之同意行之（公§277 II）。公開發行股票之公司，出席股東之股份總數不足前項定額者，得以有代表已發行股份總數過半數股東之出席，出席股東表決權三分之二以上之同意行之（公§277 III）。上開出席股東股份總數及表決權數，章程有較高之規定者，從其規定（公§277 IV）。

2.公司法既僅於特定條文中規定股東會或董事會決議之出席及同意門檻「章程有較高之規定者，從其規定」，為保障交易安全，尚難期待新加入股東或債權人均已查閱公司章程，而知悉章程已有異於公司法明定之出席及同意門檻，及為避免干擾企業正常運作造成僵局，應僅於公司法有明定章程得規定較高之規定時，始得依該規定為之（經濟部108.5.8.經商10802410490號函）。

3.股東會之變更章程議案，應在召集事由中列舉並說明其主要內容，不得以臨時動議提出（公§172 V）。

（二）章程變更之生效時點

1.公司修訂章程，一經股東會通過後，即發生效力。至在未經主管機關核准登記前，僅不得以其事項對抗第三人（經濟部68.6.16商17805號函）。

2.股東會為公司之最高意思機關，依公司法第277條之規定，自得修正章程，新章程一經股東會通過後，應即時發生效力，其後董監事之改選，無論是否併同次股東會舉行，應依新章程規定辦理（經濟部86.12.8.

商 86224598 號函）。因此，修改章程與改選董監事可併同次股東會決議（經濟部 68.5.18 商 14766 號函）。

3.股份有限公司之股東會依公司法第 277 條有關變更章程之規定修訂章程，並在符合法定董事人數、任期等規定之下，得自行增減董事名額及適用日期（法務部 96.2.13.法律決 0950048750 號函）。

二、增　資

(一) 在授權資本制之下，公司得於章程所定股份總數（即授權股份數）之範圍內，按照實際需要，經董事會決議，分次發行股份，毋庸經變更章程之程序。倘公司欲發行新股之股數加計已發行股份數，逾章程所定股份總數時，公司法允許公司可逕變更章程將章程所定股份總數提高，不待公司將已規定之股份總數，全數發行後，始得變更章程提高章程所定股份總數（增加資本），以利公司於適當時機增加資本，便利企業運作。因此，公司章程所規定之股份總數即使未全數發行，亦得依公司法第 277 條之程序變更章程將章程所定股份總數提高，以增加資本。

(二) 公司章程所定資本額如須調整，在未經股東會通過修正前，依法不得辦理增資，否則即係違反章程（經濟部 74.5.14 商 19482 號函）。

(三) 股份有限公司經股東會決議增加資本者，除經股東依公司法第 189 條規定訴請法院予以撤銷，或決議之內容因違反法令或章程而無效外，股東對於公司間之增資關係即已發生，至於各股東是否已依決議繳足股款，是為股東是否依決議認股並繳足股款，取得股份之問題，與增加資本之法律關係存否無涉（最高法院 80 年度台上字第 2815 號民事判決）。

(四) 公司發行新股係屬董事會之專屬權，無論分次發行新股或發行增資後之新股，均應由董事會以特別決議方式議決之（臺灣高等法院 95 年度上更(一)字第 86 號民事判決）。

(五) 公司章程所定之股份總數，得分次發行（公§156Ⅳ），其新股發行由董事會以特別決議行之（公§266Ⅰ、Ⅱ）。

(六)「員工認股權憑證之數額」非屬公司法第 129 條及第 130 條所規定之必要記載事項或相對記載事項。實務上，非公開發行股票公司可在一授權資本範圍下，視實際需要，彈性調整「員工認股權憑證之數額」，以掌握時效，有利企業經營。是以，非公開發行股票公司如修正章程提高資本總額，並將新增資本總額全數保留供發行認股權憑證使用時，應屬可行（經濟部 92.3.3.經商 09202033370 號函）。

三、減　資

(一)減資之種類

　　減資，乃係註銷股票，使股份所表彰之股東權絕對消滅，學理上通常分為實質減資及形式（名義）減資兩種。減資是在公司之財務計算上，依減少資本之方法，平衡公司資本與現實財產不一致之現象。

1.實質減資

(1)所謂實質減資，一般是指將公司章程所定資本總額降低，而將多餘之股款按股東之持股比例發還給各股東，以解決資金過剩之問題。公司降低資本總額之方法，不僅可減少已發行股份，亦可降低每股金額。

(2)公司非依股東會決議減少資本，不得銷除其股份；減少資本，應依股東所持股份比例減少之。但公司法或其他法律另有規定者，不在此限（公§168Ⅰ）。公司減少資本，得以現金以外財產退還股款；其退還之財產及抵充之數額，應經股東會決議，並經該收受財產股東之同意（公§168Ⅱ）。又該財產之價值及抵充之數額，董事會應於股東會前，送交會計師查核簽證（公§168Ⅲ）。

(3)公司負責人違反公司法第 168 條第 1 項至第 3 項規定者，各處新臺幣

二萬元以上十萬元以下罰鍰（公§168Ⅳ）。

(4)公開發行公司依證券交易法第 28 條之 2 第 1 項第 3 款實施庫藏股，依同條第 4 項規定應於買回之日起六個月內辦理變更登記，亦屬實質減資。

(5)減資不得由公司或股東選擇特定來源股票減少（經濟部 93.2.10.經商 09302018470 號函），始符股東平等原則。

2.形式減資

(1)所謂形式減資，通常係公司為平衡股價低迷或填補公司虧損常見之減資方式，其僅是將公司財務報表上之資本減少，並無將資金發還給股東，以實際反映公司資產之價值。

(2)公司為彌補虧損，於會計年度終了前，有減少資本及增加資本之必要者，董事會應將財務報表及虧損撥補之議案，於股東會開會三十日前交監察人查核後，提請股東會決議（公§168-1Ⅰ）。

(3)實務上，公司利用形式減資之作法通常與增資案併行，藉以彌補虧損，改善虧損嚴重公司之財務體質。換言之，若公司並未將公司財產返還給股東，則稱為形式減資。

(二)減資之程序

1.股東會之決議

(1)公司非依股東會決議減少資本，不得銷除其股份；減少資本，應依股東所持股份比例減少之。但公司法或其他法律另有規定者，不在此限（公§168Ⅰ）。

(2)所稱「本法或其他法律另有規定者」之情形，例如因公司法第 167 條第 2 項、第 167 條之 1 第 2 項、證券交易法第 28 條之 2 第 4 項等規定，而必須辦理變更登記之法定減資事由。

(3)公司為彌補虧損，於會計年度終了前，有減少資本及增加資本之必要者，董事會應將財務報表及虧損撥補之議案，於股東會開會三十日前

交監察人查核後，提請股東會決議（公§168-1Ⅰ）。

(4)股東會之減資議案，應在召集事由中列舉並說明其主要內容，不得以臨時動議提出（公§172Ⅴ）。

(5)按股東臨時會決議減資如係採銷除股份之方式為之，並非減少股份金額或減少股份總數，未因而變更公司章程，不適用公司法第277條第2項公司變更章程，應有代表已發行股份總數三分之二以上之股東出席，以出席股東表決權過半數之同意行之規定，僅須依公司法第174條規定由股東會為普通決議，亦即有代表已發行股份總數過半數股東之出席，以出席股東表決權過半數之同意行之即可（臺灣高等法院101年度上字第188號民事判決）。

(6)公司減資依公司法第168條規定係由股東會以普通決議行之（經濟部100.2.17.經商10002402520號函）。惟授權資本額於全部發行後銷除資本或增加資本，既涉及公司章程所載資本額之變動，自應經股東會以特別決議變更章程關於資本額之記載後始得為之。因此，股份有限公司章程所定之資本額已全部發行後，依公司法第168條之1規定同時辦理減少資本及增加資本時，自須先經股東會特別決議變更章程後為之（最高法院110年度台上字第894號民事判決）。

(7)依公司法第193條第3款、第130條第1項第2款規定，章程所載股份總數為授權資本制下之授權資本額，該授權資本額得於公司設立時一次發行完畢，亦得分次發行，如該授權資本額於全部發行後增加資本或銷除資本，涉及公司章程所載股份總數，應經股東會以特別決議方法決議變更章程後始得為之，惟在授權資本額度內減資，僅涉及實收資本之減少，既不涉及公司章程所載股份總數，自無須變更章程，僅經股東會普通決議即可（最高法院102年度台上字第808號民事判決）。申言之，公司減資依公司法第168條規定之文義，本係由股東會以普通決議行之（經濟部100.2.17.經商10002402520號函）。蓋若未涉及變更章程之股份總數或每股金額，依公司法第174條規定，公

司減少資本僅須經股東會之普通決議，即可為之。

2.向債權人通知及公告

(1)公司法第 73 條及第 74 條之規定，於減少資本準用之（公§281）。
亦即應準用公司合併時有關通知及公告債權人之程序。

(2)若因法定事由所辦理之減資，則毋庸向債權人通知及公告（經濟部
92.6.16.經商 09202120760 號函）。

3.辦理股份之銷除及通知各股東換取股票

(1)因減少資本換發新股票時，公司應於減資登記後，定六個月以上之期
限，通知各股東換取，並聲明逾期不換取者，喪失其股東之權利；發
行無記名股票者，並應公告之（公§279Ⅰ）。股東於上開期限內不
換取者，即喪失其股東之權利，公司得將其股份拍賣，以賣得之金
額，給付該股東（公§279Ⅱ）。

(2)公司負責人違反公司法第 279 條第 1 項通知或公告期限之規定時，各
處新臺幣三千元以上一萬五千元以下罰鍰（公§279Ⅲ）。

(3)因減少資本而合併股份時，其不適於合併之股份之處理，準用公司法
第 279 條第 2 項之規定（公§280）。

(4)公司買回庫藏股辦理註銷時，係就買回之股份予以註銷，與為退還股
款或彌補虧損而減少股份情形，未盡相同，且未經公司收買之股份並
無需比例減少，相關股東所持有之股份數額並未受影響，故依證券交
易法第 28 條之 2 規定買回庫藏股並辦理減資變更登記，無公司法第
279 條規定之適用（經濟部 90.3.7.經商 09002037050 號函）。

(5)公司減資以現金收回資本公積轉增資配發之增資股票，發現金給股
東，應計入股東當年所得課徵所得稅（最高行政法院 94 年度判字第
129 號判決）。

第十一節　股份有限公司之重整

一、重整之意義

(一) 公司重整，乃公開發行股票或公司債之公司，因財務困難，暫停營業或有停業之虞，而有重建更生之可能者，經法院裁定予以整頓或整理，以謀公司事業復興之制度。亦即，公司重整係在法院監督下，以調整其債權人、股東及其他利害關係人利益之方式，達成企業維持與更生，用以確保債權人及投資大眾之利益，維護社會經濟秩序為目的（最高法院 92 年度台抗字第 283 號民事裁定）。

(二) 公司是否有重建之價值，應以公司業務及財務狀況有無重建更生之可能為斷（最高法院 94 年度台抗字第 941 號民事裁定）。

(三) 公司有無重建更生之可能，須其重整後能達到收支平衡，且具有盈餘可資為攤還債務者，始得謂其有經營之價值（最高法院 92 年度台抗字第 283 號民事裁定、臺灣高等法院 85 年度抗字第 1112 號民事裁定）。

二、重整之目的

(一)直接目的

拯救公司免於破產，以達公司事業之再生。

(二)間接目的

1.保護投資大眾及債權人之利益，以維護社會經濟秩序之安定。因此，不僅公司得經董事會之特別決議向法院提出重整聲請，股東、債權人、工會及受僱員工等利害關係人亦得向法院聲請重整。

2.對債權人而言，公司爆發財務危機，若任其倒閉或破產，則債權人債權往往無法獲得全額或高比例清償，且所影響者非僅為該公司自身或其股東，亦與社會大眾之利益息息相關，然倘對於一時陷入困境而仍

有經營價值之企業幫助重生，在維持正常營運繼續獲利之情況下，債權人短期利益雖有所犧牲，但長期仍可獲得較多之補償，且全體債權人利用重整程序公平獲償，亦可避免因債權人或債務人各謀自保而履行債務、行使債權之不公平現象，各債權人均能公平獲得最大程度債權滿足，因此行重整程序者，當含有使企業繼續經營及各債權人能公平受償之目的（臺灣高等法院 108 年度重上更一字第 4 號民事判決）。

三、立法理由

股份有限公司經營之成敗，已非僅公司本身或其投資人的問題，而與社會大眾之利益攸關。若不能支付或資產不足抵債之公司，祇有宣告破產一途，別無解救辦法，影響所及，整個社會為之騷動，實為不妥，故現行公司法，特仿日本「會社更生法」之法例，增訂「公司重整」一節，使其一面清理債務，一面維持企業重振旗鼓，俾可促進社會經濟之繁榮。

四、重整之性質

公司重整為非訟事件，故除公司法就公司重整之管轄、聲請、通知、送達、公告、裁定或抗告等履行之程序，明文準用民事訴訟之規定外（公§314），適用非訟事件法之規定。具體規定如下：

(一) 就公司重整程序所為各項裁定，除公司法另有規定外，準用非訟事件法第 172 條第 2 項之規定（非訟事件法§185 I）。法院之裁定，應附理由；其認可重整計畫之裁定，抗告中應停止執行（非訟事件法§185 II）。

(二) 依公司法第 287 條第 1 項第 1 款及第 6 款所為之財產保全處分，如其財產依法應登記者，應囑託登記機關登記其事由；其財產依法應註冊者亦同（非訟事件法§186 I）。駁回重整聲請裁定確定時，法

院應囑託登記或註冊機關塗銷前項事由之登記（非訟事件法§186 Ⅱ）。

(三) 依公司法第 287 條第 1 項第 2 款、第 3 款及第 5 款所為之處分，應黏貼法院公告處，自公告之日起發生效力；必要時，並得登載本公司所在地之新聞紙（非訟事件法§187 Ⅰ）。駁回重整聲請裁定確定時，法院應將前項處分已失效之事由，依原處分公告方法公告之（非訟事件法§187 Ⅱ）。

(四) 依公司法第 305 條第 1 項、第 306 條第 2 項至第 4 項及第 310 條第 1 項所為裁定，應公告之，毋庸送達。前項裁定及准許開始重整之裁定，其利害關係人之抗告期間，應自公告之翌日起算（非訟事件法§188 Ⅰ）。非訟事件法第 188 條第 2 項之公告方法，準用非訟事件法第 187 條第 1 項之規定。准許開始重整之裁定，如經抗告者，在駁回重整聲請裁定確定前，不停止執行（非訟事件法§188 Ⅱ）。

五、公司重整與公司破產不同之處

(一)目的不同

前者在挽救公司免於破產，以達重建更生機會。後者在清算公司，處分其財產，使各債權人能平均受償。

(二)對象不同

前者以公開發行股票或公司債之股份有限公司為限。後者則無限制，凡具破產原因者，均可適用。

(三)聲請原因不同

前者以公司財務困難，暫停營業或有停業之虞為原因。後者以不能清償債務為原因。

(四)聲請程序不同

前者無依職權宣告之制，後者以聲請主義為原則，例外法院亦得依職權宣告之。

(五)效力不同

公司裁定重整後，公司之破產、和解、強制執行及因財產關係所生之訴訟程序，當然停止，可見公司重整裁定之效力，優於破產宣告之效力。

六、重整之聲請人

除公司得經董事會之特別決議向法院提出重整聲請外，股東、債權人、工會及受僱員工等亦得向法院聲請重整，以兼顧利害關係人之權益。公司重整之聲請，有聲請權者如下（公§282Ⅰ）：

(一)公　司

公司為重整之聲請，應經董事會以董事三分之二以上之出席及出席董事過半數同意之決議行之（公§282Ⅱ）。

(二)股　東

繼續六個月以上持有已發行股份總數百分之十以上股份之股東，有權聲請重整（公§282Ⅰ①）。所稱「股份總數百分之十以上股份」，不論該股份有無表決權，皆計算在內。

(三)債權人

相當於公司已發行股份總數金額百分之十以上之公司債權人，亦得聲請公司重整（公§282Ⅰ②）。

(四)工　會

工會亦得為重整之聲請（公§282Ⅰ③）。所稱之工會，指下列工會（公§282Ⅲ）：

1.企業工會。

2.會員受僱於公司人數，逾其所僱用勞工人數二分之一之產業工會。

3.會員受僱於公司之人數，逾其所僱用具同類職業技能勞工人數二分之一之職業工會。

(五)受僱員工

公司三分之二以上之受僱員工亦得為重整之聲請（公§282Ⅰ④）。所稱之受僱員工，以聲請時公司勞工保險投保名冊人數為準（公§282Ⅳ）。

七、聲請重整之原因

公司重整須具有法定原因始得為之，否則不得任意聲請，其法定原因，即為下列二種情形（公§282Ⅰ）：

(一) 公司因財務困難而暫停營業：如公司因資金周轉失靈，營業已暫行停止。

(二) 公司因財務困難而有停業之虞：如公司資金的調度困難，有停止營業的危險。

八、聲請重整之手續

(一) 聲請人以書狀連同副本五份向法院為之，書狀應載明下列事項（公§283Ⅰ）：

1.聲請人之姓名及住所或居所；聲請人為法人、其他團體或機關者，其名稱及公務所、事務所或營業所。

2.有法定代理人、代理人者，其姓名、住所或居所及法定代理人與聲請人之關係。

3.公司名稱、所在地、事務所或營業所及代表公司之負責人姓名、住所或居所。

4.聲請之原因及事實。

5.公司所營事業及業務狀況。

6.公司最近一年度依第 228 條規定所編造之表冊；聲請日期已逾年度開始六個月者，應另送上半年之資產負債表。

7.對於公司重整之具體意見。

(二) 公司法第 283 條第 1 項第 5 款至第 7 款之事項，得以附件補充之（公§283Ⅱ）。

(三) 公司為聲請時，應提出重整之具體方案。股東、債權人、工會或受僱員工為聲請時，應檢同釋明其資格之文件，對公司法第 283 條第 1 項第 5 款及第 6 款之事項，得免予記載（公§283Ⅲ）。

九、重整之管轄法院

公司重整事件之管轄，準用民事訴訟法之規定，應由本公司所在地之地方法院管轄（公§314準用民事訴訟法§2Ⅱ）。

公司法所定由法院處理之公司事件，由本公司所在地之法院管轄（非訟事件法§171）。

十、重整裁定前之調查及緊急處分

(一)重整裁定前之調查

公司法第 287 條第 1 項至第 3 項之規範目的，在於法院就重整之聲請應否准許，依同法第 284 條、第 285 條規定應先為必要之詢問及相當之調查，以明瞭有無重建更生之可能性，始能為准駁之裁定，法院倘不及時為各項必要之處分，而聽任利害關係人對公司個別或集體行使債權，致公司總財產減少，則聲請時尚有重整可能之公司，迄重整裁定時，可能因財產之變異而失其重整價值。未來如有重整可行性，重整計劃須就公司之全部財產加以統籌規劃，是裁定重整准駁前，自有先為各

類保全處分之必要（臺灣臺北地方法院 97 年度整聲字第 1 號民事裁定）。詳言之，法院於受理重整的聲請後，於裁定前，應為如下之措施：

1.法院對於重整之聲請，除裁定駁回者外，應即將聲請書狀副本，檢送主管機關、目的事業中央主管機關、中央金融主管機關及證券管理機關，並徵詢其關於應否重整之具體意見（公§284 I）。法院對於重整之聲請，並得徵詢本公司所在地之稅捐稽徵機關及其他有關機關、團體之意見（公§284 II）。

2.聲請人為股東或債權人時，法院應檢同聲請書狀副本，通知被聲請公司（公§284IV）。

3.選任檢查人，檢查公司實況及是否具備重整條件（公§285），如無不合法情事，法院應為重整之裁定。重整人、檢查人有違反情事者逕向法院提出異議（經濟部 72.10.3.商 40345 號函）。

4.命令公司造報債權人或股東名冊：法院於裁定重整前，得令公司負責人，於七日內就公司債權人及股東，依其權利的性質，分別造報名冊，並註明住所或居所及債權或股份總金額（公§286）。亦即，命令公司負責人造報債權人或股東名冊。

（二）重整裁定前之緊急處分

1.為各種處分：法院為公司重整之裁定前，得因公司或利害關係人之聲請或依職權，以裁定為下列各款處分（公§287 I）。

(1)公司財產之保全處分。

(2)公司業務之限制。

(3)公司履行債務及對公司行使債權之限制。法院為公司重整裁定前，就公司履行債務及對公司行使債權為限制處分，係在維持公司現狀，解釋上應視為僅係限制公司為現實給付（司法院 72.6.20.廳民一 0394 號函）。

(4)公司破產、和解或強制執行程序之停止。

(5)公司記名式股票轉讓之禁止。

(6)公司負責人對於公司損害賠償責任之查定及其財產之保全處分。

2.公司聲請重整之緊急處分裁定，屬聲請公司重整程序定暫時狀態處分之特別程序（最高法院 94 年度台抗字第 1158 號民事裁定）。法院為公司法第 287 條第 1 項處分時，除法院准予重整外，其期間不得超過九十日；必要時，法院得由公司或利害關係人之聲請或依職權以裁定延長之；其延長期間不得超過九十日（公§287 II）。又該期間屆滿前，重整之聲請駁回確定者，公司法第 287 條第 1 項之裁定失其效力（公§287 III）。

3.法院為公司法第 287 條第 1 項之裁定時，應將裁定通知證券管理機關及相關之目的事業中央主管機關（公§287 IV）。

4.就公司履行債務及對公司行使債權雖已為限制處分，但民事訴訟僅在確定私權，故已經起訴之案件，應得繼續進行訴訟，未起訴之案件，仍得起訴（臺灣高等法院 95 年度上字第 41 號民事判決）。

十一、法院准許重整之裁定

（一）重整裁定

　　法院就公司重整之聲請，經審查結果，認為公司確因財務困難，暫停營業或有停業之虞，而有重建更生之可能者，得依聲請，裁定准予重整（公§282）。

1.公司重整事件屬非訟事件，是對於公司重整事件所為裁定提起抗告，應由地方法院以合議裁定之（臺灣高等法院 97 年度非抗字第 33 號民事裁定）。

2.公司有無重建更生之可能，應依公司業務及財務狀況判斷，須其在重整後能達到收支平衡，且具有盈餘可資為攤還債務者，始得謂其有經

營之價值,而許其重整(最高法院 92 年度台抗字第 283 號民事裁定)。

(二)重整監督人之選任

　　法院為重整裁定時,應就對公司業務,具有專門學識及經營經驗者或金融機構,選任為重整監督人,並決定下列事項(公§289 I):

1.債權及股東權之申報期間及場所,其期間應在裁定之日起十日以上,三十日以下。法院應就有異議之重整債權為形式之審查,以為裁定之依據(臺灣高等法院85年度抗字第3499號民事裁定)。

2.所申報之債權及股東權之審查期日及場所,其期日應在前款申報期間屆滿後十日以內。

3.第一次關係人會議期日及場所,其期日應在第 1 款申報期間屆滿後三十日以內。

十二、重整裁定後之公告、送達及登記

(一)重整裁定之公告

　　法院為重整裁定後,應即公告左列事項(公§291 I):

1.重整裁定之主文及其年、月、日。

2.重整監督人、重整人之姓名或名稱、住址或處所。

3.第 289 條第 1 項所定期間、期日及場所。

4.公司債權人怠於申報權利時,其法律效果。

(二)重整裁定之送達

　　法院對於重整監督人、重整人、公司、已知之公司債權人及股東,仍應將公司法第 291 條第 1 項裁定及所列各事項,以書面送達之(公§291 II)。

(三)重整裁定之通知及重整開始之登記

　　法院為重整裁定後，應檢同裁定書，通知主管機關，為重整開始之登記，並由公司將裁定書影本黏貼於該公司所在地公告處（公§292）。

十三、重整裁定之效力

(一)業務經營及財產管理處分權之移轉

　　重整裁定送達公司後，公司業務之經營及財產管理處分權移屬於重整人，由重整監督人監督交接，並聲報法院。於是乎公司股東會、董事及監察人之職權，應予停止（公§293Ⅰ）。據此，董事長依公司法第208條第3項規定對外代表公司之職權，亦隨之停止。

(二)各項程序之中止

1.裁定重整後，公司之破產、和解、強制執行及因財產關係所生之訴訟程序等，當然停止（公§294）。
2.所謂因財產關係所生之訴訟等程序，係指重整債權有關之程序而言（最高法院103年度台上字第1525號民事判決）。
3.公司裁定重整後，公司之破產、和解、強制執行及財產關係所生之訴訟程序，當然停止，應包括非訟程序在內（最高法院94年度台抗字第284號民事裁定），亦包括拍賣抵押物之程序（臺灣高等法院89年度抗字第3055號民事裁定）。
4.非訟事件法第91條規定所謂「就公司重整程序」所為各項裁定，應指裁定重整後進行重整程序中所為之裁定（臺灣高等法院85年度抗字第1410號民事裁定）。
5.准許開始重整之裁定，如經抗告者，在駁回重整裁定確定前，不停止執行（司法院秘書長72.3.11祕(一)1165號函）。
6.裁定重整後，訴訟程序當然停止，法院及當事人不得為關於本案之訴訟行為，期間亦停止進行（最高法院93年度台抗字第1023號民事裁定）。

7. 公司裁定重整後未停止訴訟程序，而仍進行言詞辯論及判決，有上訴權之人亦應俟訴訟程序有停止原因消滅，始能再行上訴（最高法院 91 年度台上字第 1121 號民事裁定）。

8. 公司經裁定重整後，公司之破產、和解、強制執行及因財產關係所生之訴訟等程序當然停止，包括拍賣抵押物之程序（臺灣高等法院 89 年度抗字第 3055 號民事裁定）。

(三)重整裁定後仍得為各項保全處分

　　法院依公司法第 287 條第 1 項第 1 款、第 2 款、第 5 款及第 6 款所為之處分，不因裁定重整失其效力，其未為各該款處分者，於裁定重整後，仍得依利害關係人或重整監督人之聲請，或依職權裁定之（公 § 295）。

(四)重整債權行使之限制

1. 對公司之債權，在重整裁定前成立者，為重整債權。其依法享有優先受償權者為優先重整債權。其有抵押權、質權或留置權為擔保者，為有擔保重整債權。無此項擔保者，為無擔保重整債權。各該債權，非依重整程序，均不得行使（公 § 296 I）。

(1) 重整債權非依重整程序，不得行使權利，本票執票人聲請法院裁定准予強制執行，屬「行使權利」（最高法院 84 年度台抗字第 34 號民事裁定）。

(2) 關於重整裁定生效前之藥害救濟徵收金，為特別公課屬於重整債權，非依重整程序，不得行使該權利，因此，不得移送行政執行處執行之（法務部行政執行署 97.8.12.行執一 0976000375 號函）。

2. 重整債權人均應提出足資證明其權利存在文件，向重整監督人申報。重整債權經申報者，有中斷時效之效力，其未經申報者，不得依重整程序而受清償（公 § 297 I）。

(1) 重整公司之債權人申報重整債權後，在法院宣告審查終結前，如未遭

重整公司及其他關係人聲明異議，則該重整債權人之債權金額即告確定，且對重整公司及全體股東、債權人視為有確定判決同一之效力，任何人均不得再為爭執（最高法院 104 年度台上字第 242 號民事判決）。

(2)公司之債權，如未經申報，縱屬「重整債權」並經「異議」，重整法院不得擅加審查逕以裁定列入重整債權（臺灣高等法院 88 年度抗字第 4515 號民事裁定）。

(3)重整監督人縱認債權人申報之債權不得依重整程序行使權利，或其評價額不相當，惟仍應予列入債權人清冊（最高法院 89 年度台抗字第 18 號民事裁定）。

3.取回權、解除權或抵銷權之行使不受限制。

(1)破產法破產債權節之規定，於公司法第 296 條第 1 項之重整債權準用之。但其中有關別除權及優先權之規定，不在此限（公§296Ⅱ）。亦即，債權人之別除權及優先權，仍應依重整程序行使權利。

(2)取回權、解除權或抵銷權之行使，應向重整人為之（公§296Ⅲ）。關於抵銷權行使之期間，公司法及破產法均未設有規定。是於重整程序終結前，重整債權人得隨時向重整人為抵銷之意思表示，至重整債權之申報，要非抵銷權行使之前提（最高法院 100 年度台上字第 1936 號民事判決、最高法院 102 年度台上字第 2075 號民事裁定）。

(3)破產債權人於破產宣告時，對於破產人負有債務者，依破產法第 113 條第 1 項之規定，固得不依破產程序而為抵銷，惟破產債權人不為抵銷時，破產人所有此項債權，依破產法第 82 條第 1 項第 1 款之規定，為屬於破產財團之財產，破產管理人自應收取之以充分配之用，不得以之與破產債權抵銷，上開規定之法理，於重整程序中亦應有相同之適用。對照公司法第 296 條第 2 項「重整債權非依重整程序，不得行使權利」之規定，是重整債權人於「重整裁定時」對重整人負有債務者，在符合民法抵銷要件時，賦予重整債權人得以屬重整公司之

特定債權，供自己債權之清償而滿足，不必參與重整程序而受損失之分配。惟若重整債權人不依民法而為抵銷者，因重整計劃具強制和解效力，重整債權人既選擇依重整程序申報債權，即應受法院認可重整計劃之償債方法所拘束；重整債權人如未申報債權而於重整完成後，依公司法第 311 條第 1 項第 1 款之規定，其重整債權之請求權即消滅。準此，重整債權人於重整裁定時，究依民法或依重整程序行使權利，自須從速決定，若任令重整債權人於重整程序中之任何時點隨時主張抵銷者，重整財團之範圍隨時處於不確定狀態，對於後續重整計劃之執行勢必有重大影響，故公司法第 296 條第 2 項準用破產法第 113 條第 1 項，即有限制重整債權人行使其抵銷權之時點之必要性（臺灣新竹地方法院 100 年度重訴字第 154 號民事判決、臺灣臺北地方法院 98 年度重訴字第 531 號民事判決）。

(4)破產程序與重整程序之性質有所不同，前者為清算型債務清理程序，其制度目的係為快速分配清算破產人之財產而設；後者為重建型債務清理程序，其制度目的則係為謀求重整公司得以重建更生，繼續公司營業而設計，故對於債權人個別之權利行使自應設有較為嚴格之限制。鑑於破產程序與重整程序在性質上之差異，對於重整債權人之抵銷權行使，自應依重整程序之特性及公司法之規定而進行調整。若重整債權人不為抵銷時，依司法實務之見解，重整公司對重整債權人之債權，應解為屬於重整財團之財產，而重整財團之債權債務復有早日確定之必要，以利重整計劃之進行，故在重整程序中，重整債權人抵銷權之行使時間，即應認與公司法第 289 條第 1 項第 1 款、第 291 條第 1 項第 3 款所規範之「重整債權申報期間」相同，俾使重整債權人擇一決定係欲依民法行使抵銷權或依重整程序申報債權，逾期即不應准重整債權人恣意行使抵銷權。因此，若債權人欲行使抵銷權，其行使抵銷權之期限，解釋上應於債權申報期日屆滿前向重整人為之，始為合法。

(5)按不屬於重整人之財產，其權利人得不依重整程序，由重整人取回之，公司法第 296 條第 2 項準用破產法第 110 條規定甚明。此即所謂「一般取回權」之規定，指就不屬於重整人之財產，其權利人得不依重整程序向重整人取回之權。例如，重整公司於重整裁定前基於租賃、承攬、委任及寄託等契約關係，而占有他人之財產。此等財產於其原來之契約關係消滅後，自應許所有權人取回。因此，此類不屬於重整公司之財產，其權利人自得不依重整程序，由重整人取回之。取回權係基於實體法之規定而發生，故不依重整程序行使，而許由權利人在訴訟上或訴訟外對重整人行使之，且亦得依抗辯主張（臺灣臺北地方法院 86 年度訴字第 1909 號民事判決）。

十四、重整之機關

(一)原公司機關之職權停止

公司經重整裁定後，其股東會、董事及監察人之職權，應予停止（公§293 I 後段），而分別由重整人接管公司業務之經營及財產之管理，重整監督人監督重整人職務之執行，關係人會議則取代股東會之職權，故公司原來之公司機關，於重整期間為重整之機關所取代。

(二)重整人

1.公司重整人由法院就債權人、股東、董事、目的事業中央主管機關或證券管理機關推薦之專家中選派之（公§290 I ）。但公司法第 30 條有關資格消極限制之規定，於公司重整人仍準用之（公§290 II ）。
2.關係人會議，依公司法第 302 條分組行使表決權之結果，有二組以上主張另行選定重整人時，得提出候選人名單，聲請法院選派之（公§290 III ）。
3.公司重整人非以自然人為限，應以是否能妥適執行重整計畫為優先考量，並非以重整人本身知識背景為斟酌重點（最高法院 87 年度台抗字

第 588 號民事裁定）。

4. 法院選派重整人時，應於選派前訊問利害關係人，並於裁定中詳敘其理由（最高法院 84 年度台抗字第 240 號民事裁定）。

5. 法院裁定撤換重整人，如經抗告，在駁回撤換重整人聲請裁定確定前，不停止執行（臺灣臺北地方法院 85 年度聲字第 594 號民事判決）。

6. 重整人有數人時，關於重整事務之執行，以其過半數之同意行之（公§290Ⅳ）。

7. 重整人執行職務應受重整監督人之監督，其有違法或不當情事者，重整監督人得聲請法院解除其職務，另行選派之（公§290Ⅴ）。

(三)重整監督人

1. 重整監督人，應就對公司業務經營，具有專門學識及經驗者，或金融機構選任之（公§289Ⅰ）。

2. 重整監督人，應受法院監督，並得由法院隨時改選（公§289Ⅱ）。

3. 重整監督人有數人時，關於重整事務之監督執行，以其過半數之行之（公§289Ⅲ）。亦即，以多數決執行重整事務之監督。

4. 重整人為下列行為時，應於事前徵得重整監督人之許可（公§290Ⅵ）：

(1)營業行為以外之公司財產之處分。

(2)公司業務或經營方法之變更。

(3)借款。

(4)重要或長期性契約之訂立或解除，其範圍由重整監督人定之。

(5)訴訟或仲裁之進行。

(6)公司權利之拋棄或讓與。

(7)他人行使取回權、解除權或抵銷權事件之處理。

(8)公司重要人事之任免。

(9)其他經法院限制之行為。

5.公司法第 290 條第 6 項第 7 款雖然規定重整人針對權利人行使取回權時，應事先徵得重整監督人之許可，惟依法條規定意旨觀之，其顯屬為使重整正常進行，而賦予重整監督人監督重整人處理重要行為而設，非為賦予重整監督人准否權利人之取回權而規定，否則若解釋為於公司重整中，非經重整監督人許可，權利人不得取回屬於其自己之財產，將使取回權之規定形同具文，非但與取回權係基於實體法之規定而發生之精神不符，亦係限制人民財產權之行使，實有違反憲法保障人民財產權之意旨（臺灣臺北地方法院 86 年度訴字第 1909 號民事判決）。

(四)關係人會議

1.重整債權人及股東，為公司重整之關係人，出席關係人會議，因故不能出席時，得委託他人代理出席（公 § 300 I ）。

2.法院為重整裁定時，應就對公司業務，具有專門學識及經營經驗者或金融機構，選任為重整監督人，並決定第一次關係人會議期日及場所，其期日應在第一款申報期間屆滿後三十日以內（公 § 289 I ③ ）。故第一次關係人會議係由法院所召開。

3.關係人會議由重整監督人為主席，並召集除第一次以外之關係人會議（公 § 300 II ）。

4.關係人會議應以召開會議之方式為之，而不得僅由關係人以書面對議案表示同意與否之方式為之（經濟部 84.5.2.商 206447 號函）。

5.重整監督人，依規定召集關係人會議時，於五日前訂明會議事由，以通知及公告為之。一次集會未能結束，經重整監督人當場宣告連續或展期舉行者，得免為通知及公告（公 § 300 III ）。

6.係人會議之任務，主要如下（公 § 301 ）：

(1)聽取關於公司業務與財務狀況之報告及對於公司重整之意見。

(2)審議及表決重整計畫。

(3)決議其他有關重整之事項。

6.重整人及公司負責人亦應列席備詢（公§300Ⅳ）。公司負責人無正當理由對於關係人會議之詢問不為答覆或為虛偽之答覆者，各處一年以下有期徒刑、拘役或科或併科新臺幣六萬元以下罰金（公§300Ⅴ）。

7.重整人應擬訂重整計畫，連同公司業務及財務報表，提請第一次關係人會議審查（公§303Ⅰ）。

8.重整人及公司負責人亦應列席備詢（公§300Ⅳ）。公司負責人無正當理由對於關係人會議之詢問不為答覆或為虛偽之答覆者，各處一年以下有期徒刑、拘役或科或併科新臺幣六萬元以下罰金（公§300Ⅴ）。

9.關係人會議之決議方式較為特殊，應按重整債權人及股東分組行使表決權。其決議以經各組表決總額二分之一以上同意行之（公§302Ⅰ）。

10.如公司無資本淨值時，股東組則不得行使表決權（公§302Ⅱ）。若公司之負債超過資產，並無資產淨值時，股東組就關係人會議並無表決權，股東組既無表決權，其所表達之意見即無法改變關係人會議決議，則關係人會議未通知股東出席，股東是否在場，就關係人會議可決重整計畫部分，自無何違法可言（臺灣臺北地方法院 99 年度整抗字第 5 號民事裁定）。

十五、重整計畫

(一)重整計畫之擬定與提出

1.重整人應擬訂重整計畫，連同公司業務及財務報表，提請第一次關係人會議審查（公§303Ⅰ）。重整人經依公司法第 290 條之規定另選者，重整計畫，應由新任重整人於一個月內提出之（公§303Ⅱ）。

2.重整計畫，除記載公司重整之必要事項外，並應記載如下事項（公§304Ⅰ）。

(1)全部或一部重整債權人或股東權利之變更。

(2)全部或一部營業之變更。

(3)財產之處分。

(4)債務清償方法及資金來源。

(5)公司資產之估價標準及方法。

(6)章程之變更。

(7)員工之調整及裁減。

(8)新股或公司債之發行。

(9)其他必要事項。

3.上開重整計畫之執行，除債務清償期限外，自法院裁定認可確定之日起算不得超過一年；其有正當理由，不能於一年內完成時，得經重整監督人許可，聲請法院裁定延展期限；期限屆滿仍未完成者，法院得依職權或依關係人之聲請裁定終止重整（公§304Ⅱ）。

4.公司法第 304 條第 1 項第 7 款規定，公司重整如有員工之調整或裁減事項，應訂明於重整計畫，惟就法院對公司為重整裁定前，公司仍得為員工之調整或裁減，對於公司為重整裁定前之員工調整情事未記載於重整計畫，尚難認定係違反公司法第 304 條第 1 項第 7 款、第 305 條等規定（臺灣高等法院 99 年度非抗字第 61 號民事裁定）。

(二)重整計畫之可決及認可

1.重整計畫應經關係人會議之可決，其可決依有表決權各組之可決為之。

2.重整計畫經關係人會議可決者，重整人應聲請法院裁定認可後執行之，並報主管機關備查（公§305Ⅰ）。法院再次審核，旨在防範關係人會議多數決之濫用，俾重整計劃能符合公正原則，以維護公司、公司債權人及股東之權益（最高法院 78 年度台抗字第 133 號民事裁定）。

3.經關係人會議可決之重整計畫，重整人應聲請法院裁定認可，並生如下之效力：

(1)該計畫對於公司及關係人均有拘束力，故重整人執行該計畫所載事項時，公司及關係人均有遵守之義務（公§305Ⅱ）。

(2)債權人依重整計畫之內容，對於公司取得執行名義。

(3)重整計畫免除重整本金債權所衍生之利息及違約金，則債權人不得請求（最高法院97年度台上字第48號民事判決）。

(三)重整計畫之修正

1.關係人會議方針之變更

重整計畫未得關係人會議有表決權各組之可決時，重整監督人應即報告法院，法院得依公正合理之原則，指示變更方針，命關係人會議在一個月內再予審查（公§306Ⅰ）。

2.法院之修正及認可

重整計畫，經法院指示變更再予審查，仍未獲關係人會議可決時，應裁定終止重整。但公司確有重整之價值者，法院就其不同意之組，得以下列方法之一，修正重整計畫裁定認可之（公§306Ⅱ）：

(1)有擔保重整債權人之擔保財產，隨同債權移轉於重整後之公司，其權利仍存續不變。

(2)有擔保重整債權人，對於擔保之財產；無擔保重整債權人，對於可充清償其債權之財產；股東對於可充分派之膡餘財產；均得分別依公正交易價額，各按應得之份，處分清償或分派承受或提存之。

(3)其他有利於公司業務維持及債權人權利保障之公正合理方法。

3.關係人會議重行可決修正

(1)重整計畫可決修正及認可修正後，因情事變遷或有正當理由致不能或無須執行時，法院可依重整監督人、重整人或關係人之聲請，以裁定命關係人會議重行審查，其顯無重整之可能或必要者，得裁定終止重整（公§306Ⅲ）。

(2)重整計畫之重行可決修正，仍應聲請法院裁定認可，始生效力（公§306Ⅳ）。

十六、公司重整之終了

(一)終　止

1.公司重整無法完成，由法院裁定終止，其情形有下列四種：

(1)因重整計畫未獲關係人會議可決而終止（公§306Ⅰ、Ⅱ）。

(2)因重整計畫顯無重整之可能或必要者而終止（公§306Ⅲ）。重整計畫因情事變更或有正當理由致不能執行，且顯無重整之可能或必要時，法院得逕行裁定終止重整（最高法院 94 年度台抗字第 1178 號民事裁定）。

(3)關係人會議，未能於重整裁定送達公司一年內可決重整計畫而終止（公§306V 前段）。

(4)經法院裁定命重行審查，而未能於裁定送達後一年內可決重整計畫而終止（公§306V 後段）。

2.法院為終止重整之裁定，應檢同裁定書通知主管機關；裁定確定時，主管機關應即為終止重整之登記；其合於破產規定者，法院得依職權宣告其破產（公§307Ⅱ）。

3.法院裁定終止重整時併為破產之宣告，乃法院職權裁量之範圍（臺灣高等法院 94 年度整抗字第 1 號民事裁定）。法院為破產宣告後，屬於別除權之財產，亦為破產財團之財產，破產人喪失對其管理及處分權，故除別權之行使，應以破產管理人為相對人（最高法院 69 年度台抗字第 276 號民事裁定）。

4.公司債務超過，縱資產不足清償優先債權，亦非無聲請宣告破產之實益（最高法院 96 年度台抗字第 255 號民事裁定）。

(二)完　成

1.重整完成後，股東會、董事會、董事、監察人等公司機關之職權被停止之狀態即被解除。

2.重整完成後，公司重整人應召集重整後之股東會，而重整後之公司董事、監察人於就任後，應會同重整人向主管機關申請登記或變更登記（公§310Ⅱ）。

3.公司重整經完成後，即發生如下效力：

(1)已申報之債權未受清償部分，其請求權消滅，未申報之債權亦同，但其依重整計畫處理，由重整後之公司承受者，不在此限（公§311Ⅰ①）。

(2)股東之股權經重整而變更或減除之部分，其權利消滅。未申報之無記名股票之權利亦同（公§311Ⅰ②）。

(3)重整裁定前，公司之破產、和解、強制執行及因財產關係所生之訴訟程序即失其效力（公§311Ⅰ③）。

(4)但公司債權人對公司債務之保證人及其他共同債務人之權利，仍不因重整完成而受影響（公§311Ⅱ）。

　①參加公司重整程序之債權應受重整計畫之限制，故具有強制和解之性質，債權人對於債務人債務之減免，非必出於任意為之，公司法第 311 條第 2 項所以規定公司債權人對於公司債務之保證人之權利，不因公司重整而受影響，其立法意旨在使重整計畫於關係人會議中易獲可決（最高法院 79 年度台上字第 1301 號民事判決）。

　②債權人對於重整公司債務之保證人之權利，於公司重整程序進行中，仍得行使，或聲請法院為強制執行（最高法院 93 年度台抗字第 531 號民事裁定）。

　③對公司債務人之保證人之權利，不因公司重整而受影響，係指債權人得就因重整計畫而減免之部分，請求保證人代負履行責任而言（最高法院 79 年度台上字第 1301 號民事判決）。

④按公司法第 311 條第 2 項規定，公司債權人對公司債務之保證人及其他共同債務人之權利，不因公司重整而受影響，係基於保證人原以擔保債務人債務之履行為目的，於公司重整，公司財務已陷於困難，該項不能清償之危險，應由保證人負擔，始符保證人擔保債務履行之本旨，並得使重整計畫於關係人會議易獲通過，此乃保證債務從屬性之例外規定。而公司債權人之設定抵押權以為擔保，乃在利用擔保物權之優先清償及追及效力，於擔保債權屆期未受清償時，得行使對擔保標的物直接變價之權，並就所得價金優先受償，使擔保債權獲得滿足，該擔保債權獲有物權保障之效果，重整公司發生財務困難、已暫停營業或有停業之虞，正係擔保物權發揮確保債務獲得清償之時，物上保證人所負物之擔保責任倘因公司重整而受影響，未予排除，顯係輕重失衡，故在公司重整程序，物上保證人所提供之物之擔保履行責任，自應與保證人責任作相同之處理，俾免失衡，是我國公司法第 311 條第 2 項之規定，未如「日本會社更生法」第 203 條第 2 項規定：「重整債權人對於重整公司之保證人或其他重整公司之共同債務人所享有之權利，及重整公司以外之人為重整債權人所提供之擔保，均不因重整計畫而受影響」，稽之該條之立法資料，應係立法時顯在之法律漏洞。則對於其他重整公司以外之人為重整公司債權人所提供物之擔保，自得類推適用該條之規定，應解為不因公司重整而受影響（最高法院 100 年度台上字第 1466 號民事判決）。

4.公司重整完成後，在重整裁定前，公司之執行程序即行失其效力，已進入之程序，移併重整程序進行（司法院 72.4.13.廳民二 252 號函）。

5.重整完成裁定確定後所召開之股東會之討論議案，屬公司自治事項（經濟部 92.7.7.經商 09202140520 號函）。

第十二節　股份有限公司之合併、解散及分割

一、合　併

公司之併購，依企業併購法之規定；企業併購法未規定者，依公司法、證券交易法、公平交易法、勞動基準法、外國人投資條例及其他法律之規定（企業併購法§2Ⅰ）。依特別法優先適用於普通法之原則，公司法雖對於公司合併仍設有若干規定，但若企業併購法亦設有合併規定時，則應優先適用企業併購法之相關規定，合先敘明。應注意者，企業併構法所適用之公司，指依公司法設立之股份有限公司（企業併購法§4①），故其他種類公司之併購，仍應適用公司法。

又金融機構之併購，依金融機構合併法及金融控股公司法之規定；該二法未規定者，依企業併購法之規定（企業併購法§2Ⅱ）。蓋金融機構合併法及金融控股公司法為金融機構進行併購之特別法，故明定金融機構之併購應優先適用金融機構合併法及金融控股公司法。

(一)準用規定

1.股份有限公司，關於合併應為通知及公告程序，及對異議之債權人提供擔保，而因合併而消滅之公司，其權利與義務由合併後存續公司承受等規定，均準用無限公司之規定（公§319）。

2.公司因合併需要修正章程者，亦得於合併前之股東會為之（經濟部92.6.5.經商09202110090號函）。

3.公司合併消滅之公司，其權利義務，應由合併後公司承受，包括實體法及程序法上之權利義務而言（最高法院78年度台抗字第187號民事裁定）。

4.存續公司，應將未來相關勞動條件之內容告知勞工或與勞工協商同意後簽訂新約（最高法院95年度台上字第2217號民事判決）。

5.公司合併後有關不動產之移轉登記，由合併後存續或另立之公司單獨

聲請辦理登記（最高法院 94 年度台抗字第 1052 號民事裁定）。

(二)特別規定

1.合併之決議

　　股東會對於公司解散、合併或分割之決議，應有代表已發行股份總數三分之二以上股東之出席，以出席股東表決權過半數之同意行之（公§316 I）。惟公開發行股票之公司，出席股東之股份總數不足前項定額者，得以有代表已發行股份總數過半數股東之出席，出席股東表決權三分之二以上之同意行之（公§316 II）。上開出席股東股份總數及表決權數，章程有較高之規定者，從其規定（公§316 III）。

2.合併契約及股份收買請求權

(1)公司與他公司合併時，董事會應就合併有關事項作成合併契約，提出於股東會，股東在集會前或集會中，以書面表示異議或口頭表示異議經紀錄者，得放棄表決權，而請求公司按當時公平價格收買其持有之股份，其程序則準用公司法第 187 條及第 188 條之規定（公§317）。

(2)合併契約應以書面為之，並應記載公司法第 317 條之 1 所規定之事項，於發送合併承認決議股東會之召集通知時，一併發送於股東（公§317-1 II）。

(3)合併契約書應經股東會決議合併並承認通過後始生效力（經濟部89.12.5.商 89224851 號函）。

(4)消滅公司之反對股東請求收買股份，可於合併契約中約定於合併基準日一併銷除（經濟部 89.3.7.商 89203888 號函）。

(5)於股份轉換基準日對未完成價款交付之異議股東股份，自得轉換股份（經濟部 92.12.16.經商 09202250560 號函）。

3.合併後存續或新設公司應循之程序

(1)股份有限公司相互間合併，或股份有限公司與有限公司合併者，其存

續或新設公司以股份有限公司為限（公§316-1）。公司合併後，存續
公司之董事會，或新設公司之發起人，於完成催告債權人程序後，其
因合併而有股份合併者，應於股份合併後生效，其不適於合併者，應
於該股份為處分後，分別依下列程序行之（公§318）。

①存續公司應即召集合併後之股東會，為合併事項之報告，其有變更
　章程必要者，並為章程之變更。

②新設公司應即召集發起人會議，訂立章程。

(2)上述變更之章程或新設立之章程，均不得違反合併契約之規定。

(三)控制公司與從屬公司之合併

1.決定機關及決議方法

控制公司持有從屬公司百分之九十以上已發行股份者，得經控制公
司及從屬公司之董事會以董事三分之二以上出席，及出席董事過半數之
決議，與其從屬公司合併。其合併之決議，不適用第 316 條第 1 項至第
3 項有關股東會決議之規定（公§316-2Ⅰ）。

2.股東之股份收買請求權

從屬公司董事會為合併決議後，應即通知其股東，並指定三十日以
上期限，聲明其股東得於期限內提出書面異議，請求從屬公司按當時公
平價格，收買其持有之股份（公§316-2Ⅱ）。從屬公司股東與從屬公司
間依上開規定協議決定股份價格者，公司應自董事會決議日起九十日內
支付價款；其自董事會決議日起六十日內未達協議者，股東應於此期間
經過後三十日內，聲請法院為價格之裁定（公§316-2Ⅲ）。

3.取消合併

從屬公司股東收買股份之請求，於公司取消合併之決議時，失其效
力。股東於公司法第 316 條之 2 第 2 項及第 3 項規定期間內不為請求或
聲請時，亦同（公§316-2Ⅳ）。

4.排除規定

　　公司法第 317 條有關收買異議股東所持股份之規定，於控制公司不適用之（公§316-2 V）。又控制公司因合併而修正其公司章程者，仍應依第 277 條規定辦理（公§316-2 VI）。

二、解　散

(一)解散之性質

　　股份有限公司解散之性質，與無限公司大致相同，關於無限公司解散之規定，大抵亦可適用於股份有限公司。

(二)解散之事由

1.關於解散之事由，股份有限公司與其他種類之公司略有差別，茲將公司法有關股份有限公司解散之事由，分述如次（公§315 I）：

(1)章程所定解散事由。

(2)公司所營事業已成就或不能成就。

(3)股東會為解散之決議。

(4)有記名股票之股東不滿二人。但政府或法人股東一人者，不在此限。

(5)與他公司合併。

(6)分割。

(7)破產。

(8)解散之命令或裁判。

2.公司法第 315 條第 1 項第 1 款得經股東會議變更章程後，繼續經營；第 4 款本文得增加有記名股東繼續經營（公§315 I）。

3.注意者，上述諸項，除因破產、與他公司合併、分割外，股份有限公司解散時，應行清算，並為解散之登記（公§24）。

4.股份有限公司無意經營所登記之事業，而變相經營其他事業者，應解為其所營事業不能成就而予解散（最高行政法院 74 年度判字第 779 號判決）。

5.破產程序終結或終止後，公司如尚有賸餘之財產，則應行清算，於清算之必要範圍內，視為存續。法人受破產宣告者，依破產法第 75 條規定，對於應屬破產財團之財產，喪失管理及處分權，然並未喪失所有權，故尚難認其法人人格因宣告破產而當然歸於消滅，宜類推適用公司法第 25 條規定，認公司於依破產程序清理債務之必要範圍內，視為存續（經濟部 100.4.8.經商 10002406660 號函）。

6.公司解散經股東會決議通過即生效，尚無解散基準日問題（經濟部 91.7.29.經商 09102143940 號函）。

7.公司臨時管理人不得以房租到期無法營運為由決議解散公司（司法院秘書長 82.7.8.秘(三)11505 號函）。

三、分　割

　　公司之併購，依企業併購法之規定；企業併購法未規定者，依公司法、證券交易法、公平交易法、勞動基準法、外國人投資條例及其他法律之規定（企業併購法§2Ⅰ）。依特別法優先適用於普通法之原則，公司法雖對於公司分割仍設有若干規定，但若企業併購法亦設有分割合併規定時，則應優先適用企業併購法之相關規定，合先敘明。

(一)分割之意義

　　所謂公司分割，乃指將一公司藉由分割程序調整其業務經營及組織規模，將原為整體之營業部門以吸收分割或新設分割方式，分割營業部門或組織。公司分割得以適度縮小公司規模，並利用特定部門之分離獨立，促進企業經營之專業化與效率化，對於公司之組織調整有所助益。

(二)分割之決議

　　公司分割對於股東權益影響重大，故股東會對於分割之決議方式同解散合併。公司分割計畫書經股東會決議後，其分割營業範圍、金額、發行新股股數等調整，由其後股東臨時會決議變更之，尚不得由董事會

變更股東會之決議（經濟部 95.8.22.經商 09500601300 號函）。

(三)分割計畫

1.公司法第 317 條第 1 項之分割計畫，應以書面為之，並記載下列事項
　（公§317-2 I）：

(1)承受營業之既存公司章程需變更事項或新設公司章程。

(2)被分割公司讓與既存公司或新設公司之營業價值、資產、負債、換股
　比例及計算依據。

(3)承受營業之既存公司發行新股或新設公司發行股份之總數、種類及數
　量。

(4)被分割公司或其股東所取得股份之總數、種類及數量。

(5)對被分割公司或其股東配發之股份不滿一股應支付現金者，其有關規
　定。

(6)既存公司或新設公司承受被分割公司權利義務及其相關事項。

(7)被分割公司之資本減少時，其資本減少有關事項。

(8)被分割公司之股份銷除所需辦理事項。

(9)與他公司共同為公司分割者，分割決議應記載其共同為公司分割有關
　事項。

2.上開分割計畫書，應於發送分割承認決議股東會之召集通知時，一併
　發送於股東（公§317-2 II）。

(四)分割前公司所負之債務

　　分割後受讓營業之既存公司或新設公司，應就分割前公司所負債務
於其受讓營業之出資範圍負連帶清償責任。但債權人之連帶清償責任請
求權，自分割基準日起二年內不行使而消滅（公§319-1）。

第十三節　股份有限公司之清算

一、概　說

公司之清算，謂公司因破產或合併、分割以外之事由解散時，為了結公司之法律關係，或處理其財產而踐行之程序。

在無限公司解散後，得為任意清算，而在股份有限公司，則必須履行嚴格的清算程序，蓋股份有限公司係資合團體，股東僅負有限責任，若認其為任意清算，對外不足以保護公司之債權人，對內亦不足以防止股東之利益為董事等所侵害。因此，公司法乃將股份有限公司之清算分為普通清算及特別清算，並嚴格規定其程序。

二、普通清算

(一)普通清算之意義

所謂普通清算，係在無特別障礙下所為之清算。

(二)清算人之選任與解任

1.清算人原則上以董事充之，但公司法或章程另有規定或股東會另選清算人時，不在此限。不能依上開規定定清算人時，法院得因利害關係人之聲請，選派清算人（公§322）。

2.公司之清算人，得由股東會另選任之。又清算人除法院選派者外，亦得由股東會解任之，準此，清算中公司之股東仍得依公司法第 173 條之 1 規定自行召集股東臨時會選任清算人（經濟部 100.1.7.經商10902436080 號函）。

3.清算人之就任、解任係向法院聲報，無需向公司登記主管機關辦理登記（經濟部 93.7.23.經商 09300116760 號函）。清算人應於就任後十五日內，將其姓名、住所或居所及就任日期，向法院聲報（公§334 準用§83 I）。關於清算人聲報之效力，有認為選任之清算人，未向法院

聲報,則該人非公司之清算人(最高行政法院 96 年度判字第 1732 判決)。反之,有認為公司業經股東會決議解散並選任甲為清算人,甲並出具就任同意書就任為清算人,甲向法院陳報,非就任要件(最高法院 97 年度台抗字第 332 號民事裁定)。至於法院登記之清算人與公司決議解散時所推選之清算人,如非同一人,自應以向法院聲請解散清算人登記為準(經濟部 74.5.29.商 21920 號函)。

4.公司董事縱僅對清算人中之一人為終止委任契約之意思表示,而未對全體清算人為之,仍難謂不生終止之效力(最高法院 98 年度台上字第 480 號民事判決)。

5.公司經解散,未選任清算人,應以公司全體董事為清算人(最高法院 92 年度台上字第 2451 號民事判決)。

6.監察人既依公司法第 323 條第 2 項規定聲請法院解任清算人,自得依同法第 322 條第 2 項規定,以利害關係人之地位向法院聲請選派清算人(經濟部 94.12.28.經商 09402202440 號函)。

7.公司法第322條第1項係指全體董事為清算人(經濟部93.9.16.經商09300161820號函)。

8.清算人就任之日為清算起算日(經濟部 91.5.17.經商 09100116720 號函)。

9.股東臨時會選任之清算人為辭任之意思表示,無須經公司同意即當然失其身分(經濟部 81.8.27.商 223740 號函)。

10.董事或清算人對公司提起之訴訟時,如監察人有二人以上,而未經股東會選任者,自應列全體監察人為公司之法定代理人,始為適法(最高法院 99 年度台抗字第 142 號民事裁定)。

11.至於清算人之解任,除由法院選派者外,得由股東會決議解任之。但法院因監察人或繼續一年以上持有已發行股份總數百分之三以上股份股東之聲請,亦得將其解任(公§323)。

(三)清算人之權利、義務及責任

1.清算人在執行事務之範圍內,其權利、義務及責任與董事同(公§324)。惟清算人係執行清算事務之機關,其性質與董事有別,可不受禁止競業之限制。

(1)清算人有數人時,如未推定代表公司之人時,對於第三人各有代表公司之權(最高法院98年度台上字第245號民事判決)。

(2)公司於清算程序中,如董事對公司為訴訟時,應由監察人或股東會所選任之人代表公司為之,始為適法(臺灣高等法院97年度抗字第1554號民事裁定)。

(3)分配賸餘財產前,未優先清償稅款,清算人就未繳稅捐,負繳納義務(最高行政法院96年度判字第1283號判決)。

2.清算之之報酬,非由法院選派者,由股東會決定,由法院選派者,由法院決定(公§325 I)。清算費用及清算人之報酬,由公司現存財產中儘先給付(公§325 II),以資鼓勵清算之認真執行。

3.清算人權利義務之爭議及實務

(1)公司清算中,公司股東會與監察人依然存續,對董事之訴訟應由監察人或股東會所選任之人代表公司為之(最高法院94年度台上字第230號民事判決)。

(2)清算人有數人時,得推定一人或數人代表公司,如未推定時,各有對於第三人代表公司之權(最高法院102年度台上字第724號民事判決)。

(3)特別清算程序中,法院得依聲請或依職權命令檢查公司之財產外,在普通清算程序中,自不容許股東聲請法院選派檢查人(臺灣高等法院89年度抗字第3091號民事裁定)。

(4)董事以清算人身分對董事為訴訟,依法仍應由監察人或股東會所選任之人代表公司為之,始為適法(最高法院95年度台上字第1047號民事判決)。

(5)清算人於清算期間內，有召集股東會之權限（經濟部 88.7.27.商 88215709 號函）。

(6)清算人有數人時，如未推定代表公司之人時，對於第三人各有代表公司之權（最高法院 98 年度台上字第 245 號民事判決）。

(7)股東依規定取得清算人所分派賸餘財產時，其中屬於股本部分不在課稅之列（最高行政法院 96 年度判字第 1487 號判決）。

(8)清算人如有必要，亦得召集股東會（經濟部 95.3.16.經商 09502031380 號函）。

(9)股份有限公司之清算人將公司營業包括資產負債轉讓於他人時，以經特別決議即得行之（最高法院 91 年度台上字第 2137 號民事判決）。

(10)公司於清算中既繼續原有之營業，對其所享有的財產權，自不能認為已當然消滅。故為維護公司之財產權益，對於公司受有侵害時，清算人甲自可為公司代表人，以公司名義提出刑事告訴及民事訴訟，始符公司法第 84 條規定（臺灣高等法院暨所屬法院 97.11.12.法律座談會刑事類提案第 35 號）。

(四)清算人之職務

1.檢查公司財產，造具編報財務報表及財產目錄等表冊（公§326 I ）。

2.了結現務（公§334 準用§84 I ①）。

3.公告催報債權（公§327）。

4.收取債權，清償債務（公§334 準用§84 I ②、§328）。

5.分派盈餘或虧損（公§334 準用§84 I ③）。

6.分派賸餘財產（公§334 準用§84 I ④、§330）。

7.聲請宣告破產（公§334 準用§89）。

(五)普通清算之完結

1.清算人分派賸餘財產後，清算即歸完結，於是清算人應於十五日內造具清算期內收支表、損益表，連同各項簿冊送經監察人審查，並提請

股東會承認（公§331Ⅰ）。股東會得另選檢查人檢查上述簿冊是否確當（公§331Ⅱ）。清算期內之收支表及損益表應於股東會承認後十五日內，向法院聲報（公§331Ⅳ）。

2. 清算人違反聲報期限之規定時，各處新臺幣一萬元以上五萬元以下罰鍰，對於檢查有妨礙、拒絕或規避行為者，各處新臺幣二萬元以上十萬元以下罰鍰（公§331Ⅴ、Ⅵ）。

3. 簿冊經股東會承認後，視為公司已解除清算人之責任，但清算人有不法行為者，不在此限（公§331Ⅲ）。

4. 自聲報法院之日起，應將各項簿冊文件，保存十年。其保存人，由清算人及其利害關係人聲請法院指定之（公§332）。

5. 母公司受配子公司清算之財產，不得再分配予該公司股東（經濟部95.7.11.經商09502096910號函）。

6. 股份有限公司普通清算於清償債務後，法定盈餘公積可作為盈餘分派（經濟部71.9.16.商34094號函）。

7. 清算完結，係指完成合法之清算程序而言（最高法院93年度台抗字第552號民事裁定）。

8. 清算終結係指清算人就清算程序中應為之清算事務，全部辦理完竣（最高法院92年度台抗字第621號民事裁定）。

9. 清算人向法院聲報清算完結，法院仍應依職權調查事實及必要之證據，作形式審查，倘有所處分，應以裁定為之（最高法院84年度台抗字第457號民事裁定）。

10. 所謂依法清算完結，係指依相關之法規實質清算完結而言，並不以依公司法清算完結為唯一之準據（最高行政法院97年度判字第876號判決）。

11. 公司已為解散登記，倘未履行清算程序，公司人格未消滅（最高行政法院94年度判字第441號判決）。

12. 所得稅法所謂之清算結束之日，係指清算人了結現務、收取債權、清

償債務、分派賸餘財產時而言（最高行政法院 93 年度判字第 1239 號判決）。

13.公司知有違章未結，卻怠於通知稽徵機關申報債權，雖經臺北地院准予備查，難謂其業經合法清算完結（最高行政法院 89 年度判字第 3354 號判決）。

14.了結現務，並不限於財產上之現務，包括公司一切待為了結之事務均包括之（臺灣高等法院 97 年度上字第 28 號民事判決）。

15.為符合清算程序，監察人於審查期間死亡，清算人應召集股東會補選監察人（經濟部 89.11.29.商 89224343 號函）。

16.聲報清算完結之性質屬公司非訟事件，法院應依職權調查事實及必要之證據，從非訟程序作形式審查（臺灣高等法院 88 年度抗字第 760 號民事裁定）。

17.清算完結後，如有可以分派之財產，法院因利害關係人之聲請，得選派清算人重行分派（公§333）。

三、特別清算

(一)特別清算之發生與聲請

1.就特別清算之事由而言，清算之實行發生顯著障礙時，法院依債權人或清算人或股東之聲請或依職權，得命令公司開始特別清算；公司負債超過資產有不實之嫌疑者亦同。但其聲請，以清算人為限（公§335Ⅰ）。

2.為使特別清算程序順利進行，民國 69 年 5 月 9 日公司法修正時，特別規定，公司法第 294 條關於破產、和解及強制執行程序當然停止之規定，於特別清算準用之（公§335Ⅱ）。

3.清算之實行發生顯著之障礙，自係指已依普通清算程序清理公司事務而言（臺灣高等法院 86 年度抗字第 2260 號民事裁定）。

(二)清算人之選任與解任

1.特別清算程序中,清算人之選任與解任,大抵與普通清算同。

2.惟在特別清算開始時,如有重要事由者,則不論清算人如何產生,法院均得解任之(公§337Ⅰ)。

3.清算人缺額或有增加人數之必要時,由法院選派之(公§337Ⅱ)。

(三)清算人之職務

1.一般規定

　　特別清算之清算人,其一般性職務與普通清算相同。

2.特別規定

　　在特別清算,公司法關於清算人職務之特別規定者如下:

(1)聲請法院開始特別清算(公§335)。

(2)造具公司業務及財產狀況之調查書及會計表冊(公§344前段)。

(3)向債權人會議陳述意見(公§344後段)。

(4)對債權人會議提出協定之建議(公§347)。

(5)聲請法院命令檢查公司業務及財產(公§352)。

四、清算人之權限

(一)一般規定

　　特別清算之清算人,其一般性權限與普通清算同。

(二)特別規定

1.召集債權人會議(公§341)。

2.得監理人之同意者,可為各種重要行為(公§346)。

3.應特別說明者有二,即監理人及債權人會議。所謂監理人,乃為保護公司債權人之共同利益,代表債權人監督清算人執行特別清算事務之人。至於債權人會議則係於特別清算程序中,由公司債權人臨時集會決定其總意思之最高機關。

五、法院之特別監督

(一)公司財產及業務之檢查

1.公司財產之狀況，於必要時，法院得據特定人之聲請或依職權選任檢查人檢查公司之業務及財產。

2.檢查人應將下列檢查結果之事項，報告於法院（公§353）：

(1)發起人、董事、監察人、經理人或清算人有無依法應負責之事由。

(2)有無為公司財產保全處分之必要。

(3)為行使公司之損害賠償請求權，對於發起人、董事、監察人、經理人或清算人之財產，有無為保全處分之必要。

3.檢查人於完成檢查後，應向法院提出檢查報告，則對於檢查有妨礙、拒絕或規避行為者，亦應由法院裁罰（最高法院 95 年度台抗字第 227 號民事裁定）。

4.股東聲請選任檢查人，應符合誠信原則，不得濫用權利（臺灣高等法院 97 年度非抗字第 104 號民事裁定）。

5.檢查人之執行職務難謂皆受法院監督（臺灣高等法院 91 年度抗字第 4968 號民事裁定）。

6.特別清算程序中，法院得依聲請或依職權命令檢查公司之財產外，在普通清算程序中，自不容許股東聲請法院選派檢查人（臺灣高等法院 89 年度抗字第 3091 號民事裁定）。

(二)公司財產之保全處分

法院除依認可債權人會議之決議，聽取檢查人之報告，監督特別清算外，並依職權視情形而為必要處分或破產宣告。

1.處　分

法院依檢查人檢查結果之報告，限於其認為必要時，得為如公司法第 354 條各款之處分。

2.破產宣告

　　法院於命令特別清算開始後，而協定不可能時，應依職權為破產宣告，協定實行上不可能時，亦同（公§355）。

六、清算之終了

(一) 特別清算因清算完成而終了，其不能完成者，因受破產宣告，亦歸終了。

(二) 因受破產宣告而終了者，須另依破產程序處理之。

第十四節　閉鎖性股份有限公司

一、概　說

　　為建構我國成為適合全球投資之環境，促使我國商業環境更有利於新創產業，吸引更多國內外創業者在我國設立公司，另因應科技新創事業之需求，賦予企業有較大自治空間與多元化籌資工具及更具彈性之股權安排，引進英、美等國之閉鎖性公司制度，遂於民國 104 年 6 月 15 日增訂「閉鎖性股份有限公司」專節。

　　閉鎖性股份有限公司之最大特點係股份之轉讓受到限制，且股東人數不超過五十人。至於閉鎖性公司設立之重點，則在於如何透過章程設計符合股東需求，尤其是家族企業家族成員間之權利義務行使及利益衝突之調和。

二、閉鎖性股份有限公司之定義

　　參考新加坡、香港閉鎖性公司之股東人數為五十人；另基於閉鎖性股份有限公司之最大特點係股份之轉讓受到限制。因此，定義閉鎖性股份有限公司係指股東人數不超過五十人，並於章程定有股份轉讓限制之

非公開發行股票公司（公§356-1Ⅰ）。

　　考量未來社會經濟情況變遷及商業實際需要，有調整第 1 項所定股東人數之必要，故授權中央主管機關得增加閉鎖性股份有限公司之股東人數，並授權訂定股東人數之計算方式及認定範圍（公§356-1Ⅱ）。

三、公司閉鎖性之屬性應於章程載明，中央主管機關應公開於其網站

　　鑑於閉鎖性股份有限公司之公司治理較為寬鬆，企業自治之空間較大，為利一般民眾辨別，並達公示效果，以保障交易安全，明定公司於章程應載明閉鎖性之屬性，並由中央主管機關公開於其資訊網站（公§356-2）。

四、設立之方式，發起人之出資種類及其股數比例

(一)設立方式

　　應經全體發起人之同意，並全數認足第一次應發行之股份（公§356-3Ⅰ）。

1. 閉鎖性股份有限公司雖享有較大企業自治空間，惟亦受有不得公開發行及募集之限制，且股東進出較為困難。是以，發起人選擇此種公司型態時，須經全體發起人同意。

2. 又基於閉鎖性之特質，不應涉及公開發行或募集，僅允許以發起設立之方式為之，不得以募集設立之方式成立，且發起人應全數認足第一次應發行之股份，以充實公司資本，爰為公司法第 356 條之 3 第 1 項規定。

3. 閉鎖性股份有限公司禁止以募集設立之方式成立。因此，公司之設立，不適用公司法第 132 條至第 149 條及第 151 條至第 153 條等有關募集設立之規定（公§356-3Ⅵ）。

(二)出資方式

　　發起人之出資方式，包括現金、公司事業所需之財產、技術或勞務。

1.參酌其他國家之作法及因應實務需要，明定發起人出資種類，包括現金、公司事業所需之財產、技術或勞務。但以勞務抵充之股數，不得超過公司發行股份總數之一定比例（公§356-3Ⅱ）。

2.基於信用界定不易，且現行勞務或其他權利出資，已足敷股東使用，故民國107年8月1日修正公司法時，不再允許信用出資。

3.有關勞務出資抵充之股數所占公司發行股份總數之一定比例，授權中央主管機關定之（公§356-3Ⅲ）。

4.鑑於以技術或勞務出資者，其得抵充之金額及公司核給之股數等，涉及其他股東權益，故明定應經全體股東同意，章程並應載明其種類、抵充之金額及公司核給之股數。以該等方式出資者，中央或地方主管機關應依該章程所載明之事項辦理登記，並公開於中央主管機關之資訊網站（公§356-3Ⅳ），以達公示效果，同時保障交易安全。

(1)會計師於查核簽證公司之登記資本額時，就非現金出資抵充部分，公司無須檢附鑑價報告，併予敘明。

(2)所稱「全體股東」包含增（出）資前之現有股東及該次增（出）資股東。閉鎖性股份有限公司召開非現金出資會議，倘該會議紀錄內容足以表達全體股東同意之意思，以該會議紀錄代替股東同意書，尚無不可（經濟部105.5.30.經商10502415080號函）。

(3)鑑於非以現金出資者，其得抵充之金額及公司核給之股數等，涉及其他股東權益，故公司法第356條之3第4項明定應經全體股東同意，章程並應載明其種類、抵充之金額及公司核給之股數。但尚無規定股東同意書應記載勞務之種類及期間（經濟部105.2.25.經商10502404150號函）。

5.公司法第356條之3第2項所稱一定比例，由中央主管機關定之（公

§356-3Ⅲ）。亦即，於實收資本額未達新臺幣三千萬元之公司，指勞務抵充出資之股數不得超過公司發行股份總數二分之一；於實收資本額新臺幣三千萬元以上之公司，指勞務抵充出資之股數不得超過公司發行股份總數四分之一（經濟部 108.6.4.經商 10802409490 號公告）。

(三)董事及監察人之選任方式

閉鎖性股份有限公司之章程得另定選任董事及監察人之方式。

1.發起人選任董事及監察人之方式，除章程另有規定者外，準用公司法第 198 條規定（公§356-3Ⅴ）。亦即，除章程另有規定者外，應依累積投票制之方式為之。

2.股東會選任董事及監察人之方式，除章程另有規定者外，依第 198 條規定（公§356-3Ⅶ）。例如公司發行特別股，於章程中明定特別股股東被選舉為董事、監察人之禁止或限制，或當選一定名額之權利（公§356-7Ⅰ④）。

五、公開發行或募集有價證券之限制

(一) 基於閉鎖性之特質，明定閉鎖性股份有限公司不得公開發行或募集有價證券。但經由證券主管機關許可之證券商經營股權群眾募資平台募資者，不在此限（公§356-4Ⅰ）。

(二) 依公司法第 356 條 4 第 1 項但書規定辦理群眾募資者，仍受第 356 條之 1 之股東人數及公司章程所定股份轉讓之限制（公§356-4Ⅱ）。

六、股份轉讓之限制及效力

（一）股份轉讓之限制應於章程載明

基於閉鎖性股份有限公司之最大特點，係股份之轉讓受到限制，以維持其閉鎖特性，爰規定公司股份轉讓之限制，應於章程載明（公§

356-5 I）。至於股份轉讓之限制方式，由股東自行約定，例如股東轉讓股份時，應得其他股東事前之同意、應經股東會之同意、應經董事會之同意等。

1. 閉鎖性股份有限公司之最大特點係股份之轉讓受到限制。倘閉鎖性股份有限公司章程規定股東持有股份達所定限制轉讓期間後即可自由轉讓者，與公司法第 356 條之 1 第 1 項規定，尚有未合（經濟部 104.12.29.經商 10402137390 號函）。

2. 閉鎖性股份有限公司之最大特點，在於股份之轉讓受限制，公司法爰於第 356 條之 1 第 1 項規定及第 356 條之 5 第 1 項明定，應於章程中定有股份轉讓之限制，準此，股東違反章程限制而為轉讓，自屬無效。為提供適當管道使股份轉讓之受讓人知悉該項轉讓之限制，公司法第 356 條之 5 第 2 項規定，公司發行股票者，應於股票以明顯文字註記；不發行股票者，讓與人應於交付受讓人之相關書面文件中載明，且同條第 3 項規定，受讓人得請求公司給與章程影本，以避免發生受讓人不知轉讓限制之情形（經濟部 108.8.20.經商 10802420910 號函）。

3. 依公司法第 356 條之 1 規定，閉鎖性股份有限公司應於章程中定有股份轉讓之限制。閉鎖性股份有限公司之股東人格特性以及股東間具有高度緊密關係，基於該項特性，藉由章程限制股東轉讓股份，以維持成員之穩定性，乃為閉鎖性股份有限公司之核心特性。是以，股份轉讓之限制應適用於全體股東，並不區分普通股或特別股，且均應於章程中約定。倘閉鎖性股份有限公司章程載明部分股東股份轉讓不受限制或僅部分股東受有限制者，自與上開規定意旨尚屬有違（經濟部 107.5.29.經商一 10702023420 號函）。

4. 依民法第 1147 條規定：「繼承，因被繼承人死亡而開始。」及第 1148 條第 1 項規定：「繼承人自繼承開始時，除本法另有規定外，承受被繼承人財產上之一切權利、義務。但權利、義務專屬於被繼承人本身

者，不在此限。」倘閉鎖性股份有限公司章程就股東死亡所遺股份為處理之規定，如有違反公序良俗或民法繼承之規定或涉及權利濫用之情形，事涉私權，允屬司法機關認事用法範疇，應循司法途徑解決（經濟部 109.12.25.經商一 10902433700 號函）。惟從家族閉鎖性公司之觀點，透過章程可進行家族企業世代傳承之規劃，家族企業之所以選擇閉鎖性公司做為家族接班之工具，無非係因其得限制股份之自由轉讓，從而可使家族企業免受企業併購之威脅，也可以綁住子孫賣股以免家族企業流落外人之手。是繼承人雖因被繼承人死亡而當然繼受被繼承人所遺留之財產及其權利義務，惟此不代表該財產必須以原貌繼受。閉鎖性公司中股份轉讓之限制，既規定於公司章程中，被繼承人不論是參與公司之設立登記，或者於設立登記後依章程規定取得公司股份，皆屬自願成為公司股東，且出於自由意願接受此一章程限制，此可謂被繼承人遵守公司章程之義務，此一義務理應由其繼承人繼受。換言之，繼承人一方面繼承被繼承人之股份，另一方面也應繼承被繼承人應依公司章程處置股份之義務。由上說明，可知閉鎖性公司之特色在於排除適用股份自由轉讓原則，限制股東轉讓股份及限制股東人數上限，以此方式維持閉鎖性，俾創造符合新創事業經營模式公司型態，同時利於家族企業規劃事業傳承及確保經營權。又閉鎖性公司股東死亡時，其繼承人如有數人，極可能因此突破股東人數上限，導致公司喪失閉鎖性。考量閉鎖性公司具有上開維持閉鎖性之有別於民法之特別規範目的，應允章程就股份繼承設有合理限制，以維護規範目的並兼顧繼承人權利（臺灣高等法院臺中分院 111 年度重上字第 204 號民事判決）。

5.按民國 104 年 7 月 1 日修正公布之公司法，增訂閉鎖性公司相關規定，並基於閉鎖性公司最大特點，係股份之轉讓受到限制，以維持其閉鎖特性，爰於第 356 條之 5 第 1 項規定，公司股份轉讓之限制，應於章程載明。從而，閉鎖性公司章程就股份轉讓之限制，倘於強制規

定或公序良俗無違,即應認其為有效。若閉鎖性公司召集股東臨時會,於變更之章程中規定,於公司股東因死亡發生繼承或遺贈情事者,經全體特別股股東同意,得指定股東依時價承購該死亡股東之股份,依上說明,足認該股份轉讓之限制,在於維持其閉鎖特性,合於公司法相關規定,復與公序良俗無違,應屬有效。從而,系爭股份在遺產分割前,固因繼承而屬系爭繼承人公同共有,惟系爭股東會依變更之章程規定,同意指定特定股東依時價承購系爭股份,非屬公同共有人之處分行為,尚無適用民法第 828 條第 3 項規定之餘地,自不以經系爭繼承人同意為必要(最高法院 112 年度台上字第 1512 號民事判決)。

6. 閉鎖性公司股份進行拍賣,無論有無發行股票(適用或準用動產執行規定),拍定人買受後,須受章程所定轉讓之限制,有足以影響競標意願、價格、風險評估或其他特殊情形,依強制執行法第 64 條第 2 項第 1 款、「辦理強制執行事件應行注意事項」第 37 點第 1 款規定,應在拍賣公告上載明,以促應買人注意。不因公司章程有股份轉讓限制規定,依公司法規定應予揭示,而免除拍賣公告上之記載。是以,應否載明拍賣公告上,應依拍賣標的物之性質而定,與公示性無涉(臺灣高等法院暨所屬法院 109 年法律座談會民執類提案第 17 號)。

(二)股份轉讓限制之公示:應於股票以明顯文字註記或相關書面文件中載明

閉鎖性股份有限公司股份轉讓受有限制,股份受讓人如無適當管道知悉該項限制,對受讓人保障明顯不足。因此,股份轉讓之限制,公司印製股票者,應於股票以明顯文字註記;不發行股票者,讓與人應於交付受讓人之相關書面文件中載明(公§356-5Ⅱ)。至於違反上開股份轉讓限制之章程規定者,係屬私權範疇之爭議,應由當事人循民事爭訟途徑解決。

(三)股份轉讓之受讓人得請求給與章程影本

股份轉讓之受讓人得請求公司給與章程影本（公§356-5Ⅲ），以為保障。

七、擇一採行公司票面金額股或無票面金額股

(一) 公司法於民國 104 年 7 月 1 日修正時，為提供新創事業之發起人及股東在股權部分有更自由之規劃空間，針對引進國外無票面金額股制度，允許閉鎖性股份有限公司得發行無票面金額股。但現行公司法已擴大適用範圍，容許所有股份有限公司均得發行無票面金額股，故刪除公司法第 356 條之 6 規定。

(二) 公司法第 129 條及第 156 條規定，所有股份有限公司均得採行無票面金額股制度，閉鎖性股份有限公司亦屬股份有限公司，是以，閉鎖性股份有限公司應以第 129 條及第 156 條為適用之依據。

(三) 閉鎖性股份有限公司應擇一採行票面金額股或無票面金額股（公§156Ⅰ），不允許公司發行之股票有票面金額股與無票面金額股併存之情形。

(四) 閉鎖性股份有限公司選擇採行無票面金額股發行者，應於章程載明（公§129③）。

(五) 閉鎖性股份有限公司發行無票面金額股所得之股款，應全數撥充資本（公§156Ⅱ），不適用第 241 條第 1 項第 1 款溢價發行之資本公積轉增資及發給現金之規定。至於公司股份如無票面金額者，第 129 條第 3 款所定章程應載明之「每股金額」及第 162 條第 1 項第 3 款所定股票應載明之「每股金額」，即毋庸記載，僅需載明「股份總數」。

(六) 閉鎖性股份有限公司原採票面金額股，其後改採無票面金額股者，得經有代表已發行股份總數三分之二以上股東出席之股東會，以出席股東表決權過半數之同意，將已發行之票面金額股全數轉換為無

票面金額股;其於轉換前依公司法第 241 條第 1 項第 1 款提列之資本公積,應全數轉為資本(公§156-1 I)。出席股東股份總數及表決權數,章程有較高之規定者,從其規定(公§156-1 II)。亦即,在票面金額股制度下,所提列之資本公積,應全數轉為資本,並改依無票面金額股制度下相關規定辦理相關事宜。

(七) 公司採行無票面金額股者,不得轉換為票面金額股(公§156-1 VI)。

八、公司發行特別股應於章程中訂定之事項

(一) 本於閉鎖性之特質,股東之權利義務如何規劃始為妥適,宜允許閉鎖性股份有限公司有充足之企業自治空間。此外,就科技新創事業而言,為了因應其高風險、高報酬、知識密集之特性,創業家與投資人間,或不同階段出資之認股人間,需要有更周密、更符合企業特質之權利義務安排,爰特別股之存在及設計,經常成為閉鎖性股份有限公司(特別是科技新創事業)設立及運作過程中不可或缺之工具。美國商業實務上,新創事業接受天使投資人或創投事業之投資時,亦多以特別股或種類股為之。

(二) 除過去公司法第 157 條所規定之固有特別股類型外,並於公司法第 356 條之 7 第 1 項第 3 款及第 5 款放寬公司可發行複數表決權之特別股、對於特定事項有否決權之特別股、可轉換成複數普通股之特別股等;公司法第 356 條之 7 第 1 項第 4 款允許章程得記載特別股股東被選舉為董事、監察人之禁止或限制,或當選一定名額之權利;另如擁有複數表決權之特別股、對於特定事項有否決權之特別股、可轉換成複數普通股之特別股,得隨意轉讓股份,對公司經營將造成重大影響,是以,公司法第 356 條之 7 第 1 項第 6 款允許公司透過章程針對特別股之轉讓加以限制。

1.公司發行特別股時，應就下列各款於章程中定之（公§356-7 I）：

(1)特別股分派股息及紅利之順序、定額或定率。

(2)特別股分派公司賸餘財產之順序、定額或定率。

(3)特別股之股東行使表決權之順序、限制、無表決權、複數表決權或對於特定事項之否決權。

(4)特別股股東被選舉為董事、監察人之禁止或限制，或當選一定名額之權利。

(5)特別股轉換成普通股之轉換股數、方法或轉換公式。

(6)特別股轉讓之限制。

(7)特別股權利、義務之其他事項。

2.公司法第 356 條之 7 第 1 項第 4 款所稱「特別股股東被選舉為董事、監察人之禁止或限制，或當選一定名額之權利」，解釋上係指特別股股東可被選舉為董事、監察人或剝奪、限制特別股股東被選舉為董事、監察人之情形，並可保障特別股股東「當選一定名額董事、監察人」之意，不適用公司法第 198 條及第 227 條有關累積投票制之規定。至於公司法第 157 條第 1 項第 5 款僅規定得發行「當選一定名額董事」之特別股，二者規範內容略有不同。

3.閉鎖性股份有限公司發行複數表決權之特別股者，關於董事、監察人之選舉，不適用公司法第 198 條及第 227 條有關累積投票制之規定。

4.公司法第 356 條之 7 第 1 項第 3 款規定，公司發行特別股時，應就下列各款於章程中定之：「……複數表決權或對於特定事項之否決權。」是以，立法上既許就特定事項發行具否決權之特別股，依舉重以明輕之法理，尚無限制發行就特定事項具複數表決權，或排除特定事項具複數表決權之特別股，惟事涉特別股股東之權利義務事項，自應於章程中訂明（經濟部 109.8.13.經商 10902421340 號函）。

5.特別股股東針對特定事項行使否決權時，應於討論該事項之股東會中行使，以避免法律關係懸而未決。縱使特別股發行條件另有約定「得

於股東會後行使」，亦宜限於該次股東會後合理期間內行使，以使法律關係早日確定（經濟部 108.1.4.經商 10702430970 號函）。至於閉鎖性股份有限公司發行新股，屬於董事會決議之事項，依經濟部民國 108 年 1 月 4 日經商字第 10702430970 號函意旨，尚不得由特別股股東對於「洽特定人增資」事項行使否決權（經濟部 109.6.8.經商 10902414780 號函）。

6.閉鎖性股份有限公司發行之特別股轉換普通股，如涉及章程之修正者，應依公司法第 277 條規定經股東會修正章程。至於未涉及修正章程者，當轉換比例為一股換多股時致實收資本額增加者，由董事會依公司法第 266 條第 2 項決議發行新股；而轉換比例為多股換 1 股而有實收資本額減少情事，因屬法定減資事由，無須召開股東會決議通過，亦毋庸向債權人通知及公告，其減資依公司法第 202 條由董事會決議行之（經濟部 105.8.25.經商 10502425760 號函）。

7.公司法第 356 條之 7 規定，特別股之權利義務事項，應於章程中載明，係指發行公司與特別股股東間之權利義務事項，應於公司章程中載明。至於特別股股東與外部第三人之權利義務關係，並非公司法第 356 條之 7 特別股之範疇。又公司型法人股東行使持有他公司股份之股東權，依公司法第 202 條規定，尚非法令明定之股東會應決議事項，爰屬公司董事會之職權，自不得藉由章程規定變更改由特定之特別股股東代表行使（經濟部 109.6.8.經商 10902414780 號函）。

(三) 為貫徹閉鎖性股份有限公司擁有較大自治空間之精神，明文規定公司法第 157 條第 2 項規定，於複數表決權特別股股東不適用之。換言之，閉鎖性股份有限公司具複數表決權特別股之股東，於選舉監察人時，仍得享有複數表決權（公§356-7Ⅱ）。

九、視訊會議與書面決議

(一)視訊會議

閉鎖性股份有限公司股東人數較少，股東間關係緊密，且通常股東實際參與公司運作，應放寬股東會得以較簡便方式行之。

1.公司章程得訂明股東會開會時，以視訊會議或其他經中央主管機關公告之方式為之。但因天災、事變或其他不可抗力情事，中央主管機關得公告公司於一定期間內，得不經章程訂明，以視訊會議或其公告之方式開會（公§356-8Ⅰ），俾利公司彈性運作及保障股東參與股東會之權利。

2.股東會開會時，如以視訊會議為之，其股東以視訊參與會議者，視為親自出席（公§356-8Ⅱ）。

(二)書面決議

為利閉鎖性股份有限公司召開股東會之彈性，公司章程得訂明經全體股東同意，就當次股東會議案採行書面決議方式，而不實際集會。

1.公司章程得訂明經全體股東同意，股東就當次股東會議案以書面方式行使其表決權，而不實際集會（公§356-8Ⅲ）。

2.章程若規定得以書面方式行使其表決權，視為已召開股東會；以書面方式行使表決權之股東，視為親自出席股東會（公§356-8Ⅳ）。

3.股東會議案依公司法第 356 條之 8 第 3 項及第 4 項規定採書面決議者，除全體股東就當次股東會議案應以書面方式行使其表決權，並無實際集會外，尚無排除公司法第 172 條規定之適用，故公司仍應將書面決議之事由及行使方式依限通知各股東（經濟部 111.2.25.經商11102407120 號函）。

十、表決權拘束契約及表決權信託契約

(一) 為使閉鎖性股份有限公司之股東得以協議或信託之方式，匯聚具有

相同理念之少數股東,以共同行使表決權方式,達到所需要之表決權數,鞏固經營團隊在公司之主導權,參照企業併購法第 10 條第 1 項及第 2 項規定,於第 1 項明定閉鎖性股份有限公司股東得訂立表決權拘束契約及表決權信託契約。

(二) 股東間協議與表決權拘束契約之概念不同。就股東間協議之合意內容而言,通常包括當事人應為之給付(出資)、當事人期待之對價及實現對價之手段。其中,當事人應為之給付(出資)與當事人期待之對價(利益分配),可稱為對價契約;至於實現對價之方法,通常會涉及股東之表決權行使,可稱為表決權拘束契約。

(三) 受託人之資格,原則上以股東為限,除非章程另有規定(公§356-9 II)。

(四) 股東非將公司法第 356 條之 9 第 1 項書面信託契約、股東姓名或名稱、事務所、住所或居所與移轉股東表決權信託之股份總數、種類及數量於股東常會開會三十日前,或股東臨時會開會十五日前送交公司辦理登記,不得以其成立股東表決權信託對抗公司(公§356-9 III)。

(五) 表決權信託,性質上為信託行為,因此,股東成立表決權信託時,必須將其股份移轉與受託人,並由受託人依書面信託契約之約定行使其股東表決權。受託人係以自己名義行使表決權,非代理委託股東行使表決權(經濟部 104.12.29.經商 10402137390 號函)。

十一、私募普通公司債、轉換公司債及附認股權公司債之程序

(一) 為期明確,明定閉鎖性股份有限公司私募普通公司債之程序,須經董事會特別決議。亦即,公司私募普通公司債,應由董事會以董事三分之二以上之出席,及出席董事過半數同意之決議行之(公§356-11 I)。

(二) 閉鎖性股份有限公司私募轉換公司債或附認股權公司債,應經前項

董事會之決議，並經股東會決議。但章程規定無須經股東會決議者，從其規定（公§356-11Ⅱ），以明定私募轉換公司債或附認股權公司債之程序。鑑於公司債轉換為股權或行使認購權後，涉及股東人數之增加，故明定除章程另有規定者外，應經股東會以普通決議同意之。

(三) 閉鎖性股份有限公司私募轉換公司債或附認股權公司債，在公司債債權人行使轉換權或認購權後，基於閉鎖性之特質，仍應受第 356 條之 1 之股東人數及公司章程所定股份轉讓之限制（公§356-11Ⅲ）。

(四) 閉鎖性股份有限公司私募普通公司債、轉換公司債或附認股權公司債時，不適用公司法第 246 條、第 247 條、第 248 條第 1 項、第 4 項至第 7 項、第 248 條之 1、第 251 條至第 255 條、第 257 條之 2、第 259 條及第 257 條第 1 項有關簽證之規定（公§356-11Ⅳ）。

十二、公司發行新股之程序、新股認購人之出資方式

(一) 公司發行新股，除章程另有規定者外，應由董事會以董事三分之二以上之出席，及出席董事過半數同意之決議行之（公§356-12Ⅰ），明定閉鎖性股份有限公司發行新股之程序。因此，章程得另訂閉鎖性股份有限公司發行新股之決議方法，降低或提高決議門檻。應注意者，依經濟部之解釋，在授權資本制原則下，發行新股仍屬董事會職權，公司法第 356 條之 12 第 1 項規定之「除章程另有規定者外」，僅係明定董事會決議之門檻，得以章程另訂較高之規定（經濟部 109.6.8.經商 10902414770 號函）。

(二) 閉鎖性股份有限公司設立後，新股認購人出資之方式，除準用公司法第 356 條之 3 第 2 項至第 4 項發起人之出資方式外，亦得以對公司所有之貨幣債權抵充之（公§356-12Ⅱ）。又閉鎖性公司第二次發行股份時，於經濟部依公司法第 356 條之 3 第 2 項公告之比例限

制內，仍得以勞務出資認股（經濟部 109.4.9.經商 10902014350 號
函）。

(三) 為使閉鎖性股份有限公司在股權安排上更具彈性，明定新股之發
行，不適用公司法第 267 條規定（公§356-12Ⅲ）。

十三、公司得經股東過半數之同意變更為非閉鎖性股份有限公司之程序

(一) 閉鎖性股份有限公司可能因企業規模、股東人數之擴張，而有變更
之需求，明定公司得變更為非閉鎖性股份有限公司，其程序應以股
東會特別決議為之。

1.公司得經有代表已發行股份總數三分之二以上股東出席之股東會，以
出席股東表決權過半數之同意，變更為非閉鎖性股份有限公司（公
§356-13Ⅰ）。

2.出席股東股份總數及表決權數，章程有較高之規定者，從其規定（公
§356-13Ⅱ）。蓋基於尊重企業自治空間，賦予公司章程得對變更之
決議，訂定較高之標準。

3.閉鎖性股份有限公司以股東會特別決議變更為非閉鎖性股份有限公司
時，其章程之變更如有損害特別股股東之權利時，並應經特別股股東
會之決議（公§159Ⅰ）。例如閉鎖性股份有限公司有發行公司法第 356
條之 7 第 1 項第 4 款「當選一定監察人名額權利」之特別股，因變更
為非閉鎖性股份有限公司時，公司法第 157 條第 1 項第 5 款並無「當
選一定監察人名額權利」之特別股，即應修改章程。又因該章程之變
更將損害具有「當選一定監察人名額權利」之特別股股東的權利，尚
應經該種特別股股東會之特別決議為之。

(二) 公司倘不符合公司法第 356 條之 1 所規定閉鎖性股份有限公司之要
件時，應變更為非閉鎖性股份有限公司，並辦理變更登記（公§
356-13Ⅲ）。未依規定辦理變更登記者，主管機關得依第 387 條第 5

項規定責令限期改正，並按次處罰；其情節重大者，主管機關得依職權命令解散之（公§356-13Ⅳ）。

十四、非公開發行股票之股份有限公司變更為閉鎖性股份有限公司之程序

(一) 為使非公開發行股票之股份有限公司有變更為閉鎖性股份有限公司之機會，明定非公開發行股票之股份有限公司得經全體股東同意，變更為閉鎖性股份有限公司（公§356-14Ⅰ）。

1.由於閉鎖性股份有限公司應於章程定有股份轉讓之限制，故非公開發行股票之股份有限公司變更為閉鎖性股份有限公司時，應經全體股東同意。

2.有限公司依公司法第 106 條第 3 項規定，得經股東表決權過半數之同意變更其組織為股份有限公司。所定「股份有限公司」包括「閉鎖性股份有限公司」在內。

3.無限公司依公司法第 76 條之 1 第 1 項規定，得經股東三分之二以上之同意變更章程，將其組織變更為股份有限公司。所定「股份有限公司」包括「閉鎖性股份有限公司」在內。

4.兩合公司依公司法第 126 條第 4 項規定，得經股東三分之二以上之同意變更章程，將其組織變更為股份有限公司。所定「股份有限公司」亦包括「閉鎖性股份有限公司」在內。

(二) 為保障債權人權益，全體股東為同意變更為閉鎖性股份有限公司後，公司應即向各債權人分別通知及公告（公§356-14Ⅱ）。應注意者，全體股東同意變更為閉鎖性股份有限公司後，因股東之股份轉讓受章程規定之限制，故股東若已將其股份設定權利質權者，其債權人實現質權之可能性恐受影響。

(三) 股份有限公司變更為閉鎖性股份有限公司，原股東持有股份，不因改採無票面金額，而造成持有股份之變動。原採票面金額股，其後

改採無票面金額股者，在票面金額股制度下，因「超過票面金額發行股票所得溢額」所提列之資本公積，應全數轉為資本（經濟部105.10.18.經商 10502114660 號函）。

第六章
關係企業

第一節　關係企業章之立法背景與目的

一、立法背景

　　我國公司法自民國 18 年制定以來，在制度設計上一貫以單一公司個體為規範對象，直至公司法增訂關係企業章以前，對關係企業之運作始終未設有完整、直接之規範。惟隨著企業生活及環境之變化，目前企業經營規模已走向集團化，而關係企業之型態，已逐漸取代單一企業而成為企業經營型態之主流。

　　按關係企業乃經濟發展之產物，公司如為業務或獲利之目的，轉投資於其他公司，不但可使業務發展穩定，亦可分散經營風險，原值加以鼓勵。但在實務上卻常見有控制公司利用旗下之從屬公司從事不利益之經營，導致該從屬公司及其少數股東、債權人遭受損害，而使控制公司或其他從屬公司獲利。抑有進者，則由控制公司操縱交易條件、調整損益，從事不合營業常規之交易，以達逃漏稅之目的，影響從屬公司之正常經營甚鉅，從而實有必要訂定關係企業之相關法令來規範。

　　在民國 72 年 12 月 7 日修訂公司法時，放寬公司轉投資之限制，促使關係企業更易形成及走向企業集團化現象，立法院亦附帶決議要求經濟部應儘速於公司法中增訂規範關係企業的專章，或制定一部關係企業法，促使經濟部更積極研擬規範關係企業之法令。其後，經濟部於民國 80 年將公司法「關係企業章」草案送請立法院審議，終在民國 86 年 5 月 31 日經立法院三讀通過，民國 86 年 6 月 25 日公布施行。

二、立法目的

　　關係企業章之立法目的，主要是為維護大眾交易之安全，保障從屬公司少數股東及其債權人之權益，促進關係企業健全營運，以配合經濟發展，達成商業現代化之目的。

第二節　關係企業之型態

　　所稱關係企業，指獨立存在而相互間具有下列關係之企業：其一為有控制與從屬關係之公司（公§369-1①）。其二為相互投資之公司（公§369-1②）。

　　關係企業縱然相互間具有緊密之經濟關係，但其公司法人格仍獨立存在。惟二公司間如為百分之百之母子公司，或為同一法人百分之百直接或間接持股之公司，或為關係企業，雖各公司獨立存在而有各別法人格，因在經濟意義上實為一體，或無利益衝突可言，則不構成競業行為（最高法院 109 年度台上字第 686 號民事判決）。

一、有控制與從屬關係之公司

(一) 關係企業之形成，主要在於公司間存在指揮監督關係，而此種關係則藉由控制公司對從屬公司之控制來達成，從而有控制與從屬關係之公司，即為關係企業之第一種型態。舉凡公司持有他公司有表決權之股份或出資額超過他公司已發行有表決權之股份總數或資本總額半數者（公§369-2 I）；或公司直接或間接控制他公司之人事、財務或業務經營者，其相互間即具有控制與從屬關係（公§369-2 II），前者為形式控制，後者為實質控制。

1.控制與從屬關係之認定，與彼此間之持股數無必然之關聯（最高行政法院 96 年度判字第 1461 號判決）。

2.公司直接或間接控制他公司之人事、財務或業務經營者，應以直接或間

接控制他公司之人事任免權或支配其財務或業務經營之控制關係為斷（經濟部 90.8.13.商 09000188860 號函）。

3.依公司法第 369 條之 2 第 2 項規定，控制人事、財務、業務經營者，為實質關係之控制。公司法令對於非公開發行公司間是否具有實質關係一節，並無另為規定，係參照金融監督管理委員會訂頒之「關係企業合併營業報告書關係企業合併財務報表及關係報告書編製準則」第 6 條規定認定之（經濟部 98.12.24.經商 09802173660 號函、經濟部 98.11.25.經商 09800702140 號函）。

4.公開發行公司有下列情形之一者，應依「關係企業合併營業報告書關係企業合併財務報表及關係報告書編製準則」規定編製關係企業合併營業報告書及關係企業合併財務報表。但有相關事證證明無控制與從屬關係者，不在此限。(1)取得他公司過半數之董事席位者；(2)指派人員獲聘為他公司總經理者；(3)對他公司依合資經營契約規定，擁有經營權者；(4)對他公司資金融通金額達他公司總資產之三分之一以上者；(5)對他公司背書保證金額達他公司總資產之三分之一以上者（關係企業合併營業報告書關係企業合併財務報表及關係報告書編製準則§6Ⅱ）。

5.公司法關係企業章有關是否具控制或從屬關係之認定，尚不包括「公益信託」對公司為控制之情形（經濟部 109.4.1.經商 10900021920 號函）。

6.控制公司將持有之從屬公司股權信託予信託業者管理，因實務上信託業者多未具實質管理力，原則不影響既存之控制從屬關係。是以，倘為他益信託，因信託人（委託人）仍可藉指定諮詢委員會等方式保有控制力，故是否為自益信託或他益信託，應非認定有無控制力之唯一標準；又倘信託人（委託人）放棄運用決定權，實際仍可透過其他方式擁有控制力，故信託業者是否因信託關係取得控制公司地位，應依真實之股權控制力是否存在實質認定（經濟部 107.5.23.經商 10702410620 號函）。

(二) 公司與他公司間如有執行業務股東或董事半數以上彼此兼任，或股份總數或資本總額有半數以上為相同股東持有或出資者，亦推定為

有控制與從屬關係（公§369-3）。惟公司得舉反證推翻之。

1. 公司法第 369 條之 3 第 2 款規定：「公司與他公司之已發行有表決權之股份總數或資本總額有半數以上為相同之股東持有或出資者。」以較高股份總數或資本總額之半數為準。例如甲公司股份總數為 10,000 股，乙公司股份總數為 6,000 股，計算甲、乙公司是否有半數以上股份為相同之股東持有時，係以較高之 10,000 股之半數 5,000 為計算標準。準此，如股東持有甲公司股份總數 5,000 股以上，持有乙公司股份總數為 5,000 股以上，則推定甲公司與乙公司有控制從屬關係（經濟部 99.5.11.經商 09900060500 號函）。

2. 公司法所稱關係企業，係指獨立存在而相互間具有控制與從屬關係及相互投資之公司，又公司與他公司之執行業務股東或董事有半數以上相同或公司與他公司之已發行有表決權之股份總數或資本總額有半數以上為相同之股東持有或出資亦屬之（經濟部 98.12.24.經商 09802173660 號函）。

二、相互投資之公司

(一) 公司與他公司相互投資各達對方有表決權之股份總數或資本總額三分之一以上者為相互投資公司，此乃關係企業之第二種型態（公§369-9Ⅰ）。

(二) 相互投資公司各持有對方已發行有表決權之股份總數或資本總額超過半數者，或互可直接或間接控制對方之人事、財務或業務經營者，互為控制公司與從屬公司（公§369-9Ⅱ）。

第三節　從屬公司股東及債權人權益之保護

一、控制公司及其負責人之義務

(一)控制公司及其負責人對從屬公司之善管義務

　　從屬公司既為控制公司所控制，則從屬公司股東及債權人之權益即易受控制公司之侵害。因此理論上應認為控制公司及其負責人應對從屬公司負善良管理人之注意義務。

(二)上市上櫃公司具控制能力之法人股東對其他股東之誠信義務

　　對上市上櫃公司具控制能力之法人股東，應遵守下列事項：1.對其他股東應負有誠信義務，不得直接或間接使公司為不合營業常規或其他不利益之經營；2.其代表人應遵循上市上櫃公司所訂定行使權利及參與議決之相關規範，於參加股東會時，本於誠信原則及所有股東最大利益，行使其投票權，並能善盡董事、監察人之忠實與注意義務；3.對公司董事及監察人之提名，應遵循相關法令及公司章程規定辦理，不得逾越股東會、董事會之職權範圍；4.不得不當干預公司決策或妨礙經營活動；5.不得以壟斷採購或封閉銷售管道等不公平競爭之方式限制或妨礙公司之生產經營；6.對於因其當選董事或監察人而指派之法人代表，應符合公司所需之專業資格，不宜任意改派（上市上櫃公司治理實務守則§18）。

二、控制公司及其負責人之賠償責任

(一) 為保障從屬公司股東及債權人之權益，以加強投資人之信心，爰規定控制公司使從屬公司為不合營業常規或其他不利益之經營者，如未於會計年度終了時為適當補償，致從屬公司受有損害者，應負賠償責任（公§369-4 I）。

1.控制公司對從屬公司之補償責任，採取總額計算制，即應於會計年度

終了時計算損益狀況，補償從屬公司所受之損失金額。

2. 控制公司直接或間接使從屬公司為不合營業常規或其他不利益之經營者，如於營業年度終了前已為補償，則不生損害問題。

3. 所謂揭穿公司面紗之原則，就母子公司言，應以有不法目的為前提，僅在極端例外之情況下，始得揭穿子公司之面紗，否定其獨立自主之法人人格，而將子公司及母公司視為同一法律主體，俾使母公司直接對子公司之債務負責。次按法院審查個案是否揭穿公司面紗所應參酌之因素至夥，例如母公司之「過度控制」屬之，此項決定性因素非指母公司百分之百持有子公司即可揭穿，尚應考量母公司對子公司有密切且直接之控制層面。我國公司法第 99 條第 2 項、第 154 條第 2 項及第 369 條之 4 規定，應可謂均源自「揭穿公司面紗原則」（piercing the corporate veil）。引進「揭穿公司面紗原則」之目的，在防免股東利用公司之獨立人格及股東有限責任而規避其應負之責任。

4. 所謂「反向揭穿公司面紗原則」，要係為使從屬公司為控制公司或持有者之債務負責（最高法院 102 年度台上字第 1528 號民事判決），我國公司法並未設有明文。

5. 公司法第 369 條之 4 規定之適用，以公司間有控制及從屬關係為前提，否則亦無從適用該條之「揭穿公司面紗原則」（臺灣新竹地方法院 90 年度訴字第 340 號民事判決）。

6. 證券交易法第 171 條第 1 項第 2 款規定：「有下列情事之一者，處三年以上十年以下有期徒刑，得併科新臺幣一千萬元以上二億元以下罰金：……二、已依本法發行有價證券公司之董事、監察人、經理人或受僱人，以直接或間接方式，使公司為不利益之交易，且不合營業常規，致公司遭受重大損害者。」本罪構成要件所稱之「不合營業常規」，為不確定法律概念，因利益輸送或掏空公司資產之手段不斷翻新，所謂「營業常規」之意涵，自應本於立法初衷，參酌時空環境變遷及社會發展情況而定，不能拘泥於立法前社會上已知之犯罪模式，

或常見之利益輸送、掏空公司資產等行為態樣。該規範之目的既在保障已依法發行有價證券公司股東、債權人及社會金融秩序，則除有法令依據外，舉凡公司交易之目的、價格、條件，或交易之發生，交易之實質或形式，交易之處理程序等一切與交易有關之事項，從客觀上觀察，倘與一般正常交易顯不相當、顯欠合理、顯不符商業判斷者，即係不合營業常規，如因而致公司發生損害或致生不利益，自與本罪之構成要件該當。此與所得稅法第 43 條之 1 規定之「不合營業常規」，目的在防堵關係企業逃漏應納稅捐，破壞租稅公平等流弊，稅捐機關得將交易價格調整，據以課稅；公司法第 369 條之 4、第 369 條之 7 規定之「不合營業常規」，重在防止控制公司不當運用其控制力，損害從屬公司之利益，控制公司應補償從屬公司者，迥不相同，自毋庸為一致之解釋（最高法院 98 年度台上字第 6782 號刑事判決）。

7. 證券交易法第 171 條第 1 項第 2 款之使公司為不利益交易罪，規範對象限於公開發行公司之董事、監察人、經理人或受僱人。而該款非常規交易罪所指之公司，固指已依該法發行有價證券者而言。然解釋該罪「以直接或間接方式，使公司為不利益交易，且不合營業常規」要件時，應重其實質內涵，不應拘泥形式。又如控制公司對從屬公司之營運、財務等決策，具實質控制權，且控制公司之董事、監察人、經理人或受僱人，故意使從屬公司為不利益交易，因該從屬公司獨立性薄弱，形同控制公司之內部單位，應認構成該罪，方足保護投資人權益及健全證券市場交易秩序（最高法院 108 年度台上字第 2390 號刑事判決）。

(二) 控制公司負責人使從屬公司為前項之經營者，應與控制公司就前項損害負連帶賠償責任（公§369-4Ⅱ）。公司法第 369 條之 4 第 1 項之損害賠償請求權，其要件為控制公司直接或間接使從屬公司為不合營業常規或其他不利益之經營，而未於會計年度終了時為適當補償，致從屬公司受有損害。故控制公司縱使直接或間接使從屬公司

為不合營業常規或其他不利益之經營，如於營業年度終了前已為補償，則不生損害問題。反之，如未補償，則從屬公司為直接被害人，其對控制公司應有損害賠償請求權，顯然非以控制公司侵害從屬公司之權利為要件，僅為適當補償即可免責，不同於侵權行為之加害人應對受害人負擔完全之賠償責任。是該條項之損害賠償請求權之本質與侵權行為損害賠償請求權不同，自無從類推適用民法第197條第2項規定，請求控制公司依不當得利返還其所獲得利益（臺灣高等法院100年度重上字第518號民事判決）。

(三) 從屬公司之債權人或繼續一年以上持有從屬公司已發行有表決權股份總數或資本總額百分之一以上之股東，得以自己之名義行使前二項從屬公司之權利，向控制公司、其負責人或受有利益之其他從屬公司請求賠償（公§369-4Ⅲ）。又前項權利之行使，不因從屬公司就該請求賠償權利所為之和解或拋棄而受影響（公§369-4Ⅳ）。

1. 股份有限公司之資本分成股份，股份分屬出資股東，各股東僅得依其股份對公司主張股東權；股份有限公司亦為獨立之法人，與他股份有限公司相互間得獨立存在而有控制與從屬關係，固為公司法第369條之1所明訂。但各股份有限公司之股東雖得依其股份對公司主張股東權，卻不得本於其股東權對其公司之控制公司或從屬公司，行使股東權（最高法院99年度台上字第1362號民事判決）。

2. 從屬公司之少數股東，必須持有從屬公司已發行有表決權股份總數或資本總額百分之一以上，始得提起代位訴訟。

(四) 所謂不合營業常規或其他不利益之經營，似可參酌所得稅法第43條之1之實務運作加以判斷，通常是指關係企業間就收益、成本、費用與損益之攤計不合理而言，其常見之類型如下：

1. 關係企業間商品或股票之銷售或交易價格低於市場上正常交易之合理價格甚多者（財政部65.11.30.台財稅37935號函、財政部82.7.31.台財稅821491991號函）。

2.關係企業間相互融資而不計收利息者（財政部 77.11.19.台財稅 38225 號函）。

3.關係企業間借貸款項而以低於融資成本之利率計收利息者（財政部 74.7.23.台財稅 19331 號函）。

三、他從屬公司之連帶責任

　　控制公司使從屬公司為前條第 1 項之經營，致他從屬公司受有利益，受有利益之該他從屬公司於其所受利益限度內，就控制公司依前條規定應負之賠償，負連帶責任（公§369-5）。

四、控制公司權利行使之限制

(一) 為警惕使從屬公司為不合營業常規或其他不利益經營之控制公司，更引進美國判例法上之「深石原則」，限制其抵銷權、別除權及優先權之行使。

(二) 控制公司直接或間接使從屬公司為不合營業常規或其他不利益經營者，如控制公司對從屬公司有債權，在控制公司對從屬公司應負擔之損害賠償限度內，不得主張抵銷（公§369-7Ⅰ）。

(三) 前項債權無論有無別除權或優先權，於從屬公司依破產法之規定為破產或和解，或依公司法之規定為重整或特別清算時，應次於從屬公司之其他債權受清償（公§369-7Ⅱ）。

(四) 尋繹公司法第 369 條之 7 之立法理由及上開「深石原則」所揭櫫之精神，關係企業之交易，如控制公司未實際交付貨物給從屬公司，卻大量向從屬公司收取貨款及營業稅款或以詐欺溢收貨款，即可認控制公司係直接或間接使從屬公司為不合營業常規或不利益之經營（最高法院 101 年度台上字第 1454 號民事判決）。

五、損害賠償請求權之短期時效

　　為免控制公司及其負責人或受有利益從屬公司之責任久懸未決，特規定請求權人自知悉控制公司有賠償責任及賠償義務人時起，二年間不行使而消滅，且自控制公司賠償責任發生時起逾五年不行使者亦消滅（公§369-6）。

第四節　投資狀況之公開

一、投資公開之理由

　　公司轉投資雖為現行公司法所允許（公§13），但公司間相互投資每有虛增公司資本之弊端，而應藉由公司公開相互投資之事實，使利害關係人周知，以免為資本虛增之假象所矇蔽。

二、初次通知之義務

　　亦即公司持有他公司有表決權之股份或出資額，超過他公司已發行有表決權之股份總數或出資總額三分之一者，應於事實發生之日起一個月內以書面通知他公司（公§369-8 I）。

三、繼續通知之義務

　　公司為初次通知後，如所持有表決權之股份或出資額有下列變動之一時，尚應於事實發生之日起五日內，以書面再為通知（公§369-8 II）：
(一) 有表決權之股份或出資額低於他公司已發行有表決權之股份總數或出資總額三分之一時。
(二) 有表決權之股份或出資額超過他公司已發行有表決權之股份總數或出資總額二分之一時。

(三) 前款之有表決權之股份或出資額再低於他公司已發行有表決權之股份總數或出資總額二分之一時。

四、受通知公司之公告義務

受通知之公司，則應於收到通知五日內，載明通知公司名稱及持有股份或出資額之額度公告周知（公§369-8Ⅲ）。

五、違反通知或公告義務之處罰（公§369-8Ⅳ）

(一) 公司負責人違反前三項通知或公告之規定者，各處新臺幣六千元以上三萬元以下罰鍰。

(二) 主管機關並應責令限期辦理；期滿仍未辦理者，得責令限期辦理，並按次連續各處新臺幣九千元以上六萬元以下罰鍰至辦理為止。

第五節　相互投資公司表決權行使之限制

一、限制之理由

公司間相互投資除有虛增資本之弊端外，尚有董事及監察人用以長久維持其經營控制權或控制股東會之缺點，為避免相互投資之現象過度擴大，爰應就其表決權之行使予以必要之限制。但公司法未有禁止相互投資公司得否被選為董監事（經濟部 93.11.19.經商 09302175000 號函）。

二、限制之比例與要件

(一) 相互投資公司知有相互投資之事實者，其得行使之表決權，不得超過被投資公司已發行有表決權股份總數或資本總額之三分之一（公§369-10Ⅰ）。

(二) 至於以盈餘或公積增資配股所得之股份，仍得行使表決權（公§369-10 I 但書）。

(三) 我國公司法對於公司間交叉持股採取雙軌制，即公司法第 179 條第 2 項第 2 款、第 3 款及第 369 條之 10 有不同規範，從而當公司間有單方控制或雙方互為控制相互投資關係時，於行使表決權應優先適用 179 條第 2 項規定，以落實該條項之立法目的（經濟部 100.8.4.經商 10002422170 號函）。

(四)假定公司依第 369 條之 8 規定通知他公司後，於未獲他公司相同之通知，且未知有相互投資之事實者，其股權之行使仍不受不得超過被投資公司已發行有表決權股份總數或資本總額三分之一之限制（公§369-10 II）。

(五) 在計算所持有他公司之股份或出資額時，尚應將從屬公司所持有他公司之股份或出資額，以及第三人為該公司及其從屬公司之計算而持有之股份或出資額，一併計入（公§369-11）。

第六節　股份或出資額之計算

一、本章涉及表決權計算之規定

關係企業章第 369 條之 2 第 1 項、第 369 條之 3 第 2 款、第 369 條之 8、第 369 條之 9 第 1 項、第 369 條之 10 第 1 項等規定，其股份或出資額之計算與比例，皆與關係企業之法律地位或權利義務息息相關。

二、從屬公司及第三人持股或出資額之併計

為防止公司以迂迴間接之方法持有股份或出資額，以規避相互投資之規範，並為正確掌握關係企業之形成，乃規定在計算本章公司所持有他公司之股份或出資額，應連同下列各款之股份或出資額一併計入：

(一) 公司之從屬公司所持有他公司之股份或出資額。

(二) 第三人為該公司而持有之股份或出資額。

(三) 第三人為該公司之從屬公司而持有之股份或出資額。

第七節　關係報告書等書表之編製

一、應編製之書表種類

(一) 為明瞭控制公司與從屬公司間之法律關係及往來情形，以確定控制公司對從屬公司之責任，從屬公司為公開發行股票之公司者，應於每會計年度終了，造具其與控制公司間之關係報告書，載明相互間之法律行為、資金往來及損益情形（公§369-12 I）。

(二) 控制公司為公開發行股票之公司者，應於每會計年度終了，編製關係企業合併營業報告書及合併財務報表（公§369-12 II）。

二、應編製之公司

以公開發行股票之從屬公司及控制公司為限，始應造具或編製關係報告書、關係企業合併營業報告書及合併財務報表等書表。

三、關係報告書等書表之編製準則

公司法第 369 條之 12 第 1 項及第 2 項書表之編製準則，由證券主管機關定之（公§369-12 III）。金融監督管理委員會即依公司法第 369 條之 12 第 3 項之授權規定，訂定發布「關係企業合併營業報告書關係企業合併財務報表及關係報告書編製準則」。

應注意者，證券交易法所稱財務報告，指發行人及證券商、證券交易所依法令規定，應定期編送主管機關之財務報告（證券交易法§14 I）。關於財務報告之內容、適用範圍、作業程序、編製及其他應遵行事項之財務

報告編製準則，由主管機關定之，不適用商業會計法第四章、第六章及第七章之規定（證券交易法§14Ⅱ）。金融監督管理委員會依據上開授權規定，即訂定發布「證券發行人財務報告編製準則（採國際財務報導準則版本）」，亦設有發行人編製合併財務報告之相關規定。若依「關係企業合併營業報告書關係企業合併財務報表及關係報告書編製準則」應納入編製關係企業合併財務報表之公司，若與依國際財務報導準則第十號應納入編製母子公司合併財務報告之公司均相同，且關係企業合併財務報表所應揭露相關資訊於前揭母子公司合併財務報告中均已揭露者，得出具聲明書置於合併財務報告首頁，無須編製關係企業合併財務報表（證券發行人財務報告編製準則（採國際財務報導準則版本）§24Ⅱ）。

第七章
外國公司

第一節　外國公司之概念

一、外國公司之意義

(一) 一般所謂之外國公司，係指以營利為目的，而準據於外國法律所組織設立之社團法人。外國公司之設立準據法為外國法，故在涉外民事法律之適用上，係以其據以設立之法律為其本國法（涉外民事法律適用法§13）。

(二) 公司法上所稱外國公司，謂以營利為目的，依照外國法律組織登記之公司（公§4Ⅰ）。

二、外國公司之名稱

(一) 外國公司在中華民國境內設立分公司者，其名稱，應譯成中文，並標明其種類及國籍（公§370）。例如「Micron Technology Asia Pacific, Inc. Taiwan Branch (U.S.A.)」即譯為「美商美光亞太科技股份有限公司台灣分公司」；「ABBOTT Laboratories Services LLC Taiwan Branch (U.S.A.)」則譯成「美商亞培股份有限公司台灣分公司」。

(二) 依「公司名稱及業務預查審核準則」第 7 條第 2 項、第 3 項規定：「名稱中標明不同業務種類或可資區別之文字者，縱其特取名稱相同，其名稱視為不相同」、「前項所稱可資區別之文字，不含下列之文字：一、……外國國名……。」是以「外國國名」非為可資區別文字。例如「瑞士」大同顧問有限公司與「美國」大同顧問有限

公司，因「外國國名」非為可資區別文字，故為同名公司。惟「外國國名」與「外國公司國籍別」於「公司名稱及業務預查審核準則」規定不同，前者為本國公司於其公司名稱中標明外國國名；後者為依「公司名稱及業務預查審核準則」第 6 條第 4 項規定，外國公司於其名稱之前所標明之國籍。準此，因外國公司國籍別並未列於「公司名稱及業務預查審核準則」第 7 條第 3 項之非為可資區別文字中，故仍為可資區別文字。例如「瑞士商」大同顧問有限公司與「美國商」大同顧問有限公司，雖兩者特取名稱及業務種類均相同，惟因有可資區別文字，故仍為不同名公司（經濟部 108.1.4.經商 10702431080 號函）。

三、外國公司在中華民國之地位

(一)民法總則施行法對外國法人之規定

1. 外國法人，除依法律規定外，不認許其成立（民法總則施行法 § 11）。

2. 經認許之外國法人，於法令限制內，與同種類之中華民國法人有同一之權利能力，其服從中華民國法律之義務，亦與中華民國法人同（民法總則施行法 § 12）。

3. 未經認許，但在中華民國設事務所之外國法人，亦有權利能力（民法總則施行法 § 13）。

4. 未經認許其成立之外國法人，以其名義與他人為法律行為者，其行為人就該法律行為應與該外國法人負連帶責任（民法總則施行法 § 15）。

(1)未經認許其成立之外國法人，以其名義與他人為法律行為者，其行為人就該法律行為，應與該外國法人負連帶責任，固為民法總則施行法第 15 條所明定。但所謂行為人，係指以該外國法人之名義與他人為

負義務之法律行為者而言（最高法院 74 年度台上字第 1229 號民事判決）。

(2)若外國廠商與國內業者以電子郵件、傳真方式訂立買賣契約，其所發送、接收電子郵件及傳真生產排期表均在國外，且其在台灣顯無任何營業行為，行為人亦未在台灣以外國廠商名義與簽約廠商為法律行為，自無上開法條規定之適用（最高法院 103 年度台上字第 391 號民事判決）。

(3)民法總則施行法第 15 條雖僅謂由行為人與該外國法人負連帶責任，而未及於該外國法人得否基於該法律行為而為請求；但未經認許成立之外國法人，雖不能認其為法人，但仍不失為非法人之團體。而非法人之團體雖無權利能力，然日常用其團體之名義為交易者，比比皆是，民事訴訟法第 40 條第 3 項即為因應此需求，特規定此等團體設有代表人或管理人者，亦有當事人能力（最高法院 106 年度台上字第 132 號民事判決）。

(二)公司法對外國公司之規定

1.外國公司，於法令限制內，與中華民國公司有同一之權利能力（公§4 Ⅱ），故自有當事人能力（最高法院 110 年度台再字第 4 號民事判決）。因此，公司法顯然不再對外國公司採用認許制度，而與民法總則施行法第 12 條規定不同。

2.在國際化之趨勢下，國內外交流頻繁，依外國法設立之外國公司既於其本國取得法人格，我國對此一既存事實宜予尊重。且為強化國內外公司之交流可能性，配合實際貿易需要及國際立法潮流趨勢，公司法於民國 107 年 8 月 1 日修正時遂廢除外國公司認許制度。

3.公司法第 7 條、第 12 條、第 13 條第 1 項、第 15 條至第 18 條、第 20 條第 1 項至第 4 項、第 21 條第 1 項及第 3 項、第 22 條第 1 項、第 23 條至第 26 條之 2，於外國公司在中華民國境內設立之分公司準用之

（公§377Ⅰ）。

(1)外國公司在中華民國境內之負責人違反公司法第 377 條第 1 項準用第 20 條第 1 項或第 2 項規定者，處新臺幣一萬元以上五萬元以下罰鍰；違反公司法第 377 條第 1 項準用第 20 條第 4 項規定，規避、妨礙或拒絕查核或屆期不申報者，處新臺幣二萬元以上十萬元以下罰鍰（公§377Ⅱ）。

(2)外國公司在中華民國境內之負責人違反公司法第 377 條第 1 項準用第 21 條第 1 項規定，規避、妨礙或拒絕檢查者，處新臺幣二萬元以上十萬元以下罰鍰。再次規避、妨礙或拒絕者，並按次處新臺幣四萬元以上二十萬元以下罰鍰（公§377Ⅲ）。

(3)外國公司在中華民國境內之負責人違反公司法第 377 條第 1 項準用第 22 條第 1 項規定，拒絕提出證明文件、單據、表冊及有關資料者，處新臺幣二萬元以上十萬元以下罰鍰。再次拒絕者，並按次處新臺幣四萬元以上二十萬元以下罰鍰（公§377Ⅳ）。

第二節　外國公司之特別規定

一、外國公司之分公司登記

外國公司非經辦理分公司登記，不得以外國公司名義在中華民國境內經營業務（公§371Ⅰ）。違反上開規定者，行為人處一年以下有期徒刑、拘役或科或併科新臺幣十五萬元以下罰金，並自負民事責任；行為人有二人以上者，連帶負民事責任，並由主管機關禁止其使用外國公司名稱（公§371Ⅱ）。

(一)分公司登記所應具備之條件

外國公司應具備下列條件，始得辦理分公司登記：

1.積極條件

外國公司在中華民國境內設立分公司者,應專撥其營業所用之資金,並指定代表為在中華民國境內之負責人(公§372 I)。

2.消極條件

外國公司有下列情事之一者,不予分公司登記(公§373):

(1)目的或業務違反中華民國法律及公序良俗者:外國公司於其本國適法成立,並為適法之營業,但如其目的或業務違反中華民國法律,公共秩序或善良風俗者,不予分公司登記。因法律、公共秩序與善良風俗為社會安全之本也。

(2)申請登記事項或文件,有虛偽情事者:分公司登記之申請必須報明法定事項於主管機關,如有虛偽情事者,不予分公司登記。

應注意者,若公司專為逃避我國法律之管制,依外國法律適法成立,而向我國申請分公司登記,期能在我國境內經營業務者,而有脫法行為時,應不予分公司登記。例如因第三國在我國得享有特別利益或權利時,企圖享受與第三國相同之利益或權利,而利用該第三國法律取得公司法人地位者,亦不予分公司登記。蓋因其屬於逃避我國禁止或強制規定之行為。

(二)登記之效力

外國公司非經辦理分公司登記後,有應登記之事項而不登記,或已登記之事項有變更而不為變更之登記者,不得以其事項對抗第三人(公§377 I 準用§12)。

(三)登記之廢止與撤銷

1.申請廢止登記

(1)外國公司在中華民國境內設立分公司後,無意在中華民國境內繼續營業者,應向主管機關申請廢止分公司登記。但不得免除廢止登記以前所負之責任或債務(公§378)。

(2)外國公司在我國境內設立分公司並設置經理人者,若該公司未履行所負之責任或債務前即申請廢止登記者,依公司法第 23 條第 2 項規定,應以該分公司經理人與該外國公司為連帶債務人,對被害人負損害賠償責任。

2.主管機關廢止或撤銷登記

(1)外國公司在中華民國境內之負責人於登記後,將資金發還外國公司,或任由外國公司收回者,經法院判決有罪確定後,由中央主管機關撤銷或廢止其登記。但判決確定前,已為補正者,不在此限(公§372 Ⅳ)。

(2)外國公司之分公司之負責人、代理人、受僱人或其他從業人員以犯刑法偽造文書印文罪章之罪辦理設立或其他登記,經法院判決有罪確定後,由中央主管機關依職權或依利害關係人之申請撤銷或廢止其登記(公§372Ⅴ)。

(3)有下列情事之一者,主管機關得依職權或利害關係人之申請,廢止外國公司在中華民國境內之分公司登記(公§379Ⅰ):

①外國公司已解散。

②外國公司已受破產之宣告。

③外國公司在中華民國境內之分公司,有第 10 條各款情事之一。

(4)依公司法第 379 條第 1 項廢止登記,不影響債權人之權利及外國公司之義務(公§379Ⅱ)。至於中央主管機關依公司法第 372 條第 4 項或第 5 項撤銷或廢止其登記時,亦應為相同之解釋。

3.撤銷及撤回之效果

(1)外國公司在中華民國境內設立之所有分公司,均經撤銷或廢止登記者,應就其在中華民國境內營業所生之債權債務清算了結,未了之債務,仍由該外國公司清償之(公§380Ⅰ)。

(2)外國公司將其在中華民國境內營業所生之債權債務清算時,除外國公司另有指定清算人者外,以外國公司在中華民國境內之負責人或分公

司經理人為清算人，並依外國公司性質，準用本法有關各種公司之清算程序（公§380Ⅱ）。

二、外國公司之權義規定

(一)與本國公司有同一權利能力

外國公司，於法令限制內，與中華民國公司有同一之權利能力（公§4Ⅱ），雖不以經辦理分公司登記為要件，但以外國公司名義在中華民國境內經營業務者，應先辦理分公司登記。

(二)可享受之權利

1.該外國公司能在中華民國境內，為募集發行股份及公司債等籌措資金之重要行為。但因其對我國之國內經濟有重大影響，故舊公司法第383條設有限制，即「外國法律，不准中華民國公司在其境內募債者，該外國公司不得在中華民國境內募股募債」。惟此種限制並不及於其股東，該外國公司之股東仍得「依法令規定買賣股票債券」。又此等互惠原則之規定，於我國加入世界貿易組織（WTO）後，因須符合服務貿易總協定第2條最惠國待遇之規定，自民國91年1月1日予以刪除。

2.在中華民國境內之法律行為與中華民國公司相同，但不得為目的外之行為，亦即不得違反所謂「權限外行為」之原則。

3.外國公司於我國境內募集發行股份，須依證券交易法第22條第1項規定，向金融監督管理委員會申報生效後，始得為之（最高法院97年度台上字第2093號民事判決）。

4.外國公司在台分公司對他公司之債權，若該債權轉予該外國公司者可轉為在台分公司之營運資金（經濟部95.2.13.經商09402207820號函）。

5.外國公司不需以有正當理由始得申請停止營業（最高行政法院93年度判字第1284號判決）。

6.外國公司在台分公司得設經理人二人以上（經濟部 87.2.20.商 87201882 號函）。

7.因外國公司，於法令限制內，與中華民國公司有同一之權利能力，故外國公司得取得本國公司以股票設定之質權。

(三)應遵從監督之義務

1.分公司登記前

(1)外國公司未經辦理分公司登記者，在中華民國境內無營業權，不得以外國公司名義在中華民國境內經營業務（公§371Ⅰ）。

(2)外國公司因無意在中華民國境內設立分公司營業，未經申請分公司登記而派其代表人在中華民國境內設置辦事處者，應申請主管機關登記（公§386Ⅰ）。辦事處所為行為不必受限於業務上法律行為，縱從事蒐集市場資訊之事實行為，亦無不可。

(3)外國公司設置辦事處後，無意繼續設置者，應向主管機關申請廢止登記（公§386Ⅱ）。

(4)辦事處代表人缺位或辦事處他遷不明時，主管機關得依職權限期令外國公司指派或辦理所在地變更；屆期仍不指派或辦理變更者，主管機關得廢止其辦事處之登記（公§386Ⅲ）。

(5)指派代表人在中華民國境內設置辦事處之外國公司，其代表人並無指派二人以上之必要。指派代表人在中華民國境內設置辦事處之外國公司，若有必要，似可設置二個以上之代表人辦事處。

2.分公司登記後

(1)外國公司在中華民國境內之負責人於登記後，將專撥其營業所用之資金發還外國公司，或任由外國公司收回者，處五年以下有期徒刑、拘役或科或併科新臺幣五十萬元以上二百五十萬元以下罰金（公§372Ⅱ）。有上開情事時，外國公司在中華民國境內之負責人應與該外國公司連帶賠償第三人因此所受之損害（公§372Ⅲ）。

(2)外國公司在中華民國境內設立分公司者，應將章程備置於其分公司，如有無限責任股東者，並備置其名冊（公§374Ⅰ）。

(3)外國公司在中華民國境內之負責人違反公司法第374條第1項規定，不備置章程或無限責任股東名冊者，各處新臺幣一萬元以上五萬元以下罰鍰。連續拒不備置者，並按次連續各處新臺幣二萬元以上十萬元以下罰鍰（公§374Ⅱ）。

(4)外國公司在中華民國境內設立之分公司每屆會計年度終了，應將營業報告書、財務報表及盈餘分派或虧損撥補之議案，提請外國公司之股東同意或股東常會承認。主管機關並得隨時派員查核或令其限期申報（公§377準用§20Ⅰ、Ⅳ）。

(5)主管機關得會同目的事業主管機關，隨時派員檢查外國公司在中華民國境內設立之分公司業務及財務狀況，公司負責人不得妨礙、拒絕或規避（公§377準用§21Ⅰ）。

(6)外國公司在中華民國境內設立之分公司，其性質上仍屬外國法人。

(7)外國公司指定代表為在中華民國境內之負責人，應辦理負責人登記，且為有權代表外國公司於我國境內從事訴訟及非訟行為之人，而與民事訴訟法所規定之「訴訟代理人」及非訟事件法所規定之「非訟代理人」不同。

三、權利能力之限制

下列公司權利能力之法令上限制，對於外國公司均有其適用：

(一) 外國公司在中華民國境內設立之分公司不得為他公司之無限責任股東或合夥人（公§377Ⅰ準用§13Ⅰ）。

(二) 外國公司在中華民國境內設立之分公司原則上不得將資金貸與股東或任何他人（公§377Ⅰ準用§15Ⅰ）。分公司之負責人違反上開規定時，應與借用人連帶負返還責任；如公司受有損害者，亦應由其負損害賠償責任（公§377Ⅰ準用§15Ⅱ）。

(三) 外國公司在中華民國境內設立之分公司除依其他法律或公司章程規定得為保證者外，不得為任何保證人（公§377 I 準用§16 I）。

(四) 外國公司在中華民國境內設立之分公司經營之業務，依法律或基於法律授權所定之命令，須經政府許可者，於領得許可文件後，方得申請分公司登記（公§377 I 準用§17）。

(五) 外國公司在中華民國境內設立之分公司名稱，應使用我國文字，且不得與他公司或有限合夥名稱相同。二公司或公司與有限合夥名稱中標明不同業務種類或可資區別之文字者，視為不相同（公§377 I 準用§18）。在登記實務上，外國公司必須預查外國公司中譯名稱，辦理中文分公司名稱之核准及預留程序。

四、解散與清算

(一)解　散

1.外國公司之解散，理論上可分任意解散與命令解散兩種。所謂任意解散，係依外國公司之章程或股東會決議定之。至於命令解散，因外國公司僅在中華民國境內設立分公司，我國主管機關似無法對外國公司命令解散，僅得廢止或撤銷其分公司登記。故依公司法第 377 條第 1 項規定，第 10 條規定並不準用於外國公司在中華民國境內設立之分公司。

2.解散之外國公司，除因合併、破產而解散外，其在中華民國境內設立之分公司應行清算（公§377 I 準用§24）。清算完結前於清算範圍內，仍視為存續（公§377 I 準用§25）。

(二)清　算

1.清算，除外國公司另有指定清算人者外，以外國公司在中華民國境內之負責人或分公司經理人為清算人，並依外國公司性質，準用本法有關各種公司之清算程序（公§380 II）。

2.外國公司在中華民國境內之財產，在清算時期中，不得移出中華民國國境，除清算人為執行清算外，並不得處分（公§381）。

3.外國公司在中華民國境內之負責人、分公司經理人或指定清算人，違反公司法第 380 條或第 381 條規定時，對於外國公司在中華民國境內營業，或分公司所生之債務，應與該外國公司負連帶責任（公§382）。

第二編
票據法

第一章
通　則

第一節　票據的概念

一、票據的意義

(一) 票據者，乃當事人約定時日及地點，無條件支付一定金額的有價證券。

(二) 「有價證券」者，乃表彰具有財產價值的私權證券；其權利的發生、移轉或行使，須全部或一部依證券為之。

(三) 票據為「完全的有價證券」，即權利的發生，須作成證券；其權利的移轉，須交付證券；其權利的行使，須提示證券；三者缺一不可。

二、票據的種類

依票據法第 1 條規定，票據可分為匯票、本票及支票三種。其定義如下：

(一)匯　票

謂發票人簽發一定之金額，委託付款人於指定之到期日，無條件支付與受款人或執票人之票據（票§2）。

(二)本　票

謂發票人簽發一定之金額，於指定之到期日，由自己無條件支付與受款人或執票人之票據（票§3）。

(三)支　票

　　謂發票人簽發一定之金額，委託金融業者於見票時，無條件支付與受款人或執票人之票據。所謂金融業者，係指經財政部核准辦理支票存款業務之銀行、信用合作社、農會及漁業（票§4）。

三、票據的經濟效用

　　票據法為規律票據關係的法律，以「助長票據流通」為最大任務，故票據法上所採的各種制度，無不直接間接為助長票據流通而設。

(一)匯兌的作用

　　買賣或其他商業交易，常須付款於隔地的人，如以現金運送，不但攜帶不便，且負擔極大的危險，若以匯票代替現金的運送，便可解決金錢支付在空間上的障礙。今雖因電匯、劃撥等方式代替匯票，使匯票的匯兌效用，在一國之內已不似往日重要，但在國際貿易上，仍以匯票為主。應注意者，國際貿易上係由出賣人開立匯票，並配合信用狀進行交易。亦即，信用狀開狀銀行依買受人之請求而開發以出賣人為受益人之信用狀，其目的在補強遠在異國買受人之信用，出賣人為誠實信用之人為該制度存在之前提，開狀銀行始允諾出賣人依誠信原則完成一定之條件後，對其所開之匯票將予承兌或付款（最高法院 91 年度台上字第1214 號民事判決）。

(二)信用的效用

　　此種效用可以打破金錢支付在時間上的障礙，亦即可使將來的金錢變為現在的金錢來利用，例如某甲向某乙購買貨物價值三十萬元，約定於三個月內支付價金，某甲簽發三個月期的「本票」交付於某乙，某乙如需用款，可背書轉讓與他人，如此一來，某甲固得利用其信用發行本票，某乙亦得利用某甲的信用及併合自己的信用，以籌措現金。且依票據法第 123 條規定，本票執票人向發票人行使追索權時，得聲請法院裁

定後強制執行，對債權人極為有利；但目前我國社會上使用本票的習慣，尚未養成，本票未能發揮其應有的功能。「匯票」亦有信用的效用，但在我國商業市場上對於匯票的信用利用，則尚不多見。

(三)支付的效用

支票主要的效用為支付效用。其功能在於避免計算現鈔的錯誤及時間的浪費，對於國家言，則可減少通貨的發行。但我國目前使用支票的情況，則與支票為支付證券的精神背道而馳。一般使用支票者，多不記載實際的發票日，而以未屆至的日期作為發票日，在票載日屆至前，將支票流通轉讓，係將支票作為信用證券使用，致使支票之支付效用反成附隨作用。票據法第 128 條第 2 項規定，支票在票載發票日期前，執票人不得為付款之提示。此規定等於承認遠期支票的存在，使支票兼具信用證券功能。

(四)節約通貨的效用

通用貨幣的面額，大小一定，金額愈多，通貨的數額亦必增多，如以票據代之，因一張票據可記載任意數量的金額，故可當數千百萬張貨幣之用，且票據可代現金的支付，是其背書轉讓，輾轉流通，幾與通貨無異。

四、票據的性質

(一)票據為設權證券

票據上的權利，因票據的作成而發生。故票據非證明已存在的權利，而係創設一種權利。

(二)票據為文義證券

票據上的權利義務，悉依票據上所載文義為準，不得就票據文義以外的事項作為認定票據上權利義務的根據。凡在票據上簽名者，依票上

所載文義負責（票§5Ⅰ）。故票據為文義證券。

(三)票據為債權證券

票據債權人占有票據，得就票上所載的一定金額，向特定的票據債務人行使其請求權，故票據為債權證券。與物權證券持有人占有證券即享有物權的情形不同。

(四)票據為有價證券

有價證券係表彰具有財產價值之私權的證券。其權利的利用與證券的占有，有不可分離的關係。票據係表彰一定金額的給付，其權利行使或處分，以占有票據為前提，故票據為有價證券。

(五)票據為金錢證券

票據乃以支付一定金額為其標的，如表彰金錢以外之物為給付標的者，縱形式上稱為票據，亦僅能適用民法有關的規定，與票據行為無關。故票據為金錢證券。

(六)票據為無因證券

1.占有票據者，即為票據債權人，得對票據債務人行使票據上的權利，至於取得票據的原因如何，不負另為證明的責任。縱使發行票據的對價關係，在法律上為無效或有瑕疵，票據債務人仍應依照票據文義負票據債務的責任，故票據為無因證券。但當事人確能證明以支票為有因行為的支付方法，他造即不得以支票為無因證券而否認依有因行為所應負的義務（最高法院 67 年度台上字第 2605 號民事判決）。

2.按票據乃文義證券及無因證券，票據行為一經成立發生票據債務後，票據上之權利義務悉依票上所載文義定之，與其基礎之原因關係各自獨立，票據上權利之行使不以其原因關係存在為前提（最高法院 109 年度台上字第 3097 號民事判決）。

(七)票據為要式證券

票據的作成，須依法定方式為之，票據上必要記載事項如有欠缺，除票據法另有規定外，其票據即為無效（票§11 I），故票據為要式證券。

(八)票據為流通證券

流通證券者，即依背書或交付以轉讓其證券上權利的證券。無記名票據係依交付而移轉；記名票據除發票人在票據上有禁止轉讓的記載外，票據持有人均得以背書方法轉讓於第三人（票§30），故票據為流通證券。

(九)票據為提示證券

票據債權人以占有證券為必要，為證明其占有事實，自應提示票據，始得行使其票據上權利，若不為提示，票據雖已到期，票據債務人亦不負遲延責任，故票據為提示證券。

(十)票據為返還（繳回）證券

票據債權人因占有票據而使其票據上的權利，在受領票據上的給付後，自應將原票據繳回於給付之人，俾使票據關係消滅，或向前手再行使追索權，故票據為繳回證券。

第二節　票據行為

一、票據行為的意義

票據行為者，以發生票據上一定權利義務關係為目的，所為的要式行為。

二、票據行為的種類

(一)基本票據行為（發票行為）

基本票據行為，又稱主要票據行為，亦即原始的創設票據的行為，無論何種票據，均有其基本發票行為。

(二)附屬票據行為（從票據行為）

亦即以基本票據行為的存在為前提。

1.背　書

乃以轉讓票據上權利為主要目的，而記載其旨意於票據背面的行為。背書行為為各類票據所共通。

2.承　兌

乃以承諾兌付票據上一定金額，而記載其旨意於票據正面的行為。承兌行為僅匯票有之。

3.參加承兌

乃因票據不獲承兌，第三人願意負承兌的責任而加入，並記載其旨意於票據正面的行為。參加承兌行為僅匯票有之。

4.保　證

乃以擔保票據債務的履行為目的，而記載其旨意於票據的行為。保證行為僅匯票與本票有之。

三、票據行為的特性

(一)要式性

票據行為乃要式行為，此所謂要式，不僅在內容上應記載法定事項，在形式上亦須將其法定事項記載於書面。蓋以票據上的權利與表彰其權利的書面，兩者密切結合。票據權利的發生，係由於此書面的作成，權利的移轉或行使，亦以此書面為憑證。此即票據行為的要式性。

(二)抽象性（無因性）

　　票據行為雖多基於買賣、借貸或其他的原因關係而來，但票據行為一經成立後，即與其基礎的原因關係各自獨立；原因關係無效或不存在，並不影響票據行為的效力（最高法院 49 年度台上字第 334 號民事判決）。亦即票據行為若已具備法定成立要件，即應視為有效成立，至其原因關係如何，要非所問。對於票據行為此一性質，學者稱為抽象性或無因性。

(三)文義性

1.凡在票據上簽名者，依票上所載文義負責（票§5Ⅰ）。縱該項記載與實質關係不符，亦不許當事人以票據以外的證明方法予以變更或補充。亦即票據債權人固不得以其他立證的方法，向票據債務人有所主張，而票據債務人亦不得舉出其他證據，對票據債權人有所抗辯。此即票據行為的文義性。

2.按票據上記載本法所不規定之事項者，不生票據上之效力，票據法第 12 條固定有明文。惟按票據上記載票據法所未規定之事項者，僅不生票據上之效力，而非絕對不生通常法律上之效力。故於本票上為利息及違約金之記載，則有關違約金之記載，固屬票據法所不規定之事項，不生票據上之效力，然仍生通常法律上之效力（臺灣高等法院臺南分院 105 年度重上字第 87 號民事判決）。

3.發票人應否擔保支票文義的支付，不以發票人在付款人處預先開設戶頭為準，苟已在支票簽名表示其為發票人，縱未在付款人處預為立戶，仍應擔保支票的支付（最高法院 50 年度台上字第 2683 號民事判決）。

4.盜用他人印章為發票行為，即屬票據的偽造。被盜用印章者，因其非在票據上簽名為發票行為，自不負發票人的責任，此項絕對抗辯事由，得以對抗一切執票人（最高法院 51 年度台上字第 3309 號民事判決）。

5.又票據為文義證券,票據上之權利義務,固應遵守票據之文義性,基於外觀與客觀解釋原則,悉依票據記載文字以為決定,不得以票據以外之具體、個別情事,加以變更或補充。惟依該客觀解釋原則,解釋票據上所載文字之意義,仍須斟酌一般社會通念、日常情理、交易習慣與誠信原則,並兼顧助長票據流通、保護交易安全,就票據所載文字內涵為合理之觀察,始不失其票據文義性之真諦(最高法院 109 年度台上字第 3214 號民事判決)。

(四)獨立性

票據行為各別獨立。凡一張票據上有數個票據行為存在,若其中一票據行為無效或被撤銷時,其他票據行為不受影響,此即票據行為的獨立性。

1.票據上雖有無行為能力人或限制行為能力人的簽名,不影響其他簽名的效力(票§8)。

2.票據之偽造或票上簽名之偽造,不影響於真正簽名之效力(票§15)。

3.被保證人之債務縱為無效,保證人仍負擔其義務。但被保證人之債務,因方式之欠缺而為無效者,不在此限(票§61Ⅱ)。

四、票據行為的方式

(一)書 面

票據行為,均須作成書面。例如發票及承兌,須於票據正面為之是。

(二)記載法定事項

票據上應記載或得記載的事項,在票據法上均有規定(票§24、§28、§120、§125),如記載票據法所不規定的事項者,不生票據上的效力(票§12)。茲分述如次:

1.絕對必要記載事項

(1)票據上欠缺票據法所規定票據上應記載事項之一者，其票據無效（票§11Ⅰ）。例如金額、簽名、發票年月日、票據種類等未記載時，其票據即為無效。

(2)絕對必要記載事項未記載時，其票據原則上固為無效；惟發票人在為發票行為時，應記載事項雖有欠缺，但在執票人行使票據權利之際，該欠缺記載的事項，業已補充記載完成者，其票據應為有效（票§11Ⅱ）。票據法第 11 條第 1 項、第 2 項規定是否即為承認發票人得授權他人記載票據應記載事項（即空白授權票據），在學說上，早期曾有少數之否定說見解者，惟目前學者多數說係持肯定見解；至於實務上，早期曾有否定見解，嗣後多數則採肯定見解（法務部 98.12.8.法律 0980050077 號函）。空白授權票據，係將票據上部分應記載事項，交由他人依事先的合意而補充填載，例如發票人簽發一張未載金額及年月日的票據，交由他人填寫。

(3)發票人就票據上應記載之事項，固非不得授權執票人自行填寫。然票據法第 11 條第 3 項規定：「票據上之記載，除金額外，得由原記載人於交付前改寫之。但應於改寫處簽名。」本此發票人於票據交付前尚不得自行改寫金額之立法本旨以觀，若發票人以空白票據交付，授權執票人於交付後自行填寫金額，自非法之所許。除不得對抗善意第三人外，執票人不得主張其自行填載之票據為有效，對於發票人行使票據上之權利（最高法院 80 年度台上字第 355 號民事判決）。

(4)票據行為乃財產上之法律行為，自得授權他人代理為之。票據上應記載之事項，如未記載，其票據固屬無效，惟發票人非不得授權第三人補填，以完成票據行為（最高法院 100 年度台上字第 949 號民事判決）。

(5)按發票人簽發空白票據交付，授權他人填寫金額或其他法定應載事項後再轉讓他人者，若受讓該票據之人為善意第三人，發票人仍應對該

執票人依票據文義負擔票據責任（最高法院 109 年度台簡上字第 61 號民事判決）。

(6)應注意者，空白授權票據，該他人逾越授權範圍而為填載時，其效力如何？

　①票據法第 11 條第 2 項明文規定：「執票人善意取得已具備本法規定應記載事項之票據者，得依票據文義行使權利；票據債務人不得以票據原係欠缺應記載事項為理由，對於執票人主張票據無效。」例如甲與乙事先合意，授權乙補充記載金額五萬元，乙竟記載為十萬元，乙向甲行使權利時，甲固得以乙違反事先合意為直接抗辯，但如乙已將票據背書於丙，丙為善意時，則甲即不得以乙未依事先的合意填載，對丙主張票據無效。如甲主張丙非善意時應由甲負舉證責任。

　②發票人等既將已蓋妥印章之空白本票交與某甲，授權其代填金額以辦理借款手續，則縱使曾限制其填寫金額一萬元，但此項代理權之限制，發票人未據舉證證明，為執票人所明知或因過失而不知其事實，依民法第 107 條之規定，自無從對抗善意之執票人，從而某甲逾越權限，多填票面金額為六萬八千元，雖經刑事法院判處罪刑在案，亦屬對發票人應否負侵權行為損害賠償責任之別一法律問題，發票人自不得執是而免除其發票人應付票款之責任（最高法院 52 年度台上字第 3529 號民事判決）。

(7)空白授權票據遺失的補救措施：

　①得向付款人為止付通知（票 § 18）。

　②但不得為公示催告及除權判決。因其票據行為為尚未完成。例如支票上之金額及發票年月日為絕對必要記載事項，欠缺記載，即為無效之票據。既為無效之票據，即非「證券」，自不得依民事訴訟法第 539 條第 1 項之規定聲請為公示催告（臺灣高等法院 90 年度抗字第 3297 號民事裁定）。

2.相對必要記載事項

即票據法所定票據上應記載事項時，法律另行擬制其效果，票據不因之無效（票§11 I但書）。例如匯票的受款人未記載，即以執票人為受款人（票§24 IV），匯票的到期日漏未記載者，視為見票即付（票§24 II）。

3.任意記載事項

亦稱「得記載事項」，即記載與否，聽任當事人自由意思的事項，如未記載，不影響票據效力，但一經記載，即發生票據上的效力。例如利息（票§28），禁止背書（票§30）及平行線（票§139）等記載。

4.不得記載事項

票據法上不規定的事項，如在票據上記載時，其效力可分三種情形：

(1)記載則票據無效：例如票據本應無條件支付，但發票人為附條件支付委託的記載者，票據本身即無效。票據上倘記載與無條件擔任支付性質牴觸之文字，即與未記載絕對應記載事項無條件擔任支付無殊，自屬無效（最高法院100年度台簡上字第9號民事裁定）。

(2)記載無效但票據仍有效：例如免除擔保付款的記載（票§29 III）或背書附記條件的記載（票§36）是。法條中有「其記載無效」或「視為無記載」字樣者，均屬之。

(3)記載不生票據上效力但票據仍有效：例如支票並無保證之規定，如在支票上為保證行為者，即不生票據保證的效力，但仍生民法上保證的效力，其票據本身仍為有效。又例如本票上固有「見證人」之文字記載，惟該文字並非票據法所規定本票應記載或得記載之事項，不生票據上之效力，自無由依該文字之記載，即認簽名於本票者乃見證人（最高法院108年度台上字第644號民事判決）。

5.票據上金額的記載

票據為金錢證券，必須有金額的記載（票§24 I②、§120 I②、

§125Ⅰ②）。應注意事項如下：

(1)票據上記載金額的文字與號碼不符時，以文字為準（票§7）。

(2)票據上的金額，以號碼代替文字記載，經使用機械方法防止塗銷者，視同文字記載（票施§3）。

(3)票據上金額的記載不得改寫（票§11Ⅲ）。

6.票據的改寫

(1)改寫的限制

　　①須由原記載人改寫。

　　②於交付前改寫。

　　③金額不得改寫，但小寫金額，如經更改與大寫金額相符，復由發票人以原印鑑證明，則可。

(2)改寫後須簽名

　　①在改寫處所簽名或蓋章。發票人於簽發票據後，雖非不得改寫除金額外之票載事項，但須在改寫處或其旁簽名或蓋章（最高法院 106 年度台上字第 786 號民事判決）。

　　②應蓋用原留全部印鑑。因此，銀行於執票人提示經改寫之支票，除與存戶間另有約定外，就該支票上發票人欄及改寫旁所蓋印章，若與發票人所留存印鑑比對相符，即應付款。

(3)改寫的效果

　　①票據上之金額為絕對應記載事項，且不得改寫，否則其票據即屬無效。質言之，票據上之金額有改寫時，如其改寫係由發票人或其債權人於交付前所為，則係違反票據法第 11 條第 3 項之禁止規定，其票據應歸無效。

　　②票據上之記載經改寫時，簽名在改寫前者，除已同意改寫者外，依原有文義負責，簽名在改寫後者，依改寫文義負責，此觀票據法第 16 條規定不難明瞭（最高法院 70 年度台上字第 3163 號民事判決）。故未同意改寫的背書人，依改寫前文義負責。

③發票人於交付支票前固非不得改寫發票年、月、日，若於交付支票以後，由發票人更改票載發票年、月、日者，非經背書人之同意，不得令背書人依更改日期負責（最高法院 82 年度台上字第 1989 號民事判決）。

(三)簽　名

1.簽名指票據行為人將自己姓名，親寫於票據上的行為。在票據上簽名者，依票上所載文義負責（票§5 I）。

2.若為二人以上共同簽名時，應連帶負責（票§5 II）。因此，為各種票據行為之人，均須簽名，以示負責。

(1)支票存款戶的約定戶名為某公司，印鑑除公司印章及董事長私章外，下再加一監察人私章（目的在防董事長濫發支票），如支票上，有一印章不符，即應退票。判斷監察人是否為共同發票人時，應由票據全體記載之形式及旨趣觀之，如依一般社會觀念，足認該監察人之簽名，係為公司為發票行為者，則不能認該監察人為共同發票人（最高法院 67.7.11.第 7 次民事庭庭推總會議決議(一)）。

(2)支票發票人欄所蓋印章，依序為中太公司董事長印、羅俊雄印、謝順育印，自其全體蓋章形式及趣旨觀之，並揆諸一般社會觀念，足認被上訴人之蓋章，係為中太公司發票，並非與該公司共同發票（最高法院 69 年度台上字第 548 號民事判決）。

(3)公司之法定代理人在支票發票人欄除蓋用公司名章及其私章外，又簽名於其上者，究係以法定代理人之身分，代理公司簽發支票，抑自為發票人，而與公司負共同發票之責任，允依支票全體記載之形式及社會一般觀念而為判斷（最高法院 70 年度台上字第 1529 號民事判決、最高法院 97 年度台上字第 665 號民事判決）。

(4)支票因係由兩造共同蓋章所簽發，依票據法第 5 條規定，對票據債權人自應負連帶清償責任。惟發票人相互間則仍應受其內部法律關係之

拘束（最高法院 59 年度台上字第 964 號民事判決）。

3.票據上的簽名，並得以蓋章代之（票§6）。但不得以捺指印代替簽名。

4.簽名不一定要正體，即用略字草書亦可，只須其簽字得認係特定行為人的名稱為已足，而其名稱亦不必以官冊上的姓名為必要，即一般通稱，藝名、別號、渾名均無不可。只要能證明確係出於本人的意思表示者，仍承認其效力（最高法院 64.7.8. 第 5 次民庭庭推總會決議（一））。

5.如果支票背面所蓋圖章本身刻明專用於某種用途（例如收件之章）之字樣而與票據之權利義務毫無關係者，則所蓋該項圖章，難認係票據法第 6 條所規定為票據行為而代替票據上簽名之蓋章（最高法院 66.11.15.第 9 次民庭庭推總會議決定）。

6.公司、其他法人或非法人團體，依一般通說，必其代表人簽名，並載明代表公司或其他法人或非法人團體之旨，方為有效。故為票據行為時，若僅記明公司或法人名稱或加蓋公司或法人印章，而未由其代表人簽名或蓋章者，因無從識別是否為其代表人所為，自難認其票據行為有效（最高法院 70 年度台上字第 1247 號民事判決）。

7.商號名稱（不問商號是否法人組織）既足以表彰營業之主體，則在票據背面加蓋商號印章者，即足生背書之效力，殊不以另經商號負責人簽名蓋章為必要（最高法院 70.5.19.第 13 次民事庭會議決議(二)）。

(四)交　付

票據行為須將票據交付，始為完成；例如發票，須將票據交付受款人是。但若票據非因票據行為人的意思而流通者，例如被盜或遺失，則對於善意執票人仍應負責。

五、票據行為的效力

(一)票據行為的獨立原則

1. 票據行為獨立性的表現，在於同一票據上的多數票據行為，其效力各自獨立；一行為的無效，不影響他行為的效力。

2. 依民法的規定，法律行為一部無效時，本應全部無效（民§111），而票據法設此獨立性的特例，其目的乃為保護票據權利人而設。蓋以票據若有多數行為存在，關係多數人的票據權利義務，如因其中一人的行為無效，即影響整個票據的效力，自不足以保護交易安全，且妨礙票據的流通。

3. 此之所謂「無效」，係指該行為實質上的無效而言；若該行為於形式上無效時，則以該行為為前提的其他行為，仍不能不隨之無效。例如為基本行為的發票，若因未簽名而無效時，則背書、承兌、參加承兌及保證等附屬行為，皆不能獨立而生效。

4. 票據行為的獨立性於下列三種情形見之：

(1) 無行為能力人或限制行為能力人的簽名：無行為能力人的票據行為無效（民§75）；限制行為能力人未得法定代理人事先允許所為的票據行為，亦為無效（民§78）。但票據上雖有無行為能力人或限制行為能力人的簽名，不影響其他簽名者的效力（票§8），例如發票人雖係無行為能力人或未得法定代理人允許的限制行為能力人，但該票據上若有有行為能力人的背書，則該有行為能力之人仍負背書人的責任。

(2) 票據的偽造：票據的偽造或票據上簽名的偽造，不影響於真正簽名的效力（票§15）。

(3) 票據的保證：票據上的保證人與被保證人本負同一責任，被保證人的債務縱為無效，保證人仍負擔其義務；但被保證人的債務因方式的欠缺而為無效者，不在此限（票§61）。有關票據保證的問題於下一章

第六節詳述之。

(二)票據行為的代理

1.概　說

　　票據行為亦屬財產上的法律行為，惟因票據重在流通，為保護交易安全，票據法就代理的方式與無權代理的責任，設有特別規定，其未特別規定的事項，仍適用民法上有關代理的法則。

2.有權代理

(1)代理權的取得

　①票據行為代理權的取得，適用民法關於代理的規定（民§103～111、§167～§169）。但票據行為不過為支付金錢的手段，故不適用民法第106條前段關於禁止自己代理及雙方代理的規定。

　②本票之發票行為，屬依法應以文字為之的法律行為，如有對本票之發票行為授與代理權者，其代理權之授與，即應以文字為之。否則，其授與即不依法定方式為之，自屬無效（最高法院104年度台上字第1348號民事判決）。

(2)代理的方式

　①票據行為的代理，依票據法規定，須載明為本人代理之旨，亦即在票據上記載代理字樣，例如記載「發票人某甲之代理人某乙」等字樣便是，此時則由某甲負票據上之責任。

　②若實際上為代理，但代理人未載明代理之旨而簽名於票據者，代理人應自負票據上責任（票§9），但在實務上則從寬解釋，並不硬性要求必須於票據上載明代理的字樣。

　③在票據上蓋有商號印章之下，加蓋其經理人的印章，雖未載明代理或經理人的字樣，依社會一般觀念，亦得認為已有代理之旨的載明。亦即，縱未載有代理人字樣，而由票據全體記載之趣旨觀之，如依社會觀念，足認有為本人之代理關係存在者，仍難謂非已有為

本人代理之旨之載明（最高法院 64 年度台上字第 1377 號民事判決、最高法院 65 年度台上字第 877 號民事判決）。

④若代理人不表明自己之名，僅表明本人之名而為行為，即代理人任意記明本人的姓名蓋其印章，而成為本人名義的票據行為，所在多有，此種行為祇須有代理權即不能不認為代理的有效形式（最高法院 64 年度台上字第 594 號民事判決）。

3.無權代理

(1)狹義無權代理：依民法規定，凡無權代理者，其代理行為非經本人承認，對於本人不生效力；對於善意相對人因此所生的損害，並應負賠償責任（民§110、§170），但票據法為貫徹票據的流通及其支付的有效，特別加強規定：「無代理權而以代理人名義簽名於票據者，應自負票據上之責任」（票§10Ⅰ）。

(2)越權代理：本人對代理人的代理權限有所限制時，依民法規定，不得對抗善意第三人（民§107），此時，代理人逾越權限的行為，仍應由本人負責。但票據法規定，代理人逾越權限時，就其權限外的部分，代理人亦應自負票據上之責任（票§10Ⅱ）；亦即權限內的金額，由本人負責，權限外之部分，則由代理人負責。

①支票之背書如確係他人逾越權限之行為，按之票據法第 10 條第 2 項之規定，就權限外部分，即應由無權代理人自負票據上之責任，此乃特別規定優先於一般規定而適用之當然法理，殊無適用民法第 107 條之餘地（最高法院 50 年度台上字第 1000 號民事判決）。

②若本人將名章交與代理人，而代理人越權將本人名章蓋於票據者，該未露名義的代理人不負票據上的責任。至本人應否負責，應依其他民事法規法理解決（例如有票據法第 4 條、民法第 107 條情形者，應依各該條之規定處理）（最高法院 51 年度台上字第 1326 號民事判決）。

③按票據法第 10 條第 2 項規定，係指代理人逾越權限以代理人名義

　　簽名於票據之情形而言。倘代理人未載明為本人代理之旨,逕以本人名義簽發票據,即無前開規定之適用,而應適用民法第 107 條之規定,本人不得以代理權之限制對抗善意無過失之執票人,就代理人權限外部分,仍須負票據責任(最高法院 109 年度台簡上字第 61 號民事判決)。

(三)票據的偽造
1.票據偽造的意義
　　票據的偽造,係指以行使為目的,假冒他人名義,而為票據行為而言。例如盜用他人圖章,或偽造他人圖章,或摹擬他人簽名,而為發票、背書、承兌或保證等行為是。

2.票據偽造的種類
(1)發票的偽造:即假冒他人名義所為的發票行為。此為狹義的票據偽造。

(2)票據上簽名的偽造:即假冒他人名義為發票以外的票據行為(票§15)。如背書或保證的偽造是。此種偽造,以有發票行為之存在為前提。

3.票據偽造的效力
(1)票據在外觀上雖有被偽造人的簽名,但實非其所自簽,自不負票據上責任,但有時對善意第三人負授權人的責任。

(2)偽造人雖應負刑事上偽造有價證券罪責(刑法§201)及民事上侵權行為責任(民法§184),然因其未簽上自己的姓名於票據上,故不負票據上責任。

(3)真正簽名於票據之人,仍應負票據上責任(票§15)。換言之,縱使有發票的偽造或票據上簽名的偽造,不論其真正簽名之人係在偽造簽名之先或後,均仍就票據文義負責;且得就該票據繼續為各種有效的票據行為。

(4)付款人如未盡善良管理人的注意義務而就已被偽造的票據而為付款，仍應負損害賠償的責任。

(5)盜用他人印章為發票行為，即屬票據之偽造。被盜用印章者，因非其在票據上簽名為發票行為，自不負發票人之責任，此項絕對的抗辯事由，得以對抗一切執票人。因支票係行為人竊取公司之大小章盜蓋於所竊得之空白票據而簽發，當事人自不得執該支票請求公司給付票款本息（最高法院 109 年度台簡上字第 51 號民事判決）。

(四)票據的變造

1.票據的變造，指無變更票據文義權限之人，擅自變更票據上所記載的事項而言。例如變更到期日是。

2.票據變造的效力

(1)票據經變造者，票據仍屬有效。凡簽名在變造前者，依原有文義負責。

(2)簽名在變造後者，依變造文義負責。

(3)若簽名不能辨別在變造之前或後時，推定其簽名在變造之前（票§16Ⅰ）。

(4)對票據的變造，其參與或同意變造者，不論簽名在變造前或後，均應依變造文義負責（票§16Ⅱ）。

(5)變造人如已在票據上簽名時，依變造文義負責，如未於票據上簽名時，則不必負票據責任，但應負變造有價證券罪責（刑法§201）及侵權行為責任（民法§184）。

3.票據的變造，限於簽名以外的票據上記載事項，如為簽名的變更，則屬票據偽造的範圍，不得謂之變造。

4.票據變造，係「無」變更權之人所為，如「有」變更權之人就票據內容為變更，且於票據交付前變更者，謂之票據改寫。如於改寫處簽名，其改寫的記載，仍自始發生法律上的效力（票§11Ⅲ），然金額

不得改寫，如於交付後改寫者，應仍適用變造的法理決定其責任。

5.票據上之記載經改寫時，簽名在改寫前者，除已同意改寫者外，依原有文義負責，簽名在改寫後者，依改寫文義負責，不能辨別前後時，推定簽名在改寫之前。此乃依據票據法第 16 條規定之法理，當然之解釋（最高法院 76 年度台上字第 748 號民事判決）。

(五)票據的塗銷

1.票據塗銷的意義

票據的塗銷，指票據上的簽名或其他記載事項被塗銷而言，其係以化學方法銷除，或以筆墨塗抹，甚以紙片黏蓋，均此所謂塗銷。但塗銷的程度過重，以致在外觀上已難認為票據者，則應視為票據的喪失。

2.票據塗銷的效力

(1)票據的塗銷，非由票據權利人故意為之者，不影響於票據上的效力（票§17）。換言之，票據之塗銷若係由票據權利人「故意」為之者，顯有拋棄該部分權利的意思，其塗銷部分的權利，即歸消滅。

(2)票據的塗銷，若係由無權利人為之者，不論故意或過失，均不影響票據上的權利。執票人若主張票據上的塗銷部分，非由於自己所為，或非由於自己故意為之者，應負舉證之責。

第三節　票據權利

一、票據權利的意義

票據權利者，乃票據所表彰的金錢債權是。取得票據之人，其目的在取得票據所表彰的金錢債權請求權，而非為取得票據本身的所有權。

二、票據權利的內容

(一)付款請求權——票據的第一次權利

1.行使的主體

行使付款請求權的主體為執票人。執票人可能為受款人，或最後的被背書人。又在匯票或本票，也可能為參加付款人（票§84、§124）。

2.行使的對象

因票據種類而有不同。

(1)匯票：付款人（承兌後則為承兌人）、擔當付款人（票§69Ⅱ）、票據交換所（票§69Ⅲ）、參加承兌人或預備付款人（票§79Ⅰ）、承兌人及參加承兌人的保證人（票§61）。

(2)本票：發票人及其保證人（票§124準用§61）、擔當付款人或票據交換所（票§124準用§69Ⅱ、Ⅲ）。

(3)發票：票據上權利因發票人簽發票據的行為而發生，基於相對人之發票而取得其票據上的權利者，為原始取得。

(4)支票：付款人、票據交換所（票§144準用§69Ⅲ、§131Ⅱ）。

然應注意者，上列諸人雖均得為付款請求權的對象，但並非均屬於票據的主債務人。亦即，除匯票承兌人、本票的發票人及保付支票的付款人為票據主債務人外，餘者或為非票據債務人（如擔當付款人），或僅為附有條件的票據債務人（如參加承兌人）。

(二)追索權（償還請求權）——票據的第二次權利

追索權，原則上須行使付款請求權被拒絕後，始得行使之，例外有所謂期前追索（票§85Ⅱ）或逕行追索（票§105Ⅳ）。

1.行使的主體

(1)行使追索權的主體為執票人。此之執票人為最後的執票人，或為已為清償的被追索人（票§96Ⅳ）。然背書人被追索時，雖未清償，但若已被訴，亦得向其前手追索，是為例外（票§22Ⅲ）。

(2)保證人清償債務時，亦得行使追索權（票§64）。

2.行使的對象

追索權行使的對象為發票人、背書人，以及此等人的保證人。

三、票據權利的取得方法

(一)原始取得──善意取得

1.善意取得的要件

(1)須依票據法規定的轉讓方法取得票據。亦即，須依法定背書或交付的轉讓方法取得票據，且須信賴其外觀而取得。

(2)須由無權利之人取得票據。蓋若自有權利人處取得票據，自可取得票據上的權利，無適用善意取得的必要。

(3)須非因惡意或重大過失取得票據（票§14Ⅰ反面解釋）。所謂「惡意或重大過失取得票據」，係指明知或可得而知轉讓票據之人，就該票據無權處分而仍予取得者而言（最高法院 69 年度台上字第 1465 號民事判決、最高法院 70 年度台上字第 582 號民事判決）。

(4)票據法第 14 條第 1 項所謂以惡意取得票據者，不得享有票據上之權利，係指從無處分權人之手，受讓票據，於受讓當時有惡意之情形而言，倘從有正當處分權人之手，受讓票據，係出於惡意時，亦僅生票據法第 13 條但書所規定，票據債務人得以自己與發票人或執票人之前手間所存抗辯事由對抗執票人而已。申言之，執票人自有正當處分權人之手，受讓票據，且非出於惡意時，得享有票據上之權利（最高法院 109 年度台上字第 2165 號民事判決、最高法院 108 年度台簡上字第 9 號民事判決）。

(5)須有相當的對價。若無對價或以不相當的對價取得票據者，不得享有優於其前手的權利（票§14Ⅱ）。

(6)票據法第 14 條第 2 項所謂以不相當之對價取得票據者，係指取得票

據時，所提出之對價於客觀上其價值不相當者而言。又自票據權利人手中取得票據，縱以不相當對價取得票據，亦非不得享有票據上之權利。次按票據行為為不要因行為，執票人不負證明關於給付原因之責任，如票據債務人抗辯執票人取得票據係無對價或以不相當對價取得，及其前手權利有瑕疵或無權利，應由票據債務人負證明之責（最高法院 109 年度台簡上字第 13 號民事判決）。

(7)匯票及本票須在到期日前取得。蓋到期日後的背書僅有通常債權轉讓的效力（票§41），自不發生票據權利善意取得的問題。

2.善意取得的效力

(1)無論原執票人喪失票據的原因如何（遺失、被盜或受寄人的擅自處分），均不得向取得人請求返還。

(2)票據上縱設有負擔，如設有質權者，亦歸於消滅。

(二)繼受取得

1.轉　讓

　　票據權利的取得以此種原因為多。其方法，或以背書為之（記名式票據、指示式票據），或依交付為之（無記名式票據、空白背書後的票據）。

(1)票據依背書及交付而轉讓。無記名票據得僅依交付轉讓之（票§30 I、§124、§144）。

(2)空白背書之票據，得依票據之交付轉讓之。該種票據，亦得以空白背書或記名背書轉讓之（票§32、§124、§144）。

(3)票據之最後背書為空白背書者，執票人得於該空白內，記載自己或他人為被背書人，變更為記名背書，再為轉讓（票§33、§124、§144）。

2.法　定

　　票據依法律規定而繼受取得者，首推繼承，其次如公司合併，轉付

命令等。又票據保證人因清償（票§64）、參加付款人因付款（票§84）、被追索人因償還（票§96IV），亦可取得票據上的權利。

四、票據權利的行使與保全

(一)意　義

「票據權利的行使」者，乃票據權利人請求票據債務人履行票據債務的行為。例如行使付款請求權以請求付款，行使追索權以請求償還是。

「票據權利的保全」者，乃防止票據權利喪失的行為。例如中斷時效以保全付款請求權及追索權，遵期提示及作成拒絕證書以保全追索權是。

票據權利的行使，同時亦多為票據權利的保全，故票據法上常兩者併稱。

(二)方　法

票據權利行使的方法，為「提示」，即現實的出示票據於債務人，請求其履行債務。票據權利保全的方法，為「遵期提示」與「作成拒絕證書」。

(三)處　所

為行使或保全票據上權利，對於票據關係人應為的行為。應在下列處所為之（票§20）：

1.票據上的指定處所。
2.無指定處所者，在其營業所為之；無營業所者，在其住所或居所為之。
3.票據關係人的營業所、住所或居所不明時，因作成拒絕證書，得請求法院公證處、商會或其他公共會所，調查其人的所在；若仍不明時，得在該院公證處、商會或其他公共會所作成之。

(四)時　間

　　為行使或保全票據上權利，對於票據關係人應為的行為，應於營業日的營業時間內為之；如無特定的營業日或未定有營業時間者，應於通常營業日的營業時間內為之（票§21）。

五、票據權利的保護

(一)票據抗辯的意義

　　票據抗辯者，乃票據債務人提出合法的事由（抗辯事由），以拒絕票據權利人行使權利的行為。票據債務人此項拒絕權，稱為票據抗辯權；抗辯權是用來對付請求權的一大剋星，因此，對於債務人的抗辯予以限制者，其反面即用以保護債權人。

(二)票據抗辯的種類

1.物的抗辯（絕對的抗辯）

　　物的抗辯係基於票據行為不適法或票據權利不存在而生；其所為的抗辯，可以對抗「一切」票據債權人的請求，不因執票人的變更而受影響。例如票據形式上要件的欠缺（票§11Ⅰ）、票據的偽造（票§15）或變造（票§16），票據罹於時效而消滅（票§22）、票據未到期（票§72、§128Ⅱ）、票據已經清償（票§74）、票據行為人無行為能力（民法§75、§76）、票據行為受脅迫（民法§92）等，均可據為物的抗辯事由。

2.人的抗辯（相對的抗辯）

(1)人的抗辯係基於票據以外個人的實質關係而生。例如原因關係的無效、票據債權人受領能力的欠缺（如破產、扣押）、票據債務人對於票據權利人有債權時而主張抵銷等，均得據為人的抗辯事由。

(2)按票據行為之有效性，與票據原因關係之抗辯，係屬二事。前者係票據權利人行使票據權利之前提，就此舉證責任因票據法無明文，故依

民事訴訟法第 277 條規定，由執票人就票據作成之真實及有效負舉證之責。倘票據欠缺票據法所規定應記載事項之一，即屬無效票據。後者則係票據債務發生後，票據債務人依票據法第 13 條前段規定之反面解釋，對執票人主張兩造間有直接抗辯之事由，而提起確認票據債權不存在之訴時，因票據係文義證券及無因證券，票據行為一經成立發生票據債務後，即與其基礎之原因關係各自獨立，是執票人關於票據給付之原因不負證明之責，應由票據債務人就其抗辯之原因事實先負舉證責任，迨票據原因關係確定後，就該原因關係之存否、內容等之爭執，再依一般舉證責任分配法則處理（最高法院 108 年度台簡上字第 26 號民事判決）。

(三)票據抗辯的限制（人的抗辯的限制）

1.理　由

　　物的抗辯事由保存於票據的本身，容易由表面查知，不至於使接受票據之人遭受不測的損害，因此對於物的抗辯，票據法不加以限制。人的抗辯係由於個人的實質關係而生，非存於票據本身，無法由外部查知，如漫無限制，不僅有礙票據的流通，亦不足以保護善意取得票據的第三人，故票據法對於人的抗辯，特予以限制其範圍。

2.內　容

　　一般債權的讓與，其債務人所得對抗讓與人（原債權人）的事由，均得以之對抗受讓人（民法§299Ⅰ）；然票據上權利的讓與則異其效果。票據法第 13 條前段規定，凡依背書方法取得票據上權利者，票據債務人不得以自己與發票人或執票人的前手間所存抗辯的事由，對抗執票人。換言之，人的抗辯，係以直接當事人間為限，稱之為「直接抗辯」。

(1)票據債務人不得以自己與發票人間所存抗辯的事由對抗執票人。例如甲向乙訂購貨品，由乙簽發一張以自己為受款人的定期匯票，而由甲

承兌，屆期乙向甲請求付款，如乙尚未交貨時，甲可向乙主張同時履行之抗辯而暫時拒絕付款。但若該匯票已轉讓給丙，而丙請求付款時，甲（票據債務人）即不得以乙尚未交貨為由，對抗執票人丙。

(2)票據債務人不得以自己與執票人的前手間所存抗辯的事由對抗執票人。例如甲簽發本票一紙予乙，當乙向甲請求付款時，甲得主張與乙前次所欠之款相抵銷而拒絕現實付款；但若該本票已轉讓於丙，而丙向甲請求時，則為票據債務人的甲，即不得以自己對於乙（執票人丙的前手）的債權與此項付款債務相抵銷為由，而對抗執票人丙。

(3)票據債務人得否援用其他債務人的人的抗辯？我國實例認為不得援用。亦即，票據債務人以其自己與執票人間所存抗辯之事由對抗執票人，固為法之所許，然本件票據債務人，係以他人與執票人間所存抗辯之事由對抗執票人之上訴人，於法不能謂為有據（最高法院 47 年度台上字第 1261 號民事判決）。

(4)甲簽發之本票，係乙背書交付與丙，丙之取得本票即非出於惡意，而乙之交付本票與丙，係為清償其所負價金債務，嗣乙雖已另行清償其債務，但基於票據行為之無因性，乙所得對抗丙之事由，不得由甲代為行使（司法行政部 67.9.29 台民 08510 號函）。

(5)票據債務人（背書人）以其自己與執票人間所存抗辯之事由，對抗執票人，固為法之所許，然背書人以發票人與執票人間所存抗辯之事由，對抗執票人，則為支票為無因證券之性質所不容（最高法院 73 年度台上字第 4364 號民事判決）。

(四)票據抗辯的准許（抗辯限制的例外）

1.票據抗辯的限制，其目的在於保護善意取得人；因此，如執票人取得票據係出於惡意時，則不加限制，亦即票據債務人仍得以其自己與發票人或執票人的前手間所存抗辯的事由對抗之（票§13 但書），學者稱之為「惡意抗辯」。但應由債務人負舉證責任（最高法院 100 年度

台簡上字第 13 號民事判決）。

2. 票據乃文義證券及無因證券，票據上之權利義務依票上所載文義定之，與其基礎原因關係各自獨立，票據上權利之行使不以其原因關係存在為前提。執票人行使票據上權利，就其基礎之原因關係確係有效存在不負舉證責任。倘票據債務人以自己與執票人間所存抗辯事由對抗執票人，依票據法第 13 條規定，固非法所不許，惟應先由票據債務人就該抗辯事由負主張及舉證之責。必待票據基礎之原因關係確立後，法院始就此項原因關係進行實體審理時，當事人就該原因關係之成立及消滅等事項有所爭執，方適用各該法律關係之舉證責任分配原則（最高法院 110 年度台簡上字第 11 號民事判決）。

3. 以無對價或以不相當的對價受讓票據者，不得享有優於前手的權利（票§14Ⅱ）。此為票據上權利瑕疵的推定；蓋以無對價或以不相當的對價受讓票據者；其中必有惡意存在，實質上亦屬惡意抗辯的範疇。票據法所以准許「惡意抗辯」，其目的乃在維持公平及避免票據債務人證明執票人有惡意存在的困難。

4. 票據法第 14 條所謂以惡意或重大過失取得票據者，不得享有票據上之權利，係指從無處分權人之手，原始取得票據所有權之情形而言（最高法院 51 年度台上字第 2587 號民事判決）。反之，如從有正當處分權人之手，受讓票據，係出於惡意時，亦僅生票據法第 13 條但書所規定，票據債務人得以自己與發票人或執票人之前手間所存人的抗辯之事由對抗執票人而已，尚不生執票人不得享有票據上權利之問題（最高法院 67 年度台上字第 1862 號民事判決）。

5. 票據法第 14 條第 2 項所謂不得享有優於其前手之權利，係指前手之權利如有瑕疵，則取得人即應繼受其瑕疵，人的抗辯並不中斷，倘前手無權利時，則取得人並不能取得權利而言（最高法院 109 年度台簡上字第 29 號民事判決）。

(五)票據喪失的補救

1.概　說

(1)票據的喪失者,指執票人因票據被盜、遺失(相對的喪失)或滅失(絕對的喪失),而失去票據占有之謂。票據權利的行使,以提示票據為必要,若票據喪失,則執票人無從行使其票據上的權利。執票人既無拋棄票據權利的意思,且有被無權利的他人冒領的危險,對執票人的權利實有很大影響,故票據法特規定有救濟方法。

(2)票據喪失的補救方法有二:一為止付,二為公示催告及除權判決。

2.止付通知

(1)止付通知的意義:票據喪失時,除所喪失者為票據用紙,保付支票及業經付款的票據外,票據權利人得將票據喪失的情形通知付款人,使停止付款(票§18Ⅰ、§138Ⅳ,票施§6),以防止他人冒領;如不為通知,則其因此所生的損失應自己負擔。

(2)止付的程序

①通知:票據權利人為止付的通知時,應填具「掛失止付通知書」,載明下列事項,通知付款人。

A.票據喪失經過。

B.喪失票據的類別、帳號、號碼、金額及其掛失止付通知書規定應記載的有關事項。

C.通知止付人的姓名、年齡、住所。其為機關、團體者,應於通知書上加蓋正式印信,其為公司、行號者,應加蓋正式印章,並均應由負責人簽名,個人應記明國民身分證字號,票據權利人為發票人時,並應使用原留印鑑(票施§5,票據掛失止付處理規範§3)。

②補證:票據權利人應於提出止付通知後五日內,向付款人提出已為公示催告聲請的證明,否則其所為的止付通知,失其效力(票§18)。其目的在防止行為人故意利用止付之名,行延緩票據付款

之實。故通知止付人不得對同一票據再為止付的通知。

(3)付款人對止付通知的處理

①付款人對通知止付的票據，應即查明處理（票施§5Ⅱ）。

②對無存款又未經允許墊借票據的止付通知，應不予受理（票施§5Ⅱ）。

③對存款不足或超過付款人允許墊借金額的票據，應先於其存款或允許墊借的額度內，予以止付。其後如再有存款或續允墊借時，仍應就原止付票據金額限度內，繼續予以止付（票施§5Ⅱ）。

④票據權利人就到期日前的票據為止付通知時，付款人應先予登記，嗣到期日後，再依前項規定辦理。其以票載發票日前的支票，為止付通知者，亦同（票施§5Ⅲ）。

⑤通知止付之票據如為業經簽名而未完成的空白票據，而於喪失後經補充記載完成者，準依前兩項規定辦理，付款人應就票載金額限度內予以止付（票施§5Ⅳ）。上述票據之止付通知書，票據權利人未能記載的事項，以嗣後提示請求付款的票據記載事項，視為止付通知書所記載的事項（票據掛失止付處理規範§11Ⅱ）。

⑥經止付的金額，應由付款人留存（票施§5Ⅴ）。

⑦凡已通知掛失止付票據之占有票據人，提示請求付款，如存款或允許墊借之金額足敷票據金額者，以「業經止付」論，如不敷票據金額者，以「存款不足及票據經掛失止付」理由處理，如嗣後再有存款或續允墊借，並經占有票據人再提示請求付款時，依再提示付款時之情形予以處理（票據掛失止付處理規範§15）。

(4)止付的失效

①未補證：止付人應於提出止付通知後五日內，向付款人提出已為聲請公示催告的證明，否則止付通知失其效力（票§18Ⅰ、Ⅱ但書）。

②駁（撤）回：票據權利人雖曾依本法第 18 條第 1 項規定，向付款

人提出為公示催告聲請的證明，但其聲請被駁回或撤回者，或其除
權判決的聲請被駁回確定或撤回，或逾期未聲請除權判決者，止付
通知仍失其效力（票施§7Ⅰ）。

③不得再止付：依票據法第 18 條第 2 項規定止付通知失其效力者，
同一人不得對同一票據再為止付的通知（票施§7Ⅱ）。付款人得
不顧該止付通知而為付款。

(5)止付金額的支用

①經止付之票據金額，非依票據法第 19 條第 2 項的規定，票據掛失
止付處理規範第 13 條及第 14 條之規定或經占有票據之人及止付人
的同意，會同填具註銷申請書，不得支付或由發票人另行動用（票
施§5，票據掛失止付處理規範§12）。

②通知止付人雖曾向付款行庫提出已為公示催告聲請之證明，但占有
票據之人或通知止付人提出該公示催告之聲請被駁回或撤回或其除
權判決之聲請被駁回確定或撤回或逾期未聲請除權判決之證明者，
止付通知失其效力，該止付之票據恢復付款（票據掛失止付處理規
範§13）。

③業經通知止付之票據，票據權利人如聲請票據金額之支付，應俟法
院除權判決後，具據憑以辦理，但在公示催告程序開始後，而票據
業經到期者，得提供確實擔保予以支付，不能提供擔保時，得請求
將票據金額依法提存。付款行庫對前項但書之聲請應即查明，對聲
請時存款不足或超過付款人允許墊借金額之票據，應先於其存款或
允許墊借之額度內予以付款，其後如再有存款或續允墊借時，仍應
就原止付票據金額限度內，繼續予以付款（票據掛失止付處理規範
§14）。

(6)止付之效力

經止付通知後，付款人即不得任意付款，否則，應負被冒領所生的
責任。

3.公示催告及除權判決

(1)止付通知僅能阻止他人冒領票款，但因票據權利人自己手上無票據的緣故，尚無法請求付款，因此須進一步聲請法院公示催告（票§19Ⅰ）。

(2)公示催告程序（民訴第八編）完成後，無人申報權利時，執票人得聲請法院為「除權判決」，以宣告該喪失的票據為無效（民事訴訟法§545、§564Ⅰ），爾後始得依據該判決請求付款（民事訴訟法§565Ⅰ）。

(3)空白票據可否公示催告？亦即已簽名或蓋章的支票，未記載發票年月日及金額或欠缺其中之一而遺失時，向法院聲請公示催佶，可否准許？

①司法實務上認為不得聲請公示催告。亦即，依票據法第 125 條第 1 項第 3 款、第 7 款及第 11 條第 1 項規定，支票上之金額及發票年月日為絕對必要記載之事項欠缺記載，即為無效之票據，既為無效之票據，即非「證券」，自不得依民事訴訟法第 539 條第 1 項之規定聲請為公示催告（最高法院 68.10.23. 第 15 次民事庭會議決議）。因此，遺失之支票，若其金額及發票年月日均為空白，即為無效之票據而非證券，自不得聲請為公示催告（臺灣高等法院 90 年度抗字第 3297 號民事裁定）。

②惟通知止付之票據如為業經簽名而未記載完成之空白票據，而於喪失後經補充記載完成者，準照票據法施行細則第 5 條第 1 項至第 3 項、票據掛失止付處理規範第 10 條至第 12 條規定辦理，付款人（付款行庫）應就票載金額限度內予以止付（票施§5Ⅳ，票據掛失止付處理規範§11Ⅰ）。

③空白票據喪失後經他人補充記載完成提示前，仍有通知止付之必要，票據法施行細則第 5 條第 4 項明定業經簽名而未記載完成之空白票據於喪失後仍得為止付通知，惟此一止付通知，僅屬「止付之

預示」，應待其空白補充記載完成，始生止付之效果，並於該補充記載完成之票據提示時，依一般有效據喪失時之止付手續辦理（臺灣高等法院 95 年度抗字第 1270 號民事裁定）。

(4)自聲請公示催告起至取得除權判決止，須經過相當時日；為避免票據權利人久待，票據法第 19 條第 2 項規定，公示催告程序開始後，其經到期的票據，聲請人得提供擔保，請求票據金額的支付；不能提供擔保時，得請求將票據金額提存於法院、商會、銀行公會或其他得受提存的公共會所；其未到期的票據，聲請人得提供擔保，請求給予新票據。

(5)公示催告的程序，對於付款人業已付款的支票及保付支票，不適用之（票施§6）。

六、票據權利的消滅

(一)票據權利消滅的意義

票據權利的消滅者，票據上的付款請求權或追索權，由於一定的原因，而客觀的失其存在之謂。

(二)票據權利消滅的共通原因

1.付　款

票據的終極目的，為票據上金額的支付，即所謂付款是也。付款人或其擔當付款人向執票人付款時，該票據所表彰的權利當然歸於消滅（票§69、§124、§144）。

如係一部付款時，則票據上權利一部歸於消滅。一部付款，執票人不得拒絕，如予以拒絕時，則該被拒絕的部分應喪失追索權（票§73）。

又付款人拒絕承兌或拒絕付款，而第三人參加付款時，如執票人拒絕其參加，則對於被參加人及其後手亦喪失追索權。

2.票據上權利罹於時效

　　票據上所表彰的權利，為一定金額的給付請求權，自應有請求權消滅時效的適用；惟票據為流通證券，若權利人怠於行使權利，為迅速解決票據關係起見，票據法特別規定其短期時效。

(1)時效期間及其起算點：

　　①執票人對承兌人或發票人的權利：票據上的權利，對匯票承兌人及本票發票人，自到期日起算，見票即付的本票，自發票日起算，三年間不行使，因時效而消滅。對支票發票人，自發票日起算，一年間不行使，因時效而消滅（票§22Ⅰ）。

　　②執票人對前手的追索權：匯票、本票的執票人對前手的追索權，自作成拒絕證書日起算，一年間不行使，因時效而消滅。支票的執票人對前手的追索權，四個月間不行使，因時效而消滅。其「免除作成拒絕證書」者，則時效的起算點，匯票、本票自到期日起算，支票自提示日起算（票§22Ⅱ）。免除作成拒絕證書，包括法律上免作拒絕證書而得追索的場合在內；例如付款人或承兌人受破產宣告時，以破產裁定代替拒絕證書（票§86Ⅱ）。

　　③背書人對前手的追索權：匯票、本票的背書人對於前手的追索權，自為清償之日（解釋上為清償而取回票據之日）或被訴之日（指起訴狀繕本送達之日）起算，六個月間不行使，因時效而消滅。支票的背書人對前手的追索權，二個月間不行使，因時效而消滅（票§22Ⅲ）。

(2)票據權利行使期間的計算方法，適用民法第 120 條第 1 項規定，也是始日不算入（最高法院 53 年度台上字第 1080 號民事判決）；但期間末日為休息日，則無民法第 122 條以次日代之規定的適用。

(3)我票據法僅就時效期間有所規定，關於時效中斷、時效不完成的效果及時效利益不得預先拋棄等項，仍適用民法的規定。惟應注意者，時效因請求而中斷時，依民法第 130 條的規定，若於六個月內不起訴，

視為不中斷。而票據法的短期時效，有少至二個月至四個月者，則上開中斷時效的六個月期間，解釋上應縮短至二個月至四個月，始為合理（最高法院 65.10.12. 民庭庭推總會議(二)）。

(4)按消滅時效，自請求權可行使時起算；且時效期間，不得以法律行為加長或縮短之，並不得預先拋棄時效之利益。民法第 128 條前段、第 147 條分別定有明文。而票據上之權利，對本票發票人，自到期日起算；見票即付之本票，自發票日起算，三年間不行使，因時效而消滅，固為票據法第 22 條第 1 項所明定，惟並未排斥民法第 128 條之適用。則票據上權利，於票載到期日或發票日，其權利之行使於法律上為不可能或存有障礙者，其消滅時效仍應自其權利可行使時起算。且票據為文義證券，票據上之權利義務，悉依票據記載之文義為認定，係為保障善意之執票人，以維票據之流通性，至於票據授受之直接當事人間，就票據記載外所存在之事項，並非不得援用為彼此抗辯之事由。從而，執票人就其與發票人間，如確有票據權利於票載到期日或發票日尚不能行使之障礙，自非不得據以對發票人為法律上主張。而債權人依民法第 242 條規定，代位發票人對於執票人起訴者，其地位與被代位人自行起訴並無不同，執票人自亦得以上開事由對代位人為抗辯（最高法院 108 年度台上字第 1635 號民事判決）。

(三)追索權消滅的原因

例如保全手續的欠缺（票 § 79、§ 104、§ 122 V、§ 132），參加付款的拒絕（票 § 78 II），故意違反規定而參加付款（票 § 80 II）。

第四節　非票據關係

一、非票據關係的意義

本於票據本身所生的法律關係，為票據關係；雖非由於票據本身所

生,但與票據有密切的法律關係者,則為「非票據關係」。

二、非票據關係的內容

(一)票據法上的非票據關係

非票據關係,基於票據法的規定而生者,稱為票據法上的非票據關係。如利益償還請求權(票§22Ⅳ)、匯票執票人發行複本請求權(票§114)、交還複本請求權(票§117)、交換謄本請求權(票§119Ⅱ)、付款人交出票據請求權(票§74、§124、§144)等。

(二)非票據法上的非票據關係

非票據關係,非基於票據法,而係基於其他法律(如民法)的規定而生者,稱為非票據法上的非票據關係。可分為三種:1.票據原因,2.票據預約,3.票據資金。此三者總稱為票據的實質關係,亦即與票據有關聯的民事上關係。

三、利益償還請求權

(一)總　說

利益償還請求權者,謂票據上的債權,雖依票據法因時效或手續的欠缺而消滅,但執票人對於發票人或承兌人,於其所受利益的限度內,仍得請求償還其所受利益的權利(票§22Ⅳ),也稱為「利得返還請求權」。票據法上的非票據關係,以利益償還請求權問題較為複雜。蓋以執票人的權利,若因時效完成或嚴格保全手續(準時提示及作成拒絕證書)的欠缺而消滅,於是票據債務人即得藉以早日脫卸其責任,因而無形中難免享有意外的利益,因此項利益係建築於執票人損失之上,於理不平,故票據法給予執票人以利益償還請求權,俾執票人仍有最後的補救機會。

(二)利益償還請求權的主體

1.權利人

利益償還請求權，屬於票據權利消滅時的執票人。背書人，因受追索權的行使，已履行票據義務而取得票據者，亦為票據的執票人（票§96Ⅳ）。

2.義務人

償還義務人，以發票人或承兌人為限。背書人則不在其內，因背書人以背書轉讓票據時，通常雖多自被背害人受有對價（如以票據購得貨品），但另一方面，背書人當初取得票據時，通常亦多付出對價（如因售物而取得該票據），一出一入，可見背書人無受益可言，因而背書人非利益償還請求權的對象。

(三)利益償還請求權的成立要件

1.票據上的權利，必須因罹於時效或手續欠缺而消滅

(1)所謂罹於時效或手續欠缺，乃因執票人不於法定期限內行使或保全其權利所生的結果，若係因其他原因而使票據上權利歸於消滅者，如票據債務的免除，則不發生利益償還請求權。

(2)當事人對於利益償還請求權雖非票據上之權利，然因票據而生，故執票人之票據上權利，須曾有效存在，因時效或手續之欠缺而消滅，始足當之。倘該票據因欠缺票據之形式要件而自始無效，即無票據上之權利，自無利益償還請求權（最高法院 101 年度台上字第 1677 號民事判決）。

2.發票人及承兌人必須因此受有利益

所謂受有利益者，即發票人或承兌人因票據上權利消滅，而脫卸其在票據上應負起的責任。例如發票人已將資金交付於承兌人，而執票人的票據債權卻罹於時效而消滅時，此際承兌人即為受有利益。

(1)所稱之利益，係指發票人或承兌人於原因關係或資金關係上所受之利

益（代價）而言。執票人對發票人、承兌人實際上是否受有利益及所受利益若干，應負舉證責任（最高法院 88 年度台上字第 3181 號民事判決）。

(2)所稱之利益，並不以執票人所提供之對價為限，從而利得償還請求權於無直接當事人關係之發票人與執票人間，亦得發生（最高法院 87 年度台上字第 823 號民事判決）。

(3)票據上之債權，雖依本法因時效或手續之欠缺而消滅，執票人對於發票人或承兌人，於其所受利益之限度，得請求償還，票據法第 22 條第 4 項定有明文，此項利益包括積極利益及消極利益在內（最高法院 110 年度台上字第 896 號民事判決）。

3.利益償還請求權為票據法上一種特別的請求權，並非票據上的權利

票據法第 22 條第 4 項所定之利得償還請求權係票據法上之一種特別請求權，償還請求權人須為票據上權利消滅時之正當權利人，其票據上之權利，雖因時效消滅致未能受償，惟若能證明發票人因此受有利益，即得於發票人所受利益之限度內請求返還。至其持有之票據縱屬背書不連續，亦僅為形式資格有所欠缺，不能單憑持有此背書不連續之票據以證明其權利而已，償還請求權人倘能另行舉證證明其實質關係存在，應解為仍得享有此權利（最高法院 90 年度台上字第 846 號民事判決）。

(四)利益償還請求權的效力

具備利益償還請求權成立要件時，則利益償還請求權人得向償還義務人請求返還其利益，但義務人返還的責任，僅於其所受利益的限度內負擔，故屬於有限的責任。故屬於其所受的利益現是否存在，則非所問。

(五)利益償還請求權的時效

1.依票據法第 22 條第 4 項規定之執票人利益返還請求權，其時效依民法第 125 條規定為十五年（最高法院 50 年度台上字第 563 號民事判決）。

2.票據法第 22 條第 4 項規定之利得償還請求權，係基於票據時效完成後
　所生之權利，與票據基礎原因關係所生之權利各自獨立，故執票人於
　未逾民法第 125 條規定十五年之期間行使利得償還請求權時，發票人
　或承兌人不得以原因關係所生權利之請求權消滅時效業已完成為抗辯
　（最高法院 96 年度台上字第 2716 號民事判決）。

四、票據的實質關係

(一)總　說

　　票據為不要因證券，票據關係為一種抽象的法律關係，其背後必先
有一種可使票據關係發生的實質的法律關係，此種法律關係，稱為票據
的實質關係或基本關係。

(二)票據實質關係的種類

1.原因關係

(1)當事人間為票據的授受，必有其授受的緣由，此項緣由，即為票據的
　原因，我票據法第 14 條稱之為「對價」。

(2)票據原因不一而足，或由於價金的交付，或由於金錢的借貸，或由於
　金錢的贈與；惟票據為無因證券，票據行為與票據原因兩相分立，票
　據權利一經發生，即與其原因關係脫離；其原因關係縱不成立或歸於
　無效，對於既已發生的票據權利，並不影響，此所以助長票據的流通
　也。

(3)但在直接當事人間或對惡意第三人，仍得以原因關係抗辯，其無對價
　或以不相當的對價取得票據者，不得享有優於前手的權利（票§14
　Ⅱ）。至於票據法第 14 條第 2 項規定所謂無對價或以不相當之對價
　取得票據者，係轉讓票據之當事人，有轉讓票據之意思，而為轉讓之
　行為，僅其轉讓係無對價或其對價不相當（最高法院 110 年度台簡上
　字第 23 號民事判決）。

2.資金關係

(1)資金關係係指匯票或支票的付款人與發票人間所存在的法律關係而言，也就是付款人所以付款，必與發票人間另有一種法律關係，此種法律關係稱為資金關係。

(2)資金關係在一般情形，多先由發票人提供資金於付款人，然後再發行票據，委託付款人付款；但不以此為限，即使先由付款人付款，爾後再向發票人請求補償，亦無不可。資金關係，通常為金錢，但債權、實物、信用，亦得作為資金。

(3)資金關係與票據關係，兩不相涉。資金關係，僅為發票人與付款人（或承兌人）間的關係，資金關係的存在與否，於票據的權利義務毫無影響。票據債務人不得以資金關係的理由，對抗票據債權人；發票人不得以已供資金於付款人為由，拒絕票據債權人行使追索權；承兌人亦不得以未受資金而為拒絕付款理由。其票據行為更不因資金關係而歸於無效。

(4)支票執票人喪失支票，經為合法之止付通知，並依法定程序取得除權判決，憑以向付款人請求給付止付之金額，付款人即應給付之，不得以其與發票人間在後所生資金關係之抗辯事由對抗執票人，以保護執票人之權利，助長票據流通（最高法院 85 年度台簡上字第 73 號民事判決）。

3.票據預約

(1)當事人在接受票據之先，就票據的發行或讓與，必先有相互一致的意思表示，以為授受票據的依據，此項約定，即為票據預約。例如在發行票據的場合，發票人與受款人間，就票據的種類、金額、到期日、利息的有無等項，必先行約定是；因此項預約的結果，而有票據行為，更因而生票據關係。

(2)票據預約非即為票據行為，也不能直接發生票據上的權利義務。

(3)票據預約的成立與履行及不履行的法則，均適用民法的一般規定，與票據關係全然無涉。

第二章
匯　票

第一節　匯票的概念

一、匯票的意義

匯票者，謂發票人簽發一定金額，委託付款人於指定的到期日無條件支付與受款人或執票人的票據（票§2）。

二、匯票的特點

(一) 匯票是委託證券，由發票人委託他人（付款人）付款。此點與支票同，與本票異。

(二) 匯票付款人的資格無限制。此點與支票付款人的資格有限制不同。

(三) 匯票為信用證券，原則上是將來付款，所以有到期日的問題。此和支票異，與本票同。

三、匯票的種類

(一)以通行的區域為準

1.國內匯票：指匯票的發行地及付款地均在一國之內者而言。

2.國外匯票：指匯票的發行地及付款地均在外國者而言。

(二)以付款的期限為準

1.即期匯票（見票即付匯票）

所謂即期匯票，係見票後立即付款的匯票，例如記明「見票即付」等字樣（票§65 I ③），若全不記載，法律上即視為見票即付（票§24 II）。

2.遠期匯票

又可分為三種：

(1)定期付款匯票：即發票人於發行匯票時，記載一定日期為到期日的匯票，例如記明「於一百十二年五月二十七日付」等字樣。

(2)發票日後定期付款匯票：即自發票日起算，經過一定期間後付款的匯票，例如記明「發票日後兩個月付」等字樣。

(3)見票後定期付款匯票：即到期日自提示承兌之日起算，經過一定期間後付款的匯票，例如記明「見票後三十日付」等字樣。

(三)以記載的形式為準

1.記名式匯票：即發票人在票上載明受款人的姓名或商號的匯票。

2.指示式匯票：即在匯票上記載受款人的姓名或商號外，並記載「或其指定人」文字的匯票。

3.無記名匯票：即在匯票上不記載受款人姓名或商號的匯票。

第二節　匯票的記載事項

一、絕對必要記載事項

(一)絕對必要記載事項的內容

1.表明其為匯票的文字（票§24 I ①）

理論上應以「匯票」二字為限。至於以其他意義相同的文句，應視具體情事判定之。例如國外匯票或國際匯票，以英文之「bill of exchange」表明似無不可。

2.一定的金額（票§24 I ②）

匯票上的金額，必須確定，且於交付前不得改寫（票§11Ⅲ）。匯票上的金額，以號碼代替文字記載，經使用機械辦法防止塗銷者，視同文字記載（票施§3）。

3.無條件支付的委託（票§24 I ⑤）

　　一般均以「憑票支付」字樣表示。

4.發票年月日（票§24 I ⑦）

(1)若發票人將發票日與到期日顛倒記載，致到期日在發票日之前，使必要記載事項合法與否發生問題，應如何解決？多數意見認為該票據無效，例如中央銀行 67.6.6. 台央業字第 0695 號函：「貴會（按即銀行公會）對於銀行擔當付款本票之發票人，所填『到期日』在『發票日』以前者，認為係破壞『基本票據』之文義構造；及僅填到期日，而無發票日者，認為法定要項不全，二者均視為無效，付款行不予付款一節，本行同意貴會意見。」惟依票據行為的有效解釋原則，應認為不必以之為無效，僅其到期日的記載，不生票據的效力，即應視為見票即付的本票。

(2)匯票既欠缺發票年月日之記載而無效，則付款人於此匯票為承兌，自亦不生承兌之效力（最高法院 78 年度台上字第 2089 號民事判決）。

5.發票人簽名（票§24 I ）

(二)絕對必要記載事項的效力

　　絕對必要記載事項如有欠缺，其發票無效（票§11 I ），且在該票上所為附屬票據行為（如背書、承兌、參加承兌及保證），亦為無效（最高法院 78 年度台上字第 2089 號民事判決）。

二、相對必要記載事項

(一)相對必要記載事項的內容

1.付款人的姓名或商號（票§24 I ③）

　　但未載付款人者，以發票人為付款人（票§24Ⅲ）。發票人並得以自己為付款人（票§25 後段），此即所謂「對己匯票」或「己付匯票」。

2.受款人的姓名或商號（票§24Ⅰ④）

　　但未載受款人者，以執票人為受款人（票§24Ⅳ）。發票人並得以自己或付款人為受款人（票§25 前段）。發票人以自己為受款人者，所謂「指己匯票」或「己受匯票」；以付款人為受款人者，稱「付受匯票」。匯票未載受款人者，執票人得於無記名匯票的空白內，記載自己或他人為受款人，變更為記名匯票（票§25Ⅱ）。

3.發票地（票§24Ⅰ⑥）

　　但未載發票地者，以發票人的營業所、住所或居住所在地為發票地（票§24Ⅴ）。

4.付款地（票§24Ⅰ⑧）

　　但未載付款地者，以付款人的營業所、住所或居住所在地為付款地（票§24Ⅵ）。

5.到期日（票§24Ⅰ⑨）

　　但未載到期日者，視為見票即付（票§24Ⅱ）。

(二)相對必要記載事項的效力

　　相對必要記載事項雖有欠缺，但法律另有補充規定，則依其規定，其發票並不因而無效。

三、任意記載事項

(一)任意記載事項的內容

1.擔當付款人：擔當付款人者，指代付款人實際付款之人。發票人得於付款人外，記載一人為擔當付款人（票§26Ⅰ）。發票人已指定擔當付款人者，付款人於承兌時得塗銷或變更之（票§49Ⅱ）。匯票上載有擔當付款人者，其付款的提示，應向擔當付款人為之（票§69Ⅱ）。

2.預備付款人：預備付款人者，指發票人或背書人，於付款人外，記載

付款地的一人，於付款人拒絕承兌或付款時，參加承兌或參加付款之人（票§26Ⅱ、§35）。匯票上載有預備付款人者，在付款人拒絕承兌時，得請求其為參加承兌（票§53Ⅰ）。在付款人拒絕付款而又無參加承兌人時，應向其為付款的提示（票§79Ⅰ）。

3.付款處所：發票人得記載在付款地的付款處所（票§27）。票據上如有付款處所的記載，則行使或保全票據上權利的行為，應於該處所為之（票§20）。

4.利息與利率：發票人得記載對於票據金額支付利息及其利率（票§28Ⅰ）。利率未經載明者，定為年利六釐（票§28Ⅱ），利息自發票日起算，但有特約者，不在此限（票§28Ⅲ）。

5.免除擔保承兌：發票人得依特約免除擔保承兌之責（票§19Ⅰ）。

6.禁止轉讓：發票人及背書人均得為禁止轉讓的記載。記名匯票發票人有禁止轉讓的記載者，不得轉讓（票§30Ⅱ）。背書人於票上記載禁止轉讓者，仍得依背書轉讓之；但禁止轉讓者對於禁止後再由背書取得匯票之人，不負責任（票§30Ⅱ）。

7.承兌的期限或期日（票§44）。

8.承兌或付款提示期限的縮短或延長（票§45、§66）。

9.免除作成拒絕證書（票§94Ⅰ）。

10.指定應給付的金額（票§75Ⅰ但書）。

11.免除拒絕承兌或拒絕付款的通知（票§90）。

12.不得發行回頭匯票（票§102Ⅰ）。

(二)任意記載事項的效力

任意記載事項，其記載與否聽任發票人的意思，如未記載，與發票的效力無關，但一經記載，仍發生票據上的效力。

第三節　背　書

一、概　說

(一) 背書者，即執票人以「移轉」票據上權利或其他為目的，並將票據「交付」他人（最高法院 64 年度台上字第 2671 號民事判決）所為的一種附屬的票據行為。

(二) 票據為流通證券，其轉讓方法與一般債權的讓與不同：一般債權的讓與，以通知債務人為必要，而票據權利的轉讓，除在無記名票據得僅以交付票據為轉讓方法外，在記名票據，須受款人在票據背面簽名為背書行為後轉讓。即使在無記名票據的情形，若受讓人為取得對讓與人的追索權，用以加強票據的信用，有時亦有請求讓與人背書的必要。故票據背書為票據轉讓的重要課題。

(三) 票據背書行為，以有發票的基本行為為前提；背書行為不論其目的為何，均為票據的附屬行為。如背書日期在發票日之前者，是否影響背書的效力？實務上認為背書日期並非現行法上背書應記載事項，且與形式的論理矛盾，將背書日期視為無記載為是（最高法院 67 年度台上字第 606 號民事判決）。惟背書亦有其獨立性，票據如已具備形式上要件，發票行為縱因票據的偽造或無行為能力或限制行為能力人的簽名，而不生法律上效力，但背書人仍負票據上的責任。

(四) 就票據金額的一部分所為的背書，或將票據金額分別轉讓與數人的背書，不生效力（票§26、§124、§144），此為背書的不可分性。

(五) 背書附記條件者，其條件視為無記載，而對於背書的效力尚無影響（票§36後段），此為背書的單純性。

(六) 公司或商號背書所用印章外，有無代表人或負責人的簽章，並不礙公司或商號背書的效力（最高法院 58 年度台上字第 873 號民事判決、最高法院 68 年度台上字第 1676 號民事判決）。

二、背書的種類

(一)以背書的目的（作用）為準分類

1.轉讓背書

其目的係在轉讓票據的權利，即付款請求權及追索權，通常的背書屬之。

2.非轉讓背書

其目的非在於轉讓票據權利，而係另有其他作用，其中以委任他人代為取款為目的者，為「委任取款背書」（簡稱委任背書）；以債務的擔保而設定質權為目的者，為「設質背書」（簡稱質背書）。

(二)轉讓背書的分類

1.一般轉讓背書

依其記載方式的不同，又分為：(1)完全背書；(2)空白背書。

2.特殊轉讓背書

指具有特殊情形（如被背書人的特殊，背書時期的特殊）的背書而言。又分：

(1)回頭背書：以原票據債務人為被背書人，即被背書人特殊。

(2)期後背書：即作成拒絕付款證書或作成拒絕付款證書的期限經過後所為的背書，係背書時期特殊。

三、轉讓背書

(一)概　說

票據權利的轉讓，依背書而轉讓，其優點有三：

1.依背書轉讓，較一般債權的轉讓方法為簡便，即不必通知債務人亦可完全生效；而一般債權即非通知債務人，對債務人不生效力（民§297 I）。

2.依背書轉讓時，後手不繼承前手的瑕疵，即票據債務人不得以自己與

背書人（讓與人）間所存的抗辯事由，對抗被背書人（受讓人）；而一般債權的轉讓，乃債務人於受通知時，所得對抗讓與人的事由，皆得以之對抗受讓人（民§299Ⅰ）。

3.依背書轉讓，除具有權利移轉的效力外，尚有權利證明及權利擔保的效力。權利證明的效力，即票據法第 37 條第 1 項本文所規定：「執票人應以背書之連續，證明其權利。」權利擔保的效力，即票據法第 39 條準用第 29 條第 1 項本文的結果：「背書人應照匯票文義擔保承兌及付款。」

(二)一般轉讓背書

1.完全背書（記名背書、正式背書）

(1)由背書人在匯票的背面或其黏單上，記載被背書人，並由背書人簽名的背書（票§31Ⅰ、Ⅱ），但背書年月日的記載，係得記載事項（票§31Ⅴ），記載與否，任由背書人的自由，縱未記載，背書仍為有效。

(2)完全背書再為轉讓者，必須由被背書人再背書，否則，背書即不連續。

2.空白背書（無記名背書、略式背書、不完全背書）

(1)空白背書的意義：空白背書，即背書人不記載被背書人，僅簽名於匯票的背書（票§31Ⅲ）。

(2)空白背書轉讓方法

　①僅依匯票的交付轉讓（票§32Ⅰ）：即執票人得不加一字，亦不簽名，而將該匯票交付與受讓人即可，手續至為簡便。此種匯票的轉讓，執票人（讓與人）既不簽名，自無須負背書人的責任（擔保承兌、擔保付款），將來不受追索權的追索，此其實益也。

　②再為空白背書轉讓（票§32Ⅱ）：空白背書的執票人僅以前述票據的交付轉讓，對於讓與人極為有利；惟有時受讓人因僅信賴讓與人

始願收受該票據者，自仍得請求讓與人簽名以增加票據的信用，故
執票人亦得再以空白背書而轉讓。

③依記名背書轉讓（票§32Ⅱ）：即空白背書的執票人，亦得記載被
背書人，並簽名於票據後，再為轉讓。

④變更為記名背書轉讓（票§33）：即匯票的最後背書為空白背書
者，執票人得於該空白內記載自己或他人為被背書人，變更為記名
背書，再為轉讓。此為空白背書的變更權或補充權，其情形有二：

A.於空白內記載自己為被背書人再為轉讓：即將自己的姓名填入空
白背書的被背書人欄，使原空白背書變為記名背書再轉讓。惟原
空白背書既變為記名背書，而執票人自己又為該記名背書的被背
書人，因而轉讓時，尚須再為記名背書或空白背書，而不得僅依
交付而轉讓。

B.於空白內記載他人為被背書人再為轉讓：即將他人（受讓人）的
姓名，記入空白背書的被背書人欄內，使原空白背書變為記名背
書，同時將該匯票逕交付於該他人，即可完成轉讓手續，而執票
人自己無須背書。其自己既無背書，自亦不負背書人的責任。

(三)特殊轉讓背書

1.回頭背書（還原背書、逆背書）

(1)回頭背書者，即以原票據債務人為被背書人的背書。

(2)一般轉讓背書係以匯票債務人以外的第三人為背書人；而回頭背書則
以匯票上已有簽名之人為被背書人。

(3)依票據法第 34 條第 1 項規定，匯票得依背書讓與發票人、承兌人、
付款人或其他票據債務人；但付款人在承兌之前尚非票據債務人，其
受讓自不構成此所謂的回頭背書，學者有以「準回頭背書」稱之。其
為被背書人時，對於任何人均得行使追索權。

(4)匯票債務人依回頭背書受讓票據時，依民法混同的原則，原應因債權

與債務同歸一人而消滅（民§344），但票據法為保護票據的流通性，排除混同原則的適用，容許受讓人於票據到期日前，更以背書轉讓之（票§34Ⅱ）。

(5)回頭背書追索權行使範圍的限制：

①執票人為發票人時，對其前手無追索權（票§99I）。發票人將票據交付他人後，經輾轉背書，再由發票人受讓，以前背書人得對發票人行使之追索權，應因混同而消滅，嗣後發票人再將該支票交付他人，依票據法第 99 條第 2 項之法意，發票人受讓票據前之各背書人，均應免其責任（最高法院 76 年度台上字第 964 號民事判決）。

②執票人為背書人時，對其原來背書的後手無追索權（票§99Ⅱ）。

③執票人為付款人時，若付款人在承兌前依背書受讓匯票時，僅屬「準回頭背書」；對其前手有追索權；但付款人於承兌後受讓匯票者，因其已成為主債務人，則對任何人均無追索權。

④執票人為預備付款人時，其情形與付款人在承兌前相同，對其前手有追索權。

⑤執票人為保證人或參加承兌人時，除向被保證人或被參加人追索外，與被保證人或被參加人的追索情形相同。

2.期後背書（後背書）

(1)期後背書者，即在到期日後所為的背書。

(2)期後背書僅有通常債權讓與的效力（票§41I），背書人不負票據上的責任，即背書人不依匯票文義負擔保承兌及付款的責任，僅將其所有的權利移轉於被背書人。其目的在限制到期日後票據的流通性。被背書人承繼背書人的地位，票據債務人得以對抗背書人的事由，轉而對抗被背書人。換言之，被背書人僅不受善意取得的保護，非謂被背書人不得享有票據上權利，或發票人所得據為免責的依據（最高法院 53 年度台上字第 1207 號民事判決、最高法院 69 年度台上字第 2790

號民事判決）。

(3)作成拒絕付款證書後，或作成拒絕付款證書期限經過後所為之背書，謂為期限後背書，依票據法第 41 條第 1 項規定，僅有通常債權轉讓之效力，票據債務人得以對抗背書人之事由，轉而對抗被背書人。期限後空白背書交付轉讓票據者，亦屬期限後背書（最高法院 109 年度台簡上字第 29 號民事判決）。

(4)依票據法第 31 條規定，無論為記名背書或空白背書，均得不記載年月日，故同法第 41 條第 2 項規定，背書未記明日期者，推定其作成於到期日前；亦即推定其係在到期日前所為的背書，仍生票據背書的效力；但既為推定，自可依反證推翻之。

(四)背書的記載事項

背書的記載事項，應在匯票的背面或其黏單上為之（票§31 I），但無一定位置，可不按背書順序簽名（最高法院 63 年度台上字第 771 號民事判決）。茲分述如下：

1.背書的任意記載事項

(1)禁止轉讓的記載。

　　①由發票人記載時：

　　A.「記名」匯票的發票人，有禁止轉讓的記載者，不得轉讓（票§30 II）；故發票人為此記載者，匯票即失其流通性。

　　B.記載方式：禁止轉讓的記載無一定的方式，要必使其意思明瞭即可（最高法院 48 年度台上字第 1841 號民事判決）。

　　(A)記載處所：發票人禁止背書轉讓記載，雖得於票面或背面為之，但於背面記載者，應緊接簽蓋發票印章，始生效力（財政部 54.1.19. 台財錢發 381 號函），否則不知其係以發票人身分或背書人身分為禁止轉讓的記載，與票據為文義證券的意義不符（最高法院 69 年度台上字第 2808 號民事判決）。

(B)年月日的記載，非必要記載，如另無記載，應解為與發票日相同。

(C)無須在記載處簽名或蓋章（最高法院 64 年度台上字第 1593 號民事判決）。

C.認為非禁止轉讓記載之例：

(A)票上記載「退稅保證之用」（最高法院 65 年度台上字第 183 號民事判決）。

(B)將受款人下「或來人」三字塗銷。

(C)僅記明受款人（最高法院 48 年度台上字第 1841 號民事判決）。

②由背書人記載時：

A.背書人於匯票上記載禁止轉讓者，仍得依背書而轉讓之。但禁止轉讓者，對於禁止後再由背書取得票據之人，不負責任（票§30Ⅲ）。

B.記載方式：

(A)記載處所：僅能記於背面，因其屬背書的範圍。

(B)年月日無記載時：似應以前背書人的背書日期為其記載日期，無前背書人者以實際發票日為其日期，如無法足資證明其實際發票早於票載發票日者，則以票載發票日為其記載日期。

(C)必須於票背簽名或加蓋印鑑。

(2)背書的年月日（票§31Ⅳ）。背書未記明日期者，推定其作成於到期日前（票§41Ⅱ）。

(3)背書人得記載在付款地的一人為預備付款人（票§35）。

(4)背書人得為免除擔保承兌的記載（票§39、§29Ⅰ）。

(5)背書人住所的記載（票§89Ⅳ）。

(6)免除拒絕事由通知的記載（票§90）。

(7)免除作成拒絕證書的記載（票§94Ⅰ、Ⅱ）。

2.不生票據法上效力的背書記載事項

(1)附條件的記載：背書附記條件者，其條件視為無記載（票§36 後段）。但背書本身，仍有效力，亦即被背書人仍可依該背書而取得權利也。

(2)免除擔保付款的記載：票據最終目的，即在付款，為免除擔保付款的記載，有違票據的本質，其記載無效，惟背書行為並不因此無效，仍應負背書人的責任（票§39）。

3.背書的禁止記載事項

(1)就票據金額一部背書的記載：例如匯票金額為新臺幣十萬元，僅轉讓三萬元，而自己保留七萬元是。

(2)就票據金額分別轉讓與數人的記載：例如匯票金額為新臺幣十萬元，以三萬元轉讓給甲，七萬元轉讓給乙是。

(3)上述二者，學者稱為「一部背書」。一部背書者，不生效力，蓋背書的成立，不僅須於證券記載，且須將證券交付，而一張證券於交付時，無法分割，因此一部背書，自為法所不許，亦即背書須就匯票金額的全部為之始可，學者稱為背書的不可分性。

(五)背書的連續

1.背書連續的意義

　　背書的連續者，係指在票據上所為的背書，自最初受款人至最後執票人之間，須前後連續而不間斷。亦即票據的最初受款人為背書時，則為第一背書的背書人，其第一背書的被背書人若再為背書時，則為第二背書人，遞推以至於最後的執票人，凡前背書的被背書人與後背書的背書人，須為同一人，而有連鎖關係。

2.效　力

　　執票人應以背書的連續，證明其權利（票§37Ⅰ前段）。惟此係指執票人對背書人行使追索權而言，至執票人直接對發票人請求清償票款時，自無由其證明背書如何連續的必要（最高法院 65 年度台上字第

2832 號民事判決）。

3.背書連續的認定

(1)皆為記名背書時：匯票的背書均為記名背書時，則後背書的背書人，為前背書的被背書人。如圖中，由甲至丁為連續，但若第三次之背書人為丁而非丙時，丁與丙則非連續。

背書次數	被背書人欄	背書人欄
第一次	乙	甲（印）（受款人）
第二次	丙	乙（印）
第三次	丁	丙（丁）（印）

(2)背書中有空白背書時：背書中有空白背書者，在形式上其背書即不連續，但法律規定於此種情形時，其次的背書人，視為前空白背書的被背書人（票§37 I 但書）。如圖中，即視乙為甲的被背書人，丙為乙的被背書人，而認其背書的連續無欠缺。

背書次數	被背書人欄	背書人欄
第一次	（空白）	甲（印）（受款人）
第二次	（空白）	乙（印）
第三次	丁	丙（印）
第四次	戊	丁（印）

(3)背書有塗銷時：背書的塗銷者，指執票人故意塗銷背書而言（票§38前段）。若非執票人故意為之者，不影響於票據上的效力（票§17）。

①背書塗銷的效果：被塗銷的背書人，免除責任。在被塗銷背書人名次之後，而於未塗銷以前為背書者，亦免其責任（票§38）。進而言之，背書的名次若在被塗銷背書人之前者，不因其後手的背書被塗銷，而免除責任。而在塗銷後為背書者，仍應負背書人的責任。如圖示，甲為發票人，仍應負責；戊為塗銷人，丙為被塗銷人，免

除責任；因乙名次在被塗銷之前，仍應負責，而丁的名次在塗銷人之前，被塗銷人之後，亦同免責，己係塗銷後為背書者，仍應負責。

甲（發票人）→乙→丙（被塗銷人）丁→戊（原執票人即塗銷人）→己→庚（現執票人）

②塗銷對背書連續性的影響：塗銷的背書，不影響背書的連續者，對於背書的連續，視為無記載（票§37Ⅱ）。如圖中之丙被塗銷時，丁可視為乙的後手，背書仍為連續，丙的責任，可以免除。但塗銷的背書若影響背書的連續者，對於背書的連續，視為未塗銷（票§37Ⅱ），以保護執票人的權益，如圖中乙為記名被背書人，不能以交付方式轉讓票據，故乙的背書被塗銷時，即影響背書的連續，應視為未塗銷；亦即乙仍應負背書人的責任。

背書次數	被背書人欄	背書人欄
第一次	乙	甲（印）（受款人）
第二次	（空白背書）	乙（印）
第三次	（空白背書）	丙（印）
第四次	戊	丁（印）

四、非轉讓背書

(一)委任取款背書（委任背書）

1.委任取款背書的意義

委任取款背書者，係指執票人以委任取款的目的所為的背書，亦即背書人委與被背書人行使票據上一切權利為目的的背書。

2.委任取款背書的方式

(1)執票人以委任取款的目的而為背書時，應於匯票上記載之（票§40Ⅰ）。因此，委任取款背書除依通常的記名背書外，尚須於匯票上載明委任取款的目的。

(2)按票據法上之背書依其目的不同，可分為票據權利轉讓背書與委任取
款背書。支票之權利轉讓背書，依票據法第 144 條準用同法第 31 條
規定，只須在票據背面或其黏單上簽名即可，並無一定之位置，亦無
須特別表明權利讓與之意；而執票人以委任取款之目的而為背書時，
依同法第 144 條準用第 40 條第 1 項規定，應於支票上記載委任取款
之旨（最高法院 109 年度台上字第 3214 號民事判決）。

3.委任取款背書的效力

(1)被背書人依委任取款背書而取得背書人的代理人的地位，以行使匯票
上一切權利的權限（票§40Ⅱ前段）。此項權限不僅包括票據上權
利，票據法上權利亦包括之。

(2)被背書人不得為通常的轉讓背書，但得以委任取款的目的而更為背書
（票§40Ⅱ後段），此種再委任取款背書的被背書人所得行使的權
利，與第一被背書人相同（票§40Ⅲ）。

(3)被背書人係以背書人的代理人行使匯票的權利，因此，票據債務人對
於受任人所提出的抗辯，以得對抗委任人者為限（票§40Ⅳ）。

4.委任取款背書的撤銷

委任取款背書之背書人，不論何時，均得對受任取款之人收回票據
及撤回代理權之授與，而回復其對於支票之持有，並基於票據之流通
性，再將該支票依背書及交付而轉讓之（最高法院 102 年度台簡上字第
17 號民事判決）。

(二)設質背書（質權背書、質背書）

1.設質背書的意義

設質背書者，乃對票據為設定權利質權所為的背書。

2.設質背書的方法

(1)以票據設定權利質權，如該票據為無記名或空白背書的票據，執票人得
僅以交付票據於質權人，而生設定質權的效力，無設質背書的問題。

(2)在記名票據或記名背書的執票人，如須設定質權，則須以背書方法為之，載明設定質權的意旨，由出質人簽名，並將票據交付。

(3)但票據如已經發票人記載禁止轉讓者，即不得再設定質權。

(三)隱存保證背書

票據乃文義證券，不允許債務人以其他立證方法變更或補充其文義，故凡在票據背面或其黏單上簽名而形式上合於背書之規定者，即應負票據法上背書人之責任。縱令係屬隱存保證背書，且為執票人所明知，仍不能解免其背書人之責任（最高法院 92 年度台簡上字第 24 號民事判決）。

第四節　承　兌

一、總　說

(一) 承兌的意義：承兌者，匯票付款人在票據上「承諾」支付的委託，載明願照票據文義付款，所為的票據附屬行為。

(二) 匯票付款人並不因發票人付款的委託，當然成為票據債務人，須經承兌後，變為承兌人，始為匯票的主債務人。

(三) 除匯票上記載應為承兌，或見票後定期付款的匯票，執票人須請求承兌外（票§44、§45），若係見票即付的匯票，因係見票即應付款，則無承兌的必要。

(四) 承兌制度為匯票所獨有，不及於本票及支票。

二、承兌的種類

(一)以承兌的方式為準而區分

1.正式承兌：即在匯票正面記載「承兌」字樣，並由付款人簽名的承兌（票§43 I）。

2.略式承兌：即僅由付款人在匯票正面簽名，而不記載任何文字的承兌；故付款人僅在票面簽名者，視為承兌（票§43Ⅱ）。

(二)以承兌有無限制為準而區分

1.單純承兌：即完全依照票載文義而承兌也。

2.不單純承兌：即就票載文義加以變更或限制而為承兌。可分為兩種：

(1)一部承兌：即付款人僅就匯票金額的一部為承兌也。一部承兌非經執票人同意，不得為之。為一部承兌者，執票人應將其事由，通知其前手（票§47Ⅰ）；對未獲承兌部分，並應請求作成拒絕證書證明之（票§86Ⅰ）。

(2)附條件承兌：即付款人對匯票金額的承兌附有條件的承兌也。承兌附有條件者，視為承兌的拒絕；但承兌人仍依所附條件，負其責任（票§47Ⅱ）。

三、承兌的程序

(一)承兌的提示

1.意　義

乃執票人現實的出示票據，以行使或保全票據權利的行為。

2.性　質

(1)除見票即付的匯票外，執票人於到期日前，均得向付款人為承兌的提示（票§42）。

(2)承兌的提示，通常是執票人的權利，故提示與否，乃執票人的自由；執票人縱不為承兌的提示，而於到期日逕為付款的提示者，亦無不可。

3.提示期間的限制

(1)積極限制（承兌提示的命令）

①內容：除見票即付的匯票外，發票人或背書人，得在匯票上為應請

求承兌的記載，並得指定期限。背書人所定應請求承兌的期限，不得在發票人所定禁止期限之內（票§44Ⅰ、Ⅱ）。

②目的：使發票人或背書人藉以早日獲知付款人是否願為付款，俾使預為救濟。

③效力：

A.背書人在匯票上為應請求承兌的記載，僅對該背書人發生效力。

B.發票人在匯票上為應請求承兌的記載，應解為其效力及於全體背書人（票§104參照）。

C.執票人違反積極的限制，不於指定承兌期限內為承兌者，對於發票人或背書人，喪失追索權（票§104Ⅱ）。

(2)消極限制（承兌提示的禁止）

①內容：匯票原則上雖得於到期日前隨時為承兌的提示，但發票人得為一定日期前為禁止請求承兌的記載（票§44Ⅱ）。

②效力：匯票上有一定日期前禁止請求承兌的記載時，執票人即不得在該日期前請求承兌，否則如經拒絕，亦不得作成拒絕證書行使追索權。

(二)承　兌

承兌由付款人為之。匯票一般先由執票人提示承兌，此時，付款人應即決定是否承兌，是為原則；然票據法例外規定承兌的考慮期間，以便付款人得以從容考慮，亦即付款人於執票人請求承兌時，得請其延期為之；但為儘速確定法律關係，避免久懸不決，故又明定其延期以三日為限，用以保護執票人的利益（票§48）。

四、承兌的款式

(一)絕對必要記載事項

因正式承兌或略式承兌而不同：

1. 正式承兌的絕對必要記載事項為「承兌字樣」及「簽名」兩者。「承兌字樣」，不限於「承兌」二字，凡足以表示承兌的意義者，如「照兌」、「兌付」等，均無不可。
2. 略式承兌，僅在票面上「簽名」為已足，無須為「承兌字樣」的記載，以期簡化。付款人在票面上一經簽名，縱使非為承兌的意思，亦「視為」承兌，以杜爭端，鞏固票據的信用。

(二)相對必要記載事項

1. 見票後定期付款的匯票，或指定請求承兌期限的匯票，應由付款人在承兌時記載其日期（票§46Ⅰ），藉以確定見票後定期付款匯票的見票日，或起算指定請求承兌期限匯票的到期日；但在一般匯票，承兌日期的記載則非必要。
2. 承兌日期漏未記載時，承兌仍屬有效；但執票人得請求作成拒絕證書，證明承兌日期；未作成拒絕證書，以票據法第 45 條所許或發票人指定的承兌期限的末日為承兌日（票§46Ⅱ）。

(三)任意記載事項

1. 擔當付款人

付款人於承兌時得指定擔當付款人。發票人已指定擔當付款人者，付款人於承兌時得塗銷或變更之（票§49）。付款人於承兌時不得指定預備付款人。

2. 付款處所

付款人於承兌時，得於匯票上記載付款地的付款處所（票§50）。

五、承兌的效力

付款人於承兌後，應負付款之責（票§52Ⅰ）。即付款人一經承兌，即成為匯票的第一債務人，於票據權利罹於消滅時效之前，負絕對的付款責任，縱未自發票人受有資金，亦不能免責。屆期承兌人不付款

者，須負擔兩種結果：

(一)支付義務的加重

　　承兌人到期不付款者，執票人雖係原發票人，亦得直接請求支付依票據法第 97 條及第 98 條所規定加給利息與費用的金額（票§52Ⅱ）。

(二)應受行政制裁

　　票據到期，匯票承兌人不能如期履行付款者，除依票據法辦理外，應視其情節輕重，科以罰鍰，但最高不得超過其票面金額，並得由主管官署予以停業解散處分；其因而觸犯其他法令者，從其規定（票據承兌貼現辦法§13）。

六、承兌的塗銷

　　在執票人為承兌提示時，應將匯票交付與付款人暫時占有，一承兌人為承兌後，將匯票返還與執票人，其承兌行為始為完成。故付款人雖在匯票上簽名承兌，在未將匯票交還執票人以前，依票據法第 51 條本文，仍得將其承兌的表示塗銷，以撤回（票據法誤為撤銷）其承兌。但若已向執票人或匯票簽名人（如發票人、背書人）以書面通知承兌者，則其承兌的意思表示，已到達相對人或關係人而發生效力，則不得再行塗銷（票§51 但書），以免信其已為承兌之人受有不測的損害。

第五節　參加承兌

一、總　說

(一)參加承兌的意義

　　參加承兌者，乃預備付款人或票據債務人以外的第三人，因匯票不獲承兌，於到期日前，為防止執票人行使追索權所為的一種附屬的票據

行為。其為參加行為之人，曰參加人；因參加行為而直接享受利益之人，曰被參加人。

(二)參加承兌與承兌

承兌乃承諾為票據主債務人的行為，承兌人一經承諾簽名，即應負付款的責任。而參加承兌乃以防止追索權的行使為目的，僅承擔其追索義務而已，嗣匯票到期，執票人仍須先向付款人或擔當付款人請求付款，如遭拒絕，始得向參加承兌人為付款的提示，而請求付款。

二、參加承兌的程序

(一)參加承兌的時期

參加承兌人須於執票人得於到期日前行使追索權時為之，亦即，有1.匯票不獲承兌；2.付款人或承兌人死亡、逃避或其他原因，無從為承兌或付款的提示；3.付款人或承兌人受破產宣告等三種情形之一時（票§85Ⅱ）。因在到期日前執票人亦得行使追索權，則參加承兌即應於此時期為之。

(二)參加承兌人的資格

1.預備付款人

執票人於到期日前得行使追索權時，匯票上指定有預備付款人者，得請求其為參加承兌（票§53Ⅰ）。預備付款人自動參加承兌者，執票人亦不得拒絕，故學者稱之為「當然參加」。

2.票據債務人以外的第三人

除預備付款人與票據債務人外，不問何人，經執票人同意，得以票據債務人中的一人為被參加人，參加承兌（票§53Ⅱ），學者稱之「任意參加」。若參加人非受被參加人的委託而為參加者，應於參加後四日內，將參加事由通知被參加人；參加人若怠為此通知因而發生損害時，應負賠償之責（票§55）。

(三)被參加承兌人的資格

被參加承兌人，為因參加承兌的行為而直接享受利益之人。原則上，凡屬票據債務人均得為被參加承兌人；但於票據上曾記明免除擔保承兌之責者（票§39 準用§29 I 但書），本不負因拒絕承兌而被追索的義務，因此，追索權的期前行使若係由於拒絕承兌者則不得以此種票據債務人為被參加承兌人。

三、參加承兌的記載及款式

(一)記載事項

1.參加承兌的意旨（票§54 I ①）。

2.被參加人的姓名（票§54 I ②），未記載被參加人者，視為發票人參加承兌（票§54 II）。預備付款人為參加承兌時，以指定預備付款人之人為被參加人（票§54 III）。

3.年月日（票§54 I ③）。

4.參加承兌人簽名（票§54 I）。

(二)記載位置

參加承兌，應於匯票正面記載之（票§54 I）。

四、參加承兌的效力

(一)對執票人的效力

執票人允許參加承兌後，不得於到期日前行使追索權（票§56 I）。此乃參加承兌的消極效力。由此可知，參加承兌有阻止追索權期前行使的作用。

(二)對參加承兌人的效力

付款人或擔當付款人不於票據法第 69 條及第 70 條所定期限內付款

時，參加承兌人應負支付第 97 條所定金額之責（票§57）。此乃參加承兌的積極效力；申言之，付款人或擔當付款人，經執票人為付款的提示，不於到期日或其後二日為付款，或付款經執票人的同意延期而不於所展延的期限內付款者，參加承兌人應負支付匯票金額、利息及作成拒絕證書及其他必要費用的責任。此責任為第二次的責任，亦即償還責任。

(三)對被參加人及其前手的效力

被參加人及其前手，得免期前追索；但仍得於參加承兌後，向執票人支付票據法第 97 條所定的金額，請其交出匯票及拒絕證書（票§56 Ⅱ），以免將來償還金額增多。

(四)對被參加人後手的效力

被參加人的後手，得免期前追索。如參加承兌人於匯票到期時付款，即得免除責任（票§79Ⅰ）；否則，仍不能免責。

第六節　保　證

一、票據保證的意義

票據保證者，乃票據債務人以外的第三人，以擔保票據上債務的履行為目的，所為的要式、單獨而具有獨立性的附屬的票據行為。

二、票據保證的性質

(一) 票據保證為要式行為，須依法定方式為之；而民法上保證為不要式行為。

(二) 票據保證為單獨行為，祇須保證人一方以法定方式在票據上為之即可，毋庸被保證人的同意即可生保證的效力；而民法上的保證則須兩造當事人的合意而成立。

(三) 票據保證具有獨立性，除被保證的債務因方式的欠缺而無效外，不
　　因被保證人的債務無效而免其義務（票 § 61 Ⅱ）；而民法上的保證
　　則以主債務存在為前提。

三、票據保證的程序

(一)得為保證的時期

　　票據法對此沒有規定，解釋上不獨於到期日前得隨時為之，即於到
期日後或拒絕證書作成後，甚至消滅時效後，亦得為之。

(二)保證人

　　保證人除票據債務人外，不問何人均得為之（票 § 58 Ⅱ）。票據債
務人因其已負票據上的責任，如再為票據的保證，亦難增加票據的信
用，故票據法特予限制。至於保證人資格則無限制，法人或自然人均得
為之。然法人如為公司者，原則上不能作保，如為票據保證者，自亦無
效（公 § 16）。

(三)被保證人

　　凡票據債務人，如發票人、背書人、承兌人、參加承兌人，均得為
票據的被保證人。且票據的被保證人亦以票據債務為限；故指定非票據
的債務人為被保證人者，其保證無效。又付款人，因其承兌之前不負票
據上責任，自亦不得充任被保證人。

四、票據保證的記載及款式

　　票據保證須依法定款式，於法定位置記載，始生效力。

(一)記載事項

1.保證的意旨（票 § 59 Ⅰ ①）

　　就匯票金額的一部為保證者（票 § 63），亦應載明於票據上。

2.被保證人姓名（票§59Ⅰ②）

　　如保證未載明被保證人者，視為為承兌人保證，其未經承兌者，視為為發票人保證。但得推知其為何人為保證者，不在此限（票§60）。

3.年月日（票§59Ⅰ③）

　　保證未載年月日者，以發票年月日為年月日（票§59Ⅱ）。

4.保證人簽名（票§59Ⅰ）

　　應注意者，保證人的簽名，依票據法第 6 條的規定，雖得以蓋章代之。然其蓋章確係出於保證人的意思而為之，始生代簽名的效力，若圖章為他人所盜用，即難謂為已由保證人以蓋章代簽名，既未具備法定方式，依民法第 73 條，自不生保證的效力（最高法院 43 年度台上字第 1160 號民事判決）。

(二)記載位置

　　對於票據保證的記載事項，應在匯票上或其謄本上為之（票§59Ⅰ）。票據保證的記載位置，範圍較寬，既可在匯票上為之，又無正、背面的限制；同時又得在謄本上為之。至於黏單上，解釋上亦得為之。

五、票據保證的效力

(一)保證人的責任

1.通常責任

(1)保證人與被保證人，負同一責任（票§61Ⅰ）。亦即保證人的債務與被保證人的債務，在種類上及數量上應完全相同。此即票據保證人責任的從屬性。就種類言之，如為承兌人保證者，即應負付款責任，從而對於其保證人請求票款無踐行追索權保全手續的必要；為發票人或背書人保證者，即應負擔承兌及擔保付款的責任。就數量言之，被保證人的債務為若干元，保證人的債務亦為若干元；但一部保證者，不在此限。

(2)票據保證之效力與民法上保證有所不同。本票之保證人，與被保證人負同一責任，所謂同一責任，即保證人應負之責任，以被保證人所負之責任為斷，二者所負責任相同，非惟所應清償之金額及費用原則上相同，償還順序亦無先後次序之分，執票人得任意向保證人或被保證人，同時或先後主張票據上之權利，保證人不得行使民法第 745 條之先訴抗辯權，主張於債權人未就被保證人之財產強制執行無效果前得拒絕清償（最高法院 110 年度台簡上字第 36 號民事判決）。

(3)本票人保證人依票據法第 124 條準用第 61 條之結果，固應與被保證人負同一責任，惟同法第 123 條既限定執票人向本票發票人行使追索權時，得聲請法院裁定後強制執行，則對於本票發票人以外之保證人行使追索權時，即不得類推適用該條之規定，遷請裁定執行（最高法院 50 年度台抗字第 188 號民事裁定）。

2.保證債務消滅的原因

被保證債務因清償、免除、抵銷、時效等原因而消滅時，保證債務也消滅在被保證債務消滅前，保證人與承兌人、背書人等，對於執票人連帶負責，票據法第 96 條第 1 項所謂其他票據債務人包括保證人在內，因票據保證為票據行為之一，票據保證債務亦為票據債務。

3.被保證人的債務無效時的責任

被保證人的債務縱為無效，保證人仍負擔其義務。但被保證人的債務因方式的欠缺而無效者，不在此限（票§61Ⅱ）。此即票據保證人責任的獨立性。此係為保護交易安全而設，與民法上保證人責任的從屬性，背道而馳。

4.共同保證的責任

二人以上為保證時，均應連帶負責（票§62）。亦即保證人應就被保證的債務，各負全部的責任。

(二)保證人的權利

保證人清償債務後，得行使執票人對承兌人、被保證人及其前手的追索權（票§64）。此即保證人的追索權。保證人所得行使的追索權，乃基於法定而移轉，因此被保證人或其前手，不得以對抗執票人的事由，對抗保證人。

第七節　到期日

一、到期日的意義

到期日者，乃票據上所記載對於一定金額應為支付的日期也。匯票的到期日，僅能於下述法定四種方式中選擇其一（票§65 I），到期日因須有確定性，故須於匯票上記載；若未記載，法律上即視為見票即付（票§24 II），以濟其窮。

二、到期日的作用

(一) 執票人應於到期日或其後二日內為付款之提示（票§69），否則對其前手喪失追索權（票§104）。

(二) 票據權利的消滅時效，自到期日起進行（票§22 I）。

(三) 在到期日前，原則上不得付款（票§72）。

三、到期日的種類及計算

(一)定日付款

即票據上載明某年某月某日付款，則該日即為到期日。其到期日的計算方法，係以票上所載特定年月日的屆至，為到期日的屆至。如票上僅載月初、月中、月底者，則謂該月的一日、十五日、末日（票§68 III）。如載曆法上所無之日者，應解為月的末日為到期日。

(二)發票日後定期付款

即由票上所載的發票日起算，以一定的日期為限，其期限的屆至，即為到期日。例如票上記載「於發票日後十五日付款若干元」，若其發票日為一月五日，則其到期日應為一月二十日。其到期日的計算，票據法另有特別規定如下：

1. 發票後一個月或數個月付款的匯票，以在應付款之月與該日期相當之日為到期日；無相當日者，以該月末日為到期日（票§68 I）。

2. 發票後一個半月或數個月半付款的匯票，應依票據法第 68 條第 1 項規定，計算全月後加十五日，以其末日為到期日（票§68 II）。

(三)見票即付

即以票據提示之日為到期日（票§66 I）。見票即付的匯票，即以提示之日為到期日，執票人若不提示票據，將無從計算到期日，故票據法第 66 條第 2 項規定，特準用第 45 條，對於執票人課以自發票日起六個月內為承兌提示的責任；此六個月的期限，發票人得以特約縮短或延長之，但其延長不得逾六個月。至於背書人對於此項期限，則無權為縮短或延長。

(四)見票後定期付款

即以承兌日，或拒絕承兌證書作成日為計算起點，經過一定期間，其期間屆滿之日，即為到期日（票§67 I）。匯票經拒絕承兌而未作成拒絕承兌證書者，應以發票日起六個月的末日，或發票日以特約所定，自發票日起不逾一年期限的末日，計算到期日（票§67 I）。又見票日後一個月或數個月付款的匯票，以在應付之月與該日期相當之日為到期日，無相當日者，以該月末日為到期日（票§68 I）。見票後一個月半或數個月半付款之匯票，應依票據法第 68 條第 1 項規定，計算全月後，加十五日，以其末日為到期日（票§68 II）。票上僅載月初、月中、月底等，則謂月的一日、十五日、末日（票§68 III）。

四、分期付款匯票

(一)概　念

　　分期付款匯票，即匯票所載金額，係分期而為付款的匯票。此種匯票，我票據法原認為無效，民國 62 年修正票據法時，改為有效。蓋以近年來工商業發展的結果；分期付款交易，已成為經濟活動主要付款方法，如以票據為主，自更便利，故承認分期付款的匯票（本票亦可準用，支票則否），以應實際需要。至其到期日的計算方法，則適用票據法第 65 條第 1 項規定。

(二)喪失分期利益的事由

1.付款遲延

　　分期付款的匯票，其中任何一期到期不獲付款時，未到期部分，視為全部到期（票§65Ⅱ）。職是，票據法第 97 條第 2 項關於到期日前付款，應扣除付款日至到期日利息的規定，不能適用。

2.付息遲延

　　利息經約定於匯票到期日前分期付款者，任何一期利息到期不獲付款時，全部匯票金額，視為均已到期（票§65Ⅳ）。若利息約定於本金到期日後分期付款者，任何一期利息到期不獲付款者，全部匯票金額，亦應解為均已到期。

(三)利息的扣減

　　匯票視為到期的匯票金額中，其所含未到期的利息，於清償時應扣減之（票§65Ⅲ）。此項應扣減的利息，有約定利率者，依約定利率扣減，未約定利率者，依法定利率扣減（票施§9）。

(四)付款的證明

　　分期付款的票據，受款人於逐次受領票款及利息時，應分別給予收據，並於票據上記明領收票款的期別、金額及日期（票施§10）。

第八節　付　款

一、總　說

　　付款者，乃付款人支付票據上一定金額，藉以消滅票據關係所為的行為。票據因係流通證券，輾轉流通的結果，執票人為誰？付款人不得而知，無從付款，故執票人必須先向付款人或承兌人為付款的提示，亦即現實的將票據提示於付款人，始得請求付款，既不得以謄本代替，也不得以郵寄方式為之。

二、付款的程序

(一)提　示

　　付款程序的前提，為付款的提示，即執票人現實的出示票據於付款人或擔當付款人，而請求其付款的行為。蓋票據為「提示證券」，故執票人必須為付款的提示，始可請求付款，否則不惟其付款請求權為不合法的行使，即其追索權亦必因而喪失。

1.提示期間

　　匯票的提示期間，因其到期日如何記載而異；

(1)見票即付的匯票：見票即付的匯票，以提示日為到期日（票§66Ⅰ），其付款的提示，應自發票日起六個月內為之（票§66Ⅱ、§45Ⅰ），此項期間得以特約延長或縮短，但延長的期限，不得逾六個月（票§45Ⅱ）。

(2)非見票即付的匯票：非見票即付的匯票，其執票人應於到期日或其後二日內，為付款的提示（票§69Ⅰ）。匯票上雖有免除作成拒絕證書的記載，執票人仍應於所定期限內為付款的提示（票§95）。

　　上述提示期間的規定是為原則，若執票人因不可抗力的事變，不能於所定期限內為付款的提示者，應於事變終止後，即為提示（票§105

Ⅲ）。執票人不於法定或約定期限內為付款的提示者，對於前手或該約定的前手喪失追索權（票§104Ⅰ、Ⅱ）。但拒絕證書作成後，得直接行使追索權，無須再為付款的提示（票§88）。

2.提示的當事人

(1)提示人：執票人或其代理人。

(2)受提示人：有以下數種：

　①付款人或承兌人，或其代理人。此等人死亡者，其繼承人，繼承人有數人者，得向其中一人為之（民§1153Ⅰ）。

　②擔當付款人：匯票上載有擔當付款人者，其付款的提示，應向擔當付款人為之（票§69Ⅱ）。

　③票據交換所：為交換票據而向票據交換所提示者，與對付款人的提示，有同一效力（票§69Ⅲ）。交換票據，須銀錢業者或信用合作社，且須加入交換者，始得行之，故此種提示，個人無法為之。

　④參加承兌人：付款人或擔當付款人不於票據法第69條及第70條所定期限內付款者，若有參加承兌人，則應向其為付款的提示（票§79Ⅰ前段）。

　⑤預備付款人：付款人或擔當付款人不於法定期限內付款，如無參加承兌人而有預備付款人者，應向預備付款人為付款的提示（票§79Ⅰ後段）。

(二)付　款

1.付款的時期

(1)原則上，匯票已屆到期日而執票人提示票據請求付款時，應即付款。

(2)但經執票人同意，得延期為之；但延期付款，以提示後三日為限（票§70）。

2.付款的標的

　表示匯票金額的貨幣，如為付款地不通用者，得依付款日行市，以

付款地通用的貨幣支付之；但有特約者不在此限（票§75 I）。表示小金額的貨幣，如在發票地與付款地名同價異者，推定其為付款地的貨幣（票§75 II）。

3.付款人審查票據

當執票人提示票據請求付款時，付款人應就該票據予以審查，如因其形式欠缺或背書不連續而仍付款者，應自負其責任（票§11、§71 I）。然付款人對於背書是否連續，僅依票上記載認定，對於簽名的真偽及執票人是否票據權利人，不負認定之責；但有惡意及重大過失時，仍應自負其責（票§71 II）。

(三)執票人交出票據

付款人就該票據的金額全部付款時，得要求執票人記載收訖字樣，簽名為證，並交付票據（票§74 I），若執票人不交出票據，付款人自得拒絕付款。但若付款人僅就票據上一部付款時，執票人不得拒絕（票§73）；此時，付款人得要求執票人在票上記載所收金額，並另給收據（票§74 II）；執票人於獲一部付款後，對於未獲付款的部分，應作成拒絕證書證明（票§86 I）。

三、付款的效力

付款為票據行為的主要目的，也是最終目的，故付款人就票據文義所表彰的金額全部付款，則全部票據權利歸於消滅；如為一部付款者，則票據權利的一部歸於消滅。付款人及其他負有償還義務之人，如背書人、保證人、發票人等，因全部付款而免除全部責任，因一部付款而免除一部責任，縱發票人未提供資金給付款人，而付款人已為付款者，亦發生付款的效力。

四、到期日外的付款

(一)到期日前付款

票據未屆到期日，執票人固不得為付款的請求，而付款人亦不得於到期日前預為付款。故到期日前的付款，執票人得拒絕之（票§72Ⅰ）。蓋在到期日前，執票人仍得利用票據的信用，以之轉讓，流通於市。即使付款人經執票人同意於到期日前付款者，仍應自負其責（票§72Ⅱ）。所謂自負其責，即付款人雖已向執票人付款，但以後在到期日前，該票據的真正權利人以票據喪失通知止付時，則不問付款人於付款時是否善意或有無過失，仍應對真正權利人負付款的責任。

(二)到期日後付款

1.匯票已經承兌時

則承兌人為票據的主債務人，在法定付款提示期限經過後，迄消滅時效完成前，仍不能免除其付款的義務。執票人若不於票據法第 69 條所定期限內為付款的提示時，票據債務人得將匯票金額依法提存，其提存費用，由執票人負擔之（票§76）。提存後，即免除債務。

2.匯票未經承兌時

則付款人原不負付款的義務；執票人如未於法定期限內為付款的提示，其追索權亦已喪失，票據上權利即隨之消滅，若付款人仍對執票人付款者，自不發生付款的效力，得依民法上不當得利的規定，請求執票人返還（民§179）。

第九節　參加付款

一、總　說

(一)參加付款的意義

　　參加付款，乃承兌人或付款人以外的第三人，於票據被拒絕承兌或被拒絕付款時，為防止追索權的行使，向執票人為付款的行為。

(二)參加付款與參加承兌

　　參加付款與參加承兌，其目的皆在防止追索權的行使，藉以挽救票據的信用。但前者乃由參加人就票上金額，為現實的支付，除承兌人外，任何人均得為之；而後者乃由參加承兌人就票上金額為附條件支付的承擔，其得為參加承兌者，則限於票據債務人以外之人。

二、參加付款的程序

(一)參加的時期

　　參加付款，應於執票人得行使追索權時為之，但至遲不得逾拒絕證書作成期限的末日（票§77）。即應於拒絕付款日或其後五日內參加；如執票人允許延期付款時，應於延期的末日或其後五日內為之（票§87Ⅱ）。

(二)參加付款的當事人

1.參加付款人

(1)一般參加人（或稱任意參加）：參加付款，不論何人均得為之（票§78Ⅰ）。故一切票據債務人及第三人，均得為參加人。執票人拒絕參加付款者，對於被參加人及其後手，喪失追索權（票§78Ⅱ）。

(2)當然參加人：參加承兌人及預備付款人為當然參加人。故付款人或擔當付款人，不於票據法第69條及第70條所定期限內付款者，有參加

承兌人者，執票人應向參加承兌人為付款的提示；無參加承兌人而有
預備付款人時，應向預備付款人為付款的提示（票§79Ⅰ）。參加承
兌人或預備付款人不於付款提示時為清償者，執票人應請作成拒絕付
款證書的機關，於拒絕證書上載明之（票§79Ⅱ）。執票人違反前二
項規定時；對於被參加人與指定預備付款人之人及其後手，喪失追索
權（票§79Ⅲ）。

(3)優先參加人（或稱競合參加）：請求參加付款者有數人時，其能免除
最多數的債務人，有優先權（票§80Ⅰ）。若故意違反前項規定為參
加付款者，對於因之未能免除債務之人喪失追索權（票§80Ⅱ）。但
能免除最多數的債務者有數人時；應由受被參加人的委託者或預備付
款人參加之（票§80Ⅲ）。

2.被參加人

即參加付款中的特定票據債務人。

(三)參加付款的金額

參加付款應就被參加人應支付金額的全部為之（票§81），可見一
部參加付款，乃法所不許。

三、參加付款的款式

參加付款應於拒絕付款證書內記載（票§82Ⅰ）。至其應記載事
項，法無明文，解釋上應記載下列事項。

(一) 參加付款的意旨。

(二) 被參加人的姓名。被參加人的姓名必須載明，始可確定參加人得行
使權利的範圍。其未記載者，如由參加承兌人付款，則以被參加承
兌人為被參加付款人；如由預備付款人付款時，以指定預備一付款
人之人為被參加付款人（票§82Ⅱ）。其無參加承兌人或預備付款
人，而匯票上未記載被參加付款人者，以發票人為被參加付款人
（票§82Ⅱ）。

(三) 參加付款的年、月、日。

(四) 參加付款人簽名（票§5Ⅰ）。

四、參加付款的效力

(一)對執票人的效力

1.執票人不得拒絕參加付款，否則，對於被參加人及其後手，喪失追索
權（票§78Ⅱ）。

2.參加付款後，執票人應將匯票及收款清單交付參加付款人，有拒絕證
書者，應一併交付（票§83Ⅰ）。違反此規定者，對於參加付款人，
應負損害賠償之責（票§83Ⅱ）。

(二)對參加付款人的效力

參加付款人對於承兌人，被參加付款人及其前手，取得執票人的權
利，亦即取得付款請求權及追索權兩者而言，但不得以背書更為轉讓，
亦即無背書權（票§84Ⅰ）。

(三)對被參加人後手的效力

被參加人的後手，因參加付款而免除債務（票§84Ⅱ）。

第十節 追索權

一、總 說

(一)追索權的意義

追索權，乃票據不獲承兌或不獲付款或有其他法定原因發生，無從
為承兌或付款的提示時，執票人於行使或保全票據權利後，對於發票
人、背書人或其他票據債務人所得行使的償還請求權（票§85）。

(二)追索權的作用

　　票據制度係建立於當事人間信用基礎上，如票據金額有支付不能或顯有不能之虞時，將損及執票人，為保護執票人的權利及票據的安定性，特創此一各種票據均有的救濟制度，俾使執票人能收回票據上的金額及因此所生的利息與必要費用，用以強化票據的信用與流通。

二、追索權行使的原因

(一)到期追索

　　匯票到期不獲付款時，執票人於行使或保全匯票上權利的行為後，對於背書人、發票人及匯票上其他債務人得行使追索權（票§85Ⅰ）。

(二)期前追索

　　匯票到期日前，如有下述原因之一時，執票人亦得行使追索權（票§85Ⅱ）：

1.匯票不獲承兌時。

2.付款人或承兌人死亡、逃避或其他原因（如心神喪失），無法為承兌或付款提示時。

3.付款人或承兌人受破產的宣告時。

三、追索權的主體

(一)追索權人

1.執票人

　　最初追索的追索權人為執票人。執票人得不依負擔債務的先後，對於發票人、承兌人，背書人及其他票據債務人的一人或數人或全體行使追索權（票§96Ⅱ）。

2.背書人

　　背書人因被追索已為清償時，得行使對其前手的追索權（票§6

Ⅳ）。但執票人為發票人時，對其前手無追索權（票§99Ⅰ）；執票人為背書人時，對該背書的後手無追索權（票§99Ⅱ）。

3.保證人

保證人清償債務後，得行使執票人對承兌人、被保證人及其前手的追索權（票§64）。

4.參加付款人

參加付款人對於承兌人、被參加付款人及其前手，取得執票人的權利（票§84Ⅰ），即得行使追索權。

(二)償還義務人

1.背書人及發票人因負擔保匯票的承兌及付款的責任，故皆為償還義務人（票§39、§29）。但背書人及發票人若有免除擔保承兌的特約者，則執票人不得於到期日前，對之行使追索權（票§85Ⅰ）。

2.保證人（票§61）及參加承兌人（票§57），亦均為償還義務人。

3.承兌人拒絕付款為得行使追索權的要件，依票據法第 96 條第 1 項規定，承兌人與發票人、背書人相同；均應對於執票人連帶負責，自應認為追索權的義務人。

四、追索權的客體

行使追索權時所得請求的金額，因追索權人為最後執票人或被追索人而異：

(一)最後執票人所得請求的金額

執票人向其前手行使追索權時，得請求下列金額（票§97Ⅰ）：

1.被拒絕承兌或付款的匯票金額，如有約定利息者，其利息；所得請求的金額，在全部被拒絕者，為票面金額；在一部被拒絕者，為該一部的金額；如有約定利息，並應計入。

2.自到期日起，無約定利率者，依年利六釐計算之利息；此之利息，係

法定利息，不同於前述的約定利息。

3.作成拒絕證書與通知及其他必要費用。

此外，為免執票人取得不當的利益，票據法特規定倒扣利息。即於到期日前付款者，則自付款日至到期日前的利息，應由匯票金額內扣除，無約定利率者，依年利六釐計算（票§97Ⅱ）。

(二)被追索人清償後，得向前手請求的金額

被追索的票據債務人向其後手為清償後，得向承兌人或前手要求下列金額。發票人依票據法第97條為清償後，得向承兌人要求的金額亦同（票§98）：

1.所支付的總金額；即已向後手支付金額的總數。

2.前款金額的利息；前述總金額可能已包含利息在內，但仍可再加上利息。

3.所支出之必要費用。

由此可見，追索的次數愈多，追索的金額就愈大，且利息上可再加上利息，故追索權的行使，對於各被追索的當事人均屬不利。

五、追索權行使的程序

(一)匯票的提示

1.原　則

執票人須於法定或約定期限內為承兌的提示（票§44、§45）或付款的提示（票§66、§69、§70、§79）。匯票上雖有免除作成拒絕證書的記載，執票人仍應於所定期限內為承兌或付款的提示（票§95）。執票人的遵期提示，應以拒絕證書證明之。但若匯票上有免除作成拒絕證書的記載者，應由主張執票人未遵期提示的一方，負舉證之責（票§95但書）。執票人未在法定期限內提示者，喪失追索權（票§85Ⅰ、§104）。因此，欲行使追索權者，須先經此保全的行為。

2.例　外

執票人以遵期提示為原則。但若有下列情事之一者，則不必提示：

(1)執票人於法定或約定期限內為承兌的提示，遭付款人拒絕，經作成拒絕承兌證書者，無須再為付款的提示（票§88）。

(2)付款人或承兌人死亡、逃避、或其他原因，無從為承兌提示時（票§85Ⅱ②）。

(3)付款人或承兌人受破產宣告時（票§85Ⅱ③）。

(4)執票人因不可抗力的事變（如天災、戰事），不能於所定期限內為承兌或付款的提示者。於事變終止後，應即提示。如事變延至到期日後三十日以外時，執票人得逕行使追索權，無須提示。若匯票為見票即付或見票後定期付款者，前項三十日的期限，自執票人通知其前手之日起算（票§105）。

(二)拒絕證書的作成

1.總　說

追索權的保全，除上述的提示外，尚須遵期作成拒絕證書，始得追索。拒絕證書者，是證明執票人已在法定或約定期限內行使或保全匯票上權利而未獲結果，或無從為行使或保全行為的要式證書。付款人於票據正面或反面加蓋「拒絕往來戶」戳記，或另行製作退票理由單記明其事由及其年月日，並加蓋印章者，實務上亦視為與作成拒絕證書有同一效力。

2.原　則

匯票不獲承兌或不獲付款，或無從為承兌或付款的提示時，執票人應請求作成拒絕證書證明（票§86Ⅰ）。茲分述之：

(1)作成的期限

①拒絕承兌證書：應於提示承兌期限內作成（票§87Ⅰ）。

②拒絕付款證書：應於拒絕付款日或其後五日內作成，但執票人允許

延期付款時，應於延期的末日，或其後五日內作成（票§87Ⅱ）。

③無從為承兌或付款提示拒絕證書：法無明文，解釋上亦應於承兌期限內或到期日前作成。

(2)未作成的制裁：執票人未在法定期限內作成拒絕證書，對前手喪失追索權（票§85Ⅰ、§104）。

3.例　外

行使追索權以作成拒絕證書為原則，以不作成為例外，其情形有三：

(1)以其他方法代替者：

①略式拒絕證書：付款人或承兌人在匯票上記載提示日期及全部或一部承兌或付款的拒絕，經其簽名後，與拒絕證書有同一的效力（票§86Ⅱ）。

②宣告破產裁定正本：付款人或承兌人的破產，以宣告破產裁定正本或節本證明（票§86Ⅲ）。

(2)已作成拒絕承兌證書者拒絕承兌證書作成後，無須再為付款提示，亦無須再請求作成付款拒絕證書（票§88）。

(3)無須作成拒絕證書者：

①發票人為免除作成拒絕證書的記載時，執票人得不請求作成拒絕證書而行使追索權；但執票人仍請求作成拒絕證書者，應自行負擔其費用（票§94Ⅰ、Ⅱ）。

②背書人為免除作成拒絕證書的記載時，僅對該背書人發生效力（票§94Ⅲ前段）；而執票人向其他票據債務人行使追索權者，仍應作成拒絕證書，並得向匯票上其他簽名之人要求償還其費用（票§94Ⅲ後段）。即對於該為記載的背書人追索時，可不作成拒絕證書，對其他人追索時，仍須作成拒絕證書。

③執票人因不可抗力的事變，不能於所定期限內為承兌或付款的提示，應將其事由從速通知發票人、背書人及其他票據債務人（票

§ 105 I ），但若事變延至到期日後三十日以外時，執票人得逕行使追索權，無須提示或作成拒絕證書（票§ 105Ⅲ）。

(三)拒絕事由的通知

1.通知的期限

(1)執票人應於拒絕證書作成後四日內，對於背書人、發票人及其他匯票上債務人，將拒絕事由通知之（票§ 89 I ），如有特約免除作成拒絕證書者，執票人應於拒絕承兌或拒絕付款後四日內為前項的通知（票§ 89Ⅱ）。

(2)背書人對於其前手的通知，應於收到前項通知後四日內為之（票§ 89Ⅲ），但背書人未於票據上記載住所，或記載不明時，其通知，對背書人的前手為之（票§ 89Ⅳ）。

(3)因不可抗力，不能於票據法第 89 條所定期限內，將通知發出者，應於障礙中止後四日內行之（票§ 92 I ）。

2.通知的方法

通知得用任何方法為之（票§ 91 I ），故付郵遞送的通知，如封面所記被通知人的住所無誤，視為已經通知（票§ 91Ⅱ）。

3.通知義務的免除

發票人、背書人及匯票上其他債務人得於票據法第 89 條所定通知期限前，免除執票人通知的義務（票§ 90）。

4.怠於通知的效果

不於票據法第 89 條所定期限內為通知者，仍得行使追索權。但因其怠於通知發生損害時，應負賠償之責。其賠償金額，不得超過匯票金額（票§ 93）。

六、追索權的效力

(一)對追索權人的效力

1.選擇追索權（飛越追索權）

　　即執票人得不依負擔債務的先後，對於票據債務人的一人，或數人或全體行使追索權（票§96Ⅱ）。

2.變更追索權（轉向追索權）

　　即執票人對於債務人的一人或數人已為追索時，對於其他票據債務人，仍得行使追索權（票§96Ⅲ）。

3.代位追索權（再追索）

　　被追索者已為清償時，與執票人有同一的權利。即得對其前手，再行追索（票§96Ⅳ）。

4.發行回頭匯票

(1)回頭匯票的意義

　　回頭匯票者，即有追索權之人，以原發票人或前背書人的一人或其他票據債務人為付款人，向其住所所在地，所發行的見票即付的匯票（票§102Ⅰ）。此乃有追索權者，不依一般請求票據債務人以現金清償程序的代替方法，又稱「還原匯票」或「回溯匯票」。

(2)發行回頭匯票的優點

　　①票據當事人所在地若相距甚遠，則追索求償耗時費力，且耗費用。

　　②以受追索者為付款人發行回頭匯票，手續較為簡易，亦省費用。

　　③回頭匯票發行後，可以貼現方式換取現款，或用以抵償債務，則有利於資金的流通及信用的利用。

(3)回頭匯票發行的要件

　　①發票人：匯票的執票人或其他有追索權之人。

　　②付款人：須為被追索者，即發票人、背書人的一人或其他票據債務人。

③付款地：須為被追索者的住所地。

④須當事人間無不許發行回頭匯票的約定（票§102 I 但書）。

⑤須為見票即付的匯票。

⑥匯票金額須依法定。

A.原匯票與回頭匯票市價相同時：回頭匯票的發行，如係執票人，並加列經紀費（發行回頭匯票所生的手續費）及印花稅，如係背書人的再追索，則其金額於依票據法第 97 條及第 98 條外（匯票金額、利息及必要費用），得加經紀費及印花稅（票§102 II）。

B.原匯票與回頭匯票市價不同時：如由執票人發行匯票時，其金額依原匯票付款地匯往前手所在地的見票即付匯票的市價定之，並以回頭匯票發票日的市價為準（票§103 I 、III）；如由背書人發行匯票時，其金額依其所在地匯往前手所在地的見票即付匯票的市價定之，並以回頭匯票發票日的市價為準（票§103 II 、III）。

⑦應附原匯票及附有收據償還計算書與拒絕證書（票§100）。

(二)對償還義務人的效力

1.責　任

發票人、承兌人、背書人及其他票據債務人對於執票人連帶負責（票§96 I）。即票據債務人對執票人，各就被追索的金額，負全部清償的責任；但已為清償者，仍得向其前手再行追索，直至發票人為止，並無民法上一般連帶債務的內部分擔的問題。

2.權　利

(1)再追索權（代位追索權）：被追索的票據債務人已為清償時，與執票人有同一種權利（票§96 IV）。即得對於其前手，再行追索；但發票人為被背書人時，對其前手無追索權，前背書人為被背書人時，對於原有的後手無追索權（票§99）。再追索的金額包括：①所支付的總金額；②前款金額的利息；③所支付的必要費用。

(2)請求交出匯票權：匯票上債務人為清償時，執票人應交出匯票。有拒絕證書時，應一併交出（票§100 I）。如有利息及費用者，執票人應出具收據及償還計算書（票§100 II）。

(3)背書塗銷權：背書人為清償時，得塗銷自己及其後手的背書（票§100 III）。蓋已為償還的背書人及其後手，均免責任，其背書已無再留於票上的必要，且塗銷可防止匯票萬一落入善意人之手時，又遭到意外的追索。

(4)請求記載清償事由權：匯票金額一部分獲承兌時，清償未獲承兌部分之人，得要求執票人在匯票上記載其事由，另行出具收據，並交出匯票的謄本及拒絕承兌證書（票§101）。

七、追索權的喪失

(一)追索權喪失的事由

1.票據權利的消滅時效完成（票§22）。

2.執票人拒絕參加付款（票§78 II）。

3.執票人違反票據法第79條第1項、第2項的規定（票§79 III）。

4.參加付款人故意違反票據法第80條第1項為參加付款（票§80 II）。

5.不遵守期限者：

(1)法定期限：執票人不於票據法所定期限內，為行使或保全匯票上權利的行為者，對於前手喪失追索權（票§104 I）。所謂法定期限，有下列三種：①承兌提示期限（票§54 I、§48）；②付款提示期限（票§66、§69、§70）；③拒絕證書作成期限（票§87、§122、§131）。

(2)約定期限：執票人不於約定期限內為行使成保全匯票上權利的行為者，對於該約定的前手，喪失追索權（票§104 II）。所謂約定期限，有下列三種：①發票人或背書人指定的期限（票§44）；②發票

人以特約縮短或延長的承兌提示期限（票§45Ⅱ、§124）；③發票
人以特約縮短或延長的付款提示期限（票§66Ⅱ、§124）。
6.拋棄追索權者。

(二)追索權喪失的救濟

1.立法理由

執票人因不可抗力的事變，不能於所定期限內，為承兌或付款的提
示時，為使不因此而喪失追索權，票據法特設救濟方法。

2.救濟方法

(1)期限當然延長：不可抗力的事變終止後，執票人應即對付款人提示
（票§105Ⅲ）。即承兌或付款的提示期間，在不可抗力的事變存在
期間，當然隨之延長，直到該項事變終止後，執票人始應為提示，如
遭受拒絕者，仍應依規定作成拒絕證書，始能追索。

(2)追索權得逕行使：如事變延至到期日後三十日以外時，執票人得逕行
使追索權，無須提示或作成拒絕證書。如匯票為見票後定期付款者，
前項三十日的期間，自執票人通知其前手之日起算（票§105Ⅴ）。

第十一節　拒絕證書

一、概　說

(一)拒絕證書的意義

拒絕證書，乃證明執票人已為票據上權利的保全或行使的必要行為
及其結果的要式證書。

凡票據不獲承兌、不獲付款或無從為承兌的提示時，必須作成拒絕
證書，以保全票據上的權利，並以此為行使追索權的依據。

拒絕證書作成的目的，不外使拒絕事實明確，立證程序簡潔而已，
因此，除票據法另有規定外（票§86Ⅱ、Ⅲ、§124、§131Ⅱ、Ⅲ），

拒絕證書為唯一的法定證明方式，不得以其他方式代之。

(二)拒絕證書的種類

拒絕證書，因其證明事實內容不同，而有下列各類：

1.拒絕付款證書：有全部拒絕付款證書及一部拒絕付款證書（票§86
　　Ⅰ）之分；此種拒絕證書，各種票據皆有之。
2.拒絕承兌證書：亦有全部與一部拒絕承兌（票§86Ⅰ）之分：此種證
　　書，唯匯票有之。
3.拒絕見票證書（票§122Ⅲ、Ⅳ）：此種證書，唯本票有之。
4.拒絕交還複本證書（票§117Ⅲ）：此種證書，唯匯票有之。
5.拒絕交還原本證書（票§119Ⅲ）：此種證書，為匯票及本票所有，支
　　票則無。

二、拒絕證書的作成

(一)作成機關

拒絕證書的作成機關，為拒絕承兌地或拒絕付款地的法院公證處、
商會、或銀行公會（票§106）。有製作拒絕證書權限者，於受作成拒絕
證書的請求時，應就票據法第 107 條第 1 項第 1 款的拒絕事由，即時為
必要的調查（票施§11）。

(二)作成期限

拒絕承兌證書，應於提示承兌期限內作成（票§87Ⅰ、§42、§45、
§48）。拒絕付款證書，應於拒絕付款日或其後五日內作成之；但執票人
允許延期付款時，應於延期的末日或其後五日內作成（票§87Ⅱ）。

(三)記載事項

拒絕證書應記載下列各款，由作成人簽名，並蓋作成機關的印章
（票§107）：

1.拒絕者及被拒絕者的姓名或商號。

2.對於拒絕者雖為請求未得允許的意旨，或不能會晤拒絕者的事由，或其營業所、住所或居所不明的情形。

3.為前款請求或不能為前款請求之地及其年月日。

4.於法定處所外作成拒絕證書時，當事人的合意。

5.有參加承兌時或參加付款時，參加的種類及參加人，及被參加人的姓名或商號。

6.拒絕證書作成的處所及其年月日。

(四)記載方法

1.拒絕付款證書

拒絕付款證書應在匯票或其黏單上作成之（票§108Ⅰ）。匯票有複本或謄本者，於提示時，僅須在複本的一份或其黏單上作成之；但可能時，應在其他複本的各份或謄本上記載已作成拒絕證書的事由（票§108Ⅱ）。

2.拒絕付款書以外的拒絕證書

拒絕付款證書以外的拒絕證書，應照匯票或其謄本作成抄本，在該抄本或其黏單上作成（票§109）。

3.拒絕交送原本證書

執票人以匯票的原本請求承兌或付款而被拒絕，並未經返還原本時，其拒絕證書應在謄本或其黏單上作成（票§110）。

(五)作成份數

對數人行使追索權時，祇須作成拒絕證書一份即可（票§112）。

(六)拒絕證書的抄存

拒絕證書作成人，應將證書原本交付執票人，並就證書全文另製作抄本存於事務所，以備原本滅失時之用（票§113Ⅰ）。抄本與原本有同

一的效力（票§113Ⅱ），此種抄本，應載明匯票全文，以便日後查考
（票施§12）。

三、拒絕證書的效力

拒絕證書係票據法上對於執票人未達行使權利目的之事實，所證明
的唯一證據，故其證明效力較強，然因拒絕證書究仍屬一種證明，若相
對人提出反證，仍可推翻拒絕證書的證明力，但拒絕證書有時可以免除
（票§94、§95），有時可用其他方法代替（票§86Ⅱ、Ⅲ），可知拒
絕證書雖係唯一的證據，但非絕對的證據。

第十二節　複　本

一、概　念

(一)複本的意義

複本者，乃就單一匯票關係所發行的數份證書。此數份證書，每份
皆謂之複本。其發行時間，容或有先後，但各份之間，並無正副主從的
關係。

(二)發行複本的目的

1.預防票據遺失時，可以他份行使其權利。
2.助長票據的流通。蓋匯票的付款人若在遠地，為請求其承兌必須經過
　相當期間；在此期間中，仍可以其複本照常流通。此乃為執票人或受
　款人的便利而設，故匯票的受款人，得請求發票人發行複本。

(三)複本的性質

1.流通性

複本乃由原本複製而成，與原本立於同一地位，故數份複本相互間

及複本與原本間，各有同樣的流通性。

2.一體性

複本雖有數份，其票據關係僅有一個，故就其一份所為的行為，其效力亦及於他份。如就複本之一付款時，其他複本亦失其效力。

3.獨立性

各份複本均為完全的匯票，各得單獨表彰該單一的票據關係，一旦分離，每份複本均有獨立的效力。

二、複本的發行

(一)發行的程序

匯票的受款人得自己負擔費用，請求發票人發行複本；但受款人以外的執票人請求發行複本時，須依次由其前手請求之，並由其前手在各複本上為同樣的背書（票§114Ⅰ）。茲分述如下：

1.當事人

複本的發行人，以發票人為限。至其發行請求人為執票人，包括受款人及受款人以外的執票人。

2.發行的手續

(1)請求人如為原受款人者，可逕向發票人請求發行，別無其他手續。

(2)請求人如為受款人以外的執票人時，則須向自己的直接前手請求，而遞次至於發票人；發票人則照其所需份數製成複本，交與第一次的背書人，依次遞轉至於請求人。此一往返程序，不僅各背書人有協力的義務，且於返遞之際，各背書人均應在各份複本上為原背書同樣的背書。

3.發行的費用

複本發行的費用，由請求人負擔。

(二)複本的款式

複本應記載同一文句，標明複本字樣，並編列號數；未經標明複本字樣並編列號數者，視為獨立的匯票（票§115）。

(三)複本的份數

匯票複本的發行，以三份為限（票§114Ⅱ），此為防止複本的濫行所致的流弊。

三、複本的效力

(一)關於承兌的效力

各份複本均表彰單一的票據關係，其效力相等；故承兌人在一份複本上所為的承兌，其效力及於他份；在各份上均為承兌時，亦僅負單一的付款責任。

(二)關於付款的效力

就複本之一付款時，其他複本失其效力；但承兌人對於經其承兌而未收回的複本，應負其責（票§116Ⅰ）。

(三)關於轉讓的效力

匯票有複本時，僅須在一份上背書，即生轉讓的效力。若背書人將複本分別轉讓於二人以上時，對於經其背書而未收回的複本，應負其責（票§116Ⅱ）。

(四)關於追索的效力

1.將複本各份背書轉讓與同一人者，該背書人為償還時，得請求執票人交出複本的各份，執票人雖未交出複本的各份，但已立保證或提供擔保者，不在此限（票§116Ⅲ）。
2.為提示承兌送出複本之一者，應於其他各份上載明接收人的姓名或商號及其地址（票§117Ⅰ），匯票上有前項的記載者，執票人得請求接

收人交還其所接收的複本（票§117Ⅱ）。但接收人若拒絕交還時，執票人非以拒絕證書證明：(1)曾向接收人請求交還此項複本而未經其交還，及(2)以他複本為承兌或付款的提示，而不獲承兌或付款等事項，不得行使追索權（票§117Ⅲ）。

第十三節　謄　本

一、概　念

　　謄本者，乃票據原本的謄寫。其作用與複本同，在於預防票據的遺失，助長票據的流通。

二、謄本的發行

(一)發行人
　　謄本的發行，自受款人以下的執票人均有權為之（票§118Ⅰ）。

(二)發行費用
　　謄本的發行費用，由執票人負擔。

(三)發行的款式
1.謄本應標明「謄本」字樣，謄寫原本上的一切事項，並註明迄於何處為謄寫部分（票§118Ⅱ）。所謂註明迄於何處為謄寫部分，如註明「以上為謄寫部分」的字樣，用以區別謄寫前與謄寫後的記載。
2.執票人就匯票作成謄本時，應將已作成謄本之旨記載於原本（票§118Ⅲ）。

三、謄本的效力

(一)關於背書及保證的效力

在謄本上所為的背書及保證，與原本上所為的背書及保證，有同一的效力（票§118Ⅳ）。

(二)關於追索的效力

為提示承兌送出原本者，應於謄本上載明原本接受人的姓名或商號及其住址（票§119Ⅰ）。匯票上有前項記載者，執票人得請求接收人交還原本（票§119Ⅱ），以便將謄本併入原本，行使追索權。若接收人拒絕交還時，執票人非將曾向接收人請求交還原本而未經其交還的事由以拒絕證書證明，不得行使追索權（票§119Ⅲ）。可知執票人作成拒絕交還原本的證書，縱無原本，亦可僅憑謄本行使追索權。

四、謄本與複本的區別

(一) 謄本係由執票人作成；複本則由發票人作成。

(二) 謄本本身原則上並無票據的效力，須與原本結合，始得主張票據上的權利；複本自身即為票據之一，得為一切票據行為。

(三) 謄本上僅可為背書及保證；複本上可為一切票據行為。

(四) 謄本對於匯票及本票均適用；複本僅適用於匯票。

(五) 謄本發行份數沒有限制；複本則以三份為限。

(六) 謄本應標明「謄本」字樣，謄寫原本上的一切事項，並註明迄於何處為謄寫部分；複本則應標明「複本」字樣，記載原本同一的文句，並編列號數。

第三章
本　票

一、本票的意義

　　本票者，謂發票人簽發一定的金額，於指定的到期日，由自己無條件支付與受款人或執票人的票據（票§3）。

二、本票的記載事項

(一)絕對必要記載事項

1. 表明其為本票的文字（票§120Ⅰ①）。
2. 一定的金額（票§120Ⅰ②）。如為見票即付的無記名式本票，其金額須在五百元以上（票§120Ⅵ），以免與一般貨幣相混而妨礙國家的金融制度，否則其本票為無效。
3. 無條件擔保支付（票§120Ⅰ④）。即由自己為交付，非委託第三人為支付。不過本票付款人基於事實上付款的便利，於本票上記載擔當付款人，委託他人代為付款，應無不可（票§124準用§26Ⅰ）
4. 發票年月日（票§120Ⅰ⑥）。
5. 發票人簽名（票§120Ⅰ）。

(二)相對必要記載事項

1. 受款人的姓名或商號（票§120Ⅰ③）。本票未載受款人者，以執票人為受款人（票§120Ⅲ），執票人得於無記名本票的空白內記載自己或他人為受款人，變更為記名本票（票§124準用§25Ⅱ）。
2. 發票地（票§120Ⅰ⑤）。未載發票地者，以發票人的營業所、住所或居所所在地為發票地（票§120Ⅳ）。

3.付款地（票§120 I ⑦）。未載付款地者，以發票地為付款地（票§120 V）。

4.到期日（票§120 I ⑧）。未載到期日者，視為見票即付（票§120 II）。

(三)任意記載事項

1.擔當付款人。本票付款人為事實上的便利，委託他人代為付款，應無不可（票§124 準用§26 I）。銀行核准開戶之支票存款戶，均得委託該銀行為其所發本票之擔當付款人，就其支票存款戶內逕行代為付款（支票存款戶處理規範§6）。

2.利息及利率。發票人得記載對於票據金額支付利息及其利率。利率未經載明時，定為年利六釐（票§124 準用§28 I、II）。又執票人向發票人行使追索權時，依票據法第 124 條準用第 97 條第 1 項第 2 款規定，得請求自到期日起的法定利息（司法行政部 68.6.13 台民 05599 號函）。

3.禁止背書的記載（票§124 準用§30 II）。

4.見票或付款提示期限縮短或延長的特約（票§124 準用§45、§66）。

5.應給付金額種類的特約（票§124 準用§75 I）。

6.免除拒絕事實通知的文句或免除作成拒絕證書的文句（票§124 準用§90、§94 I）。發票人、背書人及本票上其他債務人，得於票據法第 89 條所定通知期限前，免除執票人通知之義務（票§124 準用§90）。本票的發票人或背書人，得為免除作成拒絕證書之記載（票§124 準用§94 I）。

7.禁發回頭本票（票§124 準用§102 I 但書）。有追索權者，得以發票人或前背書人之一人或其他票據債務人為付款人，向其住所所在地發見票即付之本票。但有相反約定時，不在此限。故發票人或背書人得於發票或背書時，為禁發回頭本票之記載。

三、發票人的責任

本票發票人所負責任，與匯票承兌人相同（票§121）。本票發票人既自負票載金額的支付責任，與匯票承兌人承諾匯票金額的支付，同其責任。亦即，本票發票人對於執票人負有依票面金額付款之義務。

四、本票的見票

(一)見票的意義

本票發票人，為確定見票後定期付款的本票，其到期日的起算點，而於執票人提示時，於本票上記載見票字樣及日期並簽名的行為，謂之見票行為。

(二)立法理由

本票無提示承兌的制度，見票後定期付款的本票，如不為見票的提示，其到期日將無從確定，故票據法特設本票之見票制度。

(三)提示期限

1. 見票後定期付款之本票，應由執票人向發票人為見票之提示，請其簽名，並記載見票字樣及日期；其提示期限，準用第 45 條之規定（票§122 I）。因此，見票後定期付款的本票，應自發票日起六個月內為見票的提示，並得以特約縮短或延長，延長的期限，不得逾六個月。
2. 發票人見票時，未載見票日者，應以所定提示見票期限的末日為見票日（票§122 II）。

(四)見票的效力

1. 發票人如於提示見票時拒絕簽名者，執票人應於提示見票期限內請求作成拒絕證書（票§122 III），以證明見票拒絕的事實，執票人依此規定作成見票拒絕證書後，無須再為付款的提示，亦無須再請求作成拒絕付款證書（票§122 IV）。

2.執票人就見票後定期付款的本票，未於法定或約定期限為見票的提示或作成拒絕證書者，對於發票人以外的前手喪失追索權（票§122 Ⅴ）。

五、本票的強制執行

(一)立法理由

　　票據追索權的行使，如票據債務人不為任意清償時，執票人則須經過民事訴訟程序，取得法院判決為執行名義，聲請法院實施強制執行（強執§4），雖命清償票據上債務的判決，依民事訴訟法第 389 條第 1 項第 4 款之規定，得依職權宣告假執行，但起訴、辯論、判決，仍須相當時日，始能取得執行名義，民國 49 年修正票據法時，鑑於遠期支票所引起空頭支票的氾濫，為減少遠期支票的發行，乃加強本票的索償性，以利本票的流通，特規定執票人向本票發票人行使追索權（用語欠當，似為付款請求權）時，得聲請法院裁定後為強制執行（票§123）。亦即，執票人不必經過民事訴訟程序，得以簡便的程序，取得執行名義，聲請強制執行。冀望改變票據的使用習慣，以本票的功能來代替遠期支票的濫行。

(二)本票強制執行的性質及效力

1.本票的聲請許可強制執行，係非訟事件，而非為確定私權的程序，為裁定的法院，祇能就本票作形式上審查，例如絕對必要事項記載有無欠缺、已否為行使或保全票據上權利的行為，有無作成拒絕證書等事項。如其形式要件均已具備，法院即應為許可強制執行的裁定。至其他實體上對物及對人的抗辯，例如發票人對簽章的真正有所爭執，本票債務是否已因清償而消減，則非該裁定程序所得審究（最高法院 52 年度台上字第 163 號民事判決、最高法院 56 年度台抗字第 714 號民事裁定）。但此項裁定縱經確定，就實體上權利有爭執之人，仍得另行

起訴確定實體上的權利，不受非訟事件裁定的拘束。

2.本票執票人向法院聲請裁定許可對發票人強制執行，屬非訟事件，係經由法院向本票債務人表示行使本票債權之意思，係屬民法第 129 條第 1 項第 1 款規定所稱之「請求」，固發生中斷時效之效果。惟若於請求後六個月內不起訴、開始強制執行或聲請強制執行，視為不中斷（最高法院 109 年度台上字第 1189 號民事判決）。

3.民法第 137 條第 3 項所謂「與確定判決有同一效力之執行名義」，係指實體上爭執業已確定者而言，而本票執票人依票據法第 123 條規定，聲請法院裁定許可對發票人強制執行，係屬非訟事件，此項裁定並無確定實體上法律關係存否之實質確定力，自非與確定判決有同一效力之執行名義，執票人之請求權消滅時效期間，並不能因取得法院許可強制執行之裁定而延長為五年（臺灣高等法院高雄分院 109 年度上易字第 4 號民事判決、臺灣高等法院 111 年度上字第 281 號民事判決）。

(三)本票強制執行的管轄法院

依非訟事件法第 194 條規定，本票的強制執行應由票據付款地的法院管轄。如票據上無付款地的記載，則以發票地為付款地。如發票地亦無記載，則以發票人的住所地為付款地。發票人如有數人，而各人住所、居所、營業所不在一法院管轄區域內者，各該住、居所、營業所所在地的法院，都有管轄權，應由受理在先的法院管轄。

(四)本票強制執行中發票人權利的保障

發票人如主張本票係偽造、變造者，應於接到許可強制執行的裁定後二十日的不變期間內，對執票人向為裁定的法院提起確認之訴（非訟事件法§195 I）。發票人如證明已依前項規定提起訴訟時，執行法院應停止強制執行。但得依執票人聲請，許其提供相當擔保，繼續強制執行，亦得依發票人的聲請，許其提供相當擔保，停止強制執行（非訟事件法§195 II），以兼顧雙方的利益。如本票發票人，依非訟事件法第

195 條第 1 項規定起訴，而獲確定勝訴判決，應認為其本票債權不存在確定，則前准許強制執行的裁定，其執行力即因而消滅，否則關於訴訟中停止執行的規定，即毫無意義（最高法院 68.7.17. 第 10 次民事庭庭推總會議決定(一)）。

(五)本票強制執行的聲請人

　　本票的執票人得聲請法院裁定，准就行使追索權所得請求的金額，對於發票人的財產為強制執行。故聲請人應提出本票以證明其權利存在。

(六)本票強制執行的相對人

　　本票許可強制執行的裁定，僅能對於發票人為之，其他票據債務人不包括在內；保證人雖與發票人負同一責任，但仍不得對之聲請強制執行（最高法院 50.8.8. 第 4 次民刑庭總會會議）。本票執票人依票據法第 123 條規定，聲請法院裁定許可對發票人強制執行，係屬非訟事件，該條既限定執票人向發票人行使追索權時，始得聲請法院裁定後強制執行，則對本票發票人以外之人，即不得援用該條之規定，逕請裁定執行。至於債務人是否為發票人之繼承人，屬於實體問題，於非訟事件無從審究（臺灣高等法院暨所屬法院 67.11.23.法律座談會民事類第 14 號、臺灣高等法院暨所屬法院 71.11.22.法律座談會民事類第 43 號）。

(七)本票請求強制執行的金額

　　以行使追索權所得請求的金額為限。亦即準用票據法第 97 條及第 98 條規定的金額。故如本票約定有違約金者，就違約金不得聲請為強制執行的裁定。

六、本票準用匯票的規定

(一)發　票

關於發票的規定，本票多已另有明文規定，仍可準用匯票者，主要有：

1.本票未載受款人者，執票人得於無記名本票的空白內，記載自己或他人為受款人，變更為記名本票（票§124準用§25Ⅱ）。

2.發票人得於付款人外，記載一人為擔當付款人（票§124 準用§26Ⅰ）。

3.發票人得記載對於票據金額支付利息及利率（票§124準用§28）。

(二)背　書

票據法第二章第二節關於背書的規定，除第35條預備付款人的記載及第39條背書人擔保承兌的規定外，於本票準用之（票§124）。

(三)保　證

票據法第二章第五節關於保證的規定，於本票準用之（票§124）。又本票發票人責任，因與匯票承兌人同（票§121），凡法條有稱承兌人者，均應解為準用於本票發票人。例如本票上之保證未載明被保證人者，視為為發票人保證。但得推知其為何人保證者，不在此限（票§122準用§60）。

(四)到期日

票據法第二章第六節關於到期日的規定，於本票準用之（票§124）。應注意者，票據法第122條有關見票的特別規定。見票即付之本票，以提示日為到期日，且票據法第45條之規定，於前開提示準用之（票§122 準用§66）。因此，未載到期日之本票，視為見票即付之本票，執票人若未於發票日起六個月內為見票之提示者，執票人對發票人以外之前手即喪失追索權。

(五)付　款

票據法第二章第七節關於付款的規定，除本票因無參加承兌人或預備付款人，就此規定不能準用外（票§79 準用§82Ⅱ），餘皆準用之（票§124）。

(六)參加付款

票據法第二章第八節關於參加付款的規定，除第 79 條及第 81 條第 2 項關於參加承兌人或預備付款人的規定外，餘皆準用於本票（票§124）。

(七)追索權

票據法第二章第九節關於追索權的規定，除第 87 條第 1 項、第 88 條及第 101 條關於承兌的規定外，餘皆準用於本票（票§124）。

(八)拒絕證書

票據法第二章第十節關於拒絕證書的規定，於本票準用之（票§124）。

(九)謄　本

票據法第二章第十二節關於謄本的規定，除第 119 條關於承兌的規定外，於本票準用之（票§124）。

七、甲存本票（由金融業為擔當付款人之本票）

(一)甲存本票的意義

所謂甲存本票，是發票人在金融機構開立支票存款戶後，向往來金融機構領用及簽發本票，委託該往來的金融機構對其所簽發的本票，由發票人的支票存款帳戶代為付款的本票。目前已取消甲存本票之用語，故應改以「由金融業為擔當付款人之本票」稱之。

(二)甲存本票的實益

1.票據交換

　　一般本票因由發票人自己到期付款，執票人不得存入金融業作票據交換；甲存本票因指定金融業為擔當付款人，執票人得於本票到期日，存入其於金融業開裡之存款帳戶，提出交換，在使用上較為便利。

2.信用增強

　　一般本票的發票人，其信用如何，不易知悉；而甲存本票，有下列方法增強發票人的信用，使相對人樂於接受：

(1)發票人須開立支票存款，並須有充足的存款。

(2)甲存空白本票由金融機構發給發票人使用，金融機構在發給空白本票前，必對發票人的信用經過相當的調查。

(3)甲存本票如因存款不足而退票者，在交換記錄上視同支票退票，合併計算，退票未經清償註記達三次，應為拒絕往來戶之註記，並註記其拒絕往來期間為自通報日起算三年（支票存款戶票信狀況註記須知§14、§15，「支票存款約定書補充條款」範本§3Ⅱ）。

(4)依票據承兌貼現辦法第13條規定，本票發票人不能如期付款者，除依照票據法辦理外，應視其情節輕重，科以罰鍰，最高不得超過其票面金額，並得由主管機關予以停業解散處分，其因而觸犯其他法令者，從其規定，以示制裁。

(5)甲存本票雖可掛失，但如偽報屬實，得按刑法有關規定（如刑法§171Ⅰ、§244、§339、§340）科處罰金或徒刑。

(三)甲存本票可否適用支票撤銷付款委託的規定？

1.逾越提示期限本票的撤銷付款委託

　　甲存本票發票人與金融業者間的關係和支票發票人與金融業者間的關係，在實質上完全相同。實務上，本票發票人亦可終止擔當付款人之委託。應注意者，本票執票人提示時雖已逾付款之提示期限，但仍在該

本票自到期日起算（見票即付之本票，自發票日起算）三年之內，且發票人未撤銷付款委託，亦無其他不得付款之情事者，金融業者仍得付款。倘因帳戶內存款不足或發票人簽章不符，致發票人所簽發之本票退票時，其退票紀錄與支票之退票紀錄合併計算（「支票存款約定書補充條款」範本§3Ⅱ）。

2.未逾越提示期限本票的撤銷付款委託

　　本票發票人於提示期限經過前是否可為撤銷付款委託（終止擔當付款人之委託），現行法無明文規定，學者及實務上採肯定見解：

(1)依法理，銀行所以為本票的擔當付款人，其關係乃由發票人與其間的委任契約而來，發票人既有委任之權，自然亦有隨時撤銷委任之權，法律亦無明文禁止，故擔當付款人原則應予接受。

(2)甲存本票為信用證券，其與支票有別；且本票的提示期限為到期日及其後二日，與票據法第 130 條支票的提示期限也不相同。使甲存本票的撤銷付款委託與支票受同一限制，既不切實際，也無必要。

(3)目前金融實務上，支票存款人在各地金融業者所開立之支票存款帳戶，因簽發以金融業者為擔當付款人之本票，於提示期限經過前撤銷付款委託，經執票人提示所發生之退票，未辦妥清償贖回、提存備付或重提付訖之註記，一年內達三張時，金融業者得自票據交換所通報日起算，予以終止為支票存款人擔當付款人之委託三年（「支票存款約定書補充條款」範本§7Ⅰ）。

第四章
支　票

一、支票的意義

(一) 支票者，謂發票人簽發一定之金額，委託金融業者於見票時，無條件支付與受款人或執票人之票據（票§4Ⅰ）。所謂金融業者，係指經財政部核准辦理支票存款業務之銀行、信用合作社、農會及漁會（票§4Ⅱ）。

(二) 支票雖亦係委託第三人支付，但其資格限於金融業者，與匯票係任何第三人均得為付款人者不同。蓋以支票的固有功能，原屬支付證券，有代替現金的效用，故特別注重付款人隨時為現實支付的能力，而上述金融業者，均係以謀金融流通為目的，並辦理存款業務，以之為付款人時，除發票人本身因資金不足外，無因付款人資力不足而有不能兌現之虞。

(三) 公庫支票的付款人為公庫，並非一般的金融業者，故其非票據法上的支票，而僅為指示證券的一種（最高法院60年度台上字第1548號民事判決）。公庫支票原則上應適用公庫法規定，但各級公庫支票及機關專戶支票準用票據法有關支票之規定（公庫法§18）。

(四) 支票帳戶設立人與銀行訂立支票存款往來約定書，開立支票存款（甲種活期存款）帳戶，將款存入，約定由帳戶設立人簽發支票委託銀行於見票時無條件付款與受款人或執票人，核其性質為委託付款，應屬委任契約，參照票據法第4條、第125條第1項第5款，第135條有關支票付款委託的規定，甚為顯然，受委任人即有遵照委任人的指示處理委任事務的義務，否則如因其過失或越權行為所生的損害，對於委任人應負賠償之責，此與金融機關與客戶間的乙

種活期存款契約，具有消費寄託的性質，客戶得隨時請求返還寄託物的情形有關（最高法院 65 年度台上字第 1253 號民事判決、最高法院 69 年度台上字第 211 號民事判決）。

二、支票的記載事項

(一)絕對必要記載事項

1.表明其為支票的文字（票§125Ⅰ①）。但不以「支票」二字為限，凡足以表示支票性質的文字均可，例如國外支票以「check」或「cheque」表明。。

2.一定的金額（票§125Ⅰ②）。票據上的金額，不得改寫（票§25Ⅱ）。

3.付款人的商號（票§125Ⅰ③）。支票付款人以金融業為限（票§127）。支票上所記載的付款人，如非票據法第 127 條所定的範圍，例如以未經財政部核准辦理支票存款業務的農漁會或公庫為付款人的支票，即不能適用票據法關於支票的規定，祇應認為民法的指示證券，民法指示證券中，並無如票據法第 5 條第 1 項在票據上簽名者，依票上所載文義負責，或第127 條發票人應照支票文義，擔保支票的支付的規定，故執票人僅可向發票人或背書人請求清償其原有債務或請求償還不當得利，而不得仍持該項支票請求發票人及背書人連帶給付票據金額。發票人得以自己為付款人（票§125Ⅳ後段），謂之對己支票。既由發票人兼為付款人，則發票人亦非金融業、信用合作社或經財政部核准辦理支票存款業務的農會不可，此在本行（社）與分行（社）之間最為常見。

4.無條件支付的委託（票§125Ⅰ⑤）。支票若附有條件，其支票為無效。

5.發票年月日（票§125Ⅰ⑦）。發票日，係提示期間的決定所不可欠

缺。但以形式上存在為足，與實際上的發票日是否相符，則非所問。換言之，得記載實際發票日後的日期為發票日，亦得記載其前的日期為發票日，前者即所謂遠期支票，後者即所謂前期支票。遠期支票，不因發票人以後死亡而變為無效。又支票所載發票日期，僅係行使票據債權的限制（參票§128Ⅱ），不能認係票據債務成立的時期，票據債務的成立，應以發票人交付支票於受款人，完成發票行為的時日為準（最高法院67.6.6.民事庭庭推總會議(二)）。

6. 付款地（票§125Ⅰ⑧）。付款地必須單一，不得為兩個以上的記載。不記載付款地，無法決定提示期限（票§130）。

7. 發票人簽名（票§125Ⅰ）。簽名位置雖未規定，但必須在支票應行記載事項以外的其他適當處所為之，方得認為發票行為。如在支票記載的金額上加蓋印章，在社會通常觀念，係屬防止塗改作用，當難認為發票行為或共同發票行為（最高法院 68 年度台上字第 1751 號民事判決、最高法院 69 年度台上字第 2143 號民事判決）。

(二)相對必要記載事項

1. 受款人的姓名或商號（票§125Ⅰ④）。如未載受款人者，以執票人為受款人（票§125Ⅱ）。

2. 發票地（票§125Ⅰ⑥）。如未載發票地者，以發票人的營業所、住所或居所為發票地（票§125Ⅲ）。

(三)任意記載事項

1. 平行線的記載（票§139）。

2. 禁止背書的記載（票§144準用§30Ⅰ）。

3. 給付金錢種類的特約（票§144準用§75）。

4. 免除拒絕事由通知或免除作成拒絕證書的記載（票§144準用§90、§94）。

5. 禁發回頭支票的記載（票§144準用§102Ⅰ但書）。

三、遠期支票

(一)遠期支票的意義

　　發票人於簽發日期為後數日或數月的日期,而以之為見票付款的日期,因其票載的日期在實際簽發的日期之後,習慣上稱之為「遠期支票」以「預開支票」。

(二)承認遠期支票的理由

1.我國票據法原以匯票、本票為信用證券,支票為支付證券,但實際上使用匯票、本票作為信用工具,並不普遍;民間買賣,常開遠期支票作為信用交易、遠期支付或金錢借貸證明的工具。

2.民國 49 年舊票據法為貫徹支票的見票即付性,特別規定,執票人於票載發票日前為付款的提示時,付款人應即付款,並以執票人的實際提示付款日,視為發票日(舊票§128Ⅱ、§125Ⅴ),同時就不兌現支票的處罰,增加自由刑的規定,以圖減少遠期支票的使用,但施行以後,法院受理違反票據法案件,並未因而減少。

3.民國 62 年票據法修正,認為遠期支票所載發票日期,實係雙方於授受票據時所約定的付款日期,悉賴發票人至發票日籌款補存,許可執票人得提前提示付款,無異鼓勵債權人違背誠信原則行使債權,且因此使債務人猝不及防,增加票據不能兌現的機會。將票據法第 128 條第 2 項修正為:支票在發票日前,執票人不得為付款的提示。

四、保付支票

(一)保付支票的意義

　　付款人於支票上記載照付或保付或其他同義字樣並簽名者,為保付支票(票§138Ⅰ)。

(二)支票保付的款式

1.記載保付的意旨：付款人應於支票上記載照付或保付或其他同義文字
　（票§138Ⅰ）。

2.付款人簽名（票§138Ⅰ）。

3.記載位置：得在支票正面或背面記載之（最高法院 51 年度台上字第
　3154 號民事判決）。

(三)支票保付與匯票承兌

1.相同點

　　支票經保付後，付款人責任，與匯票承兌人相同（票§138Ⅰ），應
負付款的絕對責任。

2.相異點

(1)經保付的支票，不受承兌及提示期限的限制；經承兌的匯票，仍應於
　到期日或其後二日內為付款的提示，否則，喪失對於前手的追索權
　（票§69）。

(2)支票付款人拒絕保付，執票人不得行使追索權；匯票付款人拒絕承
　兌，執票人即得行使追索權（票§85Ⅱ）。

(3)支票保付後，發票人及背書人均免除責任（票§138Ⅱ），故保付人
　拒絕付款，執票人無追索權；匯票承兌後，發票人及背書人不能免除
　責任，故承兌人拒絕付款時，執票人仍有追索權。

(4)支票的保付，須發票人與付款人間有資金關係存在（票§138Ⅲ）；
　匯票的承兌，發票人與付款人間，不問有無資金關係，均得為之。

(四)支票保付與票據保證

1.保付僅適用於支票

　　保證適用於匯票及本票，而不適用於支票，故在支票上記載保證
者，不生票據上的效力。

(1)票據上記載本法所不規定之事項，不生票據上之效力，為票據法第 12

條所明定，而依同法第 144 條關於保證之規定，既不準用於支票，則於支票上加「連帶保證人」之背書，僅生背書效力（最高法院 53 年度台上字第 1930 號民事判決）。

(2)簽名於支票而為背書者，應依票據法之規定負背書人之責任，執票人即不得僅憑支票上之背書，而主張背書人應負民法上之保證責任（最高法院 48 年度台上字第 922 號民事判決）。

(3)按票據上記載票據法所未規定之事項者，僅不生票據上之效力，而非絕對不生通常法律上之效力。若在用以借款之支票上代填「連帶保證」字樣，雖不生票據上之效力，但仍生通常法律上之效力（最高法院 82 年度台上字第 3163 號民事判決）。

(4)在支票背面記載票據法所未規定之「連帶保證人」字樣，雖不生票據法上之效力，但債務人既自認為訟爭債務之連帶保證人，債權人又係依據民法上保證契約請求上訴人給付，於法核無違誤（最高法院 69 年度台上字第 1347 號民事判決）。

2.支票的保付，以付款人為限

　　票據保證，除票據債務人外，不問何人，均得為之（票§58Ⅱ）。

3.支票的保付，付款人付款後，票據關係消滅

　　票據保證，保證人償還後，得行使執票人對於被保證人及其前手的追索權（票§64），票據關係，僅一部消滅。

4.支票的保付，不得就支票金額的一部分為之

　　票據保證，則得就票載金額的一部分為之（票§63）。

(五)支票保付的當事人

1.請求人：執票人得請求付款人保付。

2.保付人：以支票的付款人為限。

(六)支票保付的效力

1.對付款人效力

(1)支票經保付後，付款人的付款責任，與匯票承兌人同。故保付與否，雖為付款人的自由，但一經保付，即負付款的絕對責任。

(2)支票發行滿一年時，付款人仍負付款責任。

(3)付款人不得為存款額外或信用契約所約定數目以外的保付。違反者，應科以支票金額以下的罰鍰（票§138Ⅲ），但付款人的付款義務，不生影響。

2.對發票人效力

(1)付款人於支票上已為保付的記載時，發票人免除其責任。

(2)支票經保付後，發票人不得撤銷付款的委託（票§135），發票人破產時，亦無影響。

3.對背書人效力

付款人於支票上已為保付的記載時，背書人免除其責任（票§138Ⅱ）。

4.對執票人效力

(1)執票人在付款提示期限內未提示者，仍得請求付款。

(2)執票人喪失支票者，不得為止付的通知（票§138Ⅳ、§18），但得為公示催告的聲請（財政部62.12.17.台財錢21429號函）。

(3)由於保付支票付款人的付款責任，與匯票承兌人同，故執票人對保付人的付款請求權，其時效期間為三年（票§138Ⅰ、§22Ⅰ）。

五、平行線支票

(一)平行線支票的意義

1.平行線支票，通常稱為「劃線支票」，即在支票正面，劃平行線二道。

2.支票上劃有平行線者，付款時僅能對於金融業者，支付票載金額（票
　§139 I）。

(二)平行線的記載

1.平行線的記載，現行法並未規定應由何人為之，解釋上任何與支票有
　關之人均得為此記載，發票人、背書人、執票人固無論矣，即金融業
　者，亦得為此記載。
2.平行線的記載，僅係限制執票人提示付款的方法，毋庸在票上簽名。
3.平行線的記載位置，法律僅規定應在支票正面，習慣上均在支票左上
　角，但記載他處，亦非無效，惟如記載不當，有時與票據的塗銷相
　混，故仍宜在左上或右上為宜。

(三)平行線支票的種類

1.普通平行線支票

(1)支票經在正面劃平行線二道者（通常為支票的左上角），為普通平行
　線支票。
(2)普通平行線支票的執票人為金融業者，付款人即得對之支付票載金
　額，否則即應拒絕付款，其經拒絕付款者，不得據以行使追索權。
(3)普通平行線支票的執票人，如非金融業者，則應將該項支票存入其在
　金融業者的帳戶，委託其代為取款（票§139Ⅲ）。

2.特定平行線支票

(1)支票正面的平行線內，如記載特定金融業者的名稱者，謂之特定平行
　線支票。例如在平行線內記載「彰化商業銀行台南分行」字樣是。
(2)特定平行線支票，付款人僅得對平行線內所記載的特定金融業者付
　款，但該特定金融業者為執票人時，得以其他金融業者為被背書人，
　背書後委託其取款（票§139Ⅱ）。
(3)特定平行線支票，如執票人並非特定的該金融業者，則應將該支票存
　入其在該金融業者的帳戶，委託其代為取款。

(四)委託取款與委託代為取款

1.支票的委託取款，依票據法第 144 條準用第 40 條規定，是以委任取款背書方式為之，被背書人僅有行使背書人票據上權利的資格，並非受讓票據權利，故票據權利人對於受任人所得提出的抗辯，以得對抗委任人者為限。

2.委託代為取款則由該特定金融業者為委託人的計算，以自己名義向付款人提示付款。有關行使或保全支票權利的行為亦由該特定金融業者為之，其與委託人間則依信託關係處理之。

(五)平行線的變更

　　平行線是否可以變更，法無明文，解釋上普通平行線支票，變更為特定平行線支票，當無不可。但特定平行線支票，變更為普通平行線支票，則非所許。

(六)平行線的撤銷

1.劃平行線的支票，得由「發票人」於平行線內記載照付現款或同義字樣，由發票人簽名或蓋章於其旁。支票上有此記載者，視為平行線的撤銷。但支票經背書轉讓者，則不得撤銷（票§139Ⅴ）。

2.特定平行線，不得由發票人撤銷（司法行政部 50.6.13 台參 3188 號函）。

3.從法條編排體例觀之，票據法第 139 條第 5 項係規定於平行線支票之後，並未將特別平行線之支票除外，自包括特別平行線之支票在內，發票人仍得將特別平行線撤銷（司法院 72.5.2. 第三期司法業務研究會）。

(七)平行線支票付款人的責任

1.平行線支票係為保護發票人、背書人及執票人而設。故付款人違反平行線支票的規定而付款者，應負賠償損害之責，但賠償金額不得超過

支票金額（票§140）。

2.甲種存戶簽發支票，委託銀行於見票時無條件付款與受款人或執票人者，存戶與銀行間即發生委任關係，銀行有依存戶指示憑留存印鑑付款之義務。從而銀行於執票人提示經撤銷平行線之支票，除與存戶間另有約定外，就該支票上撤銷平行線旁所蓋印章，與發票人所留存印鑑比對相符，即應付款。倘該撤銷平行線，係第三人變造並偽造存戶印章蓋於其旁，銀行如已盡善良管理人之注意義務，仍不能辨認蓋於變造處之印章係屬偽造而予付款，尚不得謂其處理委任事務有過失而令負損害賠償責任（最高法院106年度台上字第786號民事判決）。

六、支票的付款提示

(一)提示期限

1.支票限於見票即付，其付款的提示，依其性質，不能完全準用匯票的規定。票據法上關於支票提示，規定支票的執票人，應於下列期限內，為付款的提示（票§130）：

(1)發票地與付款地在同一省（市）區者，發票日後七日內。例如發票地在屏東縣，付款地在宜蘭縣。

(2)發票地與付款地不在同一省（市）區內者，發票日後十五日內。例如發票地在台南市，付款地在高雄市。

(3)發票地在國外，付款地在國內者，發票日後二個月內。例如發票地在日本，付款地在中華民國（臺灣）。

2.所稱的發票地與付款地，即以是否同一省（市）區內為準，適用不同的付款提示期間。例如在台北市發票以高雄市台灣銀行高雄分行為付款人者，固適用十五日的規定；即如在桃園市發票，以台北市國泰世華銀行總行為付款人，仍適用十五日的規定。相對地，若在彰化縣發票，以新竹縣某信用合作社為付款人，則適用七日的規定。

3. 至若發票地在國內，付款地在國外者，關於支票的付款提示期間，依涉外民事法律適用法第 21 條第 3 項規定，行使或保全票據上權利之法律行為，其方式依行為地法。

4. 關於提示期限的起算，應以票載發票日為準，實際上發票人係於何時發票，執票人係於何時收受支票，均可不問。

5. 提示期限係屬除斥期間，而非消滅時效期間。背書人曾對執票人要求延期提示支票，亦不能使法定提示期限發生延長的效果（最高法院 64 年度台上字第 2795 號民事判決）。

(二)提示付款被拒絕的證明

1. 執票人於法定提示期限內為付款的提示而被拒絕時，應於拒絕付款日或其後五日內，請求作成拒絕證書（票§131Ⅰ）。

2. 拒絕證書的作成，與匯票相同，惟如付款人於支票或黏單上記載拒絕文義及其年、月、日並簽名者，與作成拒絕證書有同一效力（票§131Ⅱ）。付款人於支票上僅載拒絕文義及年、月、日而未簽名者，仍難謂與作成拒絕證書有同一之效力（最高法院 48 年度台上字第 1331 號民事判決）。

3. 若僅在票面上蓋有「拒絕往來戶」的戳記，而未經付款人記明年、月、日並簽名者，或另由付款人出具證明書註明其曾為付款提示者，均不得認與拒絕證書有同一效力。

4. 支票既經付款人於正反兩面分別加蓋拒絕往來戶戳記，並另行製作退票理由單，記明其事由及其年、月、日並加蓋印章，顯足以證明執票人已行使或保全其票據上之權利而毋須另行舉證，亦足以杜防票據債務人遭受詐害，為保護債權人之權利計，自應視為與作成拒絕證書有同一之效力（最高法院 52 年度台上字第 1195 號民事判決）。

5. 平行線支票倘遇當地並無其他行庫，或行庫本身恰為付款人時，則行庫受委託後，一面居於提示銀行之地位，向其本身為提示，一面將該

支票予以進帳或因空頭而不能進帳時，則居於付款銀行之地位而為拒絕付款之證明，俾便追索權之行使（最高法院 51 年度台上字第 581 號民事判決）。

(三)未合法提示或未作成拒絕證書的效果

1.執票人不於法定提示期限內為付款的提示，或不於拒絕付款日或其後五日內請求作成拒絕證書者，對於發票人以外的前手，喪失追索權（票 § 132）。

2.對於發票人的追索權，不因已否在法定期限內提示或於法定期限內作成拒絕證書而有影響，縱令逾期後未補作拒絕證書，仍得對發票人行使權利。惟未於法定提示期限為合法的提示或未於法定期限內作成拒絕證書者，發票人對於執票人固仍負責任，但執票人怠於提示，致使發票人受損失時（如付款人倒閉），應負賠償之責，其賠償金額，不得超過票面金額（票 § 134）。

3.支票執票人所為之提示，雖已逾票據法所規定之提示期限，但此項提示，仍應視為執票人行使請求權之意思通知，具有中斷時效之效力（最高法院 56 年度台上字第 2474 號民事判決）。

4.發票人與付款人在法律上地位不同，除有特殊情形（例如票據法第 125 條第 4 項指定自己為付款人）外，人格各別。執票人如於支票提示期限內遭付款人拒絕付款或於提示期限屆滿後，欲對發票人行使權利，自應向發票人為之（此時執票人如對付款人為付款提示，付款人依票據法第 136 條規定僅得付款而已，亦得不付款）。執票人若在支票提示期限後，始向付款人提示而遭拒絕，其提示行為雖可解為權利之行使，但既非向發票人為給付之請求，自難認有中斷對發票人請求權消滅時效之效力（最高法院 70 年度台上字第 2604 號民事判決）

七、支票的付款

(一)支票付款的時期

　　支票因係限於見票即付，故無延期付款的問題，又支付亦無所謂到期日，故亦無期前付款的問題。發票人在提示期限經過後，仍應負票據上的責任，而付款人係受發票人委託付款之人，其與發票人間必有其契約關係，為免除發票人的責任，於提示期限經過後，付款人自仍得付款（票§136），但有下列情形之一者，除保付支票外（票§138Ⅳ），則不得再行付款，否則，應依民法上一般委任法理，負賠償損害之責（民§544）。

1.發票人撤銷付款的委託時

　　發票人在票據法第 130 條法定提示期限內，不得撤銷付款的委託（票§135），但提示期限經過後，發票人自可撤銷付款的委託，此時付款人應受此項撤銷付款委託的拘束。

2.發行已滿一年時

　　票據上權利，對於支票的發票人，因一年不行使，即因時效而消滅（票§22Ⅰ），在支票「發行滿一年」時，則支票上權利可能已罹消滅時效，故規定付款人不得再行付款，以資呼應。此之「發行滿一年」起止日的算法，實務見解頗不一致，茲綜合述之如次：

(1)依民法規定計算因為票據法關於期日或期間的計算方法，並無特別規定，且觀票據法第 68 條關於匯票到期日的計算，與民法所採的方法相同，故應依民法第 119 條、第 120 條第 2 項、第 121 條第 2 項等規定計算，亦即「以日、星期、月或年定期間者，其始日不算入」，「期間不以星期、月或年之始日起算者，以最後之星期、月或年與起算日相當日之前一日，為期間之末日。但以月或年定期間，於最後之月，無相當日者，以其月之末日，為期間之末日」（最高法院 69 年度台非字第 107 號刑事判決、最高法院 71 年度台非字第 134 號刑事判決、最

高法院 66.6.11.第 5 次民事庭庭推總會議(一)）。

(2)以發票日為期間始日。其理由可歸納如下：其一，可與票據法第 22 條第 1 項配合，以免前後兩歧，徒滋紛擾。其二，票據法第 22 條規定於通則章，以後各章關於期間的計算，當一體通用，無待乎重複特別規定。其三，支票為文義證券，見票即付，其簽發（發行），當以簽發（發行）之日為期間的起算。若謂時效期間，從發票日起算，而除斥期間則依民法的規定，自翌日起算，則關於票據上權義的算法趨於複雜，殊不合理。其四，票據法第 136 條第 2 款規定付款人於支票「發行滿一年時」不得付款，該一年期間起算，票據法本身已明文規定自「發行時」起算，為民法第 119 條除外規定中所指的「有特別規定」者，自不能適用民法第 120 條第 2 項「始日不算入」的規定（司法行政部 65.5.13.台參 03867 號函）。

(3)上述二說，以依民法第 119 條、第 120 條第 2 項、第 121 條第 2 項等規定計算為多數說。亦即，票據法第 136 條第 2 款「發行滿一年」起止日的算法依民法規定計算。

(4)又「發行滿一年」期間，係法定期限，並非民法上所稱時效期間，自無民法第 118 條的適用。

(二)支票付款人的責任

1.支票的付款人與匯票的承兌人不同，本不負付款責任，但票據法為保護執票人的利益，規定付款人有依約定支付票據金額的義務。即付款人於發票人的存款或信用契約所約定之數，足敷支付支票金額時，應負支付之責；但收到發票人受破產宣告的通知者，不在此限（票§143）。蓋發票人一受破產的宣告，其總債權即應依破產法的規定，分配其財產，付款人即不得再行付款。

2.支票付款人違反票據法第 143 條前段規定而拒絕付款者，應負給付遲延之責，其所負債務，非票據債務，其因違反該項規定拒絕付款成為給

付遲延所負的損害賠償債務，亦應適用民法第125條所定十五年的消滅時效（最高法院67.2.21.第2次民事庭庭推總會決議）。

(三)支票付款人得要求的事項

1.支票在全部付款時，付款人得要求執票人記載收訖字樣簽名為證，並交出票據（票§144、§74Ⅰ）。

2.付款人於發票人的存款或信用契約所約定之數，不敷支付支票金額時，得就一部分支付之（票§137Ⅰ），付款人為一部支付時，無須執票人同意。惟執票人既未獲得全部付款，其未獲付款部分，當得行使其追索權，支票自無從交還於付款人，故付款人得請求執票人在支票上記明實收的數目，並得請求給與收據（票§137Ⅱ）。

(四)支票付款的方法

付款人付款時以現實支付為原則，但得以支票轉帳或為抵銷，此時，視為支票的支付（票§129）。例如甲乙二人同在華南銀行總行立有甲種活期存款戶頭，若甲執有乙所發行的華南銀行總行付款的支票，自得以之請求華南銀行總行將該支票金額轉入自己的存款戶頭內，此時該銀行即可利用轉帳方法以代現實的支付。又如甲在第一銀行立有存款戶頭，又與該銀行交易而負有債務，則甲可開一受付支票於第一銀行，以清償債務，該銀行即得利用抵銷的方法以代現實的支付。

八、支票發票人擔保付款的責任

(一) 發票人應照支票文義，擔保支票的支付（票§126），在付款人拒絕付款時，對於受款人及其後手，應負絕對的最後償還責任。

(二) 發票人有二人以上者，應就票載文義負連帶責任（票§5）。

(三) 執票人向支票債務人行使追索權時，得請求自為付款提示日起之利息，如無約定利率者，依年利六釐計算（票§133）。所謂「得請求自為付款提示日之利息」，係明示起算利息的期日點，而非指示期

間如何計算，故無民法規定始日不算入的問題（最高法院 69.1.8.第 1
次民事庭會議決議(三)）。

(四) 支票並無承兌制度，故發票人僅負支付擔保責任，且不得依特約予
以免除。發票人義務，為以付款人的拒絕付款為前提的擔保義務，
亦即為償還責任而非主債務。但執票人不於票據法第 130 條所定期
限內為付款的提示，或不於拒絕付款日或其後五日內，請求作成拒
絕證書者，僅對於發票人以外的前手喪失其追索權，而對於發票人
仍不喪失其追索權（票 § 132）。即使未向付款人先提示請求付款而
逕行起訴行使票據上的權利，亦無不可，但實務上有反對意見，認
為票據法第 132 條，乃為逾期提示可發生對發票人以外之前手喪失
追索權之效果，並非免除執票人提示付款之規定（最高法院 70 年度
台上字第 4359 號民事判決）。

九、空頭支票的處罰

(一)空頭支票的意義

空頭支票者，指發票人明知無存款或存款不足而簽發的支票。發票
人於付款人處存款的有無或存款是否不足，係以「提示付款時」為準，
因此，發票時縱使存款不足，但在執票人提示付款時存款充足者，則非
空頭支票，僅在執票人提示付款而不獲兌現時，始屬空頭支票。

(二)空頭支票的處罰

1.舊票據法由於認為空頭支票嚴重影響支票的信用，擾亂社會金融，故
對於此種支票的發票人設有刑事制裁的規定，並於民國 66 年 7 月 23 日
修正票據法，加重發票人的制裁，特將最高本刑由二年提高到三年。
但新票據法則廢除空頭支票之刑事制裁。

2.所謂「人頭支票」或「芭樂票」，係指無法兌現之空頭支票，此又可
分為未獲授權，冒用他人名義開戶、申領之支票，及發票名義人知

情，並志願充為「人頭」概括授權他人簽發之支票二種。後者因發票名義人志願充為人頭，以其名義開戶及申領支票供他人簽發使用，該他人及經該他人同意而簽發之人，因已得發票人即「人頭」之直接或間接概括授權而簽發，並不成立偽造有價證券罪。如係前者，因屬無權簽發，所為始應成立偽造有價證券罪（最高法院 95 年度台上字第 4186 號刑事判決）。

十、支票準用匯票的規定

支票依其性質，關於匯票的承兌、參加承兌、保證、到期日、參加付款、複本、謄本的規定均不準用外，關於背書、付款、追索權、拒絕證書各規定，則大體上均可準用。

(一)發　票

支票未載受款人者，執票人得於無記名支票內記載自己或他人為受款人，變更為記名支票（票§144 準用§25Ⅱ）。

(二)背　書

匯票關於背書的規定，除票據法第 35 條指定預備付款人及第 39 條擔保承兌外，均可準用。

(三)付　款

匯票關於付款的規定，除付款的提示期限、擔當付款人的提示、執票人同意延期付款、到期日前的付款、票據金額的提存各項，或係另有規定，或依其性質無從準用外，均準用於支票。

(四)追索權

匯票關於追索權的規定，除以承兌為基礎的事項，拒絕證書的作成期限，依到期日為準的利息計算外，均準用於支票。

(五)拒絕證書

匯票關於拒絕證書的規定，除有關複本、抄本、謄本各事項無從準用外，餘均準用於支票。

十一、匯票、本票與支票的區別

(一) 從性質言。匯票為預約證券、信用證券及委託證券；本票為預約證券、信用證券及自付證券；支票則為委託證券及支付證券。

(二) 從發票人與付款人間資金關係言。匯票不必存在；本票無此問題；支票則必須存在。

(三) 從法律關係的構成言。匯票是由發票人、付款人與受款人三方面構成；本票則由發票人與受款人二方面構成；支票則與匯票相同。

(四) 從主債務人言。匯票的主債務人為承兌人；本票的主債務人為發票人；支票的主債務人為發票人。

(五) 從發票人責任言。匯票發票人負擔保承兌及支付責任；本票發票人自負付款責任；支票發票人負擔保支付責任。

(六) 從到期日言。匯票及本票均不以見票即付為限；支票則限於見票即付。

(七) 從付款人及付款地言。匯票及本票均得不記載付款人及付款地；而支票則必須記載付款人及付款地。

(八) 付款人資格言。匯票付款人資格並無限制，可為發票人自己、他人或銀行、信用合作社、農會、漁會；本票則為發票人自己；支票付款人則限於銀行、信用合作社、農會及漁會。

(九) 從預備付款人言。匯票得記載預備付款人；而本票及支票則不得記載預備付款人。

(十) 從承兌言。匯票有承兌制度；而本票及支票則無承兌制度。

(十一) 從保證及參加付款言。匯票及本票均有保證及參加付款問題；而支票則無。

(十二) 從保付及劃平行線制度言。匯票及本票均無此制度；僅支票有之。

(十三) 從背書人責任言。匯票背書人負擔保承兌及擔保付款之責；本票及支票則僅負擔保付款之責。

(十四) 從可否以提存為免除債務方法言。匯票及本票均可以提存為免除債務的方法；支票則不可以。

(十五) 從不行使或保全票據權利的效果言。匯票，對一切前手（包括發票人）喪失追索權；本票及支票則對發票人以外的前手喪失追索權。

(十六) 從謄本言。匯票及本票均有謄本規定；而支票則無。

(十七) 從複本言。僅有匯票有複本的規定；本票及支票則均無複本的規定。

|第三編|
海商法

第一章
通　則

一、海商法的意義

　　海商法係以海上企業為規律對象的一種商事法，亦即為海上企業特有的法律，以規定船舶在「海上」或「與海相通的水面或水中」航行所生私法上的權利義務關係為主。

(一) 海上企業者，指直接以「海上」或「與海相通的水面或水中」為活動範圍，而以船舶為活動工具的一種企業。

(二) 狹義的海上企業，專指海上運送企業。

(三) 廣義的海上企業，則指海上運送企業、海上拖船企業、海難救助企業、海上漁業。

(四) 海上買賣業及海上保險業，因非直接以海洋為活動範圍，亦非直接以船舶為活動工具，故不屬海上企業。

二、海商法的內容

　　我國現行海商法分八章，共 153 條。按其規定，可分為下列四大類：

(一) 海上企業組織

1.物的組織：以船舶為中心。

2.人的組織：以海上運送企業為中心。

(二) 海上企業活動：以海上運送為中心。

(三) 海上事故：以船舶碰撞、救助及撈救與共同海損為中心。

(四) 海上企業金融：以海上保險為中心。

三、海商法與民法

　　海商法係民法的特別法。船舶不能單純繩以動產的定義，海上運送與民法上關於運送之規定，不盡相同。海商事件，依海商法之規定，海商法無規定者，適用其他法律之規定（海§5）。因此，凡海商法已有規定者，即不適用民法有關規定。

四、海商事件適用法律的順序

(一) 海事特別法（如船舶法、引水法等）。
(二) 海商法。
(三) 其他民事特別法（如公司法、保險法等）。
(四) 民法。
(五) 習慣法、商業習慣、航運習慣或海事習慣。
1.習慣法之成立，須以多年慣行之事實及普通一般人之確信心為其基礎，故習慣法則之成立，係以習慣事實為基礎（最高法院 40 年度台上字第 1945 號民事判決、臺灣高等法院 99 年度上字第 1357 號民事判決）。
2.海事事件之爭議處理，應注意海商法對於商業習慣之下列規定：
(1)運送人知悉貨物為違禁物或不實申報物者，應拒絕載運。其貨物之性質足以毀損船舶或危害船舶上人員健康者亦同。但為航運或商業習慣所許者，不在此限（海§64Ⅰ）。
(2)運送人或船長如將貨物裝載於甲板上，致生毀損或滅失時，應負賠償責任。但經託運人之同意並載明於運送契約或航運種類或商業習慣所許者，不在此限（海§73）。應注意者，依海商法第 73 條但書規定，經託運人之同意並載明於運送契約或航運種類或商業習慣所許者之情形，而將貨物裝載於甲板，其所致生毀損或滅失之損害，運送人固不必負損害賠償之責。但運送人仍應依同法第 63 條規定，對於承

運貨物之裝載、卸載、搬移、堆存、保管、運送及看守，應為必要之注意及處置。如因未盡此項義務，致生貨物毀損或滅失時，仍應負損害賠償之責，非謂有上開之同意或習慣，運送人即可不負第 63 條規定之義務而免責。按貨櫃運送，運送人縱令依航運習慣，有權將承運之貨櫃裝載於船舶甲板上，但對於該承運貨櫃之裝卸、搬移、堆存、保管、運送及看守，仍應為必要之注意及處置，否則對於貨櫃內貨物之毀損、滅失，仍應負損害賠償責任（最高法院 82 年度台上字第 1076 號民事判決）。

(3)未依航運習慣裝載之貨物經投棄者，不認為共同海損犧牲。但經撈救者，仍應分擔共同海損（海 § 116）。

(六) 法理。

五、海商法的特性

　　海商法的發達，較一般商法為早，遠在漢摩拉比法典，即有不少關於海商的規定。就海商法的內容言，包括人法、物法及行為法，故海商法係屬綜合性的規定。

(一)人法的特性

　　例如對船舶所有人設有限制責任的規定。另對船舶經理人與民法上經理人的規定相異。

(二)物法的特性

　　例如船舶所有權的移轉，既不同於民法上一般動產的移轉，與不動產的移轉亦不相同。船舶抵押權和一般抵押權亦不同。海事優先權更為海商法所特有。

(三)行為法的特性

　　例如海上運送契約與民法上的運送契約有別。載貨證券與民法上的

提單亦不相同。船舶碰撞、海難救助、共同海損等，雖具有侵權行為、無因管理等性質，但仍不完全相同，均係海商法的特殊規定。

六、海商法的制定及沿革

我國「海商法」於民國18年公布，民國20年施行，民國51年曾作修正，其後未曾修訂增刪。基於國際海運之興革及海洋法律之變遷，原「海商法」已不足因應實際需要，為因應時代之變遷與海運經營型態之更迭，並為配合社會環境整體之需要，交通部於民國74年委託海運團體研擬海商法修正草案，並成立「海商法修正委員會」，由海商專家、學者、律師及業界代表組成，分組逐條進行討論，期間並曾舉辦公聽會，以博周諮。

交通部提出「海商法修正草案」於民國80年10月2日報送行政院後，曾經行政院邀集司法院、外交部、法務部、財政部、經濟部、行政院環保署及多位專家學者共同審議，民國83年1月19日經由行政院之審查會審查完畢，同年1月27日經行政院院會通過，並於同年2月16日由行政院函送立法院審議，終於民國88年6月22日三讀通過，同年7月14日總統公布。本次修正要點如次：

(一) 將「船長」、「海員」兩章刪除，有關規定於「船員法」中加以規範。

(二) 修正對船舶保全程序強制之限制（修正條文§4）。

(三) 修正有關船舶所有人責任限制之規定（修正條文§21、§22）。

(四) 修正及增訂有關海事優先權、船舶抵押權及留置權之規定（修正條文§24、§25、§29～§32）。

(五) 增訂載貨證券所載之裝載港或卸貨港為中華民國港口者，其載貨證券所生之法律關係，應適用本法之規定（修正條文§77）。

(六) 提高單位賠償責任限制金額，另為考慮新臺幣幣值之變動，改採國際貨幣基金特別提款權訂定之（修正條文§21、§70）。

(七) 修正關於偏航不負責任之規定（修正條文§71）。

(八) 增訂船舶碰撞時，被扣押之加害船舶，得由適當之銀行或保險人出具書面保證，請求放行（修正條文§100）。

(九) 增訂關於船舶碰撞之訴訟管轄法院，得由當事人合意管轄之法院（修正條文§101）。

(十) 增訂施救人對於船舶或船舶上貨物可能造成之環境損害，予以防止或減輕之報酬請求權（修正條文§103）。

(十一) 修正共同海損之定義及共同海損分擔義務之規定（修正條文§110、§111）。

(十二) 增訂共同海損費用之規定（修正條文§114）。

(十三) 增訂郵件不分擔共同海損（修正條文§120）。

(十四) 修正得為海上保險之標的，及增訂海上保險契約得約定加保至陸上、內河、湖泊或內陸水道之危險（修正條文§127）。

(十五) 增訂海上保險之被保險人有損害防阻之義務（修正條文§130）。

(十六) 增訂有關船舶、運費部分損害之計算，使其補償方式有所依據（修正條文§139、§140）。

(十七) 船舶行蹤不明或被扣押得為委付之期限縮短為二個月（修正條文§143）。

(十八) 刪除專就戰事危險保險者（原條文§186）。

　　海商法於民國88年大幅修正後，繼於民國89年修正第76條，蓋因海上運送人所得主張之抗辯及責任限制規定，其代理人、受僱人及輔助履行運送契約者亦得主張，而原條文第1項遺漏「所得主張之抗辯及責任限制之規定，對運送人」等文字，使該條文之適用對象、權力及責任等均有不同，應為誤繕所致，爰予修正。

　　最近，本法為配合民法之修正，又於民國98年7月8日修正第16條及第153條，將「禁治產」改為「受監護宣告」，並自同年11月23日施行。

第二章
海上企業組織

第一節　船　舶

一、船舶的意義

(一)廣義的船舶

　　廣義的船舶，指具有水上航行設備的建造物而言，船舶法第 1 條第 1 項規定：「本法所稱船舶，謂在水面或水中供航行之船舶。」因之，若沒有航行設備，而只能隨波逐流的木排或竹筏，就不能算做船舶。

(二)狹義的船舶（海商法上的船舶）

　　狹義的船舶，指在海上航行或在與海相通的水面或水中航行的船舶而言（海§1）。

1.海商法上的船舶，應具備下列要件：

(1)須供航行之用：其不供航行之用者，如橋船、蠆船、燈船，非此所謂的船舶。

(2)須在海上航行或在與海相通的水面或水中航行：所謂「海上」是指海洋而言；所謂「與海相通的水面或水中」，是指海洋以外之水，其水面或水中而言，且必須和海相通才行。故沙漠船及在內河和內湖航行之船舶，非海商法上的船舶。

2.合乎上述要件，才算海商法上所稱的船舶，應受海商法的規律，但如合乎下列四款之一時，除船舶碰撞外，不適用海商法的規定（海§3）：

(1)總噸位未滿二十噸的動力船舶或未滿五十噸的非動力船舶：所謂「動力船舶」，就是裝有機械，用以航行的船舶，如輪船是；所謂「非動

力船舶」，就是不屬於動力船舶的任何船舶，如一般的船舶（參船舶
§53③）。上述未滿噸數的船舶，應視為民法上所稱動產之一，其權
利的取得，亦不以作成書面並經主管官署蓋章證明為要件（最高法院
51 年度台上字第 2242 號民事判決），此即船舶法所稱之「小船」。

(2)軍事建制的艦艇：例如各種軍艦及潛艇。

(3)專用於公務的船舶：例如海關巡邏艇、檢疫船。專用於公務之船舶，
不以船舶所有權歸屬為區別之標準，應以其用途是否為公務區分，且
既曰專用，自不包括兼用在內。因此，公務船舶兼營私法上之業務
者，即不能稱為專用於公務之船舶，仍有海商法之適用（最高法院
108 年度台上字第 2324 號民事判決）。

(4)海商法第 1 條規定以外的其他船舶：指不在海上及與海相通的水面或
水中航行的一切船舶而言。

二、船舶的特性

船舶的本質，在法律上屬於物的一種，但具有人格性。又係動產的
一種，但具有不動產性。茲分述如次：

(一)船舶的人格性

船舶類似於自然人，有一定的名稱、國籍及船籍港。

1.名　　稱

船舶之有名稱，與自然人之有姓名及法人之有名稱無異。船名由船
舶所有人自定，但不得與他船船名相同（船舶法§12）。

2.國　　籍

船舶之有國籍，與自然人之有國籍相同。船舶非經登記，領有國籍
證書，不得航行。

3.船籍港

船舶之有船籍港，猶如自然人或法人之有住所。船舶的登記，須於

船籍港為之。船籍港由船舶所有人自行認定（船舶法§13）。

4.失蹤問題

　　船舶有失蹤或行蹤不明問題（海§47Ⅲ、§143③、§144②），和自然人失蹤相似。

(二)船舶的不動產性

　　船舶雖然是動產（海§6），可是法律上有時當做不動產處理：

1.登　記

　　船舶關於所有權、抵押權及租賃權的取得、設定、喪失及變更，均須向主管航政機關登記（海§9、§36，船舶法§15，船舶登記法§33、§44、§51），否則不得之對抗第三人。

2.強制執行

　　強制執行法規定，關於船舶的強制執行，準用不動產強制執行的規定（強制執行法§114）。

3.領土延長

　　在中華民國領域外的中華民國船舶犯罪者，以在中華民國領域內犯罪論（刑§3）。此係以船舶為領土的延長，而具有不動產性。

第二節　海上企業人

一、船舶所有人

(一)船舶所有人的意義

　　船舶所有人通稱船主或船東，乃以自己的船舶經營海上運送之人，為海上企業的主體。然船舶所有人若出租其船舶予他人，而不自己經營運送者，即非屬海上運送人，即亦非海上企業的主體。

(二)船舶所有人的有限責任

1.立法理由

(1)海上運送危險特多，災害重大，易致破產。

(2)海員在航海中行為自由，船舶所有人難以直接指揮監督。

(3)船長在航海中法定權限廣泛，非船舶所有人所得限制。

(4)海員均受國家考試合格領有證書，非船舶所有人所得任意選任。

(5)為發展航海事業，獎勵航業的投資。

2.立法主義

(1)委付主義（法國主義、拉丁主義）：依照法國的法律，船舶所有人對於其船舶業務活動所生的債務，與其他的債務相同，應以全部的財產，負「人的無限責任」；但船舶所有人在法律所規定的條件下，得委付其船舶及運費予債權人，而免除其責任，亦即負「物的有限責任」。但法國自簽署 1924 年船舶所有人限制責任公約後，所謂委付之制，僅適用於非締約國的船舶。

(2)執行主義（德國主義）：依德國舊海商法規定，船舶所有人因船舶業務活動所生的債務，僅以本次航行的「船舶」及運費負「物的有限責任」。船舶債權人就其債權數額，僅得就與債權的發生有關係的船舶及運費為強制執行，不得就船舶所有人的其他財產為強制執行。不過法律為防止船舶所有人於船舶債務發生後，任意讓其船舶減損其價值，以損害債權人的利益，規定在一定條件下，船舶所有人亦應負「人的有限責任」。惟德國 1972 年修訂海事法海商編後，關於船舶所有人限制責任制度，則改採 1957 年海船所有人限制責任公約的「金額主義」，故「執行主義」已成一歷史上名詞而已。

(3)船價主義（美國主義）：依美國的法律，運送人應以本次航行「船舶價值」及運費收益的數額內，就其全部財產，負「人的有限責任」；惟船舶所有人亦得不提出其船舶的價值，而委付其船舶予債權人。但對於生命及身體的損害，兼採金額主義，規定如船舶價值及運費未達

每噸六十美元者，船舶所有人應補足每噸六十美元的數額。

(4)金額主義（英國主義）：依此主義，船舶所有人於每次海上事故發生時（事故主義），按其損害係對於人的損害或對物的損害的不同，依船舶登記的噸位，按法律規定的數額，計算船舶所有人應行負責的金額。依 1958 年英國商船法的規定，船舶所有人的限制責任，其數額如下：

①如事故僅發生財物損害的賠償請求時，按船舶登記的噸數，依每噸一千金法郎計算其數額。

②如事故僅發生人身傷亡的賠償請求時，按船舶登記的噸數，依每噸三千一百金法郎計算其數額。

③如事故同時發生財物損害及人身傷亡兩種損害賠償請求時，則仍按船舶登記的噸數，依每噸三千一百金法郎計算其數額，其中第一部分，即每噸二千一百金法郎，則專供人身傷亡賠償之用；第二部分，即每噸一千金法郎，則供財物損害賠償之用，但如第一部分的數額不敷賠償人身傷亡的全部請求時，其不足的數額，得參加第二部分，比例受償。

(5)我國海商法關於船舶所有人限制責任的規定，係兼採船價主義及金額主義。經查民國 88 年 7 月 14 日修正海商法第 21 條規定時，參考 1976 年「海事求償責任限制國際公約」的精神，為更能刺激及鼓勵船舶所有人淘汰質劣之老舊船舶，以積極建造性能優良之新船，特將原之「船價制與委付制」修正為兼採「船價制與金額制」。

3.限制責任的債務

船舶所有人的有限責任，並非對於一切債務都得如此，乃以法律上所特別規定的債務為限。依海商法第 21 條第 1 項規定，船舶所有人對下列事項所負之責任，以本次航行之船舶價值、運費及其他附屬費為限：

(1)在船上、操作船舶或救助工作直接所致人身傷亡或財物毀損滅失之損害賠償。

(2)船舶操作或救助工作所致權益侵害之損害賠償。但不包括因契約關係
　　所生之損害賠償。

(3)沉船或落海之打撈移除所生之債務。但不包括依契約之報酬或給付。

(4)為避免或減輕前二款責任所負之債務。

　　　至於海商法第 21 條第 1 項所稱船舶所有人，包括船舶所有權人、船
舶承租人、經理人及營運人（海§21Ⅱ）。

　　　海商法第 21 條第 1 項所稱本次航行，指船舶自一港至次一港之航
程；所稱運費，不包括依法或依約不能收取之運費及票價；所稱附屬
費，指船舶因受損害應得之賠償。但不包括保險金（海§21Ⅲ）。

4.限制責任的財產

　　　船舶所有人僅以「海產」（亦稱船舶財產）為限，對上述債務負其
責任，所以叫做「物的有限責任」。所謂「海產」，其範圍依海商法第
21 條第 1 項前段規定為船舶價值、運費、及其他附屬費三者，茲分別說
明如下：

(1)船舶價值

　　①「船舶」係指本次航行發生責任事由的船舶。

　　②船舶所有人欲依海商法第 21 條規定限制其責任者，對於本次航行
　　　的船舶價值，應證明之。

　　③船舶價值的估計，以下列時期的船舶狀態為準（海§23）：

　　　A.因碰撞或其他事變所生共同海損的債權，及事變後以迄於第一到
　　　　達港時所生的一切債權，其估價，依船舶於到達第一港時的狀
　　　　態。

　　　B.關於船舶在停泊港內發生事變所生債權，其估價，依船舶在停泊
　　　　港內事變發生後的狀態。

　　　C.關於貨載的債權，或本於載貨證券而生的債權，除前二款情形
　　　　外，其估價依船舶於到達貨物之目的港時，或航行中斷地的狀
　　　　態。如貨載應送達於數個不同的港埠，而損害係因同一原因而生

者，其估價，依船舶於到達該數港中的第一港時的狀態。

　　D.關於海商法第 21 條所規定的其他債權，其估價，依船舶航行完成
　　　時的狀態。

(2)運費：運費指本次航行的總運費而言，但依法或依約不能收取的運費
　　及票價，不包括在內（海§21Ⅲ）。

(3)附屬費：附屬費指本次航行，船舶因受損害應得的賠償而言，但保險
　　金不包括在內（海§21Ⅲ）。

5.責任限制數額之標準

　　責任限制數額如低於下列標準者，船舶所有人應補足之（海§21
Ⅳ）：

(1)對財物損害之賠償，以船舶登記總噸，每一總噸為國際貨幣基金，特
　　別提款權五四計算單位，計算其數額。

(2)對人身傷亡之賠償，以船舶登記總噸，每一總噸特別提款權一六二計
　　算單位計算其數額。

(3)前二款同時發生者，以船舶登記總噸，每一總噸特別提款權一六二計
　　算單位計算其數額，但人身傷亡應優先以船舶登記總噸，每一總噸特
　　別提款權一〇八計算單位計算之數額內賠償，如此數額不足以全部清
　　償時，其不足額再與財物之毀損滅失，共同在現存之責任限制數額內
　　比例分配之。

(4)船舶登記總噸不足三百噸者，以三百噸計算。

6.限制責任的例外

　　海商法第 21 條關於責任限制之規定，於下列情形不適用之（海§
22）：

(1)本於船舶所有人本人之故意或過失所生之債務。

(2)本於船長、海員及其他服務船舶之人員之僱用契約所生之債務。

(3)救助報酬及共同海損分擔額。

(4)船舶運送毒性化學物質或油污所生損害之賠償。

(5)船舶運送核子物質或廢料發生核子事故所生損害之賠償。

(6)核能動力船舶所生核子損害之賠償。

二、其他海上企業人

(一)船舶共有人

1.船舶共有人的意義

　　船舶共有，即船舶的所有權屬於二人以上所共有之謂。蓋以船舶價值昂貴，航海危險亦大，為謀集合資本，分擔危險，故船舶輒為數人所共有。在中古時代，船舶共有制度最為盛行，惟自公司制度發達以來，經營海運事業者，大多組織公司經營，因而漸已為公司制度所取代。

2.船舶共有人的內部關係

(1)關於共有人共同的利益事項：共有船舶的處分（指船舶的讓與或設定抵押權等情形），及其他與共有人共同利益有關的事項（如航海、出租），應以共有人過半數，並其應有部分的價值合計過半數的同意為之（海§11）。

(2)關於共有人個人的利益事項

　①船舶共有人出賣其應有部分時，其他共有人，得以同一價格優先承買（海§12Ⅰ）。

　②因船舶共有權一部分的出賣，致該船舶喪失中華民國國籍時，應得共有人全體的同意（海§12Ⅱ）；依船舶法第 2 條第 2 款規定，中華民國國民所有的船舶才算中華民國船舶，那麼共有人若將共有權的一部分，出賣給外國人時，這船舶就因之而喪失中華民國國籍。

　③船舶共有人以其應有部分供抵押時，應得其他共有人過半數的同意（海§13）。

3.船舶共有人的外部關係

(1)船舶共有人對於利用船舶所生的債務（如航行購買食品燃料的債務，

或修理船舶所生的債務），就其應有部分負比例分擔之責（海§14
Ⅰ）。

(2)船舶共有人對於發生債務的管理行為（包括保存行為、利用行為、改
良行為），曾經拒絕同意者，關於此項債務，得委棄其應有部分於他
共有人而免其責任（海§14Ⅱ）。

4.船舶共有關係消滅的特別規定

(1)船舶共有關係的退出：船舶共有人為船長，而被辭退或解任時，得退
出共有關係，並請求返還其應有部分的資金（海§15Ⅰ），前項資金
數額，依當事人的協議定之，協議不成時，由法院裁判之（海§15
Ⅱ），第 1 項所規定退出共有關係之權，自被辭退之日起算，經一個
月不行使而消滅（海§15Ⅲ），這一個月期間，應解為除斥期間，無
時效中斷的問題。

(2)船舶共有關係的終止：船舶共有關係，因標的物的滅失而歸消滅，但
依海商法第 16 條規定：「共有關係，不因共有人中一人之死亡、破
產或受監護宣告而終止。」

5.共有船舶經理人

(1)共有船舶經理人的選任：船舶共有人應選任共有船舶經理人，經營其
業務，經理人的選任，應以共有人過半數，並其應有部分之價值合計
過半數的同意為之（海§17）。

(2)共有船舶經理人的權限：共有船舶經理人的權限，除得適用民法第
553 條至第 557 條關於經理人的規定外，海商法另有特別規定：

①代表權：共有船舶經理人關於船舶的營運，在訴訟上或訴訟外代表
共有人（海§18）。

②處分權：共有船舶經理人非經共有人依海商法第 11 條規定的書面
委任，不得出賣或抵押其船舶（海§19Ⅰ）。除上述權限外，當事
人得以契約加以擴張或限制，但加以限制時，不得對抗善意第三人
（海§19Ⅱ）。

(3)共有船舶經理人的義務：共有船舶經理人，於每次航行完成後，應將
其經過情形，報告於共有人，共有人亦得隨時檢查其營業情形，並查
閱帳簿（海§20）。

(二)船舶承租人

1.船舶所有人自己不經營海上運送，將其船舶出租，而由承租人經營運
送時，船舶承租人即為海上運送人，而成為海上企業的主體。

2.船舶租賃依其方式有光船租賃（也叫裸傭船，Bare-boat Charter, Demise
Charter）與定期租賃（也叫定期傭船，Time Charter, Zeitcharter）之
別，前者僅租用船舶，自己僱用海員，後者則除租賃船舶外，還附帶
海員。

3.船舶租賃，由其所由成立的原因觀察，與民法上的租賃無異，但因其
性質特殊，其契約的成立，自然不能完全與一般租賃相同。依海商法
規定，租賃船舶以供運送者，須作成書面（海§39），並履行登記手
續（船舶登記法§3）。因租賃權之設定而申請登記時，申請書內應記
明租金數額，其定有存續期間、付租時期、許可轉租或其他之特約
者，均應記明（船舶登記法§51Ⅰ）。應登記的事項而未登記者，不
得對抗第三人（船舶登記法§4）。

4.船舶租賃依法成立後，船舶即由承租人占有，並指揮管理。此時，原
所有人即退居間接占有人的地位，而承租人則居於船舶所有人原先的
地位。承租人因利用船舶、接受運送及管理船務所發生的債權債務，
均由承租人承擔，出租人無可得主張的權利，亦無應行負責的義務；
第三人亦不得對船舶所有人有所主張。

5.船舶承租人利用船舶經營運送事業時，對託運人即負運送人的一切責
任。託運人的貨物毀損滅失或交付遲延時，承租人應自負賠償之責。
由船長發給載貨證券者，並負證券上的責任。對第三人的債務，如船
舶所有人依海商法第21條規定，得主張限制責任者，承租人亦得主張

之，不因其非船舶所有人而異。

第三節　船舶債權人

一、海事優先權人

(一)海事優先權的意義

海事優先權，就是船舶一定的債權，其債權人就該船舶及其收益，有優先受償之權。優先權為法定擔保物權，依法律規定而發生，當事人不必有明示約定，亦不以占有或登記為要件。

(二)海事優先權的債權

依海商法第 24 條第 1 項規定，優先權的項目如下：

1.船長、海員及其他在船上服務之人員，本於僱傭契約所生之債權。係指服務人員本於僱傭而生之薪資債權而言，該款規定旨在保障海員之生活，僱傭契約無論是否定有期限均有其適用（最高法院 55 年度台上字第 1648 號民事判決）。

2.因船舶操作直接所致人身傷亡，對船舶所有人之賠償請求。

3.救助之報酬、清除沉船費用及船舶共同海損分擔額之賠償請求。

4.因船舶操作直接所致陸上或水上財物毀損滅失，對船舶所有人基於侵權行為之賠償請求。又既曰「基於侵權行為之賠償請求」，自不及於債務不履行所生之損害賠償。

5.港埠費、運河費、其他水道費及引水費。所稱港埠費，例如停舶費、繫解纜費等。

(三)海事優先權的標的

依海商法第 24 條規定得優先受償的標的如下（海§27）：

1.船舶、船舶設備及屬具或其殘餘物。惟船舶殘餘物，被他人依漂流物

拾得的規定，取得它的所有權後，優先權則歸消滅。依海商法第 31 條
規定，優先債權，不因船舶所有權的移轉而受影響。債權具有基於船
舶所發生之特殊性，債權人即得以船舶及設備、屬具等為滿足其債權
之標的並優先受償，不問其債務人是否為船舶所有人。而於船舶所有
人與債務人不同之情形，債權人行使船舶優先權，僅得以船舶及其設
備、屬具及運費、報酬等為執行標的，無從請求船舶所有人給付一定
之金錢或替代物（臺灣高等法院高雄分院 100 年度抗更(一)字第 3 號民
事裁定）。

2.在發生優先債權的航行期內的運費。但船長、海員及其他服務船舶的
人員，本於僱傭契約所生的債權（海 24 Ⅰ ①），得就同一僱傭契約期
內所得的全部運費優先受償，不受此款的限制（海§28）。

3.船舶所有人因本次航行中船舶所受損害，或運費損失應得的賠償。

4.船舶所有人因共同海損應得的賠償。

5.船舶所有人在航行完成前，為施行救助所應得的報酬。

(四)海事優先權的位次

1.同次航行優先權的位次

(1)屬於同次航行的海事優先權，其位次依海商法第 24 條各款的規定
（海§29Ⅰ），款次在前者，效力也占優先，例如救助之報酬（海§
24③）較港埠費（海§24⑤）為優先。

(2)如海商法第 24 條各款中，所列債權不止一種時，則此各債權，不分
先後，比例受償（海§29Ⅱ）。

(3)又關於救助及清除沉船費用及船舶對於共同海損的分擔額，如有二個
以上屬於同一種類，其發生在後者優先受償（海§29Ⅲ），但救助報
酬之發生應以施救行為完成時為準（海§29Ⅲ）；共同海損之分擔，
應以共同海損行為發生之時為準（海§29Ⅳ）。若是因同一事變所發
生的兩宗以上同種類的債權，則視為同時發生的債權（海§29Ⅴ）。

2.異次航行優先權的位次

不屬於同次航行的海事優先權，其後次航行的海事優先權，先於前次航行的海事優先權（海§30）。

3.優先權與抵押權的位次

海事優先權與抵押權競合時，海商法第24條第1項所列優先權的位次，在船舶抵押權之前（海§24Ⅱ）。即此類優先債權較其他附有抵押權的債權，優先受償。故即使船舶所屬的公司，宣告破產，海商法第24條第1項所列優先於船舶抵押權的債權，仍優先於該船舶的抵押債權（臺灣高等法院暨所屬法院55.1.1.法律座談會民事類第1號），債權人自得不依破產程序優先抵押權而行使權利（最高法院55年度台上字第1648號民事判決）。

(五)海事優先權的消滅

1.因優先權標的全部消滅而歸於消滅

海商法第27條所定的優先權標的中，船舶（海§27①）得因滅失而使優先權消滅，固無問題。而運費（海§27②）、賠償債權（海§27③）、共同海損分擔額（海§27④）及撈救救助報酬（海§27⑤），經船舶所有人「收取」後，該等標的，即由船舶所有人的「海產」變成「陸產」，而不得再為優先權的標的。但如標的物雖經滅失而可對第三人主張損害賠償請求權時，則優先權仍存在於是項賠償債權或賠償金上。

2.因法律行為而消滅

(1)海事優先權得因拋棄而消滅，但優先權所擔保的債權並不隨之消滅。

(2)優先權所擔保的債權，因清償、提存、抵銷、混同、免除、拋棄等原因而消滅時，海事優先權亦隨之而消滅。

3.因強制拍賣而消滅

(1)船舶、船舶設備及屬具或其殘餘物，因沒收或強制執行經法院拍賣

者，則優先權就此項標的言，亦為消滅。

(2)船舶在戰時，敵國依捕獲法捕獲沒收者，該船舶所負擔的優先權，亦
　　歸消滅。

4.消滅時效

　　海事優先權，依海商法第 32 條規定，得因期間經過而消滅。經查海
商法於民國 88 年 7 月 14 日修正前之舊法，係依海事優先權種類之不
同，而規定其不同之消滅原因或消滅期間，但新法第 32 條為求合理，乃
統一消滅時效期間，特明定自其債權發生之日起，經一年而消滅。但第
24 條第 1 項第 1 款之賠償，自離職之日起算。

二、船舶抵押權人

(一)船舶抵押權的意義

　　船舶抵押權，為對於債務人或第三人不移轉占有，而供擔保的船
舶，除海商法另有規定外，得就其賣得價金，優先受償的權利。

(二)船舶抵押權的設定人

1.船舶抵押權的設定，除法律別有規定外，僅船舶所有人或受其特別委
　任之人，始得為之（海§35）。由此可知，有設定船舶抵押權資格的
　人為：

(1)船舶所有人。

(2)特別委任的人：船舶所有人以外，就他人的船舶有權設定抵押權者，
　　以受該船舶所有人書面特別授權的人為限（海§35，民法§554）。

(3)法律別有規定者：例如共有船舶的共有船舶經理人經各共有人以過半
　　數，並其應有部分的價值合計過半數的同意的書面委任，亦得為船舶
　　設定抵押權（海§19）；又如無行為能力或限制行為能力人的法定代
　　理人，亦得就無行為能力或限制行為能力人的船舶，設定抵押權。

2.無權設定抵押權人所設定的抵押權，其效力未定，須經船舶所有人補

行授權，否則在申請為抵押權登記時，主管機關應即駁回其申請（船
舶登記法§18）。

(三)船舶抵押權的設定方式

1.船舶抵押權設定為要式行為，應以書面為之（海§33），否則無效。
這和一般抵押權的設定相同（民法§760）。
2.船舶抵押權的設定，非經登記，不得對抗第三人（海§36）。這和一
般抵押權的設定登記不同，一般抵押權以登記為生效要件，非經登記
不生效力（民法§758），但船舶抵押權的設定，以登記為對抗要件，
未經登記，不得謂為未成立，僅不得對抗「第三人」而已。

(四)船舶抵押權的標的物

　　船舶抵押權的標的物當然以船舶充之。依海商法第 34 條規定：「船
舶抵押權，得就建造中之船舶設定之。」所以不僅既成的船舶，即使未
完成的船舶，也可設定抵押權。如此規定，一方可達到造船資金融通，
另一方面可保障船舶定造人所投下的資金。

(五)船舶抵押權的效力

1.船舶共有人中一人或數人，就其應有部分所設定之抵押權，不因分割
或出賣而受影響（海§37）。關於抵押權的其他效力，海商法無特別
規定，則適用民法關於抵押權的規定（海§5）。
2.船舶抵押權相互間的順位，則依登記的先後定之（船舶登記法§
30）。船舶抵押權與海事優先權併存時，其位次則依海商法第 24 條第
2 項規定決定。亦即，海事優先權之位次，在船舶抵押權之前。

第三章
海上運送

第一節　概　說

一、海上運送契約的意義

　　海上運送人（船舶所有人或船舶承租人）與託運人（委託運送貨物者）或旅客（自身搭載船舶者）之間所訂立的運送契約。運送人、託運人或旅客均為運送契約的當事人，至於「受貨人」，乃有權受取所託運貨物的人，與託運人可能為同一人，亦可不同為一人，係運送契約的關係人。

二、海上運送契約的種類

　　依海商法第三章的規定，海上運送契約有下列三種：
(一) 海上貨物運送契約（以「船運貨」的契約）。
(二) 海上旅客運送契約（以「船運人」契約）。
(三) 船舶拖帶契約（以「船運船」的契約）。

第二節　海上貨物運送契約

一、海上貨物運送契約的意義

(一) 以運送貨物為標的，受取運費，由運送人與託運人所訂立的契約，稱為海上貨物運送契約。
(二) 海上貨物運送契約為承攬契約（運送人負有完成將貨物由特定地點

運送至特定地點的義務，並有受報酬的權利），有償契約及雙務契約（臺灣高等法院 100 年度海商上字第 1 號民事判決）。若託運人不以自己為受貨人，而以第三人為受貨人，則又具有為第三人的契約（即向第三人為給付的契約）的性質。

二、海上貨物運送契約的種類

海上貨物運送契約，依海商法第 38 條規定，分為下列二種：

(一)件貨運送契約（搭載契約）

即以貨物的件數的運送為目的而訂立的契約，其運費的計算，而係廣泛的接受託運。以每件為標準。此種運送多見於定期航海的大船，其不專為某託運人運貨。

(二)傭船契約

即以船舶的全部或一部供運送為目的而訂立的契約，其以全部供運送為目的者，為全部傭船契約，以一部供運送為目的者，為一部傭船契約。其運費的計算，係以所用艙位的大小為標準，而不管貨物的件數如何。

三、海上貨物運送契約的訂立

(一)傭船契約的訂立

傭船契約應以書面為之（海§39），並載明下列事項（海§40）：

1.當事人的姓名或名稱，及其住所、事務所或營業所。
2.船名及對船舶的說明。
3.貨物的種類及其數量。
4.契約期限或航程事項。
5.運費。

(二)件貨運送契約的訂立

　　海商法無明文規定，解釋上得適用民法有關運送的規定，無須具備任何方式（但實際上仍以書面訂立者為多），即為不要式契約，亦無不可。

四、海上貨物運送契約中運送人的權利

(一)運費請求權

　　運費的請求是運送人主要的權利，運費為運送契約應記載的事項（海§40⑤）。

(二)交還載貨證券請求權

　　載貨證券持有人請求交付其所運送的貨物時，應將載貨證券返還於運送人（海§60Ⅰ，民法§628、§630）。

(三)損害賠償請求權

　　託運人裝載貨物或受貨人卸載貨物，超過裝卸期間者，運送人得按其超過的日期，請求相當損害賠償（海§52Ⅱ）。運送人發現未經報明的貨物，得在裝載港將其起岸，或使支付同一航程同種貨物應付最高額的運費，如有損害並得請求賠償（海§65Ⅰ）。

(四)貨物寄存權

1.受貨人怠於受領貨物時，運送人得以受貨人的費用，將貨物寄存於港埠管理機關或合法經營的倉庫，並通知受貨人（海§51Ⅰ）。
2.受貨人不明或受貨人拒絕受領貨物時，運送人得依第51條第1項規定辦理，並通知託運人及受貨人（海§51Ⅱ）。
3.運送人對於海商法第51條第1項及第2項貨物有下列情形之一者，得聲請法院裁定准予拍賣，於扣除運費或其他相關之必要費用後提存其價金之餘額：
(1)不能寄存於倉庫。

(2)有腐壞之虞。

(3)顯見其價值不足抵償運費及其他相關之必要費用（海§51Ⅲ）。

4.海商法第 51 條第 1 項是課予受貨人領貨權額外負擔給付港埠倉儲保管費用之義務，且依同條第 3 項規定得扣除之範圍包括運費，可知海商法第 51 條規定是指運費由受貨人負擔之情形，與運費由託運人負擔之情形殊異，不能逕謂託運人本應給付之運費或必要支出得予免除（臺灣高等法院臺中分院 108 年度海商上易字第 5 號民事判決）。

五、海上貨物運送契約中運送人的義務

(一)船舶具備勘航能力的義務

1.海商法第 62 條第 1 項規定，運送人或船舶所有人於發航前及發航時，對於下列事項，應為必要之注意及措置：

(1)使船舶有安全航行之能力；

(2)配置船舶相當船員、設備及供應；

(3)使貨艙、冷藏室及其他供載運貨物部分適合於受載、運送與保存。

2.所謂「安全航行能力」，是指普通海上所發生的危險，以通常海員的知識技術和船舶的設備，足能應付，就可算是有安全航行能力。船舶若有安全航行能力，而仍不免發生危險，運送人自不負責；反之，若船舶無安全航行能力，致生危險時，運送人應負賠償責任。但船舶於發航後，因突失航行能力，所致之毀損或滅失，運送人不負賠償責任（海§62Ⅱ），然運送人或船舶所有人為免除前項責任之主張時，應負舉證之責（海§62Ⅲ）。

3.運送人或船舶所有人於「發航前及發航時」，應盡相當注意義務，使船舶具備適航性，此為基本義務。倘運送人或船舶所有人於上揭期間，未盡該基本義務，自不得主張海商法第 69 條各款之免責事由（最高法院 108 年度台上字第 615 號民事判決）。

(二)貨物管理的義務

1. 運送人對於承運貨物的裝載、卸載、搬移、堆存、保管、運送及看守，應為必要之注意及處置（海§63）。縱運送契約或載貨證券就此為運送人免責的約定，依海商法第 61 條規定，也不生效力（最高法院 69 年度台上字第 923 號民事判決）。

2. 運送人或船長如將貨物裝載於甲板上致生毀損滅失時，應負賠償責任；但經託運人同意並載明於運送契約，或航運種類或商業習慣所許者，不在此限（海§73）。所謂「不在此限」，係指將貨物裝載於甲板上，如經託運人同意或為航運種類或商業習慣所許者，運送人不必依該條前段負絕對的損害賠償責任而言，但運送人仍應依海商法第 63 條負為必要的注意及處置義務，如因其未盡此項義務，致貨物有毀損或滅失，仍應負責。

(三)有關載貨證券的義務

1. 運送人或船長於貨物裝載後，因託運人的請求，應發給載貨證券（海§53）。

2. 載貨證券的發給人，對於依載貨證券所記載應為的行為，均應負責（海§74Ⅰ）。

3. 載貨證券之發給人，對於貨物之各連續運送人之行為，應負保證之責；但各連續運送人僅對自己航程中所生之毀損滅失及遲到，負其責任（海§74Ⅱ）。

(四)貨物運達通知的義務

貨物運送，於貨物運達後，運送人或船長應即通知託運人指定之應受通知人或受貨人（海§50）。

(五)拒絕禁運及偷運貨物的義務

運送人知悉者，對於禁運貨物（如戰時禁制品）及偷運貨物（如未

列於契約內的貨物）的運送應拒絕之。其貨物的性質，足以毀損船舶或
危害船舶上人員的健康者亦同，但為航運或商業習慣所許者，不在此限
（海§64Ⅰ）。運送人知悉貨物之性質具易燃性、易爆性或危險性並同
意裝運後，若此貨物對於船舶或貨載有危險之虞時，運送人得隨時將其
起岸、毀棄或使之無害，運送人除由於共同海損者外，不負賠償責任
（海§64Ⅱ）。

六、海上貨物運送契約中運送人的責任

(一) 運送人或船長如將貨物裝載於甲板上，致生毀損或滅失時，應負賠
償責任。但經託運人之同意並載明於運送契約或航運種類或商業習
慣所許者，不在此限（海§73）。

(二) 貨物未經船長或運送人之同意而裝載者，運送人或船舶所有人，對
於其貨物之毀損或滅失，不負責任（海§72）。

(三) 連續運送同時涉及海上運送及其他方法之運送者，其海上運送部分
適用海商法之規定。貨物毀損滅失發生時間不明者，推定其發生於
海上運送階段（海§75）。此一法律上推定之事實，依民事訴訟法
第 281 條規定之舉證責任分配原則，主張之一造，於否認之他造提
出反證推翻前，無庸舉證（最高法院 109 年度台上字第 688 號民事
判決）。

(四) 海商法第三章第一節有關運送人因貨物滅失、毀損或遲到對託運人
或其他第三人所得主張之抗辯及責任限制之規定，對運送人之代理
人或受僱人亦得主張之。但經證明貨物之滅失、毀損或遲到，係因
代理人或受僱人故意或重大過失所致者，不在此限（海§76Ⅰ）。

1.海商法第 76 條第 1 項之規定，對從事商港區域內之裝卸、搬運、保
管、看守、儲存、理貨、穩固、墊艙者，亦適用之（海§76Ⅱ）。

2.依船員服務規則第 36 條第 1 項第 6 款規定，船舶之大副有負責督導危
險品裝卸作業之義務，且應親自指揮，注意安全法令之規定，其未親

自指揮，或疏未注意致生事故，自有過失而應負損害賠償之責，又其僱用人未證明選任、監督其職務之執行已盡相當之注意，故應負連帶賠償責任，而債務之利害關係人向債權人為清償後，依民法第312條規定，自得承受債權人之權利，向僱用人請求連帶賠償（臺灣高等法院高雄分院107年度上字第263號民事判決）。

七、海上貨物運送契約中運送人的責任限制

(一) 為限制運送人或船舶所有人的賠償責任，俾有利於航業，海商法特別規定，除貨物的性質、價值，於裝載前已經託運人聲明並註明於載貨證券者外，運送人或船舶所有人對於貨物的毀損滅失，其賠償責任，以每件特別提款權六六六點六七單位或每公斤特別提款權二單位計算所得之金額，兩者較高者為限。所稱件數，係指貨物託運之包裝單位。其以貨櫃、墊板或其他方式併裝運送者，應以載貨證券所載其內之包裝單位為件數。但載貨證券未經載明者，以併裝單位為件數。其使用之貨櫃係由託運人提供者，貨櫃本身得作為一件計算。

(二) 由於運送人或船舶所有人之故意或重大過失所發生之毀損或滅失，運送人或船舶所有人不得主張第 2 項單位限制責任之利益（海§70）。

(三) 海商法第 5 條準用民法第 634 條、第 638 條第 1 項規定，運送人對於運送物喪失、毀損或遲到，應負責任。但運送人能證明其喪失、毀損或遲到，係因不可抗力或因運送物性質或因託運人或受貨人過失而致者，不在此限。運送物有喪失、毀損或遲到者，其損害賠償額，應依其應交付時目的地價值計算。又此項價值應以運送物應交付時目的地實際價值為準，與所謂貨物出口價格或離岸價格並不相同（最高法院 100 年度台上字第 74 號民事判決、最高法院 100 年度台上字第 1975 號民事判決）。

八、海上貨物運送契約中運送人的免責事由

(一) 依海商法第 69 條規定，運送人或船舶所有人對下列事由所發生的毀損滅失，不負賠償責任。

1.船長、海員、引水人或運送人之受僱人，於航行或管理船舶之行為而有過失。

2.海上或航路上的危險、災難或意外事故。

3.非由運送人本人之故意或過失所生之火災。因此，火災係因其過失所引起，且未盡有注意義務，仍應負賠償責任。申言之，於海上運送因火災所受之損害，倘非係因運送人本人之故意或過失所致，而係因運送人之受僱人或使用人之故意或過失情事，致發生火災事故，運送人仍得援引海商法第 69 條第 3 款規定免負賠償責任（臺灣高等法院高雄分院 109 年度海商上字第 1 號民事判決）。

4.天災。

5.戰爭行為。

6.暴動。

7.公共敵人的行為。

8.有權力者之拘捕、限制、或依司法程序之扣押。因有權力者之拘捕、限制或依司法程序之扣押所發生之毀損或滅失，運送人或船舶所有人不負賠償責任，惟如拘捕、限制、扣押係因可歸責於運送人之事由所致，運送人即無由主張免責。此外，債務人之代理人或使用人關於債之履行有故意或過失時，債務人應與自己之故意或過失負同一責任。故於有權力者之拘捕、限制、扣押係因運送人之代理人或使用人之故意、過失行為所致者，運送人不得依海商法第 69 條第 8 款規定主張免責（最高法院 107 年度台上字第 806 號民事判決）。

9.檢疫限制。

10.罷工或其他勞動事故。

11.救助或意圖救助海上人命或財產。

12.包裝不固；例如交付海運的電視頻率調整器，每個高達美金四元七角五分，價值非低，則依其價值、性質、種類，通常應以木箱裝載並有防潮濕的包裝，始稱包裝堅固，乃託運人竟以紙箱內襯以紙板，包裝電視頻率調整器，即屬包裝不固（最高法院 64 年度台上字第 471 號民事判決）。

13.標誌不足或不符。

14.因貨物之固有瑕疵、品質或特性所致之耗損或其他毀損滅失。

15.貨物所有人、託運人或其代理人、代表人之行為或不行為。

16.船舶雖經注意仍不能發現之隱有瑕疵。

17.非由於運送人或船舶所有人本人之故意或過失，及非因其代理人、受僱人之過失所致者。

(二) 託運人於託運時，故意虛報貨物之性質或價值，運送人或船舶所有人對於其貨物之毀損或滅失，不負賠償責任（海§70Ⅰ）。

(三) 為救助或意圖救助海上人命、財產，或因其他正當理由偏航者，不得認為違反運送契約，其因而發生毀損或滅失時，船舶所有人或運送人不負賠償責任（海§71）。

(四) 貨物未經船長或運送人之同意而裝載者，運送人或船舶所有人對於其貨物之毀損或滅失，不負責任（海§72）。

(五) 運送人或船長如將貨物裝載於甲板上，致生毀損或滅失時，應負賠償責任。但經託運人之同意並載明於運送契約或航運種類或商業習慣所許者，不在此限（海§73）。

(六) 海上運送人係以運送為營業而受有運費之人，對運送貨物負有商業上注意義務，即對於承運貨物之裝載、卸載、搬移、堆存、保管、運送及看守，應於「全航程」為必要之注意及處置，此觀海商法第 63 條規定即明。倘運送人未盡善良管理人之注意，致生貨物之毀損滅失，即應負賠償責任，不得主張同法第 69 條以次各條之法定免責

事由，僅在證明無過失之情形，始得免責。又運送人於承運貨物前，應以一切合理方法查知承運貨物之性質與特性，依商業知識，對貨物之堆存、保持、管理、運送為妥適之處置，係其應盡之貨物照管義務（最高法院 110 年度台上字第 2569 號民事判決）。

九、海上貨物運送契約中託運人的權利

(一)發航請求權

託運人有請求發航的權利，海商法雖無規定，在解釋上屬於當然。

(二)使為運送權

海商法第 46 條規定，以船舶之全部於一定時期內供運送者，託運人僅得以約定或以船舶之性質而定之方法，使為運送。

(三)載貨證券的請發

貨物裝載後，託運人有請求發給載貨證券的權利。

十、海上貨物運送契約中託運人的義務

託運人對於貨物的裝載，有遵守當事人約定裝載期間的義務。海商法對於此期間的計算，規定如下：

(一) 以船舶的全部或一部供運送者，其裝卸期，以託運人接到船舶準備裝卸貨通知的翌日起算。

(二) 裝卸期間，休假日及裝卸不可能之日不算入在內，但超過合理裝卸期間者，船舶所有人得按超過之日期，請求合理之補償（海§52Ⅱ）。

(三) 上述超過裝卸期間，休假日及裝卸不可能之日亦算入之（海§52Ⅲ）。

十一、海上貨物運送契約中託運人的責任

(一)應負責任的事由

1.託運人對於交運貨物的名稱、數量，或其包裝的種類、個數及標誌之通知，應向運送人保證其正確無訛，其因通知不正確所發生或所致之一切毀損、滅失及費用，由託運人負賠償責任（海§55Ⅰ）。

2.運送人不得以前項託運人應負賠償責任之事由，對抗託運人以外之載貨證券持有人（海§55Ⅱ）。

3.船舶發航後，因不可抗力不能到達目的港而將原裝貨物運回時，縱其船舶約定為去航及歸航之運送，託運人僅負擔去航運費（海§66）。

4.按運送契約具有承攬性質，除法律另有規定外，運送人應在目的地處於得交付運送物之狀態，始得請求運費。但海商法第66條規定：「船舶發航後，因不可抗力不能到達目的港而將原裝貨物運回時，縱其船舶約定為去航及歸航之運送，託運人僅負擔去航運費。」屬法律另有規定情形。準此，海上運送契約如屬航程傭船契約，於約定時間業經履行，因不可抗力而契約目的不達，運送人該次航程之運送義務消滅，去航運費之危險由託運人負擔，以簡化法律關係。倘託運人將貨物轉由其他運送人運送，所生之新運費本應自行負擔，不得向原運送人請求賠償（最高法院108年度台上字第615號民事判決）。

(二)不負責任的事由

　　運送人或船舶所有人所受之損害，非由於託運人或其代理人、受僱人之過失所致者，託運人不負賠償責任（海§57）。

十二、海上貨物運送契約中受貨人的權利

(一)貨物受領權

　　受貨人的貨物受領權如何取得？海商法無明文規定，依民法規定，受貨人具備下列要件，才取得貨物的受領權（民法§644）：

1.運送物須已達到目的地。

2.須經受貨人請求交付。

(二)損害賠償請求權

1.貨物一經有受領權利人受領,推定運送人已依照載貨證券之記載交清貨物;但有下列情事之一者,不在此限(海§56 I):

(1)提貨前或當時,受領權利人已將毀損滅失情形,以書面通知運送人者。

(2)提貨前或當時,毀損滅失經共同檢定,作成公證報告書者。

(3)毀損滅失不顯著而於提貨後三日內,以書面通知運送人者。

(4)在收貨證件上註明毀損或滅失者。

(5)有海商法第 56 條第 1 項但書所列情形之一者,受領人即得請求損害賠償,但其請求權,自貨物受領之日或自應受領之日起,一年內未起訴者,運送人或船舶所有人解除其責任(海§56 II)。

(6)海商法第 56 條第 2 項規定之一年期間之性質為何,實務判決有不同見解。有認為海商法第 56 條第 2 項之規定為除斥期間(臺灣高等法院 92 年度海商上易字第 10 號民事判決)。反之,有認為海商法第 56 條第 2 項應解釋為「海商法上特殊短期消滅時效期間」之性質,並特別規定僅以「起訴」為時效中斷之事由(臺灣高雄地方法院 99 年度海商字第 20 號民事判決)。惟海牙規則規定,貨方對運送人或船舶提起貨物毀損索賠訴訟的時效為一年,自貨物交付之日起算,貨物滅失時,自貨物應交付之日起算,其為起訴期間。漢堡規則與鹿特丹規則亦為起訴期間之規定。

(7)海商法第 56 條第 2 項乃參酌海牙威士比規則第 3 條第 6 項規定修正,然海牙威士比規則就延長起訴期間之規範,於我國海商法並未規定,為立法疏漏。

2.「由貨櫃集散站保管貨櫃以等待驗關交貨」已成為附合於海上運送契

約的一種約定。因此，貨櫃如在貨櫃集散站毀損或滅失，即不能認為仍係單純海上運送契約本身的履行問題，不可適用海商法第 56 條第 2 項所定一年短期消滅時效的適用（最高法院 69 年度台上字第 835 號民事判決）。

3. 海商法第 56 條第 2 項各款所定的「書面通知」，並無一定格式，不可拘泥於文書的形式名稱。而忽視其實質意義。如有當地港務局的出貨報告可證，在該報告上，並經港口理貨人員、海關人員等共同簽章，自可認為已有「書面通知」（最高法院 69 年度台上字第 971 號民事判決）。而在碼頭卸貨作業時間性與空間性的限制下，一般公證公司作成的卸貨報告，倘是證明貨物有毀損滅失的情事者，則此公證公司卸貨報告，一經運送人或其使用人、受僱人簽署證明，即難謂受貨人尚未就貨物的毀損或滅失以書面通知運送人（最高法院 69 年度台上字第 2073 號民事判決）。

4. 託運人與運送人簽訂之海上運送契約，除已就陸上運送階段部分之責任為特別約定，而於該階段發生事故時適用該特別約定外，依當事人之本意，自無另於海商法外，再適用其他陸上運送法規以定海上運送人責任之餘地（最高法院 108 年度台上字第 2131 號民事判決）。

十三、海上貨物運送契約中受貨人的義務

受貨人取得貨物受領權後，應遵守卸載期間的規定，其期間的計算為：

(一) 以船舶之全部或一部供運送者，其卸載期間，自卸貨準備完成通知送達之翌日起算（海§52Ⅱ）。

(二) 卸載期間，休假日及裝卸不可能之日不算入（海§52Ⅱ）。

(三) 裝卸超過合理裝卸期間時，船舶所有人得按其超過之日期，請求合理之補償（海§52Ⅱ）。

(四) 超過裝卸期間，休假日及裝卸不可能之日亦算入（海§52Ⅲ）。

十四、海上貨物運送契約中運費的負擔

運費的請求是運送人主要權利。至於運費的計算和支付方法，一般多由雙方當事人自己商定，但海商法就特殊情形，設有規定：

(一)發生事故時運費的計算

1.中途運回貨物情形

船舶發航後，因不可抗力不能到達目的港，而將原裝貨物運回時，縱其船舶約定為去航及歸航之運送，託運人僅負擔去航運費（海§66）。如貨物並未運回而喪失時，運送人不得請求運費（民法§649）。

2.中途提取貨物情形

船舶在航行中，因海上事故而須修繕時，如託運人於到達目的港前，提取貨物者，應付全部運費（海§67）。

3.中途轉運貨物情形

船舶在航行中遭難或不能航行，而貨物仍由船長設法運到目的港時，如其運費低於約定之運費者，託運人減支兩運費差額之半數（海§68 I）；如新運費等於約定之運費，託運人不負擔任何費用，如新運費較高於約定之運費，其增高額由託運人負擔之（海§68 II）。

4.船舶可使用期間情形

以船舶之全部於一定時期內供運送者，其託運人，僅就船舶可使用之期間，負擔運費（海§47 I）。

5.船舶停止時情形

船舶因航行事變所生之停止，仍應繼續負擔運費（海§47 I 但書），若此種停止是因運送人或其代理人之行為或因船舶之狀態所致者，託運人當然不負擔運費，如有損害，並得請求賠償（海§47 II）。

6.船舶行蹤不明時情形

船舶行蹤不明時，託運人以得最後消息之日為止，負擔運費之全部；並自最後消息後，以迄於該次航行通常所需之期間應完成之日，負

擔運費之半數（海§47Ⅲ）。

(二)貨物卸裝時運費的計算

以船舶之全部或一部供運送者，託運人所裝載貨物，不及約定之數量時，仍應負擔全部之運費；但應扣除船舶因此所減省費用的全部，及因另裝貨物所取得運費四分之三（海§48）。

(三)解除契約時運費的計算

海上貨物運送契約，在任意解除時，託運人仍應負擔運費，其情形有二：

1.在全部傭船契約，託運人於發航前解除契約時，應支付運費三分之一，其已裝載貨物之全部或一部者，並應負擔因裝卸所增加之費用（海§43）。

2.在一部傭船契約，託運人於發航前解除契約時，應支付運費的全部（海§44Ⅰ前段）。若各託運人全部解除契約時，就和全部傭船契約解約情形相同，各託運人只要負擔三分之一的運費即可（海§44Ⅱ）。又託運人因解除契約應付全部運費時，得扣除運送人因此減省費用的全部。如運送人將該部分空位另裝貨物而取得運費時，也應該扣除所得運費的四分之三，以昭公允（海§49）。

十五、船舶所有權移轉不影響海上貨物運送契約

以船舶之全部或一部供運送之契約，不因船舶所有權之移轉而受影響（海§41），至於件貨運送契約效力如何，法無明文，解釋上亦應類推適用傭船契約的規定。

十六、海上貨物運送契約的解除

(一)法定解除

運送人所供給之船舶有瑕疵，不能達運送契約之目的時，託運人得解除契約（海§42），而不論運送人同意與否。

(二)任意解除

1.全部傭船的任意解除

以船舶之全部供運送時，託運人於發航前得解除契約。但應支付運費三分之一，如託運人已裝載貨物之全部或一部者，並應負擔因裝卸所增加之費用（海§43）。

2.一部傭船的任意解除

(1)單獨解約：以船舶之一部供運送時，託運人於發航前，非支付其運費之全部，不得解除契約。如託運人已裝載貨物之全部或一部者，並應負擔因裝卸所增加之費用及賠償加於其他貨載之損害（海§44Ⅰ）。

(2)全體解除：一部傭船的全體託運人都於發航前解除契約時，則與全部傭船解約結果相同，各託運人僅支付運費三分之一，若裝載後解約者並負擔因裝卸所增加的費用即可（海§44Ⅱ）。

3.任意解除的例外

按時計算運費的傭船契約及連續數次的傭船契約，僅得依法終止其契約，而不得任意解除其契約，所以上述任意解約的規定，不能適用（海§45）。

4.任意解除之規定

件貨運送契約的任意解除，法無明文規定，解釋上可比照一部傭船解約的辦法來解決。

十七、載貨證券

(一)載貨證券的意義

載貨證券是海上運送人或船長，於貨物裝載後，因託運人請求，發給託運人為受領及處分運送物所用的一種有價證券。

1.載貨證券

載貨證券可區分為記名載貨證券、待指示載貨證券及不記名載貨證券。於海運實務，載貨證券通常係由運送人或其代理人或船長簽發一式三份交於託運人收執，於目的地僅需乙份交還於運送人或其代理人藉以提取貨物。

2.電報放貨

(1)電報放貨，乃託運人向運送人申請並提出保證書後，由運送人以電報通知目的港代理，由受貨人持憑電報放貨通知單，於換取小提單後，藉以結關提貨。故係由託運人將提單正本繳還運送人，或由託運人持有提單副本，亦或於運送物上船後，於提單正本加蓋戳記，由運送人傳真其目的港之分支機構，託運人切結表明委請運送人拍發電報通知目的港之分支機構，將貨物交給提單上所載之受貨人，受貨人無須持憑提單正本即得請求交付（最高法院 102 年度台上字第 346 號民事判決）。

(2)電報放貨，係指託運人向運送人申請並提出保證書後，由運送人或其代理人以電報通知目的港代理，將貨物無需憑載貨證券正本放貨，受貨人可憑蓋有受貨人公司章之電報放貨通知單，換取小提單（D/O），藉以結關提貨之運作方式。作法上係由託運人將其領取之全套提單正本繳還運送人，或不交付提單正本，僅由託運人持有提單副本，甚或於運送物上船後，於提單正本加蓋「SURRENDERED」戳記，由運送人傳真其目的港之分支機構或其代理人以憑交貨，而由託運人切結表明委請運送人拍發電報通知目的港之分支機構或其代理

人，將貨物交給提單上所指定之受貨人，受貨人無須提示提單正本亦
得請求交付貨物。

3.海上貨運單

(1)海上貨運單乃不得轉讓之單據，作為海上貨物運送契約及接收裝載貨
物時之證明，故運送人負有將貨物交付受貨人之義務，自與一般海運
提單有別，而非物權證券，僅係契約（最高法院 102 年度台上字第
346 號民事判決）。

(2)所謂海上貨運單，為不得轉讓之單據，為海上貨物運送契約與接收、
裝載貨物之證明，運送人負有將貨物交付其上所載受貨人之義務，與
載貨證券有別，其並非物權證券，僅是託運人與運送人間之契約。

(3)海運提單表彰物權，一般可以背書方式轉讓；海上貨運單不表彰物
權，僅是託運人與運送人間之契約。取得屬海上貨運單之電報放貨通
知者，與取得具有物權效力之載貨證券者有別（臺灣高等法院高雄分
院 100 年度海商上字第 2 號民事判決）。

(4)海上貨運單不具有背書轉讓及物權證券特質，與提單之性質不合，自
無從逕行適用我國民法有關提單之規定。有關海上貨運單受貨人與運
送人間有無獨立之法律關係一節，並未成為我國之習慣，更非普世之
法理原則，自無從依我國民法第 1 條規定予以適用（臺灣高等法院 95
年度保險上字第 56 號民事判決）。

(二)載貨證券的特性

1.要式性

載貨證券的作成，要有一定的款式，其應記載事項，海商法第 54 條
有明文規定，故載貨證券是要式證券。

2.獨立性

載貨證券所生的法律關係，係獨立於原運送契約之外，運送契約所
約定的事項，並不當然拘束載貨證券的持有人（海§60 I 準用民法§
627）。

3.背書性

載貨證券除有禁止背書記載外，縱為記名式，亦得以背書移轉於他人（海§60 I 準用民法§628），所以載貨證券原則上為流通證券。

4.文義性

載貨證券發給後，運送人與載貨證券持有人間，關於運送事項，依其載貨證券的記載（海§60 I 準用民法§627）。所以載貨證券是文義證券。

5.繳回性

受貨人請求交付運送物時，應將載貨證券交還（海§60 I 準用民法§630）。是為載貨證券的繳回性。即使為實際的受貨人，苟不將載貨證券提出交還，仍不得請求交付運送物（最高法院 67 年度台上字第 1229 號民事判決）。

(三)載貨證券的發行

1.發行人

海商法規定，僅運送人或船長始得發行載貨證券（海§53），船舶所有人並不得發行載貨證券。

2.請求發行的人

海商法規定，得請求發給載貨證券者為貨物託運人（海§53），而非艤裝人。

3.發行時期

載貨證券的發行時期，海商法規定應於貨物「裝載」以後（海§53），換言之，海商法僅承認「裝船載貨證券」，而不承認運送人已收到貨物而未裝船之前所發行的「收載載貨證券」。惟在航運實務上，銀行向來拒收「收載載貨證券」。惟在航運實務上，多由運送人或其代理人於收受貨物後，先行製給「收載載貨證券」，於貨物裝船後，在原「收載載貨證券」上批註「貨物實際裝船日期」，或由船長於裝船後，

另以電報加以承認，使「收載載貨證券」轉換成「裝船載貨證券」，而具有一般有價證券的效力。

4.應記載事項

(1)法定必要記載事項：載貨證券，依海商法第 54 條第 1 項的規定，應載明下列各款事項，由運送人或船長簽名：

①船舶名稱。

②託運人之姓名或名稱。

③依照託運人書面通知之貨物名稱、件數或重量，或其包裝之種類、個數及標誌。本款為原則的規定，如符合海商法第 54 條第 2 項情形時，得不予載明，其詳見下述「不知條款」。

④裝載港及卸貨港。此係指貨物的裝載港及卸貨港。載貨證券所載之裝載港或卸貨港為中華民國港口者，依海商法第 77 條規定，其載貨證券所生之法律關係依涉外民事法律適用法所定應適用法律。但依海商法中華民國受貨人或託運人保護較優者，應適用海商法之規定（最高法院 109 年度台上字第 1154 號民事判決）。

⑤運費交付。此係指運費支付方式，究為「已收」或「待收」而言。而非運費的數額或計算的基礎。當事人係就運送之全部為價額之約定，或承攬運送人填發提單於委託人，即應視為承攬人自己運送，其權利義務與運送人相同，不得另行請求報酬（臺灣高等法院臺中分院 108 年度海商上易字第 5 號民事判決）。

⑥載貨證券之份數。此項記載可供船長決定在中途港取貨時，應行收回的份數（海 §58）。

⑦填發之年、月、日。

(2)任意記載事項：除上述法定必要記載事項外，當事人對於某種事項，認為必要，也可以任意記載，例如受貨人姓名，過失約款（即船舶所有人對於海員或引水人的過失，不負責任的特約）等項。任意記載事項，一經記載，也發生效力，但載貨證券記載條款條件或約定，以減

輕或免除運送人或船舶所有人對於因過失或海商法第三章規定，應履行的義務而不履行，致有貨物毀損滅失或遲到的責任者，其條款、條件或約定，不生效力（海§61）。

(3)不知條款

①關於海商法第 54 條第 1 項第 3 款應行記載的事項，同條第 2 項設有特別規定，其規定為：「前項第三款之通知事項，如與所收貨物之實際情況有顯著跡象，疑其不相符合，或無法核對時，運送人或船長得在載貨證券內載明其事由或不予載明。」

②託運人就貨物所為的書面通知，如具備海商法第 54 條第 2 項所規定的要件，運送人或船長，依法得不予記載，而不影響載貨證券的效力。但實務上，運送人或船長，通常仍依照託運人的書面通知而為記載，並另以附註方式，載明「據稱……」、「內容不詳」、「重量不詳」或「件數不詳」等字樣，此即通常所稱「不知條款」。但在此情況下，自然損耗及磅差（包括載貨磅差及卸貨磅差）足以導致重量不符的原因，既無法避免其發生，則卸貨的重量，較之載貨證券記載的重量，如有短少，衡諸一般情理。在某種範圍內的短少，可認為非因運送人或其代理人、受僱人對於承運貨物的裝卸、搬移、堆存、保管、運送及看守，依海商法第 107 條（現行海商法第 63 條）應為的注意及處理有所欠缺所致者，運送人就該範圍內短少的重量，應不負賠償責任（最高法 67 年度台上字第 3860 號民事判決、最高法院 67.4.25.民事庭庭推總會決議(二)）。

(4)載貨證券雖為運送人或船長單方所簽發者，然係因託運人之請求而為，揆以海運實務及載貨證券之流通性，載貨證券持有人係據該證券行使權利，則載貨證券上事先印就之制式記載，性質上屬定型化契約條款，除有顯失公平應認為無效之情形外，對託運人、運送人及載貨證券持有人均生拘束力（最高法院 105 年度台上字第 105 號民事判決）。

(四)載貨證券的效力

1.物權效力

(1)載貨證券，除有禁止背書的記載者外，與貨物的交付，有同一的效力。受領人請求交付其所運送的貨物時，應將載貨證券返還於運送人（海§60 I準用民法§628、§630）。

(2)載貨證券有數份者，在貨物目的港請求交付貨物之人，縱僅持有載貨證券一份，運送人或船長不得拒絕交付。不在貨物目的港時，運送人或船長非接受證券之全數，不得為貨物之交付（海§58 I）。

(3)二人以上之載貨證券持有人請求交付貨物時，運送人或船長應即將貨物按照海商法第51條之規定寄存，並通知曾為請求之各持有人，運送人或船長，已依海商法第58條第1項之規定，交付貨物之一部後，他持有人請求交付貨物者，對於其膡餘之部分，亦應按上述的寄存與通知兩方法處理（海§58 II）。

(4)載貨證券之持有人有二人以上者，其中一人先於他持有人受貨物之交付時，他持有人之載貨證券對運送人失其效力（海§58 III）。

(5)若載貨證券之持有人有二人以上，而運送人或船長尚未交付貨物者，其持有先受發送或交付之證券者，得先於他持有人行使其權利（海§59）。

2.債權效力

(1)載貨證券之發給人，對於依載貨證券所記載應為之行為，均應負責（海§74 I）。

(2)載貨證券之發給人，對於貨物之各連續運送人之行為，應負保證之責。但各連續運送人，僅對於自己航程中所生之毀損滅失及遲到負其責任（海§74 II）。惟此所謂各連續運送人，乃指次運送人以下的運送人而言，不包括發給載貨證券的第一運送人在內，第一運送人依規定，本負有保證之責，不因海商法第50條第3項的規定而免除其責任（最高法院64年度台上字第252號民事判決）。

第三節　海上旅客運送契約

一、概　說

(一)海上旅客運送契約的意義

　　海上旅客運送契約，係以船舶為運送工具的旅客運送契約。原則上，海上旅客運送，除運送旅客為其標的外，與貨物運送大致相同，故海商法規定，海上旅客運送，除海商法別有規定外，可準用海商法上關於貨物運送的規定（海§79）及民法上有關的規定（海§5）。

(二)海上旅客運送契約的種類

1.搭客運送（個別售票運送）

　　此種契約有如件貨運送契約，係定期航海的船舶，任由旅客個人購票上船，而準時開航的一種旅客運送。此種契約較為普遍。

2.傭船運送（包括運送）

　　此種契約多用於團體的運送；如團體旅行、軍隊或移民的輸送是。

二、海上旅客運送契約的訂立

(一) 旅客運送契約與貨物運送契約，雖同為承攬契約，但貨物運送的傭船契約，係要式契約；而旅客運送契約，無論為搭客或傭船，通常皆以之為諾成契約，即契約的訂立，無須具備任何形式。

(二) 一般商業習慣上，均有發行船票以為證明，但此並非表示，旅客運送契約即為要式契約。且海商法對其應記載事項，亦無一定的限制，解釋上，得適用民法有關的規定。

三、海上旅客運送契約的效力

(一)運送人的權利及權限

　　旅客運送人除有收取運費（票價）之權外，對於旅客如有妨害治安

或其他違法情事，船長於運送中，得為緊急處分迫令其離船（海§85），此具有公法上權力的性質。

(二)運送人的義務

旅客運送契約有效成立之後，運送人對於旅客，負以下的義務：

1.運送至目的港的義務（海§83 I）

即使因不可抗力致船舶不能繼續航行時，也應設法將旅客運送至目的港（海§88）；但旅客的目的港若因發生天災、戰亂、瘟疫或其他特殊事故，致船舶不能進港卸客者，得依旅客的意願，將其送至最近的港口或送返乘船港（海§89）。

2.供給膳宿的義務

對於旅客供膳者，其膳費應包括在票價之內（海§80）；若在航行中為船舶的修繕時，應無償供給旅客候船期間的膳宿（海§90）。

(三)旅客的權利

旅客有解除契約權（海§83 II、§84、§86）及請求賠償權（海§83 II）。

(四)旅客的義務

旅客運送契約成立後，旅客須負下列的義務：

1.給付票價的義務

旅客因購票而有給付票價的義務。在船舶發航或航程中，旅客不依時登船或船長依職權實行緊急處分而迫令其離船，或在航程中，旅客自願上陸者，仍應給付全部票價；但因疾病或死亡上陸者，僅按其已運送的航程，負擔票價（海§85、§87）。

2.聽從船長指示的義務

旅客對於船長為維持秩序所為的指示，應予以聽從，尤以船舶抵達目的港後，應依船長的指示，即行離船（海§91）。

3.投保意外險的義務

　　旅客於實施意外保險之特定航線及地區，均應投保意外險，保險金額載入客票，視同契約，其保險費包括於票價內，並以保險金額為損害賠償之最高額（海§81Ⅰ）。

四、海上旅客運送契約的解除

(一)法定解除

1.船舶遲誤發航日期者，旅客得解除契約（海§86），此時運送人應返還票價（民法§259）。
2.在發航前，旅客因死亡、疾病或其他基於本身不得已之事由，不能或拒絕乘船者，得解除契約，但運送人仍得向其請求票價十分之一（海§84後段）。
3.於發航後，有因疾病或死亡而上陸者（終止契約），則僅按其已運送的航程，負擔票價（海§87後段）。
4.運送人或船長違反應將旅客運送至船票所載的目的港者，旅客亦得解除契約，並得請求損害賠償（海§83Ⅱ）。

(二)任意解除

1.在船舶發航前二十四小時，旅客得任意解除契約，但須給付票價十分之二（海§84前段）。
2.在發航後，旅客如中途下船，不再登船（等於解除契約），仍應負擔全部票價（海§85）。

第四節　船舶拖帶

一、船舶拖帶的意義

　　船舶拖帶也叫拖船契約，就是當事人約定，用一方的船舶（拖

船），在一定期間，或向一定地點，拖帶他方船舶（被拖船），而他方給與報酬（拖船者）的契約。

二、船舶拖帶的效力

(一)對內關係

　　對內關係指拖船與被拖船間的關係而言，海商法無明文規定，當事人得任意約定，一般學說上的意見為：

1.拖船所有人的權利

(1)拖船費請求權：拖船契約，若是約定在一定期間內拖帶，則與僱傭契約相同，請求權在期間終了時發生；若是約定向一定地點拖帶，則與承攬契約相同，請求權在其拖帶工作完成時發生。

(2)如航行指揮權操於拖船方面時，則拖船所有人有指揮航行的權利，被拖船就有追隨航行的義務。

2.拖船所有人的義務

(1)拖船所有人應使其船舶有拖帶能力（海§62）。

(2)如航行指揮權在被拖船方面時，並有服從其指揮的義務。

(二)對外關係

　　對外關係就是拖船及被拖船對於第三人的關係，此種關係多在侵權行為（如船舶碰撞）上發生。

1.單一拖帶的責任

　　船舶拖帶，以單一拖帶（甲船拖帶乙船）為常。當拖船與被拖船不屬於同一所有人時，其損害賠償的責任，應由拖船所有人負擔；但契約另有訂定者，不在此限（海§92）。

2.共同或連接拖帶的責任

　　共同拖船（甲、乙兩船共同拖帶丙船）或連接拖船（甲船同時拖帶乙船及丙船），因航行所生的損害，對被害人負連帶責任；但實際無過失的他拖船，對於加害的拖船有求償權（海§93）。

第四章
海上危險

第一節　共同海損

一、海損的概念

(一) 船舶於水上航行或停靠拋錨中，除通常原因所生的損害外，所遭遇的危險原因頗多，如因天然的意外事變，戰時敵對行為所引起的事變或危險，以致船舶或貨載蒙受實物損害或增加費用的支出時，此項損害及費用，即為「廣義的海損」。

(二) 廣義的海損，依其發生原因不同，可分為二種：

1.通常海損（小海損）

　　乃航海上基於通常原因所生的損害；如船舶的折舊、入港稅等屬之。此種海損當然由船舶所有人負擔，在法律上自不成問題。

2.非常海損（狹義的海損）

　　乃航海上基於非常原因所生的損害；又可分為二種：

(1)單獨海損：凡因海難或其他事變所發生的損害，其程度未達全損，且限於船舶、貨物等一方單獨產生的損害及費用，稱為「單獨海損」。海商法對此僅於第 94 條至第 101 條「船舶碰撞」設有規定。其他的單獨海損應依下列兩原則決定：

　　①單獨海損由於天災或其他不可抗力所生者，由船舶所有人或貨物所有人負責（如投有海上保險則轉由保險人負擔）。

　　②單獨海損由於他人侵權行為所生者，則依民法侵權行為規定，向加害人請求損害賠償。

(2)共同海損：稱共同海損者，謂在船舶航程期間，為求共同危險中全體

財產之安全所為故意及合理處分，而直接造成之犧牲及發生之費用
（海§110）。在海難中，船長為避免船舶及貨載的共同危險所為的
處分，而直接發生的損害及費用（海§110），稱為「共同海損」。
所稱之「海難」，自非僅指船舶航行中因自然力所發生之災難，尚且
包括因船舶或貨物固有瑕疵及人為過失所致之災難在內（最高法院 84
年度台上字第 2761 號民事判決）。亦即，指危險之發生係運送人或其
履行輔助人思慮所不及，不可預料，熟練之船員已盡善良管理人之注
意尚無從防止者而言。如一般風浪即導致船舶不堪航行，乃屬船舶適
行性之問題，而不成立共同海損（最高法院 82 年度台上字第 1241 號
民事判決）。因此，若係因運送人所屬船舶欠缺堪航力所致之損害，
則與共同海損無關（最高法院 87 年度台上字第 183 號民事判決）。

二、共同海損制度的存在理由

(一) 基於船舶與貨載在海上特殊的環境中，一旦遇有迫切的危險，而犧
　　牲船舶或貨載的一部，用以保存他部分財產時，為公平起見，法律
　　上不能令被犧牲財產的所有人獨自負擔，而應由被保存財產的所有
　　人予以分擔。故共同海損制度，係船舶在航行中遭遇共同危險時，
　　為避免全部的損失而作部分的犧牲，由利益獲保全者，分擔犧牲者
　　損失的制度。
(二) 此種制度的功能係在共同分擔損失，而與保險制度相近；晚近因保
　　險制度發達，致使共同海損制度漸失其重要性，甚至有主張予以廢
　　除者。

三、共同海損的成立要件

　　共同海損是在船舶航程期間，為求共同危險中全體財產之安全所為
故意及合理處分，而直接造成之犧牲及發生之費用（海§110），依此可
知其要件如下：

(一)須為「現實」的危險

　　若危險係預想且不確定，而非「現實」的危險者，船長所為的處分即非共同海損。現實危險的原因如何，在非所問。縱使因利害關係人的過失所致的損害及費用，仍為共同海損；但對於過失的負責人得請求償還（海§115）。

(二)須為船貨的「共同」危險

　　危險須為船舶與貨載的共同危險，否則，其危險僅及船舶或貨載中任何一方時，則未受危險的一方，即無分擔損害及費用之理，亦即不能構成共同海損。亦即，共同海損須以有船舶及貨物之共同危險及共同利益存在為要件，若特定之財產（無論為船舶或貨載）遇有危險，而其損失或費用，與其餘船貨之保全無涉者，即非屬共同海損之範圍（最高法院79年度台上字第1658號民事判決）。

(三)須為「故意」及「合理」處分

　　共同海損所犧牲的利益，應係基於故意處分，且所為處分，應以公平合理為原則，不得任意行之。

(四)須有損害及費用

　　損害如斷錨、棄貨等，費用如救助費、修繕費等。無損害，又無費用，則不能稱為共同海損。

(五)須有所保存

　　船長為處分後，船舶與貨載須得保存（海§111），才有分擔共同海損之可言。至於保存與處分是否有因果關係，海商法採殘存主義，換言之，處分雖無效果，而因他種原因，得以保存，仍可成立共同海損。至於其保存的標的物如何，海商法採船貨併存主義，亦即所保存的標的物，以船舶及貨載雙方均得保存為必要。

四、共同海損的債權

(一)共同海損債權的意義

因共同海損處分所生的損害或費用，其被害人與支付人得向利害關係人請求分擔的權利。

(二)共同海損債權的種類

1.船　舶

船舶因處分致生損害，為共同海損債權的重要部分，其屬具亦屬之。

2.貨　載

貨載經投棄者，應屬共同海損，但有下列例外；

(1)裝載於甲板上的貨物，除其裝載為航運習慣所許者外，該項貨物經投棄者，不認為共同海損犧牲；但若經撈救，仍應分擔共同海損（海§116）。

(2)無載貨證券，亦無船長收據之貨物，或未記載於目錄之設備屬具，經犧牲者，不認為共同海損。但經撈救者，仍應分擔共同海損（海§117）。

(3)貨幣、有價證券或其他貴重物品者，除經報明船長者外，不認為共同海損犧牲。但經撈救者，仍應分擔共同海損（海§118）。

(4)船上所備糧食、武器、船員之衣物、薪津、郵件及無載貨證券之旅客行李、私人物品，不分擔海損；但如經投棄，其損害應由各關係人分擔之（海§120）。

3.運　費

運費因貨載的毀損或滅失，致減少或全無者，亦認為共同海損；但運送人因此減省的費用，應扣除之（海§113）。

4.費　用

船長因船貨共同安全而支出的費用（如救助及撈救費用），為共同海損。

五、共同海損的分擔

(一)共同海損分擔的意義

　　共同海損的分擔，乃船舶與貨載因海難所生的損害與費用。共同海損以各被保存財產價值與共同海損總額之比例，由各利害關係人分擔之。因共同海損行為所犧牲而獲共同海損補償之財產，亦應參與分擔（海§111）。

(二)共同海損的損害計算

1.計算標準

　　共同海損犧牲之補償額，應以各財產於航程終止時地或放棄共同航程時地之實際淨值為準，依下列規定計算之（海§113）：

(1)船舶以實際必要之合理修繕或設備材料之更換費用為準。未經修繕或更換者，以該損失所造成之合理貶值。但不能超過估計之修繕或更換費用。

(2)貨物以送交最後受貨人商業發票價格計算所受之損害為準，如無商業發票者，以裝船時地之價值為準，並均包括應支付之運費及保險費在內。受損貨物如被出售者，以出售淨值與前述所訂商業發票或裝船時地貨物淨值之差額為準。

(3)運費以貨載之毀損或滅失致減少或全無者為準。但運送人因此減省之費用，應扣除之。

2.計算方法

　　共同海損的計算，由全體關係人（如船舶所有人、船長、貨物所有人等）協議定之；協議不成時，得提付仲裁，或請求由法院裁判之（海§121）。但實務上，一般多委由共同海損理算師而為之。

(三)共同海損分擔額計算

1.計算基準

(1)共同海損,應以各被保存財產價值與共同海損總額的比例,由各利害關係人分擔。因共同海損行為所犧牲而獲共同海損補償之財產,亦應參與分擔(海§111)。

(2)海商法第 111 條各被保存財產之分擔價值,應以航程終止地或放棄共同航程時地財產之實際淨值為準,依下列規定計算之(海§112Ⅰ):

　①船舶以到達時地之價格為準。如船舶於航程中已修復者,應扣除在該航程中共同海損之犧牲額及其他非共同海損之損害額。但不得低於其實際所餘殘值。

　②貨物以送交最後受貨人之商業發票所載價格為準,如無商業發票者,以裝船時地之價值為準,並均包括應支付之運費及保險費在內。

　③運費以到付運費之應收額,扣除非共同海損費用為準。

　至於上開各類之實際淨值,均應另加計共同海損之補償額(海§112Ⅱ)。

(3)貨物之性質,於託運時故意為不實之聲明,經犧牲者,不認為共同海損。但經保存者,應按其實在價值分擔之。貨物之價值,於託運時為不實之聲明,使聲明價值與實在價值不同者,其共同海損犧牲之補償額以金額低者為準,分擔價值以金額高者為準(海§119)。

2.計算方法

　　依上述分擔額計算基準(海§111),可得知各利害關係人應分擔之額,其公式如下:

(1)船舶所有人分擔額＝$\dfrac{損害額}{船價＋貨價＋犧牲額}$×船價

(2)貨物所有人分擔額＝$\dfrac{\text{損害額}}{\text{船價＋貨價＋犧牲額}}$×貨價

(3)被犧牲財物人分擔額＝$\dfrac{\text{損害額}}{\text{船價＋貨價＋犧牲額}}$×犧牲額

六、共同海損的回復

　　共同海損利害關係人於受分擔額後，復得其船舶或貨物之全部或一部者，應將其所受之分擔額，返還於關係人；但得將其所受損害及復得之費用扣除之（海§123）。

七、共同海損債權的擔保

(一) 運送人或船長對於未清償分擔額之貨物所有人，得留置其貨物，但貨物所有人，如已提供擔保者，則不在此限（海§122）。

(二) 船舶對於共同海損的分擔額有優先權（海§24Ⅰ③）。

八、共同海損債權的時效

　　因共同海損所生的債權，自計算確定之日起，經過一年不行使而消滅（海§125）。

九、共同海損的委棄權

　　在共同海損債務中，屬於船舶所有人應分擔部分，船舶所有人原得以本次航行的船舶價值、運費及其他附屬費為限，而負有限責任（海§21Ⅰ）。至於應負分擔義務之人，得委棄其存留物，而免分擔海損的責任（海§124）。

第二節　船舶碰撞

一、船舶碰撞的意義

(一) 狹義的船舶碰撞，係指兩艘以上的船舶互相接觸，致發生損害而言。

(二) 廣義的船舶碰撞，除狹義的船舶碰撞外，兼指船舶雖無物體上的接觸，但因不遵守航行規則或駕駛上的過失，致他船或他船上的人貨發生損害之情形。

(三) 依通說，所謂碰撞，係指廣義的碰撞而言。

(四) 碰撞的「船舶」，包括海商法第 3 條各款所列的小船、軍艦、公務船及河船（非在海上航行，或在與海相通之水面或水中航行之船舶）在內。碰撞的「時間」，包括航行中及停泊中。

二、船舶碰撞的損害賠償

(一) 碰撞係因不可抗力而發生者，被害人不得請求損害賠償（海§95）。

(二) 碰撞係因於一船舶之過失所致者，由該船舶負損害賠償之責（海§96）。例如船隻上之船員於事故發生前，對於船隻之管理未能盡其注意、處置及措置義務，公司所雇用之船員對事故之發生為有過失，應負擔全部之過失責任，且其過失與船舶所受損害間復有相當因果關係，船隻之所有人自應負擔船舶因遭碰撞所受損害之賠償責任（臺灣高雄地方法院 108 年度海商字第 3 號民事判決）。又引水人的過失所造成的碰撞，船舶所有人也要負責（海§98）。

(三) 碰撞係由於各船的共同過失者：

1.碰撞之各船舶有共同過失時，各依其過失程度之比例負其責任（海§97 I 前段）。

2.碰撞之各船舶有共同過失者，不能判定其過失之輕重時，各方平均負

其責任（海§97 I 後段）。

3. 有過失之各船舶，對於因死亡或傷害所生之損害，應負連帶責任（海§97 II）。

4. 上述共同過失，也包括引水人過失在內（海§98）。

(四) 碰撞的結果第三人發生損害時，例如加於港埠設施的損害，或加於貨載的損害，海商法未規定如何賠償，解釋上亦得適用第 96 條至第 98 條的規定。

三、碰撞所生請求權的時效

　　船舶因碰撞所生的請求權，自碰撞日起算，經過兩年不行使而消滅（海§99）。

四、船舶碰撞的處理

(一)碰撞法規的適用

　　海商法第 94 條規定：「船舶之碰撞，不論發生於何地，皆依本章規定處理之。」所以在我國關於船舶碰撞案件，不論船舶國籍及碰撞地點，應一律適用海商法船舶碰撞章的規定，加以處理。

(二)加害船舶的扣押

1. 船舶在中華民國領海內水港口河道內碰撞者，法院對於加害之船舶，得扣押之（海§100 I）。

2. 碰撞不在中華民國領海內水港口河道內，而被害者為中華民國船舶或國民，法院於加害之船舶進入中華民國領海後，得扣押之（海§100 II）。

3. 前二項被扣押船舶得提供擔保，請求放行（海§100 III）。

4. 擔保得由適當之銀行或保險人出具書面保證代之（海§100 IV）。

(三)碰撞訴訟的管轄

關於碰撞的訴訟，依海商法第 101 條及民事訴訟法第 15 條第 2 項得向下列法院起訴：

1.被告之住所或營業所所在地之法院。
2.碰撞發生地之法院。
3.被告船舶船籍港之法院。
4.船舶扣押地之法院。
5.當事人合意地之法院。

第三節　救助及撈救（海難救助）

一、救助及撈救的意義

(一) 救助者，乃船舶或貨載尚未脫離其船長海員的占有，而由第三人加以協助，致得救濟。

(二) 撈救者，乃船舶或貨載已經脫離船長海員的占有，行將沉沒或漂流，而由第三人加以協助，致得救濟。

(三) 救助及撈救，合稱海難救助。

(四) 海難救助可分為廣義和狹義兩種：

1.「廣義的海難救助」，指對於遭遇海難的船舶、財物或人命加以救援，使得脫險之謂。其救助的對象包括人與物兩者。

2.「狹義的海難救助」，則專指對物（船舶或船上所有財物）的救助而言。又可分為二：

(1)依據救助契約而為救助的行為。其權利義務關係，自應從其契約的訂定。

(2)並無契約，亦無義務而為救助的行為。其權利義務關係，應依法律規定決定。

3.我國海商法所稱「海難救助」，係指後者而言。

二、對人救助

對人救助，屬於廣義的海難救助之一，海商法對此設有規定。

(一)船長救助義務

1.一般海難的救助

船長於不甚危害其船舶、海員、旅客之範圍，對於淹沒或其他危難之人，應盡力救助（海§102）。

2.船舶碰撞的救助

(1)船舶碰撞後，各碰撞船舶之船長，於不甚危害其船舶、海員或旅客之範圍內，對於他船舶船長、海員及旅客，應盡力救助（海§109Ⅰ）。

(2)各該船長，除有不可抗力之情形外，在未確知繼續救助為無益時，應停留於發生災難之處所（海§109Ⅱ）。

(3)各該船長，應於可能範圍內，將其船舶名稱及船籍港，並開來及開往之處所，通知於他船舶（海§109Ⅲ）。

(二)無報酬請求權

1.人命救助，乃履行道德上義務，原則上無報酬請求權，惟於實行施救中救人者，對於船舶及財物救助報酬金，有參與分配之權（海§107），作為對人救助的獎勵。

2.施救人與船舶間及多數施救人間，分配報酬金額的比例，由當事人協議定之，協議不成時，得提付仲裁或請求法院裁判之（海§106）。

三、對物救助

對物救助，為狹義的海難救助。施救者與被救者間發生私法上關係，其性質，依通說為無因管理，僅在有報酬請求權上與一般無因管理不同。

(一)對物救助的成立

1.須船或貨遭遇海難。

2.須救助的標的為船舶或船舶上所有財物。

3.須無救助的義務。

4.須有救助的效果（海§103 I）。

5.須未經以正當理由拒絕施救（海§108）。

(二)對物救助的效力

　　對船舶或船舶上所有財物，施以救助或撈救而有效果者，得按其效果，請求相當之報酬（海§103 I）。施救人所施救之船舶或船舶上貨物，有損害環境之虞者，施救人得向船舶所有人請求與實際支出費用同額之報酬；其救助行為對於船舶或船舶上貨物所造成環境之損害已有效防止或減輕者，得向船舶所有人請求與實際支出費用同額或不超過其費用一倍之報酬（海§103 II）。

　　施救人同時有第 103 條第 1 項及第 2 項報酬請求權者，第 2 項報酬應自第 1 項可得請求之報酬中扣除之（海§103 IV）。至於施救人之報酬請求權，自救助完成日起二年間不行使而消滅（海§103 II）。

1.報酬請求權的當事人

(1)債權人：實施海難救助之人為債權人。屬於同一所有人之船舶救助或撈救，仍得請求報酬（海§104 I）。拖船對於被拖船施以救助者，得請求報酬。但以非為履行該拖船契約者為限（海§104 II）。

(2)債務人：被救船舶的所有人及貨載所有人為債務人。此項債務在船舶所有人只負有限責任（海§21 I ①），但其債權人卻有優先受償權（海§24 I ③）。

2.報酬金額的決定

(1)對物救助的報酬金額，由當事人協議定之，協議不成時，得提付仲裁或由法院裁判之（海§105）。

(2)至於施救人（船長、海員及旅客）與船舶所有人間的分配，以及多數施救人間的分配，依海商法第 106 條規定，準用第 105 條規定，亦應由當事人協議定之；協議不成時，得請求航政機關調處或由法院裁判之。

第四編

保險法

第一章
總　則

第一節　保險的概念

一、保險的意義

　　「保險」是一種法律關係。即當事人約定，一方交付保險費於他方，他方對於因不可預料，或不可抗力的事故所致之損害，負擔賠償財物之行為（保§1 I）。

二、保險制度的功能

(一) 保險制度是由多數人彙集金錢，積少成多，遇有其中某人遭遇特別災難而發生損失時，即由該款中撥出一部分以填補該人的損失。結果，危險由大家分擔，個人損失即消化無形，個人安全既受到保障，社會亦即能臻於安定。

(二) 對工商業而言，分散危險也可消除其對企業風險的顧慮，而樂於投資。

(三) 對保險業而言，也可藉以吸收保險費，將資金運用於投資及辦理擔保放款，有助於發展產業及經濟。

三、保險的種類

(一)公保險與私保險

1.「公保險」係國家或其他公共團體，基於社會政策所舉辦的保險，又稱「社會保險」。其保險費責成僱用人及受僱人分擔，或由政府補

助，業務經費則由政府分擔。例如勞工保險、公務人員保險、軍人保險、農民健康保險等是，該等保險須另依法律定之（保§174）。應注意者，現行法制上對「社會保險」乙詞尚無統一定義，例如保險法、強制汽車責任保險法及犯罪被害人保護法所稱之社會保險，其定義、目的及範圍均各有不同，應分由案關主管機關參酌其立法意旨解釋之（財政部保險司91.8.30.台保司(三)0910708031號函）。

2.「私保險」乃由當事人間，基於私經濟立場所為的保險，又稱「營業保險」或「商業保險」。

(二)財產保險與人身保險

　　保險以保險對象為標準，可分為財產保險（又稱產物保險）及人身保險（又稱對人保險）兩種（保§13Ⅰ）。

1.財產保險包括火災保險、海上保險、陸空保險、責任保險、保證保險及經主管機關核准之其他保險六種（保§13Ⅱ）。

2.人身保險則包括人壽保險、健康保險、傷害保險及年金保險四種（保§13Ⅲ）。至於人壽保險依其保險事故，可分為死亡保險、生存保險及生死合險，各有其目的功能及保險金給付方式，應依個別保險契約內容為解釋（最高法院110年度台上字第3240號民事判決）。

(三)費用保險與儲蓄保險

1.由國民經濟的立場以觀察保險費的支付如純係費用性質者，則稱為「費用保險」，例如火災保險、海上保險等。

2.保險費支付若含有儲蓄性質者，則稱為「儲蓄保險」，例如養老保險、教育保險、定額年金保險、利變年金保險等。

第二節　保險法的概念

一、保險法的意義

保險法是規定保險關係及保險企業組織的一種商事法。

二、保險法的特性

(一)社會性

保險係廣被社會大眾利用的制度，保險法應致力於保護社會大眾，如對保險業經營管理的監督等。

(二)任意性

保險法為商事法的一種，本質上有私法自治原則的適用。惟保險契約中有左列情事之一，依訂約時情形顯失公平者，該部分之約定無效：1.免除或減輕保險人依本法應負之義務者；2.使要保人、受益人或被保險人拋棄或限制其依本法所享之權利者；3.加重要保人或被保險人之義務者；4.其他於要保人、受益人或被保險人有重大不利益者（保§54-1）。

1.為貫徹保護被保險人意旨，特擷取大陸法系保險契約合法性與誠信要求之「內容控制」原則等精神。

2.於追求社會公平正義及實質契約自由之理念，為免因定型化約款之某一約款之規定，使得契約當事人據以有權利改變或逃避其應履行之義務。因此，若保險條款之內容和一般法律之規定有所偏離，且依誠實信用原則對被保險人將產生不合理之不利時，其條款無效。

(三)強行性

保險法的強制規定，不得以契約變更之，但有利於被保險人者，不在此限（保§54Ⅰ）。又保險契約之解釋，應探求契約當事人之真意，不得拘泥於所用之文字；如有疑義時，以作有利於被保險人之解釋為原

則（保§54Ⅱ）。

1. 雖然保險法第 65 條規定，由保險契約所生之權利，自得為請求之日起，經過二年不行使而消滅，但若人壽保險公司以特約延長保險金之請求權時效為三年，係有利於被保險人，且不違背公序良俗，應認有效（最高法院 83.1.25.第 1 次民事庭會議）。

2. 保險法第 58 條規定：「要保人、被保險人或受益人遇有保險人應負保險責任之事故發生，除本法另有規定或契約另有訂定外，應於知悉後五日內通知保險人。」因該條已明定「以契約另有訂定」為五日通知時期之例外規定，其性質上應屬任意規定，而許保險人契約當事人於保險契約中加以約定變更之（臺灣高等法院暨所屬法院 89 年法律座談會民事類提案第 19 號）。

3. 當事人立約時之真意為何，應以過去事實及其他一切證據資料為斷定標準，固不能拘泥文字致失真意。但契約文字業已表示當事人真意，毋須別事探求者，即不得捨契約文字而為曲解。又保險契約條款究屬除外條款抑特約條款，應綜觀該條款之實質內容為承保範圍責任或履行約定義務、是否為當事人基於平等地位協商而形成、系爭保險之保費精算基礎、當事人之正當期待，並參酌交易習慣、衡量誠信原則而為整體判斷（最高法院 108 年度台上字第 2663 號民事判決）。

(四)倫理性

保險契約有射倖契約的性質，必須重視誠實及信用原則的適用。

1. 保險契約之解釋，應注意誠信原則之適用，倘有疑義時，應為有利於被保險人之解釋，以免保險人變相限縮其保險範圍，逃避契約責任，致喪失保險應有之功能，及影響保險市場之正常發展（最高法院 104 年度台上字第 1440 號民事判決）。

2. 要保人或被保險人不於第 58 條，第 59 條第 3 項所規定之期限內為通知者，對於保險人因此所受之損失，應負賠償責任（保§63）。按要

保人投保工程產物保險時，雖然總工程費不變，但細項工程項目、金額有變更，勘認主觀的危險增加者，依照保險法法理，被保險人仍有通知義務。是以，要保人負有通知之義務而未通知時，基於保險契約最大誠信原則，依原基本條款約定，而以系爭主體工程投保時各細項之單位、數量、單價計算理賠金額（最高法院 103 年度台上字第 410 號民事判決）。

(五)技術性

保險業的經營，以數理精算為基礎，而非憑常識判斷。

三、保險法的法源

(一)成文法

就與保險相關的成文法而言，例如保險法、海商法第七章的海上保險、簡易人壽保險法、軍人保險條例、公教人員保險法、勞工保險條例、農業保險法、農民健康保險條例、全民健康保險法、就業保險法、存款保險條例等。

(二)習　慣

民事，法律未規定者，依習慣。民國 18 年及 26 年公布的保險法，均未施行，得依習慣而予以適用。

(三)法　理

民事，法律未規定，又無習慣者，依法理。「法理」指事物當然之理。

第三節　保險事故

一、保險事故的意義

保險事故，指保險人所承保的「危險」而言。亦即，指保險人對於保險契約的結果所負擔的事由。

二、保險事故因保險種類而有不同

例如火災保險的「火災」；人壽保險的「死亡」、「生存」；健康保險的「疾病、分娩及其所致失能或死亡」；傷害保險的「傷害」。

三、保險事故的特性

保險契約的訂立須有保險事故存在始可，且此保險事故須為可能、不確定、非故意、範圍特定及適法，否則即違反保險的本質，契約不能成立。

(一)可能性

保險事故不得於訂約時業已發生，以將來「可能」發生的危險為限。如不能發生的危險，即無保險可言。

(二)不確定性

「不確定」即保險事故的發生或不發生在保險契約訂定之際為未定，或不知其為已定。人的死亡，雖屬必然，但何時死亡，則屬「不確定」。

1.保險事故之發生原即具不確定性，而該不確定性自屬保險人於核保前應自行評估事項（最高法院 104 年度台上字第 2433 號民事判決）。

2.保險契約訂立時，保險標的之危險已發生或已消滅者，其契約無效。

但為當事人雙方所不知者，不在此限（保§51）。

(三)非故意性

保險事故為「不可預料或不可抗力的事故」，如因故意所致，則保險事故的發生可由當事人的意思左右，即非此所謂保險事故。

(四)特定性

保險事故的種類，性質及範圍須經特定，當事人的權利義務始能確定。應注意者，有別於一般「列舉保險」之「概括保險」，因其承保範圍包括可能發生損害之所有保險事故（即災害全包性原則），保險人就因偶發事故所生之損害，除保單所列舉之不保事項外，對被保險人皆須賠償（最高法院102年度台上字第297號民事判決）。

(五)適法性

法律行為的標的須適法，故保險事故須適法。如以走私被破獲所受損害為保險契約的標的，即不適法。又如火災保險，雖屬合法，如以不法行為使保險事故發生，則保險事故的發生亦不合法。

第四節　保險利益

一、保險利益的意義

(一) 保險利益，即要保人或被保險人對於保險標的有其利害關係，所得享受的利益。換言之，要保人或被保險人，因保險事故發生，致保險標的的不安全而受損；因保險事故不發生，致保險標的的安全而受益，此種損益的利害關係，即是「保險利益」。

(二) 要保人對於保險標的無保險利益，保險契約無效；開始時有保險利益，嗣後喪失者，契約失其效力（保§17）。

(三) 訂立保險契約，固以有保險利益為前提，但保險利益之有無，應就

要保人或被保險人而為判斷，而非就受益人為判斷（最高法院 87 年度台上字第 2417 號民事判決）。

二、保險利益的存在時間

保險利益為保險契約的效力要件，在財產保險，保險利益不必於訂約時存在，但發生損害時，必須存在；在人身保險，保險利益在訂約時就必須存在。

三、財產保險的保險利益

所謂保險利益，在財產保險，乃要保人或被保險人對於保險標的之安全與否具有經濟上之利害關係者，即為有保險利益。財產保險的保險利益既以經濟利益為限，故財產保險以標的對要保人或被保險人所具有的實際價值定其利益，無此利益者，固為法所不許，即有之而超出其實際的價值或利益者，其逾額部分亦非法所承認。保險法就財產保險的保險利益，其具體規定如下：

(一) 要保人對於財產上之現有利益，或因財產上之現有利益而生之期待利益，有保險利益（保 § 14）。是凡對於特定財產有法律上之權利或利益，或因特定之法律關係而有可期待之利益，均有財產上之保險利益（最高法院 88 年度台上字第 1362 號民事判決）。例如對於自己的房屋、汽車、承租人對於租賃物，抵押權人對於抵押的房屋，便為「現有利益」；自己的果園，將來一定有收穫的希望，此種希望，則為「期待利益」。

(二) 在損害保險中，保險利益為其中心概念，保險法上之損害，即為保險利益之反面。例如運送人（包括陸、海、空運）或保管人（如倉庫營業人），對於所運送或保管的貨物，以其所負的責任為限，有保險利益（保 § 15）。又責任保險人於被保險人對於第三人，依法應負賠償責任，而受賠償之請求時，負賠償之責（保 § 90）。因

此，要保人對於第三人依法應負賠償之責任，亦有保險利益。

(三) 基於有效契約而生的利益，亦得為保險利益（保§20）。

1.當事人所締結之有效契約，係以某種財產為履行之對象，而該財產之毀損滅失影響當事人一方因契約而生之利益者，契約當事人即得就該財產投保（最高法院 92 年度台上字第 1403 號民事判決）。

2.保險法第 20 條雖編列於總則，但係專就「財產保險」而為規定（最高法院 93 年度台上字第 495 號民事判決）。

四、人身保險的保險利益

(一) 人身保險的保險利益不以經濟利益為限。故對人身保險，在法律上有保險利益存在，保險金額的多寡，法律並不加以限制。保險法對人身保險的保險利益，有如下規定：

1.要保人對於其本人或其家屬的生命或身體，有保險利益（保§16①）。

(1)所謂「家屬」，同家之人，除家長外，均為家屬（民法§1123 II）。雖非親屬，而以永久共同生活為目的同居一家者，視為家屬（民法§1123 III）。

(2)依保險法第 16 條所定人身保險之保險利益，其第 1 款所謂「家屬」，係指民法第 1123 條所定，以永久共同生活為目的而同居一家之人而言。其第 2 款所謂「生活費或教育費所仰給之人」，係指現實負有扶養義務之人，及其他實際供給生活費或教育費之人。已出嫁獨立生活之女兒，不僅並非該條所稱「家屬」或「生活費或教育費所仰給之人」，亦與保險法第 16 條第 3 款、第 4 款所定情形不合。故要保人對已出嫁獨立生活之女兒，並無保險利益。雖民法第 1114 條第 1 款規定，直系血親相互間、互負扶養義務，但民法所定法定扶養義務，與保險利益，本質上並不相同，保險利益，旨在確保險標的之安全，減少道德危險發生，故除法律有明文規定外，不能以有法定扶養

義務，即遽認有保險利益。由此觀之，要保人為已出嫁獨立生活之女兒，訂立人壽保險契約，實務上可能認為無保險利益（司法院 72.5.2. 第三期司法業務研究會）。

(3)民法第 1123 條所定家屬，係指以永久共同生活為目的而同居一家之人，非限於親屬，亦不以登記同一戶籍為必要。而所稱永久共同生活，指有永久同居之意思，繼續相當期間共同生活者而言，倘暫時異居，而有回歸之意思者，仍可謂為永久共同生活（最高法院 108 年度台上字第 2257 號民事判決）。

2.要保人對於生活費或教育費所仰給之人的生命或身體，有保險利益（保§16②）。

3.要保人對於債務人的生命或身體，有保險利益（保§16③）。但應注意，保險金額不得超過債務的數額。

4.要保人對於為本人管理財產或利益之人的生命或身體，有保險利益（保§16④）。

(二) 未成年人或依民法第 14 條第 1 項得受監護宣告者之父、母或監護人，依保險法第 138 條之 2 第 2 項規定為被保險人時，保險契約之要保人、被保險人及受益人得於保險事故發生前，共同約定保險金於保險事故發生後應匯入指定信託帳戶，要保人並得放棄第 111 條保險利益之處分權（保§16-1）。

1.依保險法第 16 條之 1 規定之文義，並未明定信託關係之受託人得為受益人之利益投保人身保險。

2.觀諸民國 107 年 5 月 23 日增訂保險法第 16 條之 1 規定之立法理由：「依信託之導管理論，信託業依信託契約之記載為委託人或與其具有保險利益者投保人身保險，在本質上與委託人自行擔任要保人並無差異，不會因為透過信託辦理保險而增加道德風險。為利保險金信託之受託人確實掌握保險契約之狀況，維持保險契約之有效性及穩定性，並於保險事故發生時，確保保險給付匯入保險契約上所指定之信託專

戶，爰明定信託業依信託契約之記載，為委託人或與其具有保險利益者投保本法第一百三十八條之二第二項之人身保險契約時，保險契約之要保人、被保險人及受益人得於保險事故發生前，共同約定保險金於保險事故發生後應匯入指定信託帳戶，要保人並得放棄第一百十一條保險利益之處分權。」似認為信託業依信託契約之記載，得為委託人或與其具有保險利益之受益人投保保險法第 138 條之 2 第 2 項規定之死亡或傷害人身保險。

3.委託人與信託業雖簽訂有信託契約，惟受託之信託業對於信託客戶之生命、身體如無因保險事故發生而有遭受損害之可能，則與保險法第 16 條所規定之保險利益有別，尚難擔任信託客戶人身保險契約之要保人（金融監督管理委員會保險局 99.6.7.保局（理）09902555110 號令）。

4.保險法第 22 條第 1 項雖明定信託業依信託契約有交付保險費義務者，保險費應由信託業代為交付之，同法第 115 條亦規定，利害關係人均得代要保人交付保險費，爰信託業交付保險費之義務，性質上係依信託本旨「代要保人交付保險費」，信託業並不因此而取得保險契約當事人地位；信託業若就財產信託人之生命、身體為保險標的，投保人身保險，則由於信託業對於財產信託人之生命、身體並無因保險事故發生而有遭受損害之可能，故無保險法第 16 條所規定之保險利益，依現行規定尚難以信託業擔任信託客戶人身保險契約之要保人，向保險人投保，而使保險契約成為信託財產（金融監督管理委員會保險局 102.1.23.保局（壽）字第 10102140090 號令）。

(三) 保險法總則章計有 42 條，除於第 35 條至第 38 條設有複保險之規定外，尚於第 10 條、第 13 條第 2 項、第 14 條、第 15 條、第 18 條、第 19 條、第 20 條、第 21 條、第 23 條、第 33 條專就「財產保險」而為規定，具見編列總則之條文未必當然適用於人身保險（最高法院 93 年度台上字第 495 號民事判決）。依司法實務之見解，即認為

保險法第 20 條規定，係專就「財產保險」而為規定。

(四) 因旅行社對其旅客不具保險法第 16 條之保險利益，人壽保險業不得辦理以旅行社為要保人，旅客為被保險人之旅行平安保險業務（財政部 83.11.17. 台財保 832062022 號函）。依主管機關之解釋，似亦認為保險法第 20 條規定不適用於人身保險。

(五) 若被保險人與第三人約定，由第三人出資繳納保險費，被保險人以自己生命投保人身保險，並預以日後變更受益人方式，將保險金受益權折價轉讓予第三人，則要保人投保人身契約之目的非用以分攤危險、填補損害及獲得保障，顯悖於保險制度之目的與功能，且受讓受益權之第三人不免將被保險人死亡此一或然性事件作為可否獲得保險給付之賭注，有悖法律禁止以人之生命作為賭博標的，復易滋生道德危險，自有違公序良俗，應認該保險契約之成立無效（臺灣高等法院 107 年度保險上字第 6 號民事判決）。

五、保險利益的移轉

(一) 被保險人死亡或保險標的物所有權移轉時，保險契約除另有訂定外，仍為繼承人或受讓人之利益而存在（保§18）。

(二) 合夥人或共有人聯合為被保險人時，其中一人或數人讓與保險利益於他人者，保險契約不因之而失效（保§19）。

(三) 要保人破產時，保險契約仍為破產債權人之利益而存在。但破產管理人或保險人得於破產宣告三個月內終止契約。其終止後之保險費已交付者，應返還之（保§28）。

第五節　保險費

一、保險費的意義

　　保險費,是要保人交付於保險人作為其負擔危險責任對價的金錢。保險契約若無保險費的約定者,無效。

二、保險費的交付義務人

(一) 保險費原則上應由要保人依契約規定交付(保§22 I),且不論係為自己或為他人的利益而訂立保險契約,均應由其負擔交付的義務。信託業依信託契約有交付保險費義務者,保險費應由信託業代為交付之(保§22 I 後段)。為使國外行之多年結合信託與保險之制度得受法律保障,爰於民國102年增訂保險法第22條第2項,明定:「前項信託契約,保險人依保險契約應給付之保險金額,屬該信託契約之信託財產。」原條文第2項移列第3項。

(二) 依保險通例,保險費亦得由無利害關係的第三人代付,但該代付保險費的第三人,對保險契約不得主張任何權利。

(三) 在人壽保險、健康保險、傷害保險及年金保險,利害關係人亦得代要保人交付保險費(保§115、§130、§135、§135-4)。

(四) 當事人就系爭保險契約既約定保險費由受益人負擔繳納,紅利、保險金等一切保險給付,及保單質借之權利,均歸受益人所有,得為使用、處分,該約定之成立,側重於兩造間之信任關係,在性質上應與委任契約同視,其內容復不違反強制、禁止規定或公序良俗,應賦予無名契約之法律上效力,並類推適用民法委任之相關規定。是系爭保險契約之保費係由受益人繳納,紅利、保險金及保單質借等一切保險權益,既均歸受益人所有,則系爭保險契約之要保人非得受益人之同意,自不得任意終止保險契約,始符誠信(臺灣高等法院100年度上字第1093號民事判決)。

(五) 當被保險人在契約約定年限內死亡時，因不可預料或不可抗力之事故業已發生，保險人所承擔之危險即不復存在，該保險契約即因保險標的不存在及危險消滅而當然終止，於契約終止後，除保險人應依約定給付保險金外，被保險人即無再繳交保險費之義務（臺灣花蓮地方法院 102 年度保險小上字第 1 號民事判決）。

三、保險費的交付方法

保險費的交付依保險法第 21 條規定，分為一次交付及分期交付兩種。

(一)一次交付

就是一次付清全部保險費，在財產保險，通常多採用此法。擔人身保險亦有採取蠆繳（一次繳足）方式者。

(二)分期交付

就是將保險契約期間，分為幾個保險費期間，而按期交付一定金額，通常有按月、按季、按半年、按年等四種方式，在人身保險多採此法。

四、保險費的交付地點

保險費，習慣上多由保險人派人收取，但在人壽保險，於經催告後，則應向保險人營業所交付。

五、保險費的交付時期

(一) 保險契約規定保險費一次交付者，應先支付保險費，而後契約生效；約定保險費分期交付者，應先支付第一期保險費，而後契約生效。但保險契約簽訂時，保險費未能確定者，則無論一次交付或分

期交付，契約可先生效，嗣保險費確定時再行支付（保§21）。

(二) 如以支票交付第一期保險費，應嗣支票兌現後，保險契約才生效。

六、保險費的增減

(一)危險增減時

1.保險契約所載危險減少時，被保險人得請求保險人重新核定保費（保§59Ⅳ），危險如有增加，保險人亦得提議另定保險費，要保人對於保險人重新核定減少的保險費或提議增加的保險費，如不同意，契約即為終止（保§60Ⅰ本文）。

(1)保險人因第 59 條第 2 項情形終止契約時，保險人如有損失，並得請求賠償（保§60Ⅰ但書）。亦即，由於要保人或被保險人之行為所致危險增加，其危險達於應終止契約之程度而由保險人終止契約者，保險人如有損失，並得請求賠償。

(2)保險人知危險增加後，仍繼續收受保險費，或於危險發生後給付賠償金額，或其他維持契約之表示者，喪失提議另定保險費及終止契約之權利（保§60Ⅱ）。

2.保險費依保險契約所載增加危險之特別情形計算者，其情形在契約存續期內消滅時，要保人得按訂約時保險費率，自其情形消滅時起算，請求比例減少保險費（保§26Ⅰ）。

3.按保險契約本質上屬繼續性契約，保險人須於保險期間不斷承擔危險，始得謂依債務本旨履行債務。而保險人接受投保後，經衡量自己財務狀況與承保能量後，得以再保險或其他危險分散機制（如對內共同保險、聯營組織、發行巨災債券等）以分散其風險。又繼續性契約在本質上固有情事變更原則之適用，惟情事變更原則，旨在規範契約成立後，有於訂約當時不可預料之情事發生時，經由法院裁量以公平分配契約當事人間之風險及不可預見之損失（參照民法第 227 條之 2

第 1 項規定）。倘於契約成立時，就契約履行中有發生該當情事之可能性，而為當事人所能預料者，當事人本得自行評估風險以作為是否締約及其給付內容之考量，自不得於契約成立後，始以該原可預料情事之實際發生，再依據情事變更原則，請求增加給付。尤其保險人乃具相當專業知識之商業團體組織，其是否接受投保？接受投保之條件如何？是否將其接受投保之風險分散？以如何方式分散風險？本為其專業判斷之事項與權責，故除保險契約成立時具有不可預料之情形發生時，應無適用情事變更原則調整保險費之餘地（最高法院 104 年度台上字第 2433 號民事判決）。

(二)保險標的價額減少時

1. 保險標的價額減少時，因保險法第 76 條第 1 項設有保險金額不得超過保險標的價值的規定，故如保險標的價值減少非因詐欺情事所致，經當事人一方將超過價值的事實通知他方後，保險金額及保險費均應按照保險標的的價值比例減少（保§76 II）。

2. 保險標的物部分受損失時，當事人雙方如不終止契約，除契約另有訂定外，保險人對於以後的保險費，可就其未損失部分比例收取，而保險人對於以後保險事故所致之損失，其責任以賠償保險金額之餘額為限（保§82 IV）。

七、保險費的返還或退還

　　保險費一經交付後，就屬於保險人所有，但有時尚可發生返還或退還的問題，其情形如下：

(一) 以同一保險利益，同一保險事故，善意訂立數個保險契約，其保險金額之總額超過保險標的之價值者，在危險發生前，要保人得依超過部分，要求比例返還保險費（保§23 I）。

(二) 保險契約因保險法第 51 條第 2 項之情事，而保險人不受拘束時，保

險人得請求償還費用。其已收受之保險費，無須返還（保§24
Ⅰ）。保險契約因保險法第 51 條第 3 項之情事而要保人不受拘束
時，保險人不得請求保險費及償還費用。其已收受者，應返還之
（保§24Ⅱ）。

(三) 保險契約，因危險增加，保險人提議另定保險費，要保人不同意而
終止，或部分終止時，除保險費不是以時間為計算基礎者外（如運
送保險，按次以距離計算，不以運送時間為計算基礎，終止後的保
費若干，無法計算返還），終止後的保險費已交付者，應返還之
（保§60、§24Ⅲ）。

(四) 保險標的物非因保險契約所載之保險事故而完全滅失時，保險契約
即為終止，除保險費不是以時間為計算基礎者外，終止後之保險費
已交付者，應返還之（保§81、§24Ⅲ）。

(五) 保險契約，除因要保人不據實說明，經保險人解除契約的情形外，
契約解除時，保險人應返還保險費（保§25）。

(六) 保險費依保險契約所載增加危險之特別情形計算者，其情形在契約
存續期內消滅時，要保人得按訂約時保險費率，自其情形消滅時起
算，請求比例減少保險費，如保險人不同意減少保險費，要保人得
終止契約，其終止後之保險費已交付者，應返還之（保§26）。

(七) 保險人破產時，保險契約於破產宣告之日終止，其終止後之保險
費，已交付者，保險人應返還之（保§27）。

(八) 要保人破產時，保險契約仍為破產債權人之利益而存在，但破產管
理人或保險人得於破產宣告三個月內終止契約。其終止後之保險費
已交付者，應返還之（保§28）。

(九) 火災保險的保險標的物受部分之損失者，保險人與要保人均有終止
契約之權。終止後，已交付未損失部分之保險費應返還之（保§82
Ⅰ）。

(十) 以未滿十五歲之未成年人為被保險人訂立之人壽保險契約，除喪葬

費用之給付外，其餘死亡給付之約定於被保險人滿十五歲之日起發生效力（保§107Ⅰ）。至於喪葬費用之保險金額，不得超過遺產及贈與稅法第17條有關遺產稅喪葬費扣除額之一半（保§107Ⅱ）。

(十一) 被保險人年齡不實，而其真實年齡已超過保險人所定保險年齡限度者，其契約無效，保險人應退還所繳保險費（保§122Ⅰ）。因被保險人年齡不實，致所付之保險費少於應付數額者，要保人得補繳短繳之保險費或按照所付之保險費與被保險人之真實年齡比例減少保險金額。但保險事故發生後，且年齡不實之錯誤不可歸責於保險人者，要保人不得要求補繳短繳之保險費（保§122Ⅱ）。因被保險人年齡不實，致所付之保險費多於應付數額者，保險人應退還溢繳之保險費（保§122Ⅲ）。

八、保險費的不返還

保險契約雖有無效或解除原因，如有下列情形，保險費即不返還。

(一) 複保險，除另有約定外，要保人應將他保險人之名稱及保險金額通知各保險人（保§36）；要保人故意不為通知或意圖不當得利而為複保險者，其契約無效（保§37）。

1.人身保險契約，並非為填補被保險人之財產上損害，亦不生類如財產保險之保險金額是否超過保險標的價值之問題，自不受保險法關於複保險相關規定之限制（司法院釋字第576號）。

2.保險契約因第37條之情事而無效時，保險人於不知情的時期內，仍取得保險費，要保人不得請求返還（保§23Ⅱ）。

(二) 訂定保險契約時，僅要保人知危險已發生者，保險人不受契約之拘束，保險人得請求償還費用，其已收受之保險費，無須返還（保§51Ⅱ、§24Ⅰ）。

(三) 要保人故意隱匿，或因過失遺漏，或為不實之說明，足以變更或減少保險人對於危險之估計者，保險人得解除契約，其危險發生後，

亦同。但要保人證明危險之發生未基於其說明或未說明之事實時，不在此限。解除契約時，保險人無須返還其已收受之保險費（保§64Ⅱ、§25）。

第六節　保險人的責任

保險人因有效的保險契約，對於因不可預料或不可抗力之事故所致之損害，負賠償責任（保§29Ⅰ）。此項責任可分契約與法律規定兩方面　說明：

一、保險人的契約上責任

保險人的責任因契約而發生，故關於責任的內容及限制，應以保險單的訂定為準。關於保險人所負的責任問題，應先就契約條款以求解決，惟於契約未訂定或訂定為違法時，才就法律決之。

二、保險人的法律上責任

保險人的法律上責任，為依保險的性質而應負的責任，或未經契約限制或免除，而依法應負的責任。保險法就此設有下列規定：

(一) 保險人對於由不可預料或不可抗力之事故所致之損害，負賠償責任。但保險契約內有明文限制者，不在此限（保§29Ⅰ）。

(二) 保險人對於由要保人或被保險人之過失所致之損害，負賠償責任。但出於要保人或被保險人之故意者，不在此限（保§29Ⅱ）。當事人如以契約限制過失行為不負賠償責任者，其約定為無效。

1.傷害保險所定保險事故之發生，除因要保人或被保險人之故意或犯罪行為所致，或保險契約有明文限制者外，縱保險事故之發生係因要保人或被保險人之重大過失所致，保險人亦應負給付保險金之義務（高雄地方法院99年度保險字第27號民事判決）。

2. 傷害保險所定保險事故之發生，除因要保人或被保險人之故意或犯罪行為所致，或保險契約有明文限制者外，縱保險事故之發生係因要保人或被保險人之重大過失所致，保險人亦應負給付保險金之義務（臺灣高等法院花蓮分院 102 年度保險上易字第 2 號民事判決）。

3. 依保險附約條款約定意旨，在限制被保險人因故意或重大過失之不當行為，使保險事故發生而獲取不當之利益，並保障保險人僅須於事前評估並願承受之風險範圍內負擔可能給付保險金之不利益。如被保險人飲酒後駕車，其吐氣或血液所含酒精成分超過道路交通法令規定標準，應足推定被保險人有故意或重大過失將自己置於極易致傷或死亡之高危險環境中，若就此情形仍由保險人負擔給付保險金之義務，不但易使被保險人或受益人獲得不當利益，且已逾保險人所願承擔之合理風險，有害於系爭附約條款所揭示之除外條款訂立之意旨（臺灣高等法院 92 年度保險上字第 57 號民事判決）。

(三) 保險人對於因履行道德上之義務所致之損害，應負賠償責任（保§30）。

(四) 保險人對於因要保人，或被保險人之受僱人，或其所有之物或動物所致之損害，應負賠償責任（保§31）。

(五) 保險人對於因戰爭所致之損害，除契約有相反之訂定外，應負賠償責任（保§32）。

(六) 保險人對於要保人或被保險人，為避免或減輕損害之必要行為所生之費用，負償還之責。即使償還數額與賠償金額，合計雖超過保險標的價值，除契約另有訂定者外，仍應償還（保§33 I）。惟保險金額與保險標的的價值不同者，此項費用的償還以保險金額對保險標的之價值比例定之（保§33 II）。

1. 保險法總則第 33 條係專就「財產保險」而為規定，具見編列總則之條文未必當然適用於人身保險（最高法院 93 年度台上字第 495 號民事判決）。

2. 保險法第 33 條第 2 項規定「保險人對於前項費用之償還，以保險金額對於保險標的物之價值比例定之」，顯係指財產保險而言，自不得適用於本件傷害險（臺灣高等法院臺中分院 93 年度保險上字第 15 號民事判決）。

(七) 應付的賠償金額確定後，保險人應於約定期限內給付之，無約定者，應於接到通知後十五日內給付之（保§34 I）。又保險人除保險法另有規定或當事人另有約定外，不負擔賠償金額以外的義務（保§34 II）。

(八) 被保險人之死亡保險事故發生時，要保人或受益人應通知保險人。保險人接獲通知後，應依要保人最後所留於保險人之所有受益人住所或聯絡方式，主動為通知（保§29 III）。

1. 人身保險身故受益金，乃被保險人死亡事故發生後，為受益人所有，受益金之所有權，為典型之財產權，為憲法所保障之人民基本權，該金融服務約定之法律關係當事人包括「保險人」、「被保險人」、「受益人」三方，當被保險人死亡事故發生時，被保險人已「無能力」行使權利義務，而使受益人不知受益情況已發生，將影響受益權之實現。

2. 我國目前 E 化政府之資訊科技，已可達成金融服務業務之需求，保險人應基於「當事人利益」負忠實義務，並依平等互惠、最大誠信原則，以實現金融服務內容中之約定，爰於民國 104 年 2 月 4 日修正時增訂第 29 條第 3 項，明定被保險人之死亡保險事故發生時，要保人或受益人應通知保險人。保險人接獲通知後，應依要保人最後所留於保險人之所有受益人住所或聯絡方式，主動為通知，以使金融消費者權益獲得充分保障。

第七節　複保險

一、複保險的意義

複保險者，謂要保人對於同一保險利益、同一保險事故，與數保險人分別訂立數個保險之契約行為（保§35）。

二、複保險的適用

人身保險契約，並非為填補被保險人之財產上損害，亦不生類如財產保險之保險金額是否超過保險標的價值之問題，自不受保險法關於複保險相關規定之限制（司法院釋字第 576 號）。

(一) 保險法總則章計有 42 條，除於第 35 條至第 38 條設有複保險之規定外，尚於第 10 條、第 13 條第 2 項、第 14 條、第 15 條、第 18 條、第 19 條、第 20 條、第 21 條、第 23 條、第 33 條專就「財產保險」而為規定，具見編列總則之條文未必當然適用於人身保險。原審未依保險法第 35 條至第 38 條所定複保險之意涵，以定其適用之險種，逕依其為總則之編列而立論，亦有未合。又按保險契約本屬射倖契約，重在保險事故之發生與發生時間是否繫於偶然，且複保險乃保險契約法貫徹損失填補原則與禁止不當得利原則之重要機制，道德危險之發生非全繫於保險金額之高低（保險法第 121 條、第 134 條已設有防止道德危險受益權喪失及撤銷之規定）。若認為人身保險射倖性大於財產保險，複保險旨在道德危險之評估即肯認人身保險有複保險之適用，未說明其所論定之依據，殊嫌疏略（最高法院 93 年度台上字第 495 號民事判決）。

(二) 倘保險法有關複保險之規定於人身保險有其適用，則要保人為複保險而依保險法第 36 條之規定通知保險人後，於保險事故發生時，依保險法第 38 條之規定，各保險人僅就其所保金額負比例分擔之責，其賠償總額不得超過保險標的之價值，此不僅與人身保險為定值保

險、定額保險之本質有違，且將人身價值侷限於某一價格，自屬輕
蔑人類之生命、身體。可見複保險通知義務之規定，雖列於保險法
總則章，但其適用範圍似應僅限於財產保險，而不及於人身保險
（最高法院 92 年度台上字第 1138 號民事判決）。

三、複保險的通知及不為通知的效力

　　複保險，除另有約定外，要保人應將他保險人之名稱及保險金額通
知各保險人（保 § 36），要保人故意不為通知，或意圖不當得利而為複
保險者，其契約無效（保 § 37）。

(一) 人身保險中之健康保險及傷害保險關於實支實付型醫療費用之保險
　　契約，其目的同屬填補被保險人因疾病或傷害支出醫療費用所生之
　　財產上損害，被保險人當不得因疾病或傷害受醫療而獲不當得利，
　　是仍應仍有複保險規定之適用。故本件意外日額附款為人身保險中
　　之定額給付保險，無複保險規定之適用，意外醫療附款為實支實付
　　傷害醫療保險，則有複保險規定之適用（臺灣臺北地方法院 99 年度
　　保險簡上字第 12 號民事判決）。

(二) 複保險之成立，僅以要保人與數保險人分別訂立之數保險契約同時
　　併存，且保險金額之總額超過保險標的之價值為必要，不因該數保
　　險契約之簽訂先後而異其認定（臺灣臺北地方法院 105 年度保險字
　　第 17 號民事判決）。

四、善意複保險的賠償金額

　　在善意複保險的場合，其保險金額之總額超過保險標的之價值者，
除另有約定外，各保險人對於保險標的之全部價值，僅就其所保全額負
比例分擔之責。但賠償總額，不得超過保險標的之價值（保 § 38）。

第八節　再保險

一、再保險的意義

再保險者，保險人以其所承保之危險，轉向他保險人為保險之契約行為（保§39）。再保險的保險人，於原保險的保險人，對原保險的要保人，依法應負賠償責任，而受賠償之請求時，負賠償之責，故其性質乃屬責任保險（保§90）。

(一) 按保險契約本質上屬繼續性契約，保險人須於保險期間不斷承擔危險，始得謂依債務本旨履行債務。而保險人接受投保後，經衡量自己財務狀況與承保能量後，得以再保險或其他危險分散機制（如對內共同保險、聯營組織、發行巨災債券等）以分散其風險（最高法院 104 年度台上字第 2433 號民事判決）。

(二) 保險法第 39 條規定之再保險，乃保險人以其所承保之危險，轉向他保險人為保險之契約行為，性質上原屬於分擔危險之責任保險契約，即再保險人（再保險契約之保險人）於再保險契約所約定之危險（原保險人依其與原被保險人間之保險契約而生之給付保險金義務）發生時，應負給付保險金予原保險人（再保險契約之被保險人）之義務。是除另有約定或習慣外，再保險契約仍有保險法第 53 條第 1 項規定之適用。申言之，原保險人於依原保險契約給付保險金與被保險人而依法受移轉賠償金額範圍內之被保險人對於第三人之損失賠償請求權，因再保險人依再保險契約給付保險金與原保險人後，亦於該賠償金額範圍內，當然移轉於再保險人（最高法院 93 年度台上字第 2060 號民事判決）。

(三) 參諸相關國外再保險公司及中央再保險股份有限公司等公司之函文，足信保險業界確存在原保險人就其給付予被保險人之全部理賠金額，經向第三人代位請求後，再依再保險比例攤還予再保險人，無由再保險人另依保險法第 53 條規定，行使代位請求權之「商業慣

例」（最高法院 98 年度台再字第 70 號民事判決）。

二、再保險的保險利益

　　再保險的保險利益，是基於有效契約而生之利益（保 § 20），與原保險利益無關。故有無再保險利益，應以原保險契約所訂者為依據。例如再保險契約的有效期間不得超過原保險契約的有效期間，如有超過，超過部分即無保險利益。

三、再保險與原保險的關係

　　再保險契約係以原保險契約存在為前提，而再向他保險人訂立保險契約，原保險的保險人即為再保險的要保人。再保險契約與原保險契約分屬二個契約而各自獨立，保險法規定如下：

(一) 原保險契約之被保險人，對於再保險人無賠償請求權。但原保險契約及再保險契約另有約定者，不在此限（保 § 40）。

(二) 再保險人不得向原保險契約之要保人請求交付保險費（保 § 41）。

(三) 再保險契約與原保險契約為個別獨立之契約，其權利義務關係應依個別獨立之契約定之，關於原保險契約之理賠及代位求償，應就原保險人與被保險人間為判斷，與原保險人是否另有再保險無涉（臺灣高等法院 105 年度海商上字第 2 號民事判決）。

(四) 原保險人不得以再保險人不履行再保險金額給付之義務為理由，拒絕或延遲履行其對於被保險人之義務（保 § 42）。

(五) 保險法第 39 條規定之再保險，乃保險人以其所承保之危險，轉向他保險人為保險之契約行為，性質上原屬於分擔危險之責任保險契約，即再保險人（再保險契約之保險人）於再保險契約所約定之危險（原保險人依其與原被保險人間之保險契約而生之給付保險金義務）發生時，應負給付保險金予原保險人（再保險契約之被保險人）之義務。是除另有約定或習慣外，再保險契約仍有保險法第 53

條第 1 項規定之適用。申言之，原保險人於依原保險契約給付保險
金與被保險人而依法受移轉賠償金額範圍內之被保險人對於第三人
之損失賠償請求權，因再保險人依再保險契約給付保險金與原保險
人後，亦於該賠償金額範圍內，當然移轉於再保險人。原保險人就
再保險人賠償金額範圍內，自不得再代位被保險人向第三人行使已
移轉予再保險人之損失賠償請求權（最高法院 93 年度台上字第
2060 號民事判決）。

第九節　共同保險

一、共同保險與共保條款的概念

(一)一般來說，共同保險係指多數保險人對於同一保險利益、同一保險
事故，在同一保險期間，與同一要保人，共同締結同一保險契約而
言。共同保險係為分散風險，而由多數保險人對於特定保險業務，
共同分配保險費及共同承擔損失補償責任之契約行為。

(二)共同保險條款或共保條款（Coinsurance Clause）為保險契約當事人
雙方共同約定某一百分比或共保金額，於損失發生時，被保險人保
險金額未達應保金額，損失金額由契約當事人雙方按保險金額與應
保金額之比例共同承擔。保險人得約定保險標的物之一部份，應由
要保人自行負擔由危險而生之損失（保§48 I）。有上開約定時，
要保人不得將未經保險之部份，另向他保險人訂立保險契約（保§
48 II）。

二、共同保險的適用範圍

有下列情形之一者，保險業得以共保方式承保：1.有關巨災損失之
保險者；2.配合政府政策需要者；3.基於公共利益之考量者；4.能有效提
昇對投保大眾之服務者；5.其他經主管機關核准者（保§144-1）。

三、外部共同保險的責任性質

　　所謂外部共同保險，係指一要保人同時與數保險人訂立一保險契約，約定該數保險人承保同一保險標的，所承保之範圍總合不超過保險標的之價值，且被保險人得由該保險契約清楚掌握所有共同承保保險人（下稱共保人）之名稱與其承擔責任比例之保險類型。此類保險契約訂立之方法，可由單一保險人簽發保單，而其餘共保人於保單上列出之共保比例簽署負責或以批註共保條款之方式列出所有參與之共保人與其承擔之比例，所有共保人並聲明僅就自己承擔之比例負保險責任；亦可由每一共保人分別簽發保單，每一共保保單均包含共保條款，清楚列出所有共保人與其應負責之保險金額。二者就個別保險人均僅對本身承擔之比例負責而言，並無不同，於上揭情形，被保險人求償損失時，仍須分別向各保險人行使保險金給付請求權，其保險契約有約定主辦保險人（通常係簽發保單或承保比例最高之保險人）時，固由主辦保險人為共保人全體之利益，辦理核保、收取保費與理賠事宜，惟仍由各保險人依其承擔之比例分別對被保險人負責，除有特別約定外，各保險人間尚不因此產生連帶給付責任（最高法院 110 年度台上字第 2159 號民事判決）。

四、共同保險與再保險的異同

　　共同保險與再保險均有分散風險之功能，但二者在法律概念上則不相同。首先，共同保險屬於第一層之危險分散，再保險為第二層之危險分散。其次，共同保險屬於橫向之危險分散，再保險為縱向之危險分散。其三，共同保險必須為同一之保險契約，當然要保人必須同一，保險利益、保險事故、保險期間等亦必須同一，而再保險與原保險之間則為完全獨立之二個不同保險契約，要保人、保險利益、保險事故等，亦各不相同。

第二章
保險契約

第一節　意義及性質

一、保險契約的意義

　　保險契約，係當事人約定，一方交付保險費於他方，他方對於因不可預料或不可抗力之事故所致之損害，負擔賠償財物之契約（保§1），故保險具有分散風險及危險分擔之功能。

二、保險契約的性質

(一)有名契約
　　保險契約是保險法所明定的契約。

(二)雙務契約
　　要保人平時有支付保險費的義務，保險人在保險事故發生時有給付保險金額的義務，故保險契約為雙務契約。

(三)有償契約
　　要保人係以支付保險費換取保險人承擔危險的代價，故為有償契約。

(四)要式契約？
　　依保險法第 43 條規定，保險契約，應以保險單或暫保單為之；且保險契約應記載法定事項（保§55），由保險人於同意要保人聲請後簽訂（保§44），故保險契約原則上應為要式契約。

1. 依早期司法實務的見解係採取要式契約說。認為保險契約應以保險單或暫保單為之,是要保人所為投保之要約,與保險所為承保之承諾,縱令口頭上已經合致,在雙方未訂書面之保險單或暫保單以前,仍難認其保險契約業已合法成立。亦即,保險契約之訂立,為法律行為中要式行為中之一種,應以保險單或暫保單之書面為之(最高法院 53 年度台上字第 3690 號民事判決、最高法院 70 年度台上字第 2818 號民事判決、最高法院 69 年度台上字第 246 號民事判決)。

2. 其後,依司法實務的見解,曾改採不要式契約說。認為保險契約於當事人相互表示意思一致時,即告成立,並非要式行為,故對於特定之保險標的,一方同意交付保險費,他方同意承擔其危險者,保險契約即應認為成立,並不以作成保險單或暫保單為要件(最高法院 76 年度台上字第 595 號民事判決、臺灣高等法院臺中分院 102 年度保險上易字第 7 號民事判決、臺灣高等法院 103 年度保險上易字第 26 號民事判決、臺灣臺北地方法院 103 年度保險字第 56 號民事判決)。

3. 惟依晚近司法實務的見解,似又改採要式契約說。認為保險業務員招攬保險之行為,乃要約引誘,要保人出具要保書向保險人投保,屬保險之要約,必俟保險人對要保書為承諾而簽立保險單或暫保單,保險契約始行成立(最高法院 104 年度台上字第 1110 號民事判決)。

(五)要物契約?

1. 依早期司法實務的見解,認為保險費應於契約生效前交付之,可見保險費之交付,為保險契約之生效要件,顯採取要物契約說。亦即,保險法第 43 條規定,保險契約應以保險單或暫保單為之,是要保人所為投保之要約,與保險所為承保之承諾,縱令口頭上已經合致,在雙方未訂書面之保險單或暫保單以前,仍難認其保險契約業已合法成立。又保險法第 21 條規定,保險費應於契約生效前交付之,可見保險費之交付,為保險契約之生效要件(最高法院 70 年度台上字第 2818 號民事判決)。

2. 依後期司法實務的見解則採諾成契約說。認為保險契約並不以交付保費為要件。亦即，保險為契約之一種，於當事人相互表示意思一致時，即告成立，並非要式行為，故對於特定之保險標的，一方同意交付保險費，他方同意承擔其危險者，保險契約即應認為成立，並不以作成保險單或暫保單為要件（最高法院 76 年度台上字第 595 號民事判決、臺灣高等法院 106 年度保險上字第 11 號民事判決）。蓋保險法第 21 條、第 43 條固分別規定，保險費分一次交付及分期交付兩種。保險契約規定一次交付，或分期交付之第一期保險費，應於契約生效前交付之，但保險契約簽訂時，保險費未能確定者，不在此限。保險契約應以保險單或暫保單為之。然保險契約仍為諾成契約且屬不要物契約，各該條文均僅係訓示而非強制規定，非一經交付保險費，保險契約即為生效，仍應由保險人同意要保人聲請（承諾承保），經當事人就要保及承保之意思互相表示一致，方告成立（最高法院 97 年度台上字第 1950 號民事判決）。

3. 財產保險之要保人在保險人簽發保險單或暫保單前，先交付保險費而發生應予賠償之保險事故時，保險人應負保險責任（保險法施行細則§4 I）。

4. 保險契約（保險單或暫保單）之簽訂，原則上須與保險費之交付，同時為之。此觀保險法施行細則第 4 條第 1 項之規定甚明。若保險人向要保人先行收取保險費，而延後簽訂保險契約；則在未簽訂保險契約前，發生保險事故，保險人竟可不負保險責任，未免有失公平。故同條第 2 項、第 3 項又作補充規定，以杜流弊。其中第 3 項之補充規定，既謂：「人壽保險人於同意承保前，得預收相當於第一期保險費之金額。保險人應負之保險責任，以保險人同意承保時，溯自預收相當於第一期保險費金額時開始。」足見此種人壽保險契約，係於預收相當於第一期保險費金額時，附以保險人「同意承保」之停止條件，使其發生溯及的效力（最高法院 69 年度台上字第 3153 號民事判

決）。如果依通常情形，保險人應同意承保，而因見被保險人已經死亡，變為不同意承保，希圖免其保險責任，是乃以不正當行為阻其條件之成就，依民法第 101 條第 1 項規定，應視為條件已成就，此時保險人自應負其保險責任（臺灣屏東地方法院 95 年度保險字第 7 號民事判決）。

(六)誠信契約

訂立保險契約時，要保人對於保險人之書面詢問，應據實說明（保§64 I），要保人對於危險增加亦有通知保險人的義務（保§59），如有違反，將蒙受不利益。而保險人於簽訂保險契約時，對於要保人亦應為相當的查詢，以決定是否承保，保險人的查詢，亦應盡誠信與善意的注意義務。保險契約注重當事人的誠實信用，有甚於一般契約。

(七)射倖契約

被保險人在簽訂保險契約時，僅須支付少數保險費，於保險事故發生後，即可獲得多於保險費數百倍或數千倍的保險金；若特定保險事故不發生，則喪失所繳保險費。在保險人方面，其情形適與之相反。保險契約的此種特性，即為射倖性。

(八)附合契約

保險契約的內容由保險人一方面決定，要保人只能依保險人所定的條款同意訂約與否的自由，對契約內容並無討價還價的餘地。惟保險契約中有左列情事之一，依訂約時情形顯失公平者，該部分之約定無效：1.免除或減輕保險人依本法應負之義務者；2.使要保人、受益人或被保險人拋棄或限制其依本法所享之權利者；3.重要保人或被保險人之義務者；4.其他於要保人、受益人或被保險人有重大不利益者（保§54-1）。

(九)繼續性契約

保險契約通常繼續一段期間，故在契約存續期間內，危險減少時被

保險人得請求保險人重新核定保險費（保§59Ⅳ）。

第二節　保險契約的主體

一、保險當事人

保險契約亦如一般契約，其成立須雙方意思表示合致。保險契約當事人，為保險人及要保人。茲分述之：

(一)保險人（承保人）

保險人指經營保險事業的各種組織（依保險法第 136 條第 1 項規定，原則上以股份有限公司或合作社為限），在保險契約成立時，有保險費之請求權，在承保之危險事故發生時，依其承保之責任，負擔賠償的義務，亦即給付「保險金」之義務（保§2）。

(二)要保人

要保人指對保險標的具有保險利益，向保險人申請訂立保險契約，並負有交付保險費義務之人（保§3）。應注意者，要保人得同時為被保險人與受益人，亦得與被保險人或受益人不同人。

二、保險關係人

保險契約的當事人，係對於保險契約有直接關係之人，而保險契約的關係人，則為與保險契約有間接關係之人。

(一)被保險人

被保險人指於保險事故發生時，遭受損害，享有賠償請求權之人（保§4）。在財產保險，被保險人為被保財產的所有人；在人身保險，則單純為被保險人。通常，財產保險的被保險人，輒為要保人本人；而人身保險的被保險人，則有要保人以外的第三人。

(二)受益人

　　受益人指被保險人或要保人約定享有賠償請求權之人（保§5），故受益人即為保險金的受領人。通常，受益人即為要保人或被保險人本人，但在人身保險，受益人有時為要保人或被保險人以外的第三人。在保險契約中未指定受益人者，可依據法條或法理，推定某人為受益人。如受益人有疑義時，則推定要保人為自己的利益而訂立（保§45 後段）。

三、保險輔助人

(一)保險輔助人的種類

　　保險事業是一種商業，同時又涉及社會政策，必須加以推廣。且保險有關的事項，多涉及專門知識及技術。因此在保險契約的訂立及履行上，除當事人外，乃有輔助人之設立。

1.保險代理人

　　保險代理人，指根據代理契約或授權書，向保險人收取費用，並代理經營業務之人（保§8）。保險契約由代理人訂立者，應載明代訂之意旨（保§46）。

(1)銀行得經主管機關許可擇一兼營保險代理人或保險經紀人業務，並應分別準用保險法有關保險代理人、保險經紀人之規定（保§163 Ⅴ）。

(2)保險契約，應以保險單或暫保單為之，保證書內容與保險單內容相牴觸，未經核准變更，難認屬保險契約之一部。且保險業務員僅限於經公司授權從事保險招攬之行為始具有代理權，核保或同意變更契約條款事項不在授權之列，業務員自無代理核保或變更契約權限（最高法院104年度台上字第1110號民事判決）。

(3)訂立保險契約之前，保險代理人所獲悉有關訂約之重要事項，雖未告

知保險人本人，固應視為本人所已知（最高法院 80 年度台上字第 82
號民事判決）。

2.保險業務員

　　所稱保險業務員，指為保險業、保險經紀人公司、保險代理人公司
或兼營保險代理人或保險經紀人業務之銀行，從事保險招攬之人（保
§ 8-1）。

3.保險經紀人

　　保險經紀人，指基於被保險人之利益，代向保險人洽訂保險契約或
提供相關服務，而向承保之保險業收取佣金之人（保§9），俗稱掮客或
跑街者是。原則上應準用民法居間的規定（民法§565）。在保險契約之
招攬過程中，保險經紀人倘有告知不實之情事，保險人應與自己之行為
負同一責任（臺灣高等法院 105 年度上字第 220 號民事判決）。

(1)銀行得經主管機關許可擇一兼營保險代理人或保險經紀人業務，並應
　分別準用保險法有關保險代理人、保險經紀人之規定（保§163
　Ⅴ）。

(2)保險經紀人應以善良管理人之注意義務，為被保險人洽訂保險契約或
　提供相關服務，並負忠實義務（保§163Ⅵ）。

(3)保險經紀人為被保險人洽訂保險契約前，於主管機關指定之適用範圍
　內，應主動提供書面之分析報告，向要保人或被保險人收取報酬者，
　應明確告知其報酬收取標準（保§163Ⅶ）。

4.保險公證人

　　保險公證人指向保險人或被保險人收取費用，為其辦理保險標的之
查勘、鑑定及估價與賠款之理算、洽商，而予證明之人（保§10）。保
險公證人與公證法所定公證人之性質及職責不同。

(二)保險輔助人的管理

1.執業登記

　　保險業之經紀人、代理人、公證人，非向主管機關登記，繳存保證金或投保責任保險，領有執業證書，不得執行業務（保§163 I）。所定相關保險，於保險代理人、公證人為責任保險；於保險經紀人為責任保險及保證保險（保§163 II）。

2.強制入會

　　保險業、保險代理人公司、保險經紀人公司、保險公證人公司非加入同業公會，不得營業；同業公會非有正當理由，不得拒絕其加入，或就其加入附加不當之條件（保§165-1）。

3.執業設備

　　保險業代理人、經紀人、公證人，應有固定業務處所，並專設帳簿記載業務收支（保§165 I），以便主管機關查核與監督。

4.管理規則

　　保險代理人、經紀人、公證人之資格取得、申請許可應具備之條件、程序、應檢附之文件、董事、監察人與經理人應具備之資格條件、解任事由、設立分支機構之條件、財務與業務管理、教育訓練、廢止許可及其他應遵行事項之管理規則，由主管機關定之（保§163 IV）。保險業務員之資格取得、登錄、撤銷或廢止登錄、教育訓練、懲處及其他應遵行事項之管理規則，由主管機關定之（保§177）。

第三節　保險契約的類別

　　保險契約可分為下列三類：

一、為自己利益的保險契約

　　指要保人以自己名義，為自己利益所訂的保險契約，保險契約所發

生的權利義務，均由要保人自己享受或負擔，要保人兼為受益人。至於保險標的，或為自己的生命財產，或為他人的生命財產。

二、為他人利益的保險契約

(一)指要保人以自己的名義，為他人的利益所訂的保險契約。此種契約，要保人僅負支付保險費的義務，至於保險金額的請求權，則歸屬於為受益人的第三人。保險標的，或為自己的生命財產，或為他人的生命財產。要保人得不經委任，為他人之利益訂立保險契約。受益人有疑義時，推定要保人為自己之利益而訂立（保§45）。

(二)為他人利益訂立之保險契約，於訂約時，該他人未確定者，由要保人或保險契約所載可得確定之受益人，享受其利益（臺灣高等法院臺中分院 103 年度保險上字第 8 號民事判決）。死亡保險契約未指定受益人者，其保險金額則作為被保險人遺產（保§113）。至於傷害保險之被保險人未指定受益人者，被保險人死亡時，則應準用保險法第 113 條之規定（保§135）。

(三)保險契約如約定第三人為受益人，使受益人享有賠償請求權，即屬附有第三人利益契約之保險契約（臺灣高等法院 103 年度保險上易字第 22 號民事判決）。

三、為自己利益兼為他人利益的保險契約

指要保人以自己名義，為自己利益兼為他人利益所訂立的保險契約。其情形有二：

(一)為全體合夥人或共有人而訂立者。保險契約由合夥人或共有人中之一人或數人訂立，而其利益及於全體合夥人或共有人者，應載明為全體合夥人或共有人訂立之意旨（保§47）。

(二)視同並為第三人的利益而訂立者。

1.依我保險法規定，就集合之物而總括為保險者，被保險人家屬、受僱

人或同居人之物，亦得為保險標的，載明於保險契約，在危險發生時，就其損失享受賠償；此項保險契約，視同並為第三人利益而訂立（保§71）。

2.又保險契約係為被保險人所營事業之損失賠償責任而訂立者，被保險人之代理人、管理人或監督人所負之損失賠償責任，亦享受保險之利益；其契約視同並為第三人之利益而訂立（保§92）。

第四節　保險契約的成立

一、保險契約成立的實質要件

凡於特定的保險標的，要保人申請，並填寫要保申請書，同意支付保險費，而保險人同意承擔其危險者，保險契約實質上要件已經具備（保§1）。

二、保險契約成立的形式要件

保險契約除具備實質要件外，尚須具備形式要件。保險法規定，保險契約，應作成保險單或暫保單（保§43），並載明保險法第 55 條所規定的事項（保險契約的基本條款）。

第五節　保險單及暫保單

一、保險單及暫保單的意義

保險契約作成書面者，有正式與非正式之分。其正式者，為保險單，非正式者，為暫保單。

二、保險單及暫保單的性質

(一)暫保單

　　暫保單在性質上屬口頭約定的書面記錄，故嚴格言之，尚非保險單的本體，但如其內容記載保險法第 55 條各款，並聲明於一定期間內有拘束力者，則在保險單作成交付以前，與保險單有同一的效力，迨正式保險單發出，暫保單的條件即歸併於保險單，暫保單失其效力。

(二)保險單

1.保險單的發給，為完成契約的最後手續，保險單一經發出，則先前議定的條件及暫保的約定，均歸併在內，除別有詐欺或非法的情節足以動搖契約本身者外，一切條件均以此保險單所載為憑。

2.保險單不僅為契約的證明文件，在財產保險，於特定的形式及條件下，且有類似證券的效用，得作成指示式或無記名式（保§49Ⅰ），隨同標的而轉讓。保險人對於要保人所得為之抗辯，亦得以之對抗保險契約之受讓人（保§49Ⅲ）。故保險單的取得，其意義並不止於證明契約的完成而已。

3.人壽保險費付足一年以上者，要保人得以保險契約為質，向保險人借款（保§120Ⅰ）。保險人於接到要保人之借款通知後，得於一個月以內之期間，貸給可得質借之金額（保§120Ⅱ）。年金保險費付足一年以上者，要保人雖亦得以保險契約為質，向保險人借款，但於年金給付期間，要保人不得終止契約或以保險契約為質，向保險人借款（保§135-4）。

第六節　基本條款與特約條款

一、保險契約的基本條款

保險契約除保險法另有規定外，應記載下列各款事項（保§55）：

(一) 當事人之姓名及住所。關於保險人的記載，應表明法人名稱。無記名式保險契約，毋庸記載要保人姓名、住所。

(二) 保險之標的物。財產保險係指預處保險事故發生的特定財產；在人身保險，則為被保險人的生命或身體。

(三) 保險事故之種類。即保險人應負擔的危險，如火災危險或健康危險等是。主要是確定保險人責任及保險金額。

(四) 保險責任開始之日時及保險期間。通常保險責任開始的日時，與保險契約成立的日時相同；但當事人亦得約定其開始的日時為契約成立以前的若干日時，或以後經過若干期間的日時為保險責任開始的日時。

(五) 保險金額。即保險人約定在保險事故發生時，對於被保險人或受益人給付的金額，原則上以金錢給付。

(六) 保險費。

(七) 無效及失權之原因。保險法對保險契約無效及要保人、被保險人或受益人失權的原因多有規定。但當事人為變更約定時，不得有不利於被保險人的情形保險法之強制規定，不得以契約變更之。但有利於被保險人者，不在此限（保§54Ⅰ）。

(八) 訂約之年月日。應注意者，訂約的年月日，與保險責任開始的日時，非必相同。又保險契約訂立時，保險標的之危險已發生或已消滅者，其契約無效。但為當事人雙方所不知者，不在此限（保§51Ⅰ）。

二、保險契約的特約條款

(一)特約條款的意義

　　特約條款,為當事人於保險契約基本條款外,承認履行特種義務之條款(保§66)。

(二)特約條款的內容

1.凡與保險契約有關之一切事項,不問過去、現在或將來,均得以特約條款定之(保§67)。例如約定以前從未患過某種疾病,現在係從事某種職業,將來不變更職業的情形等。但特約條款的約定,除有利於被保險人外,不得違背保險法強制規定(保§54 I)。舉例而言,保險契約以特約條款約定,被保險人未履行該條款之特種義務,保險人對保險事故之損害不負賠償責任者,倘有違保險法第 68 條第 1 項效力之強制規定,且與保險契約約定危險事故之內容不一致,致被保險人有受不利益時,即應解為該不負賠償責任之法律效果為無效(臺灣高等法院 103 年度保險上字第 26 號民事判決)。

2.特約條款係保險人於基本條款外特別約定由他方確認過去或現在事實狀態存否,抑或承認於將來履行特種義務之條款,得以特約條款訂定之事項,只要屬於與保險契約關係重要者,均得為之(臺灣高等法院 106 年度保險上字第 33 號民事判決)。

3.特約條款與不保事項或除外條款的概念不同。

(1)所謂不保事項或除外條款,係指保險契約中針對某些原屬包括在內之特定危險事項事故、損失或費用予以排除承保之條款,以界定保險人之承保範圍。因此,保險人除於保險契約列舉一般性之不保項目外,亦會針對被保險人行業之不同,道德風險性之高低,而與被保險人另約定特別不保事項或除外條款,以界定保險人之承保範圍(臺灣高等法院 106 年度保險上字第 3 號民事判決、臺灣高等法院 106 年度保險上字第 33 號民事判決)。

(2)所謂不保事項或除外條款，係指保險契約中針對某些原屬包括在內之特定危險事項事故、損失或費用予以排除承保之條款，一般性之不保項目如戰爭、道德危險、因為契約而產生之責任等。依保險法第 29 條第 2 項前段規定，保險人本應就被保險人之過失所生之損害，負賠償之責任，尤其是以受僱人之不誠實行為為保險事故之保證保險契約，保險人顯係以要保人或被保險人或其代理人之過失為理賠之要件，是以如就此類條款不解釋為「特約條款」，而解釋為「除外條款」，實非被保險人投保之目的，且此亦應為承保之保險人所得預估之危險，故如可因被保險人之疏失或未盡善良管理人之注意義務，而減輕或免除保險人之賠償責任，即有失保險之本旨（臺灣臺北地方法院 102 年度保險字第 54 號民事判決）。

(三)特約條款的效力

1.積極效力

(1)特約條款與基本條款不同，屬於任意記載事項，然一旦記載，便發生效力，當事人應予遵守，若當事人之一方違背特約條款時，他方得解除契約；其危險發生後亦同（保§68 I）。

(2)惟自保險人知有解除之原因後，經過一個月不行使，其解除契約權即消滅。或契約訂立後經過二年，即有可以解除之原因，亦不得解除契約（保§68 II）。

2.消極效力

　　關於未來事項之特約條款，於未屆履行期前危險已發生，或其履行為不可能，或在訂約地為不合法而未履行者，保險契約不因之而失效（保§69），亦即因不可歸責於一方當事人的事由而履行不能時，他方當事人不能以未履行特約條款為理由而解除契約。

三、保險契約的共同保險條款

　　保險人得於約定保險標的物之一部分，應由要保人自行負擔由危險而生之損失，此即合力保險條款或共保條款（保§48Ⅰ）。有此約定，要保人不得將未經保險之部分，另向他保險人訂立保險契約（保§48Ⅱ），以促使要保人或被保險人對於保險事故注意防範。至於保險人與要保人間如何分配損害，則依契約所定。

四、保險契約的解釋

　　保險契約之解釋，應探求契約當事人之真意，不得拘泥於所用之文字；如有疑義時，以作有利於被保險人之解釋為原則（保§54Ⅱ）。

(一) 衡酌定型化之保險契約之契約約款係由保險人單方擬定，且保險人具有經濟上強勢地位及保險專業知識，一般要保人或被保險人多無法與之抗衡，不具對等之談判能力；參以保險契約為最大誠信契約，保險人於保險交易中不得獲取不公平利益，要保人、被保險人之合理期待應受保護，故於保險契約之定型化約款之解釋，應依一般要保人或被保險人之合理了解或合理期待為之，不得拘泥囿於約款文字，方無違保險法理之合理期待原則（最高法院 100 年度台上字第 2026 號民事判決、最高法院 102 年度台上字第 2185 號民事判決）。

(二) 解釋契約應探求當事人立約時之真意，並通觀契約全文，斟酌訂立契約當時交易上之習慣等其他一切證據資料，本於經驗法則及誠信原則，作全盤之觀察。而保險制度係為分散風險，大抵皆為定型化契約，其擬訂復具有高度之技術性。是於保險契約之解釋，應本諸保險之本質及機能為探求，並注意誠信、公平原則之適用，倘有疑義時，始為有利於被保險人之解釋（最高法院 102 年度台上字第 2211 號民事判決）。

(三) 解釋契約固須探求當事人立約時之真意，不能拘泥於契約之文字，但契約文字業已表示當事人真意，無須別事探求者，即不得反捨契約文字而更為曲解（最高法院 109 年度台上字第 1198 號民事判決）。因此依契約文義已足以表明僅以龜裂、倒塌二種情形為承保範圍，應不得任意擴張曲解「傾斜」亦屬附加保險所稱龜裂範圍（臺灣高等法院 103 年度保險上易字第 28 號民事判決）。

(四) 被保險人遭受之意外傷害，既已治療完畢，則其所受之傷害與其疾病、死亡間不具有相當因果關係，僅為其中一項加重因子而已，此與保險契約解釋之疑義無關，要無適用保險法第 54 條第 2 項規定之餘地（最高法院 101 年度台上字第 1897 號民事判決）。

(五) 保險公司於住院醫療保險附約中僅約定「住院」之定義，而未對於「全日住院」「日間住院」「夜間住院」予以詳細區分，可知保險公司於締約前，就保險附約之設計，應已本於其作為商業保險公司之專業判斷，將非二十四小時之日間或夜間住院情形均納入針對住院醫療保險附約被保險人個人危險性及理賠水準而為危險共同分擔之保險費計收、住院保險金精算之範圍。縱認實際上並未將此日間或夜間住院情形納入精算範圍，此亦為其作為商業保險公司就本件屬定型化商業性保險約定應為有利於被保險人之解釋適用時所應自行吸收之風險（臺灣高等法院 107 年度保險上易字第 5 號民事判決）。鑑於實務上住院型態尚有日間留院模式，故 2019 年 4 月 9 日修正之住院醫療費用保險單示範條款（實支實付型）時，即為避免爭議，對於「住院」之定義明確區分給付日間留院適用與不給付日間留院適用二種型態。若屬於不給付日間留院適用者，則所稱「住院」係指被保險人經醫師診斷其疾病或傷害必須入住醫院，且正式辦理住院手續並確實在醫院接受診療者。但不包含全民健康保險法第 51 條所稱日間住院及精神衛生法第 35 條所稱之日間留院。

五、保險契約的無效條款

　　保險契約中有左列情事之一，依訂約時情形顯失公平者，該部分之約定無效：(一)免除或減輕保險人依保險法應負之義務者；(二)使要保人、受益人或被保險人拋棄或限制其依保險法所享之權利者；(三)加重要保人或被保險人之義務者；(四)其他於要保人、受益人或被保險人有重大不利益者（保§54-1）。

(一) 索賠基礎保單之理賠責任原則，應認被保險人僅須證明第三人確於保險期間內向其請求賠償即可，如保險人預先擬定之保險契約定型化約款限制須被保險人在保險期間內受書面賠償請求，核與保險法第 90 條規定不合，額外增加被保險人須受書面賠償請求之要件，以限制被保險人原得行使之權利，該限制書面請求之約定對於被保險人自屬顯失公平，應屬無效（臺灣高等法院 100 年度保險上字第 29 號民事判決）。

(二) 特約條款為保險契約當事人為增加或減少危險範圍，而特別訂定控制危險之條款，即是契約雙方當事人針對個案所特別訂定，與定型化契約之單方預先擬定之情形不符（臺灣高等法院臺中分院 105 年度保險上更(一)字第 5 號民事判決）。

第七節　要保人的據實說明義務

一、據實說明義務的主體

(一) 訂立契約時，要保人對於保險人之書面詢問，應據實說明（保§64 Ⅰ）。保險法第 64 條之立法目的乃保險制度中「最大善意」、「對價平衡」及「誠實信用」基本原則之體現。

(二) 依司法實務見解，當要保人或被保險人因故意、過失違反據實說明義務，致保險人無法正確估計危險，若要保人或被保險人未告知或不實說明之事項與保險事故發生有相關連而足以變更或減少保險人

對於危險之估計時，縱使保險事故已發生，保險人仍得解除契約（最高法院 104 年度台上字第 844 號民事判決）。又法律所以課保險契約當事人之一方以告知義務係使保險人得依義務人提供有關保險標的之一切資料，正確估定危險發生之可能性，以決定保險責。故在人壽保險契約，依保險法第一百零四條之規定，得由本人或第三人訂立。如由第三人訂立，則因要保人與被保險人並非相同。此時，要保人依保險法第 64 條第 1 項之規定，應負告知之義務，固無疑問。至被保險人，則因被保險人對自己之生命健康，知之最稔，如不使負告知義務，有礙保險人對危險之估計。故在外國立法例，如日本、德國、瑞士等均明文規定被保險人亦負告知義務。我保險法雖未明文規定，但依前述告知義務之法理，應為當然之解釋。惟要保人與被保險人雖同負告知義務，但同一事實，如其中一人，已為告知，另一人雖未告知，亦不違反告知義務，蓋不影響保險人對危險之估計（司法院 72.5.14.第三期司法業務研究會）。

二、違反據實說明義務的效果

(一) 要保人有為隱匿或遺漏不為說明，或為不實之說明，足以變更或減少保險人對於危險之估計者，保險人得解除契約；其危險發生後亦同。但要保人證明危險之發生未基於其說明或未說明之事實時，不在此限（保 §64 Ⅱ）。申言之，要保人或被保險人雖具有違反誠信原則之事實，而此事實經證明並未對保險事故之發生具有影響，即對特定已發生之保險事故，未造成額外之負擔，對價平衡原則並未受到破壞時，保險人始不得解除契約（最高法院 104 年度台上字第 844 號民事判決）。反之，要保人如主張保險人不得解除保險契約，即應證明其未告知或不實說明之事項與保險事故間無關聯性；倘未說明之事項與保險事故之發生有關聯、牽連、影響或可能性時，即無保險法第 64 條第 2 項但書規定之適用，保險人非不得解除

保險契約（臺灣臺北地方法院 100 年度保險簡上字第 9 號民事判決）。

(二) 要保人於訂立保險契約時已知悉胎兒有異常現象，對於保險公司以契約健康聲明書之書面詢問，未據實說明，且與保險事故具關聯性，並足以變更或減少保險公司對於危險之估計，其自得以之為由解除保險契約（臺灣士林地方法院 106 年度保險字第 3 號民事判決）。換言之，若要保人未據實說明，與保險事故具關聯性，並足以變更或減少保險人對於危險之估計，保險人自得以之為解除保險契約之法定事由（臺灣高等法院 98 年度保險上易字第 15 號民事判決）。

(三) 保險法第 64 條第 2 項但書所規定之關聯性，在解釋上須考量要保人可能心存僥倖，儘量隱瞞應據實說明之事項，致保險人無從憑以作為危險之估計及保險費之計算，圖使原本為保險人所拒絕承保或須加費承保之危險，得以較低之保費獲得承保，一旦事故發生，即令與不實說明事項有關，充其量保險人至多亦僅可解除契約；如果兩者並無關係，被保險人即可達到以較低之保費，從原本須繳更多保費或根本不為保險人所承保之保險中，獲得保險金補償之目的，殊非事理之平。從而，應認該關連性存在對象係在於「說明或未說明之事實」與「保險人決定是否承保」之間，亦即當要保人或被保險人說明或未說明之事實已足以影響保險人決定是否承保時，縱使保險事故已發生，保險人仍得主張解除契約（最高法院 104 年度台上字第 844 號民事判決）。

三、違反據實說明義務的效果

保險人的解除契約權，自保險人知有解除之原因後，經過一個月不行使而滅；或契約訂立後經過二年，即有可以解除之原因，亦不得解除契約（保§64Ⅲ）。

第八節　當事人的通知義務

一、法定通知義務

(一)危險發生通知義務

　　要保人、被保險人或受益人，遇有保險人應負保險責任之事故發生，除保險法另有規定（例如保險法第 62 條），或契約另有訂定外，應於知悉後五日內通知保險人。如怠於通知，對於保險人因此所受之損失，應負賠償責任（保§58、§63）。

1.保險法第 58 條規定，發生危險事故之通知期限為「五日」，但「契約另有訂定」者不在此限，條文中「契約另有訂定」，若有約定長於五日，例如約定要保人或受益人應於知悉保險人應負保險責任之事故後十日內通知，並於通知後儘速檢具所需文件向保險人申請給付保險金，固無爭議。惟若約定短於五日，其效力為何，則有爭議。例如在汽車保險，保險契約類多約定要保人或被保險人應於事故發生後四十八小時內通知保險人。由於保險法第 58 條已明定「以契約另有訂定」為五日通知時期之例外規定，故該條應屬任意規定，而許保險人契約當事人於保險契約中加以約定變更之（臺灣高等法院暨所屬法院 89 年法律座談會民事類提案第 19 號）。

2.理論上，若認為保險法第 58 條屬任意規定，則許保險契約當事人於保險契約中加以約定變更之。

(二)危險增加通知義務

1.要保人對於保險契約內所載增加危險之情形應通知者，應於知悉後，通知保險人（保§59Ⅰ）。

2.危險增加，由於要保人或被保險人之行為所致，其危險達於應增加保險費或終止契約之程度者，要保人或被保險人應先通知保險人（保§59Ⅱ）。

3.危險增加，不由於要保人或被保險人之行為所致者，要保人或被保險人應於知悉後十日內通知保險人（保§59Ⅲ）。如怠於通知，對於保險人因此所受之損失，應負賠償責任（保§63）。要保人或被保險人違反通知之義務者，保險法第63條僅規定對保險人因此所受之損失應負賠償責任，而未規定保險人得免除保險責任（最高法院84年度台上字第1627號民事判決）。

二、通知義務的免除

(一)危險增加通知義務的免除

危險增加如有下列情形之一時，不適用保險法第59條規定，而免除要保人或被保險人的通知義務：1.損害之發生不影響保險人之負擔者；2.為防護保險人之利益者；3.為履行道德上之義務者（保§61）。

(二)通知義務全部的免除

當事人之一方對於下列各款，不負通知之義務：1.為他方所知者；2.依通常注意為他方所應知，或無法諉為不知者；3.一方對於他方經聲明不必通知者（保§62）。

第九節　保險人的代位權

一、行使代位權的要件

被保險人因保險人應負保險責任之損失發生，而對於第三人有損失賠償請求權者，保險人得於給付賠償金額後，代位行使被保險人對於第三人之請求權；但其所請求之數額，以不逾賠償金額為限（保§53Ⅰ）。

二、行使代位權的限制

(二)如第三人為被保險人之家屬或受僱人時,保險人則無代位請求權（保§53 II），否則,對被保險人言,即為自行賠償損失或影響僱傭關係的圓滿,但若損失係由被保險人之家屬或受僱人故意所致者,即無保護的必要,保險人仍得代位行使。

(二)人壽保險、健康保險、傷害保險、年金保險之保險人,不得代位行使要保人或受益人因保險事故所生對於第三人之請求權（保§103、§130、§135、§135-4）。

(三)全民健康保險性質上係屬健康、傷害保險,是除有全民健康保險法第95條之汽車交通事故、公共安全事故等情事受傷害,受領醫療給付,保險人得代位行使被保險人對第三人之請求權外,其餘被保險人受領醫療給付,依保險法第130條、第135條準用同法第103條規定,保險人不得代位行使被保險人對第三人之請求權,無保險法第53條適用之餘地（臺灣高等法院高雄分院103年度上易字第370號民事判決）。

第十節　保險契約的時效

一、自得為請求之日起二年

由保險契約所生之權利,自得為請求之日起,經過二年不行使而消滅（保§65前段）。

(一) 保險法對於如何計算期間之方法別無規定,該二年時效期間之起算,仍應適用民法第119條、第120條第2項始日不算入之規定。蓋「始日」在通常情形,多不足一日,倘以一日計算,即與社會一般習慣不合（最高法院93.7.20.第8次民事庭會議）。

(二) 債務人於消滅時效完成前,如因其行為（不論有無過失）,使債權

人信賴而未及時行使權利中斷時效，俟時效完成後，債務人為時效抗辯，即與其前之行為有所矛盾；或有其他特別情事，因其權利之行使，將致權義狀態顯然失衡，類此情形得認係違反誠信原則（最高法院 103 年度台上字第 1119 號民事判決、最高法院 104 年度台上字第 2434 號民事判決）。

(三) 所謂請求權得行使此一時點，係指權利人得行使請求權之狀態開始而言。若金融機構因其員工不忠實行為造成損害，依其保險契約，金融機構應於知悉損害發生後立即通知保險人，亦即得請求之時點係為「知悉」損害發生之時點，縱損害早已發生，惟金融機構至他人寄來匿名信後始為察覺，保險人自不得認損害發生時，請求權時效即已起算（臺灣臺北地方法院 98 年度保險字第 48 號民事判決）。

(四) 保險法第 65 條規定，由保險契約所生之權利，自得為請求之日起，經過二年不行使而消滅。故以工程保險發生事故而欲請求保險人給付保險金之情形視之，惟若因保險人對於保險事故之鑑定行為拖延，而致使被保險人之請求權行使，受鑑定遲延之阻礙而逾上述二年之請求權時效，此時保險人主張其有時效抗辯權，則屬違反誠信原則自不應許可（臺灣南投地方法院 98 年度保險字第 3 號民事判決）。

二、特別起算時點

有下列各款情形之一者，其期限之起算，依各該款之規定（保 § 65 後段）：

(一) 要保人或被保險人對於危險之說明，有隱匿遺漏或不實者，自保險人知情之日起算。

(二) 危險發生後，利害關係人能證明其非因疏忽而不知情者，自其知情之日起算。因此，行使保險金給付請求權之前提，不僅需知悉保險

事故已經發生，亦需知悉有保險契約之存在，若被保險人之子女基於受益人地位於得知保險契約存在後，隨即請求就該保險金債權給付，自難論其請求權已經罹於兩年消滅時效（臺灣臺北地方法院 98年度簡上字第 615 號民事判決）。

(三) 要保人或被保險人對於保險人之請求，係由於第三人之請求而生者，自要保人或被保險人受請求之日起算。

第十一節　保險契約的消滅

保險契約因無效、解除、終止而消滅，茲就此三者分述之：

一、保險契約的無效

(一)保險契約無效的意義

保險契約之無效，指保險契約成立後，因違反法定或約定事項，在法律上不發生效力或失其效力之謂。

(二)保險契約無效的原因

1.違反法定事項

(1)保險契約訂立時，保險標的之危險已發生或已消滅者，其契約無效（保§51Ⅰ），但若雙方當事人在訂約時主觀上均不知悉者，其契約仍為有效（保§51Ⅰ但書）。其在訂約時，僅要保人知危險已發生者，保險人不受契約之拘束，僅保險人知危險已消滅者，要保人不受契約之拘束（保§51Ⅱ、Ⅲ）。

(2)複保險，除另有約定外，要保人應將他保險人之名稱及保險金額通知各保險人，要保人故意不為此項通知，或意圖不當得利而為複保險者，其契約無效（保§36、§37）。

(3)保險金額超過保險標的價值之契約，若非由於當事人一方之詐欺而訂

立者，除定值保險外，其契約超過保險標的價值之限度為無效（保
§ 76 I 後段）。

(4)由第三人訂立之死亡保險契約，未經被保險人書面同意，並約定保險
金額，其契約無效（保§ 105）。

(5)父母如購買以未成年子女為被保險人之生存保險，雖未經被保險人同
意，保險契約仍為有效，並無保險法第 105 條之適用（財政部
84.8.15.台保司(一)字第 841527178 號函）。

(6)訂立人壽保險契約時，以受監護宣告尚未撤銷者為被保險人，除喪葬
費用之給付外，其餘死亡給付部分無效（保§ 107-1 I）。前項喪葬費
用之保險金額，不得超過遺產及贈與稅法第 17 條有關遺產稅喪葬費
扣除額之一半（保§ 107-1 II）。經查遺產及贈與稅法第 17 條有關遺
產稅喪葬費扣除額之一半，現行為新臺幣 61.5 萬元。

(7)人壽保險契約的被保險人年齡不實，而其真實年齡已超過保險人所定
保險年齡限度者，其契約無效（保§ 122 I）。

2.違反約定事項

　　例如約定保險費欠繳若干期，保險契約即無效；但此項無效的原
因，應記載於保險契約內（保§ 55⑦）。

3.失效的原因

　　例如要保人或被保險人對於保險標的無保險利益者，保險契約失其
效力（保§ 17）。

(三)保險契約無效的效力

　　保險契約無效後，當事人一方所受領他方的給付，如保險費，民法
上視為不當得利，受領者應予返還。然依保險法第 23 條第 2 項與第 24
條第 1 項及第 2 項規定，保險契約無效時，其保險費的返還，則須視當
事人是否知情而定。

二、保險契約的解除

(一)保險契約解除的意義

　　保險契約的解除，即當事人一方基於契約成立後所發生的事由，行使法律或契約所賦予的解除權，而使契約的效力自始消滅之謂。

(二)保險契約的法定解除

　　除保險契約當事人於契約中約定於某種事由發生時，一方或雙方有解除權者，則依其約定外，保險法還規定有法定解除原因：

1.當事人之一方，對於他方應通知之事項，而怠於通知者，除不可抗力之事故外，不問是否故意，他方得據為解除保險契約之原因（保§57）。

(1)依保險法第 59 條第 2 項及第 57 條，危險增加，由於要保人或被保險人之行為所致，其危險達於應增加保險費或終止契約程度者，要保人或被保險人應先通知保險人；當事人之一方對於他方應通知之事項而怠於通知者，除不可抗力之事故外，不問是否故意，他方得據為解除保險契約之原因。保險之危險增加係指保險契約基礎之原危險狀況改變為嚴重對保險人不利之狀況，其除須具有重要性以致影響保險對價平衡之關係外，必須危險狀況之改變具有持續性。查被保險人於投保時職業類別為「無」，其危險程度較低，嗣其駕駛膠筏出海實際從事漁業工作，則職業危險性較高，具有重要性及持續性，顯屬危險增加。惟若保險契約意外傷害死亡及殘廢給付附約條款既已約定「被保險人所變更的職業，依照本局壽險處職業分類其危險性增加，未依第 1 項約定通知而發生保險事故者，本局壽險處按其原收保險費與應收保險費之比率折算保險金給付」，既有特約，且有利於被保險人，依當事人意思自主原則，保險人自不得再依保險法第 57 條解除保險契約（臺灣高等法院 98 年度保險上字第 40 號民事判決）。

(2)汽車保險自用汽車保險單條款（共同條款、第三人責任保險、車體損

失險【甲、乙、丙式】、竊盜損失險）之汽車保險共同條款第 15 條規定：「被保險汽車遇有本保險契約承保範圍內之賠償責任或毀損滅失時，要保人、被保險人或受益人應立即以電話或書面通知本公司及當地憲兵或警察機關處理，並於五日內填妥出險通知書送交本公司。」其性質上屬保險法第 57 條所稱「契約另有訂定」之情形，惟依保險法第 57 條及第 63 條規定以觀，被保險人違反之者，保險人僅得對於被保險人因怠於通知致其所受之損失請求賠償（不依法解除契約時），或依法解除契約並請求其因此所受之損害，尚不得於未依法解除契約即謂不負賠償責任，從而保險人於未解除保險契約前，依約仍應負損害賠償之責（臺灣高雄地方法院 81 年度保險字第 2 號民事判決）。

(3)人壽保險案件之保險事故發生後，要保人或被保險人違反通知之義務時，保險人是否同時具有保險法第 57 條之解除契約權及第 63 條之損害賠償請求權？肯定說認為：保險法第 57 條規定只謂「當事人之一方對於他方應通知之事項而怠於通知者，除不可抗力之事故外，不問是否故意，他方得據為解除保險契約之原因」，並未限制其適用範圍，故就文義解釋觀之，違反第 58 條之通知義務者，似亦得適用之。又同法第 63 條既規定「要保人或被保險人不於第五十八條、第五十九條第三項所規定之期限內為通知者，對於保險人因此所受之損失，應負賠償責任」，故要保人或被保險人違反保險事故發生通知義務者，基於民法上有關解除權並不影響損害賠償請求權之概念，保險人除依第 57 條解除契約外，並得依第 63 條規定請求損害賠償。相對地，否定說則認為：保險法第 63 條之規定為第 57 條之特別規定，要保人或被保險人違反保險事故發生通知義務時，保險人得請求其賠償因此而產生之損害，但不得同時又主張依第 57 條之規定解除保險契約，否則若再賦予保險人解除契約之權，則其不只因解除契約而獲免負保險金之責，並得請求賠償損害，對保險人似保護過度（財政部保

險司 89.2.17.台保司(一)字第 882605590 號函）。

2.訂立契約時，要保人對於保險人之書面詢問，應據實說明。要有為隱匿或遺漏不為說明，或為不實之說明，足以變更或減少保險人對於危險之估計者，保險人得解除契約；其危險發生後亦同。但要保人證明危險之發生未基於其說明或未說明之事實時，不在此限。此種解除權，自保險人知有解除之原因後，經過一個月不行使而消滅；或契約訂立後經過二年，即有可以解除之原因，亦不得解除契約（保 §64）。

(1)保險法為使保險人得確定並控制其承保之危險，課以要保人據實說明之義務，倘要保人之不實說明足以影響保險人對危險之估計，保險人可解除契約；然復兼採因果關係之理論，以要保人能證明損害之發生與不實說明間無因果關係者，保險人不得解除契約（臺灣屏東地方法院 91 年度保險簡上字第 1 號民事判決）。

(2)保險法第 64 條之規定，乃保險契約中關於因詐欺而為意思表示之特別規定，應排除民法第 92 條規定之適用（最高法院 86 年度台上字第 2113 號民事判決）。

(3)要保人或被保險人雖具有違反誠信原則之事實，而此事實經證明並未對保險事故之發生具有影響，即對特定已發生之保險事故，未造成額外之負擔，對價平衡原則並未受到破壞時，保險人始不得解除契約（最高法院 104 年度台上字第 844 號民事判決）。

(4)保險法第 64 條雖未明定被保險人具有據實說明之義務，惟就法律體系觀之，及參考同法第 58 條規定，就危險發生通知之義務，義務履行主體亦將要保人與被保險人併列，是據實說明義務既與該危險發生通知之義務同類，依誠實信用原則，據實說明之義務人，亦宜包含要保人及被保險人。此外，有關人身保險契約，被保險人對自己之生命健康，知之最稔，如不使負告知義務，則將有礙保險人對危險之估計，故同屬大陸法系之外國立法例如德國、瑞士、日本等均明文規定

被保險人亦負告知義務。而因我國保險法第 64 條規定既定於總則章，於財產保險自應作相同之解釋。是以，被保險人當然亦為適用保險法第 64 條要保人據實說明義務規定之對象（臺灣臺北地方法院 99 年度保險字第 54 號民事判決）。

(5)保險法第 64 條規定之保險人解除契約權之二年期間，係除斥期間，應自契約訂立後即時起算，不以二年期間內未發生保險事故為起算之要件，於期間進行中，雖發生保險事故，亦不停止進行，期間屆滿，解除契約權即消滅（最高法院 99 年度台上字第 742 號民事判決）。

(6)按保險法第 64 條第 3 項就保險契約解除權之行使設有兩年除斥期間限制之目的，固在維持法律關係之安定性，惟倘容許少數惡意之要保人或受益人，惡意等待除斥期間屆滿後始行使保險金請求權，顯係惡意使保險人無法行使解除權，應認此種情形構成權利濫用而應受到禁止。因此，為達風險之合理分擔，充分發揮保險制度應有之功能，保險契約之當事人均應本諸善意與誠信原則締結及履行保險契約，始能免於任何一方將保險契約作為謀利之工具，故法院仍應調查保險金請求權之行使，是否有違誠信原則（臺灣高等法院臺中分院 102 年度保險上字第 25 號民事判決）。

(7)保險契約因第 64 條第 2 項之情事而解除時，保險人無須返還其已收受之保險費（保§25）。

3.保險契約當事人之一方違背特約條款時，他方得解除契約。其危險發生後亦同（保§68）。

4.財產保險契約，如保險金額超過保險標的價值時，係由當事人一方之詐欺而訂立者，他方得解除契約，如有損失，並得請求賠償（保§76）。

三、保險契約的終止

(一)保險契約終止的意義

　　保險契約的終止，即指當事人行使終止權或因其他事由的發生，而使契約的效力向後的（自終止時起）消滅之謂。

(二)保險契約終止的原因

1.終止權的行使而終止

(1)保險費依保險契約所載增加危險之特別情形計算者，其情形在契約存續期內消滅時，要保人得請求減少保險費，保險人如不同意減少者，要保人得終止契約（保§26）。

(2)要保人破產時，破產管理人或保險人均得於破產宣告三個月內終止契約（保§28）。

(3)保險契約存續期間，如危險增加，保險人得終止契約（保§60Ⅰ）。

(4)保險人發現保險標的物全部或一部分處於不正常狀態，經建議要保人或被保險人修復後再行使用，而未被接受時，得終止保險契約或有關部分（保§97）。

(5)人壽保險因保險費的未交付，經催告而停止者，保險人亦得終止契約（保§116Ⅵ）。

2.因其他事由的終止（當然終止）

(1)保險人破產時，保險契約於破產宣告之日終止（保§27）。

(2)保險契約存續期間，如危險增加，保險人得終止契約（行使終止權），但亦得不終止契約，而提議另定保險費，倘要保人不同意者，其契約始為終止（保§60Ⅰ）。

(3)保險標的物非因保險契約所載之保險事故而完全滅失時，保險契約即為終止（保§81）。

(4)保險事故發生，而保險人給付保險金後，保險契約當然終止。

(5)保險期間屆滿，保險契約，亦當然終止。

第三章
財產保險

　　所謂財產保險，亦稱「產物保險」，為被保險人的財產利益，因保險事故所致的損害，由保險人負責賠償的契約。財產保險，包括火災保險、海上保險、陸空保險、責任保險、保證保險及經主管機關核准之其他保險（保§13Ⅱ）。依保險法第三章規定，財產保險有六種：火災保險、海上保險、陸空保險、責任保險、保證保險及其他財產保險。其他財產保險為不屬於火災保險、海上保險、陸空保險、責任保險及保證保險之範圍，而以財物或無形利益為保險標的之各種保險（保§96），例如竊盜保險、輸出保險等。

第一節　火災保險

一、概　說

(一)火災保險的意義

　　火災保險（簡稱「火險」），謂以補償火災所致保險標的物的毀損滅失為目的的財產保險。火災保險人，對於由火災所致保險標的物之毀損或滅失，除契約另有訂定外，負賠償之責（保§70Ⅰ）。因此，若當事人間若有特別約定除外條款者，則就除外條款所載的保險事故，保險人可不負責任。

　　此外，因火災引起的損失不以直接遭火災焚毀者為限，因救護保險標的物，致保險標的物發生損失者，視同所保危險所生之損失（保§70Ⅱ）。所謂「保險標的物之毀損或滅失，視同火災所致之毀損或滅

失」，應係指如火災發生而致保險標的物之被燒毀壞受損或保險標的物
已消滅而不存在之情形而言。若僅為被第三人取去，移轉占有者，自不
包括在內（最高法院 75 年度台上字第 1103 號民事判決）。

(二)火災保險的保險標的

　　火災保險係以財產為保險標的。若以商業火災保險為例，其保險標
的物，通常區分為建築物及建築物之動產。

1.不動產

　　例如建築物及營業裝修，但不包括土地。

(1)建築物：指定著於土地，供被保險人經營業務或從事生產之建築物及
　公共設施之持分。為使建築物適合於業務上之使用而裝置並附著於建
　築物之中央冷暖氣系統、電梯或電扶梯及水電衛生設備視為建築物之
　一部分。

(2)營業裝修：指為業務需要，而固定或附著於建築物內外之裝潢修飾。

2.動　產

　　除保險契約另有約定外，一般指營業生財、機器設備、貨物等。

(1)營業生財：指經營業務所需之一切器具、用品，包括招牌及辦公設
　備。

(2)機器設備：指作為生產用途所必需之機器及設備。

(3)貨物：指原料、物料、在製品、半成品、成品及商品。

(三)火災保險的種類

1.就財物是否特定言，可分為兩種：

(1)特定火災保險契約：以特定之一建築物或一建築物內特定種類的財物
　為保險標的的契約。

(2)總括火災保險契約：以一個保險金額而包括在一地或不只一地的數種
　財物為保險標的的契約。

2.就標的物的價值，是否於訂約時已約定言，可分為兩種：

(1)定值火災保險：火災保險契約上載明保險標的一定價值者，為「定值火災保險」（保§50Ⅲ）。

(2)不定值火災保險：在火災保險契約上未載明保險標的之價值，而須至危險發生後始予以估計者，則為「不定值火災保險」（保§50Ⅱ）。

(四)火災保險中的集合保險

1.動產火災保險，多以集合保險的方法為之，就集合之物而總括為保險者，被保險人家屬、受僱人或同居人之物，亦得為保險標的，載明於保險契約，在危險發生時，就其損失享受賠償（保§71Ⅰ）。此種保險契約，視同並為第三人利益而訂立（保§71Ⅱ）。是知集合保險，同時具有「為自己利益的保險契約」與「為他人利益的保險契約」之雙重性質。

2.集合保險與前述「總括火災保險」的不同，在於構成物的集團，其內容有無交替性。例如以一倉庫內之「特定」貨物的全部為保險標的而投保一個火險者，便是集合保險；若以一倉庫的貨物全部為保險標的，不記明貨物之種類，且得「隨時更替」，而訂立火災保險契約，則屬總括保險。

二、保險價額與保險金額

(一)保險價額與保險金額的意義

1.稱「保險價額」者，謂保險標的物在特定時期內，得以金錢估計的價值總額。

2.稱「保險金額」者，謂保險事故發生時，保險人對於要保人或被保險人所給付的金額。

(二)保險價額與保險金額的關係

保險金額為保險契約的要件，其數額必須約定；保險價額可以事前約定，也可以於危險發生後估計。二者關係如下：

1.全部保險：即以保險價額的全部定為保險金額。

2.一部保險：即保險金額不及保險價額的情形，除契約另有訂定外，保險人的負擔，以保險金額對於保險價額比例定之（保§77），其計算公式為：

$$保險價額：保險金額＝損失額：賠償額$$

　在保險標的物全損時，保險人即須按所定的保險金額賠償。

3.超額保險：保險金額為保險人在保險期內，所負責任之最高額度。保險人應於承保前，查明保險標的物之市價，不得超額承保（保§72）。保險金額超過保險價額，如保險標的僅值新臺幣十萬元而投保十五萬元，依保險法規定，超過保險標的價值之契約，係由當事人一方之詐欺而訂立者，他方得解除契約。如有損失，並得請求賠償。無詐欺情事者，除定值保險外，其契約僅於保險標的價值之限度內有效（保§76Ⅰ）。無詐欺情事之保險契約，經當事人一方將超過價值之事實通知他方後，保險金額及保險費，均應按照保險標的之價值比例減少（保§76Ⅱ）。蓋超額保險容易釀成道德危險（如要保人縱火圖賠），因此法律加以禁止。

(1)海上保險之射倖性與道德危險，高於其他一切財產保險，參照保險法第 100 條規定之立法精神，現行保險法第 76 條關於超額保險之規定，應認亦應準用於海上保險（最高法院 85 年度台上字第 1685 號民事判決）。

(2)要保人明知該車非新車，無此價值，而以該金額投保，構成超額保險，保險人依保險法第 76 條第 1 項規定解除契約（最高法院 84 年度台上字第 734 號民事判決）。

三、火災保險契約的效力

(一)火災保險中保險人的義務

1.損失賠償義務

(1)保險標的，得由要保人，依主管機關核定之費率及條款，作定值或不定值約定之要保（保§73 I）。保險標的，以約定價值為保險金額者，發生全部損失或部分損失時，均按約定價值為標準，計算賠償（保§73 II），其實際價值若干，在保險事故發生時，可以不問。又保險標的物不能以市價估計者，例如古董等藝術品，得由當事人約定其價值，賠償時，從其約定（保§75）。所謂「全部損失」，係指保險標的全部滅失或毀損，達於不能修復或其修復之費用，超過保險標的恢復原狀所需者（保§74）。

(2)保險標的未經約定價值者，發生損失時，按保險事故發生時實際價值為標準，計算賠償，其賠償金額，不得超過保險金額（保§73 III）。

(3)給付保險金的期限：應給付的保險金確定後，保險人應於約定期限內給付之，無約定者，應於接到通知後十五日內給付之（保§34 I）。申言之，在定值保險，如發生全部損失時，損失無須估計者，應於上述期限內給付之；如在不定值保險，則須估計損失，估計的期限，可比照上項期限。

(4)估計遲延的效果：損失之估計，因可歸責於保險人之事由而延遲者，應自被保險人交出損失清單一個月後加給利息。損失清單交出二個月後損失尚未完全估定者，被保險人得請求先行交付其所應得之最低賠償金額（保§78）。

2.費用償還義務

(1)減免損害費用的償還：保險人對於要保人，或被保險人為避免或減輕損害之必要行為所生之費用，負償還之責。其償還數額與賠償金額，合計雖超過保險金額，仍應償還（保§33 I）。保險人對於上開費用

之償還，以保險金額對於保險標的之價值比例定之（保§33Ⅱ）。為貫徹保險法保護被保險人之目的，保險人不得以契約另有訂定為由，拒絕償還超出保險金額之費用。

(2)估計損失費用的負擔：保險人或被保險人為證明及估計損失所支出之必要費用，除契約另有訂定外，由保險人負擔之（保§79Ⅰ）。保險金額不及保險標的之價值時，保險人對於上開費用，依第 77 條規定比例負擔之（保§79Ⅱ）。例如標的物價值新臺幣十萬元，而保險金額為八萬元，此項證明估計損失費用為 1,000 元。

$$\frac{80{,}000 \times 1{,}000}{100{,}000} = 800 \,元$$

是故，保險人應償還被保險人八百元。

(3)費用償還的方式：

①其原因可歸責於保險人時，應將自原因發生的日期起至期滿日止的保險費，按日數比例返還之。

②其原因可歸責於被保險人時，按短期保險費的規定，扣除保險契約有效期間的保險費後返還之。

(二)火災保險中要保人的義務

1.交付保險費（保§22）。

2.危險通知（保§58、§59）。

3.損失估定前不得為現狀的變更：在火災保險，於損失未估定前，要保人或被保險人，除為公共利益（如房屋被焚，非加清除，則有礙衛生）或避免擴大損失（如房屋半焚，毀樑交懸，如不及早拆除，恐墜地傷人，擴大損失）外，非經保險人同意，對於保險標的物不得加以變更（保§80），以避免要保人或被保險人毀滅證據，妨害估計工作的進行。

四、火災保險契約的終止

(一)當然終止

火災保險標的物「全部」滅失時，無論由於保險事故的發生，或由於保險事故以外的事故，火災保險契約皆當然終止。其係由於保險事故而全部滅失者，保險人固須依法負賠償責任，且保險標的物非因保險事故而使保險標的物完全滅失者，保險契約即為終止（保§81）。保險契約因第81條之情事而終止，或部份終止時，除保險費非以時間為計算基礎者外，終止後之保險費已交付者，應返還之（保§24Ⅲ）。

(二)任意終止

火災保險標的物受「部分」損失時，保險人與要保人均有終止契約之權（保§82Ⅰ）。終止後已交付未損失部分之保險費應返還之。前項終止契約權，於賠償金額給付後，經過一個月不行使而消滅。保險人終止契約時，應於十五日前通知要保人（保§82Ⅱ）。要保人與保險人均不終止契約時，除契約另有訂定外，保險人對於以後保險事故所致之損失，其責任以賠償金額之餘額為限（保§82Ⅲ）。

第二節　海上保險

一、概　　說

(一)海上保險的意義

海上保險者，謂以航行中所可能發生的危險，且得以貨幣估價的財產權益為標的，而對於因海上一切事變及災害所生之毀損、滅失及費用，負賠償責任的財產保險（保§83，海§167、§169），又稱「水上保險」，簡稱「水險」。

(二)海上保險的種類

海上保險因保險標的的不同，可分：

1.船舶保險（包括船體、設備及屬具）。

2.貨物保險。

3.運費保險。

4.預期利益保險（即以貨物到達後可期待的利益為保險標的）。

(三)海上保險法律適用的順序

關於海上保險，適用海商法海上保險章之規定（保§84），其無規定者，始適用保險法（海§126）。

二、海上保險中保險價額的計算

海上保險的保險金額，得由當事人自由訂定，但不得超過保險價額。保險價額的計算方法，海商法設有規定如下：

(一)船舶的保險價額

關於船舶的保險，以保險人責任開始時之船舶價格及保險費，為保險價額（海§134）。

(二)貨物的保險價額

關於貨物之保險，以裝載時、地之貨物價格、裝載費、稅捐、應付之運費及保險費，為保險價額（海§135）。但運送物有喪失、毀損、或遲到者，其損害賠償額，應依其交付時目的地之價值計算之（民法§638 I）。

(三)運費的保險價額

運費之保險，僅得以運送人如未經交付貨物即不得收取之運費為之，並以被保險人應收取之運費及保險費為保險價額（海§137 I）。上開運費之保險，得包括船舶之租金及依運送契約可得之收益（海§137 II）。

(四)預期利益的保險價額

關於因貨物到達時應有利得的保險，應以貨物到達時應有之佣金、費用或其他利得之保險以保險時之實際金額，為保險價額（海§136）。

三、海上保險人的賠償責任

(一)原　則

保險人對於保險標的，除契約另有規定（即特約條款）外，因海上一切事變及災害所生之毀損滅失及費用，負賠償責任（海§129）。

1.保險人應於收到要保人或被保險人證明文件後三十日內給付保險金額（海§150Ⅰ）。保險人對於上開證明文件如有疑義，而要保人或被保險人提供擔保時，仍應將保險金額全部給付（海§150Ⅱ）。上開情形，保險人之金額返還請求權，自給付後經過一年不行使而消滅（海§150Ⅲ）。

2.對於戰事的危險，除契約有反對的訂定外，保險人亦應負賠償責任（保§32）。

(二)例　外

1.因要保人或被保險人或其代理人之故意或重大過失所致之損失，保險人不負賠償責任（海§131）。

(1)船舶適航性義務內容包含船舶安全航行之能力、配置相當海員、設備及船舶之供應，其中「海員」因素，係指船舶所有人或要保人必須僱用合格之船長、足額合格之海員。倘若船舶雖有安全航行能力，惟無相當合格之船長、海員，亦將「徒船不能自航」，自難認具有適航性。次按船舶保險，要保人或被保險人或其代理人未為安全航行之必要準備，或未具備必要文書所生損害，可認為要保人或被保險人或其代理人有重大過失。蓋就船舶保險而言，船舶於發航前或發航時未為安全航行之必要準備，於航行中發生損害之可能性甚高，對保險費率

之算定倍感困難，為維持公序之必要，保險人自無須負填補責任（臺灣屏東地方法院 94 年度保險字第 14 號民事判決）。

(2)為救助或意圖救助海上人命、財產，或因其他正當理由偏航者，不得認為違反運送契約，其因而發生毀損或滅失時，船舶所有人或運送人不負賠償責任（海§71）。

(3)保險契約約定若因船長、幹部、船員之疏忽或惡意行為致船舶全損，而被保險人或船舶所有人、管理人有未盡相當注意之過失，保險公司不須負賠償責任；倘船長、幹部或船員之行為，係因被保險人或船舶所有人、管理人之故意所致者，自亦不在保險公司負賠償責任之範圍。該約定合於海商法第 131 條規定，並無加重被保險人之義務、違反誠信原則、顯失公平之情形，不得主張該約款違反保險法第 54 條之 1 規定而無效（臺灣高等法院 105 年度保險上更(一)字第 3 號民事判決）。

2.未確定裝運船舶之貨物保險，要保人或被保險人於知其已裝載於船舶時，應將該船舶之名稱、裝船日期、所裝貨物及其價值，立即通知於保險人。不為通知者，保險人對未為通知所生之損害，不負賠償責任（海§132）。

3.保險事故發生時，要保人或被保險人應採取必要行為，以避免或減輕保險標的之損失，保險人對於要保人或被保險人未履行此項義務而擴大之損失，不負賠償責任。但保險人對於要保人或被保險人，為履行前項義務所生之費用，負償還之責，其償還數額與賠償金額合計雖超過保險標的價值，仍應償還之（海§130）。所謂為避免或減輕損失之必要行為，應就各個具體行為，以定其是否必要，要保人或被保險人對於防止損害利益發生經濟損害，或擴大損害，如同未保險時自己之物所採行為，即屬必要行為。而採取必要行為係屬要保人或被保險人之義務，因該行為所生之費用，保險人應負償還之責；該償還責任屬法定責任，與保險人之理賠責任係屬二事，不以保險人應負理賠責任

為要件（臺灣高等法院 103 年度保險上更(一)字第 5 號民事判決）。

四、海上保險中要保人或被保險人的義務

海上保險契約，適用保險法第 64 條第 1 項及第 22 條的規定，除應負據實說明及按契約交付保險費外（海§126），海商法特別規定要保人或被保險人對於危險負有通知的義務。其規定如次：

(一) 要保人或被保險人，於知悉保險之危險發生後，應即通知保險人（海§149）。

(二) 要保人或被保險人，自接到貨物之日起，一個月內不將貨物所受損害通知保險人或其代理人時，視為無損害（海§151）。

五、海上保險契約的消滅

海上保險契約的消滅，海商法特設下列規定：

(一)海上保險契約的解除

要保人或被保險人於保險人破產時，得終止契約（海§133）。

(二)海上保險契約的失效

貨物保險時，未確定裝運的船舶者，要保人或被保險人於知其已裝載於船舶時，應將該船舶之名稱、裝船日期、所裝貨物及其價值，立即通知於保險人。不為通知者，保險人對未為通知所生之損害，不負賠償責任（海§132）。如要保人或被保險人於投保時已將裝貨船名填載於投保書內，實務上認為裝運船舶已確定（最高法院 48 年度台上字第 984 號民事判決）。

六、海上保險的委付

(一)委付的意義

　　海上保險的委付，指被保險人於保險標的物發生海商法第 143 條至第 145 條所規定之「法定委付原因」時，得將保險標的物的一切權利移轉於保險人，而請求支付該保險標的物全部保險金額的行為（海§142）。委付制度為海上保險所特有，現各國之立法例大都承認之。

(二)委付的性質及通知

1.委付，乃發生於保險標的物未全滅時，且委付應以保險標的歸於保險人，若委付的標的物全部滅失，則委付無從發生。但標的物如為「推定」的全部損失時，要保人或被保險人於知悉所保的危險發生後，得通知保險人，以保險標的物委付之，而請求保險人給付保險金額。

2.委付，應就保險標的物之全部為之。但保險單上僅有其中一種標的物發生委付原因時，得就該一種標的物為委付，請求其保險金額（海§146Ⅰ）。

3.委付，不得附有條件（海§146Ⅱ）。

4.委付之通知一經保險人明示承諾，當事人均不得撤銷（海§148）。

(三)委付的效力

1.保險標的物的移轉：保險標的物經被保險人委付，而為保險人所承諾或經判決為有效後，自發生委付原因之日起，保險標的物即視為保險人所有（海§147Ⅰ）。委付未經承諾前，被保險人對於保險標的物之一切權利不受影響。保險人或被保險人對於保險標的物採取救助、保護或回復之各項措施，不視為已承諾或拋棄委付（海§147Ⅱ）。

2.保險金額的給付：保險人因委付的結果，對於被保險人即須給付保險金額。

(四)委付的權力

　　委付之權利，於知悉委付原因發生後，自得為委付之日起，經過二個月不行使而消滅（海§152）。

第三節　陸空保險

一、陸空保險的意義

　　所謂陸空保險，係保險人對保險標的物，因陸上、內河及航空一切事變及災害所致之毀損、滅失及費用，負賠償責任的一種保財產險契約（保§85）。

二、陸空保險的種類

(一)陸上運送保險

　　陸上運送保險，係指陸地運送的保險而言。例如對於火車、汽車運送的貨物，付諸保險即是。陸上貨物運送保險，其被保險人常為託運人或貨物所有人，因而與運送人以其運送貨物的責任所為的保險不同，後者屬於責任保險，應不包括於陸上運送保險之內。

(二)內河運送保險

　　內河運送保險，係指對於航行內河的船舶運費及裝載貨物的保險而言。此種保險的領域因其限於水上，大體言之，與海上保險並無多大差異，故保險法規定內河運送保險準用海上保險有關條文（保§89）。海上保險單每載有「自倉庫至倉庫」條款，或訂明其為「全險」條款，是即以海上運送保險而兼包括陸上運送的危險。

(三)航空運送保險

　　航空運送保險，係指航空機運送的保險。其領域並不限於空中，即

起落時的危險亦包括在內，但與「航空保險」不同。所謂航空保險，乃指對航空機的事故所致損害的一切保險而言。

三、陸空保險的保險事故

(一) 陸空保險，性質上屬於綜合性保險，其保險事故包括甚多，保險法第 85 條僅以「陸上、內河及航空一切事變及災害」一語概括，實務上應有下列各種保險事故：

1.車輛的碰撞、脫軌、傾覆；船舶的碰撞、沉沒、擱淺。

2.火災、暴風雨、雷閃。

3.強盜及其他偶然事故。應注意者，陸空保險契約所約定之保險時點，通常係屬倉庫至倉庫條款（Warehouse to Warehouse Clause），即包含貨物離開倉庫運送至海上裝貨期間、海上運送期間、及貨物進港卸貨上陸，運送至受貨人倉庫期間；而保險範圍係貨物條款之全險（All Risks）。但通常會將海盜（piracy）行為所肇致之損害，排除於保險給付之外。所謂之海盜行為，係指為私人目的，而以暴力奪取船舶或該船舶所載運之財、貨物而言，其暴力行為無論來自船上之旅客或掠奪者自岸上對船舶施以襲擊均屬之。事故發生於陸上，則稱強盜（Robbery），固同為以強暴、脅迫等行為掠奪財物，但其危險顯較發生於海上為低，救援亦較容易及可能，自不能與「海盜」之發生於海上幾近不可抗力之行為相提並論，而認為併屬「海盜」行為之範疇（最高法院 91 年度台上字第 111 號民事判決）。

(二) 戰事所致的損害，除契約有相反的訂定外，保險人亦應負賠償責任（保 §32）。但一般情形，保險人對於戰爭的危險，均予除外。

(三) 關於地震的危險，陸空保險人通常也不承保。

(四) 陸空保險雖屬綜合性保險，但當事人也可以契約訂定，將其保險事故限於一種或二種，此時仍不失為陸空保險。

四、陸空保險的保險標的

(一) 貨物及其應有利得。

(二) 運送工具（車、船、飛機）。

(三) 運費。

五、陸空保險的保險期間

(一) 陸空保險的保險期間，除契約另有訂定外，關於貨物之保險，自交運之時，以迄於其目的地收貨之時為其期間（保§86）。此與海商法第 128 條所定不同。所謂「交運之時」，即指託運人將貨物交於運送人之時而言，至於已否裝載，則非所問。

(二) 關於運送工具的保險、運費的保險，及應有利得的保險，其保險期間法律無規定，自得由當事人任意定之，或準用海商法的規定。

六、陸空保險應記載事項

陸空保險，除記載保險法第 55 條應記載事項外，並應載明下列事項（保§87）：

(一) 運送路線及方法。

(二) 運送人姓名或商號名稱。

(三) 交運及取貨地點。

(四) 運送有期限者，其期限。

七、陸空保險的效力

(一)運送的效力

陸空保險，如因運送上之必要，暫時停止或變更運輸路線或方法時，保險契約除另有訂定外，仍繼續有效（保§88）。所謂因運送上之必要變更運送路線或方法者，應係指保險標的物交運後，無法依保險契

約所載之運送路線或方法運送,必須變更始能運送者而言。倘保險標的物之運送路線或方法於保險契約成立前即已確定,而要保人不按此已確定之運送路線或方法投保,於訂立保險契約後再變更運送路線或方法運送,則不能認保險契約仍繼續有效(最高法院 97 年度台上字第 1435 號民事判決)。

(二)保險人的責任

陸上、內河及航空保險人,對於保險標的物,除契約另有訂定外,因陸上、內河及航空一切事變及災害所致之毀損滅失及費用,負賠償之責(保§85)。

第四節　責任保險

一、責任保險的意義

責任保險,乃保險人於被保險人對於第三人,依法應負賠償責任,而受賠償之請求時,負賠償責任的一種財產保險契約(保§90)。責任保險人的賠償責任,於因責任事故依法應受賠償的第三人向被保險人行使賠償請求權時即發生,此時被保險人對責任保險人的請求給付保險金之債權即具有讓與性,而得為讓與的標的(最高法院 96 年度台上字第 2868 號民事判決)。

二、責任保險的種類

(一)依保險標的性質為區別標準

1.個人責任保險

個人責任保險,即被保險人個人行為所發生的賠償責任為標的的保險。例如醫師的責任保險、汽車司機個人的責任保險是。

2.事業責任保險

事業責任保險，即被保險人事業上所發生的賠償責任為標的的保險。例如運送人對於運送物所負責任的保險，倉庫營業人對於寄託物所負責任的保險是。

(二)依保險利益的歸屬為區別標準

1.為自己利益的責任保險

即要保人為自己利益所訂立的責任保險契約。此種保險契約的要保人與被保險人為同一人，發生事故時，賠償金由自己受領。例如運送人以其自己對於運送物的責任，訂立責任保險契約是。

2.為他人利益的責任保險

即要保人為他人利益所訂立的責任保險契約。此種保險契約，要保人與被保險人非為同一人，發生事故時，賠償金由被保險人受領，要保人不得享受利益。例如父因其子為藥劑師，而以其子職業上的責任，訂立責任保險契約。

3.為自己並為他人利益的責任保險

即同一責任保險契約，要保人為自己利益亦兼為他人利益而訂立。此種契約除當事人自己明定外，保險法第 92 條尚設有擬制規定。亦即，保險契約係為被保險人所營事業之損失賠償責任而訂立者，被保險人之代理人、管理人或監督人所負之損失賠償責任，亦享受保險之利益，其契約視同並為第三人之利益而訂立。

(三)依理賠責任的基礎為區別標準

1.事故發生基礎的責任保險

責任保險採事故發生基礎者，保險人於保單屆期後仍須負擔於保險期間內所發生保險事故的理賠責任。

2.索賠基礎的責任保險

責任保險採索賠基礎者，其保單設計即為免除保險人在保單到期後

的長尾責任，以第三人在保險期間內提出賠償請求據為保險人負理賠責任的基準，且保險人為限制保單生效前已發生的事故而在保險期間內提出賠償請求，通常並有追溯日的設計，約定在追溯日前已造成之事故而衍生的賠償請求不予理賠。至於索賠基礎保單的理賠責任原則，應認被保險人僅須證明第三人確於保險期間內向其請求賠償即可，如保險人預先擬定的保險契約定型化約款限制須被保險人在保險期間內受書面賠償請求，核與保險法第 90 條規定不合，額外增加被保險人須受書面賠償請求的要件，以限制被保險人原得行使的權利，該限制書面請求的約定對於被保險人自屬顯失公平，應屬無效（臺灣高等法院 100 年度保險上字第 29 號民事判決）。

三、責任保險的標的及事故

(一)責任保險的保險標的

責任保險的保險標的，是被保險人對第三人應負的賠償責任。茲將賠償責任必備要件，陳述如次：

1.須被保險人對於「第三人」應負的賠償責任

「第三人」指被保險人以外的任何人，不包括被保險人自己在內。

2.須為依「法」應負的「民事」責任

責任保險標的的賠償責任，須屬於民事責任。但有時民事責任與刑事責任時常發生競合者，於此情形，民事責任部分，仍得為責任保險的標的。民事責任有「非依法而生的責任」與「依法而生的責任」之別，責任保險標的的責任，須屬依法而生的責任。

3.須為「過失」責任

即責任的發生，須因被保險人的過失，若因故意，不發生責任保險的問題。

(二)責任保險的保險事故

　　責任保險的保險事故，乃被保險人依法應負賠償責任，而受賠償的請求（保§90）。

四、責任保險的效力

(一)責任保險中保險人的義務

1.賠償責任的負擔

(1)責任保險依保險法第 90 條規定，並非以被保險人特定的具體財產為標的，因此責任保險契約原則上無所謂保險價額的問題，保險人只在所約定的保險金額限度內負責任。

(2)責任保險人之賠償責任，於因責任事故依法應受賠償之第三人向被保險人行使賠償請求權時即發生（最高法院 93 年度台上字第 793 號民事判決）。

(3)責任保險人應否依責任保險契約給付保險金，應以第三人對被保險人之損害賠償請求權是否存在為前提。惟第三人對於侵權行為損害賠償之請求既已罹於時效，被保險人自得據此拒絕給付。責任保險人自無庸依責任保險契約或保險法第 95 條規定給付保險金予被保險人或第三人（臺灣高等法院 100 年度保險上字第 40 號民事判決）。

(4)保險契約如有保險法第 93 條參與權的約定，被保險人於保險事故發生後，未經保險人參與，而與第三人成立和解，保險人即可不受該和解之拘束，僅就被保險人對於第三人依法應負賠償責任，於保險金額範圍內負賠償之責，非謂保險人因此即可免除其對第三人依法應負之賠償責任。是以，縱保險人未參與被保險人與第三人間之和解程序，可不受被保險人與第三人間和解所拘束，惟仍應就被保險人對於第三人依法應負賠償責任，於保險金額範圍內負賠償之責（臺灣高等法院 100 年度保險上字第 29 號民事判決）。

2.必要費用的負擔

被保險人在受第三人的請求時，對於該第三人所為不負賠償責任的抗辯，係屬有利於保險人，其因此支出的訴訟上或訴訟外的必要費用，除契約另有訂定外，自應由保險人負擔。被保險人就此項費用，並得請求保險人墊給（保§91）。

3.保險金額的給付

保險人於第三人由被保險人應負責任事故所致之損失，未受賠償以前，不得以賠償金額之全部或一部給付被保險人（保§94Ⅰ）。被保險人對第三人應負損失賠償責任確定時，第三人得在保險金額範圍內，依其應得之比例，直接向保險人請求給付賠償金額（保§94Ⅱ），以保護第三人的權利。但保險人得經被保險人通知，直接對第三人為賠償金額之給付（保§95）。

(1)保險法第 94 條第 2 項規定之立法理由係為維護受害第三人之權利，並確保保險人之給付義務，在被保險人對第三人應付損失賠償責任確定後，受害第三人得直接向保險人請求賠償。該條項規定雖賦予第三人直接請求權，但本質上不得增加保險人保險契約外之額外責任或訴訟程序之額外負擔。所謂「被保險人對第三人應負損失賠償責任確定」係指第三人向被保險人起訴請求損害賠償，經法院判決勝訴確定或其他與勝訴確定判決具有同一效力之情形而言，非謂第三人得與保險人進行訴訟，由非事故當事人之保險人，就其未必了解之事故狀況進行訴訟，增加其額外訴訟之負擔，以確認被保險人應負擔之賠償責任。是倘第三人未向被保險人請求損害賠償，取得民事勝訴確定判決等，自不得直接向保險人請求給付賠償金（最高法院 107 年度台上字第 68 號民事判決）。

(2)第三人向保險人直接請求給付的前提，必須被保險人對第三人之責任已經因終局判決等而確定，若被保險人對第三人的債務尚未確定，則第三人的權利也就同樣還沒有確定，第三人自不得主張直接請求給付。

(二)責任保險中保險人的權利

1.保險人的參與權

　　保險人得約定被保險人對於第三人就其責任所為之承認、和解或賠償，未經其參與者，不受拘束。但經要保人或被保險人通知保險人參與而無正當理由拒絕或藉故遲延者，不在此限（保§93）。

(1)責任保險契約成立後，損害賠償額的多少，與保險人利害有關，保險人自得事先約定被保險人對於第三人就其責任所為之承認、和解或賠償，未經其參與者，不受拘束。所謂保險人未參與和解者，不受其拘束，並非謂保險人因此即可免除所應負理賠之責（最高法院 85 年度台上字第 2738 號民事判決、最高法院 89 年度台上字第 1419 號民事判決）。

(2)和解對保險人發生拘束力之基礎，在於已保障保險人對於和解之參與機會，而不在於其對和解內容之同意（最高法院 95 年度台上字第 2820 號民事判決）。

2.強制汽車責任保險人的代位權

　　被保險人有下列情事之一，致被保險汽車發生汽車交通事故者，保險人仍應依強制汽車責任保險法規定負保險給付之責。但得在給付金額範圍內，代位行使請求權人對被保險人之請求權（強制汽車責任保險法§29Ⅰ）：

(1)飲用酒類或其他類似物後駕駛汽車，其吐氣或血液中所含酒精濃度超過道路交通管理法規規定之標準。

(2)駕駛汽車，經測試檢定有吸食毒品、迷幻藥、麻醉藥品或其他相類似管制藥品。

(3)故意行為所致。

(4)從事犯罪行為或逃避合法拘捕。

(5)違反道路交通管理處罰條例第 21 條或第 21 條之 1 規定而駕車。

第五節　保證保險

一、保證保險的意義

　　保證保險，乃保險人於被保險人因其受僱人之不誠實行為或其債務人之不履行債務所致損失，負賠償責任的一種財產保險契約（保§95-1）。所謂不誠實行為並無法規性之解釋（最高法院 96 年度台上字第1647 號民事判決）。

(一) 員工誠實保證保險是屬於保險法第 95 條之 1 所定義之保證保險，承保被保險人因員工不誠實行為所致之損失。所謂「不誠實行為」，通常係指被保證員工之強盜、搶奪、竊盜、詐欺、侵占或其他不法行為而言，其實際範圍應依保險契約中「員工誠實保證保險基本條款」所記載的「承保範圍」判定。

(二) 員工雖為被保險人之受僱人，但被保險人的損失係由其員工故意的不誠實行為所致者，保險人仍得行使代位權。

(三) 保證保險人賠償被保險人因其債務人不履行債務所致損失後，得依保險法第 53 條第 1 項規定，代位行使被保險人對於其債務人之請求權。

二、保證保險契約記載事項

(一) 以受僱人之不誠實行為為保險事故之保證保險，其契約除記載第 55 條規定事項外，並應載明下列事項：

1.被保險人之姓名及住所。

2.受僱人之姓名、職稱或其他得以認定為受僱人之方式（保§95-2）。

(二) 以債務人之不履行債務為保險事故之保證保險，其契約除記載第 55 條規定事項外，並應載明下列事項：

1.被保險人之姓名及住所。

2.債務人之姓名或其他得以認定為債務人之方式（保§95-3）。

第六節　其他財產保險

一、其他財產保險的意義

其他財產保險，指不屬於火災保險、海上保險、陸空保險、責任保險及保證保險之範圍，而以財物或無形利益為保險標的之各種保險而言（保§96）。

二、其他財產保險的種類

(一)以保險標的為標準

1.汽車保險（以財物為保險標的）

所稱汽車保險，指汽車因碰撞、火災、竊盜及其他行駛中的一切危險所生的損害，由保險人負賠償責任的保險。

2.信用保險（以無形利益為保險標的）

所稱信用保險，指債務人不能履行債務，而受損害為標的的保險。此外尚有機械保險、利益保險、保證保險、失業保險、農業保險等，種類繁多，不逐一詳述。

(二)以保險事故為標準

1.竊盜保險

所稱竊盜保險，指保險人承諾於被保險人的各種動產因竊盜而被盜取、毀損或污損而受有損失時負賠償責任的保險，例如住宅竊盜保險、銀行竊盜保險等。

2.天候保險

所稱天候保險，指以異常的天候致顧客減少，而受營業上損失時，由保險人負填補責任的保險。

3.其他保險

此外，尚有戰爭保險、地震保險、原子保險、風害保險、洪水保險等。

三、其他財產保險的效力

(一)保險人的權利

1.標的查勘權

　保險人有隨時查勘保險標的物之權（保§97前段）。

2.契約終止權

　保險人查勘結果，如發現全部或一部分處於不正常狀態時，得建議要保人或被保險人修復後再行使用。如不為要保人或被保險人所接受，則保險人得以書面通知終止保險契約或其有關部分（保§97）。

(二)要保人的責任

　保險契約中，得約定要保人或被保險人對保險標的物，應盡相當的保護責任，如要保人或被保險人對於保險標的物，未盡約定保護責任所致之損失，保險人不負賠償之責（保§98Ⅰ）。危險事故發生後，經鑑定係因要保人或被保險人未盡合理方法保護標的物，因而增加之損失，保險人不負賠償之責（保§98Ⅱ）。

四、其他財產保險的變動

　保險標的物受部分之損失，經賠償或回復原狀後，保險契約繼續有效；但與原保險情況有異時，得增減其保險費（保§99）。若要保人或被保險人對於增減保險費不同意時，其契約即為終止（保§60）。

五、火災及人壽保險條文的準用

　其他財產保險，除適用有關保險通則規定外，火災保險中有關保險價額（保§73、§74、§75）、超額保險、一部保險（保§76、§77），及損失估計（保§78、§79、§80）等規定，與人壽保險有關保險人及要保人破產規定（保§123）及保單價值準備金優先受償規定（保§124），於其他財產保險均準用之（保§100）。

第四章
人身保險

　　人身保險，乃當事人約定一方支付保險費於他方，他方對於其人或第三人的生命或身體，於保險事故發生時，負給付一定保險金責任的契約。人身保險包括人壽保險、健康保險、傷害保險及年金保險四種（保§13Ⅲ）。

第一節　人壽保險

一、人壽保險的意義

(一) 人壽保險，簡稱壽險，就是以被保險人的生命為保險標的，以其在契約規定年限內死亡或生存為保險事故，保險人受領要保人交付的對價，同意於保險事故發生時，給付約定金額的契約（保§101）。

(二) 人壽保險須按照約定的保險金額給付，無所謂實際損害的問題，故人壽保險均屬於「定值保險」，至其保險金額的多寡，得由當事人任意約定之（保§102），與財產保險的保險金額僅為一種賠償最高限額，實際給付額須視實際損害若干決定不相同。

二、人壽保險的種類

(一)以經營的方法及範圍為區別標準

1.普通人壽保險

　　即保險人按照一般經營方法所經營的人壽保險，由保險公司或保險合作社所經營，保險法所規定者，屬於普通人壽保險。

2.簡易人壽保險

　　簡易人壽保險對於被保險人，免施以健康檢查（簡易人壽保險法§6）。即以簡易方法，所經營的人壽保險，例如由中華郵政股份有限公司所經營者，即為簡易人壽保險（簡易人壽保險法§2Ⅰ）。簡易人壽保險包括生存保險、死亡保險及生死合險，並得以附約方式經營健康保險及傷害保險（簡易人壽保險法§4）。

(二)以保險事故為區分標準

1.生存保險

　　即約定被保險人屆至規定年限仍生存者，須給付保險金的保險。

2.死亡保險

　　即以被保險人的死亡為保險事故的保險。

(1)定期死亡保險：乃以一定期間為保險期間，被保險人於該期間內死亡，保險人始負有給付保險金額的義務。

(2)終身保險：乃以被保險人的終身為保險期間，被保險人不論何時死亡，保險人均應給付保險金額。

3.生死混合保險（養老保險）

　　即被保險人在保險期間中死亡，或期滿仍生存者，均給付所定金額的保險。

(三)以保險金給付的方法為區別標準

1.資金保險

　　即保險事故發生時，將全部保險金一次給付的保險，一般人壽保險，均採此種方法給付保險金。

2.年金保險

　　即以被保險人生存為條件，在其終身或一定期間中，每年給付一定金額的保險，前者稱為「終身年金保險」；後者稱為「定期年金保險」。

三、人壽保險的訂立

　　人壽保險契約的訂立，先由要保人填具要保書，然後由保險人方面派醫師對被保險人為體格檢查，經同意承保後，簽訂保險單而成立保險契約。

(一)人壽保險的當事人

1.保險人

　　須為經營人身保險的保險公司或保險合作社，但此係指普通人壽保險而言。若為簡易人壽保險，目前我國係以中華郵政股份有限公司為保險人。

2.要保人

　　保險法對要保人的資格未設限制，但必須對被保險人具有保險利益始為妥當。

(二)人壽保險的關係人

1.被保險人

(1)人壽保險的被保險人須為自然人，法人不得充之。

(2)被保險人可與要保人為同一人，亦可為個別的二人（保§104）。

(3)由第三人訂立之死亡保險契約，未經被保險人書面同意，並約定保險金額，其契約無效（保§105Ⅰ）。又被保險人依前項所為之同意，得隨時撤銷之。其撤銷之方式應以書面通知保險人及要保人（保§105Ⅱ）。被保險人依前項規定行使其撤銷權者，視為要保人終止保險契約（保§105Ⅲ）。

(4)人身保險之加保如係使未成年人為要保人簽訂人身保險契約，其同意權或代理權均為法定代理人專屬性權利義務，不得委託他人行使，又如係指由受委託人代理父母要保人，約定以未成年子女為被保險人或受益人，未成年子女書面同意，其同意或代理仍屬禁止委託監護事

項；退保如係使未成年要保人終止契約，屬財產行為同意權、代理權範疇，不得委託他人行使之，又如不涉及保險契約終止，而係除去未成年人被保險人或受益人法律地位，與防衛危害、促進未成年人身心健全發展等保護、教養職務宗旨不符，應不得包含於民法第 1092 條規定特定事項，故不得委託他人為之（法務部 105.5.31.法律10503508890 號函）。

(5)以未滿十五歲之未成年人為被保險人訂立之人壽保險契約，除喪葬費用之給付外，其餘死亡給付之約定於被保險人滿十五歲之日起發生效力（保§107Ⅰ）。喪葬費用之保險金額，不得超過遺產及贈與稅法第 17 條有關遺產稅喪葬費扣除額之一半（保§107Ⅱ），經查遺產及贈與稅法第 17 條有關遺產稅喪葬費扣除額之一半，現行為新臺幣61.5 萬元。保險法第 107 條第 1 項及第 2 項於其他法律另有規定者，從其規定（保§107Ⅲ）。

(6)訂立人壽保險契約時，以受監護宣告尚未撤銷者為被保險人，除喪葬費用之給付外，其餘死亡給付部分無效（保§107-1Ⅰ）。其喪葬費用之保險金額，不得超過遺產及贈與稅法第 17 條有關遺產稅喪葬費扣除額之一半（保§107-1Ⅱ）。保險法第 107 條之 1 第 1 項及第 2 項於其他法律另有規定者，從其規定（保§107-1Ⅲ）。

(7)由第三人訂立之人壽保險契約，其權利之移轉或出質，非經被保險人以書面承認者，不生效力（保§106）。

(8)人身保險契約中屬死亡或失能之保險金部分，要保人於保險事故發生前得預先洽訂信託契約，由保險業擔任該保險金信託之受託人，其中要保人與被保險人應為同一人，該信託契約之受益人並應為保險契約之受益人，且以被保險人、未成年人、受監護宣告尚未撤銷者為限（保§138-2Ⅱ）。又該信託給付屬本金部分，視為保險給付，信託業依信託業法規定擔任保險金信託之受託人，且該信託契約之受益人與保險契約之受益人為同一人，並以被保險人、未成年人、受監護宣告

尚未撤銷者為限者，其信託給付屬本金部分，亦同（保§138-2Ⅲ）。應注意者，理論上保險業及信託業雖皆得擔任保險金信託之受託人，但目前尚無保險業申請辦理信託業務，且目前保險金信託皆屬自益型。

(9)未成年人或依民法第 14 條第 1 項得受監護宣告者之父、母或監護人，依保險法第 138 條之 2 第 2 項規定為被保險人時，保險契約之要保人、被保險人及受益人得於保險事故發生前，共同約定保險金於保險事故發生後應匯入指定信託帳戶，要保人並得放棄第 111 條保險利益之處分權（保§16-1）。

2.受益人

受益人係被保險人或要保人約定享有賠償請求權之人。

(1)受益人的資格：在保險法上沒有限制，自然人、法人都可以，且人數不限於一人（保§110Ⅰ）。胎兒以將來非死產為限，亦得為受益人。

(2)產生方法

①約定：受益人的確定，通常係在訂立保險契約時，由要保人或被保險人約定，約定時以要保人自己作受益人時，稱為「為自己利益的人壽保險契約」；以要保人以外的人為受益人時，稱為「為他人利益的保險契約」。

②指定：保險契約未約定受益人時，依保險法規定，要保人得通知保險人，以保險金額的全部或一部，給付其所指定的受益人一人或數人（保§110Ⅰ）。受益人經指定後，要保人對其保險利益，除聲明放棄處分權者外，仍得以契約或遺囑處分之（保§111Ⅰ）。

③法定：受益人如未約定，亦未指定，或雖經約定或指定，但發生疑義時，保險法第 113 條規定：「死亡保險契約未指定受益人者，其保險金額作為被保險人之遺產。」於是被保險人的法定繼承人即為受益人。「受益人有疑義時，推定要保人為自己之利益而訂立」（保§45）。

(3)受益人的權利

①保險金額約定於被保險人死亡時，給付於其所指定之受益人者，其金額不得作為被保險人之遺產（保§112），也不計入被保險人遺產稅額（遺產及贈與稅法§16⑨）。惟「投資型保險」，乃保險人與要保人約定，由保險人將要保人所繳保險費，按約定方式扣除保險人各項費用，及依要保人同意或指定之投資分配方式，置於專設帳簿中，而由要保人承擔全部或部分投資風險之人身保險，其非以「人壽」為保險標的甚明；故縱雙方約定被保險人於契約有效期間內死亡（身故），且經要保人指定受益人，由保險人依約定方式計算給付受益人「身故保險金」，然因其非以「人壽」為保險標的，揆諸上開規定及說明，該保險金額，自不在前舉遺贈稅法第 16 條第 9 款及保險法第 112 條不列入被保險人遺產之列（高雄高等行政法院 100 年度訴字第 360 號判決）。

②受益人權利取得，是原始取得，其所領得保險金，不在被繼承人的債權人的執行範圍。

③要保人破產時，保險契約訂有受益人者，仍為受益人之利益而存在。投資型保險契約之投資資產，非各該投資型保險之受益人不得主張，亦不得請求扣押或行使其他權利（保§123 後段）。

④人壽保險契約的指定受益人，經要保人的同意，或保險契約載明允許轉讓者，得將其利益轉讓他人（保§114）。

(4)受益權喪失

①受益人故意致被保險人於死或雖未致死者，喪失其受益權。前項情形，如因該受益人喪失受益權，而致無受益人受領保險金額時，其保險金額作為被保險人遺產。要保人故意致被保險人於死者，保險人不負給付保險金額之責。保險費付足二年以上者，保險人應將其保單價值準備金給付與應得之人，無應得之人時，應解交國庫（保§121），以維善良風俗。

②受益人故意傷害被保險人者，無請求保險金額之權（保§134）。

(三)人壽保險契約記載事項

　　人壽保險契約，除記載保險法第 55 條規定事項外，尚應載明下列事項（保§108）：

1.被保險人之姓名、性別、年齡及住所。

2.受益人姓名及與被保險人之關係或確定受益人之方法。如有待調查的受益人，則證明其調查方法。

3.請求保險金額的保險事故及時期。

4.依保險法第 118 條之規定，有減少保險金額之條件者，其條件。

四、人壽保險契約的效力

(一)人壽保險契約中對於保險人的效力

1.保險金額的給付

(1)人壽保險人於被保險人在契約規定年限內死亡，或屆契約規定年限而仍生存者，依照契約負給付保險金額之責（保§101）。

(2)保險業經營人身保險業務，保險契約得約定保險金一次或分期給付（保§138-2 I ）。

(3)未成年人或依民法第 14 條第 1 項得受監護宣告者之父、母或監護人，依保險法第 138 條之 2 第 2 項規定為被保險人時，保險契約之要保人、被保險人及受益人得於保險事故發生前，共同約定保險金於保險事故發生後應匯入指定信託帳戶，要保人並得放棄第 111 條保險利益之處分權（保§16-1）。

2.代位請求的禁止

　　人壽保險人，不得代位行使要保人或受益人因保險事故所生對於第三人之請求權（保§103）。

3.保險人的法定免責事由

所謂免責事由，即指保險人例外的不負保險金額給付的責任，茲列舉保險法所規定之法定免責事由如下：

(1)被保險人故意自殺者，保險人不負給付保險金額之責任。但應將保險之保單價值準備金返還於應得之人（保§109 I）。保險契約載有被保險人故意自殺，保險人仍應給付保險金額之條款者，其條款於訂約二年後始生效力。恢復停止效力之保險契約，其二年期限應自恢復停止效力之日起算（保§109 II）。

(2)保險法第 29 條第 2 項前段規定，保險人對於由要保人或被保險人或其代理人之過失所致之損害負賠償責任。若保險契約的除外責任規定，並未包括被保險人之過失行為，則被保險人就飲用農藥之行為，縱有重大過失，保險人自應負給付保險之全責（臺灣宜蘭地方法院 91 年度保險字第 9 號民事判決）。又例如被保險人行經火車平交道柵欄已下，火車已行近，仍冒險穿越平交道，被火車撞傷致死，其雖有重大過失，但與被保險人故意自殺而保險人得以免責之情形未合，保險人自應負給付保險之全責（司法院 72.5.14.第三期司法業務研究會）。

(3)被保險人因犯罪處死或拒捕或越獄致死者，保險人不負給付保險金額之責任。但保險費已付足二年以上者，保險人應將其保單價值準備金返還於應得之人（保§109 III）。

(4)受益人故意致被保險人於死者：受益人故意致被保險人於死或雖未致死者，喪失其受益權（保§121 I）。前項情形，如因該受益人喪失受益權，而致無受益人受領保險金額時，其保險金額作為被保險人遺產（保§121 II）。

(5)要保人故意致被保險人於死者，保險人不負給付保險金額之責。保險費付足二年以上者，保險人應將其保單價值準備金給付與應得之人，無應得之人時，應解交國庫（保§121 III）。

4.保單價值準備金的返還及執行

(1)保單價值準備金的意義：保險人為被保險人所積存的金額，稱之。亦即，保險人將保險費的一部，提存於公積的金額，以供日後履行保險契約義務之用。其應提存的比例，由財政部定之（保§145）。

(2)返還原因：保單價值準備金應返還的情形，有被保險人故意自殺（保§109 I 但書）、被保險人因犯罪處死或拒捕或越獄致死（保§109Ⅲ但書）、受益人故意致被保險人於死（保§121 I 後段）及保險契約終止（保§116Ⅶ）四種。

(3)人壽保險之要保人、被保險人、受益人，對於被保險人之保單價值準備金，有優先受償之權（保§124）。

5.解約金的償付

要保人終止保險契約，而保險費已付足一年以上者，保險人應於接到通知後一個月內償付解約金；其金額不得少於要保人應得保單價值準備金之四分之三（保§119 I）。償付解約金之條件及金額，應載明於保險契約（保§119Ⅱ）。

(1)要保人依保險法第 119 條第 1 項規定之終止權，既係依壽險契約所生之權利，即非屬身分權或人格權，亦非以身分關係、人格法益或對保險人之特別信任關係為基礎，得隨同要保人地位之變更而移轉或繼承；其行使之目的復在取回具經濟交易價值之解約金，關涉要保人全體債權人之共同擔保利益，並非僅委諸要保人之意思，再參諸保險法第 28 條但書規定要保人破產時，破產管理人得終止保險契約；消費者債務清理條例第 24 條第 1 項本文規定法院裁定開始更生或清算程序時，監督人或管理人得終止債務人所訂包含壽險契約在內之雙務契約，足見其非為一身專屬性之權利（最高法院 108 年度台抗大字第 897 號民事裁定）。

(2)執行法院於必要時，得核發執行命令終止債務人為要保人之人壽保險契約，命第三人保險公司償付解約金，於裁量是否行使終止權執行解

約金債權時，應審慎為之，並宜先賦與債權人、債務人或利害關係人陳述意見之機會，兼顧各方之權益，為公平合理之衡量（最高法院108年度台抗字第897號民事裁定、最高法院108年度台上字第2198號民事判決、最高法院108年度台抗字第897號民事裁定）。

(二)人壽保險契約中對要保人的效力

1.保險費交付的義務

(1)要保人應依保險契約的規定交付保險費（保§22 I），然利害關係人亦得代要保人交付保險費（保§115）。

(2)要保人雖有交付保險費的義務，但保險費縱不交付，保險人亦不得以訴訟請求交付（保§117 I），僅得以催告程序使生一定的效果（保§116 I、II）。保險法第116條第1項及第2項規定之催告，屬於意思通知之性質，其效力之發生，應類推適用民法關於意思表示之規定。而民法第95條第1項本文規定：「非對話而為意思表示者，其意思表示，以通知達到相對人時，發生效力。」所謂達到，係指意思表示已進入相對人之支配範圍，置於相對人隨時可以了解其內容之客觀狀態。書面所為之意思表示，如已進入相對人之實力支配範圍，且處於依一般社會觀念，可期待相對人了解之狀態時，應認該意思表示已對相對人發生效力。基此，人壽保險之保險人依保險法第116條第1項、第2項所為之書面催告，如已進入要保人之實力支配範圍，且處於依一般社會觀念，可期待要保人了解之狀態時，應認該催告已對要保人發生效力（最高法院111年度台上字第1203號民事判決）。

(3)催告應送達於要保人，或負有交付保險費義務之人之最後住所或居所，保險費經催告後，應於保險人營業所交付之（保§116 II）。

(4)第二次以後的分期保險費，到期未依照保險單所載交付方法及日期向保險人交付，自催告到達的翌日起三十日內，稱為寬限期間。在寬限期間內發生保險事故時，保險人仍要負保險責任，但應由給付保險金

內扣除欠繳的保費。

(5)保費未付的效果

①契約效力的停止：人壽保險的保險費到期未交付者，除契約另有訂
定外，經保險人將催告送達於要保人或負有交付保險費義務的人的
最後住所或居所後，逾三十日仍不交付時，保險契約效力停止（保
§116Ⅰ、Ⅱ）。在補交保險費及其他費用後，於翌日上午零時恢
復其效力（保§116Ⅲ）。

②契約的終止：保險契約所定申請恢復效力之期限，自停止效力之日
起不得低於二年，並不得遲於保險期間之屆滿日（保§116Ⅴ）。
保險人於第 5 項所規定之期限屆滿後，有終止契約之權（保§116
Ⅵ）。換言之，保險人得以保險費未交付為由，在前述期限屆滿
後，終止契約，終止則不可以恢復。

③保險金或年金的減少：要保人遲交保險費時，保險人得依保險契約
所載條件，減少保險金額或年金。以被保險人終身為期，不附生存
條件之死亡保險契約，或契約訂定於若干年後給付保險金額或年金
者，如保險費業已付足二年以上而有不交付時，保險人僅得依第
116 條第 5 項規定減少保險金額或年金，而不得終止契約（保§117
Ⅱ）。

④保險人依保險法第 117 條規定，或因要保人請求，得減少保險金額
或年金，其條件及可減少之數額，應載明於保險契約（保§118
Ⅰ）。減少保險金額或年金，應以訂原約時之條件，訂立同類保險
契約為計算標準。其減少後之金額，不得少於原契約終止時已有之
保單價值準備金，減去營業費用，而以之作為保險費一次交付所能
得之金額（保§118Ⅱ）。而其營業費用以原保險金額百分之一為
限（保§118Ⅲ）。保險金額之一部，係因其保險費全數一次交付
而訂定者，不因其他部分之分期交付保險費之不交付而受影響（保
§118Ⅳ）。

(6)申請復效

①人壽保險之保險費到期未交付，經停止效力之保險契約，於停止效力之日起六個月內清償保險費、保險契約約定之利息及其他費用後，翌日上午零時起，開始恢復其效力。要保人於停止效力之日起六個月後申請恢復效力者，保險人得於要保人申請恢復效力之日起五日內要求要保人提供被保險人之可保證明，除被保險人之危險程度有重大變更已達拒絕承保外，保險人不得拒絕其恢復效力（保§116Ⅲ）。

②保險人未於第 3 項規定期限內要求要保人提供可保證明或於收到第 3 項可保證明後十五日內不為拒絕者，視為同意恢復效力（保§116Ⅳ）。

③保險法第 116 條規定人壽保險契約效力之停止及恢復，係因此類保險通常具長期性契約關係，為維持要保人與保險人間之對價關係，並均衡保障要保人與保險人之契約利益，允許要保人於保險契約因未付保險費而效力停止後，得於一定期間內申請契約效力恢復，其於停效後六個月內申請者，保險人不得拒絕；逾六個月申請者，為避免道德危險之產生，賦予保險人危險篩選權，得要求要保人提出被保險人之可保證明，並限定其篩選之標準，除被保險人之危險程度有重大變更已達拒絕承保外，保險人不得拒絕復效，因此，要保人只需提出保險人所要求之可保證明，保險人如不同意復效，應證明其有正當拒絕原因之事實。又復效為原契約效力之恢復，屬原保險契約之繼續，非新保險契約之訂立，關於拒絕承保程度，即應以原保險契約成立時之審查標準為據，故所稱危險程度有重大變更已達拒絕承保者，應專指在停效期間內所發生之危險變更程度，依原保險契約成立時之審查標準，可拒絕承保而言，不包括本屬保險人所應承當於停效前已發生之危險，而審查標準與供審查資料之提出不同，申請復效之可保證明，僅係供保險人行使危險篩選權之資

料，與保險契約訂立時，供保險人行使承保決定權之資料無關，法無限定各該應提出以備供審查資料之形式，保險人自可在審查之必要範圍內，要求要保人提出可供審查之相關資料（最高法院 109 年度台上字第 261 民事判決）。

2.保險契約質借的權利

(1)要保人，於保險費付足二年以上，得以保險契約為質，向保險人借款。保險人於接到要保人的借款通知後，得於一個月以內之期間，貸給可得質借之金額（保§120 I）。此為特別法賦予要保人的權利，保險人不得拒絕（最高法院 64 年度台上字第 1214 號民事判決）。

(2)以保險契約為質之借款，保險人應於借款本息超過保單價值準備金之日之三十日前，以書面通知要保人返還借款本息，要保人未於該超過之日前返還者，保險契約之效力自借款本息超過保單價值準備金之日停止（保§120 II）。保險人未依第 2 項規定為通知時，於保險人以書面通知要保人返還借款本息之日起三十日內要保人未返還者，保險契約之效力自該三十日之次日起停止（保§120 III）。

(3)依保險法第 120 條第 2 項及第 3 項規定停止效力之保險契約，其恢復效力之申請準用第 116 條第 3 項至第 6 項規定（保§120 IV）。

3.真實年齡告知的義務

　　要保人有據實說明義務，而年齡為其中最主要者，如被保險人年齡錯誤，依保險法第 122 條規定，有如下的效果：

(1)被保險人年齡不實，而其真實年齡已超過保險人所定保險年齡限度者，其契約無效，保險人應退還所繳保險費（保§122 I）。亦即，明文昭示保險人應主動返還之責任。

(2)因被保險人年齡不實，致所付之保險費少於應付數額者，要保人得補繳短繳之保險費或按照所付之保險費與被保險人之真實年齡比例減少保險金額。但保險事故發生後，且年齡不實之錯誤不可歸責於保險人者，要保人不得要求補繳短繳之保險費（保§122 II）。

(3)因被保險人年齡不實，致所付之保險費多於應付數額者，保險人應退還溢繳之保險費（保§122Ⅲ）。

第二節　健康保險

一、健康保險的意義

健康保險，謂當事人約定，一方支付保險費於他方，他方於被保險人疾病、分娩及因疾病或分娩而致失能或死亡時，給付約定保險金額的契約（保§125Ⅰ）。所稱失能之內容，依各保險契約之約定（保§125Ⅱ）。

二、健康保險契約記載事項

被保險人與要保人非同一人時，保險契約除載明保險法第55條規定事項外，並應載明下列事項（保§129）：
(一) 被保險人之姓名、年齡及住所。
(二) 被保險人與要保人之關係。

三、健康檢查

保險人於訂立保險契約前，對於被保險人得施以健康檢查。其費用，由保險人負擔（保§126）。

四、健康保險契約的效力

(一)健康保險契約中對保險人的效力

1.保險金額的給付

健康保險人於被保險人疾病、分娩及其所致失能或死亡時，負給付保險金額之責（保§125Ⅰ）。

2.保險人的法定免責事由

(1)保險契約訂立時，被保險人已在疾病或妊娠情況中者，保險人對是項疾病或分娩，不負給付保險金額之責任（保§127）。

(2)被保險人故意自殺或墮胎所致疾病、失能、流產或死亡，保險人不負給付保險金額之責（保§128）。保險法第 109 條第 1 項、第 128 條、第 133 條規定「自殺不賠原則」之立法理由，均係基於自殺「有背於善良風俗」之考量，何況是「自殺肇致他人無辜損失，使他人房屋成為凶宅。故自殺致他人房屋成為凶宅，價值因此減損，屋主因此無端受損，自殺行為應認為屬「有背於善良風俗」的行為，同時亦評價「不法」行為（臺灣高等法院高雄分院 112 年度上更一字第 10 號民事判決）。

3.代位權的禁止

健康保險之保險人，不得代位行使要保人或受益人因保險事故，所生對第三人的請求權（保§130 準用§103）。

(二)健康保險契約中對要保人的效力

健康保險的保險費交付，利害關係人得代要保人交付之（保§130 準用§115）。

五、準用之規定

(一) 第 102 條至第 105 條、第 115 條、第 116 條、第 122 條至第 124 條，於健康保險準用之（保§130）。

(二) 實務上各家保險公司銷售之各種健康保險等商品，皆有投保年齡之限制。然按民國 104 年 2 月 4 日修正前第 122 條規定之法律效果為無效，過於強烈，無法保護要保人，不宜於健康保險中準用；若將該條內容予以修正，則無此顧慮。爰配合民國 104 年 2 月 4 日對第 122 條之修正，納入準用範圍內，以免在投保年齡不實情事發生

時,該如何處理產生爭議。

(三) 因保險法第 107 條及第 107 條之 1 並未準用於健康保險契約,故得以未滿十五歲之未成年人或受監護宣告尚未撤銷者為被保險人訂立健康保險契約。因此,訂立健康保險契約時,以精神障礙或其他心智缺陷,致不能辨識其行為或欠缺依其辨識而行為之能力者為被保險人,仍為有效。

(四) 全民健康保險性質上係屬健康、傷害保險,是除有全民健康保險法第 95 條之汽車交通事故、公共安全事等情事受傷害,受領醫療給付,保險人得代位行使被保險人對第三人之請求權外,其餘被保險人受領醫療給付,依保險法第 130 條、第 135 條準用同法第 103 條規定,保險人不得代位行使被保險人對第三人之請求權,無保險法第 53 條適用之餘地(臺灣高等法院高雄分院 103 年度上易字第 370 號民事判決)。

第三節　傷害保險

一、傷害保險的意義

傷害保險,謂被保險人因遭受意外傷害及其所致失能或死亡時,由保險人負給付保險金額責任的保險契約(保 §131 I)。所謂意外傷害,指非由疾病引起之外來突發事故所致者(保 §131 II)。

(一) 事故之發生為外來性、偶然性,而不可預見,除保險契約另有特約不保之事項外,意外事故均屬意外傷害保險所承保之範圍(最高法院 104 年度台上字第 1036 號民事判決)。

(二) 傷害保險所稱之意外傷害,係指具備外來性、突發性及非自願性之事故所致之傷害而言。惟當事人對於相關事實,任意改口,其有刻意隱瞞不利之事實;且依據相關病歷資料及照片,足見當時撞擊力

道大，但與一般人滑倒或跌倒，因無防備必有對應損傷之情形不符，較像屬允許他人施作之造作傷。因此，雖無法查知施以外力致造作傷之第三人為何人，惟不得以無法獲知參與協助之第三人，即認當事人主張事故屬意外（最高法院 105 年度台上字第 2008 號民事判決）。

(三) 意外傷害之界定，在有多數原因競合造成傷殘或死亡事故之情形時，應側重於「主力近因原則」，以是否為被保險人因罹犯疾病、細菌感染、器官老化衰竭等身體內在原因以外之其他外來性、突發性（偶然性）、意外性（不可預知性）等因素作個案客觀之認定，並考量該非因被保險人本身已存在可得預料或查知之外在因素，是否為造成意外傷殘或死亡事故之主要有效而直接之原因（即是否為其重要之最近因果關係）而定。若導致被保險人死亡或受傷原因有二個以上，而每一原因之間有因果關係且未中斷時，則最先發生並造成一連串事故發生之原因，即為導致被保險人死亡或受傷之主力近因。是以，被保險人遭受之意外傷害，既已治療完畢，則其所受之傷害與其疾病、死亡間不具有相當因果關係，僅為其中一項加重因子而已（最高法院 101 年度台上字第 1897 號民事判決）。

(四) 意外傷害保險之受益人請求保險給付時，雖應證明被保險人係因意外事故而受傷害，惟受益人如證明該事故確已發生，且依經驗法則，其發生通常係外來、偶然而不可預見者，應認其已盡證明之責。保險人如抗辯非屬意外，自應就其抗辯之事實（老化、疾病及細菌感染）負證明之責，始符舉證責任之原則。換言之，被保險人倘非因老化、疾病及細菌感染而生保險事故，原則上即應認係意外（最高法院 102 年度台上字第 1023 號民事判決）。

(五) 傷害保險所承保者乃意外傷害事故之危險，依保險法第 131 條第 2 項規定，此意外傷害係指非由疾病所引起之外來突發事故所致者。從而，傷害保險之受益人請求保險給付時，即應就被保險人之傷害

或死亡係因外來突發事故所致之權利發生要件事實，負舉證之責
任。雖傷害保險之受益人，常未經歷事故發生之過程，而有證據遙
遠或舉證困難之問題，應依民事訴訟法第 277 條但書規定，減輕其
就事故是否為意外突發之舉證責任。則受益人如已證明被保險人之
傷害或死亡，並非因疾病等內在原因所致，且就事故發生之場所、
環境等客觀情狀，依一般經驗法則，通常足認係外來、偶然而不可
預見者，即應認其已盡減輕後之證明責任。此時保險人如抗辯事故
係因被保險人自殺或故意犯罪行為所致者，即應證明該免責事由之
存在，始得免負給付保險金之責任。惟倘依被保險人發生傷害或死
亡事故之客觀情狀，依一般經驗法則，不足認為通常係外來、偶然
而不可預見者，則受益人即應進而證明該事故確係意外突發，始能
認其就給付請求權發生要件已善盡舉證責任（最高法院 109 年度台
上字第 802 號民事判決）。

二、傷害保險的種類

(一)普通傷害保險（一般傷害保險）

就是個人於日常生活中，可能遭遇到的一般傷害，而以之為保險事
故的保險。

(二)團體傷害保險

以多數被保險人作為一個團體，而發行一張保險單的傷害保險，例
如運動團體傷害保險。

(三)旅行傷害保險

被保險人在旅途中，因意外事故遭受傷害，而以之為保險事故的保
險，例如飛機失事所致旅客身體的傷害。

(四)交通傷害保險

以搭乘火車、公共汽車等，定期或定時而依一定路線行駛的陸上交通工具中所生傷害為事故的一種保險。

三、傷害保險契約記載事項

傷害保險契約，除記載保險法第 55 條規定事項外，並應載明下列事項（保§132）：

(一) 被保險人之姓名、年齡、住所及與要保人之關係。

(二) 受益人之姓名及與被保險人之關係，或確定受益人之方法。

(三) 請求保險金額之事故及時期。

四、保險人的法定免責事由

傷害保險人於被保險人遭受意外傷害及其所致失能或死亡時，負給付保險金額之責（保§131Ⅰ），但有下列事由則可免責：

(一) 被保險人故意自殺，或因犯罪行為，所致傷害、失能或死亡，保險人不負給付保險金額之責任（保§133）。

1.故意服用藥物或故意服用過量藥物者在主觀上有致成死亡以外之目的，例如意欲增強治療疾病或幫助睡眠之效果，卻因未可預料之因素導致死亡，可謂非以死亡為目的之故意行為間接致死，難謂非屬意外傷害事故致死；至若以死亡為目的而故意服用過量藥物致死，自難謂係意外傷害事故致死。就一般常人而言，服用藥物多有其正面積極之目的，此為社會常態；而故意服用藥物求死者，應屬少數，並非社會常態；參酌保險法第 109 條第 1 項、第 128 條、第 133 條均規定保險人因被保險人之故意行為而不負給付保險金額責任之情形，均為被保險人故意自殺，可知被保險人因故意行為致死者，應以有故意致死之目的為限（臺灣臺北地方法院 97 年度保險字第 31 號民事判決）。

2.被保險人酒後醉態騎乘機車之行為，有觸犯刑法第 185 條之 3 公共危

險罪之構成要件行為，顯將自己置於極易致傷之高危險環境中，足認
為事故發生不可或缺之原因，縱因檢察官寬予以不起訴處分，而得免
經刑事法院實體審理定罪，惟此等實質犯罪行為，解釋上應確屬保險
契約條款所稱之犯罪行為，保險人依保險法第 133 條規定，不負給付
保險金額之責任（臺灣臺中地方法院 101 年度保險字第 35 號民事判
決）。

3. 被保險人因濫用鴉片類毒品（海洛因）和甲基安非他命、急性嗎啡中
毒、毒品過量中毒休克而死亡，該施用第一級毒品海洛因及第二級毒
品甲基安非他命，係觸犯毒品危害防制條例第 10 條第 1 項、第 2 項規
定之犯罪行為，則保險人依該法第 133 條，自無給付受益人系爭保險
金之義務（臺灣臺北地方法院 101 年度保險字第 50 號民事判決）。

4. 保險人依保險法第 133 條規定主張不負給付保險金之責任，只須被保
險人有因犯罪行為致傷害、失能或死亡情形，即為已足，並不以被保
險人事後因該犯罪行為經檢察官提起公訴或法院判處有期徒刑為要
件，故被保險人濫用毒品過量致死，若與保險法第 133 條因犯罪行
為，所致死亡規定相符，保險人自得依該條規定主張免負給付保險金
責任（臺灣高等法院 101 年度保險上字第 33 號民事判決）。

5. 按犯罪行為本來即為法律所禁止之行為，本質上即與保險契約為最大
善意契約之本旨相違背，且從事犯罪行為時本會伴隨諸多難以預料之
風險，影響保險風險之評估，而密切接近於犯罪構成要件該當行為之
準備行為或是脫逃行為，亦與構成要件該當行為具有相同之風險，因
此，在解釋保險契約所約定之犯罪、犯罪行為，既然於簽訂時雙方並
以犯罪構成要件該當行為為限，則當認為與犯罪、犯罪行為密切接近
而具有相當因果關係之範圍均屬之，自難認須在解釋上須以犯罪構成
要件該當行為為限，否則豈非將保險作為犯罪構成要件該當行為外之
保障措施，此顯非該保險約款之解釋目的（臺灣臺北地方法院 101 年
度保險字第 118 號民事判決）。

(二) 受益人故意傷害被保險人者，無請求保險金額之權。受益人故意傷害被保險人未遂時，被保險人得撤銷其受益權利（保§134）。

五、準用人壽保險之規定

　　第102條至第105條、第107條、第107條之1、第110條至第116條、第123條、第124條及第125條第2項，於傷害保險準用之（保§135）。

(一) 由於保險法第135條規定第107條及第107條之1於傷害保險準用之，故以未滿十五歲之未成年人或受監護宣告尚未撤銷者為被保險人購買之傷害保險（含旅行平安保險）的保單，在被保險人滿十五足歲或撤銷監護宣告以前不能含有死亡給付（身故給付），惟失能及傷害醫療保障並未受到影響。

(二) 按全民健康保險法第1條後段固規定，就該法未規定之事項應適用保險法相關規定，惟全民健康保險性質上係屬健康、傷害保險，除有該法第82條規定之情形外，依保險法第130條、第135條準用同法第103條之規定，全民健康保險之保險人不得代位行使被保險人因保險事故所生對於第三人之請求權。是以，全民健康保險之被保險人，如非因汽車交通事故受傷害，而受領全民健康保險提供之醫療給付，其因侵權行為所生之損害賠償請求權並不因而喪失，自得請求侵權行為人賠償醫藥費（臺灣高等法院100年度上易字第1093號民事判決）。

第四節　年金保險

一、年全保險的意義

　　年金保險，謂保險人於被保險人生存期間或特定期間內，依照契約

負一次或分期給付一定金額之責（保§135-1）。年金保險依照年金累積方式的不同，可分為定額年金險（傳統年金險）、利變年金險（儲蓄型年金險）及變額年金險（投資型年金險）等三個種類。

二、年金保險契約記載事項

　　年金保險契約，除記載第 55 條規定事項外，並應載明下列事項（保§135-2）：

(一) 被保險人之姓名、性別、年齡及住所。

(二) 年金金額或確定年金金額之方法。

(三) 受益人之姓名及與被保險人之關係。

(四) 請求年金之期間、日期及給付方法。

(五) 依第 118 條規定，有減少年金之條件者，其條件。

三、受益人

(一) 受益人於被保險人生存期間為被保險人本人（保§135-3Ⅰ）。

(二) 保險契約載有於被保險人死亡後給付年金者，其受益人準用第 110 條至第 113 條規定（保§135-3Ⅱ）。

四、準用人壽保險之規定

(一) 第 103 條、第 104 條、第 106 條、第 114 條至第 124 條規定，於年金保險準用之。但於年金給付期間，要保人不得終止契約或以保險契約為質，向保險人借款（保§135-4）。蓋年金保險之受益人，於被保險人生存期間為被保險人本人，此觀保險法第 135 條之 3 第 1 項規定自明。另倘年金保險準用人壽保險有關要保人終止契約取回解約金之規定，將導致體弱或病危之被保險人以終止契約，變相取回其繳交之保險費，致生嚴重之逆選擇，進而動搖危險分散之基礎，是乃保險法第 135 條之 4 但書規定：「於年金給付期間，要保

人不得終止契約」之立法意旨（最高法院 110 年度台上字第 3240 號民事判決）。

(二)因保險法第 107 條並未準用於年金保險契約，故得以未滿十五歲之未成年人為被保險人訂立年金保險契約。又訂立年金保險契約時，以精神障礙或其他心智缺陷，致不能辨識其行為或欠缺依其辨識而行為之能力者為被保險人，仍為有效。

(三)因保險法第 107 條之 1 並未準用於年金保險契約，故得以受監護宣告尚未撤銷者為被保險人訂立年金保險契約。

國家圖書館出版品預行編目資料

實用商事法精義 / 賴源河, 王志誠著. -- 十五
版. -- 臺北市 : 五南圖書出版股份有限公司,
2024.03
　面；　公分.
ISBN: 978-626-393-119-0 (平裝)

1. 商事法

587　　　　　　　　　113002230

1U04

實用商事法精義

作　　者 ― 賴源河（394.2）

修 訂 者 ― 王志誠

發 行 人 ― 楊榮川

總 經 理 ― 楊士清

總 編 輯 ― 楊秀麗

副總編輯 ― 劉靜芬

責任編輯 ― 林佳瑩

封面設計 ― 封怡彤

出 版 者 ― 五南圖書出版股份有限公司

地　　址：106 台北市大安區和平東路二段 339 號 4 樓

電　　話：(02)2705-5066　　傳　　真：(02)2706-6100

網　　址：https://www.wunan.com.tw

電子郵件：wunan@wunan.com.tw

劃撥帳號：０１０６８９５３

戶　　名：五南圖書出版股份有限公司

法律顧問　林勝安律師

出版日期　1984 年 3 月 初 版 一 刷
　　　　　2024 年 3 月 十五版一刷

定　　價　新臺幣 720 元

※版權所有・欲利用本書內容，必須徵求本公司同意※

五 南
WU-NAN

全新官方臉書

五南讀書趣

WUNAN
Books

since1966

Facebook 按讚

1秒變文青

★ 專業實用有趣
★ 搶先書籍開箱
★ 獨家優惠好康

五南讀書趣 Wunan Books

不定期舉辦抽獎
贈書活動喔！！

經典永恆·名著常在

五十週年的獻禮 —— 經典名著文庫

五南，五十年了，半個世紀，人生旅程的一大半，走過來了。

思索著，邁向百年的未來歷程，能為知識界、文化學術界作些什麼？

在速食文化的生態下，有什麼值得讓人雋永品味的？

歷代經典·當今名著，經過時間的洗禮，千錘百鍊，流傳至今，光芒耀人；

不僅使我們能領悟前人的智慧，同時也增深加廣我們思考的深度與視野。

我們決心投入巨資，有計畫的系統梳選，成立「經典名著文庫」，

希望收入古今中外思想性的、充滿睿智與獨見的經典、名著。

這是一項理想性的、永續性的巨大出版工程。

不在意讀者的眾寡，只考慮它的學術價值，力求完整展現先哲思想的軌跡；

為知識界開啟一片智慧之窗，營造一座百花綻放的世界文明公園，

任君遨遊、取菁吸蜜、嘉惠學子！